杨共乐　总主编

"一带一路"古文明书系

SERIES ON THE ANCIENT CIVILIZATIONS ALONG THE BELT AND ROAD

古代美索不达米亚文明

于殿利　著

The Civilization of Ancient Mesopotamia

北京师范大学出版集团
BEIJING NORMAL UNIVERSITY PUBLISHING GROUP
北京师范大学出版社

欧贝德III时期陶器中的钟形碗。约公元前 5300—前 4700 年。出自阿尔·欧贝德。巴黎卢浮宫博物馆藏

乌尔王陵出土的一组生产工具。约公元前 2500 年。出自乌尔。伦敦大英博物馆藏

舒路帕克时期出售土地和房屋的契约。约公元前 2600 年。出自舒路帕克（法拉）。巴黎卢浮宫博物馆藏

楔形文字泥板。苏美尔早王朝时期，约公元前 2500 年。可能出自舒路帕克（法拉）。伦敦大英博物馆藏

著名的乌鲁克雪花石膏花瓶上描绘的祭祀活动的场面。裸体的祭司们把贡品送给伊南娜即伊什塔尔女神

著名的乌鲁克雪花石膏花瓶。乌鲁克文化晚期。约公元前3300—前3000年。出自乌鲁克。伊拉克国家博物馆藏

佩戴头饰的妇女雕像。苏美尔早王朝时期，约公元前 2550—前 2250 年。出自马里。叙利亚国家博物馆藏

乌尔王陵出土的苏美尔人的竖琴。约公元前
2500 年。出自乌尔。伦敦大英博物馆藏

苏美尔早王朝时期拉伽什王恩铁美那的银花瓶。约公元前2400年。出自特罗（古代吉尔苏）。巴黎卢浮宫博物馆藏

萨尔贡大帝铜像。阿卡德时期，约公元前2350—前2250年。出自尼尼微。伊拉克国家博物馆藏

曼尼什图苏方尖碑。闪长岩。约公元前 2270 年。出自苏撒。巴黎卢浮宫博物馆藏

刻写《汉谟拉比法典》的石碑。古巴比伦时期。出自苏撒。巴黎卢浮宫博物馆藏

加喜特王朝国王美里施帕克的赠予纪念碑。公元前 1186—前 1172 年。
出自苏撒。巴黎卢浮宫博物馆藏

象牙雕刻斯芬克斯像。公元前 9—前 8 世纪。出自尼姆鲁德。纽约大都会艺术博物馆藏

亚述帝国时期的象牙妇女雕像。公元前900—前612年。出自尼姆鲁德。伦敦大英博物馆藏

亚述帝国时期的象牙镂刻妇女雕像。公元前8世纪。出自尼姆鲁德。纽约大都会艺术博物馆藏

亚述浮雕：军队行军渡河中。约公元前 865—前 860 年。出自尼姆鲁德。伦敦大英博物馆藏

沙尔马纳塞尔三世镶铜木门的铜板雕刻画面之一。分上下两栏，上栏描绘敌人战败投降的场面，下栏描绘亚述军队行军的场面。公元前 858—前 824 年。伦敦大英博物馆藏

提格拉特帕拉沙尔三世半身雕像。约公元前 728 年。出自尼姆鲁德。伦敦大英博物馆藏

亚述国王提格拉特帕拉沙尔三世的抬武器者雕像。约公元前 728 年。出自尼姆鲁德。伦敦大英博物馆藏

亚述国王萨尔贡二世的宫廷侍从雕像。约公元前 721—前 705 年。出自霍尔萨巴德。纽约大都会艺术博物馆藏

亚述浮雕：亚述士兵割下俘虏的头颅。公元前 700—前 692 年。出自尼尼微。伦敦大英博物馆藏

亚述人捕鱼浮雕。公元前 700—前 692 年。出自尼尼微。伦敦大英博物馆藏

亚述浮雕：亚述巴尼拔徒步手刃猛狮。约公元前 645—前 635 年。出自尼尼微。伦敦大英博物馆藏

亚述浮雕：负伤的牝狮。约公元前 645—前 635 年。出自尼尼微。伦敦大英博物馆藏

巴比伦人的世界地图。公元前 6 世纪。
出自西帕尔城。伦敦大英博物馆藏

玉髓圆筒印章。新巴比伦王国时期。公元前 6 世纪。私人收藏

现代学者根据考古学资料所做的巴比伦城复原图。伊什塔尔神门和游行大道庄严、壮观

装饰在巴比伦城神门上的彩釉砖。新巴比伦王国尼布甲尼撒二世时期（公元前604—前562年）。出自巴比伦。巴黎卢浮宫博物馆藏

“一带一路”古文明书系
编写委员会

总　序

2013年9月和10月，中国国家主席习近平在出访中亚和东南亚国家期间，先后提出共建“丝绸之路经济带”和“21世纪海上丝绸之路”(简称“一带一路”)的重大倡议，主旨是通过“一带一路”建设，与世界其他参与国共同打造政治互信、经济融合、文化包容的利益共同体、命运共同体和责任共同体。这一倡议得到了国际社会的高度关注。目前已有100多个国家和国际组织积极响应支持，愿意参与的国家还在不断增加中。经过数年的努力，各种建设项目陆续上马。“一带一路”建设必将对世界文明的发展产生巨大影响。

“一带一路”倡议源于历史。历史上众多的政治家、政府使者和商人等都为东西方交往道路的构建作出了贡献。

就陆道而言，西段的建设者应该上溯至亚历山大。公元前334年，马其顿国王亚历山大亲率3万余精兵东征波斯。波斯国王大流士三世仓促应战，最终为亚历山大所败。公元前327年，亚历山大率军来到中亚，灭波斯的地方政权巴克特里亚，并于锡尔河上游筑亚历山大里亚城，派兵加强其对这一地区的统治。欧洲势力开始进驻亚洲腹部邻近中国的地区。此后百余年间，中亚巴克特里亚地区的政权一直掌控在马其顿人和希腊人手里。中国与西方之间在当时虽还没有建立起直接的联系，但西方已经知道了一些中国的消息。希腊人克泰夏斯在其作品中首次提到了东方远国“赛里斯”(Seres)。“赛里斯”也从此成了希腊对包括中国在内的东方远国的重要称呼。

东段的开拓者显然要数汉武帝的使者张骞。他于公元前 138 年至公元前 126 年和公元前 119 年至公元前 115 年两次出使西域，史称张骞“凿空”。张骞“凿空”不但打通了东西方交往的连接点，而且大大开阔了中国人的视野，开创了中西交流的新纪元。此后，东西方陆上交通大开。从中国西去求“奇物”者“相望于道”；“一岁中使多者十余，少者五六辈，远者八九岁，近者数岁而反”；“一辈大者数百，少者百余人”。① 中国的丝绸随使者不断输出国外。中亚、西亚与罗马都因此留下了中国丝绸的痕迹。罗马的文献中还出现了罗马元老院通过反对男子穿丝绸衣服的禁令。②

东汉时，班超为西域都护，曾经营西域 31 年，政绩卓著，成效明显。西域“五十余国悉纳质内属。其条支、安息诸国至于海濒四万里外，皆重译贡献”。公元 97 年，班超派部下甘英出使大秦（罗马），抵条支，欲渡，为安息船人所阻，只得“穷临西海而还”③。甘英走南道赴大秦，虽中途而归，但其西行的路程远比张骞要长，其实际影响也远比张骞要大。就在甘英出使大秦后不久，也就是公元 100 年，“西域蒙奇、兜勒二国遣使内附”④。东汉朝廷对“蒙奇、兜勒”遣使之事高度重视，还特意“赐其王金印紫绶”。“蒙奇、兜勒”正是“Macedones”（马其顿，时属罗马帝国）之音译。西域远国马其顿遣使内附打通了中西间的直接交往，在中西交往史上占有十分重要的地位。而这件事本身也印证了中国和罗马间陆上交通的存在。

就海道而言，中国至印度一线，为中国人所开拓。海船一般沿着印度半岛与中南半岛海岸航行。公元前 111 年，汉朝用兵南越并在当地置南海、苍梧与合浦等郡。有关合浦以南至印度路线的记载皆保存于《汉书·地理志》中。据《汉书·地理志》记载：“自合浦徐闻（海康）南入海，得大州，东

---

① （西汉）司马迁：《史记》卷 123《大宛列传》。

② Tacitus，*Annals*，2，33.

③ （南朝宋）范晔：《后汉书》卷 88《西域传》。

④ （南朝宋）范晔：《后汉书》卷 4《孝和孝殇帝纪》。

西南北方千里，武帝元封元年略以为儋耳、珠崖郡。……自日南障塞、徐闻、合浦船行可五月，有都元国；又船行可四月，有邑卢没国；又船行可二十余日，有谌离国；步行可十余日，有夫甘都卢国。自夫甘都卢国船行可二月余，有黄支国……平帝元始中，王莽辅政，欲耀威德，厚遗黄支王，令遣使献生犀牛。自黄支船行可八月，至皮宗；船行可二月，到日南、象林界云。"据考证，黄支就是印度东岸之 Kanchipura，即后来玄奘《大唐西域记》第 10 卷中所记的达罗毗荼国的建志补罗城。

至于印度至罗马的海路则多为罗马人所开创。船队最初皆绕着南阿拉伯海岸航行。据罗马地理学家斯特拉波的《地理学》记载，在奥古斯都时期，每年都有多达 120 艘船只从埃及的红海港口起航，远航至曼德海峡之外各地，有的甚至远达恒河。① 大约在提比略执政时期，有一位名叫希帕鲁斯的罗马商人在长期实践的基础上发现了印度洋季风的规律。罗马人利用季风不但能够直接跨越印度洋，而且还能大大缩短罗马至印度的距离。按英国学者赫德逊测算，从意大利到印度的一次旅程，只要花费 16 个星期。② 约在 2 世纪中叶稍前，有一位名叫亚历山大的罗马人越过孟加拉湾，到达日南北部的卡提加拉(Cattigara)。③ "至桓帝延熹九年(166)，大秦王安敦(指罗马元首马尔库斯·奥理略)遣使自日南徼外献象牙、犀角、玳瑁"，来到中国，中西海道"始乃一通"。④ 当时世界上最强大的两个国家——中国与罗马间开始通过海道直接发生联系。印度和西方古典文献中出现的"秦尼"(Sinae，Thinae)实际上就是西方人对中国的尊称。这一消息应该来源于南部海道。

---

① Strabo，*Geography*，2，118；15，686；17，708.

② 参见[英]赫德逊：《欧洲与中国》，李申、王遵仲、张毅译，北京：中华书局，1995 年版，第 47 页。

③ Ptolemy，*Geography*，1，16.

④ (南朝宋)范晔：《后汉书》卷 88《西域传》。

在中西陆、海两道开通之时，有许多中国的商品随使者输往西方。据中国的正史记载，从陆道西去的使者常“赍金币帛直数千巨万”①，从海道西航的译使也携“黄金、杂缯而往”②。由此可见，丝织品和黄金一样，都是出访人员必备的物品。

丝织品之所以成为使者出访时首选的重要物品，最根本的原因就在于中国是桑蚕的故乡，在相当长的时间内，中国又是唯一掌握养蚕(Bombyx mori)技术的国家。根据传说，我国“养蚕取丝”的发明者为黄帝元妃嫘祖。她教民育蚕，治丝蚕以制衣服。考古发掘也表明，在距今约6000—5600年的仰韶文化时期，我们的祖先就懂得了“养蚕取丝”的技术。著名学者夏鼐先生曾指出，至迟在殷商时代，我国已能“充分利用蚕丝的优点，并且改进了织机，发明了提花装置，能够用蚕丝织成精美的丝绸”。此后，丝织技术随着时代和社会的变化，又有新的改进和发展。

《史记·大宛列传》有言：“自大宛以西至安息……其地皆无丝漆。”这显然是客观事实的真实反映。实际上，不但当时的安息无丝，就是安息以西的罗马也不产丝，所以穿戴中国的丝绸一直是罗马贵族身份的象征。为获取丝绸衣料，罗马人不惜远赴赛里斯，正是“靠着如此长距离的谋求，罗马的贵妇们才能够穿上透明的衣衫，耀眼于公众场合”③。老普林尼坦言：“据最低估算，每年从我们帝国流入印度、赛里斯和阿拉伯半岛的金钱，不下1亿塞斯退斯。”④在罗马，不仅有销售中国丝绸的丝绸市场、丝绸商人，还有具体负责丝绸产品再加工的丝绸作坊。丝绸交易的价格曾一度与黄金相等。

随着丝绸西向输出，我国的养蚕和织绸技术也不断西传。5世纪时，

---

① (西汉)司马迁：《史记》卷123《大宛列传》。
② (东汉)班固：《汉书》卷28下《地理志》。
③ Pliny the Elder, *Natural History*, 6, 20, 54.
④ Pliny the Elder, *Natural History*, 12, 41, 84.

中原的种桑、养蚕、缫丝织绸法已传至和阗；到6世纪的查士丁尼时代，更传到了罗马的东部世界。从此以后，“在罗马的土地上也能生产蚕丝了”，西方对中国丝绸的依赖逐渐消失。

历史表明，在中国的汉代，也即西方的罗马共和国晚期及帝国时期，世界上确实存在着以丝绸为重要交易物的陆、海大道。19世纪以后，这两条大道被分别冠以“陆上丝绸之路”和“海上丝绸之路”之称，总称为“丝绸之路”。丝绸之路的起点是中国，终点在罗马。中亚、南亚、西亚是陆上丝绸之路的必经之地，南海、红海、地中海是海上丝绸之路的必过之海，而印度洋则是海上丝绸之路的必跨之洋。丝绸之路的形成既拉近了亚欧各国与各地区间的距离，密切了沿途各国人民之间的关系，又加强了沿途各民族之间的交往，大大地推进了人类文明的进步。

“一带一路”建设植根于历史，面向未来，源自中国，属于世界。当今，中国正通过“一带一路”与世界建立“互联互通”的关系，并取得了令人瞩目的成就。为使“一带一路”建设更好地服务于社会，服务于世界，我们还很有必要对世界上主要的古文明进行深入研究。因为孕育这些文明的几大古国大多分布于“一带一路”沿线，其文化对后世的影响既广泛持久又深远厚重。深入了解这些文明，不仅有利于人们从源头上认清各文明间的差异与特点，整体把握人类文明的发展规则，更有利于人们正确认识中国主倡的“开放包容”、“文明互鉴”精神的重要价值，有效推进“一带一路”朝着更好更快的方向发展。

从2013年年末开始，我们在刘家和先生和廖学盛先生的悉心指导下，充分利用和吸纳多年苦读积累的成果，殚精竭虑，协同钻研，经过多年的努力，终于完成了多卷本“‘一带一路’古文明书系”的研究和写作任务。

“‘一带一路’古文明书系”以“一带一路”所经行且在历史上有重要影响的古文明为研究对象，以中西文明比较为研究特色，既注重宏观的理论思考与对历史的反思，从当下观察古代文明的整体性变迁，以宏大的视角展示古文明的兴衰；又注重具体问题的实证性研究，并反映学术研究的最新动态，用中国人特有的视角审视世界文明的源头，展示人类文明的发展历程及辉煌成就。内容包括古代美索不达米亚文明、古代埃及文明、古代中国文明、古代印度文明、古代波斯文明、古代希腊文明、古代罗马文明，范围涉及非洲、西亚、南亚、东亚和欧洲五大地区。本书系试图回答的问题有：(1)古代文明的成果主要体现在哪些方面？(2)多源产生的文明各有什么特点？(3)各文明区域所产生的成果对后世有何影响？(4)各文明古国的国家治理体系如何构建？政治治理如何运行？(5)国家的经济保障主要体现在哪些方面？居民的等级特点与国家政权之间的关系如何？(6)在古代埃及、两河流域有没有像公元前8—前3世纪的中国、印度和希腊那样出现过精神觉醒的时代？(7)各文明古国所实行的文化政策有何特点？对居民有何影响？(8)古代文明兴起的具体原因以及个别文明消亡的关键因素是什么？(9)中华文明连续不中断的原因究竟在哪里？等等。这些问题或以专题论述，或寓论于事实叙述之中。当然，也有一些问题只是在书中提出而已，要给予很好的解决还有待于新材料的不断出现。

“‘一带一路’古文明书系”追求雅俗共赏的行文风格，在保证体例基本一致的情况下，充分发挥作者的学术特长，体现作者的主体思想。为使读者更好地领略古代作家的写作风采，书系中还刻意保存了原作中的部分重要内容。我们衷心希望我们的研究能为学界提供一种新的视角，为我国的“一带一路”建设贡献微薄的力量。

杨共乐

北京师范大学历史学院

北京师范大学史学理论与史学史研究中心

2017年3月15日

目录

第一编　文明的诞生

第二编　大一统思想与政治文明

第三编 经济与社会

第四编 科技与文化

英文缩写表

AbB 2　Frankena，R.，*Briefe aus dem British Museum*（LIH und CT 2-33）.

AbB 3　Frankena，R.，*Briefe aus dem Leidener Sammlung*（TLB IV）.

AbB 4　Kraus，F. R.，*Briefe aus dem Archive des Šamaš-ḫazir in Paris und Oxford*（TCL 7 und OECT 3）.

AbB 6　Frankena，R.，*Briefe aus dem Berliner Museum*.

AbB 9　Stol，M.，*Letters from Yale*.

AHw　Von Soden，W.，*Akkadisches Handwörtebuch*！

ANET　Pritchard，J. P.，*Ancient Near Eastern Texts Relating to the Old Testament*.

AOS　*American Oriental Society*.

BE 6/1　Ranke，H.，*Babylonian Legal and Business Documents from the Time of the First Dynasty of Babylon，Chiefly from Sippar*，1906.

BE 6/2　Poebel，A.，*Babylonian Legal and Business Documents from the Time of the First Dynasty of Babylon，Chiefly from Nippur*，1909.

Bi・Or　*Bibliotheca Orientalis*，Leiden.

CAD　*The Assyrian Dictionary of the Oriental Institute of the University of Chicago*.

CAH　*Cambridge Ancient History*.

CT *Cuneiform Texts from the Babylon Tablets in the British Museum.*

HE *Ecole Pratique des Hautes-Etudes (Section des Sciences Historiques st Philologiques), Paris*(tablets, edited in Boyer and RA).

JAC *Journal of Ancient Civilization.*

JAOS *Journal of the American Oriental Society.*

JCS *Journal of Cuneiform Studies.*

JESHO *Journal of Economic and Social History of the Orient.*

JNES *Journal of Near Eastern Studies.*

LIH King, L. W., *Letters and Inscription of Ḫammurabi.*

MANE *Sources and Monographs on the Ancient Near East.*

MDP *Memoires de la Mission Archeologique de Perse.*

OrNS *Orientalia, Nova Series*, Roma.

PBS *Publication of the Babylonian Section*, University Museum, University of Pennsylvania.

PSBA *Proceedings of the Society of Biblical Archaeolgy*, London.

RA *Revue d'Assyriologie et d'Archeologie Orientale.*

RAI *Compte Rendu de la Rencontre Assyriologie International Selected Papers.*

TCL *Textes Cunéiformes du Louvre.*

UCP *University of California Publications in Semitic Philology.*

UET *Ur Excavations, Texts.*

VDI *Vestnik Drevnyi Istorii.*

VS *Vorderasiatische Schriftdenkmäler der Preussichen Staatsmuseen zu Berlin.*

YOS *Yale Oriental Series, Babylonian Texts.*

ZA *Zeitschrift für Assyriologie Und Vorderasiatische Archaologie.*

前言：西方的祖先

翻开世界文明史关于美索不达米亚的篇章，几十年不变的“专制统治”、“等级制度”、“奴隶制”和“灌溉农业”等论述早已形成了根深蒂固的传统。随着越来越多的楔形文字原始文献为我们所熟知，更重要的是随着研究方法论的不断丰富，研究视角的“多方位”化，以及系统的社会科学理论被引入亚述学研究领域，有关美索不达米亚文明的一切，都需要重新审视。本书力图根据楔形文字原始文献，援用社会科学理论，揭示出与传统完全不同的美索不达米亚文明的图景。城市文明、商业文明、法律文明、公民社会、资本主义生产方式和人本主义思想等构成人类现代文明基石的诸多元素，不仅在美索不达米亚文明中都能找到其本源，而且它们本身就构成了美索不达米亚文明的本质性特征。

长期以来，世界上很多研究西方古典学的历史学家，包括一些专门研究城市学的学者，无视大量的考古学和文献资料，否认在古代近东存在城市这样一个历史事实，他们把城市的起源看作古希腊现象，主要根据古希腊的“范例”断定古代近东没有“民主制”和“私人企业”。① 实际上，正如笔者在其他著述已经论述②及在本书相关篇章中将要进一步论述的，古代美索不达米亚不仅存在过“原始民主制”，其城市还享有高度的自治权，私人

---

① Marc Van De Mieroop, *The Ancient Mesopotamian City*, Oxford: Oxford University Press, 2004, pp. 3-4.

② 参见于殿利：《巴比伦法的人本观——一个关于人本主义思想起源的研究》，北京：生活·读书·新知三联书店，2011 年版。

经济包括工商业和“农业资本主义”的高度发展孕育了人类历史上最早的公司形式。正如亚述学家所说：“美索不达米亚不仅是最早的城市文明，还是古代最具城市化的社会。”①

实际上，美索不达米亚城市文明的传统对后世的人类文明产生了深远的影响，尤其是对构成西方文明“根基”的古希腊和古罗马文明有深远的影响。就连现代的西方史学家也都毫不吝惜地承认，古希腊和古罗马的古典传统，与古代近东的文明尤其是巴比伦、埃及和希伯来的文明，有着很深的渊源关系，深受其影响。一位西方学者中肯地指出：“今天的西方文明，也可说就是欧美文明”，“与其说系起源于克里特、希腊、罗马，不如说系起源于近东。因为事实上，‘雅利安人’并没有创造什么文明，他们的文明系来自巴比伦和埃及。希腊文明，世所称羡，然究其实际，其文明之绝大部分皆系来自近东各城市”，“近东才真正是西方文明创造者”。② 法国学者让·波特罗(Jean Bottéro)也得出了同样的结论：“大体说来，我们文化的所有方面都是由发端于(公元前)第四千纪、繁荣于(公元前)第三千纪的美索不达米亚文明形成的。”因此，他在其著作《美索不达米亚：文字、理性和诸神》中，将开篇命名为“西方的诞生”。③ 现代学者在撰写西方文明史之时，多半都把两河流域的美索不达米亚文明和尼罗河流域的古埃及文明置于卷首④，他们俨然已经承认它们构成了西方文明史的源头和重要组成部分，正如美国学者菲利普· 李·拉尔夫、罗伯特·E. 勒纳、斯坦迪什·米查姆和爱德华·伯恩斯在其所著《世界文明史》中谈到美索不达米亚文明时

---

① Marc Van De Mieroop, *The Ancient Mesopotamian City*, p. 1.

② [美]威尔·杜兰：《东方的遗产》，北京：东方出版社，2003 年版，第 3 页。

③ Jean Bottéro, *Mesopotamia*: *Writing*, *Reasoning*, *and the Gods*, Chicago: The University of Chicago Press, 1995, pp. 1-11.

④ 如美国学者马文·佩里主编的《西方文明史》(上下卷)，由商务印书馆于 1993 年出版。

所说:“随着文字的出现,西方文明史开始了。”①

西方文明史乃至世界文明史的改写,有很大一部分的功劳要记在辛勤耕耘的亚述学家的头上,是他们破解了人类最早文明的密码,使人类文明在源头上有了崭新和清晰的面貌。亚述学是一门年轻的学科,产生于19世纪中期,是研究古代美索不达米亚(两河流域)的语言、历史和文化的综合性学科。它是建立在对这一地区最早的文字进行释读和研究的基础之上的,该文字是早期在北部的亚述地区发掘出的楔形文字,被称为“亚述文”(现称阿卡德语,包括亚述语和巴比伦语两种方言),亚述学由此得名。在释读阿卡德语的基础上,人类最古老的文字苏美尔文的释读成功又造就了一个新的分支学科——苏美尔学。

这两门学科的产生不是偶然的,因为古代美索不达米亚的居民创造了世界上最早的辉煌的文明,这一文明对推动人类的进步发挥了巨大的作用。这一地区孕育了许多世界之最:诞生了世界上第一座城市;拥有最早的议会制雏形;创办了最早的国家行政学院;发明了世界上最早的灌溉农业,开展了人类最早的对外贸易,实践了最早的封建租佃制和资本主义生产方式;创造了人类最早的公司形式、最早的职业经理人、最早的股权激励形式;诞生了最早的文字、最早的学校、最早的图书馆;出现了第一次社会改革、第一部法典、第一起法律判例、第一部农人历书、第一部药典;产生了最早的宇宙观、最早的伦理观、最早的人本观、最早的科学知识;流传着最早的史诗与神话、最早的寓言、最早的谚语和格言、最早的爱情诗、最早的《圣经》故事原型,等等。

人类社会在经历了前农业文明、农业文明和工业文明形态后,正向着信息文明形态迈进。无论文明如何演进,社会如何进步,美索不达米亚文

① [美]菲利普·李·拉尔夫、[美]罗伯特·E.勒纳、[美]斯坦迪什·米查姆等:《世界文明史》(上卷),赵丰等译,北京:商务印书馆,2006年版,第38页。

明早已成为人类文明决定性的“基因”之一。可以说，美索不达米亚文明奠定了现代文明的第一块基石，为现代文明铸成了最初的根本性的框架。

由于现有材料的不均衡，我们对这一人类文明最初框架的认识和构建难免出现不均衡的状况。换句话说，本书在某些时代和某些方面论述详细，而在另外的时期和其他方面则着墨不多，实乃无奈之举。这样的史料状况，对于从事亚述学研究的学者而言，可以说是不幸的。但如果考虑到距今四五千年前已经是苏美尔城邦繁荣和阿卡德帝国创立的时代，而地球上绝大部分地区都还处于没有文字的史前或蛮荒状态，从事亚述学研究的学者又是幸运的。

亚述学自诞生之日起，已走过了150余年的历程，但至今中国尚没有一部全面论述美索不达米亚文明的学术专著，对具体问题的微观研究虽然不乏真知灼见，但无法揭示出古代美索不达米亚文明的全局性特征和本质性特征，更无法将之放入人类文明的历史长河中考量，从而判断其价值。我国著名历史学家何兹全先生在其临终前主编的最后一套学术研究丛书“中国上古社会和政治研究丛书”的总序中颇有深意地指出：“通观中外学术思想的历史，无论哪一门学科，往往走着一时重思想一时重材料，一时重整体一时重局部的发展路程。孔子所说‘学而不思则罔，思而不学则殆’（《论语·为政篇》），可以引申来说就是偏颇的为害。”[①]对于这样做的害处，何先生做了进一步阐释：“历史经验是值得重视的。任何一门学科都应当理论、材料并重，宏观、微观并重，不能偏重哪一方面……理论和材料的关系是相互为用。要两条腿走路，缺一条腿就成为瘸子……做学问，要宏观、微观结合。要能真实的看到整个社会，才能认识你看到那一部分社会和问题。研究任何一点一面的社会，必须有全面的观点，认识了社会的全面，

---

① 何兹全：《中国古代社会及其向中世社会的过渡》，北京：商务印书馆，2013年版，总序，第2页。

才能真正认识你所见的部分。”[①]这部《古代美索不达米亚文明》就算是向着何先生所指出的“理论、材料并重，宏观、微观并重”方向所做的努力和尝试吧！

作为立志填补学术空白和试图改写美索不达米亚文明史乃至世界文明史（因其位于源头的重要性）的“莽撞”之举，自然困难多多，常萌“退意”，却又难以割舍，遂激情不泯，砥砺前行，十年断续，竟偶草成。然勤奋之下，能犹不及，力有未逮，偏颇疏漏，在所难免，欢迎读者批评指正。同时我也真诚地希望，它能对学术创新有所促进，因为只有不断地创新才是学术生命之所在。

我努力，我更期待。

于殿利
2018年3月5日

① 何兹全：《中国古代社会及其向中世社会的过渡》，总序，第2～3页。

第一编

文明的诞生

第一章　湮没的文明

"文明"是个极富诗意的字眼，它不仅会使人们联想起卓越的发明和发现、先进的生产工具、发达的科学技术以及辉煌的城市建筑等物质创造，还会使人们联想起惊世骇俗的文学作品、动人心魄的艺术杰作、耐人寻味的宗教观念和深入浅出的哲学思想等精神成就。无论从哪个方面看，两河流域都堪称人类文明的最早发祥地。在一般的观念中，西方文明的摇篮是古希腊和古罗马，其实这是一种认识上的偏差，甚至可以说是偏见。学者们越来越在这一点上达成了共识，即西方文明与其说源于克里特岛、古希腊和古罗马，不如说源于古代近东，尤其是源于古代两河流域。

第一节　文明的摇篮

两河流域，古希腊人称为"美索不达米亚"(Mesopotamia)，意为"两河之间的土地"，大部分地区位于今天的伊拉克，小部分地区，即西部和北部位于今天的叙利亚和土耳其境内。两河指的是底格里斯河(Tigris)和幼发拉底河(Euphrates)，它们都发源于亚美尼亚高原。底格里斯河发源于凡湖西部60千米左右的哈扎古鲁小湖，然后向东再折向东南，流经尼尼微(Nineveh)和亚述高原，沿途拥有许多支流，全长2045千米。幼发拉底河则有两个源头，都位于凡湖和厄泽鲁姆之间，它首先呈"之"字形穿过土耳其，在叙利亚东部转向东南，沿途只有一条重要的支流，即喀布尔河(the Khabur)，全长2750千米。这两条河在陶鲁斯山脉(Taurus)被大约250英里(1英里为1609.344米)宽的草坡分开，在杰拉布鲁斯(Jerablus)，幼发拉底河距地中海(Mediterranean Sea)只有100英里，然后取道东南方向向底格里斯河靠近。两河在今巴格达附近相距最近，只隔20英里，但很快就又分开，直到距巴士拉以北60英里的库尔那(Qurnah)才汇合，最后分别注入波斯湾(Persian Gulf)。两河的上游基本在山岭和高原中流淌，下游则形成一块巨大的冲积平原，或称三角洲。这块冲积平原南起波斯湾，北至底格里斯河畔的萨马拉，东抵埃兰山脚，西南达阿拉伯高原的大沙漠边缘。

一、自然条件

整个美索不达米亚地区位于北纬30°线以北，地处干旱地带。但北部和南部略有不同，南部地势低平，两河相距较近，夏天气温高达50℃，冬天的平均降雨量不足254毫米，所以农业几乎全部依靠灌溉；北部河岸高起，两河相距较远，降水量稍多。古代美索不达米亚地区始终受着两大灾害的威胁，一是水旱灾害，二是土地的盐碱化。两河与埃及(Egypt)的尼罗河(Nile)不同，尼罗河上游有大湖调节，每年泛滥水量比较稳定，而底格里斯河和幼发拉底河的泛滥量是不可预测的，因为它们依靠的是大量的雨水和从亚美尼亚以及库尔德斯坦(Kurdistan)山脉落下的雪水。如果连续几年缺雨少雪，就意味着干旱和饥荒；反之，一场大洪水经常会带来巨大的灾难，两河中的水冲破堤岸，弱不禁风的泥屋和芦苇被河水卷走，庄稼、牲畜和物品被淹没，浸泡在水中。另外，在正常情况下，尼罗河水在6月开始上涨，通常在9月达到高峰，11月返回正常，因此庄稼在较寒冷的冬季也有较充足的水源维系，收割在来年的春季进行。在美索不达米亚则不然，底格里斯河和幼发拉底河随着亚美尼亚山脉冬季积雪的融化，在4—6月泛滥，从农作物对水的需求角度讲，这个时间对冬季作物而言太晚，对夏季作物而言又太早。所以，美索不达米亚的农业只能依靠灌溉系统。

对古代美索不达米亚农业来说，仅次于洪水的威胁就是土壤的普遍盐碱化和由此造成的土地贫瘠，甚至最终被遗弃而变成荒漠。由于长期淤积，河水又含有大量的盐分，水分蒸发后，大量的盐沉淀下来，破坏了土壤的肥力。长期的灌溉又导致地下水位增高，把盐带到了地表，地力逐年减弱。所以美索不达米亚的农作物品种十分有限，主要是耐盐碱的大麦和椰枣。与尼罗河谷地相比，两河流域平原地区的条件远没有那么优越。虽然如此，它仍可算得上一个富庶的地区，在早期历史的大部分时间里，其农产品足以维持其人口的生存，还通常有所剩余，用来交换石料、金属、木材和其他原料。

古代美索不达米亚的矿产资源也可谓十分贫乏，金属奇缺自不必说，甚至连建筑所用的石块和木料都得从周围地区进口，所以多数房屋只能用泥土和芦苇建造。

然而，就是这样一方土地孕育了世界上最早的文明，成为人类文明的摇篮。古代美索不达米亚的伟大文明是这一地区的众多民族同大自然不断斗争，以及他们之间长期互相竞争、互相促进的产物，美索不达米亚的自然环境本身并没有像人们想象的那样为原始文明的发展提供充足、优越的条件。

二、城市分布

“文明”一词的英文为 civilization，其词根来自拉丁文 civil，意思为“城市的”、“公民的”或“国家的”，因此 civilization 的直译应为“城市化”或“公民化”。可见，文明的诞生在某种程度上是以城市的出现和国家的产生为标志的，其发达程度是与城市的发展密切相关的。两河流域文明诞生的城市化特点尤为明显。两河流域习惯上分为南、北两部分，大体上以今巴格达为中心，北部称为亚述（Assyria），得名于亚述城（Assur），南部称为巴比伦尼亚（Babylonia），得名于巴比伦城（Babylon）。巴比伦尼亚又以尼普尔（Nippur，今努法尔）为界，分为南、北两部分，南部称苏美尔（Sumer），得名于最早文明的创立者苏美尔人(Sumerians)，北部称为阿卡德(Akkad)，得名于阿卡德城(迄今未发现其遗址)及其创建者阿卡德人(Akkadians)。除了这些著名的都城以外，两河流域的著名古城还有埃利都(Eridu)、乌尔(Ur)、乌鲁克(Uruk)、舒路帕克(Shuruppak)、基什(Kish)、西帕尔(Sippar)、拉伽什(Lagash)、乌玛(Umma)、阿克沙克(Akšak)、拉拉克(Larak)、阿达布(Adab)、尼尼微(Nineveh)、马里(Mari)和埃什努那(Eshnunna)等，它们如繁星一般点缀在底格里斯河和幼发拉底河的两岸及周围地区。它们不仅本身就是美索不达米亚古文明高度发达的结果和见证，而且为文明的发展提供了充分的土壤和广阔的舞台。

第二节　文明的创造者

古代美索不达米亚文明是人类最伟大的文明之一，创造这一文明的民族同样是伟大的民族。这一古老、辉煌的文明不是由一个民族一朝一夕创造出来的，而是在众多民族互相吸收、互相继承和互相促进的基础上，经过几千年的漫长历程，从萌芽到发展并最终走向成熟的。因此，美索不达米亚的文明与文化既呈现出各具特色的多样性，又体现出某些一脉相承的统一性，是多样性与统一性结合的范例之一。

一、苏美尔人

苏美尔人是人类最早的城市文明的真正创造者，他们发展农业，建设城市，并且在艺术、建筑、社会、组织、宗教思想和宗教生活，乃至文化教育等各领域都取得了惊人的成就。大约在欧贝德(Ubaid)文化的中期，即公元前3500年左右，苏美尔人来到两河流域南部，主要居住在苏美尔地区，他们说的是苏美尔语。迄今可以肯定的是，苏美尔人创造的最早的文化是乌鲁克文化。对此，学者们一直存在着较大的分歧。大体来说，考古学家认为，苏美尔人可能就是美索不达米亚史前文化创造者中的一员，因为美索不达米亚史前文化没有出现过中断，具有很好的连续性。苏美尔人出现于欧贝德文化时期，欧贝德人可能就是苏美尔人。① 语言学家根据文字的出现判断，苏美尔人是外来的民族。世界著名苏美尔学家、美国学者S. N. 克莱默(S. N. Kramer)教授认为，欧贝德人是与苏美尔人完全不同的民族，他们是美索不达米亚最早的居民，在苏美尔人到来之前，他们已经在这里定居很久了。他指出，在公元前5000年时，两河流域平原上到处都有欧贝德人用泥砖建造的村落，甚至已有了规模宏伟、构造复杂的神庙。到公元前4000年时，他们的影响已不仅限于两河流域南部，而且遍及整个近东。S. N. 克莱默教授还从语言学角度进行了阐述。他发现，在后来出土的苏美尔语泥板文书中，底格里斯河和幼发拉底河分别被称为伊迪格拉特(Idglat)和布拉努姆(Buranum)，这两个词都不是苏美尔文，因此他断言这可能是欧贝德人的用语。另外，诸如埃利都、乌尔、拉伽什、尼普尔和基什等，被认为最早是欧贝德人建立的村镇，后来发展成为苏美尔人的城市。在苏美尔泥板文书中还出现了许多明显不属于苏美尔语的词汇，如农夫、牧人、犁头、五金匠、织工和工匠等词，大概也是苏美尔人从欧贝德人那里借来的。这还从另一方面反映出，在苏美尔人到来之前，欧贝德人的社会已很复杂。② 持类似观点的还大有人在，他们认为后来的乌鲁克文化的创造者才是苏美尔人，苏美尔人到达美索不达米亚后，征服了欧贝德人。在持苏美尔人“外来说”的学者内部，也存在着分歧。美国亚述学家E. A. 斯佩泽尔(E. A. Speiser)发表长篇大论认为，苏美尔人是在乌鲁克文化时期进入美索不达米亚的，他们来自东方，可能来自海上，尽管他们的发源地可

---

① Jean Bottéro, *Everyday Life in Ancient Mesopotamia*, translated by Antonia Nevil, Baltimore: The Johns Hopkins University Press, 2001, p. 13.

② 参见[美]S. N. 克莱默：《文明的摇篮》，纽约，1982年(中文版)，第31～33页。

能是山区。[1] 还有学者认为，苏美尔人也可能是从阿曼湾上船，此前经过了长距离的陆地旅行，最终到达波斯湾。而其他历史学家，如 L. W. 金(L. W. King)和 M. 贾斯特罗(M. Jastrow)则认为，苏美尔人只可能来自山区，因为他们表示“国家”和“山”的词是同一个符号(*Kur*)。另外，他们的神庙包括塔庙(Ziggurats)证明他们从前祭祀的地方可能位于山顶之上。[2] 还有学者认为，目前根本无法解决这一问题，任何说法都缺乏足够的证据。[3] 显然，造成学者们各执已见的主要原因在于，欧贝德人没有留下任何文字资料，而关于苏美尔人的来源及其语言归属问题，目前也难下断言。

苏美尔各城邦兴起后，为争夺土地和霸权而不断地发动战争。最早称霸的国家可能是基什。据《苏美尔王表》记载：“洪水冲过后，当王权自天而降，王权在基什。”后来基什被乌鲁克打败，王权归于乌鲁克。继基什和乌鲁克之后称霸的可能是乌尔，乌尔王经常率领步兵和战车兵出征，使战败的敌人向其纳贡。而拉伽什与乌玛之间为争夺双方边界领土和争夺霸权的斗争持续了几个世纪。最后乌玛夺得了几乎整个苏美尔地区的霸权，大有统一之势。苏美尔城邦之间的长期混战，使彼此的实力都受到严重损耗。战争加重了各城邦人民的负担，城邦内部的阶级矛盾日渐激化。长期的战争也在一定程度上影响了生产和社会经济的发展，从而埋下了城邦灭亡的祸根。

在乌尔第三王朝时期，苏美尔人创造了属于他们的最后的历史辉煌。他们发展生产，致力于复兴农业，修建运河，改善交通，恢复古提人(Gutians)统治时期一度中断的对外贸易，加强城市的防卫设施。他们还大

---

① Jean Bottéro, *Everyday Life in Ancient Mesopotamia*, p. 14.

② Jean Bottéro, *Everyday Life in Ancient Mesopotamia*, p. 8.

③ 参见[英]格林·丹尼尔：《考古学一百五十年》，黄其煦译，北京：文物出版社，1987年版，第201页；[英]塞顿·劳埃德：《美索不达米亚考古——从旧石器时代至波斯征服》，杨建华译，北京：文物出版社，1990年版，第51～52页。

兴土木工程，修建和修复神庙，发展文化，其中尤以在乌尔、乌鲁克、埃利都、尼普尔和其他许多城市修建的塔庙最为著名。他们还在国家树立法律，重建秩序，进一步发展了中央集权统治，在阿卡德人和古提人之后，实现了苏美尔文明与文化的伟大复兴。

图 1.1　苏美尔人敬献给神的石雕像。苏美尔人通常会把自己的石雕像敬献给神庙，以表明他们对神的虔诚和奉献精神。这尊石像属于早王朝时期，约公元前 2600—前 2300 年

图 1.2　苏美尔早王朝时期的妇女头像。约公元前 2700—前 2500 年

二、操塞姆语的阿卡德人

塞姆人(Semitic)是对古代西亚一些语言相近的民族的统称。这些民族

包括阿拉米人(Arameans)、亚述人、希伯来人(Hebrew)和腓尼基人(Phoenicians)等，他们的语言在语音学、词态学、语法和词汇学等方面有很多共同之处，可以判断他们必然同宗同族。他们的故乡是叙利亚和巴勒斯坦，后来他们逐渐扩散到世界各地，要么通过入侵的方式，要么通过商业贸易的方式，要么通过殖民的方式。不同支系的塞姆人分别进入非洲、欧洲和亚洲的两河流域中下游，他们之中最著名的殖民者是古代在海上称雄的腓尼基人。他们以在地中海沿岸建立的战略据点为基地，广泛地开展商业贸易活动，他们在非洲、西班牙和西西里都建立了殖民地。

其他支的塞姆人比腓尼基人更早登上历史舞台。比苏美尔人稍后，塞姆人的东支来到了美索不达米亚南部苏美尔以北的地区，建阿卡德城(Agade)，因此这一地区史称阿卡德，这支塞姆人被称作阿卡德人。阿卡德人操与苏美尔语完全不同的阿卡德语，他们建立了阿卡德城市国家。其势力不断发展壮大，最后趁苏美尔城邦内战之机，一举将其征服。这时期四周还居住着其他许多部落，如北部的苏巴里人(Subarians)和胡里人(Hurrians)，东部的古提人、加喜特人(Kassites)

图 1.3　阿卡德国王纳拉姆辛石雕像

和卢路比(Lullubi)人，以及东南的埃兰人(Elamites)等。

阿卡德王国的创立者是萨尔贡(Sargon，约公元前2334—前2279年在位)。他首先统一了苏美尔和阿卡德，随后兵锋远至埃兰，略取苏撒、阿凡和巴拉斯等城，还曾征服苏巴尔图王国，占领埃勃拉和巴勒斯坦，领土范围从“日出处”(即东部埃兰)到“日落处”(即西部的叙利亚和巴勒斯坦)，从“上海”(即地中海)到“下海”(即波斯湾)。至此，美索不达米亚实现了空前的统一，其历史上第一个大帝国呈现于世。阿卡德王国最后一位强大的国王是纳拉姆辛(Naram-Sin，约公元前2254—前2218年在位)，他保持了王国的强盛，他几十年的统治几乎都是在征服中度过的，与其祖父萨尔贡一样被尊为英雄。纳拉姆辛以后，阿卡德王国由盛转衰。

阿卡德人的文明与文化最初是在苏美尔文化中心以外的地区独立发展起来的，虽然在某些方面可能受到了苏美尔文化的影响。阿卡德王国促进了塞姆人的创造力的发展，艺术史家认为这一时期对后来美索不达米亚的艺术品产生了深远的影响。萨尔贡和纳拉姆辛的征服无疑有助于在上幼发拉底河和底格里斯河流域传播阿卡德文化，而中幼发拉底河的马里却还保持着文化的地方特色。阿卡德人在征服苏美尔后，在文化上却几乎被苏美尔文化征服，他们尊重并吸收了苏美尔文化。在萨尔贡建立起的君主专制政府中，吸收了苏美尔及其他各地区的代表人物参政；在语言上，苏美尔语的许多因素被阿卡德语所吸收，从而大大地丰富

图1.4　古提人的石制权标头。这是其王拉阿拉伯(La-arab)敬献给神的，时间在公元前2150年左右

了阿卡德语；萨尔贡并不排斥苏美尔人的宗教，相反，苏美尔人的传统受到了尊重：萨尔贡还让自己的女儿成为乌尔的月神南娜的女祭司。萨尔贡还采用了苏美尔人的天文历法、数学和文学等，并把有关著作编目收藏于书库，成为两河流域最早的书林。

三、古提人

古提人是以破坏者的形象出现在历史舞台之上的。阿卡德王国灭亡后，古提人趁机占领了巴比伦尼亚地区。历史上通常把古提人的统治时期看作破坏与倒退的时期。在他们统治的一个多世纪的时间里，几乎没有留下任何文字和实物资料。

没有人知道古提人是什么时候从哪里来的，也没有人知道他们是如何战胜强大的阿卡德帝国的，我们只知道他们是“山里人”，其统治从公元前2250年开始，经历了21位国王，持续了一个世纪之久。古提人统治的一个世纪，在美索不达米亚历史上的确称得上“黑暗时代”。

四、阿摩利人

乌尔第三王朝的灭亡是古代两河流域历史与文明的重要转折点，它不仅敲响了一个古王朝的丧钟，而且标志着一个古老民族——苏美尔人的时代在美索不达米亚政治舞台上的终结。把两河流域古文明推向极盛的是阿摩利人(Amorites)。他们在公元前2000年前后开始向美索不达米亚地区迁移，沿幼发拉底河河谷而下，首先进入北部地区，最终抵达苏美尔的心脏地带。他们是来自叙利亚和阿拉伯沙漠地带的游牧部落，也使用塞姆语，但与古阿卡德人不同宗。他们是塞姆人的另一支即西支迦南人(Canaanites)的一部分。他们的原始语言只能从其人名中推断，因为迄今尚未发现以阿摩利人的语言写成的成文文献。其专有名词词汇揭示出他们的语言属于与迦南人有密切关系的塞姆语。阿摩利人早些时候在幼发拉底河上游地区有其自己的文化，可能也或多或少地受到了苏美尔文化的影响。他们的迁移是循序渐进的，因此当他们最终到达南部时，已不再说一种早期迦南语，而是说古巴比伦语(阿卡德语的巴比伦方言)。遗憾的是，有关阿摩利人早期文化的文献资料并未流传下来，因此在这方面我们几乎一无所知。

在阿摩利人来到两河流域前后，另两支迦南人分别进入了腓尼基和巴勒斯坦。晚些时候塞姆人西支的另一部分阿拉米人迁入叙利亚(通常称叙利亚人)，米坦尼人则进入两河流域以北地区，米底人(Medes)和波斯人的祖先则进入伊朗高原的西部。

图 1.5　古巴比伦妇女雕像。约公元前 1750 年。出自乌尔

第一位在巴比伦尼亚建立统治的阿摩利人是纳波拉努姆(Naplanum)①。公元前 1894 年，一支阿摩利人的首领苏姆阿布姆(Sumu-abum，公元前 1894—前 1881 年在位)建立了一个重要王国，他选择位于基什以西几英里、幼发拉底河左岸的一个城市作为都城，该城在古代美索不达米亚历史上具有极其重要的战略地位，

① I. E. S. Edwards, C. J. Gadd and N. G. L. Hammond eds., *The Cambridge Ancient History*, Vol. 1, part 2, Cambridge: The Cambridge University Press, 1971, p. 632.

它就是后来闻名世界的巴比伦城①。苏姆阿布姆建立的王国史称古巴比伦王国(Old Babylonian Kingdom)，或称巴比伦第一王朝(公元前 1894—前 1595 年)。从此，美索不达米亚的历史与文明便深深地刻上了“巴比伦”的烙印，并以“巴比伦文明”为世人所传诵。

巴比伦第一王朝的第六代王汉谟拉比(Hammurabi，公元前 1792—前 1750 年在位)实现了两河流域空前的统一，他创建了一个领土从波斯湾延伸至地中海的庞大帝国。他自称“强大之王，巴比伦之王，阿穆鲁全国之王，苏美尔和阿卡德之王及世界四方之王”。汉谟拉比的统治使古巴比伦王国臻于极盛，古巴比伦时期所留下的历史文献资料相对于其他历史时期而言也算丰富，而且多数都是涉及经济和法律方面的文书，我们关于古代美索不达米亚文明的认识框架，在很大程度上是拜古巴比伦时期的文献所赐。

五、加喜特人

加喜特人(Kassites)又译作喀西特人。他们是在公元前 1595 年赫梯人灭亡古巴比伦王国之后入主巴比伦尼亚的。根据目前的材料，我们只知道加喜特人来自扎格罗斯山脉，关于其民族和种族的渊源尚不清楚。加喜特人较少有文字保存下来，无法据此判断其语言归属，有些学者根据他们所崇拜的神灵的名字判断他们的语言属于印欧语系，但有很多问题难以解释。

加喜特人是在古巴比伦王国统治后期进入巴比伦尼亚的，赫梯军队在灭亡古巴比伦王国后并未在此停留，而是返回了赫梯国家，加喜特人趁机建立了自己的王朝。在此之前，加喜特人已经在其他地区建立了统治，因为位于幼发拉底河中游的一个小王国哈纳(Khana)的一位国王就拥有加喜特人的名字。加喜特人在幼发拉底河中游所获得的统治，非常可能是在赫

① 巴比伦城在乌尔第三王朝统治时期由一位恩西(*ENSI*，苏美尔城邦中对“王”的一种称谓)统治，在政治上没有什么地位。它的苏美尔语名字为*KA. DINGIR. RA*，阿卡德语的名字为 *Bâb-ilim*，两者的含义均为“神之门”。现在的名称巴比伦(Babylon)源于希腊人的称呼。

梯人的保护下实现的，这可以解释为什么赫梯人通过此地区入侵巴比伦尼亚时未受到任何抵抗，也可以解释为什么赫梯人撤走之后加喜特人获得了巴比伦尼亚的统治权。

加喜特人在巴比伦尼亚统治了430余年(公元前1595—前1157年)，一份王表记载了他们共经历了36位国王，统治了576年，这可能包括了他们在入主巴比伦尼亚以前在其他地区的统治时间。在加喜特人统治时期，巴比伦尼亚内部稳定，公元前15世纪末以前，他们再次统一了巴比伦尼亚。加喜特王朝最初的统治者在民族性方面与巴比伦尼亚的当地居民有着显著的差异，但他们似乎从一开始就采用巴比伦人的语言，后来他们就完全巴比伦化了，他们还与亚述的王室通婚。在加喜特王朝最后的7位国王中，有5位国王采用的是巴比伦人的名字而不是加喜特人的名字。加喜特王朝的国王们采取一切积极的措施，鼓励对外贸易的发展，他们与埃及保持着直接的贸易往来，公元前14—前13世纪，加喜特王朝与北部的亚述之间的贸易更是空前繁荣。同时，加喜特王朝还与阿富汗和印度保持着贸易往来。加喜特王朝的外交活动也保持着开放的态势，甚至加入了国际

图1.6　加喜特人的“界碑”。记载土地赠予或免除土地税等事项，具体内容是记载美索不达米亚南部“海国”一位总督赠予土地的事情。约公元前1125—前1100年

公共安全联盟。

在加喜特王朝统治时期，文学、艺术和宗教都得到了发展。首先，各种记录国王赠予高级官员和高级祭司土地以及免征土地税的“界碑”(Kudurru)，无论是选用的石料、形状，还是上面刻写的文字和图画，都构成了一种独特的艺术形式。其次，在艺术方面的新发展体现在神庙的外墙装饰上，即通常在神庙的外墙上修有神龛，供奉着神的雕像，也有女神的雕像。在宗教方面的发展则体现在神灵地位的变化上，具体说来就是，在公元前第三千纪被奉为巴比伦国家主神、至高无上的恩利尔，其地位被马尔都克取代，马尔都克篡夺了恩利尔的头衔和职能。大约从公元前1200年开始，巴比伦的宗教出现了另一个明显的倾向，即很多神往往被看作某一个特定的神的诸多方面。例如，在一首赞美诗中，一位神灵被这样称颂：“我主，你的眼睛是恩利尔和宁利尔；安努和安图是你的双唇；你的头是阿达德；你的额头是沙拉；你的脖颈是天地的审判官马尔都克；你的喉咙是沙尔帕尼图姆。”①加喜特王朝在文学方面的发展，体现在书吏学校的文学创作活动上。加喜特王朝统治时期，巴比伦文学进入了一个繁盛期。值得一提的是，苏美尔语虽然这时作为口语表达已经不使用了，但在书吏学校的文学创作中仍然占有一席之地。这一时期涌现出了大量的文学作品，尤其是巴比伦智慧文学。

六、胡里人

在加喜特人成为美索不达米亚南部的主人之时，在北部地区胡里人呈现出越来越上升的发展势头。关于胡里人的起源，学者们存在着意见分歧：有些学者认为他们来自亚美尼亚高地；有的学者则认为，胡里人就是美索

① H. W. F. Saggs, *Babylonians*, Oakland: University of California Press, 2000, p. 122.

不达米亚北部地区的土著居民。无论如何，从公元前第三千纪晚期起，他们开始向美索不达米亚南部移动。他们在很多方面都占有重要的地位，但他们最大的贡献可能在于他们把马的使用价值最大化了，并且将马传播开来。马的驯化发生在公元前第四千纪中期的乌克兰，公元前3000年传到安纳托利亚和伊朗，公元前2400年传到美索不达米亚北部和埃兰。马的阿卡德语名称为“斯苏”(sisu)，首次出现在伊新—拉尔萨时期。到古巴比伦时期，骑马已经成为一种交通方式了。胡里人肯定不是最先学会骑马的民族，但他们似乎是美索不达米亚最先认识到马的潜在价值或更广泛用途的人，并且是最先把双轮马拉战车用于军事目的的人。

图1.7　亚述浮雕：骑兵。与胡里人颇有渊源的亚述人把马在交通运输和战争中的应用推向了极致

到公元前16世纪中叶，胡里人融入了叙利亚、西里西亚和美索不达米亚北部的诸多王国之中。其中最强大的王国应该是米坦尼王国，它位于幼发拉底河的支流喀布尔河以东。米坦尼王国的扩张一直持续到公元前15世

纪中叶，它在西部控制了叙利亚和西里西亚的部分地区，并暂时把亚述置于臣属的地位。

七、亚述人

亚述人比苏美尔人进入美索不达米亚稍晚，他们来到了北部的亚述地区。这里最早的居民是胡里人，亚述人逐渐与他们融合，创造了古代亚述文明。亚述本是一座小城，由于地处交通和商业要道，发展迅速。公元前第三千纪末或公元前第二千纪初，亚述国家已初具规模。亚述第一位真正的国王是公元前第二千纪初的沙马什阿达德一世(Shamshi-Adad Ⅰ，公元前1809—前1776年在位)。他依靠雇佣军从其兄弟阿米努手中夺取了王权。当时亚述虽只是一个小国，但商业颇为发达。古亚述商人在小亚细亚(Asia Minor)的卡帕多西亚(Cappadocia)等地的商业殖民活动非常活跃。沙马什阿达德一世死后，亚述便衰落下去，先后臣服于南部的巴比伦和新兴的胡里人的国家——米坦尼。早期亚述时代结束。

公元前第二千纪后半期，米坦尼在赫梯强国的打击下衰落下去，亚述开始复兴，史称中期亚述时期。在提格拉特帕拉沙尔一世(Tiglath-pileser I)统治时期(公元前1114—前1076年)，中期亚述曾一度强盛，亚述不仅征服过南部的巴比伦尼亚，还曾远征西部的黎巴嫩(Lebanon)和腓尼基。但随后在阿拉米人①的打击下，亚述再度衰落。在亚述最衰弱的时期，阿拉米人的营帐几乎安扎到了亚述城的门口。亚述人只能固守本土，蓄势待发。

公元前10世纪末，近东出现了对亚述极其有利的政治新格局：巴比伦尼亚基本处于瘫痪状态，部分地区被阿拉米人占据着；处于利比亚王公统治下的埃及四分五裂，几乎势微力竭；赫梯帝国已经解体；在亚美尼亚地

① 阿拉米人(Aramaeans)，又译阿拉美亚人。西亚古代民族。约公元前第三千纪从阿拉伯半岛进入叙利亚，故又称“叙利亚人”。公元前第二千纪后期向幼发拉底河推进。他们学习腓尼基人的字母文字，在古代东方产生了广泛的影响。

区，后来成为其强大竞争对手的乌拉尔图王国，此时尚未充分发展起来；崛起于伊朗高原的米底人和波斯人不仅相距较远，且尚未强大起来。因此，亚述重新崛起。阿达德尼拉里二世（Adad-nirâri Ⅱ，公元前 911—前 891 年在位）发动了一系列战争，把阿拉米人赶出了底格里斯河流域，战胜了宿敌巴比伦，收复了以前丧失的许多城市，并率军挺进乌拉尔图（Urartu）。在其子吐库尔提尼努尔塔二世（Tukulti-ninurta Ⅱ，公元前 890—前 884 年在位）统治末年，亚述的疆界已经囊括从喀布尔到扎格罗斯，从尼辛宾到阿纳特和萨马拉的北伊拉克全部。其子阿淑尔那西尔帕二世（Ashur-nasirpal Ⅱ，公元前 883—前 859 年在位）继承了其辽阔的领土遗产，迈出了向帝国转变的第一步。

到公元前 8 世纪后半叶的提格拉特帕拉沙尔三世（Tiglath-pileser Ⅲ）统治时期（公元前 745—前 727 年），亚述帝国臻于极盛。提格拉特帕拉沙尔三世被认为是亚述帝国的创建者。他实行了一系列旨在加强王权、削弱大贵族权力及巩固亚述统治的改革措施。同时，提格拉特帕拉沙尔三世利用其强大的军队，对南伊拉克进行远征，远达乌克努河，把巴比伦从阿拉米人的压制下解脱出来。而后他袭击了叙利亚，即袭击了由新赫梯和阿拉米人的王公们组成的同盟。与此同时，他吞并了叙利亚西北部和腓尼基，使大马士革（Damascus）国王拉苏努、以色列国王美纳赫姆以及“阿拉伯女皇”扎卑比俯首称臣。他在“像砸锅一样”打垮了乌拉尔图在叙利亚的附属国之后，又把矛头指向了东方，翻过伊朗高原，进行了前所未有的远征。公元前 734 年，他转回地中海沿岸，镇压了腓力斯丁统治者组织的反亚述同盟。在公元前 728 年的新年庆典期间，他“握着马尔都克之手”，被宣布为巴比伦之王。可惜王座尚未坐热，他便于次年死去。

在国王亚述巴尼拔（Ashurbanipal）统治时期（公元前 668—前 631 年），亚述帝国的版图达到了极限。亚述巴尼拔不仅完成了对埃及部分地区的征服，而且完成了其之前的亚述统治者始终未能完成的事业，即彻底征服近邻埃兰人。经过亚述历代统治者连续几个世纪的征战、掠夺和领土扩张，到公元前 7 世纪，亚述确立了它在西亚和埃及的霸权地位，在这一广阔的领土上建立起了第一个军事大帝国，其领土范围包括整个两河流域，直至北部的乌拉尔图，西至地中海沿岸诸国，西南远达埃及。

亚述帝国的强盛也带来了文化的繁荣。亚述人吸收了苏美尔人和巴比伦人的较先进的文化，在医学、天文学尤其是建筑和艺术方面取得了较大的发展。他们长时期、大范围的征战，无疑扩大了苏美尔、巴比伦和亚述文化的传播和影响。

八、阿拉米人

阿拉米人（Aramaeans）虽然没有在古代美索不达米亚获得过统治权，但他们在美索不达米亚文明乃至世界文明史上占有重要的一席之地。一般认为，阿拉米人和阿摩利人一样，较早时期生活在叙利亚沙漠一带，与有深厚沙漠传统的游牧的贝都因人（Bedouins）不同，他们过着半游牧的生活。在公元前第三千纪的文献中，提到了一个叫阿拉穆（Aramu）的地方，我们很难判断其是否为阿拉米人生活的土地，因为两者除了名字的相似以外，目前没有发现更多的关系。

最早有确切证据提到阿拉米人的文献，是出自加喜特王朝时期的一封信，信中提到了在南部巴比伦尼亚的“阿赫拉穆（Ahlamu）的黄金商队”，说明在加喜特王朝时期他们是从事长距离贸易或对外贸易的游动民族。“阿赫拉穆”最初的意思似乎是“游牧的”，但到公元前 12 世纪，它成为“阿拉米人”的同义词而被广泛使用。也正是在公元前 12 世纪，形势对阿赫拉穆来说发生了变化，因为亚述国王阿淑尔瑞什伊什（公元前 1133—前 1116 年在位）报告，他粉碎了阿拉米人的军队，这说明阿赫拉穆已经不只是游动商人了，他们已经成为对亚述人构成威胁的强大民族。在提格拉特帕拉沙尔一世统治时期，亚述开展了不断的针对阿赫拉穆—阿拉米人的征战活动，尽管亚

图 1.8　阿拉米人的石雕像：鸟和动物。公元前 1200—前 900 年。出自阿拉米人统治下的古扎纳城(Guzana)①哈拉夫遗址

图1.9　阿拉米人的石雕像：猎狮。公元前 1200—前 900 年。出自阿拉米人统治下的古扎纳城哈拉夫遗址

述军队的征战范围非常广泛，从黎巴嫩到叙利亚沙漠的塔德摩尔城(Tadmor)②，从巴比伦尼亚沿幼发拉底河至北部的卡尔凯美什(Carchemish)，都是其征战范围，但阿拉米人的中心似乎在幼发拉底河中游地区。可以肯定的是，尽管这一时期有些阿拉米人仍然过着游牧的生活，但他们大都已经拥有了永久的居住地。阿拉米人中的一支在幼发拉底河中游东岸、美索不达米亚北部的卡尔凯美什以南，建立了强大的王国比特-阿迪尼(Bit-Adini)③。另一支阿拉米人试图向亚述腹地迁移，在强大的亚述人的抵抗之下，他们在亚述的西部边疆、幼发拉底河中游定居下来，一些阿

① 即《圣经》中的歌散(Gozan)。

② 现在的帕尔米拉(Palmyra)。

③ 《圣经·阿摩司书》(1：5)称其为伯伊甸(Beth-Eden)，本义为“伊甸家园”(the house of Eden)。

拉米人还继续向南部的巴比伦尼亚扩散。到公元前 11 世纪末，半游牧的阿拉米人已经占据了幼发拉底河中游地区，以及南部亚述与北部巴比伦尼亚的缓冲地带，对巴比伦和亚述的对外通商甚至正常的生产秩序造成了直接的阻碍，其中以西帕尔城受阿拉米人的影响最大，巴比伦城也受到了其压力。在巴比伦尼亚的阿拉米人大约有 40 个名称不同的部落，他们没有形成统一的群体。虽然阿拉米人在巴比伦尼亚和亚述的政治舞台上未扮演重要的角色，但他们在文化方面的影响却是不能否认的。首先，他们在古代近东的商业贸易领域发挥了重要作用，他们的商贸活动被很早的历史文献所证明，他们的黄金商队很早就享有盛名。他们跨地域的商贸活动对古代近东的文化交流起到了直接的促进作用，同时也加速了阿拉米人与亚述人和巴比伦人的民族融合。居住在大马士革的阿拉米人肯定是商人，根据《圣经》的记载[①]，他们要求以色列王在撒玛利亚(Samaria)给他们辟出专区，以方便他们从事贸易活动。阿拉米人跨越叙利亚和美索不达米亚的商贸活动还产生了另一个结果，即导致了他们的语言向其他民族广泛传播，一直到公元前 400 年左右，阿拉米语还在从埃及到伊朗的广泛地区被到处使用。可以说，阿拉米人为人类字母文字的创立和传播做出了突出的贡献。直到今天，世界上仍有少数民族在使用阿拉米语。

九、迦勒底人

在南部巴比伦尼亚，最早提到迦勒底人的记载是在公元前 878 年。关于迦勒底人的祖先问题，至今仍是个谜。有些学者认为他们是阿拉米人的一支，他们比其他阿拉米人更早地来到南部巴比伦尼亚的沼泽地区，所以被当成了一个特殊的民族。但这种说法缺乏证据，而更多的文献表明他们与阿拉米人是不同的民族。有些学者认为迦勒底人最初起源于阿拉伯的东

---

① 参见《圣经·列王纪》Ⅰ，20：34。

部，当然这也同样缺乏材料的证据。

迦勒底人在社会制度方面与阿拉米人有着显著的差异。与阿拉米人的40个部落形成鲜明对照的是，迦勒底人只有5个部落，这5个部落的名称表明他们拥有相同的祖先。其中3个主要部落为达库里家(Bit-Dakkuri)、阿姆卡尼家(Bit-Amukkani)和亚金家(Bit-Yakin)，另外2个较小的部落为沙阿里家(Bit-Sha'alli)和什拉尼家(Bit-Shilani)。到公元前8世纪的时候，达库里家和阿姆卡尼家占据了幼发拉底河流域巴比伦以南的地区，亚金家的生活区域则大约从乌尔到沼泽地区，一直延伸到波斯湾和埃兰边界。也正因为如此，《圣经》中把乌尔称为“迦勒底人的”。

迦勒底人的生活方式最初似乎是以养牛为主，他们也从事椰枣园的种植活动。虽然他们仍然保持着其部落结构，但他们似乎比阿拉米人更早地融入了巴比伦的生活中。他们经常采用巴比伦语来取名字，在巴比伦的政治生活中也非常活跃。他们很多人都居住在巴比伦的古老城市中，没有居住在巴比伦老城的迦勒底人也都开始适应城市的组织机构，公元前9世纪末以前，迦勒底人已经开始建立他们自己的堡垒性城镇。公元前700年，亚述国王辛那赫里布发动了一场对迦勒底人部落的重要战役，他控制了88座迦勒底人的堡垒性城市，其中多数都是迦勒底人新建的，少数是迦勒底人控制的巴比伦古城。

迦勒底人在与东部地区的贸易中，扮演着重要的角色。迦勒底人最重要的领袖是《圣经》中的比罗达巴拉但(Merodach-Baladan)，他派一个使团到了耶路撒冷(Jerusalem)的希西家(Hezekiah)。比罗达巴拉但的父亲是埃里巴马尔都克(Eriba-Marduk)，他于公元前770年成为巴比伦之王。

亚述巴尼拔死后，亚述帝国迅速走向衰落，地方官员纳波帕拉沙尔(Nabopalassar)夺取了巴比伦的王位，于公元前626年创立了新王朝，史称新巴比伦王国(The Neo-Babylonian Kingdom)。新巴比伦王国继承了亚述帝国的大部分地区，创造了巴比伦文明最后的辉煌。

第三节 文明的再现

美索不达米亚古文明的再现是建立在考古学基础之上的，只有当考古学家不断地把一座座古城、一件件古物和一批批古文献发掘出来时，美索不达米亚的历史与文明才始为人知。而对美索不达米亚文明的破解，则要归功于亚述学家。亚述学家成功地释读人类最古老的文字——楔形文字之后，人类的文明史便有了最新的开篇。

一、楔形文字与欧洲的"古董热"

真正的考古发掘始于19世纪中期，但人们的兴趣却可追溯到更早的时期。事实上，早在12世纪，来自西班牙图德拉城的犹太教教士本雅明(Benjamin)就访问了摩苏尔城(Mosul)的犹太人。他是欧洲第一位穿越近东的旅行家，他正确地把该城附近的遗址认作亚述古都尼尼微①，但他的记录直到16世纪才发表。巴比伦古城位置的确定是1616年以后的事。当年，意大利旅行家彼得罗·德拉·瓦莱(Piedro della Valle)参观了现代希拉附近的土墩。他具有敏锐的眼光，不仅详细地描述了巴比伦城遗址，而且还把在那里及乌尔城遗址发现的刻有文字的砖块带回了欧洲，这是楔形文字首次登上欧洲大陆。

17世纪和18世纪的大部分时间里，众多的旅行家和探险家抱着不同的目的涌向美索不达米亚，试图根据《圣经》的记载来寻找埋在这片土地下的一度辉煌的古城。1761年和1767年，丹麦数学家卡尔斯滕·尼布尔(Carsten Niebuhr)进行了极有价值的考察，他不仅抄录了波斯古都波斯波

---

① 还有一种说法认为，他把摩苏尔误认为古亚述城，参见 H. W. F. Saggs，*The Might That Was Assyria*，London：Sidgwick & Jackson，1984，p. 291.

利斯(Persepolis)的铭文(成为释读楔形文字的重要材料)，还第一次借助草图向其同时代人阐述了关于尼尼微古都遗址的具体见解。几年以后，法国生物学家 A. 米考克斯(A. Michaux)向法国国家图书馆出售了一块发现于巴格达以南的泰西封附近的界碑，这是第一块到达欧洲大陆的有价值的铭文。几乎与此同时，驻巴格达副长官、科学院记者阿贝·比彻姆普(Abbe Beauchamp)仔细勘察了巴比伦遗址，并进行了美索不达米亚第一次考古发掘。但他也只是雇用了几个当地的工人，委托一位工头负责。他第一次描述了著名的伊什塔尔神门，他还提及了一些刻有细小文字的坚固印章，并认为这些文字与发现于波斯波利斯的铭文相似。他于 1790 年发表的游记很快便被译成了英文和德文，并在学术界引起了强烈反响。

在美索不达米亚进行科学考古发掘的第一人是克劳迪乌斯·詹姆斯·里奇(Claudius James Rich，1787—1821 年)，1811 年他以英国东印度公司驻巴格达代表的身份考察了巴比伦遗址，绘制了地图并部分地进行了简单发掘。1813 年他发表了《巴比伦遗址报告》，1818 年又发表了第二份报告。随后他把目标转向了摩苏尔，他对尼尼微的大土墩进行了勘察和描述，搜集了许多刻有文字的泥板、砖块、界碑和圆筒印章等，其中包括新巴比伦王国著名统治者尼布甲尼撒二世和亚述国王辛那赫里布的圆筒印章，这些文字由其秘书卡尔·贝里诺(Carl Bellino)抄录后，送给文字释读家格罗特芬德(后面对其成就有详细介绍)进行研究。里奇所获得的这些古物成为大英博物

图 1.10 克劳迪乌斯·詹姆斯·里奇

馆大量美索不达米亚藏品的核心。不幸的是，正当他意欲大展宏图之时，却于1821年英年早逝，年仅34岁。

在里奇去世20多年以后，古代美索不达米亚的考古发掘进入了一个新阶段。这要归因于两方面的因素。首先，也是最重要的一点，是西方上层社会对古文物的普遍兴趣大大增强。早在16世纪，人们就对古文物产生了兴趣，如果说这时期还只是个别现象的话，那么在18世纪人们对此的兴趣已经很普遍了，到18世纪末期，收集古董在全欧洲已成为一种时尚。另一个重要因素是政治因素。许多欧洲国家尤其是英国和法国都争先恐后地在印度进行殖民活动，它们要寻找一条与印度沟通的陆上捷径。因此，英、法两国采取一切可能的手段和方法增强它们对相关地区，尤其是对埃及、美索不达米亚和波斯的影响。在19世纪中期它们采取的一个手段，就是进行考古发掘。

二、亚述学之父——博塔和莱亚德

1842年，法国政府在摩苏尔建立了领事馆，任命保罗·埃米尔·博塔(Paul Emile Botta，1802—1870年)为领事。博塔是位学识渊博之人，他不仅是位出色的阿拉伯学专家，具有丰富的从政经验，而且曾周游世界进行植物学考察。位于巴黎的亚洲学会在里奇所获成果的吸引下，许诺对博塔所从事的考古发掘工作予以全力支持。1842年12月，博塔开始在库云吉克发掘，库云吉克土墩是亚述古都尼尼微的一个宫殿遗址，尼尼微的另一个宫殿遗址是内比尤努斯(Nebbi Yunus)。但由于挖掘深度不够，博塔没有取得太大的成果。博塔还曾提议发掘内比尤努斯，但遭到了当地穆斯林的反对，因为他们的礼拜寺就建在宫殿遗址之上。1843年3月，博塔把发掘工作转向了霍尔萨巴德(Khorsabad)，它位于摩苏尔西北10英里处。几天之内他就发现了一座亚述宏伟宫殿的遗存，内有巨大的雕刻石板和楔形文字的铭文。博塔据此认为，里奇把库云吉克—内比尤努斯遗址当作尼尼微是错误的，霍尔萨巴德才是尼尼微。于是他把这一喜讯告诉了巴黎，声明“尼尼微已重新发现”。但事实证明博塔的论断是错误的，霍尔萨巴德实际上是杜尔-沙鲁金，是亚述帝国最强大的国王之一萨尔贡二世修建的都城，博塔所发现的是萨尔贡二世在此城修建的宫殿。在此之前，博塔一直是自费进行挖掘，他获得成果的消息传到巴黎后，法国政府决定给他以资金，使其能继续工作，此外还派遣了一位技艺超群的画家 M. E. 弗朗丹(M. E. Flandin)去从事记录考古发现、绘图和雕刻的工作。博塔和弗朗丹回到法国后，以《尼尼微古迹》为题于 1849—1850 年在巴黎发表了其在霍尔萨巴德的考古发现。在这部五卷本的巨著中，文字只占一卷，其余四卷都是弗朗丹绘制的草图。博塔在霍尔萨巴德的发掘成果，大部分现存于巴黎卢浮宫博物馆(Louvre)。博塔由于其开创性的工作，被尊为“亚述学之父”。

另一位美索不达米亚考古发掘的巨人是英国人奥斯丁・亨利・莱亚德(Austen Henry Layard，1817—1894 年)爵士。他出生于巴黎，12 岁以前是在佛罗伦萨度过的。后来在其叔父的建议下，他决定前往锡兰(今斯里兰卡)，在那里他将能成为一名律师。在动身以前他学习了许多有关航海、交通路线、民风民俗及医学方面的知识，学习了阿拉伯语及波斯语。此外，他还阅读了所有他能获得的有关美索不达米亚和波斯的资料及已经发表的关于楔形文字的论文。途中他历经磨难，险些丧生，终于在 1840 年 4 月到达摩苏尔，与他同行的还有一位叫爱德华・米特福德(Edward Mitford)的人。莱亚德还考察了库云吉克土墩。1841

图 1.11　年轻时的奥斯丁・亨利・莱亚德

年8月，莱亚德放弃了去锡兰的计划，来到了巴士拉。1842年《皇家地理学会杂志》发表了他所写的游记的梗概。他进一步在美索不达米亚南部和邻近的波斯进行考察，考察古代遗迹和商业前景，1842年夏他决定返回伦敦。如果他的决定付诸实践，那么无论对他还是他所从事的事业，无疑都是巨大的损失。这时英国驻伊斯坦布尔(当时称君士坦丁堡)的大使斯特拉特福德·坎宁爵士(Sir Stratford Canning，1786—1880年)在伊斯坦布尔接见了莱亚德。在此之前，当莱亚德在摩苏尔逗留期间，他与博塔变成了熟人，博塔还陪他去了库云吉克和内比尤努斯遗址。1845年11月至1847年，莱亚德对尼姆鲁德(Nimrud)进行了发掘。尼姆鲁德位于摩苏尔东南约32千米处，就是《圣经》上所称的加拉。莱亚德起初也以为自己所发掘的遗址是尼尼微遗址，后来才知道尼姆鲁德不是尼尼微，而是卡尔胡城(Kalhu)。该城在亚述国王阿淑尔那西尔帕二世统治初期得到了大规模的扩建。莱亚德的第一个探方就挖掘出了阿淑尔那西尔帕二世的一座宫殿(后称“西北宫”)的墙壁和雕像。他还确定和考察了亚述王阿达德尼拉里三世的“西宫”和埃塞尔哈东的“西南宫”。他还发现了著名的“黑色方尖碑”和那件著名的巨型带翼牛浮雕(两件宝物现存于大英博物馆)，方尖碑上刻着携带贡物的队列，其中

图1.12　沙尔马纳赛尔三世的黑色方尖碑。此碑刻画和记载了四方朝贡的场面

有以色列王耶户的名字。此外，莱亚德还在库云吉克和亚述城做了一次短期发掘。大英博物馆曾向英国政府建议为莱亚德提供 4000 英镑，资助他把所取得的考古发掘成果发表出来，公之于世。遗憾的是，这一数额并不算大的请求，却遭到了财政部的拒绝。1849 年，约翰·穆雷(John Murray)个人出资把莱亚德的成果出版为图册《尼尼微古迹》，并出版了对莱亚德发掘工作的介绍《尼尼微及其遗存》(1848—1849 年)。这部考古学方面最早的书籍很快便成为畅销书，其影响非常大，它大大地激发了人们对古文物和考古学的兴趣，莱亚德也声名鹊起。1848 年，当他刚满 31 岁时，牛津大学就授予他名誉博士的称号。

图 1.13　亚述浮雕：人头、牛身和鸟翅合为一体的巨兽

1849 年 10 月至 1851 年 4 月，莱亚德在大英博物馆的鼓励和资助下，在美索不达米亚进行了第二次考古发掘。这次他选择的是库云吉克和内比尤努斯等遗址，他还再一次光顾了尼姆鲁德。由于健康原因和资金短缺，这次发掘没有取得预想的成果。1851 年春，他决定停止考古发掘，并返回英国，这时他早已成了名人。尽管他的许多朋友都劝说他开展第三次发掘，但他不为

所动。1853年莱亚德成为伦敦的荣誉公民。1855年他出任阿伯丁大学校长。1853年他发表了《尼尼微古迹》(第2卷)和《尼尼微与巴比伦城遗址的发现》。莱亚德由于其卓越的成就，亦被尊为"亚述学之父"。

莱亚德返回英国后，其助手霍尔姆兹·拉萨姆(Hormuzd Rassam)接替了他的工作。1852年，拉萨姆与法国驻摩苏尔的新领事维克多·普雷斯(Victor Place)同时在库云吉克遗址的不同区段进行了发掘。相比之下，拉萨姆的成就更大一些。他不仅发现了亚述末王亚述巴尼拔的许多狩猎的浮雕，还发现了属于亚述巴尼拔图书馆的许多楔形文字泥板。它们不仅成为大英博物馆的骄傲，而且构成了亚述学的基础。

图1.14　亚述古城遗址挖掘现场

普雷斯和拉萨姆还为各自国家的利益，在亚述城遗址①展开了竞争，但两人在此均未取得满意的成果。普雷斯在一座亚述宫殿里发掘出了186个小房间，这还不算其前任博塔发现的14个。与莱亚德不同，普雷斯的目的不在于搜寻多少古物，他的兴趣在于建筑的结构和内部设计，他在霍尔萨巴德发现的一座亚述宫

① 亚述城也是亚述国家的首都，其遗址位于摩苏尔以南、现在伊拉克的谢尔格特堡(Qal'ah Shergat)。

殿就是保存较好的一例。拉萨姆和普雷斯的挖掘工作都结束于 1854 年。拉萨姆返回英国后，大英博物馆没有在库云吉克遗址再进行大的发掘。接替他工作的 W. K. 洛夫图斯(W. K. Loftus)把目标转向了南部诸遗址。他对乌鲁克①和拉尔萨②遗址进行了发掘，出土了许多楔形文字泥板及太阳神沙马什神庙和塔庙的砖砌平台。

在英国和法国竞相在美索不达米亚挖掘并取得了相当大的成就后，其他国家也加入了这一行列。1899 年，德国东方学会主持了在巴比伦遗址的发掘，挖掘工作一直持续到 1917 年。德国人对亚述古城遗址的挖掘更为重视，发掘工作由 W. 安德烈(W. Andrae)主持，时间是从 1903 年至 1914 年。虽然安德烈并未把主要精力放在搜寻泥板和其他古文物之上，而是注重从考古学的科学角度考察城市的规划，包括各历史时期的城墙、建筑物及其相互关系等，但还是出土了许多泥板文书，它们对研究亚述的历史、宗教和法律等都具有很高的价值。

三、乌尔王陵与马里文书的出土

在两次世界大战之间，美索不达米亚的考古也取得了较大的成绩，尤其体现在对南部苏美尔诸城遗址的发掘上。1922 年至 1934 年，列奥纳德·伍利爵士(Sir Leonard Woolley)对乌尔进行了挖掘，向人们展示了一代苏美尔名城的风貌。他在这里发现了一个拥有椭圆形城墙的城池，最大尺寸为半亩(1 亩约为 666.67 平方米)以上。它的北边和西边有幼发拉底河古河床环绕，并有两个船用码头。他还发现了属于较早时期的神庙台基及埋在地下的小型塔庙等。不过伍利最引起轰动的发现是著名的乌尔王陵。他在这里发现了上百座小墓，其中有一群属于乌尔的“王陵”。“王陵”大约有 16

① 乌鲁克(Uruk)，今天的瓦尔卡，《圣经》中的以力城。
② 拉尔萨(Larsa)，今天的森科拉，《圣经》中的埃拉萨尔。

图 1.15　乌尔王陵出土的铜牛首。公元前第三千纪中期

座墓，墓穴由石筑而成，有时一个墓穴有几个墓室。墓顶是由托梁支撑的由石或砖砌成的拱顶，其中还有一座圆顶墓。乌尔王陵中豪华的随葬品和众多的人殉令世界震惊。墓主居于墓室的主要位置，常常被放置在木棺床上，随葬品数量众多，品种齐全，有装饰品、武器、乐器和其他珍宝等。其中用锡和铜熔化铸成的青铜器，是迄今所知世界上最早的青铜制品之一；黄金头盔造型端庄优美；一个由黄铜和天青石制成的公牛头，形象逼真，工艺精巧，是世界上古史上著名的艺术珍品。这些精美的艺术杰作不仅是古代美索不达米亚生产发展和科技进步的见证，而且还具有较高的艺术价值，它们所反映出来的设计能力和高超的手工业技艺在古代世界堪称一大奇迹。墓内的殉葬者有死者的妻、妾、仆从、士兵和奴隶等，这在某种程度上反映出苏美尔社会的贫富分化和阶级对立状况。

1926 年至 1931 年，一支美国考古队在基尔库克(Kirkuk)附近的遗址进行挖掘，揭开了公元前第二千纪亚述历史的新篇章。在这里出土了许多重要的泥板文书，它们对研究整个近东古代社会史都具有较高的价值。1930 年至 1938 年，美国考古队还对位于摩苏尔东北约 12 英里处的两个遗址，即比拉丘(Tell Billa)和高拉丘(Tepe Gawra)进行了发掘，这两个遗址对研究史前史具有重要意义，其保持连续性的居住层可以追溯到很早的

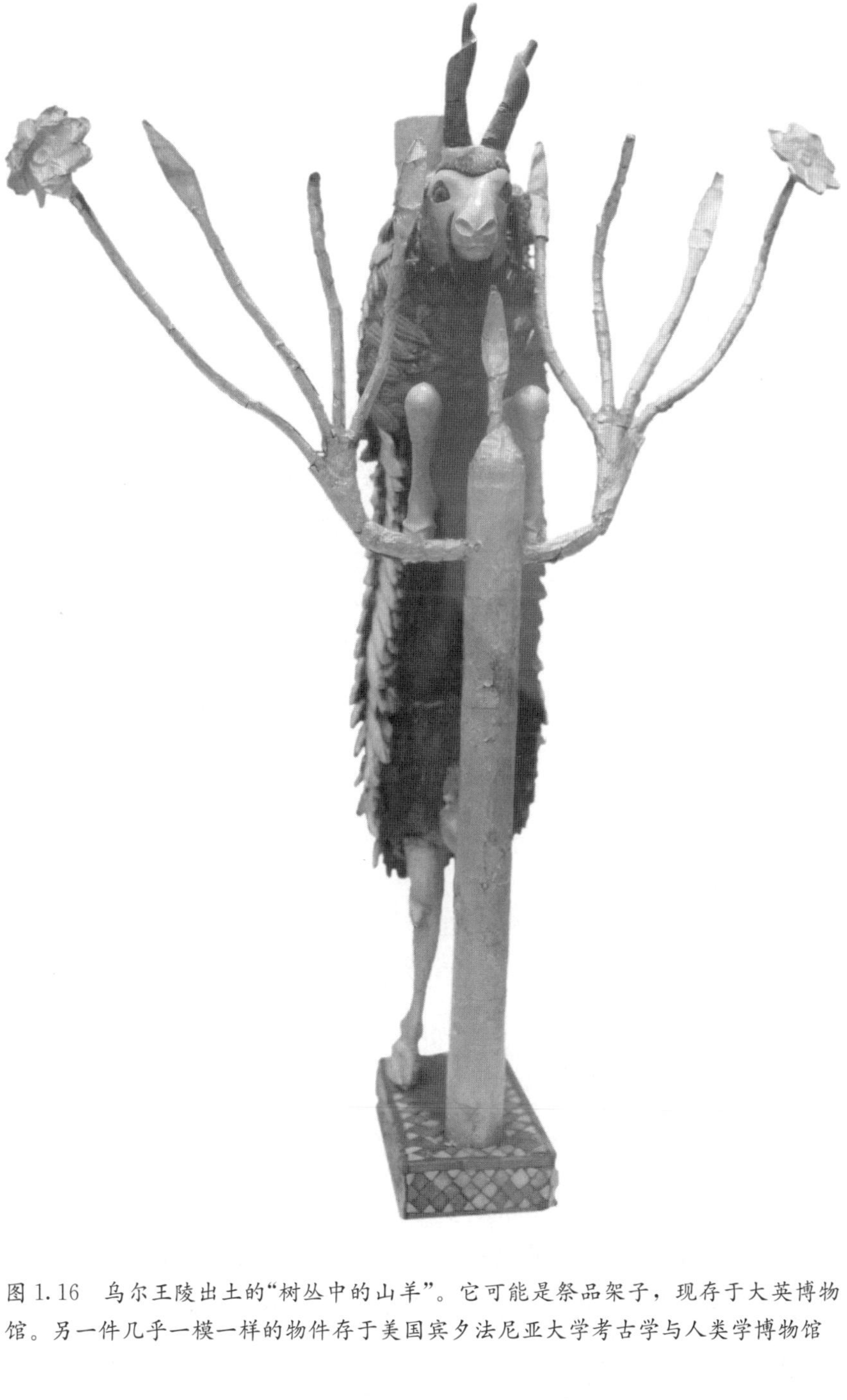

图 1.16　乌尔王陵出土的“树丛中的山羊”。它可能是祭品架子，现存于大英博物馆。另一件几乎一模一样的物件存于美国宾夕法尼亚大学考古学与人类学博物馆

历史时期，高拉丘甚至可溯源到新石器时代。此外，其他一些重要的史前遗址也相继被来自不同国度的考古学家发掘出来，如英国人 M. E. L. 马洛温(M. E. L. Mallowan)1933 年在阿尔帕契亚(Arpachiya)的挖掘等。这一时期最重要的考古发现是马里宫殿和马里文书的出土。1933 年年底，法国考古学家开始对位于叙利亚东部、幼发拉底河中游的哈里里遗址(Tell Hariri)进行发掘，整个挖掘工作一直持续到 1938 年年底。这个遗址很快就被证明是著名的马里古城遗址，其名声早已通过在其他地区出土的楔形文字文献而为人们所熟知。1936 年，法国考古学家终于在此取得了巨大的收获，由 13000 份泥板文书组成的档案馆重见天日，它们成为亚述学家和历史学家难得的珍宝。另一个巨大的发现是一座宫殿的遗址，它占地 6 英亩(1 英亩约为 4046.86 平方米)，包括 300 多间房屋。令人惊讶的是，对于一座近 4000 年以前的建筑而言，其墙壁保存状况良好，有的部分甚至保存下来达 16 英尺(1 英尺为 0.3048 米)之高，有些门还完整无损。考古学家们还惊奇地发现，宫殿内的很多家庭设施，如厨房、浴室和食品储藏间等，即使不加维修也可以照常使用。在一些石膏墙上，还保存有原始的壁画。

第二次世界大战后，美索不达米亚的考古进入了一个新时期。1946 年至 1949 年，英国考古学家塞顿·劳埃德(Seton Lloyd)和伊拉克考古学家福阿德·萨法尔(Fuad Safar)对埃利都进行了挖掘，出土了一座坟墓、一座大型宫殿建筑、一座属于乌尔第三王朝时期的塔庙，以及一系列达十七八层的神庙遗址。1949 年，马洛温代表英国考古学会对尼姆鲁德进行了再一次发掘，发掘工作断断续续地持续到 1963 年。法国考古学家也对马里古城进行了再一次的发掘。

考古学家的辛勤劳动，使湮没了两千多年的人类最古老文明的大部分得以重见天日，这是古代美索不达米亚诸民族留给人类的宝贵遗产。现在世界上许多不同国家的考古队仍在不停地工作着，他们定期地把他们的发掘报告传往世界各地。随着时间的推移和考古技术的不断提高及手段的不断丰富，必然会有更多的古城、文献和文物呈现于世。无论考古学家在这一地区发掘出什么，都不会再令世人感到震惊，因为苏美尔—巴比伦—亚述人之创造力及其文明的璀璨早已令人叹服。

第二章　文明的诞生

美索不达米亚人书写了人类历史最早的篇章，他们在很多领域享有“开创者”的美誉。越来越多的证据表明，美索不达米亚孕育了人类最早的文明。

定居农业的发明是人类文明史上最重大的发明之一，是人类生产方式和生活方式的重大变革，是生产力的重大飞跃，是关系到人类生存和种族繁衍，一直影响到今天并将继续影响到永久未来的重大事件。古代两河流域是人类农业的重要发源地之一，农业起源于生产力并不十分发达的石器时代。学者们通常把石器时代划分为三个不同的时期或阶段，即旧石器时代、中石器时代和新石器时代。

古代美索不达米亚的旧石器时代是从大约公元前10000年开始，到公元前9000年结束。中石器时代则是从公元前9000年开始，到公元前7000年结束。从公元前7000年开始，美索不达米亚进入新石器时代。在旧石器时代，美索不达米亚人居住在山洞里，考古学家发现了许多属于这一时期的洞穴遗址。他们过着狩猎、采集和捕鱼的生活，但已经开始驯养一些动物了。到中石器时代，家畜就出现了。中石器时代的人们仍然过着狩猎、采集和捕鱼的生活，但已经开始在地面上定居生活。同时人工栽培作物也出现了，驯养的动物种类更多了，定居的农业开始出现了。到了新石器时代的真正革命时期，以村落为核心的真正的农业经济开始了，狩猎和驯养动物全面转变成了畜牧业。新石器革命首先发生在“肥沃新月地带”，然后向其他地区扩散。主要遗址包括耶利哥(Jericho)和加尔莫(Jarmo)等。

第一节　从村庄到城市

由于历史材料的局限，我们无法描绘出美索不达米亚人从村庄向城市文明演进的详细过程，但可以勾勒出粗略的图景。这个粗略的图景是以几个著名的文化时期作为重要标志的，它们是哈苏纳文化（Hassuna，约公元前5800—前5500年）、萨马拉文化（Samarra，约公元前5600—前5000年）、哈拉夫文化（Halaf，约公元前5500—前4500年）和欧贝德文化（Ubaid，约公元前5000—前3750年）。每一个文化时期都有其独特的文化特征，每一个文化时期都是根据其发现的遗址来命名的。这些文化时期具有一定的连续性，甚至在时间上还有部分的重叠。在每一个文化时期的内部，还有许多不同的区域文化和亚文化，它们都表现出了有趣的差异性。

一、哈苏纳文化

哈苏纳文化（约公元前5800—前5500年）的代表类型是哈苏纳遗址（Tell Hassuna），它是一座位于摩苏尔以南35千米的低矮土堆，是1943—1944年由伊拉克考古队挖掘出来的。考古学家在哈苏纳的遗址上挖到了原始的土层，发现了粗糙的陶器和石制工具，它们应该属于新石器时代。哈苏纳时期的人们居住在窝棚或帐篷里，因为没有发现他们建造房屋的证据；但他们所居住的窝棚或帐篷以及使用的工具表明，他们已经形成了农耕的社会。然而，在这个原始的居住层的上面，有六层的房屋建筑，越往上层，建筑的面积越大，建筑的状况也越好。“在房屋的大小、设计和建筑材料等方面，这些房屋与今天伊拉克北部村庄的房屋非常相似。”①房屋由两个区域围成一个庭院，共有六七个房间，一个区域用于生活起居，另一个区域

---

① Georges Roux, *Ancient Iraq*, Third Edition, London: Penguin Books, 1992, p. 49.

是厨房和储藏室。屋墙是用压制的泥土坯砌成，地面则由黏土和草混合铺就。在这里还发现有裸体妇女雕像，裸体妇女呈坐姿，雕像还不够精致，略显粗糙。在屋子里还发现有较大的坛子或罐子，里面装有儿童的骨头以及很小的杯子和水壶。在一间屋子的角落，还堆积着成人的骨头。

在哈苏纳文化发现的陶器大体上分为两类：一种是“古典型”，另一种是“标准型”。古典型的陶器分布在第一层至第三层，代表器型包括高高的、圆圆的或鸭梨形状的坛坛罐罐，由粗糙的黏土做成，没有任何装饰，以及由精纺棉织物编织而成的碗，颜色由米色到黑色。碗和球形罐子带有很直但很短的颈，装饰很简单，只有线条和三角形等图案，以精细的红漆喷涂，并且经过磨光处理。标准型陶器占据了第四层至第六层，主要包括同样有彩色装饰的碗和罐子，图案设计都很相似，但喷漆呈暗褐色，而且更厚一点，装饰更加粗放，技法更高超。

二、萨马拉文化

萨马拉文化(约公元前 5600—前 5000 年)是比哈苏纳文化稍晚却与其有重叠的文化时期。在属于哈苏纳文化的各遗址的上层，考古学家发现了更有吸引力的陶器与哈苏纳陶器混杂在一起，并最终取代了哈苏纳陶器，它就是萨马拉陶器。萨马拉是中世纪的一座城市，萨马拉陶器最初发现于 1912—1914 年，其遗址是一个史前的墓地，墓地上面建有房屋。萨马拉陶器包括碗、盘子和壶等生活器具，其中盘子的形状较大，壶则是中间鼓起圆肚子的形状。这些盘子、碗和壶的颜色较为丰富，有红色、暗褐色和紫色，几何形的图案设计在整齐的横条框中，图案包括人物、鸟、鱼、蝎子、羚羊及其他动物。设计和制作这些陶器的人，无疑是伟大的艺术家。

萨马拉文化是公元前第六千纪下半叶繁荣于底格里斯河中游河谷的文化，其全面地被揭示出来是在 20 世纪 60 年代。伊拉克考古学家在距离萨马拉很近(以南 11 千米)的埃斯-索万丘(Tell es-Sawwan)发现了一个农业居住区，该遗址位于底格里斯河左岸，是一个低矮但很庞大的土堆。埃斯-索万丘的居民是像其哈苏纳祖先们一样的农民，他们使用的工具也是相似的石制和火石工具。在雨水稀少的地区，他们最早发明了原始的灌溉农业，利用底格里斯河的洪水来灌溉他们的田地，种植小麦和大麦等庄稼。村庄的中心区域挖掘出了 3 米深的沟堑，并辅以很厚的泥土砖墙，显然是为了防御外来的入侵者而修建的。村庄的房屋都很大，设计呈长方形，拥有很多个房间和庭院，建筑材料使用的是雪茄形状的泥土砖，上面涂以黏土泥和石膏。在地板和墙面上，涂有一层薄薄的灰泥。

在埃斯-索万丘遗址，同样发现了盘子和壶等萨马拉陶器，它们有的粗糙，有的则很精致，在房间里还发现有漂亮的半透明的大理石器皿。除此之外，在地板下面，还发现有成人和儿童的尸体。成人呈蜷缩的姿势，用编织垫子包裹着，外面涂上一层沥青；儿童则装在大罐子或深碗中。在这些墓葬中，发现了用雪花石膏或赤陶土制作的小型妇女雕像，以及少量的男人小雕像。这些小雕像有的呈蹲姿，有的呈站姿。他们中的一些黏土小雕像长着“咖啡豆”眼睛，尖头形象与欧贝德时期的雕像非常相似；而其他

图 2.1　萨马拉文化时期的陶器

一些黏土或石头雕像通常有着一双睁得大大的眼睛，镶嵌着贝壳和沥青，眼眶上涂有黑黑的睫毛，这是后来苏美尔人所惯用的技艺。

迄今为止，没有任何其他居民遗迹可以与埃斯-索万丘遗址相比，萨马拉陶器沿着底格里斯河河谷得到了广泛的传播，从尼尼微传到了位于伊拉克和伊朗边界曼达里(Mandali)的高加・马米(Choga Mami)，此外还被位于幼发拉底河中游的巴格胡兹(Baghuz)和位于中加兹拉赫(Jazirah)的卡加尔・巴扎尔(Chagar Bazar)借鉴和吸收。尤其是在高加・马米遗址，已经有了运河灌溉的实践。在此遗址中，不仅发现了类似埃斯-索万丘的“咖啡豆”眼睛小型雕像，而且萨马拉陶器经过本土化已经形成了一种新的类型或风格，这种新的类型和风格与美索不达米亚南部埃利都的陶器类型和风格相似，埃利都陶器被认为是欧贝德陶器的早期形式。

三、哈拉夫文化

美索不达米亚早期历史的第三个发展阶段是哈拉夫文化(约公元前5500—前4500年)，它得名于哈拉夫(Tell Halaf)——一个大土堆遗迹。哈拉夫遗迹俯瞰喀布尔河，位于土耳其和叙利亚边界。在第一次世界大战前夕，一名德国考古学家在公元前10世纪阿拉米人统治者的宫殿下面发现了厚厚的土层，出土了一批漂亮的彩陶，从而拉开了哈拉夫文化的序幕。在随后的时间里，英国人在尼尼微、阿尔帕契亚(Tell Arpachiyah)和卡加尔・巴扎尔的发掘，以及美国人在高拉丘的发掘使哈拉夫文化具有了年代上的确定性，因为这些遗址的文化类型具有相似性甚至完全的一致性。其他国家在其他遗址的考古发掘，更加丰富了我们有关哈拉夫文化的知识。

与以前的文化时期相比，哈拉夫文化具有很多截然分明的新特征。居住区无论是根据形式还是根据规模判断都依然是村庄性质，但鹅卵石铺成的街道表明村庄已经具有了一些行政管理的色彩。压泥砖或泥土砖仍然是标准的建筑材料，但长方形的房屋有变小的趋势，而圆形房屋成为主要的建

图 2.2　哈拉夫文化时期的妇女雕像。公元前 5200—前 4200 年

筑形式。在哈拉夫文化时期发现的唯一带有神庙性质的建筑，来自巴里科河(the Balikh River)畔的阿斯瓦德遗址(Tell Aswad)。那是一座圣堂，是很小的方形建筑，有泥筑的基座，在过道的门槛处发现有一个公牛的头骨。

与圆形建筑同样有趣的是，在阿尔帕契亚和其他遗址中发现的小物件，包括护身符和赤陶土雕像。护身符的形状非常多种多样，有房屋形状的，有牛头形状的，还有双斧形状的；赤陶土雕像则主要是鸽子雕像和妇女雕像。尤其是妇女雕像展现出了新姿，她们通常蹲在或坐在圆凳子上，双臂托着沉重的双乳。虽然人物的头部变成了无固定形状的模糊形象，但躯体却具有现实主义特征。在妇女雕像的身上涂有彩条和斑点，它们可能代表某种禁忌；妇女还佩戴有珠宝首饰。

应该承认，哈拉夫文化的陶器是以往在美索不达米亚使用过的最漂亮

图 2.3 哈拉夫文化时期的陶器(一)

的陶器。首先，陶器的色彩非常鲜艳、丰富。其次，陶器都是用手工制作，器皿的壁通常都很薄，形状变化丰富，设计大胆：圆形的壶带有开口很大的颈，矮胖的坛子带有可以滚动的圆圆的边沿，大酒杯带有腿儿，深深的大“奶油碗”的侧面轮廓显得瘦削。哈拉夫文化陶器的装饰设计与器皿的形状达到了高度的协调，大多数器皿采用的都是密密编织的图案设计，三角形、正方形、方格、十字形、扇形和小圆圈等几何图形是最受欢迎的设计图案，此外还有花鸟和羚羊等动物的图案。然而，最具特色的是具有宗教象征意义的“双斧”。

哈拉夫文化迷人陶器的生产已经形成了批量的规模，出现了一些专业化的生产制作中心，如阿尔帕契亚、布拉克、卡加尔·巴扎尔和哈拉夫等。所有的陶器从这些生产制作中心运送到特定的居住区，再由居住区逐步扩散到更远的地方。商人们的运输工具和运输方式可能包括牛背驮和牛拉雪橇等，他们去的时候运送陶器，回来时则进口贝壳、宝石特别是黑曜石等

图 2.4　哈拉夫文化时期的陶器(二)。公元前5500—前5000年

“奢侈品”，这类“奢侈品”在大多数哈拉夫文化区域都十分流行。

特别值得一提的是，哈拉夫人中已经形成了“层级社会”，具体地说，不是经济分层，而是社会分层，社会形成了阶级或阶层。在陶器的生产和制作中心，居住着本地的族长或首领；农民和牧民则居住在相对较小的村庄。他们种植大麦和小麦、亚麻，以及扁豆等蔬菜，放牧和养殖羊、猪、牛和家犬等。

根据哈拉夫陶器的分布状况判断，在哈拉夫文化传播的鼎盛期，其中心区域占据了宽阔的新月地带，它们都属于气候干燥的农业区。这个区域从阿勒颇(Aleppo)地区一直延伸到迪亚拉河(the Diyala River)河谷，覆盖着加兹拉赫和未来亚述的整个区域。在这一庞大区域的边缘，哈拉夫陶器也被广泛地模仿，包括东安纳托利亚(Anatolia)的中心区、西里西亚和北叙利亚地区，一直到地中海沿岸等地。

四、欧贝德文化

在公元前4500—前4300年，美索不达米亚北部的一些哈拉夫居住区遭到了遗弃，而在其他地区，哈拉夫文化的圆形房屋和彩陶类型逐渐被方形房屋和另外类型的陶器取代。这种新型的方形房屋和陶器类型所代表的文化，其名称却是来自美索不达米亚南部的一个小土堆阿尔·欧贝德(al-

图 2.5　拉尔萨出土的陶器

Ubaid)的名字，这就是著名的欧贝德文化，因为它们最早发现于对阿尔·欧贝德小土堆遗址的考古发掘中。阿尔·欧贝德位于著名的苏美尔城市乌尔的临近地区，欧贝德文化从这里向两河流域发展和扩散，成为在美索不达米亚早期历史阶段单一文化从加兹拉赫延展到底格里斯河—幼发拉底河三角洲的最早例证。

实际上，在公元前第五千纪时，美索不达米亚的南部已经出现了金属器，人们发明了铜鱼叉等工具。传说和考古发掘材料都表明，埃利都①是这里的最古老的居民点之一，在公元前第五千纪中叶以前很久这里就有居民生活。埃利都是欧贝德文化的发源地。现在它是环绕着一个年久失修的“塔庙”的低矮土堆和沙丘，该“塔庙”是乌尔第三王朝的统治者阿马尔辛(Amar-Sin)修建的。在这个“塔庙”的一角，考古学家令人震惊地挖掘出了一系列神庙遗迹，达 17 座之多，它们是在早期历史的不同时代修建的，一个建在另一个之上，所以并不是同时存在的。最底层也是最早的是第 15～17 层，这是一个只有一间房子的小建筑，房间里有祭坛、供桌和精致的陶器(被称为埃利都陶器)，陶器有精心和优雅的设计，设计以几何图案为主，色彩则多为暗褐色。神庙第 12～14 层的遗迹保存得非常不好，出土的陶器只有微小的变化，突出特征是设计繁密，这与在卡尔阿特·哈

① 埃利都，现在的阿布·沙赫来恩(Abu Shahrain)，位于乌尔西南 19 千米处。

吉·穆罕默德(Qal'at Hajji Muhammad)遗址出土的陶器相类似。卡尔阿特·哈吉·穆罕默德遗址位于乌鲁克附近，这里出土的陶器在南部其他地区也有发现，特别是在基什以北 8 千米处的拉斯·阿尔·阿米亚(Ras el'Amiya)遗址。除了陶器外，在卡尔阿特·哈吉·穆罕默德遗址还发现有残垣断壁，以及其他物品。神庙的第 6～11 层总体保存完好，挖掘出很多种标准的"欧贝德陶器"，而神庙的第 1～5 层在时间上可以确定为乌鲁克文化的早期阶段。由于埃利都陶器和卡尔阿特·哈吉·穆罕默德陶器与欧贝德早期陶器以及欧贝德晚期陶器有着非常密切的关系，所以现在通常把这四种类型的陶器分别称为欧贝德Ⅰ、欧贝德Ⅱ、欧贝德Ⅲ和欧贝德Ⅳ陶器。

图 2.6　欧贝德Ⅲ陶器中的钟形碗

法国考古学家在拉尔萨城附近的一个小遗址——埃尔欧埃伊里丘遗址(Tell el'Oueili)的发掘，丰富了欧贝德文化的内容。埃尔欧埃伊里丘遗址是一个相对小一点的土堆，一半位于周围平原的地平线之上，一半位于地平线之下，它完全是属于欧贝德人的遗迹。考古学家把整个居住区分为 20

层，在最上层(1～8 层)出土了欧贝德Ⅱ、欧贝德Ⅲ和欧贝德Ⅳ陶器；欧贝德Ⅰ陶器即埃利都陶器则在 9～11 层被发现；再往下还有 8 层(12～19 层)，出土的陶器被称为前欧贝德陶器或欧贝德 0 型陶器，它与萨马拉陶器具有某种相似性；而在第 12 层出土的一段墙上的"雪茄形"泥土砖，不免让人联想到在埃斯-索万丘发现的同类型的建筑用砖。不仅如此，在 20 层以下，还有居住层隐约可见，但由于地下水位无法挖掘。可以想见，美索不达米亚南部的村庄还可以追寻到公元前第六千纪更深的根基中。

欧贝德文化的主要标志是彩陶和神庙建筑。根据埃利都神庙的出土情况判断，从公元前第六千纪直至有文字记载的历史时期，至少美索不达米亚南部地区的宗教传统未曾中断过，它们一代一代地传承下来。这一宗教传统还被在欧贝德发现的另外两个神庙证实，它们的位置在乌鲁克天神安的"白庙"附近。一般认为，欧贝德文化的陶器不那么吸引人，经常烧制过火，颜色从黄褐色到绿色不等，喷漆的色泽不够光亮，装饰也显得墨守成规和拘谨，尽管偶尔的植物、动物和流动的曲线也不乏魅力，但常见的装饰图案却是千篇一律，主要集中在三角形、条框或十字交叉条框、断线或波浪线等，较缺乏想象力。但欧贝德文化的陶器结构非常合理，一些陶器是用慢轮制作的，而且在欧贝德文化的陶器中，首次出现了壶嘴和环形把手。最具特色的是"钟形碗"、带有篮子提手的水壶、带有倾倒口的奶油色碗，以及一种叫作"龟甲"的器皿，这种器皿有一个很平的底

图 2.7　欧贝德文化时期的一个房屋模型的屋顶，彩色的部分代表芦苇。出自阿尔·欧贝德

座，器皿的主体有凸有凹，还带有管状的出水口。在所有南部遗址和很多北部遗址中，都发现有这些陶器，但南北方的陶器还是存在着显著的差异。

在欧贝德文化早期，生产力水平还很低下，这时尚无贫富分化和阶级分化的痕迹。由于石料非常稀少，它的使用局限在沉重的工具和极少数的装饰品上，几乎所有其他工具和物品都是用赤陶土来制作的，包括弯曲的钉子、镰刀、纺轮和渔网上的铅锤等，甚至还有斧子、锛子和刀子的模型等。欧贝德文化的很多房屋，其结构显得很单薄，基本建筑材料是芦苇，辅以木头柱子支撑，有时用黏土涂抹。一些更舒适的房屋则使用经过压制的土坯或土砖，而且使用也很广泛。埃利都神庙就是用大块的土砖建成的，包括长长的椭圆形正厅或地下室，在这正厅的周围，是一间间的小屋。欧贝德文化的村庄一般建在平坦的区域，有的区域河流、小溪纵横交错，还有的区域具有得天独厚的湿地。欧贝德人种植大麦、椰枣以及其他可食用的植物和作物；有些地方专门养殖瘤牛和猪，用水生植物喂养它们。在美索不达米亚中部的哈姆林盆地(the Hamrin Basin)，有 12 个欧贝德文化的居住区得到了发掘，其中马德胡尔遗址(Tell Madhhur)最引人瞩目，因为它拥有“在美索不达米亚发现的保存最完好的史前建筑之一”①。在所有欧贝德文化的主建筑中，这所房屋的主建筑是相对较小的。它的设计由三部分组成，有一个十字形的中厅，较小的房间置于两侧。墙高都超过 1.8 米，门窗保存下来清晰可见。在欧贝德文化时期，美索不达米亚北部的建筑则完全是另外一种景象。与南部不同，砖和石头在房屋建筑中得到了广泛的使用。在北部最重要的高拉丘遗址，带有彩墙的三座大的神庙堪与埃利都神庙相媲美。在欧贝德时期，虽然存在着南北差异，但文化的统一仍然构成了主流。

此外，在欧贝德文化时期，考古学家们还有另一项重要的发现，那就

---

① Georges Roux，*Ancient Iraq*，Third Edition，p. 63.

图 2.8　黏土封印。公元前 5000 年左右。出自阿尔帕契亚。这种封印常用在门扣处封门，如店铺关门时不让人进入等。这种封印随着时间的推移变得越来越大，常带有动物图案

是很多明显不属于美索不达米亚的物品存在于各遗址中，黑曜石以及印度所特有的宝石等物品的出现，证实了在欧贝德文化时期已经存在长距离的对外贸易了。① 在埃利都和乌尔等地发现的航海船的模型，再一次为此提供了证据。

欧贝德人的居住区虽然仍然是村庄，但它们都拥有较大的中心，而正是从欧贝德人的这些中心，发展出了苏美尔人的城市，欧贝德文化代表了苏美尔城市文明的第一步。约公元前 3500 年，苏美尔人来到两河流域南部，主要居住在苏美尔地区，他们说的是苏美尔语。欧贝德文化的创造者通常被称为欧贝德人，关于其与后来的苏美尔人的关系问题，以及与此相关的谁是美索不达米亚最早居民的问题，学者们一直存在着较大的分歧。如前所述，世界著名苏美尔学家、美国学者 S. N. 克莱默教授认为，欧贝德人与苏美尔人完全不同，他们是美索不达米亚最早的居民，在苏美尔人到来之前，他们已经在这里定居很久了。他指出，在公元前 5000 年时，两河流域平原上到处都有欧贝德人用泥砖建造的村落，甚至已有了规模宏伟、

① Georges Roux，*Ancient Iraq*，Third Edition，p. 63.

构造复杂的神庙。到公元前 4000 年时，他们的影响已不仅限于两河流域南部，而是遍及整个近东。

第二节　文明的诞生

苏美尔人无疑是人类最早的城市文明的真正创造者，他们发展农业，建设城市，并且在艺术、建筑、社会组织、宗教思想和宗教生活乃至文化教育等各方面都取得了惊人的成就。苏美尔文化不是突如其来的，它有着深厚的基础，它是美索不达米亚经济和文化长期发展的必然结果，哈苏纳文化、萨马拉文化和哈拉夫文化，尤其是欧贝德文化，为苏美尔城市文明和文化奠定了坚实的基础。实际上，早在欧贝德文化中期，苏美尔人就来到美索不达米亚南部，他们与欧贝德人相互渗透、相互融合，并在欧贝德人已经高度发达的文化温床中，孕育出苏美尔文明的繁荣。还应特别指出的是，就在文明得到很好孕育，即将呼之欲出之时，美索不达米亚的南部和北部开始分道扬镳，从此南部与北部步上了不同的文明发展之路。虽然南部和北部在文化方面存在着不可否认的趋同性和统一性，但双方各自不同的特征还是非常明显的，尤其是北部亚述地区的发展明显落后于南部的巴比伦尼亚，其中的原因学者们各持已见。

一、乌鲁克文化

迄今可以肯定的苏美尔人创造的最早文化是乌鲁克文化，时间为公元前 3500 年至公元前 3100 年，以文化的遗址乌鲁克城命名。乌鲁克城由两个城镇，即库拉巴（Kullaba）和埃安那（E-Anna）①组成，两个城镇相距仅 800 米。库拉巴是献给美索不达米亚的最高神——天神安（An）或安努（阿卡

① 意为“天神之屋”。

图 2.9　两个乌鲁克文化晚期的石制花瓶。公元前 3300—前 3000 年

德语称 Anu)的，埃安那则是爱情女神伊南娜(Inanna)或伊什塔尔(阿卡德语称 Ištar)的主要居所。在埃安那的中心，乌尔第三王朝时期的国王乌尔纳木(Ur-Nammu，约公元前 2112—前 2095 年在位)修建了一座塔庙，其保留下来的残迹仍依稀可见。

在乌鲁克文化时期，铜制的工具如锥子和针等得到了更多的运用，冶铜业的发展不但扩大了手工业和农业之间的分工，也促进了苏美尔与周围地区早已存在的商品交换的发展，加速了社会内部的财产分化和阶级分化的过程。苏美尔人所创立的乌鲁克文化在继承以往文化的基础上，形成了一些新的特点，这些新特点标志着人类文明的诞生，主要包括以下方面。

1. 城市的诞生与市民生活方式的形成

苏美尔人已经把分散的小村庄发展成城镇，这是最重要的变化之一。由于气候的变化，以及幼发拉底河水量的越来越少，很多支流甚至出现干涸、断流，原先沿河散落的村庄逐渐衰败，居民们都离村而去，重新集中在欧贝德文化时期就已形成的大型中心区，这些大型中心区在规模上迅速发展成为城镇，而且在生产和生活方面形成了与原来的村庄经济不同的特征和方式。为了开垦和种植可耕地，灌溉农业得到了巨大的发展，挖凿和维护运河所需要的大量劳动力，通过比单一村庄更多的城镇人口得到了很好的征集和调动，修建和维护运河所需要的精细安排和组织工作也通过城镇的管理功能得到了保证。而且也正是在灌溉农业的发展过程中，权威得到了树立，威权机关逐渐完善并发挥越来越重要的作用。随着一个个大型中心区发展成为城市，苏美尔人的城邦逐渐形成。苏美尔人的城市都修建有堡垒式的防御系统，都有比较清晰的区域界线。与村庄相比，在城市内除了居住着开垦和耕种土地的农民之外，还有大量的祭司、书吏、建筑师、艺术家、商人、手工业者、士兵，以及宗教领袖和军事领袖等。

2. 这时期出现了大规模的神庙和宫殿建筑

乌鲁克文化时期的古典神庙与欧贝德文化的埃利都神庙，在设计方面非常相似：正面扶垛和周围由小房间环绕的中厅是必不可少的设计元素，门通常开在较长的一面墙上，这在美索不达米亚已有很久远的传统。平台有越来越高的趋势，并逐渐变得比神庙建筑本身还重要，这可能就是塔庙的由来。在神庙建筑的最底层，已经拥有了奠基石。在两个圣堂之间，通常拥有一个很大的庭院，庭院的边墙、廊柱以及平台都被涂上彩色的几何图案。实际上，对色彩的喜好在一般墙壁上也清晰可见。例如，属于埃安那古典神庙之一的“红庙”就因其墙壁被粉刷成粉红色而得名。而同样有名的乌鲁克“白庙”，则位于乌鲁克的天神安神庙高高平台的顶部，其遗迹尚存，让人见后难忘。

3. 乌鲁克文化最典型的文物圆筒印章，反映出乌鲁克文化的高度成就

圆筒印章(Cylinder Seal)从乌鲁克文化时期开始大规模出现，贯穿美索不达米亚文明的始终，构成了美索不达米亚文明的一个独特之处。圆筒印章是一种用一般石头制成的小圆柱，长度为1～3英寸(1英寸为0.0254米)不等，在其上刻有图案，可以印在泥板上。圆筒印章与乌鲁克石膏瓶上的

图案反映出这一时期的阶级分化和对立。圆筒印章上有屠杀俘虏或把俘虏送给权贵人物的图案，石膏瓶上的图案则是被俘的奴隶或平民劳动者向神纳贡。

圆筒印章是具有划时代意义的独特文物，它标志着个人社会地位或身份以及个人财产等权利的被认可和保护，标志着社会已经具有所有权等法律意识和法律实践。圆筒印章还具有较高的艺术价值。

4. 文字的产生

文字的出现标志着历史和文明的开始，它是迄今为止人类最伟大的发明创造之一。在公元前3300年左右的乌鲁克的埃安那神庙中，发现了最早的苏美尔象形文字泥板，证明这时文字已经产生了。随着时间的推移，以及苏美尔人社会结构的日趋复杂，在生产和生活强大动力的推动下，苏美尔人的文字逐渐失去了其图画特征，简化成较抽象的“楔形文字”(Cuneiform)或“钉头字”，与其表达的意思没有任何“相像”之处。其符号呈水平线铺开，而不是垂直排列或呈正方形。文字的发明最初是出于记账甚至计数的目的，实际上早在公元前第七千纪的时候，美索不达米亚人就用黏土做成的小泥球、小泥块和小的泥圆锥来计数。

二、捷姆迭特·那色文化

苏美尔人史前的另一个重要文化时期是捷姆迭特·那色文化时期，存在时间约为公元前3100年至公元前2700年。这时期农业、畜牧业和手工业均有所发展，灌溉设施、土木工程和金属加工等技术均有明显进步，在计算上则采用了十进制和六十进制。这一时期文字普遍应用，出现众多的泥板文书，文书上有表示“女奴”和“男奴”的词汇。私有制已经产生，以神庙为中心的城市国家已经形成。

公元前第三千纪初，在苏美尔和阿卡德地区形成了十几个国家，主要包括埃利都、乌尔、拉尔萨、乌鲁克、阿克沙克、拉拉克、阿达布、拉伽

图 2.10　捷姆迭特·那色文化时期的管理文书。记载的是把土地授予神庙官员

什、乌玛、舒路帕克、尼普尔、基什和西帕尔等。每一个国家出现的具体时间，目前尚难考证。这些国家一般以一个城市为中心，城市周围有若干个村镇。城市包括王宫建筑、神庙和贵族住宅等，周围修建城墙。这些国家最初规模都不大，人口也不多，如著名的乌尔，初期由 3 个城市和若干村庄组成，面积不过 90 平方千米，人口只有 6000 人。其他国家也大致如此。

捷姆迭特·那色文化是乌鲁克文化的延续。在陶器制作方面，捷姆迭特·那色文化与乌鲁克文化相比，没有发生本质的变化，只是样式更多一些，质量更好一些。建筑遗迹非常少，但足以证明在设计和装饰等方面与乌鲁克文化保持着一致性。圆筒印章得到了更广泛的使用，其画面主题仍然包括宗教和世俗两大内容。在艺术方面，雕刻艺术成为这一时期重要的贡献。自萨马拉文化以后，雕刻艺术几乎遭到了遗忘，这一时期重新出现，并且迅速达到了完美的高度。猎狮场面首次出现在雕刻作品中，这一时期的雕刻家成为后来亚述艺术家的祖先。祭祀场面和人物雕像也是艺术作品的重要主题，其中有两幅杰作在当时无可匹敌。其一是一个一米高的雪花石膏

图 2.11　捷姆迭特·那色文化时期的坛子

图 2.12　乌鲁克妇女面具

花瓶(图 2.13)，上面刻有伊南娜女神接受贡物的场景。该花瓶被认为是古代小型艺术品中的无价之宝。其二是一个妇女面具(图 2.12)。该面具用大理石制成，几乎相当于真人面目大小。该作品将现实主义与内心情感完美地结合在一起，不仅在艺术造诣上达到了前所未有的高度，而且为古希腊古典时期之前的雕刻艺术所少见。①

① George Roux, *Ancient Iraq*, Third Edition, p. 77.

图 2.13　著名的乌鲁克雪花石膏花瓶。花瓶上的浮雕描绘了苏美尔人向伊南娜女神献祭的场面，五谷丰登、牛羊肥壮以及人们的虔敬之情和谐相映

第三章 楔形文字的发明与演变

文字的发明是古代美索不达米亚居民对世界文化的最突出的贡献之一，它使他们创造的人类最早的文明与文化得以记录、保存和传播开来，被世界上其他地区的民族吸收和继承。由于他们创造和使用的文字符号在外形上有些像钉子或楔子，所以这种文字最初被阿拉伯人称为“钉头字”(mismari)，后来英国人把它称为“楔形文字”(Cuneiform)。英国人取的这个名字，即Cuneiform，来源于拉丁语，它是由两个单词构成的复合词，即“楔子”(cuneus)加“形状”(forma)。这个名字被后世广泛采用，一直沿用至今。最早的楔形文字指的是美索不达米亚南部早期居民苏美尔人发明的苏美尔语和阿卡德人使用的阿卡德语。阿卡德语属于塞姆语族，它后来又分为巴比伦语和亚述语两种方言；苏美尔语如同苏美尔人一样，其归属问题至今还是个谜。苏美尔语是古代美索不达米亚最早居于支配地位的语言，但其存在的时间比较短暂，到公元前第三千纪的末期，它已基本消亡，其地位让位于阿卡德语。在此后相当长的历史时期里，阿卡德语一直居于支配地位。

第一节 楔形文字的起源与符号的演变

文字是社会生产发展到一定阶段的产物，就苏美尔文而言，它是适应当时社会经济和公共管理之需要而产生的。在公元前第四千纪，随着生产的发展、剩余产品的出现，在保管储存产品的过程中，记账和统计首先成为必需，最早的文字形式出现在几百块泥板之上，内容显然是记述经济活动的。

一、文字的出现

古代美索不达米亚的最早文字出现在乌鲁克文化时期，时间大约在公元前 3500 年。这些文书是用苏美尔语刻写在泥板上的，最早发现于乌鲁克的埃安那古庙中。属于乌鲁克文化时期的泥板文书，其数量已不算太少，例如，在乌鲁克四期文化中就出土了 570 多块泥板，在三期和二期文化中出土的泥板文书相对少些，只有 34 块。在位于基什东北约 17 英里处的一个小遗址，即捷姆迭特·那色遗址中，发现了属于这一文化期的 194 块泥板，时间大约在公元前 2900 年。另外，从著名的乌尔王陵中出土了几百块泥板，其中少部分泥板的内容与捷姆迭特·那色文化时期的泥板相同。在早期，出土泥板最多的遗址是舒路帕克，考古学家在此发现的泥板数以千计，目前仅发表了其中的 250 多块。这些泥板有少部分与在乌尔王陵和捷姆迭特·那色发现的泥板在内容上有重复。① 其时间断限大约在公元前 2600—前 2500 年。大约在同一时期，考古学家在拉伽什发掘出土了一块独特的泥板，即拉伽什王恩赫伽尔(Enkhegal)的泥板。因此，根据现有的考古资料，人们已经可以很清楚地勾画出在阿卡德人征服苏美尔、统一巴比伦尼亚之前，苏美尔人文字发展的大致阶段：

乌鲁克四期文化	约公元前 3500 年
乌鲁克三期和二期文化	约公元前 3300 年
捷姆迭特·那色文化	约公元前 2900 年
乌鲁克一期文化	约公元前 2650—前 2400 年
舒路帕克时期	约公元前 2600—前 2500 年
乌尔时期	约公元前 2575—前 2475 年

---

① G. R. Driver, *Semitic Writing*, Oxford: Oxford University Press, 1976, pp. 4-5.

拉伽什时期	约公元前 2575—前 2400 年
阿卡德时期	约公元前 2370—前 2200 年

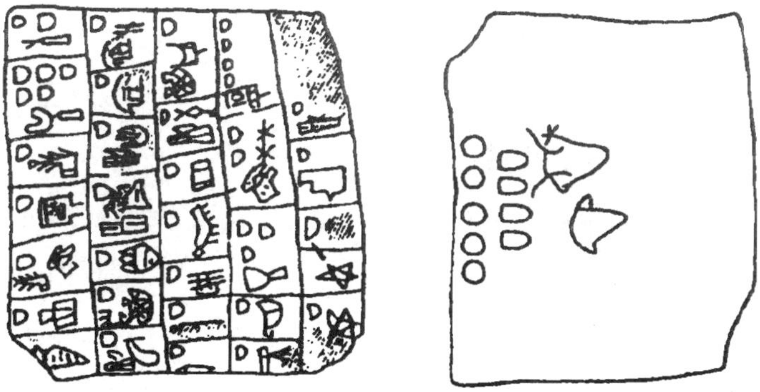

图 3.1　乌鲁克文化四期的文字

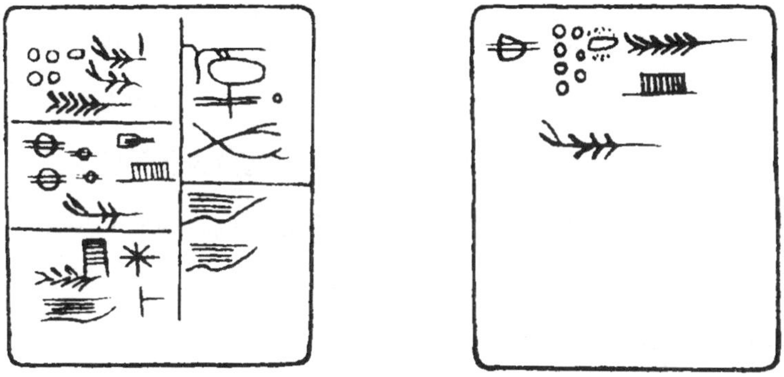

图 3.2　泥板的正面(左)和反面(右)

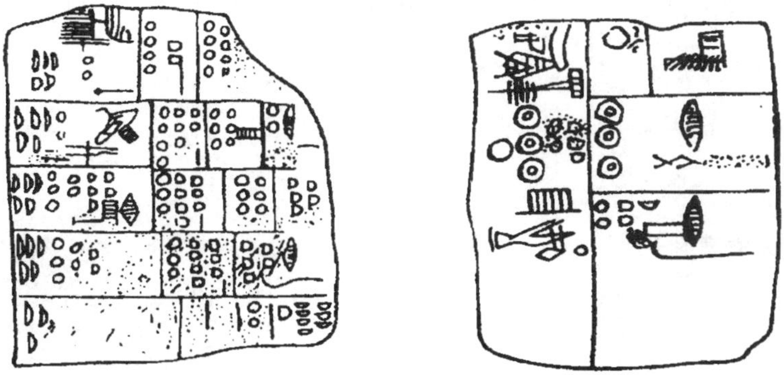

图 3.3　捷姆迭特·那色时期的文字

二、象形符号

虽然“楔形”这个词体现了古代苏美尔和阿卡德文字最本质的外在特征，但它仅适用于该文字发展的后期阶段，即最终“定型”阶段，而并不适用于其前期，即形成时期。与世界上其他地区和民族的图形文字，如埃及的象形文字一样，在古代美索不达米亚，最初出现在泥板上的文字，其外观并不呈楔形，而只是些平面图画。显然，被后世称为楔形文字的美索不达米亚古文字，起源于图画式的象形文字，这一点早已被越来越多的考古发现所证实。在这种最早的文字体系中，一个或更多具体事物的图画便构成一个符号，代表着一个词，其意义与所画的物品基本一致或近似。这种文字被称为象形文字(Pictography)或表词字(Logography 或 Word writing)①。在乌鲁克四期文化中发现的文字，就仅仅是一些数字、具体物品的图画和人名。其写法很简单易行，每个词所表达的意思也很直观，一般就是直接描述该事物的图画。例如，“羊”的概念就是由一只羊的图画来表示的；同样，“鱼”就是一条鱼的图画，“鸟”就是一只鸟的图画，等等。参见下图：

在上图中，需要特别说明和值得注意的是“嘴”和“食物”的代表符号。

① I. J. Gelb, *A Study of Writing*, Chicago: The University of Chicago Press, 1963, p. 65.

前者与“头”的概念一样，采用的都是头的图形，但它在嘴的部位上引进了影线，以表示强调或特指该部位；后者采用的符号不是食物本身，而是盛食物的容器，即碗的图形，这就体现了一种转折或借替关系。

对一些相对而言比较复杂的事物，苏美尔人则选取其局部或最能体现其本质特征的部分，来代表或表达其整体的概念。例如，他们用各种动物的头部来表示该动物，用男人和女人的生殖器图形来表示男人和女人等。如下图所示：

牛　野牛　驴　男　女

对一些难以用简单图画文字来表达的抽象概念和事物以及具体的动作等，苏美尔人则采用象形符号与会意符号相结合的手段来表示。例如，他们在一只卧着的家禽旁边放上一只蛋，就表示“生育”的概念；在半圆形下面画几道线影来表示黑暗自苍穹而下，从而表示“黑”、“夜”的概念；以更加抽象的方式，即用两条平行线来表示“朋友”和“友谊”的意思；与“朋友”和“友谊”的概念相对应的是，苏美尔人在表示“分歧”和“敌对”的概念时，采用的符号是两条交叉的直线；他们还用“嘴”加“食物”来表示“吃”，用“嘴”加“水”表示“喝”的意思。更有趣的是，苏美尔人用“山”加“女人”来表示“女奴”，这是因为苏美尔人的女奴大部分是来自周围山区的女人。如下图所示：

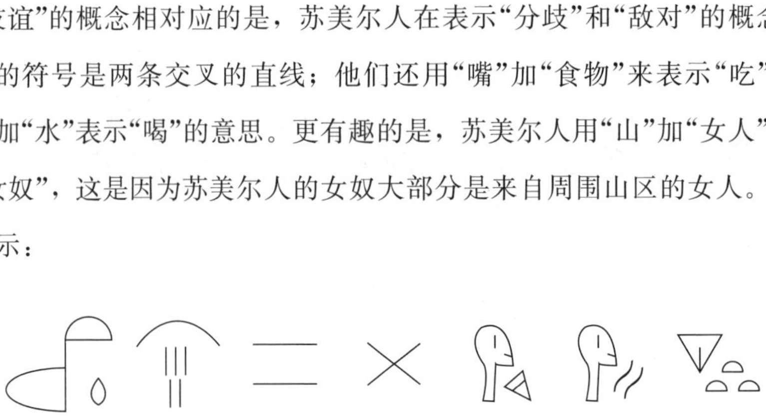

生育　黑夜　朋友　敌人　吃　喝　女奴

一个图画代表着一种事物或行动，势必造成符号繁多，使用起来极其不便。因此，一般的语言形式都遵循着一个共同的原则，即经济原则，也就是用尽可能少的符号来表达最广泛的意义。苏美尔人很快采取的第一个经济措施就是在原来用象形文字的基础上，又演变出一种表达方法，即他们不仅用一幅图画表达其最初所代表的物质，还用它来表达与之相关联的意义。例如，一幅太阳图画不仅表示“太阳”，还可以用来表示“光明”、“白”和“白天”等意义；一幅星的图画，不仅用来表示其最初的意义，即“星星”和“天空”的概念，还用来表示“神”；一幅脚的图画不仅表示“足”或“脚”的概念，还用来表示与脚有关的意思，如“站立”、“行走”、“去”、“来”或“带来”等。①

三、从象形文字到楔形文字

以一个或更多具体事物的图形作为符号来表示该事物或与之相近的概念，这种文字系统存在着两方面的不足：其一是符号本身的形式过于复杂，造成书写困难，大大影响了书写速度；其二是表达某一完整意义所需的符号太多，使用起来显得笨拙、不便。因此，简化符号并逐渐使之规范化乃社会发展之必需，这也是世界上所有民族的文字体系都要经历的过程。苏美尔人的象形文字不断简化的结果便是，原始的图像逐渐地变得越来越无法辨认，直到最后完全失去了象形的特点。在这方面，古埃及的象形文字算是个例外，在该文字体系中，这样的事情并未发生。这主要是因为，虽然最古老的苏美尔文字与古埃及文字一样，同属于象形文字，但两者也存在着较大的差别。古埃及的象形文字是仔细刻画或精心绘制的图形，有时还上了好几种颜色，而古代苏美尔人的象形文字只是一些图示性的、线条式的图形，这些线条只是象征性地、图示性地表现符号所代表的实物。造

① G. R. Driver, *Semitic Writing*, p. 57.

成古苏美尔和古埃及象形文字的这种差别的主要原因是书写材料和书写工具的不同。[1] 也正是苏美尔人独特的书写材料和书写工具，使苏美尔人象形文字的符号在逐渐简化的过程中，呈现出楔形，并最终完全失去其象形的特征。在古代美索不达米亚，石料少，羊皮纸又难以保存，所以人们便以泥板作为书写材料。这里泥土的土质与其他地区的不同，它具有很强的黏性。在泥板上写字有很大的局限性，其中较突出的一点就是很难精确地刻写原始的图画文字的曲线，很难勾勒出迂回曲折的轮廓。相比较而言，在泥板上刻写直线和线条就要容易得多。美索不达米亚的书吏使用的书写工具通常是芦苇秆笔，由于这种笔笔尖细、笔尾粗，所以把它往泥板上一压就形成一个笔画，而且呈楔形或钉子形。另外，阅读方向的改变肯定也促进了苏美尔象形文字的演变。最古老的苏美尔铭文一般都是从右向左、从下向上读的。大约从法拉时代起，这种书写和阅读习惯发生了变化，这时文字开始从左向右、从上向下阅读。

苏美尔文从图画文字最终演变成楔形文字，经历了几百年的时间，大约到公元前第三千纪中期始告完成。由于最初的楔形文字符号也比较复杂(虽然它比图形文字要简单得多)，所以楔形符号也经历了一个不断简化的过程。苏美尔人的这种楔形文字符号很快便传到阿卡德地区的塞姆人部落，随后又传给了巴比伦人、亚述人、赫梯人、加喜特人、乌拉尔图人、波斯人和乌加里特(Ugarit)人等众多民族。由于这些民族的书写符号都具有楔子的形状，所以它们都被称为“楔形文字”。

在苏美尔文从图画文字演变为楔形文字以及苏美尔文和阿卡德文的楔形符号本身不断简化的过程中，大体上呈现出以下几种趋势。

---

① 参见[苏]B. A. 伊斯特林：《文字的产生和发展》，左少兴译，北京：北京大学出版社，1987年版，第161～162、165～166页。

第一，组成每个符号的楔子的数目逐渐减少。例如：

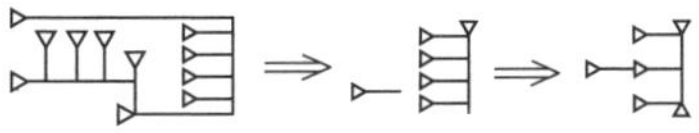

第二，将符号的主要成分化为横的或竖的平行线条，使符号的一般形式规范化。例如：

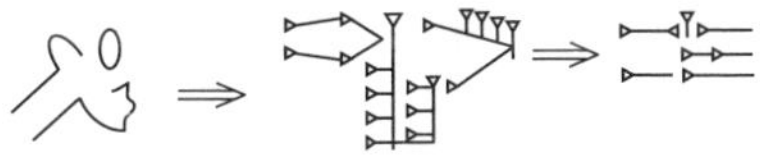

第三，将符号的“个性”固定在其成分具有特征的部分，这一部分是稳定不变的或起码是清晰可识的；符号的其余部分则形态变化无定形。例如：

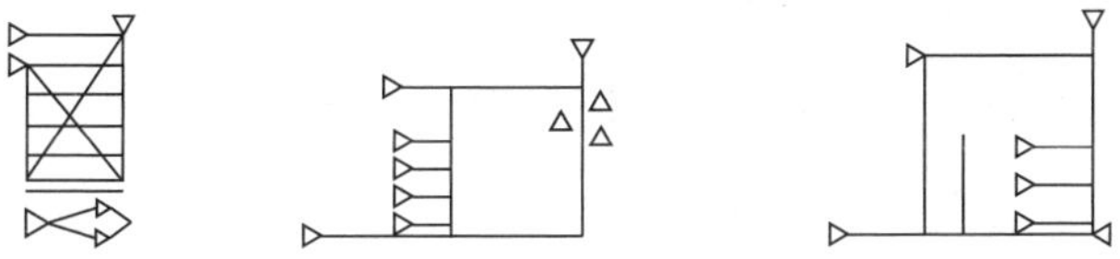

第四，往往根据偶然的相似，对同样演变的符号做某种方式的分门别类。例如：

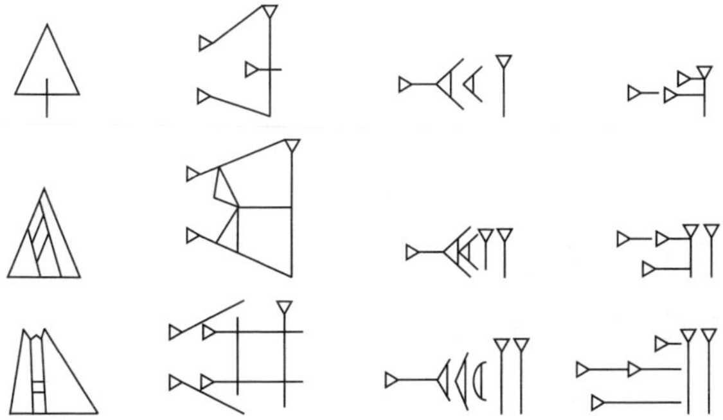

以上几种变化趋势反映出两个共同的特点：其一，符号逐渐失去其象形的特点；其二，泥板向左旋转了 90°，使图形原来的位置发生了变化。66～67 页的图形更清晰地揭示出了古代美索不达米亚文字符号演变的以上两个重要特征。

另外，在符号演变过程中，亚述语的符号与巴比伦语的符号显现出微小的差别。总体来说，亚述文字的符号呈现出更正规、更方正、更严谨的趋向，它尽可能地使用平行的楔形，最大限度地避免使用斜线；而巴比伦文字的符号则依然比较柔软、纤细，其微小的构词成分在数目和形式上保持着相对的灵活性和自由性。

四、从象形文字发展为音节文字

苏美尔文字的图形符号和会意符号只能表示一些具体的事物和行动，它具有很大的局限性。这种表词字很难表达引语和语法形式，这还不算严重，因为它所要表达的意思通常可以根据上下文来猜测和理解。更为严重的是，它很难表达人名和地名等专有名词。这一点与美洲印第安人的原始文字不同，美洲印第安人的原始图画文字足以表达人名之类的专有名词，因为它仅限于部落范围之内，并且在每一个印第安人部落内部几乎人人相识，每个人都可以拥有一个仅属于自己的名字。① 苏美尔人生活的环境则大大不同，与印第安人相比，他们可以说是生活在大都市中，这些大城市人口较多，人与人之间大多数并不相识，因此重名现象十分普遍。为了把同名之人区别开来，苏美尔人通常在自己名字的后边注明父亲的名字和出生地点。另外，印第安式的名字，如“白牛”某某、“大熊”某某等，比较易于用图画文字来表达，但它无法表达苏美尔式的名字，苏美尔人通常采用的名字为“恩利尔赋予生命的”某某等。在涉及外国的人名和地名时，苏美

① I. J. Gelb, *A Study of Writing*, pp. 66-69.

尔人的表词符号和会意符号就更显得无能为力了，它几乎无法表达这些专有名词，因为对苏美尔人来说，外国的人名和地名本身并没有任何含义。因此，要适当地表达它们，只得借助于其他手段，这就导致了表音符号和音节文字的出现。① 另外，表音符号和音节文字的出现还与图画文字或象形文字的另一个缺点有关，即上面讲过的，图画文字表达某一完整意思所需的符号太多，使用起来不方便，因此苏美尔人便借助于一些有益的设计来减少符号的数量，使其保持在一定的限度内。其中最有意义的设计便是用发音符号代替表意符号。

最早的表音符号出现在公元前第三千纪初捷姆迭特·那色文化时期，到公元前第三千纪前半期，音节符号已被广泛使用，到公元前第三千纪中期，苏美尔文字已变成了表词—音节文字（Word-Syllale Writing）。相比之下，苏美尔文中出现表音符号（或音词字）要比埃及的象形文字晚得多，这主要是因为苏美尔人的文献最初只记述生产和计算等方面的内容，只是一些物品的存单和收支账目，很少涉及人名和地名，尤其是外国的人名和地名等专有名词。从公元前第三千纪初起，随着战争的不断发生，为苏美尔统治者歌功颂德、记述征战和战斗等内容的铭文逐渐增多。这就经常会遇到一些专有名词，尤其是所征战、攻克和夺取的外国城市和地区的名字及其统治者的名字。另外，有一些在意义上非常相近的词往往采用同一或相似的符号，为了把它们区别开来，苏美尔人开始引进发音符号。

苏美尔人的具体方法是，赋予原来一些只有实际意义的词以音值，使其既具有表意符号的价值，同时也具有表音符号的价值，而其发音符号则用来拼写其他难以用图形或符号表达的词。例如，在属于捷姆迭特·那色时期的几块泥板上②，表示"箭"的这个词  被赋予 TI 的发音，此后

① 参见[苏]B. A. 伊斯特林：《文字的产生和发展》，左少兴译，第 148、181 页。

② I. J. Gelb, *A Study of Writing*, p. 67. G. R. Driver, *Semitic Writing*, p. 57.

表 1　楔形文字符号的起源与演变

约公元前3500年	旋转90°	约公元前2500年	约公元前1800年	约公元前1000年	表达意义
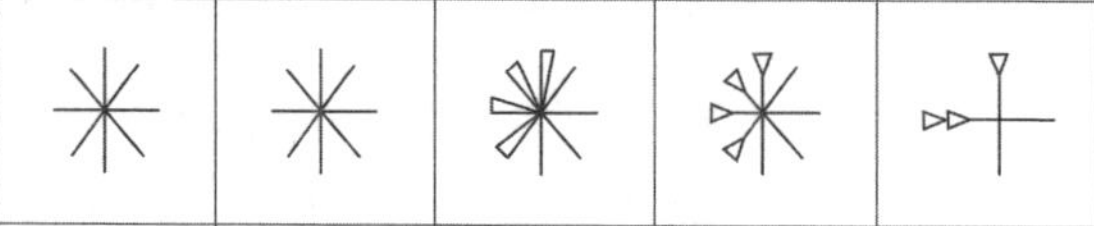					天、神
					地
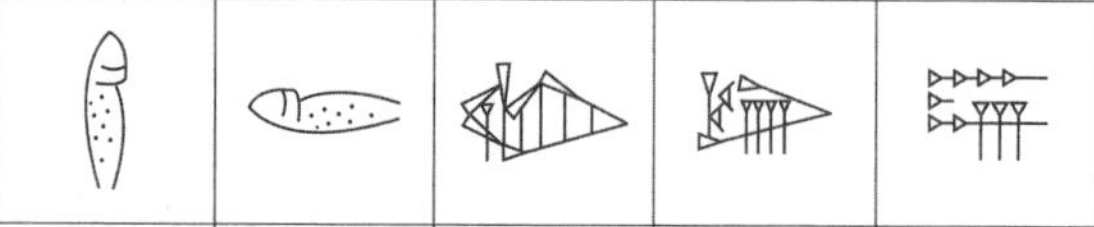					男人
					女人
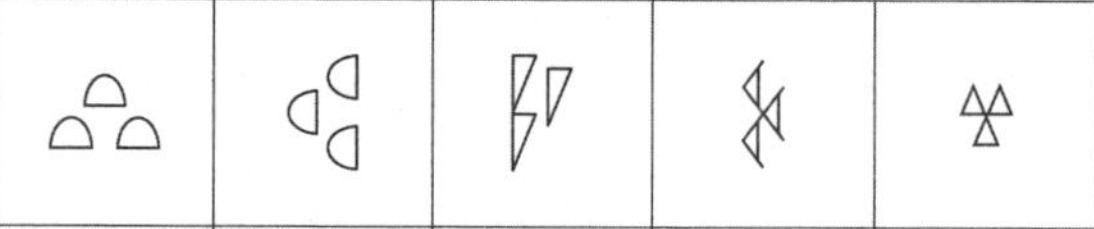					山
					女奴
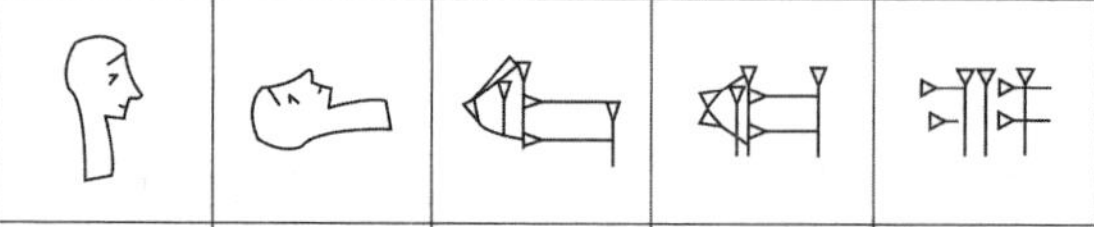					头
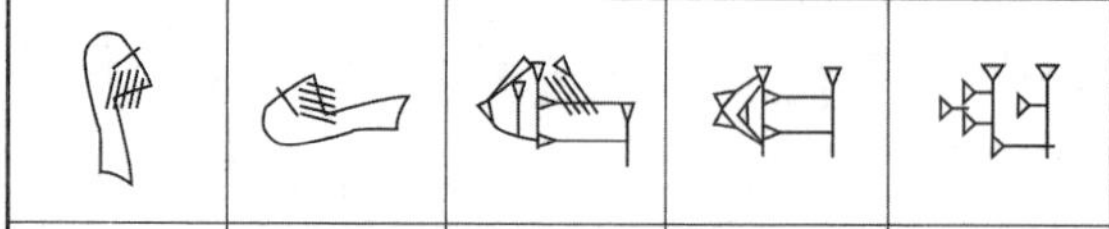					说
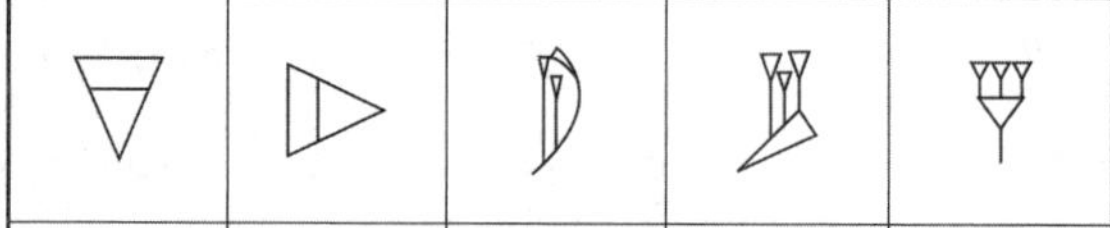					食物
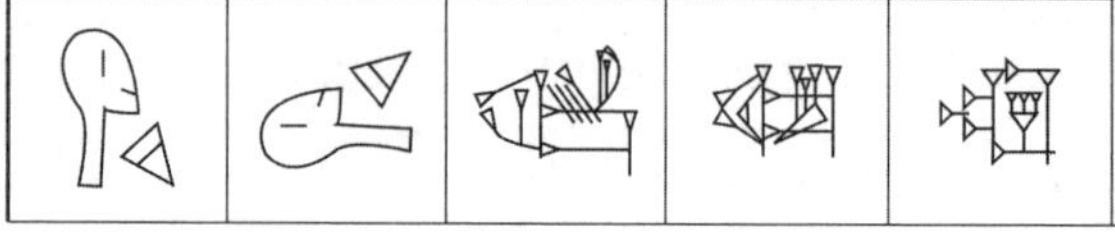					吃

续表

约公元前3500年	旋转90°	约公元前2500年	约公元前1800年	约公元前1000年	表达意义
					水
					喝
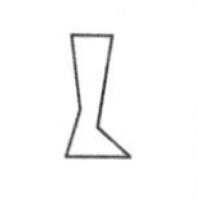					足、站立、行走
					鸟
					鱼
			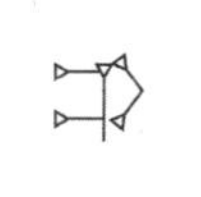		牛
		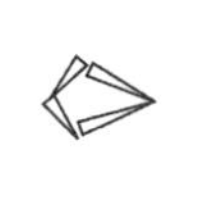	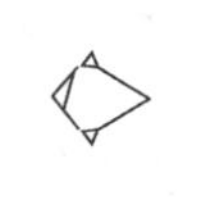		母牛
		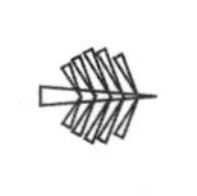			大麦

它不仅具有实际意义（表示“箭”和“生命”之意），还表示 ti 这个音节，这便可以用这个音节符号来拼写其他词汇。由于此前苏美尔文已经历了一个符号代表许多意义相近或相关的词的阶段，所以此时便出现了许多同音异义字或同义异音字。另外，发音符号还用来解决一些语法方面的难题，这些难题是表意的图画文字难以解决的。例如，在捷姆迭特·那色时期的文献中，表音符号 *ME* 被置于名词之后，用来表示复数的概念，如 *AB-ME*（长

者们)、*EN-ME*(统治者们)。这种方法很快被应用到其他语法变化上，例如，在乌尔的一些材料上出现了用发音符号表示动词变位和名词变格的现象。苏美尔文的音节符号(后来被阿卡德人采用)通常有以下四种形式：①孤立的元音(如 i 等)；②辅音+元音(如 ti 等)；③元音+辅音(如 ur 等)；④辅音+元音+辅音(如 kur 等)。

苏美尔文在音节方面仅仅是开了个头，它没能走得更远，这主要是因为苏美尔文需要表示音节的符号很少。这是由两方面原因决定的。一方面，苏美尔文的记述对象多为苏美尔人的日常生活用品，较少涉及苏美尔人所不熟悉的东西，尤其是对他们来说很陌生的外国地名和人名等；另一方面，苏美尔语属于黏着性语言，其单词多数是单音节的，缺乏内部的变化，大部分只需要简单的前缀和后缀音节，因此，满足这一目的以及表达那些用图画文字无法表达的词汇，只需少量带有音值的符号便足够了。阿卡德人成功地发展了音节体系，因为他们除了使用对他们来说属于外语的旧有的符号作为表意符号外，还必须用音节来拼写每一个单词，但他们的成就也仅限于此。因此可以说，苏美尔人的文字具有词汇意义，而阿卡德人的文字则具有音节价值。当然，这也只是相对而言。

五、限定符号和发音补充符号

由于一个表意符号可以表示许多意义相关甚或毫不相关的物质或概念，因此它就相应地具有许多发音方法，例如，最初只代表“旭日”的符号可以表示 70 多个单词(包括名词、形容词和动词等)，12 个不同的音节。这就使苏美尔文及其继承者阿卡德文出现了许多同音异义字和同义异音词，为正确拼写和理解其语义制造了不小的障碍。为克服这一困难，苏美尔人及其后继者阿卡德人发明了两种符号，即限定性符号和发音补充符号。

限定性符号相当于部首符号，它置于其所修饰的名词之前或之后，旨在标明该名词所代表意义的种类或属性。这类符号一般不发音，但在转译成字母符号时，不与其所修饰的名词并列，而是置于其左上角或右上角。一般认为，限定符号最初出现于捷姆迭特·那色文化时期。现在所发现的限定性符号大致包括以下几种。

①表示神名，通常置于某一神的名字之前，其符号为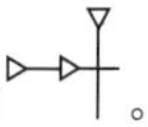。例如，苏美尔三个主神的名字分别写为：

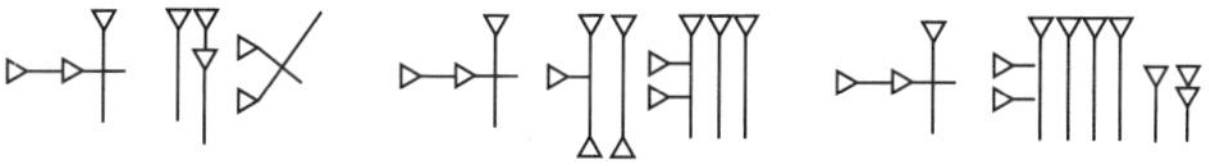

^{d}Anu　^{d}Enlil　^{d}Ea

其中神名安努(Anu)、恩利尔(Enlil)和埃阿(Ea)左上角的d，代表苏美尔语 *dinger* 一词，意为“神”。

②表示男人和女人，即确定性别。表示男人的符号为，意为“一个”，音译为 M 或 I，如^{m}Nur-Ištar、^{I}Ha-am-mu-ra-bi。另一种符号
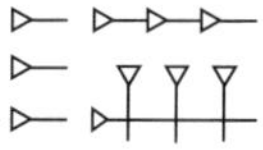
，意为“男人”或“人”，苏美尔文为 Lú，用在男人的普通名词之前，表示人种名称或职业名词，如^{Lú}*Ḫal*(*bārŭ*，占卜者)。

表示女人的符号为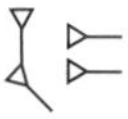，意为“女人”，音译为苏美尔文 *mí*，用在表示女人的普通名词、专有名词或抽象名词之前，如^{mí}*ŠU-Gi*(*Šibtu*，老妪)、^{mí}*ŠU-gi-tum*(女祭司)、^{mí}*Ḫul*(*Lemuttu*，恶意)，等等。

③表示城市名，共有两个符号。其一用在城市名称之前，符号为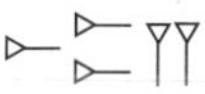，苏美尔文为 *uru*，阿卡德文为 *alum*，意为“城市”，如^{uru}BA′R-SÍB(巴尔西巴城)、^{alum}Ni-Nu-a(尼尼微城)。其二用在城市名称之后，符号为

，苏美尔文为 *KI*，阿卡德文为 *írsitu*，意为“地方”、“地点”等，如 KA′. DINGER. RA^{ki}(巴比伦城)。

④表示国名或地区名，用在某一国家或地区名称之前，符号为，苏

美尔文为 *KUR*，阿卡德文为 *mātum*，意为“国家”、“土地”，如^{Kur}Sángibute、^{māt}AŠ-Šur（亚述）、^{māt}Mi-is-ri（埃及）等。这个符号还可用在山岳名称前，用来表示山名，如^{Kur}EN-Ti 等。

⑤表示河流名，用在江河、运河名称前，符号为 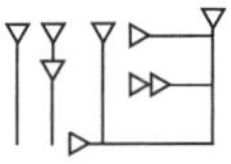 ，苏美尔文为 id，意为“河流”，如^{id}IDIGNA（底格里斯河）。

⑥表示植物名，用在草本植物名词前，符号为  ，苏美尔文为Ú，意为“植物”，如^{ú}*Pú'u*（稻草，麦秆）、^{ú}*BuRU*$_2$*-DA*（*urnû*，薄荷）等。

⑦表示树木名，用在树木名称和木制器具前，符号为  ，苏美尔文为GIš，意为“树木”，如^{giš}*ERIN*（*erinnu*，柏树）、^{giš}*GV-2A*（*kussû*，木椅、宝座）等。

⑧表示金属、矿物质及其制品名称，用在所修饰的名词前。例如，表示各种铜和铜制品的符号为 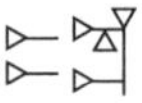 ，苏美尔文为 *urudu*（如 urudu ŠEN-TUR，锅）；表示石头及石制品的符号为 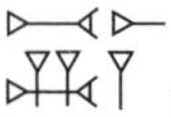 ，苏美尔文为 *Zá*，意为“石”（如 Zú ZA-GIN，碧玉）等。

⑨表示月份名词，用在月名前，符号为 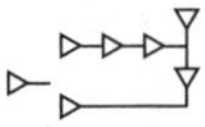 ，苏美尔文为 *itu*，意为“月”。例如，^{itu}BAR(-ZAR-GAR)的意思是尼桑月（元月）。

⑩表示星辰、星座和行星等的名称，用在其前，符号为 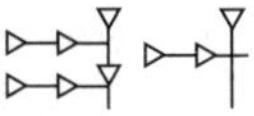 ，苏美尔文为 *mul*，意为“星”，如^{mul}ŠUL-PA-È（木星）。

⑪表示服装名，用在衣服、衣料等名称前，符号为 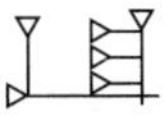 ，苏美尔文为 *túg*，意为“衣服”、“布匹”，如^{túg}GV-E（衬衫）、^{túg}ḫurdabašše（缠腰布）等。

⑫表示皮革及其制品，用在其前，符号为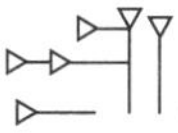，苏美尔文为*KUŠ*，意为“皮”，如^{KUŠ}*mašlium*（皮带）、^{KUŠ}A-EDIN-LA（*nâadu*，皮囊）等。

⑬表示瓶罐等容器名，用在其前，符号为，苏美尔文为*DUG*，意为“瓶”、“罐”，如^{DUG}A-GUB-BA（*agubba*，祭水器）等。

⑭表示肢体名，用在肉类和肢体名称之前，其符号为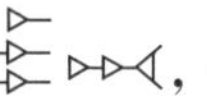，苏美尔文为*UZU*，意为“肌肉”，如^{UZU}ZAG(-LU)（*imittu*，肩胛）等。

⑮表示鱼类和鸟类名，用在所修饰的名词之后。例如，表示鱼类的符号为，苏美尔文为KU_6，阿卡德文为*NÛNU*，意为“鱼”；表示鸟类的符号为，苏美尔文为*MUŠEN*，阿卡德文为*issuru*。

⑯表示蔬菜及相关的名称，置于蔬菜植物名称之后，符号为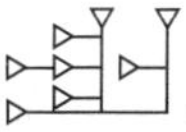，苏美尔文为*ŠAR*，意为“菜”，如 šu-ḫa-ti-ìn-nì^{šar}（一株菜）。

苏美尔和阿卡德楔形文字的限定符号还有许多，这里不一一列举。需要特别指出的是，限定符号除了规定或确定名词的属性外，还可以用来表示语法关系，这种限定符号通常被称为语法限定词，它们一般位于被修饰词之后。例如，*MEŠ*，意为“多数”（如 *LUGAL*^{meš}，国王们）；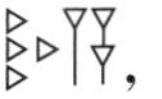，苏美尔文为*ḪÁ*，意为“全体”（如 *UDU*^{ḫá}，羊群）；，苏美尔文为 *ME*，意为“多数”；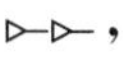，苏美尔文为 *DIDLI*，意为“一个又一个”。其他表示数的概念的如，苏美尔文为 *MIN*，意为“二”，表示双数。但是，这些限定词一般只限于苏美尔文的表意文字，阿卡德人则通过词形变化来表示其语言的文法意义。例如，苏美尔语的*LÚ*^{meš}（男人们）在阿卡德语中则为 *Awīlû*，它是通过词 U 的变化来体现的（其单数形式为 *Awīlum*）。

发音补充符号也可以称为音补字，它是为便于正确选择一个符号所代表的不同意义而设计的，其方法是用它来确定构成一个词的多种符号的读音。因此，发音补充符号的位置要视需要确定发音的符号的位置而定，有时位于词头，有时位于词尾，有时甚至位于词的中间。其写法与限定符号相同，不能与所修饰之词并列，要置于其左上角或右上角。前置者如^{mu}*mutin-gimi*(?)，左上角的 *mu* 用来表示 *mutîn*。这个词中代表 *mu* 的符号应读为 mu，而不能读作该符号的其他读音；后置者如 *Šadû*^{u}、*mātim*^{tim}、*akšud*^{šud}及 *ikššad*^{ad}等，其中右上角的 u、tim、šud 和 ad 与前者中的 mu 所起的作用相同；居中者如 ab$^{\text{-lu}}$lul 和 am$^{\text{-qú}}$qut 等，这里位于左上角的 lu 和 qú 分别指示位于其后的符号的发音。

发音补充符号在捷姆迭特·那色文化时期就已经出现了，后来苏美尔文化的继承者阿卡德人也保留了这种用法，而且还用它来表示语法关系。阿卡德人为标明某一词的语法形式，以便拼写和理解，有时会在表意符号的后边加上一个或两个音节。例如，*LUGAL*$^{\text{-rum}}$一词，其中 *LUGAL* 来自苏美尔文的表意符号，意为“王”，右上角的 rum 表明这个词的词尾形式，即该词采用的是主格的形式，故阿卡德文应读作 *Šarrum*。同样，*LUGAL*$^{\text{-am}}$或 *LUGAL*$^{\text{-ra-am}}$则表明该词在阿卡德文中应读作 *Šarram*，即采用的是宾格形式。

第二节　苏美尔语

一、苏美尔语的来历

曾存在过苏美尔人这一事实，完全是现代考古学和学术研究的发现。古希伯来人和古希腊人把苏美尔地区当成巴比伦，即操塞姆语的巴比伦人的故乡。19 世纪早期开始在这一地区从事发掘工作的探险家和考古学家也曾这样认为。早期出土的大部分楔形文字文献，都以现在被称为阿卡德语的塞姆语写成，因此，塞姆人被认定为苏美尔地区的原住民和楔形文字的发明者。而随着对这些文献研究的日渐深入，人们发现文献上的楔形文字并没有某些塞姆语所特有的语音符号，诸如标示舌后音和重音的顿号等。此外，出土的一些泥板明显可辨是用两种文字写成的，一种是塞姆语，另一种则是由塞姆语将其翻译出来的语言，后者无论在语汇或结构上都异于塞姆语。

1869年，法国学者朱利斯·欧佩尔特(Jules Oppert)在法国古币和考古学会人种和历史学部发表演讲，提出讲这种奇怪语言的民族的名称，可以在记述早期统治者的铭文中找到。在铭文中，这些统治者被称为“苏美尔和阿卡德之王”。他推论，既然阿卡德肯定是指一处属塞姆人的土地，那么苏美尔就应是指一处非塞姆人的土地，而其居民——苏美尔人——则是楔形文字的发明者。他第一次把发明楔形文字的非塞姆人及其语言命名为“苏美尔人”和“苏美尔语”。

起初并非所有学者都接受欧佩尔特的论断。但随着两河流域南部考古发掘工作的全面展开，人们发现了苏美尔人的神庙、宫殿和其他建筑，还有许多器物和铭文。1877—1900年，埃尔内斯特·德·萨冉克(Ernest de Sarzec)领导法国人开始对今两河流域的特罗(Tello)进行了11次有系统的发掘。特罗是古拉伽什城邦的吉尔苏城的遗址。1899—1900年，美国人在尼普尔开始发掘。1902—1903年、1930年，德国人和美国人先后在舒路帕克发掘。1903年，美国芝加哥大学在阿达布发掘。1912—1914年、1923年，法国和英美两国先后在基什发掘。1914—

图3.4　埃尔内斯特·德·萨冉克

1939年(第一次世界大战期间中断)，德国人在乌鲁克发掘。1922—1934年，英国人在乌尔发掘。其结果是，苏美尔人成了古代世界上最为人所知的民族之一。

考释苏美尔语的工作进展得较慢。在亚述学创立的最初几十年中，人们甚至还怀疑苏美尔语究竟是不是一种独立语言，有人认为，苏美尔语只不过是阿卡德语的一种秘密写法。一直到19世纪最后10年，德国人韦斯巴赫(F. H. Weissbach)还不得不写一部专著《苏美尔问题》(*Die Sumerische Frage*，1898)来证实苏美尔语的独立性质。

起初，苏美尔语对于人们来说根本是无法理解的。这种特殊的语言在汉谟拉比执政之后不久几乎就成为死语言，不再通用了，它的亲属关系至今尚难确定；只有巴比伦的祭司们在举行宗教仪式时仍然沿用这种语言。因此，在祭司学校中必须学习苏美尔语，而苏美尔语也就变成古代东方的“教会拉丁语”了。

巴比伦人需编写各种工具书，供研究已不再广泛使用的苏美尔语之用。例如，他们曾编出了个别符号的不常用音值表、苏美尔词汇和语法变化表，此外，他们还抄录了许多苏美尔语的宗教文献、赞美诗和祈祷文并且逐行附以巴比伦语的译文。这类工具书对于现代学者有极大帮助，使他们能够了解复杂而特殊的苏美尔语的奥秘。

法国学者修罗-但金的《苏美尔语和阿卡德语铭文》(F. Thureau-Dagin, *Les Inscriptions de Sumer et Akkad*，1905)和A.波贝尔的《苏美尔语语法入门》(A. Pòbel, *Grundzüge o'ler Sumerishen Grammatik*，1923)的先后问世，为理解古代苏美尔语的单语文献铺平了道路，标志着苏美尔学的诞生。

二、苏美尔语的基本特征

苏美尔语是一种胶合语，和印欧语系或塞姆语的形态变化语不同。它的词根不变化，基本的文法单位是复词而不是单个的词。其语助词多保持独立的结构，不必附属于词根。在词汇、语法和句法构造上，苏美尔语自成一格，和任何其他现存或已死的语言都没有关系。

苏美尔语的音素分元音和辅音两种，其中有 6 个元音，15 个辅音。元音发音常随元音和谐规则而变化，尤其是语助词中的元音，都短促，不重音。元音在字尾或两个辅音之间常常省略。辅音在语尾时不发音，只有在以元音开头的语助词之前才发音。苏美尔语的词根大部分都是单音节，也有一些复音节的词。

关于苏美尔语语法的主要特征，这里不做介绍。①

第三节　阿卡德语的兴起及发展演变

一、阿卡德语的兴起及与苏美尔语的关系

阿卡德语被认为是古代近东众多语言形式中最重要的一种。迄今发现的用阿卡德语书写的材料覆盖的时间跨度达 2000 余年之久。它们涉及古代美索不达米亚的历史、政治、军事、经济、文化和宗教等各个方面。阿卡德语还是研究语言学的重要线索。

阿卡德语是最古老的塞姆语。塞姆语分为东、西两支，西支塞姆语包括两个分支，北部的一支(西北塞姆语)包括迦南语(主要指乌加里特语、阿摩利语、希伯来语和腓尼基语)和阿拉米语，南部的一支(西南塞姆语)包括阿拉伯语和埃塞俄比亚语。阿卡德语属于东支塞姆语，大约在公元前第三千纪中期在美索不达米亚流行，它是随着游牧的塞姆部落的迁移而来到美索不达米亚的，其使用一直延续到公元 1 世纪。阿卡德语及阿卡德民族的

---

① 较详细的论述参见于殿利、郑殿华：《巴比伦古文化探研》，南昌：江西人民出版社，1998 年版，第 56～61 页。

名称得自萨尔贡建立的阿卡德王国的都城——阿卡德城。关于阿卡德语的最初形式，目前还没有材料可以说明，现在最古老的阿卡德语铭文显然深受非塞姆语的苏美尔语的影响。

苏美尔人是美索不达米亚文明的最早创立者，他们居住在南部巴比伦尼亚。当游牧的阿卡德人部落进入苏美尔人的地域之时，等待着他们的早已是一个文明程度远远高于自己的高度发达的文明，因此他们很自然地采用了苏美尔人的文化和生活方式。随着两个截然不同的民族不断融合，阿卡德人逐渐吸收了苏美尔人的语言，用以丰富和发展自己的语言，阿卡德语亦越来越居主导地位。到公元前1900年左右，苏美尔语作为口语已经基本消失，此后它只作为文学等书面语言和礼仪语言保存了几个世纪，并最终在近东的历史舞台上完全销声匿迹。苏美尔语对阿卡德语的影响是显而易见的，首先表现在阿卡德语采用了苏美尔人创立的楔形符号，并借用了苏美尔语的许多词汇，例如，*tuppum*(泥板)来自苏美尔文 *DUB*，*ekallum*(宫殿)来自苏美尔文的 *É-GAL*(大房子)等。在语法方面，苏美尔语对阿卡德语最重要的影响可能是句子成分的排列顺序。阿卡德语的最大特点是动词或谓语的后置，即位于整个句子的最末尾，这种语序在其他塞姆语中几乎从未见过，显然是受苏美尔语的影响所致。阿卡德人在苏美尔人创立的音节基础上，大大发展了音节系统；他们还吸收了苏美尔文的限定符号。在语音方面，早期塞姆语存在的辅音，在阿卡德语中都消失了，最突出的例子是喉音的消失，这可能也要归因于苏美尔语的影响，因为苏美尔语中就没有喉音。

二、阿卡德语的发展阶段

阿卡德语流行达2500多年之久，在如此长的时间里，它在语法和词法等方面都不是一成不变的，它经历了一个不断发展和完善的过程。阿卡德语的最早发展阶段称为古阿卡德语，时间大约在公元前2400年至公元前

2000 年，在巴比伦尼亚南部发现了许多用古阿卡德语书写的属于这一时期的文献。此后，随着阿卡德语的发展，其地域差别明显增大，它明显地分为两种方言：一种是南方的巴比伦语，另一种是北方的亚述语。

从公元前 2000 年左右起，中部和南部的巴比伦尼亚使用的语言称为巴比伦语，其名称得自著名的巴比伦城。此后的巴比伦语经历了四个发展阶段：古巴比伦语，存在时间约为公元前 2000 年至公元前 1500 年，考古发掘发现了许多用古巴比伦语书写的属于这一时期的文献，其中包括大量的书信、法律文件、法典以及预言书(占卜材料)等；中期巴比伦语，存在时间大约从公元前 1500 年至公元前 1100 年；新巴比伦语，存在时间大约从公元前 1000 年至公元前 600 年；晚期巴比伦语，存在时间大约在公元前 600 年以后。

与巴比伦语在南方流行同时，亚述语在北方的亚述地区发展起来，其名称得自著名的亚述城。与巴比伦语相同，亚述语的发展阶段也非常明显，它可以分为三个历史时期：古亚述语，时间从公元前 1900 年至公元前 1700 年，保存下来的文献大部分是到小亚细亚东部的卡帕多西亚进行商业殖民的古亚述商人的商业书信和法律文书；中期亚述语，时间从公元前 1500 年至公元前 1000 年；新亚述语，时间约从公元前 10 世纪至公元前 7 世纪。

三、阿卡德语的主要语法特征

1. 语音学

阿卡德语共有四个元音，即 a，i，u 和 e。其中前三个是塞姆语的基本元音，e 是阿卡德语所独有的。所有元音都有长元音(ā，ī，ū 和 ē)和短元音(a，i，u 和 e)两种形式，长元音来自两个元音的结合。巴比伦语中还有一个元音和谐原则，即 *epṣâtu*>*epṣêtu*，*bêlâti*>*bêlêti*，亚述语中的元音和谐原则与巴比伦语不同，它是把一个短元音、非重音 a 转移给随后的最后一个元音，因此巴比伦语的 *Kakkadu* 反映在亚述语里就是 *kak- kudu*(*m*)，*kakkadam* 和 *kakkidim*。此外，还有两个半元音，即 w 和 y。与原始的塞姆语和阿拉伯语相比，阿卡德语的辅音减少了，主要包括双唇音 p、b 和 m，齿音 t、d、ṭ 和 n，上颚音 k、g 和 q，齿摩擦音 s、z 和ṣ，齿槽摩擦音 š，流音 l 和 r，软腭音 ḫ 和喉头音等。

阿卡德语的音节符号几乎与苏美尔语完全相同，通常包括以下几种：辅音加元音(如 du，be，šu 和 da 等)，元音加辅音(如 ar，um，el 和 ak 等)，辅音加元音加辅音(如 bat 和 tar 等)。但是，辅音加元音加辅音这种音节形式有时可以分解为辅音加元音和元音加辅音两部分。例如，bat 和 tar 也可以用 ba-at 和 ta-ar 来表示。ba-at 应读为 bat，不能读为 ba'at;同样，ta-ar 只能读作 tar，不能读作 ta'ar。因此，一个词可以由多种符号以不同的音节形式来表达。举一例说明会看得更清楚，如 *dannum*(伟大的，强壮的)就有 *da-an-nu-um*、*dan-nu-um* 和 *dan-num* 三种表达形式，而组成每一种的楔形符号显然都是不同的。此外，a，i，u 和 ú(在词首或音节首时，还可以代表声 i)在闭锁音符+元音的情况下，即转写为 'a,'i,'u 和 'ú 等,如古巴比伦时期 a-ad 和 i-i(分别转写为 'ad 和 'il，这时不读长元音)。

2. 名词的性、数和格

阿卡德语名词的一般形式是在词根的后面加上 um 等词缀，如 *qātum*(手)和 *ūmum*(天)等。阿卡德语名词的性只有两种，即阳性和阴性，而没有中性。一般来说，阴性是在词根的后面加 t 或 at 等后缀构成的，没有这样后缀的名词一般就是阳性名词。相比之下，后缀 t 的使用更普遍，例如，*mārum*(儿子)的对立面为 *mārtum*(女儿)；后缀 at 一般用于词根有连续双辅音的名词，例如，*šarrum*(国王)的词根 šarr 加上 at 就成了 *šarratum*(女王，王后)。名词的数则有三种形式，即单数、复数和双数。但在古巴比伦时期，双数并不是随便使用的，它仅限于表示身体的某些部位，如 *īnān*(双眼)、*šēpān*(双足)等。由此可以看出，双数的词尾一般是 an。名词的格有四种：主格，用作动词或句子的主语；所有格或称属格，用于修饰其他名词，表示所有等多种关系；宾格，用作动词或谓语动作的承受对象，有时还表示一种副词形式，指示时间、地点和规格等；间接格，指同时用作属格和宾格功能的单一形式。①

在阿卡德语中没有定冠词和不定冠词，一个名词可以是限定的，也可以是非限定的，这要根据上下文来确定。例如，*šarrum* 既可泛指一位国王，也可特指某位国王。

3. 动词的词根、时态和语态

在阿卡德语中总共有十二种词根变化或词根修饰，其中最常见的有四种：①基本词根，形式为 *parâs-um*；②加强词根，或称强变化词根，起一种使役的功能，表达基本词根状态的产生；③使役词根，形式为 *šu-prus-um*（亚述语为 *ša-prus-um*）；④及物动词基本词根的被动态变化，形式为 *na-p(a)rus-um*。

阿卡德语动词可分为两大类，一类是及物动词和不及物动词，另一类是表示状况和状态的动词。它们一般来源于形容词。其基本时态包括一般现在时、一般过去时和完成时，其中一般现在时也可表示一般将来时。此外还有分词形式、不定式、命令式和状态式等。语态则分主动态和被动态两种。

第四节　书写材料、书写工具和书吏

每种文字都有自己独特的书写材料、书写工具和书写技巧，它们又反过来对文字的发展和应用以及文明的传播产生着直接影响。

---

① Richard Caplice, *Introduction to Akkadian*, Rome: Biblical Institute Press, 1983, p. 15.

一、泥板

书写材料和书写工具的选择受自然条件、地理环境和人为因素等多方面的制约。巴比伦尼亚和亚述最早的书写材料是泥板(苏美尔语为 *IM-DUB*，阿卡德语为 *dubbu* 或 *tuppu*)，因为这一地区有得天独厚的条件，即两河的冲积土壤可谓取之不尽、用之不竭。这种土壤土质好，有黏性。书写用的笔通常是用芦苇制成的，即所谓芦苇笔(tablet stylus)，有时也用木材和其他材料制作。两河流域的这种书写材料与后来出现的书写材料，如纸草、羊皮纸、皮革和木材等相比，具有两大优点：其一是造价低廉，其二是坚固耐用。用火烧烤或用太阳晒干的泥板非常坚硬，印刻在其上的文字和图案可以保持长久，很多泥板流传至今已经历了几千年的历史。在埃及，虽然留下了许多刻在石头和金属上的铭文，但它们与记载在纸草或皮革上的文献无论在内容上还是在形式上都有较大不同，而纸草和皮革文献的失传造成了埃及文明的断层，给埃及学家重建这一人类最早文明之一的努力制造了巨大障碍。相比之下，亚述学家面临的困难无疑要小得多，这无疑要归功于美索不达米亚人独特的书写材料。虽然美索不达米亚周围地区的许多民族，如埃兰人、波斯人、赫梯人、叙利亚人和巴勒斯坦人，甚至还有较远的埃及人和克里特人等，也使用过泥板作为书写材料，但都只是零星的，而且是短时期的使用，唯有苏美尔人、巴比伦人和亚述人的泥板非常普遍，而且保存了4000余年。

用作书写材料的泥土必须保持一定的湿度和可塑性，而且表面要光滑，以便笔能在其上印出字迹和图案，但泥板不能过分柔软，否则会粘笔和刻写者之手。制造一块泥板的过程大致如下。首先，把泥板弄到一定湿度后，用两只手掌搓揉，使之成为想要的形状，然后将芦苇笔光滑的一端磨光、磨平，把棱角磨圆。通常情况下泥板太大，无法拿在手上，便要把它放在一个支架上，然后用手压成型。因此，较小的泥板的正反两面都或多或少地有些凸出，而较大的泥板则不同，其上面为凸面，而下面或多或少要平坦一些。如果较大泥板的两面都是平面，那么它有断裂的可能，因此其中心部位往往附加一块小泥板，使原来的泥板变厚、变得更结实，并产生一个凸面。最后，用一个空模子沿泥板的各边拖拉，把上面各边的棱角磨圆，而靠着支架的下面由于模子磨不着而仍保持着分明的棱角。在刻字时，书吏通常要先刻平滑的一面，然后再把泥板翻过来，在凸面上刻写；如果先在凸面上刻写，当翻过来刻写平面时，会擦掉凸面凸出部分的文字。另外，为便于刻写小字，有些泥板上面还覆盖着一层土质较好的泥土。

图 3.5 刻写《汉谟拉比法典·前言》的泥板。时间为公元前 18 世纪初

泥板的形状和大小差异较大，从邮票大小的方形薄泥板、稍大一点并带有狭窄厚边的坐垫形的泥板，到大如庭院的巨型泥板不等。有的泥板呈方形，有的则是椭圆形的。每一时期，不同地区的泥板都有自己独特的特点。泥板的内容，如法律文书、书信或管理文书等，都影响着泥板的形状和大小。因此，人们不需要把整个泥板读完，只需根据其形状和大小便可判断出所载的大致内容。另外，从字体上讲，不同时期和地区以及不同的文献种类都会造成泥板外在特征的差异，如泥板的形状、线条和栏目的安排等，特别是草写体和碑铭书写形式的区别，亚述语和巴比伦语符号形式和书写方法的差异，对其产生的影响更加明显。

迄今所知最早的泥板大多数呈正方形或长方形，4～5 厘米长，2.5～3

厘米宽，各角为不同程度的圆角。同时偶尔可见一些椭圆形的泥板。随着时间的推移，泥板的规模有逐渐增大的倾向。在舒路帕克发现的泥板呈现出一些与众不同的特点，较为突出的是其宽度大于长度。这主要是由于这些泥板用于一种特殊的目的，即罗列很长的财产名单和存货清单，因此被分成众多的栏目。在阿卡德第一王朝时期(公元前2751—前2568年)，长方形的泥板很普遍，一般是正面平滑，反面凸出。但到该时期末，泥板正面也开始出现一定程度的凸出度，同时圆角变成了方角。此后这种形式的泥板成为普通泥板的“标准板”，一直延续到大约公元前7世纪。在古巴比伦时期，由于商业的发展和法律的不断完善，曾流行一种特殊的泥板，即信封泥板(古巴比伦语为 *irmum*，古亚述语为*ṭuppum ḫarmum*或 *armum*)。这种泥板是为保护一些重要文件而设计的，它是用另一块泥板盖在印有重要文件的泥板之上制成的。在两块泥板的四边接合处，用软泥封住，并盖上印章，有如一个泥板信封。在外部泥板的表面，往往刻上该文件的副本或内容概要。为了防止里外两层泥板粘在一起，致使所载内容的字迹难以辨认，这一时期许多法律文书(泥板)的两面都呈轻微的凹形。除在形式上做了这种特殊处理外，巴比伦书吏有时还在里面的泥板的表面撒上一些干土面。这种“信封泥板”在保护重要文件方面确实起了很大作用，它可以有效地防止泥板的意外损坏，还可以防止伪造和篡改。

在泥板内容的安排方面，如果某一文学作品或学术著作部头太大，以致无法刻在同一块泥板上，那么就接着刻在其他泥板上。为防止秩序混乱，在每块泥板的最后一栏里，会标明下接在哪一块泥板上。此外，通常还要注明该作品一共有几块泥板，就相当于现代著作超过一卷要标明卷数一样，或者可以说标明“该书”共有多少页更为贴切。在图书馆里，这样成套的泥板要存放在架子上或书库里，用线绳捆起来，并附上一小片泥板，即题签，上面标明这些泥板的内容。现在保存下来了许多这样的小片泥板，可把它们编为目录，因为其上列有标题、内容提要和卷数(泥板数目)。

此外，泥坛、泥罐里也往往存放有私人档案。乌尔第三王朝时期浩繁的管理文书曾存放在篮子里，其上也附有类似的小标签。为了便于在众多的管理文书中查阅所需的某一特定的泥板，在泥板的边缘部分往往刻有简短的注释。

为减少手工劳动和避免不断刻写的麻烦和枯燥，美索不达米亚人还发明了两项很有意义的刻写技术。其一是泥土印章(clay stamp)，有些印章甚至使用了精巧的可以互换的符号单位，很像活字。另一项重大的发明是圆筒印章，他们把文字刻在圆柱上，然后让圆柱在柔软的泥板上滚动，这样所刻之字就自然地转移到泥板上，而且需要多少份这样的泥板，只需用圆筒印“复印”多少即可，不必重复刻写。

二、木板

在公元前第一千纪的早期，美索不达米亚的书吏们开始使用狭长的木板作为书写材料，他们在木板上涂上一层薄蜡，在蜡上印上楔形文字符号。构成一部“作品”的木板通常用皮条从尾部串起来，使其成为一部“书”，打开之后宛若一面屏幕。显然，携带这样一部“书”比携带一套沉重、笨拙、易碎的泥板更方便。但这种书最大的弱点是不耐久，幸好这种材料只是偶尔被采用，要不然，大部分楔形文字的文学和学术著作恐怕要失传。这种书一般用上等木板制成，属于豪华本。在现存文书中，记载用于书写的材料主要有柽树、柏树、雪松和胡桃树等。在巴比伦尼亚和亚述，木材十分奇缺，用于书写的木料无疑来自周围其他地区的山地。早在阿卡德的书吏用它刻写楔形文字之前，阿拉米人就已开始用之刻写阿拉米语了，结果，随着这种不易保存的书的散佚，阿拉米文学在美索不达米亚几乎全部湮没不彰。

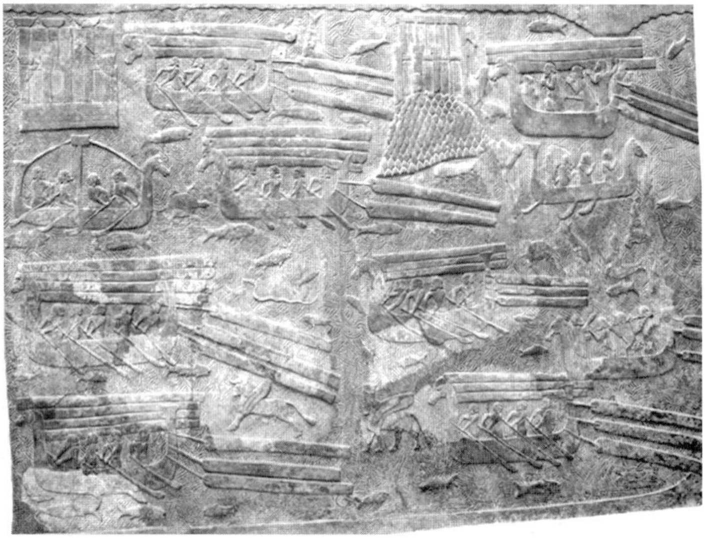

图 3.6　描绘运送黎巴嫩柏木场景的雕刻。无论是用作书写材料，还是用于建筑材料，美索不达米亚的木材都主要依靠进口

图 3.7　鹅卵石形状的苏美尔文铭文。为拉伽什王安纳吐姆献给宁吉尔苏神庙的奠基石。约公元前 2450 年。出自特罗(古代吉尔苏)

三、石料

如同木材一样，石头在巴比伦尼亚和亚述亦属稀有物质。虽然如此，国王们仍然想方设法弄到石头，在其上刻写铭文，甚至肆无忌惮地抹去前人的铭文而“二次”利用其石料。例如，著名的《汉谟拉比法典》石碑就被抹去了许多重要的内容，可能系某位埃兰王将其掠至埃兰都城苏撒后为刻写自己的铭文所为。很显然，泥板文书无论如何坚固耐用，在这方面毕竟比不上石碑。因此，迄今发现的石刻，绝大多数属于“皇家铭文”。除此

之外，作为书写材料，石料还有一种用途，即用作田地的界石，上面记载有国王赠予的土地。在古巴比伦时期，凡为王室负担某种义务之人都可从王室领取与其所负担义务相当的一份土地。王室的管理人员在分配土地时要在泥板上做有关记录，并在田地之上树立界石，在界石上刻上与泥板内容相同的文字。

用于书写的石料不仅包括质地柔软的石灰石、大理石和青金石等，而且还包括最坚硬的火山岩，如玄武岩和闪光岩等。一般情况下，质地坚硬的石头用于刻写皇家铭文，而相对柔软的石头则用于刻写赞扬其他一些重要人物的颂歌、祭文和历史材料。一些硬度一般的准宝石则用来刻写印章。

图 3.8　拉伽什王许愿铭文残片。黑石。约公元前 2500 年。出自特罗(古代吉尔苏)

考古学家们发现的这类印章非常之多，因为每一个有身份的人都拥有一枚印章，它是社会地位的一种象征，甚至有的奴隶也有自己的印章。①

四、其他材料

此外，美索不达米亚人有时还在象牙或贵金属制品上刻写有关内容的文字。迄今发现的贵金属包括锑、铜、青铜、银和金，它们用来制作武器和艺术品，诸如铜矛，青铜刀、剑，银碗和金板等，在这些物品上仅仅刻有简短的文字，说明所有者的姓名和所献祭神的名字。

最后，根据一些文学作品的记载，在较晚的时期，美索不达米亚人还曾经使用过纸草和皮革作为书写材料。“纸草”一词最早出现于亚述国王萨尔贡二世统治时期（公元前721—前705年）的一份材料中，而在波斯统治之前，并未发现有皮革文书，在塞琉古王朝时期（公元前312—前64年）以前，也肯定并未使用过羊皮纸。

图 3.9 拉尔萨铜牌铭文。是拉尔萨王里姆辛的妻子希玛·伊什塔尔为修建神庙所立的铜牌铭文。时间为公元前 18 世纪初

五、书吏

由苏美尔人创造的、经阿卡德人发展的楔形文字体系，是比较复杂的文字体系，因此被称为“秘密宝藏”，一般人很难理解和掌握，它只被一个职业阶层或书吏垄断。虽然在阿卡德历史的大部分时期里，都

① G. R. Driver, *Semitic Writing*, p. 15.

有一些普通人即便不会写楔形符号也会读或说，但大多数人想要写什么东西时，还是不得不求助于书吏。在古代东方的其他地区也是如此。在一些契约等法律文书中，书吏往往排在所有证人的最前面，也就是作为第一证人，主要原因可能在于他们是文书的起草者。

(一)书吏的社会地位

书吏和文字一样，是社会经济发展到一定阶段的产物，是随着神庙、国家和个体公民管理经济的需求而兴起的，并逐渐形成了一个特殊的职业阶层。他们不仅拥有自己的行会，而且还有保护神即纳布神(Nabû)，《圣经》中称为纳波(Nebo)，其象征是泥板和楔形符号，或者是没有泥板和笔的单一的楔形符号。美索不达米亚人把纳布神奉为“书吏文字的创造者”(*bānû ši ṭri ṭupsarrūti*)、“无与伦比的书吏”(*ṭupsar lâ šanān*)及“众神的书吏和芦苇笔的支配者”(*ṭupsar īlāni Ṣăbit qan-ṭuppi*；*bêl q̄an-ṭuppi*)。[①] 此外，还有两位神有时也被称为“学问的保护神”：一位是尼达芭(Nidaba)或尼萨芭(Nisaba)女神，她被称为“宇宙万物的书吏”或“总书记”及“上天的大书吏”，其标记或徽章为芦苇笔或笔加泥板；另一位是其配偶哈尼(Ḫani)或哈亚(Ḫaya)神，他被描述为“印章之神”和“书吏之神”。不仅如此，美索不达米亚人还有在阴间世界掌管文字和书吏之神，她就是贝丽丝丽女神(Bêlitsiri)，她被称为“阴间女王”，据说她使用的笔是用青金石和红玉髓制作的。文字和书吏在美索不达米亚人的神庙和国家管理以及日常生活中起着非常重要的作用，书吏这一职业享有较高的社会地位，由此可略见一斑。在美索不达米亚人眼中，他们自己的文字仍很神秘，他们在修造神庙和宫殿等建筑时，通常都要在地基之中放块文字碑板，并向神祈祷。人们还常常随身佩戴刻有文字的护身符，以避邪除妖。巴比伦人和亚述人对文字极为敬畏，

---

① G. R. Driver，*Semitic Writing*，p. 64.

他们认为自己的命运是靠文字规范的；在他们看来，当一位拥有宗教职位的书吏把一个人的姓名刻在一本神秘的生死簿上时，那个人就离死不远了。

(二)苏美尔书吏：人类最早的人文主义者

美索不达米亚的书吏可以说是人类历史上最早的人文主义者。众所周知，11 世纪欧洲学校的兴起是与经济的复苏和工商业文明的发展密切相关的。大学则是文艺复兴时期人文主义者活动的重要舞台之一，许多人文主义者通过在宫廷、教会和市政厅供职，通常是充当秘书和书记员，甚至在经济领域充当商业秘书，在各自的领域传播着人文主义思想。正如彼得·伯克所说："对人文主义者来说，为教会和国家服务是可能的。这部分是因为有些教皇(如尼科拉斯五世或利奥十世)和君主(如阿尔丰索一世)欣赏他们的成就，也因为行政管理需要他们的技能，尤其是撰写优雅和雄辩的拉丁文信函的能力。罗马和佛罗伦萨的秘书厅就充斥着人文主义者。"①而文艺复兴史的权威人物布克哈特在这方面的论断则十分肯定："不管怎样，一个人文主义者不论对于共和国或是对于君主或教皇之所以成为不可或缺的，是因为他有两项用途：即为国家草拟公函和在公开而庄严的场合担任讲演。不仅做秘书官的必须是有才学的拉丁语学家，而且反过来说，也只有人文主义者才被认为具有秘书官职位所需要的那种知识和能力。因此，十五世纪时，知识界的最伟大人物大多数都把他们一生的相当一部分时间用在以这种身分为国家服务上。"②这种充当秘书角色的人文主义者，与苏美尔学校所培养出来的书吏在工作职能方面有着某种程度的相似性。

(三)书吏的职能

苏美尔人的学校被称为"埃杜巴"(É-DUBA)，原意为"泥板书屋"。其

---

① [英]彼得·伯克：《意大利文艺复兴时期的文化与社会》，刘君译，北京：东方出版社，2007 年版，第 124 页。

② [瑞士]雅各布·布克哈特：《意大利文艺复兴时期的文化》，何新译，北京：商务印书馆，1979 年版，第 226 页。

教育目的首先是为王室和神庙培养书吏和书记员，以适应管理土地和经济的需要，它始终贯穿于苏美尔学校存在的全部历程。书吏学校的学生毕业后，就有资格成为正式的书吏和书记员。他们有的为王室、神庙和私人庄园管理土地、充当会计师，有的专门从事某一行业的管理工作，还有的在国家和政府部门担任高官。受雇于政府机关的书吏，大体上可分为高级书吏和低级书吏两类。高级书吏一般在政府要害部门任职，通常负责撰拟帝王旨意，制定军政法令，修订外交文书，充当朝廷顾问，他们地位显赫；低级书吏一般负责监督和起草契约，充当公证人、掌印员、土地和财产登记员、军情记录员、碑铭雕刻员及核查员和会计等。私人书吏则一般受雇于经济尤其是商业贸易领域，充当缮写员、计算员、秘书和文牍员等。

书吏的择业方向，即受雇于宫廷、神庙还是私人领域，一般与其所受教育的类型密切相关。迄今考古学家所发现的美索不达米亚学校遗址，至少包括三种类型。① 第一类是邻近王宫的学校，包括在拉尔萨、乌鲁克和马里等地发掘出的学校遗址。这类学校可能是宫廷或政府机关所设立，其培养出的书吏也可能直接供职于宫廷或政府机关。第二类学校为位于神庙附近的学校，例如，在沙杜普姆(Šaduppum)②出现了许多辞书和文学课本，它们都埋在谷神尼萨芭及其爱人哈亚的神庙地下。学者们认为，这类学校可能是神庙所设，因此其培养出来的书吏也最有可能为其自身服务。第三类为邻近书吏居住区的学校，这类学校的遗址主要出自尼普尔和基什，它们很可能是私立学校，其培养出来的书吏很可能主要供职于私人商业领域。另据美国学者爱德华·吉埃拉(Edward Chiera)的研究③，在亚述帝国

① 参见滕大春：《关于两河流域古代学校的考古发掘》，载《河北大学学报(哲学社会科学版)》1984年第4期，第63～64页。

② 今阿布·哈尔马尔遗址(Tell Abu Harmal)。

③ Edward Chiera, *They Wrote on Clay*, Chicago: The University of Chicago Press, 1968, pp. 165-166.

图 3.10　亚述浮雕：做记录的书吏。亚述国王提格拉特帕拉沙尔三世的两名书吏正在做记录，一位书吏用楔形文字在泥板上记录，另一位书吏用阿拉米语在纸草卷上书写

时期，私人收授学生的现象十分普遍。大多数书吏都招收许多有志从事书吏职业的青少年，使他们成为自己的学生或徒弟，师徒之间的关系非常亲密，宛若父子。

正由于书吏享有优越的社会地位，所以富裕家庭的家长大都望子成龙心切，把孩子送进学校，这与中国古代所崇尚的“学而优则仕”大有相似之处。家长密切监督孩子们在学校的学习情况，学生之间的竞争也相当激烈，有时甚至为抬高自己而贬低他人。

第五节　楔形文字的传播和影响

苏美尔人和阿卡德人创立的楔形文字体系对周围地区的民族产生了重大的影响，他们逐渐地将这一文字体系应用于自己的语言中。于是，楔形文字在很大的范围内传播开来。

一、埃兰语

最早借用楔形文字的是埃兰人。与苏美尔人一样，埃兰人是古代西亚的一个古老民族，他们从公元前第四千纪起居住在苏美尔人以东的山区（在美索不达米亚和伊朗高原之间）。从公元前第三千纪初期起，埃兰人就有了自己的图画文字，即苏撒文字（原始埃兰文字），这种文字与苏美尔语一样属于黏着性语言。从公元前第三千纪中叶起，随着埃兰与苏美尔及后来的巴比伦联系的增多，埃兰文字在阿卡德文字的影响下，具有了楔形文字的形状。同时，埃兰人还借用了阿卡德语来书写文件。后来随着埃兰文越来越语音化，它基本上变成了音节文字。

二、胡里语

大约从公元前 2000 年起就居住在美索不达米亚西北部的胡里人，在美索不达米亚的西部首先采用了楔形文字来记录自己的语言。胡里人来自亚美尼亚山区，他们的语言既不属于塞姆语系，也不属于印欧语系。现在最早的胡里文献发现于幼发拉底河中游的名城马里，它们属于阿摩利人诸王的文献，时间始于公元前 18 世纪的汉谟拉比时代。楔形文字很快由胡里人传给了小亚细亚诸民族，在这些民族中，居于统治地位的赫梯人首先接受了楔形文字。①

---

① 有学者认为赫梯人从叙利亚的塞姆人那里借鉴了楔形文字。参见[苏]伊斯特林：《文字的产生和发展》，左少兴译，第 193 页。

三、赫梯语

早在公元前3000年左右，原始的赫梯人，亦称哈梯人，就已经在哈梯城(Hatti)①及其附近地区创造了自己的文明。赫梯人大约在公元前第三千纪末和公元前第二千纪初居住在小亚细亚以及亚述和巴比伦尼亚以西地区，无论从民族起源来说，还是就语言来说，赫梯人都属于印欧民族，赫梯语被认为是最早的印欧语言。赫梯人不仅在文字而且在文化和文学等方面都深受亚述—巴比伦的影响，比如，他们继承了巴比伦的神话和史诗，其中包括最著名的《吉尔伽美什史诗》。

图3.11　赫梯的斯芬克斯雕像。其风格明显受到了亚述艺术的影响

① 今土耳其的博阿兹柯伊(Boğazköy)。

四、阿拉米语

阿拉米人文化的持久影响主要在于其语言——阿拉米语的广泛传播。阿拉米语传播范围之广，影响之深，现代的一些民族可为此提供明证，现在世界上少数地区仍有人在使用阿拉米语。这种状况是多种原因促成的。其一是阿拉米人移民的范围广，从西部跨约旦(Transjordan)到东部邻近波斯湾的广大地区，到处都留下了阿拉米人的足迹，阿拉米语一时成为国际语言，是国家间商业交往和行政管理的重要工具。

阿拉米语的广泛传播还与其自身的语言书写系统有关。到公元前第二千纪下半期，在除了埃及和克里特的整个近东，刻在泥板上的阿卡德语或巴比伦语楔形文字已经成为标准文字，应用于交流和经济文献中，甚至在埃及也时有应用。但巴比伦语的楔形文字是一套笨拙的文字系统，有一大堆表意符号和音节符号需要记忆，学习和掌握这些符号往往需要费时很多年，只有少数专家能够坚持下来并学懂弄通，因此必须对文字进行简化处理。从公元前第二千纪中叶开始，人们就开始尝试设计更为简便的文字。这些新的文字系统的设计原则包括废除表意符号和尽可能地减少表音符号，

图 3.12　刻有阿拉米语铭文的符咒碗。出自尼普尔

使之减少到 30 个符号以内。在这些新的简化文字系统中，最成功的是约公元前 1100 年迦南人发明后被腓尼基人采用的字母文字。这是后世所有字母文字的基础。希腊人在公元前 800 年前从腓尼基人那里学到这套文字系统，并发展成了希腊文。希腊人的字母文字系统随后传遍全欧洲。

阿拉米人也采用了迦南—腓尼基字母文字，时间应该不晚于公元前 9 世纪上半期，因为有很多属于这一时期的阿拉米语铭文发现于叙利亚和约旦河谷。由于阿拉米人穿越了从叙利亚到巴比伦尼亚的广大地区，很多人从事商业贸易活动，阿拉米语在商业文书和国际外交书信中特别受欢迎。最主要的是，阿拉米语非常好学，只需要几个月时间就可以掌握。所以，即使在阿卡德的楔形文字居统治地位的地区，从公元前 8 世纪中叶开始，阿拉米语也已经成为辅助性语言了。亚述宫廷中拥有大量掌握阿拉米语的专家，阿拉米语甚至成为亚述帝国的另一种官方语言。

五、乌加里特①语

大约在公元前 1300 年，叙利亚的乌加里特人把他们从巴比伦楔形文字演化而来的文字发展成为一种纯字母文字。乌加里特是一座港口城市，是古代操西塞姆语的居民的众多小国家的中心。乌加里特文字是近东地区最古老的字母文字，总共由 30 个符号组成，它既没有表意符号，也没有限定符号或部首符号。乌加里特人已经知道按字母顺序来排列塞姆字母表，这种字母顺序后来才被欧洲人所袭用。

六、乌拉尔图语

公元前 9 世纪，生活在亚美尼亚山区的乌拉尔图人从亚述人那里借用了楔形文字，以此发展了自己的文字。乌拉尔图人从前居住在现在的亚美

---

① 乌加里特(Ugarit)，位于叙利亚东北沿岸，即今天的拉斯沙马拉(Ras-shamrah)。

尼亚和格鲁吉亚南部地区，大约在公元前第二千纪末，他们就有了自己的象形文字。他们的语言与胡里语同族，属非印欧语。乌拉尔图国家这个名字就来自亚述语，公元前9世纪初乌拉尔图国王萨尔杜里的古老的楔形文字铭文就是用亚述语刻写的。但乌拉尔图人并没有完全照搬照抄亚述的楔形文字，而是对它进行了一些改造，他们把符号的数量减少到330个，其中音节符号约150个，表意符号、限定符号和数目字符号约为180个。这样，乌拉尔图人的文字基本上具有音节性质，并大大地避免了亚述—巴比伦文字的复杂性和多义性。公元前6世纪，随着乌拉尔图国家丧失独立性，乌拉尔图文字也就消失了。

图3.13　乌拉尔图人的青铜神像。公元前8—前7世纪

七、古波斯语

最后一种在亚述—巴比伦楔形文字基础上创立的文字是波斯人在阿黑明尼德王朝时期(公元前6世纪)发明的波斯文，即古波斯楔形文字。古代波斯人居住在底格里斯河和幼发拉底河以东相当于现代伊朗的地区，其语言属印欧语系的伊朗语族。波斯人在创立自己的文字体系时，不仅采用了巴比伦人楔形文字的外形，还向他们借鉴了音节原则。虽然如此，古波斯文

除了与巴比伦楔形文字有相似的外形外，在其他方面鲜有共同之处。古波斯文实际上是一种不彻底的字母文字，它由 36 个字母符号组成，其中包括 3 个孤立的元音符号(a，i，u)和 33 个音节符号，在较晚时期，还曾使用了几个表意符号。古波斯楔形文字的应用范围很狭窄，主要用于记载国事。公元前 330 年，马其顿国王亚历山大大帝征服波斯帝国后，这种文字也就随之消失了。

美索不达米亚的楔形文字传播如此之广，影响如此之大，是有其一定的原因的。首先，巴比伦王国和亚述帝国是美索不达米亚强盛的国家，在当时的近东历史舞台上居于举足轻重的地位。亚述人和巴比伦人拥有高度发达的文化，对周围地区乃至全世界都产生了深远的影响。在亚述和巴比伦王国的鼎盛时期，楔形文字甚至成为国际通用语言。例如，在埃及新王国时期，尤其是在第十八王朝时期(公元前 1570—前 1320 年)，许多法老在同巴比伦王国、亚述帝国以及赫梯王国进行外交信件往来时，甚至在与隶属埃及的叙利亚各省区进行书信往来时，广泛使用亚述—巴比伦楔形文字，阿马尔那文书①就是最好的说明。其次，亚述—巴比伦楔形文字本身的特点有利于传播。一方面，楔形文字的书写材料和工具，即泥板和芦苇秆笔不仅造价低廉，而且容易获得，泥板经久耐用，加上书写技术简单；另一方面，亚述—巴比伦楔形文字的表音和音节体系在实践应用中显示出了较大的可行性。

第六节 楔形文字的释读

楔形文字是苏美尔人创造的，后被阿卡德人继承，并发展为巴比伦语和亚述语，又由巴比伦人和亚述人传给波斯人等周边民族。然而，解开楔形文字之谜却恰恰要沿着相反的方向进行。具体地说就是，属于印欧语系的古波斯楔形文字的释读成功是打开阿卡德语(巴比伦语和亚述语)迷宫的钥匙，阿卡

---

① 在埃尔-阿马尔那(El-Amarna)发现的埃及国家档案文件。

德语的释读成功又为解开人类最古老的文字——苏美尔语之谜奠定了基础。

一、先驱者们的探索

西方人最早关于楔形文字的记载可以溯源到历史之父希罗多德，他在其名著《历史》(Ⅳ，89)中曾提到过这种文字，把它称为“亚述文”(Assyrìa grāmmata)。但在随后漫长的历史岁月中，楔形文字便鲜为人知。1621 年 10 月 21 日，意大利旅行家和商人彼得罗·德拉·瓦莱在从波斯的设拉子城(Shiras)写给他在意大利那波利城的朋友的信中，提到了楔形文字。信中还摘录了一小段文章，包括 5 组符号。他甚至正确地断定，这种文字是从左向右读的。欧洲人所见到的最早的楔形文字便是瓦莱从波斯古都波斯波利斯(Persepolis)的大流士皇宫的墙壁上临摹下来的。当时人们对这种文字非常陌生，以至于有些学者甚至怀疑它根本就不是真正的文字，而只是一种装饰品而已。1673 年，年轻的法国艺术家安德烈·多利埃尔·德斯兰德斯(André Daulier Deslandes)发表了第一份准确的波斯波利斯王宫版画，在其上抄录了铭文上的 3 个符号，认为它只是装饰物。这种看法在当时及之后相当长的时间里都很普遍。但随后在巴比伦尼亚和亚述进行的考古发掘很快证明，楔形文字是这一地区唯一常用的文字。

最早对楔形文字进行释读的是 17 世纪末的英国旅行家托马斯·赫伯特(Thomas Herbert)，他早年曾担任英国驻波斯大使。1677 年，他发表了一份只有 3 行文字的复制品，并认为它由单词或音节组成。他根据波斯王宫保存完好的铭文，正确地推断出这种文字是从左向右读的，并确认其为波斯人的语言。1693 年，英国驻东印度公司代表塞缪尔·弗劳尔(Samuel Flower)发表了一份由 20 行文字组成的波斯波利斯铭文，这份铭文被称为真正的铭文，虽然它只包括 23 个独立的符号。1700 年，托马斯·海德(Thomas Hyde)在其一部有关古波斯宗教的著作中，复制了弗劳尔的铭文，并把它称为“楔形文字”(Cuneiform)。这是这种文字首次获得这一名称，此后便被普遍采用。遗憾的是，海德仍不相信这种符号表示具体的含义，还认为它只是装饰品。1711 年，英籍法国旅行家谢瓦利埃·卡尔丁(Chevalier Chardin)复制了第一份完整的波斯波利斯王宫的铭文，他青年时曾三次去到波斯波利斯。3 年之后，卡尔涅利·莱布鲁姆(Carneille Lerbrum)发表了更为精确的三种语言的铭文抄本。但最终为释读波斯楔形文字铺平道路的是丹麦数学家卡尔斯滕·尼布尔。1788 年，尼布尔发表了由三种语言组成的准确、全面的波斯波利斯铭文，指出铭文应该从左向右读。他认为，这三种铭文代表着楔形文字的三种不同形式，并称之为第一种(Class Ⅰ)、第二种(Class Ⅱ)和第三种(Class Ⅲ)。在尼布尔看来，第一种非常简单，第二种比较复杂，第三种最复杂，所含的符号特别多。他甚至正确地分析出第一种由 42 个符号组成，这种形式代表着这种文字的一种字母排列方法。但他没有进一步确认这三个种类实际上代表着三种不同的文字，而认为它们是同一语言的三种不同形式。

值得一提的是，还有两位学者在古波斯楔形文字铭文之外的其他领域取得了研究成果，大大地推动了楔形文字的释读进程。一位是法国学者 A. H. 安奎提尔-杜佩隆(Anquetil-Duperron)，他长期在印度收集有关琐罗亚斯德教的圣书，该圣书是以古波斯文写成的，因此他获悉了阅读和理解古波斯文的方法。1768 年和 1771 年，安奎提尔-杜佩隆发表了他的有关研究，为那些试图释读波斯楔形文字铭文的学者提供了有关古波斯文的知识，这些知识被实践证明大有益处。另一位学者是 A. I. 西尔维斯特里·德·萨西(A. I. Silvestre de Sacy)，他于 1793 年发表了一份钵罗钵语(Pahlavi)铭文的译文，该铭文发现于波斯波利斯城的近郊，虽然该铭文的时间要比波斯波利斯的楔形文字铭文晚几个世纪，但它也或多或少地揭示了早期文献的某种固定的模式。这种模式便是："x，伟大之王，王中之王，……之王，y 王之子，伟大之王，王中之王……"

在尼布尔研究的基础上，两位同时代的训练有素的语言学家的释读工作取得了初步的进展。一位是罗斯托克(Rostock)的东方学家奥拉夫·格哈德·泰克森(Olav Gerhard Tychsen)，他在1798年正确地断定，尼布尔所说的三种形式代表着三种不同的语言，在第一种语言中遇到的那些单独的斜体楔形符号是分词符号。但他除了认出一个元音字母a以外，其他的推测都误入歧途。另一位是哥本哈根的弗雷德里希·明特尔(Friedrich Mùnter)教授，他于1798年向丹麦皇家科学院提交了他的两篇重要论文，并于2年后(1800年)正式发表。首先，他也认识到，在尼布尔所说的第一种形式中不断出现的一个斜体楔形符号是分隔符号，这一点与泰克森不谋而合。这是一个非常有价值的发现，因为它使学者们能准确地断定每个词的开头和结尾。其次，他认为第一种铭文是字母文字，第二种铭文是音节文字，而第三种铭文则是一种表意或象形文字。再次，他甚至进一步正确地推测，这三种铭文是阿黑明尼德王朝时期的文献，所记载的内容是相同的。最后，他正确地认出了“皇帝”和“王中之王”这两个词。但非常遗憾的是，明特尔错误地认为这三种铭文中的文字代表波斯文的三个不同发展阶段，即古波斯语、钵罗钵语和帕西语，否则他的成就会更大。

至此，虽然释读工作取得了不小的成就，但还只是处于初始和基础阶段，尚无重大发现和突破。

二、格罗特芬德首获突破

在楔形文字释读方面第一位取得突破性成就的是德国哥廷根一位年仅27岁的中学教师，他的名字叫格奥尔格·弗里德里希·格罗特芬德(Georg Friedrich Grotefend，1775—1853年)。格罗特芬德几乎不懂任何东方语言，但他对解读人造密码特别感兴趣。与商博良①释读埃及象形文字的情况不

① 商博良(Jean François Champollion，1790—1832年)，法国著名埃及学家和语言学家。通晓希腊文、拉丁文，并研究多种东方语言。1822年根据罗塞达石碑释读埃及象形文字成功，从而奠定了埃及学的基础。

同，格罗特芬德没有做过长期的准备工作，手边也没有释读象形文字时所依据的双语言铭文，他主要凭借的是其敏锐的洞察力。1802 年 9 月 4 日，格罗特芬德在哥廷根科学院(Gottingen Academy)宣读了他的论文。他以令人信服的材料证实了那三种形式的楔形文字属于三种不同的语言，其中第一种是阿黑明尼德王朝时期流行的古波斯语。他也识别出了分词符号，并进一步认为第一种文字是字母文字，而不是音节文字，因为每 2 个分词符号之间往往刻有 10 个符号，而由 10 个音节构成的词是极其罕见的。格罗特芬德的最大贡献在于，他读出了波斯阿黑明尼德王朝的皇帝大流士(Darius)、其子薛西斯(Xerxes)和其父胡斯塔斯匹斯(Hystaspis)的名字，并正确地分辨出古波斯楔形文字的 10 个字母。下面便是格罗特芬德释读出的铭文，为叙述方便，我们把它们定名为铭文Ⅰ和铭文Ⅱ。

逐符转写 *(1) D(a)-a-r(a)-y(a)-v(a)-u-š(a) (2) x(a)-š(a)-a-y(a)-ϑ(a)-i-y(a) (3) v(a)-z(a)-r(a)-k(a) (4) x(a)-š(a)-a-y(a)-ϑ(a)-i-y(a) (5) x(a)-š(a)-a-y(a)-ϑ(a)-i-y(a)-a-n(a)-a-m(a) (6) x(a)-š(a)-a-y(a)-ϑ(a)-i-y(a) (7) d(a)-h(a)-y(a)-u-n(a)-a-m(a) (8) Vi-i-š(a)-t(a)-a-s(a)-p(a)-h(a)-y(a)-a (9) p(a)-u-ç(a) (10) H(a)-x(a)-a-m(a)-n(a)-i-š(a)-i-y(a) (11) b(a)-y(a) (12) i-m(a)-m(a) (13) t(a)-č(a)-r(a)-m(a) (14) a-ku-u-n(a)-u-š(a)*

逐词转写 *Dārayavauš xšāyaϑiya vazrka xšāyaϑiya xšāyaϑiyānām xšāyaϑiya dahyunām Vištāspahya puça Haxāmanišiya hya imam tačaram akunauš*

图 3.14 铭文Ⅰ：大流士的古波斯文铭文。其意为：“大流士，伟大的皇帝，众王之王，诸国之王，胡斯塔斯匹斯之子，阿黑明尼德王朝的皇帝，是建成这座宫殿的人。”

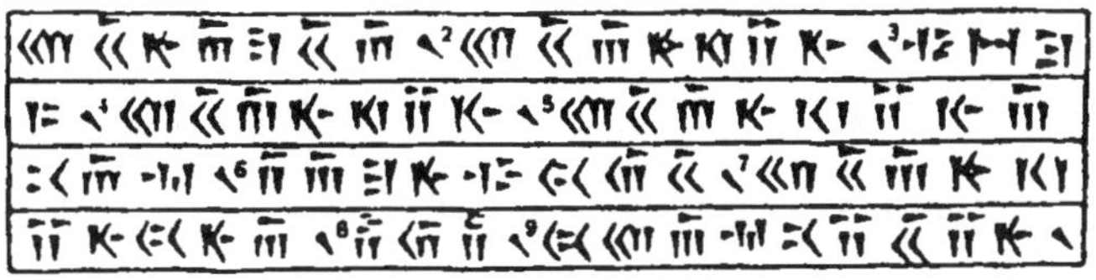

逐符转写　(1) X(a)-š(a)-y(a)-a-r(a)-š(a)-a (2) x(a)-š(a)-a-y(a)-ϑ(a)-i-y(a) (3) v(a)-z(a)-r(a)-k(a) (4) x(a)-š(a)-a-y(a)-ϑ(a)-i-y(a) (5) x(a)-š(a)-a-y(a)-ϑ(a)-i-y(a)-a-n(a)-a-m(a) (6) D(a)-a-r(a)-y(a)-v(a)-b(a)-u-s(a) (7) x(a)-š(a)-a-y(a)-ϑ(a)-i-y(a)-h(a)-y(a)-a (8) p(a)-u-ç(a) (9) H(a)-x(a)-a-m(a)-n(a)-i-š(a)-i-y(a)

逐词转写　*Xšayārša xšāyaϑiya vazrka xšāyaϑiya xšāyaϑiyānām Dārayavahauš xšāyaϑiyahya puça Haxāmanišiya*

图 3.15　铭文Ⅱ：薛西斯的古波斯文铭文。其意为：“薛西斯，伟大的皇帝，众王之王，大流士皇帝之子，阿黑明尼德王朝的皇帝。”

格罗特芬德根据前人特别是泰克森和明特尔的研究成果，断定该铭文是用古波斯语写成的阿黑明尼德王朝皇帝的铭文，其中铭文Ⅰ中反复出现的，标有号码 2、4、5、6 以及铭文Ⅱ中反复出现的，标有2、4、5、7 的那个词就是“皇帝”。随后，格罗特芬德又尝试用波斯萨珊王朝的铭文的模式来解读铭文Ⅱ，该模式正如前面指出的那样，为“x，伟大之王，王中之王，y 王之子，阿黑明尼德……”在释读“y 王之子”时，他首先假定 y 是人名，是皇帝的名字。由于这个词在第一篇铭文中是第一个词，而在第二篇铭文中位于“王中之王”这一称号之后，并在词尾多出一个符号，因此，格罗特芬

图 3.16　格奥尔格·弗里德里希·格罗特芬德

德得出结论，即在第二篇铭文中，“儿子”这个词的前面是附属于它的生格。接下来他开始查阅在希罗多德著作中出现的波斯皇帝的名字，并与他所研究的铭文相对照，以便找出相应皇帝的名字。他首先排除了居鲁士(Cyrus)和冈比西斯(Cambyses)，因为这两个皇帝的名字长短不一，而他所释读的那两个名字的长度几乎相等。格罗特芬德还发现了另一重要的事实，即第一篇铭文的作者是第二篇铭文作者的父亲，他带有帝王的头衔，而他自己的父亲却没有帝王的头衔。据此，他断定，铭文Ⅱ的作者一定是薛西斯，而铭文Ⅰ的作者一定是薛西斯的父亲大流士，大流士的父亲胡斯塔斯匹斯恰好不是皇帝。最后，格罗特芬德把这三个名字代入了古波斯圣经中的名字形式，终于确定了 15 个字母，其中有 4 个是错误的。

格罗特芬德之所以能在短时间内取得如此巨大的成就，除了他本人具有非凡的智慧和敏锐的洞察力之外，还因为其他文献已提供了一系列波斯皇帝的名字。并且古波斯文字的符号较少，总共只有 40 个左右，而且其性质与现在通用的字母文字接近，这一切无疑降低了释读的难度。此外，格罗特芬德的释读工作是建立在前人的研究成果之上的，在释读过程中也不断得到其他学者，如泰克森、明特尔和里奇的支持，后者不断把自己在巴比伦和尼尼微遗址获得的楔形文字的铭文的抄本送给他。

格罗特芬德的成果为楔形文字的最终释读成功打下了坚实的基础。随后，在许多学者的努力下，古波斯楔形文字的大部分符号的音值被确定下来。1822 年，A. J. 圣-马丁(A. J. Saint-Martin)正确地读出了 V；1826 年，丹麦语言学家拉斯姆斯·拉斯克(Rasmus Rask)在“王中之王”这一词组中鉴定了复数生格的词尾；1836 年，巴黎著名的波斯学家尤金·鲍尔诺夫(Eugème Bournouf)借助于一篇铭文中的波斯部族名称表确定了大多数古波斯楔形文字符号的读法；格罗特芬德的密友和合作者、德国学者克里斯蒂安·拉森(Christian Lassen)则使释读工作暂告一段落。他断定，波斯文字中的元音 a 与印度字母表中的元音 a 一样，是不表示出来的，但长元音是通过词中加上符号 a 来表示的。

三、亚述学之父罗林森与《贝希斯顿铭文》

真正解开楔形文字之谜的是英国的年轻军官亨利·克瑞斯维克·罗林森①。1835 年，年仅 25 岁的罗林森奉命前往波斯，担任库尔德斯坦省总督的军事顾问。罗林森是一位古典学者和多种语言的研究者，因此他一到波斯便对遍及全波斯的楔形文字铭文产生了浓厚的兴趣，并开始收集三语铭文。他很快就注意到哈马丹(Hamadan)附近的阿尔凡德土墩(The Mount Alvand)铭文和距离克尔曼沙(Kermanshah) 20 英里远的贝希斯顿铭文(Behistun Rock Inscription)。前者包括以三种语言刻成的两个短篇。罗林森在 1835 年开始临摹。他在对格罗特芬德等人的释读成果一无所知的情况下，采用与格罗特芬德同样的方法，成功地读出了它们。罗林森还正确地断定了 18 个波斯楔形文字符号。但他也认识到，要想确定该铭文的所有符号，手上必须掌握许多专有名词，《贝希斯顿铭文》恰好为此提供了极好的素材。

图 3.17　亨利·克瑞斯维克·罗林森爵士

《贝希斯顿铭文》是波斯帝国

① 罗林森(Henry Creswicke Rawlinson，1810—1895 年)，英国亚述学家。在东印度公司服军役期间，研究波斯和印度语言，并最终释读楔形文字成功，与博塔和莱亚德一道被誉为“亚述学之父”。

国王大流士一世刻写的铭文，记载的是他镇压国内高墨达暴动①和人民起义的经过。铭文以古波斯楔形文字、埃兰文和巴比伦文三种文字刻在位于古都埃克巴坦那西南的贝希斯顿(Behistun 或 Bisutun)大崖石上，距地面 300 多英尺高，无法攀岩而上。罗林森不得不借助于人工梯架，有时甚至冒着生命危险系绳悬空进行摹拓。他首先着手摹拓出铭文的波斯文部分，共 5 栏 414 行。到 1839 年，罗林森已开始获得一些有关欧洲学者的释读情况，这时他已翻译出前 200 多行。此后由于军务，罗林森的工作一度中止。1844 年，他重返贝希斯顿，完成了全部波斯文铭文 414 行，及第二部分即埃兰文铭文全部 263 行的摹拓和翻译。1848 年，他把他的手稿，包括摹本、转译、翻译、评论和注释从巴格达寄往英国皇家亚洲学会，从而把古波斯铭文的释读建立在坚实的材料基础之上。同年，著名的爱尔兰语言学家爱德华·兴克斯②发表了一篇论文，文中的许多预想与罗林森独立研究所取得的主要成果有共同之处。至此，古波斯楔形文字的符号和语言的重要特点已经很清楚了，释读工作可以说基本完成，剩下的只需一些微小的修改和纠正。在这方面最值得一提的是 22 岁的德国学者朱利斯·欧佩尔特③，他是拉森的学生，与罗林森和兴克斯一道被称为“楔文三杰”。

四、楔文三杰与亚述学的诞生

古波斯楔形文字的释读成功使释读《贝希斯顿铭文》中的其他两种楔形文字成为可能，而大量的来自亚述和巴比伦的考古发掘成果为把这种可能

① 公元前 522 年波斯帝国内部发生的反对阿黑明尼德王朝的政变，首领为米底祭司高墨达，政变很快就被大流士一世镇压。

② 兴克斯(Edward Hincks，1792—1866 年)，爱尔兰亚述学家。曾发现解读埃及象形文字的方法，同时与罗林森等人成功地释读了楔形文字。

③ 欧佩尔特(Jules Oppert，1825—1905 年)，著名东方学家。出生于汉堡，1854 年加入法国国籍，主要著作有 *Èlèments de la Grammare Assyriene*(1860 年)及 *Ètudes Sumèriennes*(1881 年)等。

变为现实提供了丰富的文字材料。罗林森等人随后很快便识别出第二种文字的200多个符号，这种文字被证明是埃兰文。此时只剩下了第三种即最后一种同时也是最复杂、最难懂的一种文字了。1847年，罗林森再次从巴格达返回贝希斯顿，冒着生命危险摹拓了铭文的第三部分，即巴比伦文部分，共计112行。同年，天才学者爱德华·兴克斯通过将铭文中的巴比伦文部分与古波斯文部分中出现的大量专有名词相对照，正确地读出了许多元音、音节和表意符号，并读出了巴比伦语的第一个单词a-na-ku(代词“我”)。1850年，兴克斯进一步断定，巴比伦—亚述语不是字母文字，而是音节和表意文字，一个符号可以代表许多音节(辅音加元音、元音加辅音、辅音加元音加辅音)，它们有多种方式来构成一个词，从而否定了瑞典学者伊斯多尔·洛温斯特恩(Isidor Lowenstern)所坚持的巴比伦楔形文字的语言符号是纯辅音符号的主张，后者曾于1845年首先正确地指出巴比伦楔形文字属于塞姆语系。在释读过程中的最后一个重要的发现应归功于罗林森，他发现巴比伦楔形文字的最重要的特征之一是“多音性”，即一个符号有多种发音方法，代表许多音值，例如，𒌓(ud)这个符号也可读为tam、par、laḫ、ḫiš等。结果，他能列出一个包括246个符号的符号表，甚至能粗略地勾画出语法结构。他还最后证实了巴比伦语—亚述语(阿卡德语)属于塞姆语系。罗林森的研究成果于1850年和1851年发表了。在罗林森研究成果的帮助下，兴克斯又新释读了100多个符号，这时他已能确定近350个符号或读音了。他还正确地断定，一个符号既可以作为表意符号，也可以作为音节符号和限定符号(部首)。

图3.18　爱德华·兴克斯

图 3.19 朱利斯·欧佩尔特

巴比伦楔形文字的释读工作进展得如此顺利，在短时间内取得如此辉煌的成就，令世人震惊。许多学者对罗林森和兴克斯的研究持怀疑态度，有些人甚至展开攻击，把他们的成果诬蔑为偏见和毫无价值。这时，三杰之一的欧佩尔特根据自己的研究，于 1855 年连续撰文证明罗林森和兴克斯研究成果的正确性和科学性，并且列出了许多可以表示多种音值的新符号。欧佩尔特还是第一位全面研究古代书吏自己准备的音节表的人，这些音节表藏于亚述巴尼拔图书馆发掘出的大量泥板中。他的众多的论文、文献材料和论点大大地巩固了一门新学科——亚述学的根基。

1857 年是非常值得牢记的一年。在这一年，英国数学家、业余东方学家塔尔博特①翻译出了一份亚述王提格拉特帕拉沙尔一世的铭文，于 1857 年 3 月 17 日寄给了英国皇家亚洲学会，并建议学会邀请罗林森和兴克斯各自独立翻译此铭文，以便把三篇译文进行比较。此时欧佩尔特恰好也在伦敦，所以学会也向他发出了邀请。皇家亚洲学会安排由五位专家组成的专门委员会对塔尔博特、罗林森、兴克斯和欧佩尔特的四篇译文进行评议，结果表明四篇译文大致相同。这一研究终于得到了权威学术机构的正式承认。这门语言后来被正式命名为阿卡德语。一门新的学科——亚述学宣告诞生。罗林森由于在释读楔形文字方面的突出成就，亦被尊称为“亚述学之父”。

---

① 塔尔博特(William Henry Fox Talbot，1800—1877 年)，英国摄影术的先驱，曾有多项发明。最早释读尼尼微楔形铭文者之一，业余从事亚述学研究，并取得较大成绩。

图 3.20　提格拉特帕拉沙尔一世的八角形赤陶铭文。上面记载了他军事征伐和内政的业绩。约公元前 1110 年。出自亚述城。1857 年四位专家成功释读这份铭文，宣告了亚述学的诞生

随后，罗林森等人又基本破译了苏美尔语，并因此产生了亚述学的分支——苏美尔学。

亚述学和苏美尔学的诞生使得大量的楔形文字原始文献尤其是阿卡德语文献得到了整理、拉丁化转译和翻译，而文献整理和翻译工作反过来又极大地促进了亚述学和苏美尔学的发展。亚述学和苏美尔学的发展不断地翻开人类文明史的新篇章。

第二编

大一统思想与政治文明

第四章　从城邦到帝国

在人类政治文明的发展史上，拥有太多的统一与分立的故事，在数不清的故事中，始终作为主角的人类，有时享受着繁荣，有时则遭受着痛苦。

古代美索不达米亚的历史传统清晰地表达了政治统一的理想。正如一些历史学家所言："编撰于公元前2000年左右的《苏美尔王表》，依据的是较早的资料，它勾勒出了美索不达米亚历史的最早阶段，为这种政治统一理想做出了示范。"①虽然历史学家们都承认，苏美尔城邦的王朝的存在和统治有很多是同时的，但《苏美尔王表》中所表达的统一思想也同样是明显的。根据王表记载，最初王权自天而降，依次降至五座城市，每个王朝依次进行统治，也就是说每个历史时期都只有一个王朝存在，每个王都统治了相当长的时间，有的甚至统治了成千上万年，它揭示了美索不达米亚最久远的历史。王权降至第五座城市时，发生了大洪水。此后，王权又依次降至其他城市，不同的是，每位王统治的时间已在可信的范围内，其中有些与公元前第三千纪早期的历史文献相呼应。在随后的历史时期，"基什王"的称号已经不代表基什的地方统治者，强有力的王都渴望拥有这一称号，并以此为荣，因为这个称号昭示着对整个美索不达米亚的统治权。在美索不达米亚的历史上，第一位把统一思想付诸实践的是阿卡德的萨尔贡大帝，他是古代美索不达米亚历史上第一位真正的"统一者"。他所开创的

---

① Norman Yoffee and George L. Cowgill eds., *The Collapse of Ancient States and Civilizations*, Tucson: The University of Arizona Press, 1991, p. 59.

阿卡德帝国在他的孙子纳拉姆辛统治时期达到极盛，纳拉姆辛骄傲地自称"(世界)四方之王"(shar kibrat'arbaim)和"宇宙之王"(shar kishshati)。乌尔第三王朝的统治者们继续着统一的理想，使得中央集权的统治在美索不达米亚的早期历史时期达到极盛。到古巴比伦时期，尼普尔成为宗教中心和政治中心，占据了尼普尔就意味着统治巴比伦尼亚甚至整个美索不达米亚。因此，这座圣城往往成为统治者们争夺的焦点，它也成为美索不达米亚政治统一的象征。亚述帝国的强盛，为我们提供了更大范围、更强有力的统一的范例，它也因此成为传播美索不达米亚文化最得力的平台。新巴比伦王国短暂的统一与辉煌，成为古代美索不达米亚文明最后的亮光。

城市和城邦文明构成了美索不达米亚文明最鲜明的特色，城邦之间为争夺土地等资源而进行的战争和为争夺政治霸权而展开的斗争，以及与之相伴随的王朝更替和地区融合趋势，既体现了苏美尔人、阿卡德人、巴比伦人和亚述人政治统一的思想，又揭示了古代文明从城邦向帝国发展和演变的规律。所有这些构成了巴比伦尼亚和亚述政治文明的重要内容。

第一节　城邦争霸与政治统一

公元前第三千纪是苏美尔人城市国家形成和城邦争霸的重要历史时期，学术界通常将美索不达米亚历史上的这一时期称为苏美尔城邦时期，或苏美尔早王朝时期。

关于苏美尔城邦时期的楔形文字泥板史料非常稀少，而且有些还带有更多的神话色彩，其中著名的《苏美尔王表》(*The Sumerian King List*)成为我们重建古巴比伦时期以前巴比伦尼亚政治史的主要依据之一。另一类重要的文字史料是古代美索不达米亚君王记载自己的重大活动或重要事件的铭文，这部分史料既真实又珍贵，苏美尔城邦时期的《吐玛尔铭文》便是其中之一。此外，对我们重建苏美尔城邦政治史给予重要支持的便是考古学资料了，具体来说就是一件件具有说服力的真实文物。

一、原始五城的模糊记忆

古代的很多民族都有自己关于大洪水的故事或神话传说，苏美尔人关于大洪水的故事传说无疑在人类历史上是最早的，《圣经》中的大洪水故事就源于此，这已为学术界所公认。在《苏美尔王表》中，大洪水就作为城市和王权发展的一个界线被记载下来。在大洪水之前，曾经有五座苏美尔城市获得过王权统治，在苏美尔人的文化传统中，王权是由天上的神赐予的，尼普尔城是天神在人间的权力或统治中心。在大洪水之前获得过王权统治的五座城市是埃利都、巴德-提比拉、拉拉克、西帕尔和舒路帕克，对此，《苏美尔王表》这样记载：

当王权自天而降，
王权在埃利都。
(在)埃利都，阿鲁利姆(Alulim)为王，王 28,800 年①；
阿拉勒伽王(Alalgar)王 36,000 年。
两王共王 64,800 年。
我放下埃利都(这个题目)，
王权被带到巴德提比拉。
(在)巴德提比拉，恩门鲁安那(Enmenluanna)王 43,200 年；
恩门伽勒安那(Enmengalanna)王 28,800 年；
神都木吉(Dumuzi)，一个牧人，王 36,000 年。
三王共王 108,000 年。

---

① 《苏美尔王表》中记载的历朝历代的君王统治的时间顺序大体上是准确的，但各个城邦及君王统治的时间有时是同时的，且各王统治的以万年计的具体时间要么具有明显的夸大成分，要么是根据我们目前所掌握的知识还无法理解。

我放下巴德提比拉(这个题目),

王权被带到拉拉克。

(在)拉拉克,恩西帕吉安那(Ensipazianna)王 28,800 年。

一王王 28,800 年。

我放下拉拉克(这个题目),

王权被带到西帕尔。

(在)西帕尔,恩门杜尔安那(Enmenduranna)为王,王21,000年。

一王王 21,000 年。

我放下西帕尔(这个题目),

王权被带到淑鲁帕克。

(在)淑鲁帕克,乌巴尔图图(Ubartutu)为王,王 18,600 年。

一王王 18,600 年。

五城,八王,王 241,200 年。

洪水冲过。①

在这五座城市中,埃利都被称为人类历史上第一座城市,后来可能由于其所处的地理位置和土地盐碱化等原因,其重要性逐渐丧失,且在苏美尔早王朝以前很久实际上就已被废弃,其在巴比伦尼亚南部的地位被另一座重要城市乌鲁克取代;舒路帕克的历史可以追溯到欧贝德文化时期;西帕尔是楔形文字泥板“矿藏”最丰富的“产地”,但算不上是重要考古发掘地,关于其最早的居住层尚无法确定;拉拉克的地址迄今仍无法确定;巴德-提比拉可能就是现在的马迪内赫遗址(Tell Madineh),这座城市迄今没有被挖掘。

① [美]T. 雅各布森编著:《苏美尔王表》,郑殿华译,北京:生活·读书·新知三联书店,1989 年版,第 2～4 页,个别城市的译法与正文有所不同。

二、基什——第一个强大的城市国家

苏美尔城邦或苏美尔早王朝的重要历史时期开始于大洪水过后，至少目前的史料所勾勒出的大致轮廓如此。大洪水过后，最早在苏美尔取得霸权的城市是基什(Kish)。根据《苏美尔王表》记载，“洪水冲过后，当王权自天而降，王权在基什”，基什王朝“二十三王共王 24,510 年，3 个月，3 天半”。①

基什位于巴比伦尼亚的北部，其新石器时代的遗迹所揭示出的文化，与产生在南部的美索不达米亚早期文化没有任何共同之处，就连城市的艺术和建筑特征与南部城市相比，都表现出了迥异的传统。实际上，基什城所处的北方正是塞姆人活动的中心地带，可能在捷姆迭特·那色文化的晚期，一股塞姆人的迁徙浪潮从阿拉伯或叙利亚开始，逐渐渗透到美索不达米亚和巴比伦尼亚，基什和位于幼发拉底河中游的城市马里成为他们的主要居住和活动中心。没有史料证明塞姆人迁徙至美索不达米亚的过程中始终是与战争相伴的，所以和平共处的民族融合可能成为主流，而民族融合正是统一思想得以产生和统一国家得以建立的社会基础。基什王朝的苏美尔人传统和塞姆人特征，为此提供了很好的注解。在基什王朝的早期统治者之中，很多王都拥有塞姆语的名字，而大多数王同时都拥有美丽而神圣的苏美尔语名字。例如，早王朝时期第一位除《苏美尔王表》外另有文字记载的王麦巴拉吉西(Mebaragesi，约公元前 2700 年即位)，其名字 Mebarage-si 在苏美尔语中的意思是“自然和人类社会的权力(the me)充满了王座”。幸运的是，麦巴拉吉西留下了两篇铭文，但不幸的是，这两篇铭文的内容除了保留下来他自己的名字和头衔之外，其他什么都没有。根据《苏美

① 参见[美]T. 雅各布森编著：《苏美尔王表》，郑殿华译，第 6～10 页。

尔王表》中的记载，他“虏获了埃兰国的武器”[1]，这是有关美索不达米亚和埃兰战争的最早文字记载，虽然它们之间的争斗可以追溯到史前时期，而且贯穿西亚早期文明史。

三、乌鲁克初步统一南北

在基什崛起于北方的同时，作为美索不达米亚早期文化中心之一的南部城市乌鲁克继续发展着。两个城市在麦巴拉吉西之子阿伽(Agga)统治时期不可避免地发生了争霸战争，这在著名史诗《吉尔伽美什和阿伽》中得到了反映。战争以基什战败、基什王阿伽向乌鲁克王吉尔伽美什(Gilgamesh)投降而结束。在此后一个世纪的时间里(约公元前2660—前2560年)，吉尔伽美什的七位继承者享受着对乌鲁克和基什的统治。这一点具有特别重要的意义，因为这是巴比伦尼亚第一次实现初步的南北统一。基什由于兼具苏美尔人的文化传统和塞姆人的地域特色，其霸权已经具有了“统一”的象征性意义，象征着两个民族和两种语言在同一统治下的“统一”，以至于有学者甚至认为，当时“基什王”的称号与后来频繁出现在美索不达米亚君王铭文中的“苏美尔和阿卡德之王”或“(整个)国家之王”等称号，几乎是同义词。[2] 因此，“基什

图4.1 基什王麦萨里姆祭献的权标头。早王朝Ⅲ期，约公元前2550年

① T. 雅各布森编著：《苏美尔王表》，郑殿华译，第10页。

② Georges Roux, *Ancient Iraq*, Third Edition, p. 139.

王”的称号一直被其他城邦统治者觊觎。乌鲁克的君王们获取了“基什王”的称号，享有了具有象征意义的殊荣，而且由于自身所处的南方的地位，“乌鲁克和基什之王”的称号更具有了“统一”的实际意义。

在乌鲁克统治时期之后不久，一位出身不明、自称为“基什之王”的麦萨里姆(Mesalim)留下了三块简短的铭文。关于麦萨里姆，虽然《苏美尔王表》中并没有他的名字，更没有关于他的任何记载，但历史学家们也不怀疑他的存在，不怀疑他“基什王”的身份。他似乎与拉伽什城市有着较密切的关系，他在那里为宁吉尔苏(Ningirsu)神修建了一座神庙。约在公元前2600年，他还为拉伽什和邻邦乌玛①之间的边界之争进行调停，为两个城邦树立了界碑，双方承诺共同遵守。这是迄今所知有文字记载以来人类最早的外交事件，麦萨里姆主持树立的拉伽什和乌玛之间的界碑，其文字内容便随之成为最早的外交条约或外交文件。麦萨里姆调停城邦争端的能力，在某种程度上可能表明了他的权威，表明了基什曾一度恢复了昔日霸主的地位。

四、乌尔第一王朝

另一个获得短暂霸权的城市是乌尔②。从史前时期起，乌尔就一直是苏美尔的文化和宗教中心，而地处幼发拉底河河口的优越的交通运输位置，使得乌尔城的经济发展尤其是对外贸易相比之下更为发达。而就在北方的基什和南方的乌鲁克争雄的同时，与东方国家的航海贸易使得乌尔城及其统治者迅速富强起来，这一点在大致属于同一时期的著名的乌尔王陵(约公元前2600年)的随葬财宝中得到了具体的体现。约公元前2560年，麦桑尼帕达(Mesannepadda，天神安所选中的英雄)创建了乌尔第一王朝。他的势力迅速膨胀，一举推翻了乌鲁克的末代王以及与他同时代的基什王麦萨里

① 今天的焦哈遗址(Tell Jokha)，位于吉尔苏以西29千米。

② 乌尔城的遗址今名穆盖伊尔(Muqeijer)。

姆。麦桑尼帕达似乎也取得了对尼普尔的控制权，因为他和他的第二位后继者麦什基亚格努那(Meškiagnunna)重修了尼普尔城的吐玛尔(Tummal)神庙，该神庙最初是由基什王麦巴拉吉西修建的。吐玛尔是尼普尔的一个城区，是苏美尔主神、尼普尔城的守护神恩利尔(Enlil)的妻子——宁利尔(Ninlil)女神的神龛所在地。此后，吐玛尔神庙多次受到破坏，又多次得到重修。在苏美尔，君王向神敬献贡品和敬修庙宇是国之大事，通常要镌刻铭文以资纪念。《吐玛尔铭文》记载了吐玛尔神庙不断遭破坏又不断被重建的过程，它是苏美尔人历史上最重要、最有价值的建庙铭文之一，可以弥补《苏美尔王表》在年代学方面的局限性，与《苏美尔王表》一起成为重建苏美尔城邦早期历史的最主要文献。关于神庙修建和第一次重建，《吐玛尔铭文》这样记载：

> 恩①麦巴拉吉西，王，
> 就在本城(指尼普尔)建造了恩利尔之屋。
> 阿伽，恩麦巴拉吉西之子，
> 使吐玛尔繁荣，
> 把宁利尔带来吐玛尔。
> 第一次，吐玛尔沦为废墟。
> 麦桑尼帕达建造了恩利尔之屋“布尔苏苏阿”。
> 麦什基亚格努那，麦桑尼帕达之子，
> 使吐玛尔繁荣，
> 把宁利尔带来吐玛尔。②

---

① 恩(*EN*)是苏美尔城邦中对“王”的一种称谓。

② 中译文参见北京大学历史系世界古代史教研室、东北师范大学历史系世界古代史教研室编：《世界古代史论丛》第1集，北京：生活·读书·新知三联书店，1982年版，第230~231页，个别字词有所不同。

五、拉伽什与乌玛之争

如前所述，我们得知苏美尔城邦早期统治者的名字主要是通过《苏美尔王表》和君王铭文的记载，在这方面，我们有关拉伽什城邦的资料最为丰富。至于拉伽什的遗址，有学者认为就是现在的特罗①，也有的学者认为，特罗是吉尔苏—拉伽什的一个宗教中心，阿尔希巴丘才是拉伽什城邦的拉伽什城，如同纽约州的纽约城一样。② 拉伽什是苏美尔城邦中经济最繁荣者之一，因为它地处两条灌溉运河的交汇口，最肥沃土地的中心地带。这两条运河中的一条是连接底格里斯河和幼发拉底河的沙特-埃尔-哈伊(Shatt-el-Hai)运河，另一条则是鲁玛-吉尔努恩(Lumma-girnun)运河。这两条运河不仅为拉伽什带来了丰富的粮食，而且促进了内河贸易的发展，使拉伽什成为物质富庶的城邦。经济繁荣和社会稳定为乌尔南什(Ur-Nanshe)开创拉伽什王朝的新时代创造了条件。他利用与邻邦乌玛暂时修好的时机，在经济建设方面，积极挖掘运河，发展对外贸易；在宗教文化方面，大力兴建神庙；在外交方面，与远处的马里保持友好关系。在南方霸主乌尔的主持下，苏美尔城邦的和平持续了100余年。

这种和平在乌尔南什的孙子安那吐姆(Eannatum)的统治时期(约公元前2455—前2425年)被打破。安那吐姆也是一个励精图治、雄心勃勃的君王。他大兴土木，修建神庙；开凿运河，发展经济；“保家卫国”，开疆拓土。他不仅把侵占苏美尔部分领土的埃兰人赶回老家去，还至少征服了一些位于边境上的埃兰人城镇。他推翻了乌尔和乌鲁克的统治，加强了自己的王权统治，与邻邦乌玛重开战火。战争源于对两个城邦边境的一块肥沃土地的争夺，这块土地名叫古伊丁(Gu-edin)，双方都宣称对该块土地拥有

---

① H. W. F. Saggs, *The Greatness That Was Babylon*, London: Sidgwick & Jackson, 1962, p. 63.

② 参见[英]塞顿·劳埃德:《美索不达米亚考古——从旧石器时代至波斯征服》，第93页。

图 4.2　拉伽什王乌尔南什(Ur-Nanshe)许愿浮雕。约公元前 2550—前 2490 年。出自特罗(古代吉尔苏)

所有权。乌玛率先采取了军事行动：乌玛的恩西在其保护神的命令下，洗劫和吞噬了古伊丁——“灌溉良好的土地，宁吉尔苏所宠爱的土地……他拔除了(麦萨里姆所竖立的)界碑，进入了拉伽什的平原。”

拉伽什的军队以长矛和盾牌迎战，安那吐姆最终获得了胜利。

“根据恩利尔的指示，他向他们撒开了大网，在平原上堆积起他们的躯体……幸存者转向安那吐姆，他们跪在地上求生，他们哭泣……”

战争以双方缔结和平条约而结束。安那吐姆与乌玛的恩西埃那卡利(Enakalli)划定了边界，他恢复了麦萨里姆原先竖立的界碑，向乌玛征收大麦作为繁重的赋税。安那吐姆的这次胜利被以苏美尔文雕刻的形式记载了下来，并成为这类作品中的杰作，它就是著名的鹫碑(the Stele of the Vultures)。之所以称为“鹫碑”，是因为石碑上面刻有秃鹫啄食敌人尸体的细节场面。遗憾的是，鹫碑的碑文只保留下来一些残片。

在安那吐姆统治的晚期，他与基什和马里联军展开了一场战争。虽然安那吐姆最终获得了胜利，但其国力消耗也很大。约公元前 2425 年安那吐姆死后，巴比伦尼亚陷入了混乱之中。乌鲁克之王恩沙库什安那（En-shakush-anna）和阿达布①之王卢伽尔安那穆恩杜（Lugal-anne-mundu）相继占领了基什和尼普尔，成为两地之王。在拉伽什，在安那吐姆的侄子恩铁美那（Entemena）统治时期，拉伽什与乌玛的战争又一次爆发。恩铁美那与强大的邻邦乌鲁克之王卢伽尔吉尼舍穆恩杜（Lugal-kinishe-mundu）结成了兄弟联盟，后者更是把乌尔和乌鲁克统一在了一个王国之下。根据他自己的铭文记载，“他屠戮乌玛的军队，直至乌玛境内”②，坚决反击乌玛新恩西的侵略企图，在拉伽什和乌玛的边界处挖掘了一条很深的壕沟作为边界线。几年以后，拉伽什国内的局势发生了变化，宁吉尔苏神庙的祭司攫取王位达 20 年之久，恩铁美那的

图 4.3　这件陶器上的铭文记载了乌玛与拉伽什的长期边界之争。早王朝Ⅲ期，公元前 2350 年。出自乌玛

① 阿达布（Adab），现在的比斯玛亚（Bismaya），位于法拉遗址（Tell Fara）以北 26 千米。

② Georges Roux，*Ancient Iraq*，Third Edition，p. 143.

图 4.4　拉伽什王安那吐姆胜利纪念碑即“鹫碑”断片。约公元前 2450 年。出自特罗(古代吉尔苏)

战争进行得也比较顺利，他们利用神庙的活动大肆为自己聚敛财富。以祭司为代表的宗教势力与以恩西为代表的世俗势力展开了激烈的较量，特别是恩西卢伽尔安达(Lugalanda，公元前 2384—前 2378 年在位)实行暴政，使拉伽什城邦的经济和社会秩序受到了很大的破坏，经济衰退，民不聊生，社会矛盾日趋尖锐。在这种形势下，拉伽什出现了一位古代苏美尔杰出的政治家和改革家乌鲁卡基那(Urukagina；一译作乌鲁伊尼马基那，Uruinimagina)，他一举推翻了祭司的统治，实施了一系列有利于经济发展和促进社会公平的经济和社会改革。关于乌鲁卡基那的改革，我们将在后面的篇章专门论述。乌鲁卡基那的统治仅仅持续了 8 年(约公元前2378—前2371 年)，这时乌玛出现了一位雄心勃勃且强有力的恩西卢伽尔扎吉西

(Lugalzagesi)，他进军吉尔苏，一举攻克并将之摧毁，报了200年前乌玛战败之仇。不仅如此，卢伽尔扎吉西继征服拉伽什之后，又攫取了乌鲁克，宣称自己为乌鲁克之王，把乌鲁克城作为自己的首都。他乘胜前进，征服了整个苏美尔地区。卢伽尔扎吉西甚至宣称，他征服了整个美索不达米亚以及叙利亚，“沿底格里斯河和幼发拉底河，从波斯湾到地中海”，“所有依附于他的苏美尔统治者，以及所有独立国家的恩西，都前来乌鲁克城，跪倒在他面前，听候他的发落”。①卢伽尔扎吉西的统治仅仅维持了24年(约公元前2340—前2316年)，因为另一位更强有力的君王——阿卡德的萨尔贡(Sargon of Akkad)出现了，并给了他致命的一击。卢伽尔扎吉西依靠军事征服所建立起的“苏美尔帝国”也随之让位给了另一个更像“帝国”的帝国——阿卡德帝国。

图4.5　刻有乌鲁卡基那改革内容的黏土锥铭。约公元前2350年。出自特罗(古代吉尔苏)

① H. W. F. Saggs, *The Greatness That Was Babylon*, p. 66.

第二节　阿卡德帝国的统一

苏美尔城市的兴起、城邦之间的争霸斗争及分分合合的过程，反映了人类从史前向历史时期的过渡、城邦社会经济的发展以及城市文明与文化的确立。而统一成为美索不达米亚历史发展的总趋势，正如历史学家所云："重建美索不达米亚的统一，以达到我们所说的自然界限，是美索不达米亚历代君主们的梦想。从公元前第三千纪中期开始，一直到公元前539年巴比伦城陷落，古代伊拉克的历史就是一部君王们不断尝试统一的历史，期间有成功有失败。"①他们之中第一位真正的成功者是阿卡德的萨尔贡。

一、萨尔贡大帝

萨尔贡(Sargon)是古代美索不达米亚第一位强有力的君主，是古代美索不达米亚历史上第一位真正的"统一者"，历史学家毫不吝惜地为他的名字加上了"大帝"的称号。他所开创的塞姆人王朝和建立的阿卡德王国，改变了美索不达米亚历史的轨迹。

萨尔贡自称沙鲁金(Sharrum-kin)，这是一个塞姆语的名字(意为"正义或合法之王")，因为萨尔贡本身来自一支操塞姆语的部落。关于塞姆人部落是何时来到美索不达米亚的，历史学家尚没有足够的证据。但在公元前第四千纪的史前时期，美索不达米亚已经有了塞姆人的踪迹。在苏美尔早王朝时期，塞姆人在巴比伦尼亚北部的基什地区已经非常活跃且很有势力，虽然与南部的苏美尔人相比，在人口数量上仍属于少数。在传统上，历史学家们很容易把塞姆人迁徙到美索不达米亚的过程，想象为始终与战争相伴的"入侵"，但历史资料并没有为此提供足够的证据，而且提供了相反的

---

① Georges Roux, *Ancient Iraq*, Third Edition, pp. 146-147.

图 4.6　萨尔贡大帝像

证据，即在现存的苏美尔语文献中，在提到阿卡德人的时候，没有任何不恭敬的意思，更没有一处把他们称为敌人、入侵者，甚至没有把他们称为游牧人群。阿卡德语与苏美尔语的互用，阿卡德人对苏美尔人文化的吸收，以及对苏美尔人神灵的崇敬等，都昭示着两个民族交流与融合的和谐。

萨尔贡自己原本就在基什王宫服务，可以说具有苏美尔人和阿卡德人的双重性格。据文献记载，他是基什王乌尔扎巴巴（Ur-Zababa）的持杯官，他利用接近王宫和国王本人的便利机会，一举推翻了他主人的统治。一份材料记载了萨尔贡获取王权时的情景：

> 乌尔扎巴巴命令萨尔贡，他的持杯官，换掉伊萨基尔（Esagil）的祭酒杯："换掉它们！"萨尔贡并没有换掉它们，相反，他小心翼翼地把酒杯献给了伊萨基尔。马尔都克（Marduk），阿普苏（Apsu）王之子，愉快地望着他，授予他统治四方的王权。①

萨尔贡旋即向都城乌鲁克进军，目标直指正在那里享受对全苏美尔进

① Marc Van De Mieroop, *Cuneiform Texts and the Writing of History*, London and New York: Routledge, 2006, p. 72.

行统治的“苏美尔的主人”卢伽尔扎吉西。尽管卢伽尔扎吉西拥有多达 50 个“城邦”国王(恩西)的军队供其指挥，还是抵挡不住萨尔贡的进攻，最终战败。卢伽尔扎吉西本人被俘获，萨尔贡用“牵狗的项圈把他带到位于尼普尔的恩利尔神庙前示众”①。萨尔贡并没有停止前进的步伐，他继续率军挺进乌尔、拉伽什和乌玛，所到之处，战无不胜，所进之城，“尽毁其城墙”。萨尔贡为了向世人显示他已经征服了整个苏美尔，并且已经掌握了通往波斯湾的钥匙——拉伽什的港口城市恩因基马尔(Eninkimar)，做出了一个具有重大象征性历史意义的举措——在“下海”(the Lower Sea)，即波斯湾洗刷了自己的武器。这个最能表明胜利者姿态的举动，被后来的征服者在不同的海岸反复地模仿。

萨尔贡注定不会满足于“基什王”的称号，尽管先前的苏美尔城邦统治者们把获得这一象征“统一”和“权威”的称号作为自己梦寐以求的目标，而且这一称号也给萨尔贡带来了足够的尊崇，但他还有更大的野心。他在幼发拉底河畔修建了一座都城，取名为“阿卡德”(塞姆语称为“Akkade”，在苏美尔语中称为“Agade”)，意为“祖先之城”。② 他还为自己修建了王宫。阿卡德城是考古学家迄今唯一未探知其确切位置的古代美索不达米亚皇家都城。“阿卡德”城的这一名称在美索不达米亚历史上发挥了特别重要的作用。最早进入美索不达米亚的这支塞姆人，也就是萨尔贡家族所属的这支塞姆民族，因此以“阿卡德人”的称呼被载入史册；他们根据苏美尔语符号创造的“特殊塞姆语”，被称为“阿卡德语”(Akkadian)；从萨尔贡时期开始，塞姆人所居住的美索不达米亚中部地区，从尼普尔到西提(Hit)和萨马拉(Samarra)，包括下迪亚拉河谷(the Lower Diyala Valley)，被称为“阿卡德地区”(the Country of Akkad)；萨尔贡所开创的塞姆人统治的王朝，被称

---

① *ANET*，p. 267.

② H. W. F. Saggs，*Babylonians*，Berkeley and Los Angeles：University of California Press，2000，p. 68.

图 4.7　萨尔贡胜利纪念碑。约公元前 2300 年。出自苏撒

为“阿卡德王国”(Kingdom of Akkad)。

虽然在萨尔贡创立阿卡德帝国的过程中，经济交流和文化融合起到了非常重要的作用，有学者甚至直接将萨尔贡帝国的“性质”确定为“庞大的商业帝国”①，但军事征服无疑发挥了关键性的作用。萨尔贡的军事行动大体上说是沿着两个方向展开的：东线，即穿过底格里斯河进军埃兰方向；西线，即沿幼发拉底河进军叙利亚方向。与他的“文治”相比，萨尔贡的“武功”似乎更加辉煌。据史料记载，他总共取得了 34 场战争的胜利②；50 个城市统治者成为他的阶下囚③；所有战利品从东方和西方源源不断地运往

① H. W. F. Saggs, *Babylonians*, p. 68.

② *ANET*, p. 268.

③ H. W. F. Saggs, *Babylonians*, p. 68.

阿卡德城；萨尔贡所建立的帝国绵延1450千米，包括从地中海到扎格罗斯山脉的广大地区；从安纳托利亚中部到波斯湾的尽头，其所征服的名城包括苏撒（Susa）、阿凡（Avan）和巴拉斯（Barasi）等，还征服了苏巴尔图（Subartu）①王国，占领了埃勃拉（Ebla）和巴勒斯坦。根据文献记载，萨尔贡帝国的领土从“日出处”（即东部的埃兰）延伸到“日落处”（即西部的叙利亚和巴勒斯坦），从“上海”（即地中海）延伸到“下海”（即波斯湾）。例如，一份文献这样记载，“恩利尔把从上海到下海的地区交给了他”②。而实际上，萨尔贡的征服脚步可能走得更远。

萨尔贡依靠武力征服建立起了那个时代最庞大的帝国，为了维护帝国的长治久安，他必须采取必要的统治措施。他建立了强有力的中央政府（文献记载，“他使国家拥有一张嘴”③）；建立起了庞大的常备军队，据文献记载，“每天在萨尔贡宫廷中吃饭的士兵有5400人”④；如上文所述，他还采取亲苏美尔的文化和宗教政策。所有这一切使得萨尔贡的帝国统治在大部分时间里相对稳定，虽然在庞大的区域内完全杜绝“摩擦”或“不和谐因素”是不可能的。据《萨尔贡年代记》记载，“在萨尔贡的晚年，所有国家都起来反抗他，并把他包围在阿卡德城内，（但）他组建了突围部队，击败了他们”⑤。

萨尔贡的辉煌统治持续了55年（约公元前2334—前2279年）。他死后被尊奉为神。而关于他的出身，也有了传奇甚至神话般的传说，他的这种传奇甚至神话般的传说又在历史上开了先河，为人类历史上其他民族的英雄们树立了榜样，为诸如犹太（Judaea）先人摩西和罗马城的创立者罗慕路

① 此时的苏巴尔图系美索不达米亚北部一片广阔的领土，塞姆人和赫梯人混合居住区的核心区域，后来的亚述城和亚述国家之所在。

② *ANET*, p. 267.

③ *ANET*, p. 266.

④ *ANET*, p. 268.

⑤ *ANET*, p. 266.

图 4.8　记载萨尔贡身世的泥板

斯一样的英雄人物所模仿。一份属于公元前 7 世纪新亚述时期的文献材料(有点像萨尔贡的自传)这样记载道：

我的母亲是一位高级女祭司(entum-priestess①)，我不知道我的父亲是谁。

我父亲的兄弟们热爱这片山峦。

我的城市是阿祖皮拉努(Azupiranu)，位于幼发拉底河畔。

我不忠实的母亲怀上了我，偷偷地把我生下来。

她把我放入一个草篮子里，用沥青封好了盖子。

她把我投入了河中，让河水不至于把我淹没。

① Marc Van De Mieroop, *Cuneiform Texts and the Writing of History*, p. 77.

河水负载着我，把我带到了汲水者阿奇(Akki)的身边。

汲水者阿奇待我如子，把我抚养长大。

他安排我做他的园丁。

当我做园丁的时候，成为女神伊什塔尔的宠儿。

四和……年，我获取了王权。①

根据《苏美尔王表》的记载，萨尔贡的父亲是一位“椰枣园的园丁”②。萨尔贡在其“自传”中之所以“淡化”其父母，可能是有意让人们忽略其卑微的出身，而直接将他自己与女神伊什塔尔联系在一起，从而强调其获取王权的合法性，及其统治的神圣性。

二、曼尼什图苏远征

图 4.9　曼尼什图苏半身像

萨尔贡所创立的阿卡德王国，在其子孙统治时期达到鼎盛。萨尔贡死后，对阿卡德王国的反叛斗争在苏美尔和埃兰境内全面爆发。他的儿子和继任者里姆什(Rimuš，公元前2278—前2270年在位)强力镇压了各地的反叛。但外战胜利并未使里姆什的统治持续长久，就在他镇压埃兰反叛并取得胜利的时候，他却被来自他自己宫廷的仆人们刺杀身亡。他的孪生兄弟曼尼什

① *ANET*, p. 119.

② 参见[美]T. 雅各布森编著：《苏美尔王表》，郑殿华译，第30页。

图苏(Manishtusu，公元前2269—前2255年在位)继位。

曼尼什图苏继续其父萨尔贡和其兄里姆什的事业，为维系统治和开疆拓土，率军远征，因为萨尔贡兵锋所到之处有些地区并未实际占领，而所征服地区有一些已经重获自由。现存的历史文献留下了他远征波斯湾的记录：

> 曼尼什图苏，基什之王，当他征服安珊(Anshan)①和什里库姆(Shirikum)②之时，他率领舰队穿过了下海。海对岸的诸城市，有32位国王，联合起来抗击曼尼什图苏。他击败了他们，并征服了他们的城市；他推翻了各地的统治者，攫取了整个国家，并且远抵银矿所在地。下海以远的山脉——他运走了那里的石头，他制作了自己的雕像，他把它敬献给了恩利尔。③

这份文献中所说的“下海”如其他文献一样是指波斯湾，“下海以远的山脉”最有可能是指阿曼境内的山脉，那里盛产铜和硬石。曼尼什图苏自称或被称为“基什之王”，可能一方面是因为基什代表了整个苏美尔和阿卡德国家，关于这一点我们在前面已经有所论及；另一方面可能表明基什已成为王国的首都。

曼尼什图苏为我们留下了一份十分珍贵的历史文献，即著名的曼尼什图苏方尖碑，现存于巴黎卢浮宫博物馆。方尖碑的碑文详细地记述了曼尼什图苏购买基什及其周边的大片土地，以安置阿卡德公民。我们拥有一份87名头领的名单，他们无疑是曼尼什图苏任命的，后来被迁移到其他地

① 位于埃兰东部的城市。
② 两地位于今伊朗西南部。
③ Georges Roux，*Ancient Iraq*，Third Edition，p. 155.

图 4.10(左)　曼尼什图苏方尖碑。闪长岩，高 4.5 英尺。约公元前 2270 年。出自苏撒。碑文由 1519 个极具装饰性的优雅楔形文字组成。曼尼什图苏说此碑是他在战胜了 32 位国王后让人从内海也就是阿拉伯—波斯湾用船运来的。其上的文字还报告了这位国王购买了大量的土地。他将广袤的土地分赠给自己的官员——他们是王国稳定的基础，并由此保证了官员的忠诚。这是法律史上的重要文件

图 4.11(右)　曼尼什图苏雕像的下半身。闪长岩。约公元前 2270 年。出自苏撒

方，而在他们原先任职的地方，曼尼什图苏任命了 49 名新官，他把他们称为“阿卡德公民”。随这些新官或“阿卡德公民”而来的后来者取代了由原先的头领雇用的 1564 名劳动力的位置，这 1564 名劳动力同样被派遣到了其

他地方。[1] 曼尼什图苏方尖碑的这部分内容向我们揭示了他审慎的“迁徙”政策。他通过向在阿卡德不安分的人群提供诱人的职位，把他们迁移到基什及其周边地区，以便实施更好的监控。

三、世界四方之王——纳拉姆辛

把萨尔贡所创立的帝国带到极盛的是他的孙子、曼尼什图苏的儿子和继承者纳拉姆辛（Naram-Sin[2]，公元前2254—前2218年在位），他统治时期所达到的疆域范围以及他强大的统治力，使阿卡德帝国比其祖父创立之时更具帝国气质。

纳拉姆辛三十几年的长期统治几乎都是在戎马生涯中度过的，他的军事征服活动都发生在美索不达米亚的周围地区。在西部，内尔加尔（Nergal）[3]神“为强大的纳拉姆辛打开了通道，把阿尔曼（Arman）[4]和埃勃拉给予了他，还把阿玛努斯（Amanus）雪松山和上海赠给了他。强大的纳拉姆辛用达干（Dagan）神[5]的‘武器’屠戮了阿尔曼和埃勃拉，达干神扩大了其王国……达干神第一次把所有这些地区的人民赠予了他”[6]。沿途他还部分地摧毁了马里的王宫。在北部，他展开了对胡里人的战争。胡里人的皇城建在布拉克遗址（Tell Brak），居于喀布尔河（the Khabur）流域的心脏和交通要冲的位置。在最南端，马干（Magan）[7]发生暴动，纳拉姆辛亲自率军远征，亲手俘获了马干的国王曼丹努（Mandannu）。纳拉姆辛最重要的战争是

---

① J. R. Morris Jastrow, *The Civilization of Babylonia and Assyria*, Philadelphia and London: J. B. Lippincott Company, 1915, pp. 134-135.

② 其名字的意思是“月神辛所宠爱的”。

③ 内尔加尔，冥界主神，也是具有毁灭性的战争和瘟疫之神。其神庙位于库塔城（Kutha）。

④ 可能是阿勒颇。

⑤ 居住在幼发拉底河上游地区的古代塞姆民族之神。

⑥ *ANET*, p. 268.

⑦ 今天的阿曼。

图 4.12　纳拉姆辛的雕像底座。闪长岩。约公元前 2250 年。出自苏撒

对当时十分强大的卢路比王国(Lullubi)①的战争，这场战争为我们留下了古代美索不达米亚雕刻艺术史上的一部杰作，它就是纳拉姆辛为庆祝战争胜利而制作的庆功纪念碑。

纳拉姆辛的伟业通过他所获得的称号和封号就能体现出来。他肯定不满足于“阿卡德之王”的称号，为与他的伟业相匹配，他骄傲地自称“(世界)四方之王”(shar kibrat‘arbaim)，“宇宙之王”(shar kishshati)。不仅如此，作为阿卡德王朝最强大的国王，纳拉姆辛不仅像他祖父萨尔贡一样，被当作传奇英雄传颂，还被尊奉为神，他的名字前面被加上了星号，星号是“神”的表意符号，只有神的名字前才可以有此符号。这个代表神的星号，在苏美尔语里读作 *dingir*，在阿卡德语里读作 *ilu*。这表明，纳拉姆辛已经变成了神，而保存下来的铭文也确实提供了纳拉姆辛从人变为神的确凿的

① 卢路比是一支居住在东部扎格罗斯山区的民族。

图 4.13　纳拉姆辛铭文。讲述他的孙子李皮特伊里修建马拉德神庙的事迹

文献证据。从文献记载中我们看到，阿卡德城的人民在自己的城中为纳拉姆辛修建了一座神庙，他的名字被刻进了神谱，人民可以永远朝拜他、祭祀他。阿卡德城的人民不断地为他竖立纪念碑或记功碑，以庆祝他为帝国开疆拓土所取得的每一次胜利。①

四、阿卡德帝国的衰亡

纳拉姆辛依靠武力为阿卡德帝国创造的辉煌，在他死后迅速走向衰落直至崩溃。埃兰王国宣布脱离阿卡德帝国。在历史上，埃兰以及后来的波斯帝国一直是美索不达米亚的竞争对手。在纳拉姆辛统治时期，埃兰与美索不达米亚一直保持着和平相处甚至是友好的关系，埃兰统治者普祖尔因舒什那克(Puzur-Inshushinak)既顺从于强大的阿卡德帝国，又享受着纳拉姆辛的恩惠。

① Joan Aruz and Ronald Wallenfels eds., *Art of the First Cities: The Third Millennium B. C. from the Mediterranean to the Indus*, New York: The Metropolitan Museum of Art; New Haven and London: Yale University Press, 2003, p. 195.

在纳拉姆辛的继承者沙尔卡利沙里(Shar-kali-sharri)统治时期，普祖尔因舒什那克宣布独立，放弃阿卡德语而改用自己的语言——埃兰语，并且胆敢把纳拉姆辛所拥有的至尊称号“宇宙之王”加在自己头上，据为己有。作为“王中之王”①的“阿卡德王”对此却无能为力，因为帝国不仅危机四伏而且内乱全面爆发，沙尔卡利沙里不得不忙于镇压苏美尔的反叛，应付卢路比人、古提人和叙利亚游牧部落的反抗战争，还有正在崛起的阿摩利人。沙尔卡利沙里与其前辈里姆什和曼尼什图苏一样，死于宫廷政变(公元前2193年)。

图4.14 沙尔卡利沙里的一名书吏的印章图案。在这份印章中，沙尔卡利沙里的名字被刻上了代表“神”的符号，表明这位阿卡德国王虽然已经没有了威力，但仍然以神自居

苏美尔城邦乌鲁克率先宣布独立，建立了短暂的乌鲁克第四王朝(先后五王，统治30年)，其他城邦纷纷效仿。宣布独立的埃兰王普祖尔因舒什那克甚至率军挺进美索不达米亚，抵达阿卡德城附近。在库尔迪斯坦卢路比的国王安努巴尼尼(Annubanini)把自己的雕像刻在岩石之上，并配有阿卡德语的铭文，炫耀自己广泛的征服业绩。但最后给阿卡德帝国致命一击

① 沙尔卡利沙里(Shar-kali-sharri)的名字在阿卡德语中的意思是“王中之王”。

的是古提人，遗憾的是没有任何文献流传下来，让我们知道古提人是什么时候、在哪里以及怎样击败曾经不可战胜的阿卡德帝国的。

更为遗憾的是，古提人作为“山里人”，在接下来约一个世纪的统治(约从公元前2250年开始，公元前2120年结束)后，留下来的是“蛮族入侵”的深深印记，他们不仅摧毁建筑，亵渎神灵，还大肆杀戮人口，连妇女和儿童也不放过。因此，古提人的统治时期，在美索不达米亚历史上被称为“黑暗时期”。根据《苏美尔王表》的记载，古提人共有21位王先后统治，每个王统治的时间都很短，统治时间最长的一个王也只有7年。因此，有学者认为，古提人的所谓王算不上真正的王，可能只是任期很短的首领，并据此判断，古提人的社会可能正处于原始的军事民主制阶段，王权尚未真正形成。①

五、帝国统一的历史意义

阿卡德帝国作为古代美索不达米亚历史上的第一个帝国，对后世的美索不达米亚文明乃至人类文明都产生了重要的影响。

战争本身就是古代人类重要的交往方式。在古代，战争打破了人类各地区、各民族和各共同体之间原始的封闭状态，使得征服自然的技术、生产力和思想得到交流和传播。在阿卡德帝国的统治下，苏美尔和巴比伦尼亚的自然界线首先被打破了。战争开辟了联络各地区、各民族和各共同体的道路和交通；道路和交通使得远距离贸易和商品交换不仅成为可能而且得到发展和繁荣；贸易和商品交换不仅促进了社会分工的进一步发展，满足了人们生产和生活中的相互需要，还使得各民族之间建立起了自由和平等的关系；伴随着商品交换的还有思想和文化的交流。这些都被后来美索不达米亚文明的发展和传播所证实。

---

① H. W. F. Saggs, *The Greatness That Was Babylon*, pp. 70-71.

阿卡德帝国第一次建立了美索不达米亚内部及其与周边广阔地区的紧密联系，帝国疆域从地中海延伸到波斯湾，商贸往来则从西部的安纳托利亚和塞浦路斯到东部印度河流域，从北部的凡湖和亚美尼亚①到南部的阿曼，甚至远达非洲的埃塞俄比亚和马达加斯加。

战争和商业贸易所带来的财富源源不断地流入美索不达米亚，促进了城市的繁荣和发展，促进了美索不达米亚以城市文化为主要特征的文明的发展。萨尔贡统治时期的文献资料显示，战争和商业贸易是相辅相成的。靠战争打下来的天下，其实很难拥有足够的军队来维持幅员辽阔的帝国统治，商贸往来便成为一种辅助的手段，来保持帝国的繁荣。而在商业贸易受阻或需要之时，出兵平定也是帝国必须采取的强硬措施。在纳拉姆辛统治时期，各地的贡品(多数为珍稀的物品)从四面八方汇集到阿卡德，各地的城市管理者按月或按年缴纳贡品。大量的青铜、银、木材和石材通过商业贸易涌入美索不达米亚。此外，还有战俘作为家内奴隶或者廉价劳动力被带到美索不达米亚。

统一帝国的统治秩序极大地促进了古代美索不达米亚各民族之间的融合，使得各民族具有了包容、理解、欣赏甚至相互学习的机会。民族融合尤其是古代苏美尔民族与属于塞姆民族的阿卡德人之间的融合，创造了美索不达米亚独特的文化。非苏美尔人和非塞姆人的其他民族，如胡里人等，也加入了民族融合的浪潮之中。美索不达米亚城市的富庶和文明与文化的繁荣，吸引了周围许多贫穷的山地游牧民族前来抢劫，阿卡德帝国仅仅与他们保持距离还不够，还必须征服他们，征服他们的过程也就是把他们拉入帝国文明和文化体系的过程。

阿卡德帝国的建立使以楔形文字(苏美尔语和阿卡德语)为载体的苏美尔—阿卡德文化得到了前所未有的广泛传播，奠定了古代美索不达米亚文

① 实际上，在亚美尼亚的边境上发现了纳拉姆辛竖立的石碑。

明体系的基础和影响力，这种文明体系和影响力在后来的巴比伦和亚述统治时期达到极盛。仅苏美尔—阿卡德的楔形文字体系就被古代美索不达米亚的民族所广泛接受，还被古代西亚的许多民族如胡里人、卢路比人、赫梯人和埃兰人等所采纳。

第三节　新苏美尔帝国

在阿卡德帝国的晚期，帝国分崩离析之际，苏美尔城邦便开始纷纷独立。古提人统治最严酷，因此在古提人统治时期，遭到破坏最严重的是北部的阿卡德地区，而南部诸城市虽然也遭到了破坏，但实际上还保持着自治的地位。

一、古地亚与拉伽什的复兴

相比之下，在众多的城市之中，南部的拉伽什遭受的破坏较轻。拉伽什城在苏美尔城邦争霸时期曾经遭到乌玛的卢伽尔扎吉西的严重毁坏，幸运的是在阿卡德帝国的繁荣时期得到了修复和重建。拉伽什作为旧时重要的港口城市，其地位仍在，加之其在航海贸易方面最强大的竞争对手阿卡德已经毁灭，所以它有机会和能力重现其昔日的辉煌。

阿卡德帝国崩溃以后，古提人的统治并没有形成一个强有力的中央政府，使得拉伽什的恩西们能够把自己的权威扩展到他们自己的城邦之外，形成一个新王朝。虽然在《苏美尔王表》中并没有提到拉伽什的这些恩西们，但从他们自己留下来的铭文等历史文献的详细记载中，历史学家都相信拉伽什复兴王朝的存在。拉伽什重新崛起并恢复成为独立城邦的第一个关键人物是乌尔巴瓦（Ur-Bawa），他慢慢地使拉伽什经济复苏，积聚了财富，然后修建了 10 座神庙，开创了新的王朝。在拉伽什城邦复兴的同时，其他苏美尔城市也在积蓄力量，逐渐地摆脱古提人的统治，恢复了独立城邦的地位，如乌玛、舒路帕克和乌鲁克等。

图 4.15　拉伽什王古地亚石雕像

拉伽什复兴王朝最著名的统治者，是其第四位恩西古地亚①(Gudea，约公元前 2141—前 2122 年在位)，他是乌尔巴瓦的女婿。古地亚统治的年代相当于古提人末代诸王统治的年代，在古提人统治的末期，拉伽什城邦致力于独立和复兴的努力，终于在古地亚时代得以实现。

限于当时拉伽什城邦所处的内外环境，古地亚并没有像早王朝时期的苏美尔城邦以及阿卡德帝国时期的君王们通常所做的那样，倾心于对外征战和开疆拓土，而是把主要精力放在发展经济和文化方面。在保存下来的古地亚统治时期的历史文献中，只有一处提到了他的一次征战，即一次在安珊的军事行动。所以，拉伽什城邦可以在和平中享受复兴。尽管没有从事大规模的军事征战，古地亚的统治势力也不仅仅局限于拉伽什城邦，他还宣称对尼普尔和乌鲁克拥有统治权。

在经济建设方面，古地亚致力于开展对外贸易。从文献中可以得知，古地亚之所以在对外贸易方面表现出了浓厚的兴趣，与他的另一重要活动

① 古地亚(Gudea)这个名字的意思是“被赋予权力或力量之人”。

即修建神庙和开展宗教活动密切相关。据文献记载，“当他(古地亚)正在修建宁吉尔苏神庙之时，宁吉尔苏，他所宠爱之神，为他打开了从上海到下海的(所有)的(商)路”①。在其统治时期，拉伽什城邦的对外贸易呈现出一派繁荣的景象。文献记载了他在美索不达米亚以外伐山开矿的景象：

图 4.16 古地亚献给女神格什提娜娜的雕像。名为“喷涌的罐子”。约公元前2120年。出自特罗(古代吉尔苏)

古地亚，宁吉尔苏伟大的恩—祭司，开辟了通往雪松山之路，这条路以前未曾有人进入过；他用大斧头砍下雪松树，他用斧子把它们制作成“拉伽什的右臂”(*SAR.UR*)，为他的国王②制作抵御“暴风雨洪灾的武器”。像巨蛇一样，排排雪松顺着(河)水从雪松山漂流而下，排排松树从雪松山顺流而下。

在以前未曾有人进入过的采矿场，古地亚，宁吉尔苏伟大的恩—祭司，他开辟了通道，使石头得以大块大块地运送出去。船

① *ANET*, pp. 268-269.

② 即他所宠爱之神宁吉尔苏。

图 4.17　拉伽什王古地亚献给女神宁吉尔苏的雕像。约公元前 2120 年

载着哈路那(haluna)石头、纳鲁(nalu)石头，它们运送给古地亚，宁吉尔苏的恩—祭司。

在基马什(Kimash)① 铜山——(在)对土地进行(铜矿)勘探(之后)，铜便得到了大批量的开采；金也从矿山中运送出来……他们在其山上为古地亚开发银矿，他们为古地亚从梅路哈(Meluhha)② 运送回来大量的红石。③

古地亚统治时期的对外贸易范围已经比较广泛，除了马干、底尔蒙(Dilmun，今巴林)、哈胡(Hahu)④ 和黎巴嫩外，还远达印度河流域。进口贸易的物品包括石材、木材、宝石、铜、金银等贵金属以及沥青与石膏等。

古地亚的另一项重大活动，就是大力修建和修缮神庙。在其统治时期，他在拉伽什城邦至少修建和修缮了 15 座神庙，但这 15 座神庙的奢华程度没有一座及得上吉尔苏城的保护神宁吉尔苏的神庙。在两块大的黏土圆筒

① 位于伊朗西部的山区。
② 位于印度河流域。
③ *ANET*, p. 268.
④ 可能位于小亚细亚，产金矿。

印章和古地亚自己雕像的铭文中，详细地记载了他是为什么以及怎样修建神庙的，其中包括复杂的奠基仪式。在典型的苏美尔人思维中，修建神庙的决定不是出于统治者的意志，而是为了完成神的心愿。神的心愿通常以托梦的方式传达给统治者。古地亚就为我们留下了这样的证据。他做了这样一个梦：

在梦的中心，这里有一个男人：他身高与天齐，体重与地比……在其右侧和左侧蹲伏着狮子……他告诉我为他修建一座神庙，但我并不能明白他的心……

这里有一位女人。她是谁？她不是谁？……她手中正握着一支燃烧着的金属笔，还握着一块天庭中书写完好的泥板；她正陷入沉思中……①

古地亚并不能完全理解自己所做的梦的意义，便向神灵询问。为此，他还特意乘船来到了南舍(Nanshe)女神的神庙解梦，因为南舍女神享有“解梦者”的美名。南舍给他讲解道，那个男人是宁吉尔苏，女人则是科学和智慧女神尼萨芭，她建议古地亚向宁吉尔苏奉献一辆战车，战车“以光芒四射的金属和天青石装饰”。

为把神庙建好，充分满足神的心愿，古地亚通过贸易手段从各地网罗建筑和装饰材料。不仅如此，他还不满足于拉伽什城邦的建筑和工艺水平，从世界各地招来能工巧匠：

从埃兰来了埃兰人，从苏撒来了苏撒人。从马干和梅路哈的山里，他收集了木材……为了建造宁吉尔苏神庙，古地亚把所有

---

① Georges Roux, *Ancient Iraq*, Third Edition, p. 166.

这一切汇集到了他的城市吉尔苏。①

神庙竣工之后，举国之下，无人不怀尊敬之心；陌生之人，无人不生畏惧之意。

在古代美索不达米亚，文化尤其是文学和艺术的发展，是与宗教活动和宗教礼仪密切相关的。古地亚在修建神庙与丰富宗教活动和仪式的同时，也鼓励艺术和文学创作活动的开展。这一时期所流传下来的雕刻和雕像艺术作品，不仅成为古代美索不达米亚而且成为世界雕刻艺术的杰作。在这些作品中，一代君王古地亚的雕像最具代表性，它们或站或蹲，表情或庄重或平和，如今坐落在博物馆中，让人产生怀古之幽情。

古地亚所带来的复兴，是拉伽什作为独立的城邦最后的辉煌。他死之后，其儿孙们继承了他恩西的职位，但未能续写他的辉煌。在其儿孙统治时代的后期，拉伽什实际上已经处于其他独立城邦的霸权之下，沦为其他独立城邦的附庸。

二、乌鲁克第五王朝

由于古提人统治时期遵循着烧、杀、掠、抢的政策，极具破坏性，因此苏美尔和阿卡德的城市从来就没有停止过反抗。我们也可以肯定，在反抗古提人的长期斗争中，苏美尔和阿卡德的城市不断取得成果。在古提人统治的后期，一些苏美尔和阿卡德城市开始逐步取得独立地位。上述的拉伽什城邦就是最早的一例。

最后给古提人的统治以致命一击的是乌鲁克的恩西乌图赫加尔(Utuhegal)。大约在公元前2120年，乌图赫加尔集合了一支军队，揭竿而起，目标直指被称为“山里的带刺毒蛇”的古提人统治者，苏美尔的许多城

---

① *ANET*，p. 268.

市的恩西跟随他起义。古提人，作为长期受到苏美尔人和阿卡德人痛恨的外来入侵者，最终战败。其末代统治者提里千(Tiriqan)企图逃跑，但终被抓获，被交到苏美尔人领袖乌图赫加尔手里。对此，有文献这样记载：

> 乌图赫加尔坐在那里；提里千跪倒在他的脚下。乌图赫加尔把一只脚放在他的脖子上，他把苏美尔的霸权重新揽回到了他(自己)手中。

由于自吉尔伽美什时代以后，乌鲁克先后为苏美尔贡献了四个王朝，所以历史学家们习惯上把乌图赫加尔所创立的王朝称为“乌鲁克第五王朝”。乌鲁克第五王朝是个非常短命的王朝，乌图赫加尔仅仅统治了7年，就被他自己的一位官员——据说还是他的亲属甚至兄弟①——乌尔的总督乌尔纳木②(Ur-Nammu，约公元前2112—前2095年在位)驱逐。

乌图赫加尔死后，“其尸体被河水冲走”。乌尔纳木攫取了“乌尔之王，苏美尔和阿卡德之王”的称号。他所创立的王朝，史称“乌尔第三王朝”(约公元前2112—前2004年)。

三、乌尔第三王朝——苏美尔文明最后的辉煌

乌尔纳木所创立的乌尔第三王朝，是古代美索不达米亚历史上最辉煌的时期之一，这不仅是因为乌尔纳木及其继承者们恢复了阿卡德帝国的疆域，还因为它为美索不达米亚提供了长达100年之久的相对和平与繁荣发展时期，为苏美尔文化在各方面的复兴创造了良好的条件。这一时期也被称为苏美尔复兴时期或新苏美尔帝国时期。

---

① Marc Van De Mieroop, *A History of the Ancient Near East, ca. 3000—323 BC*, Second Edition, Oxford: Blackwell Publishing, 2007, p. 75.

② 乌尔纳木(Ur-Nammu)的意思是“纳木(Nammu)女神的勇士”。

图 4.18 乌尔纳木的石雕残片。图的中间一栏表现的是位于左侧的乌尔纳木(上身残缺，只余下身腿脚)正走向端坐着的神；最下面一栏表现的则是乌尔纳木肩扛工具亲自参加修建神庙活动的场景，以彰显他对神的虔敬

在乌尔纳木统治的 18 年时间里，他除了把古提人的残部驱逐出美索不达米亚以及解决与西南埃兰的冲突外，其他大部分时间都致力于经济建设和保持政治稳定。为此，他不惜采取政治联姻的外交手段，娶了一位马里总督的女儿为妻，以图扩大自己的势力范围。他还修建和加固城墙，以防止外来的入侵者，毕竟古提人的“恐怖统治”给苏美尔人和阿卡德人的心灵留下了太多的印记。

在经济建设方面，乌尔纳木采取诸多措施保证商路的畅通。这一点具有十分重要的意义，因为乌尔城的商业尤其是对外贸易十分发达，保证商路的畅通成为关键。他花费很大的精力开凿运河，并筑堰或堤坝来调节水位。运河的作用一半是用于农田灌溉，一半是用于内河航运。乌尔纳木开凿的运河使得船队可以从波斯湾最远端的马干抵达乌尔，就像从前在阿卡德帝国时期商船可以从马干直接到达阿卡德城一样。

图 4.19　乌尔纳木铜像。描绘了他头顶篮子修建神庙的情景。这样的塑像通常要埋在神庙的地基之中，目的是为了让神灵永远记住统治者修建神庙的善举

经济的发展为乌尔纳木从事宗教和文化活动创造了条件。乌尔纳木像其他盛世时期的君王们一样，当然忘不了修建神庙这样的头等大事。在尼普尔城，他重修了国神恩利尔的庙宇伊库尔(Ekur)，因为他只有通过控制尼普尔，才能获得“苏美尔和阿卡德之王”的称号。拥有尼普尔之后的“苏美尔和阿卡德之王”的称号，无疑意味着巴比伦尼亚的南北统一。他还在国内的许多城市修建了塔庙或阶梯塔庙，这些城市包括乌尔、乌鲁克、埃利都和尼普尔等，还有其他许多城市，现在这些塔庙遗址仍然是其重要的风景。在这些塔庙之中，无疑以乌尔城的工程最大，最为壮观。

乌尔城的塔庙也是迄今保存下来的最好的塔庙，堪称古代美索不达米亚塔庙的典型代表。它是由泥浆做成的土砖建造而成，在土砖的外表用沥青贴上一层烘烤后的黏土砖。乌尔城塔庙的基座的长度和宽度分别为 60.50

米和 43 米，整个建筑至少有三层，现在只有第一层和第二层的部分保存了下来，保存下来的部分高度为 20 米左右。其他城市的塔庙没有乌尔城塔庙保存得这么好，在塔庙构造的细节方面也与乌尔城塔庙略有不同，但它们在整体形状、方位、功能以及与主神庙之间的关系等方面，都保持着基本的一致性。乌尔纳木所建造的塔庙为后世所借鉴，它们无疑成为《圣经》中的巴别塔、古埃及人的金字塔甚至古希腊神庙建筑创作的原型和灵感的源泉。

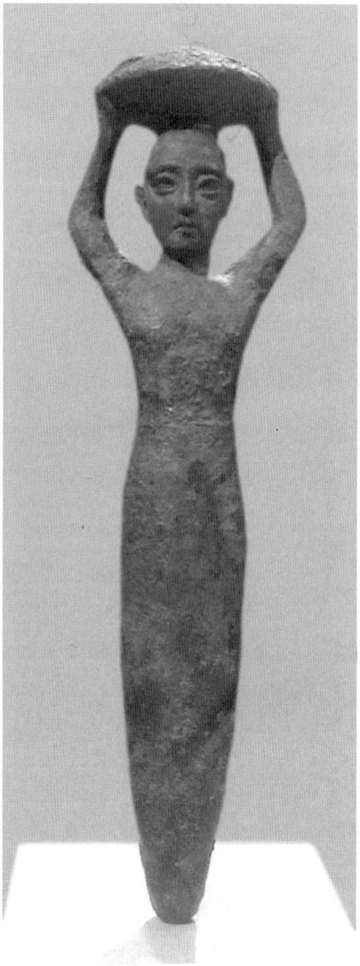

图 4.20　舒尔吉青铜奠基雕像。公元前 2100—前 2000 年。出自尼普尔的伊南娜神庙

乌尔纳木的另一项功绩就是在国内建立正义秩序，他“把土地从窃贼、抢劫者和反叛者手中解放出来”，其标志就是长期以来被誉为迄今保存下来的人类第一部成文法典的《乌尔纳木法典》。但最新的材料，即最新发现的该法典前言的遗失部分表明，这部法典实际上是其子和继任者舒尔吉(Shulgi)编撰和颁布施行的。①

虽然乌尔纳木一生的大部分时间不是在戎马生涯中度过的，但他还是死在了战场上，他所未竟的事业由其长子舒尔吉继承。乌尔纳木在死后被追认为神，这是人民对其业绩的认可。

① H. W. F. Saggs, *Babylonians*, p. 85. Georges Roux, *Ancient Iraq*, Third Edition, p. 162.

舒尔吉也确实不辱使命，通过他的文治武功，把乌尔第三王朝带到了极盛，不仅使乌尔第三王朝具有了以前阿卡德帝国的规模和气质，更使得社会经济和文化得到了巨大的发展，人民得享和平、安定与富庶。

根据历史文献和宗教文献记载，舒尔吉是个非凡之人。他是一个智商很高的人，一个有着非凡成就的人，一个很讲道德原则的人。在青年时代，他就在书吏学校里学习，并成为学生中的佼佼者，他对书写艺术和数学知识的掌握堪称完美。长大以后，他很快就成为优秀的战争指挥官，尤其是他熟知各式各样的武器的运用，是名副其实的武器专家，享受着胜利的喜悦。他还是狩猎能手，面对雄狮、野牛、野驴和野猪，他既不缺乏技术更不缺乏胆识。他拥有很强的运动天赋，跑得奇快，能追赶上羚羊，而从不知疲倦。一份未经确证的宗教文献甚至记载，他从尼普尔跑到乌尔，然后又从乌尔跑回尼普尔，全程 320 千米。他还是一名技艺高超的宗教乐师，能够演奏任何一种管弦乐器。他不仅指法精深，而且对各种不同类型的乐曲都有精到的理解。他不仅精于演奏，而且善于创作，既能作词又能作曲。他把自己创作的词曲作品捐赠给乌尔和尼普尔的书吏学校，希望通过学生的不断传抄而流芳百世。他还精通很多种外语，这在其宫廷之中无人

图 4.21　舒尔吉献给南舍女神的铜牛。其作修建神庙的奠基钉之用，并附有舒尔吉所题写的献词

能出其右。他还自称是热爱和平的人士，在他多年的征战生涯中，从未发生毁城行为，至少对巴比伦尼亚的城市是这样。他甚至与很多神灵有亲属关系，他宣称他的母亲是宁荪(Ninsun)女神，太阳神乌图[Utu，即阿卡德语的沙马什(Shamash)]是他的兄弟和伙伴。他是众王之中最伟大者。

对于这样一位非凡之人，人们理所当然地期望他能成就非凡的伟业。在舒尔吉统治的48年(公元前2094—前2047年)中，前19年主要修建神庙和从事宗教祭祀活动。在他统治的第20年，他开始把乌尔的人民武装成长矛兵，接下来的主要活动很自然地便是军事行动了。舒尔吉修建神庙和组织祭祀活动，可能主要是为了赢得神庙地产的支持，因为当时的巴比伦尼亚神庙还拥有很大的影响力和势力。舒尔吉的统治业绩可以说是内外兼修，既有文治又不乏武功。

在内政方面，舒尔吉进行了律法、行政、经济和宗教等各项改革，都取得了很好的成效。他最著名的改革应该是在律法方面，编撰和颁布了以前被我们记在他父亲乌尔纳木名下的著名法典。实际上，舒尔吉才是迄今所知人类历史上第一位法典编撰家。从舒尔吉的法典中，我们可以很容易地理解他的立法精神，即保护弱者，使强不凌弱。虽然这种立法精神可以在美索不达米亚的传统中找到本源，君王们往往在社会矛盾复杂且十分突出时，采取各种改革措施以缓和和消除既存的矛盾，如著名的乌鲁卡基那改革，但舒尔吉的不同在于，他第一次以立法的形式，不仅着眼于缓和和消除矛盾，更关注于预防这种社会矛盾，使社会永远处于有序的状态。

在对外政策方面，舒尔吉采取征伐与和亲并用的策略，以扩大帝国的影响和维持帝国的统治。在他统治的第24年，舒尔吉开始了对库尔迪斯坦地区平原和山地的征战。居住在该地区的胡里人及其盟友卢路比人对乌尔第三王朝的两条主要商路——沿迪亚拉河通往埃兰中部和沿底格里斯河通往亚美尼亚和安纳托利亚的道路，构成了严重的威胁。对胡里人战争的结果是，公元前2051年，舒尔吉取得了最终的胜利，并把库尔迪斯坦的这部分地区变成了苏美尔人的一个行省。对于长期给美索不达米亚造成威胁的埃兰人，舒尔吉则采取外交、和亲和军事并用的手段对待他们。他把自己的两个女儿分别嫁给了埃兰的两位统治者瓦拉赫舍（Warahshe）和阿万（Awan）；在苏撒设立了总督府，任命了苏美尔人总督；为埃兰的最高神因舒什那克（Inshushinak）修建了神庙；为了表达他对埃兰人的亲善，他宣称自己如通晓苏美尔语一样通晓埃兰语；对于在安珊发生的叛乱，他则出兵一举平定之；他还征募埃兰士兵组成“海外军团”，来防御苏美尔的东南边境。在北部地区，舒尔吉的统治到达了亚述城，从此再往东北方向，舒尔吉在其统治的晚年还征伐了伊尔比尔（Erbil）。在西北部，虽然舒尔吉的直接统治并没有超越幼发拉底河中游的马里，但与这些保持独立地位的“行省”总督之间的友好关系，使得舒尔吉把自己的势力范围和影响扩大到了地中海沿岸。效仿其阿卡德帝国的前辈纳拉姆辛，舒尔吉也自称“（世界）四方之王”。

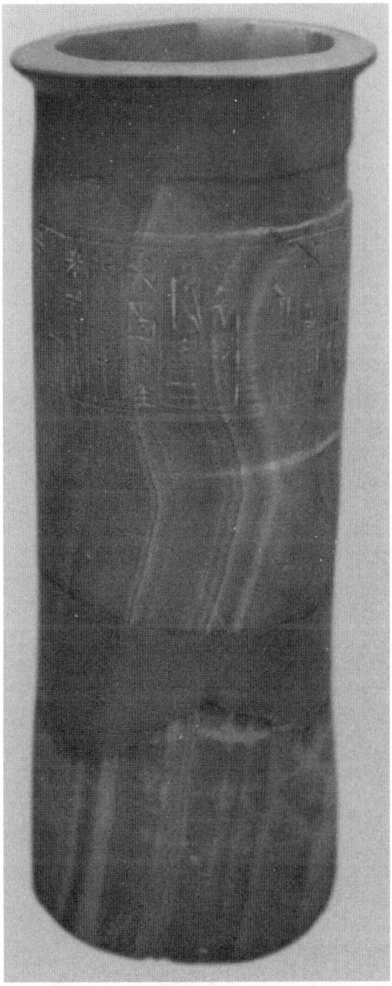

图 4.22　女祭司舒库尔图姆献给舒尔吉的圆柱形石罐

在舒尔吉长达 48 年的统治中，乌尔第三王朝或新苏美尔帝国达到了空前的繁荣，其疆域虽然比不上阿卡德帝国广大，但其统治比阿卡德帝国更为稳定，至少在巴比伦尼亚，没有发生过反叛舒尔吉的军事行动。这一切都要归功于舒尔吉政通人和的开明政策，舒尔吉把所有旅行者能够在全帝国境内畅通无阻地平安旅行，当作自己的努力方向之一。

舒尔吉死后，其子阿马尔辛①继位。阿马尔辛的统治时间为 9 年(公元前 2047—前 2038 年)。与他父亲一样，他的统治生涯也可以分为修建神庙和从事战争两大部分。舒尔吉和阿马尔辛父子的统治时期，是乌尔第三王朝最辉煌的时期。这时期新苏美尔帝国明显地分为三个层次：处于外围的独立的城邦、中间被征服的行省和苏美尔与阿卡德的核心地区。接替阿马尔辛继承王位的是他的弟弟舒辛②。在舒辛统治时期(公元前2038/2037—前 2030/2029 年)，乌尔第三王朝的边境变得不太平了，好在他还能应付。在舒辛统治的第 4 年，他在马尔图③建立了军事堡垒。关于活跃在这一地区的阿摩利人，在舒尔吉和阿马尔辛时期的文献中就曾提到过他们的战俘，而此时形势逆转了，处于守势的变成了苏美尔人。公元前 2028 年，

图 4.23　阿马尔辛的铜像。国王头顶修建神庙用的篮子。约公元前 2040 年

① 阿马尔辛(Amar-Sin)的名字以前读作布尔辛(Bur-Sin)，有时也拼作阿马尔舒恩(Amar-Su'en)，意思是“月神辛的小牛”。

② 舒辛(Shu-Sin)，也拼作舒苏恩(Shu-Su'en)，意思是“月神辛之人”。

③ 在苏美尔语里称马尔图(MAR. TU)，在阿卡德语里称阿姆鲁(Amurrum)，通常是对幼发拉底河以西地区及其居民阿摩利人的称呼。

舒辛死后，其子伊比辛(Ibbi-Sin)①继位。在伊比辛统治时期，新苏美尔帝国开始分崩离析，东部的行省从埃什努那②(在其统治的第 2 年)和苏撒(在其统治的第 3 年)开始，一个接一个地宣布脱离乌尔而独立。与此同时，阿摩利人展开了猛烈的攻势，并在伊比辛统治的第 5 年进入了苏美尔的心脏地区。在与阿摩利人斗争的过程中，伊比辛王朝的内部出现了分裂的因素，在其统治的第 12 年(公元前 2018 年)，他的一位将军伊什比伊拉(Ishbi-Erra)在伊新(Isin)自立为王，并在那里统治着尼普尔、基什和埃什努那等城市。而在此前几年，一位阿摩利人酋长纳波拉努姆(Nablanum)在距乌尔城仅 25 英里的拉尔萨城(Larsa)加冕为王。更为糟糕的是，埃兰人乘虚而入，轻车熟路地大举进犯苏美尔。在军事危机和饥荒的双重打击下，伊比辛做最后一搏，公元前 2004 年，乌尔城失守，埃兰人占领、洗劫和焚烧了这座伟大的苏美尔城市。伊比辛被掳至埃兰，并最终死在那里。乌尔第三王朝或新苏美尔帝国走完了自己的历程。

第四节　古巴比伦时期的空前统一

古巴比伦时期通常指自乌尔第三王朝灭亡，经伊新—拉尔萨时期，到巴比伦第一王朝结束的历史时期。

一、伊新—拉尔萨时期

乌尔第三王朝灭亡以后，苏美尔城邦再度活跃起来，整个美索不达米亚也变成了由众多王国组成的拼图，其中最重要的包括南方的伊新和拉尔萨，以及北方的马里、亚述和埃什努那，它们共存达两个世纪之久。伊什

① 其名字的意思是“月神辛所呼唤的”。

② 埃什努那(Eshnunna)，现在的阿斯马尔遗址(Tell Asmar)。

比伊拉在伊新创立的王朝繁荣一时，有些苏美尔城邦则开始了阿摩利人的统治，其中最强大者应该属于纳波拉努姆创立的拉尔萨王朝。由于乌尔第三王朝灭亡之后的世纪是伊新和拉尔萨唱主角的时期，因此历史上称这一时期为伊新—拉尔萨时期。

伊什比伊拉是阿卡德人，曾做过马里的总督，后来受乌尔第三王朝的末代国王伊比辛的派遣，驻守在伊新。在驻守伊新期间，他表现出了较强的行政管理能力，囤积了大量的粮食，解决了因阿摩利人占领了大量可耕地而造成的乌尔粮食短缺的问题。伊什比伊拉与舒尔吉等其他塞姆人一样，自认为是乌尔的苏美尔国王的真正的继承者。根据保存下来的伊新时代的皇家铭文来判断，苏美尔语是伊新王朝唯一的官方语言。所以属于这一时期的大量苏美尔语文学作品发现于著名的尼普尔“图书馆”，就顺理成章了。它们向世人昭示着伊新王朝的统治者重视和弘扬苏美尔文化的态度。

图 4.24　一块记述了替身王被短暂安置在王位上，随后被杀死的神秘仪式的泥板。约公元前 650 年

伊新的霸权一直到李必特伊什塔尔（Lipit-Ishtar）统治时期（公元前 1934—前 1924 年）之前都未遭遇过真正的挑战。李必特伊什塔尔为后世所铭记是作为一位立法者，他编撰了一部法典，被称为《李必特伊什塔尔法典》。法典保存下来的内容包括

正文 43 条和部分前言与结语，它们印证了伊新王朝的治世，也成为我们了解伊新王朝社会和经济状况的重要文献。不幸的是，这位爱好和平与秩序的立法者，陷入了与拉尔萨王衮古努姆(Gungunum)的战争之中。公元前1924 年，即衮古努姆统治的第 8 年，他在扎格罗斯山区发动了战争，并向伊新王国发动了进攻，占领了乌尔，开始了伊新和拉尔萨的争战。乌尔陷落的当年，李必特伊什塔尔的生命也走到了尽头，乌尔尼努尔塔(Ur-Ninurta)僭取了他的王位。乌尔尼努尔塔很快被拉尔萨的阿比萨莱(Abi-Sare)击败并杀死。约 20 年以后，另一位僭主伊拉伊米提(Irra-Imitti)失去了尼普尔，使其落入竞争对手苏姆埃尔(Sumu-El)手中，他所统治的王国已经只是仅限于伊新及其周围地区的小王国了。伊拉伊米提之死非常富有传奇色彩，它揭示了美索不达米亚的一种罕见的传统。当占卜的预兆异常时，国王害怕遭到神的惩罚，就找一个普通的平民来做国王的替身，这个“替身王”在享受了一段时间的王位之后，就会被处死。一份巴比伦的年代记记载了发生在伊新王国的这样的事例：

> 该王朝并没有终结，伊拉伊米提王让园丁恩利尔巴尼(Enlil-Bani)代替自己登上了王位，并把王冠戴在了他的头上。伊拉伊米提由于吞喝了滚烫的热汤而死于王宫之中。正在做替身王的恩利尔巴尼并没有被废黜，反而被正式任命为王。①

这位幸运的园丁统治了 24 年(公元前 1860—前 1837 年)，虽然他统治的只是伊新王国剩余的一小部分领土。与此同时，拉尔萨的努尔阿达德(Nur-Adad)和辛伊丁纳姆(Sin-Idinnam)率军向北推进，一路攻城拔寨，高歌猛进。这时，伊新和拉尔萨遇到了它们共同的对手——巴比伦。

① Georges Roux, *Ancient Iraq*, Third Edition, p. 183.

二、巴比伦第一王朝的创立

在公元前第三千纪即将结束之际的乌尔第三王朝的灭亡，是古代美索不达米亚历史上最重要的转折点之一。它不仅标志着一个王朝和一个帝国的终结，而且标志着苏美尔民族正式退出历史舞台，苏美尔人所创造的社会类型寿终正寝，当然其诸多要素被后继者阿摩利人所吸收。

阿摩利人是西塞姆人的一支，在公元前第三千纪的下半叶开始从叙利亚及其西部沙漠地区向美索不达米亚大规模地迁徙，阿摩利人的入侵也是乌尔第三王朝走向灭亡的重要原因之一。乌尔第三王朝灭亡之后，埃兰人退去了，阿摩利人长久地居留了下来。伊新王国的前几位国王在其强势时期还能有效地控制阿摩利人的扩张，但在王国式微之后，阿摩利人便又大规模地穿过幼发拉底河，进入巴比伦尼亚，他们的首领们纷纷在基什、乌鲁克、西帕尔以及其他许多城市称王。公元前1894年，阿摩利人众多酋长之一的苏姆阿布姆(Sumu-Abum)选择了一座城市作为首都，这座城市位于幼发拉底河左岸，距离基什城以西几英里，占据着美索不达米亚的重要地理位置。这座城市的名字在苏美尔语中称KA. DINGIR. RA，在阿卡德语中称Bāb-ilim，两者的意思是一样的——“众神之门”之意。巴比伦(Babylon)是希腊语。在乌尔第三王朝统治时期，巴比伦被恩西统治着，在政治生活中不起任何作用。苏姆阿布姆的定都之举具有非凡的历史意义，它开创了在美索不达米亚历史上具有不可替代地位的巴比伦第一王朝。

巴比伦第一王朝的前五位国王苏姆阿布姆(公元前1894—前1881年在位)、苏姆拉埃尔(Sumu-La-El，公元前1880—前1845年在位)、萨比乌姆(Sabium，公元前1844—前1831年在位)、阿匹尔辛(Apil-Sin，公元前1830—前1813年在位)和辛穆巴里特(Sin-Muballit，公元前1812—前1793年在位)既懂得韬光养晦的道理，更会审时度势；既会“动武”，又会利用“外交”来丰满羽翼、扩大势力。他们用了将近一个世纪的时间，通过一块地一块地的“收复”，才征服了整个阿卡德地区。他们在向尼普尔——苏美尔的钥匙——逼近时，遇到了拉尔萨的强烈抵抗。公元前 1835 年，拉尔萨王西里阿达德(Silli-Adad)在与巴比伦的战争中被杀，拉尔萨的王位处于空缺状态。无时无刻不在觊觎美索不达米亚的埃兰人自然不会放过这个机会，一位埃兰官员库都尔马布克(Kudur-Mabuk)占领了拉尔萨，并任命他的一个儿子为拉尔萨之王，他自己则满足于“阿姆鲁之父”(Father of Amurru)的称号。库都尔马布克的两个儿子，先后接替其父统治拉尔萨的瓦拉德辛①(公元前 1834—前 1823 年在位)和里姆辛②(公元前 1822—前 1763 年在位)，都放弃了埃兰语的名字，而采用了塞姆语的名字。更重要的是，他们的言行举止在各个方面都更像真正的美索不达米亚君主，而没有留下“外国人”的印记，他们仅在乌尔城就修建了 9 座神庙和十几座纪念碑。公元前 1794 年，里姆辛挫败了一个由巴比伦领导的联盟，并成功地占领了伊新，最终推翻了埃兰人的老对手。2 年以后，汉谟拉比在巴比伦登基，成为巴比伦第一王朝的第六代国王。

图 4.25　人面牛身像立体陶塑。出自埃什努那

三、埃什努那王国

埃什努那位于底格里斯河和扎格罗斯山脉之间，迪亚拉河以东 60 千米，处于四通八达的交通要道上，地理位置

① 瓦拉德辛(Warad-Sin)，其名字的意思是“月神辛之奴隶”。

② 里姆辛(Rim-Sin)，其名字的意思是“月神辛之公牛”。

重要，是从上美索不达米亚通往埃兰的必经中间"驿站"。交通的发达使得埃什努那受到多重文化的影响：第一，在其南方，受到强大的苏美尔—阿卡德文明的影响；第二，与其北方各地区长期保持密切的关系——其主神提什帕克(Tishpak)可能与胡里人的主神泰什乌普(Teshup)有某种渊源；第三，与其东方的埃兰在经济、政治和文化诸多方面都保持着紧密纽带关系。

在乌尔第三王朝走向衰落之际，具体地说是在伊比辛统治的第 2 年，埃什努那率先脱离乌尔而独立，埃兰紧随其后，在次年即伊比辛统治的第 3 年脱离乌尔而独立。脱离乌尔第三王朝之后，埃什努那的国王们不再自称"乌尔王之仆从"，取而代之的是"提什帕克神之仆从"。在其都城，原先为被神化了的乌尔王舒辛修建的神庙开始世俗化了，在其周围建起了大批的作为王权重要象征和标志的宫殿。阿卡德语取代了苏美尔语而成为官方语言，埃什努那的早期统治者多采用塞姆语或埃兰语名字。

独立而成为王国的埃什努那迅速开始了对外扩张，其王国很快就超越了其原有的疆界。在阿摩利人部落的帮助下，他们占领了下迪亚拉河谷的整个地区，包括其重要的中心城市——图图勃(Tutub)①；向北则兵锋远至基尔库克地区(Kirkuk)。在埃什努那早期诸王中，最著名的应属俾拉拉马(Bilalama)王，他是与伊新王国第二代国王同时代的人物，他最值得引以为傲的业绩是颁布和实施了一部法典，即《埃什努那法典》。有趣的是，这部法典不是发现于阿斯马尔遗址(即都城埃什努那)，而是发现于巴格达郊区的一个小土堆——哈尔玛尔遗址(Tell Harmal)。哈尔玛尔就是古代的沙杜普姆(Shaduppum)，沙杜普姆当时是埃什努那王国的管理中心和重要的产粮区。这部法典的一份抄本就放在"市政厅"中，以便于让人们参阅。考古学家还在沙杜普姆发现了许多其他的楔形文字泥板文献，包括有趣的"日记"和数学题目。《埃什努那法典》的编纂时间要比最为著名的《汉谟拉比法

① 图图勃(Tutub)，今海法吉(Khafaje)。

典》早约100年，其内容与《汉谟拉比法典》有很大的相似性。

图4.26 埃什努那王乌尔宁吉尔苏雕像。公元前第二千纪初

在俾拉拉马王统治结束以后的历史时期，埃什努那接连受挫，不断地遭受洗劫。洗劫者包括德尔①的国王和基什的统治者等，连续的战争失利使得埃什努那的领土一点点地被蚕食。但在公元前1850年左右，埃什努那王国得到了一时的恢复，疆域甚至还得到了扩大，正如伊皮德阿达德二世(Ipid-Adad II)所自称的那样，他让埃什努那开始了一个新的扩张时期，其主要标志就是占领了幼发拉底河畔的拉皮库姆(Rapiqum)②，其目的是在幼发拉底河上建立通往“锡路”的桥头堡，这条“锡路”从北部和西部汇聚向其都城延展，然后直至苏撒方向。在伊皮德阿达德二世的继任者们统治时期，埃什努那的扩张活动虽也取得了一些胜利，但最终还是遭到了失败，因为它遇到了另外三个强大的对手，即巴比伦、拉尔萨和伟大的上美索不达米亚王国(the Great Upper Mesopotamian Kingdom)的包围。

① 德尔(Der)，现在的巴德拉赫(Badrah)，位于阿斯马尔遗址以东约100千米。

② 拉皮库姆(Rapiqum)，位于拉马迪(Ramadi)附近。

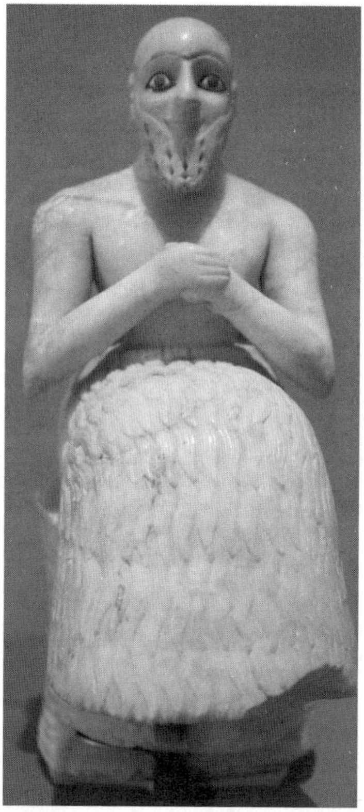

图 4.27　马里总督埃比二世雕像。为石膏、天青石、贝壳塑像。早王朝时期，约公元前 2400 年。出自马里的伊什塔尔神庙

四、马里王国

马里位于今叙利亚的东部，其遗址以哈里里遗址为代表，它占据着沿幼发拉底河从波斯湾到地中海的商路要道。马里的遗址是法国考古学家于 1933—1938 年发掘出来的，根据考古发掘资料判断，马里王国在公元前第二千纪的初期达到鼎盛。考古发掘的文物包括一些重要的雕刻、壁画和青铜器，还有更重要的宫殿和神庙建筑，这些都向世人昭示着马里王国物质的富庶。然而最重要的考古发掘文物，毫无疑问是被称为马里档案文书的文献资料。这些保存完好的文献资料由 20000 余件楔形文字泥板组成，包括书信、管理文书和经济文书等。马里档案文书成为我们了解公元前第二千纪近东历史与文化的最珍贵史料。

关于马里的早期史我们所知甚少，根据考古发掘的居民居住层判断，至少到捷姆迭特·那色时期，马里就有居民居住。阿卡德帝国的纳拉姆辛在远征北叙利亚的途中占领过马里。在此后约三个世纪的时间里（公元前 2266—前 1920 年），马里一直由“军事总督”（šakkanakku）统治，这个头衔是阿卡德帝国的君王们所赐予的。根据马里档案文献的记载，马里王朝是在公元前第二千纪初期，乌尔第三王朝衰落，其他城邦如伊新、拉尔萨、巴比伦和亚述等纷纷独立的大背景下建立的。

五、上美索不达米亚王国

公元前第二千纪初期，上美索不达米亚王国成为美索不达米亚的超级大国之一。它位于巴比伦以北较远的地区，建立者是沙马什阿达德一世，建立的时间为公元前19世纪晚期。关于沙马什阿达德一世的身世和早期统治的情况，目前的文献资料的记载非常模糊。与汉谟拉比一样，他是阿摩利人的后代。沙马什阿达德一世的父亲就已经是一个中心城市地区的统治者，该中心城市可能位于巴比伦和埃什努那之间，具体名称不详。沙马什阿达德一世的父亲也曾经率军与周围城市争战，争夺区域霸权，但父亲的宏图伟业是由儿子实现的。沙马什阿达德一世继承他父亲的职位后，利用埃什努那王国短暂虚弱之机，占领了美索不达米亚北部的大片地区。公元前1811年，沙马什阿达德一世占领了底格里斯河畔的伊克拉图姆城(Ekallatum)。3年以后，他占领了亚述城附近地区，亚述城是美索不达米亚北部最古老的城市之一，占据巴比伦尼亚、伊朗和安纳托利亚商路的中心位置。公元前1809年，沙马什阿达德一世攫取了亚述城的王位。为了使自己的统治合法化，他把自己的名字以及其祖先们的名字编入了当地的官方王表中。根据这份王表的后来版本记载，他统治了33年。

底格里斯河河谷的西部地区是伊拉克北部和叙利亚之间的宽广、肥沃的平原，这里还有通往安纳托利亚和地中海的多条道路，具有巨大的经济价值。沙马什阿达德一世逐渐地占领了那里已经存在的诸多小王国，对其中的一些小王国实行直接统治，而将另一些小王国交由当地的国王进行统治，这些小王国成为沙马什阿达德一世的附庸。沙马什阿达德一世在西部最强大的对手是雅赫顿利姆(Yahdun-Lim)统治下的马里，马里占据着幼发拉底河中游河谷以及南喀布尔地区。两个强国在马里北部地区展开了争夺。最初雅赫顿利姆的胜利更多一些，但公元前1794年左右，他的儿子苏姆亚曼(Sumu-Yaman)刺杀了他，并攫取了马里王国的王位。3年以后，沙马什阿达德一世占领了马里，将马里纳入了自己的上美索不达米亚王国的版图。

图 4.28　沙马什阿达德一世的胜利纪念碑。在纪念碑的背面刻有铭文，内容是庆祝他在底格里斯河东部地区所取得的军事胜利

沙马什阿达德一世所创立的上美索不达米亚王国统治的时间较长，统治的范围也很大。它的统治区域从底格里斯河延伸到幼发拉底河，沿北美索不达米亚绵延 400 余千米，从巴比伦尼亚的边界延伸到土耳其山脉，同样绵延 400 余千米。庞大的领土规模需要设计合适的组织结构对其进行统治，而在这个组织结构中，沙马什阿达德一世的儿子们扮演着非常重要的角色。沙马什阿达德一世在其王国的北部担当超级国王，重建了原来的城市舍赫那(Shehna)，将它重新命名为舒巴特恩利尔(Shubat-Enlil)。他的长子伊什美达干(Ishme-Dagan)成为伊卡拉图姆(Ekallatum)王，处理王国东部地区的事务。他的小儿子雅思马赫阿杜(Yasmah-Addu)成为马里王，负责王国西部地区的事务。沙马什阿达德一世对他的儿子予以严密的监督，通过书信向两个儿子传达指示和建议，这些书信都在马里得以发现。

上美索不达米亚国王的强大使得他可以将自己的意愿强加给他的邻邦，连在巴比伦王汉谟拉比统治的初期也不例外。汉谟拉比不得不与沙马什阿达德一世保持外交关系，沙马什阿达德一世也需要得到汉谟拉比的帮助。在一封给他的小儿子雅思马赫阿杜的信中，沙马什阿达德一世说，他给汉谟拉比复写了一些泥板书信，想让他的儿子把这些泥板送到临近巴比伦边境地区的总督那里去，以便这些泥板能够送到汉谟拉比手中。雅思马赫阿杜还曾经直接写信给汉谟拉比，寻求汉谟拉比的帮助，为的是有一个底尔蒙的代表团在来马里的路上遭受攻击，他想让汉谟拉比给予保护，但写信的语气显然缺少了些尊重。从这些史料中可以看出，上美索不达米亚王国需要汉谟拉比这个盟友，但并没有对他平等相待。

上美索不达米亚王国的强势随着周围其他国家的勃兴而被逐渐削弱。一些城市开始转向它的近邻强敌埃什努那，沙马什阿达德一世对此显得无能为力。在沙马什阿达德一世的晚年，他还在不断地征战：一方面，来自扎格罗斯山脉的部落从东部渗透到了上美索不达米亚王国的境内；另一方面，他还要对付西部邻国亚姆哈德(Yamkhad)和南部强邻埃什努那。他经常把自己描绘成胜利的征服者，但他所从事的其他征战，则实际上多数都只带有抢掠的性质。

公元前 1776 年(汉谟拉比统治的第 17 年)，沙马什阿达德一世死后，上美索不达米亚王国迅速瓦解。马里人民把雅思马赫阿杜赶下了王位，兹姆里利姆(Zimri-Lim，公元前 1776—前 1761 年在位)成为马里的新国王。伊什美达干只能在伊克拉图姆城和亚述城坚守。这时的美索不达米亚又陷入了小国林立、缺乏豪强的割据状态。正如马里国王兹姆里利姆的一位官员所说："没有一个国王是真正强大的国王，10～15 位国王跟随巴比伦的汉谟拉比、拉尔萨的里姆辛、埃什努那的伊巴尔皮埃尔(Ibal-Pi-El)或者卡塔那(Qatna)的阿姆特皮尔埃尔(Amut-Pi-El)，20 位国王跟随着亚姆哈德的雅里姆利姆(Yarim-Lim)。"

六、汉谟拉比时代

公元前 1792 年，汉谟拉比继位成为古巴比伦王国第六代国王。正如汉谟拉比的名字所昭示的，他是阿摩利人的后代。在古代美索不达米亚，所有人的名字都由一个短句构成，都表达一个完整的意思。一般来说，绝大多数人的名字由一种语言构成，例如，汉谟拉比的父亲辛穆巴里特(Sin-Muballit)的名字就完全是阿卡德语，意为“月神辛是我生命的给予者”。汉谟拉比的名字是阿摩利语和阿卡德语的结合体，由阿摩利语的“家庭”(hammu)和阿卡德语的形容词“伟大”(rabi)组成。① 与此相一致的是，他通常自称“巴比伦之王”，有时也自称“阿摩利人国家之王”。

图 4.29　汉谟拉比还愿石碑。这是一位高级官员代表汉谟拉比敬献给女神阿什拉图(Ashratum)的

汉谟拉比即位之时，其前辈已经把古巴比伦王国从一个以巴比伦城为核心的区域小城邦发展成包括诸多城邦在内的统一王国，其中有基什、西帕尔和波尔西帕(Borsippa)等举足轻重的城市。这些城市控制着巴比伦尼亚北部地区，面积在 60 千米×160 千米左右，在这一区域内幼发拉底河与底

① 也有学者认为汉谟拉比的名字是纯粹的阿摩利语，拼作 Ammurapi，意思是“the kinsman heals”。

格里斯河相距最近。这时的古巴比伦王国就是近东地区众多王国中的一个，其地位远没有那么重要，周围可谓强敌林立。北有埃什努那和上美索不达米亚王国，西北有马里王国，南有伊新和拉尔萨王朝，东有埃兰王国。汉谟拉比采取军事和外交并用的手段，先后击败了埃兰，吞并了拉尔萨，推翻了埃什努那，最后攻陷了马里，实现了美索不达米亚空前的统一，带来了美索不达米亚空前的经济发展和文化繁荣，这种经济发展和文化繁荣对后世产生了重要的影响。

七、黑暗时代

公元前1595年赫梯王国攻陷名城巴比伦后，美索不达米亚甚至古代近东的历史进入了“黑暗时代”。昔日从地中海沿岸到波斯湾的广大地区联系紧密、共享繁荣的城邦体系瓦解了，自公元前3000年以来的城市化发展处于最低的水平，社会处于动荡之中。由于缺乏强有力的中央政府，社会秩序、经济发展、行政管理和文化建设全面衰退。在美索不达米亚，灭亡古巴比伦王国的赫梯人并没有在巴比伦尼亚久留，很快返回了他们自己的国家，一个新的民族加喜特人乘虚而入获取了统治权。而在美索不达米亚的北部，胡里人成为这里的主人。加喜特人和胡里人从很早的时候起就已经出现在古代近东的历史舞台上了，“黑暗时代”为他们提供了走上政治舞台的历史机遇。

在巴比伦第一王朝统治末期，居住在扎格罗斯山中部的加喜特人不断入侵，许多人在巴比伦尼亚定居下来，成为耕种土地的农民。不仅如此，加喜特人首领卡什提里亚什一世还在仅距巴比伦城200英里远的幼发拉底河畔的哈纳建立了立足点。赫梯人灭亡古巴比伦王国后，加喜特人乘机占据巴比伦，建立加喜特王朝，亦称巴比伦第三王朝。国王布尔那布里亚什二世至卡什提里亚什四世在位期间(约公元前14世纪中期至公元前12世纪后半期)，巴比伦第三王朝国势强盛，领土包括两河流域中南部及扎格罗斯山一带。在加喜特人统治时期，巴比伦、尼普尔和西帕尔等城市经济一度繁荣，出现了标志国王所授地产的“界碑”。公元前13世纪后半期，亚述人和埃兰人入侵，约公元前1157年，加喜特国王恩利尔纳丁阿基被埃兰人掳走，加喜特人的统治结束。

图4.30　加喜特王美里施帕克(Meli-Shipak，公元前1188—前1174年在位)的赠予纪念碑。它讲述了赠给其子马尔都克阿普拉伊丁纳土地之事。公元前12世纪作为战利品被带到苏撒。万神殿主要神灵以符号形式占据了石碑的一整面

关于加喜特人的语言和民族归属问题，现在还说不清楚。值得庆幸的是，他们的统治并未像古提人那样造成文明的破坏和文化的倒退。相反，他们逐渐接受了苏美尔人和巴比伦人的文化、宗教和语言，并且重修了庙宇。在加喜特人统治时期，巴比伦尼亚的文明与文化得到了继续发展。

第五节　亚述帝国的统一与霸权

与地理环境和资源以及气候差异相对应的是，古代美索不达米亚的南北文明，即巴比伦(包括苏美尔和阿卡德)与亚述文明，在文明发展的进程和特征方面也表现出了相应的差异性。南部的苏美尔人创造了美索不达米亚最早的文明，而北部的亚述人迈进文明的门槛以及建立自己的独立王朝的时间都要晚得多，因此美索不达米亚文明在时间上表现出了南北发展不平衡的特点。

一、亚述的兴起

亚述王朝的名称来源于其都城亚述城的名字。[①] 美索不达米亚北部的亚述地区最早称为苏巴尔图(Subartu)，其文化至少可以追溯到哈拉夫文化时期。哈拉夫文化曾经是美索不达米亚早期文化的中心之一，甚至可能是发源地，后来被另一种形式的文化即欧贝德文化所代替。由于欧贝德文化发源于南部，说明欧贝德人可能征服过北部地区，并由此将其文化向整个美索不达米亚传播。苏美尔文明最终传播到北部的亚述地区，可能是其在南部巴比伦尼亚地区兴起以后几个世纪的事情了。亚述城具有重要的战略地位，它控制着由苏美尔或阿卡德沿底格里斯河河谷向上进入库尔迪斯坦或上加兹雅赫(Upper Jaziah)的要道。亚述城建在一座小山上，两面有水域作为防护屏障，一面是著名的底格里斯河，另一面则是一条运河，整个城市筑有坚强的堡垒。亚述城建立的具体时间很难考证。考古学家在亚述城

① 在古代文献中，亚述王国，亚述城市以及亚述的主神、国家和城市的保护神都是同一个名字，即 Ashsur 或 Ash-shur。为避免名称混乱，西方学者通常用拉丁化的名称 Assyria 称呼亚述国家，把亚述城称为 Assur，把城市和国家的主神称为 Ashur。本书则统一把亚述国家称为亚述，把其城市称为亚述城，把亚述国家和亚述城的主神称为阿淑尔。

发掘出了一座早王朝时期的神庙，所以至少在早王朝时期，亚述城就已经建立了。根据在霍尔萨巴德(Khorsabad)出土的《亚述王表》(*The Assyrian King List*)记载，在前萨尔贡时期(即公元前2370年以前)，亚述存在过17位王，他们似乎都是游牧民族的酋长，因为他们被具体地描述为"居住在帐篷里的人"。① 这也说明他们实际上并没有过上真正的城市生活，甚至可能没有真正地统治过亚述城。从早期亚述国王的名字——如图地亚(Tudia)、乌什皮亚(Ushpia)、苏里里(Sulili)或吉吉亚(Kikia)等——来看，它们既不是塞姆语也不是苏美尔语的名字，他们显然属于另外的民族，可能是胡里人。

在阿卡德的萨尔贡大帝统治时期，亚述成为阿卡德帝国的一部分。到乌尔第三王朝时期，它自然又成为新苏美尔帝国的一部分。乌尔第三王朝的灭亡为亚述和其他苏美尔城邦的自由与独立提供了机会和可能性。在此后的历史时期里，我们拥有大量的关于亚述与小亚细亚的商业贸易的资料，这些原始资料包括3000余份泥板文书，构成一份丰富的档案。它们集中出自古代的卡尼什城(Kanesh)②，时间范围为公元前1950—前1800年。卡尼什城是亚述商人在小亚细亚建立的一个商业殖民地。也有学者提出卡尼什城实际上已经处于亚述的军事控制之下，但稀少的资料不能为此提供有力的证据。大量资料显示，卡尼什只是亚述商人在小亚细亚建立的商业殖民地，它拥有自己的自治组织和法律制度，它应该属于在当地国王保护下的外国领土。在公元前第二千纪和公元前第一千纪的古代世界，外国商业殖民机构受到特殊保护和享有特殊利益是很普遍的事情。

在乌尔第三王朝灭亡以后蓬勃开展起来的与小亚细亚的商业贸易，使亚述的财富得到了快速的积累，其国力迅速增强。公元前2000年左右，普

---

① Georges Roux, *Ancient Iraq*, p. 187. H. W. F. Saggs, *The Greatness That was Babylon*, p. 83.

② 现在的库尔特佩(Kultepe)，位于小亚细亚东部的核心地区。

祖尔阿淑尔一世（Puzur-Ashur Ⅰ）登上了亚述王位，开创了新的亚述王族谱系，他的名字如同萨尔贡和纳拉姆辛一样，是真正的阿卡德语名字。我们所知这一时期亚述较有名的统治者是伊鲁舒玛（Ilushuma），他率军成功地攻入了底格里斯河以东的巴比伦尼亚地区，攫取了靠近埃兰边界的德尔城，该城位于穿过伊朗的一条商路的西端。伊鲁舒玛还穿过底格里斯河干涉乌尔和尼普尔两城的事务。他还努力保护美索不达米亚南部的重要港口乌尔城，以抵御贝都因人的入侵浪潮。伊鲁舒玛死后，他的儿子伊里舒姆一世（Erishum Ⅰ，公元前20世纪末至公元前19世纪初在位）和孙子萨尔贡一世（Sargon Ⅰ，约公元前1860年继位）使早期亚述享有了最荣耀的时刻。伊鲁舒玛和伊里舒姆一世父子留下了一些铭文，记载了他们在亚述城为阿淑尔主神、阿达德神和女神伊什塔尔修建神庙的事迹。

在伊里舒姆一世和萨尔贡一世之后，早期亚述短暂的繁荣和强势随着形势的变化而告结束，即赫梯人从东北部进入了安纳托利亚，小亚细亚固有的政治组织在民族迁徙浪潮的冲击下，陷入了混乱状态，亚述与卡尼什的联系被切断。亚述从此进入了衰落期。

二、沙马什阿达德一世的短暂统一

在《亚述王表》中提到了一位纳拉姆辛（Naram-Sin）王，可以相信他就是埃什努那那位同名国王，由此可判断，亚述曾经处于埃什努那的短暂统治之下。但埃什努那对亚述的短暂统治很快被更强有力的阿摩利人统治者取代。一位很有能力的阿摩利人酋长沙马什阿达德一世掌握了亚述的统治权。沙马什阿达德一世的父亲名叫伊拉卡波卡布（Ila-Kabkabu），是一个美索不达米亚小邦的统治者，他先是与马里最早的阿摩利人国王之一雅吉德利姆（Yaggid-Lim）结盟，待自己积累了实力之后又与他反目成仇。在沙马什阿达德一世稳固了自己的亚述王位之后，在马里发生了宫廷政变，马里王雅赫顿利姆——雅吉德利姆之子——被杀，王子兹姆里利姆逃到阿勒颇

(Aleppo)地区的亚姆哈德王国(Yamhad)避难。虽然没有证据证明是沙马什阿达德一世策划了马里的宫廷政变，但由于他是这一事件的最终获益者，所以他的嫌疑最大。结果是沙马什阿达德一世控制了强大、富有的马里王国，他把他的小儿子雅思马赫阿杜安排为代理国王或次王(sub-king)。他的大儿子伊什美达干，已经是伊卡拉图姆邦的代理国王，则顺理成章地成为他的继承者。雅思马赫阿杜拥有很多好的品质，包括对他父亲和兄长的忠诚，但是唯独欠缺行政管理能力。在一些书信材料中我们看到，雅思马赫阿杜经常为“交他办的事”向其父亲和兄长求援，寻求他们的意见和建议，为此他经常遭到父亲沙马什阿达德一世的训斥，沙马什阿达德一世甚至对他说：“你不是个男人！你连胡子都不长!”伊什美达干确实才华出众，深得其父沙马什阿达德一世的宠爱和重用。沙马什阿达德一世通过两个儿子控制着的王国对亚述以东和以西的地区施加影响，使亚述的势力范围从底格里斯河延伸到扎格罗斯山脉，向西则一直延伸至地中海。沙马什阿达德一世把亚述城作为自己的宗教中心，他本人则居住在北部喀布尔河上游地区的舒巴特恩利尔。

在沙马什阿达德一世去世(在汉谟拉比统治的第17年)后，雅思马赫阿杜在马里的王权也就随之结束了，马里前王朝的继承人兹姆里利姆在三个强大王国，即亚姆哈德王国、埃什努那王国和巴比伦王国的支持下复国。这个时期整个美索不达米亚出现了南北诸邦群雄割据的局面，其中以汉谟拉比统治下的巴比伦最为强大。汉谟拉比逐渐积聚实力，辅以有效的外交策略，先后击败了宿敌埃兰，吞并了拉尔萨，推翻了埃什努那的独立统治，最后一举攻陷了强大的马里，建立起了巴比伦帝国。在汉谟拉比征服的过程中，亚述虽然没有能力阻止巴比伦的雄心，却也始终没有被兼并，一直保持着独立的王朝。汉谟拉比死后，他的子孙们没有能够维持住他所创造的辉煌，巴比伦第一王朝逐渐走向衰落，并最终于公元前1595年被赫梯帝国所灭。赫梯人并没有在巴比伦尼亚停留，攻陷巴比伦城的穆尔西里斯一世受本国宫廷政变的影响很快返回了国家，把整个巴比伦尼亚留给了对这片土地觊觎很久、长期居住在扎格罗斯山区的加喜特人。加喜特人虽然没有能够再造巴比伦人的辉煌，却也将对这一地区的统治维持了几个世纪之久。

与此同时，亚述和赫梯以南的近东的其他地区则处于胡里人越来越强的影响之下。胡里人是在公元前第三千纪的下半叶，在阿卡德时期以前从高加索(Caucasia)地区进入亚述北部山区的。阿卡德时期的两篇铭文(一篇是用阿卡德语写的，另一篇是用胡里语写的)表明，当时胡里人王国就已经存在了，其中心在亚述以西的喀布尔地区的乌尔吉什(Urkish)城。在乌尔第三王朝时期，胡里人继续南下，到公元前第二千纪初，他们已经影响到更加广泛的地区，包括亚述在卡帕多西亚的殖民地，亚述以东的努济(Nuzi)和阿拉普哈(Arrapkha)等地，叙利亚的卡塔那、阿拉拉赫(Alalah)和乌加里特(Ugarit)等城市，以及一度繁荣和强大的马里王国等。赫梯王穆尔西里斯一世(Mursilis Ⅰ)在进军巴比伦的途中就曾在幼发拉底河上游，胡里人势力范围的边缘地带遭遇胡里人的敌对。穆尔西里斯一世被刺身亡以及随之而起的宫廷内乱，严重地损伤了赫梯帝国的元气，以胡里人为核心的另一重要王国米坦尼(Mitanni)乘机兴起。据目前的史料可知，公元前1500年左右，古代近东历史舞台上出现了米坦尼王国的第一位国王——帕拉塔尔那(Parattarna)。帕拉塔尔那统治下的米坦尼王国已经很强大，与埃及和赫梯并世而立。米坦尼的国王们并没有采用胡里语的名字，而使用的是印欧语名字，他们的很多习俗也具有印度—雅利安(Indo-Aryan)的特征，而实际上胡里人早期的很多国王也都采用了雅利安的名字。米坦尼王国在古代近东的历史上扮演过非常重要的角色，其鼎盛时期的势力范围从凡湖到幼发拉底河中游，从扎格罗斯山脉到叙利亚海滨。此时，南部的加喜特王朝还依然保持着巴比伦尼亚的统一，而北部的亚述则只能臣服于强大的米坦尼王国。

三、米坦尼王国的衰落与亚述的中兴

强大的米坦尼王国与非洲的埃及保持着非常密切的关系，这在阿马尔那文书中得到了充分的反映。尽管埃及法老图特摩斯三世(Tuthmossis Ⅲ，公元前1490—前1436年在位)对亚洲的征服战争曾触及米坦尼王国的势力范围之边缘，但米坦尼的著名统治者索萨塔尔(Saussatar)仍然与图特摩斯三世保持着密切的外交往来。索萨塔尔的继承者阿尔塔塔玛(Artatama)更是把自己的女儿嫁给了法老图特摩斯四世(Tuthmossis Ⅳ，公元前1413—前1405年在位)，两国建立了更加紧密的姻亲和联盟关系。他们各自的后继者阿蒙诺斐斯三世(Amenophis Ⅲ，公元前1405—前1367年在位)和舒特塔尔那二世(Shuttarna Ⅱ，公元前1390年其统治结束)在继承王位的同时，也继承了两国之间的这种姻亲和联盟关系。在这些王的统治时期，亚述始终处于米坦尼王国的控制之下，埃及法老就曾经要求米坦尼国王把亚述尼尼微的伊什塔尔女神像送到埃及王宫，尼尼微的伊什塔尔女神像在当时的国际上享有很高的声誉。

(一)米坦尼王国的衰落

公元前1390年舒特塔尔那二世死后，米坦尼王国立即陷入了内外交困之中。他的子孙们为了王位继承问题，展开了不断的内战，严重地消耗了米坦尼的国力，把米坦尼王国弄得支离破碎。与此同时，外部环境也发生了不利于米坦尼的变化。首先，公元前1375年，一度沉寂的赫梯王国出现了一位强有力的统治者舒皮鲁留玛(Shuppiluliuma)，他不甘于他的先辈们把对叙利亚北部地区的控制权拱手让于胡里人，也不甘于米坦尼王国对赫梯领土时不时的劫掠活动，乘米坦尼国内发生王位战争的内乱之机，发动了对两国的战争。其次，埃赫那吞(Akhenaten，公元前1367—前1350年在位)统治下的埃及因为埃赫那吞实行的宗教改革而爆发了宗教战争，根本顾不上其盟友米坦尼的境遇。

米坦尼王国衰落的直接受益者便是亚述，亚述乘机恢复了自己在国际上的独立地位。这时统治巴比伦尼亚的加喜特王朝一直保持着与埃及的独立外交关系，企图取代米坦尼的地位而成为亚述的宗主国，但未能获得成功。亚述国王阿淑尔乌巴里特一世(Ashur-Uballit Ⅰ，公元前1365—前1330年在位)向当时世界上最强大的国家埃及派出了自己独立的大使，得到了埃及宫廷的接纳，这标志着亚述在国际舞台上再度崛起，亚述具有了重要的国际地位。阿淑尔乌巴里特一世还通过把自己的女儿嫁入巴比伦宫廷，建立了与统治南部巴比伦尼亚的加喜特王朝的姻亲和联盟关系。这种联姻与联盟关系维持的时间很短，阿淑尔乌巴里特一世去世后，恩利尔尼拉里(Enlil-nirâri，公元前1329—前1320年在位)继位，亚述与巴比伦之间的战争爆发。战争使巴比伦的实力受到了严重的削弱，以至于它无力阻止埃兰人的劫掠活动，埃兰人甚至可能进入过巴比伦城进行劫掠。

米坦尼王国一落千丈，其最后三王的统治徒有其名，版图所剩无几，仅有哈尼加尔巴特(Hanigalbat)的名称为人所知。在阿达德尼拉里一世(Adad-nirâri Ⅰ，公元前1307—前1275年在位)统治下，亚述击败了沙特图阿拉一世(Shattuara Ⅰ)，使其向阿达德尼拉里一世臣服。沙尔马纳赛尔一世(Shalmaneser Ⅰ，公元前1274—前1245年在位)最终征服了米坦尼的最后一位国王沙图阿拉二世(Shattuara Ⅱ)，把哈尼加尔巴特王国变为亚述的一个行省。值得一提的是，沙尔马纳赛尔一世征服哈尼加尔巴特王国后，把超过14000名俘虏进行了流放，开创了后来在亚述帝国广泛施行的流放政策。沙尔马纳赛尔一世不仅稳固了亚述的西部边境，还为维护北部边境的安全采取了军事行动，至少他曾一时击败过乌拉尔图。这时的乌拉尔图可能只是一些部落酋长的联盟，或者是由当地一些王公组成的公国，还不是统一的王国，它在公元前8世纪的时候，发展成为亚述的主要竞争对手。沙尔马纳赛尔一世的另一重要功绩，是建立了后来成为亚述又一座都城的卡尔胡城(Kalhu)①。

(二)亚述中兴

沙尔马纳赛尔一世之后，其继任者吐库尔提尼努尔塔一世(Tukulti-Ninurta Ⅰ，公元前1244—前1208年在位)虽然循其传统取得了一些业绩，但亚述还是经历了短暂的低谷期。吐库尔提尼努尔塔一世对西部和北部的征战，以及对凡湖东南部地区的征战都伴随着大规模的人口流放。他最值得称道的业绩是征服了巴比伦国王卡什提里亚什四世(Kashtiliash Ⅳ，公元前1242—前1235年在位)，把巴比伦尼亚第一次纳入亚述的统治之下。亚述人为此创作了一部歌颂吐库尔提尼努尔塔一世业绩的史诗——《吐库尔提尼努尔塔史诗》。吐库尔提尼努尔塔一世对南部的政策首先是在巴比伦尼亚建立其亚述的管理者队伍，然后是采取军事措施，在从马里和哈那(Hana)到埃兰边境的周边地区布防军队。吐库尔提尼努尔塔一世还把巴比伦城的主神马尔都克的雕像运回了亚述城，在他征服巴比伦尼亚的同时，他自己却被巴比伦文化征服。从此，亚述人中间出现了信奉巴比伦宗教和信奉亚述人自己的祖先宗教的两派，这一点使亚述的统一目的受到了打击。在亚述城，不仅规定了祭拜巴比伦主神马尔都克的宗教仪式，就连亚述人的名字当中也加入了“马尔都克”的元素，更有甚者，其他巴比伦诸神也受到了亚述人的广泛欢迎。

在接下来的时间里，吐库尔提尼努尔塔一世的政策发生了很大的变化，即他完全停止了对外征战。对外战争一停止，内乱随即发生，吐库尔提尼努尔塔一世被他的儿子阿淑尔那丁阿普利(Ashur-Nadin-apli，公元前1207—前1204年在位)所杀。在阿淑尔那丁阿普利的两个后继者统治时期，亚述一度臣服于南部的巴比伦，但这种臣属状态并没有持续很长时间，吐

① 《圣经·旧约》中的加拉城(Calah)，现在的尼姆鲁德。亚述王阿淑尔那西尔帕二世统治时期，卡尔胡被建成亚述的又一个首都。

图 4.31　吐库尔提尼努尔塔一世的方形祭坛

库尔提尼努尔塔一世的另一个儿子恩利尔库都尔乌苏尔(Enlil-Kudur-usur，公元前 1197—前 1193 年在位)利用一次反巴比伦的政变攫取了王位，他率领军队向巴比伦发起了进攻，有关这一时期亚述和巴比伦战争的文献记载并不很清楚。公元前 1192 年，尼努尔塔阿帕尔埃库尔(Ninurta-apal-Ekur，公元前 1192—前 1180 年在位)登上亚述王位，在他统治时期，亚述虽然保持着名义上的独立，但其领土面积却降到了最低点，只保有亚述最初的故土。尼努尔塔阿帕尔埃库尔的儿子和继承者阿淑尔丹一世(Ashur-Dan Ⅰ，公元前1179—前 1134 年在位)最初甚至都没有称王，而只是自称伊沙库(Iššaku，相当于古苏美尔时期的恩西)，亚述对其东部的土地长期缺乏强有力的管理，使其经常性地处于山地部落的掠夺之下，其中下扎布河(the Lower Zab)的东部和南部还处于保证商路的要道上。此时，南部的巴比伦也无暇他顾，吐库尔提尼努尔塔一世对巴比伦的战争严重地削弱了加喜特王朝的实力，并造成了其内部的紧张矛盾，使加喜特王朝陷入风雨飘摇的混乱之中，并最终被巴比伦本土的新王朝取代，这个新王朝在伊新，史称伊新第二王朝。伊新第二王朝乘亚述的虚弱之机巩固了自己的地位，并在阿淑尔丹死后有能力干预亚述的王位继承，成功地将受自己庇护的尼努尔塔吐库尔提阿淑尔（Ninurta-Tukulti-Ashur）扶上了王位。尼努尔塔吐库尔提阿淑尔则投桃报李地把其祖先吐库尔提尼努尔塔一世掳往亚述的马尔都克神像归还了巴比伦。关于伊新第二王朝早期国王统治的情况，没有太多的历史资料留存下来，直到著名的尼布甲尼撒一世（Nebuchadrezzar Ⅰ）统治时期（公元前1124—前1103年），才有一些关于其文治武功的记载。在尼布甲尼撒一世时代，巴比伦的中央政府完全控制了国内的事务，所以他开始将注意力转向国外。由于此前巴比伦尼亚缺乏强有力的中央政府，巴比伦不得不长期屈服于埃兰人的劫掠活动，甚至连马尔都克神像都被埃兰人劫走。尼布甲尼撒一世率军击败了埃兰军队，不仅夺回了马尔都克神像，还把一尊埃兰神像掳回了巴比伦。巴比伦对亚述的统治地位一直持续到一位强有力的亚述王的出现——阿淑尔瑞什伊什（Ashur-Resh-Ishi，公元前1133—前1116年在位）——他最终使亚述获得了独立。

这时，阿拉米人的迁移给巴比伦和亚述以前所未有的压力，尤其对亚述压力更大，因为在侵占喀布尔河地区的过程中，阿拉米人严重地威胁到了亚述通往叙利亚海滨和安纳托利亚的商路的安全。阿淑尔瑞什伊什采取了强硬的措施，成功地抵御了在这一地区活动的阿拉米人。东部的商路同样受到了山地部落库提人（Quti）和卢路比人①的威胁，阿淑尔瑞什伊什也同样地予以抗击。亚述人在这里的利益与巴比伦人也发生了冲突，结果亚述人取得了全胜。

中期亚述的勃兴在阿淑尔瑞什伊什之子提格拉特帕拉沙尔一世

① 根据他们的名字和所居住的地区判断，他们是生活在公元前第三千纪的卢路人（Lullu）和古提人的后代。

(Tiglath-pileser Ⅰ)统治时期(公元前 1114—前 1076 年)达到了高峰。提格拉特帕拉沙尔一世开创了亚述国王大肆杀戮的“恐怖”政策的先河。他一登上王位，就面临着一支来自北方的民族穆什库人(Mushku)[①]南下的威胁。这支穆什库人有 20000 人之众，他们侵入了亚述的库穆赫省(Kummuh)。提格拉特帕拉沙尔一世表现出了超强的能力，他迅速向西北进军，在图尔-阿伯丁(Tur-Abdin)决定性地击败了入侵的穆什库人。紧接着，他马不停蹄地挥师向东，穿过了库穆赫省，去对付给北部入侵者以援助的当地叛乱分子。他还向北越过了幼发拉底河的源头，收服了吐库尔提尼努尔塔一世死后亚述失去的那伊里(Nairi)地区，迫使他们每年向亚述纳贡。通过几年的征战，提格拉特帕拉沙尔一世扩大并巩固了亚述对其北部、西北部和东北部地区的控制，并进入小亚细亚，其成就超过了其先辈。在安顿了这些地区之后，他转向西到达叙利亚海滨，他在那里通过与腓尼基人(Phoenicians)的贸易，获得了木材和其他利益。古波拉(Gubla)、西顿(Sidon)和阿尔瓦德(Arwad)等腓尼基城市很快向提格拉特帕拉沙尔一世敬献贡品，就连埃及法老也向提格拉特帕拉沙尔一世敬献了一条活着的鳄鱼作为礼物。

在提格拉特帕拉沙尔一世统治时期，亚述与巴比伦之间的关系可以说是互有攻守，亚述人可能在边境地区获得了一些领土便宜，但提格拉特帕拉沙尔一世似乎并无意或无力征服巴比伦，因为当时的主要商路都掌握在亚述人手中，从腓尼基海岸和北叙利亚港口通过中转运来的商品畅通无阻，而征服巴比伦对亚述来说并无额外的好处。商业贸易繁荣所带来的物质富足，还使得提格拉特帕拉沙尔一世有财力从事修复和修建神庙的工作，他所留下的这一遗产使他赢得了其后继者们的高度尊重。

在公元前第二千纪末，对亚述和巴比伦构成最严重威胁的还是来自西

① 在《圣经·旧约》中称为米设人(Meshech)。

部沙漠地区的阿拉米人。阿拉米人对亚述的威胁在提格拉特帕拉沙尔一世统治时期已经非常明显了，所以在他死后，他的后继者们很难再延续他的辉煌，只能在应付阿拉米人的过程中逐渐走下坡路。提格拉特帕拉沙尔一世的继承者是其儿子阿沙利德阿帕尔埃库尔二世(Asharid-Apal-Ekur Ⅱ)，但他的统治仅仅持续了一年，就在王位斗争中败下阵来，接替他的是他的兄弟阿淑尔贝尔卡拉(Ashur-Bel-Kala，公元前 1074—前 1057 年在位)。阿淑尔贝尔卡拉是中期亚述最后一位强有力的国王，他借助其父提格拉特帕拉沙尔一世的余威，发动了抗击乌拉尔图和阿拉米人的战争。阿拉米人的压力以及商路受阻造成的经济困境，带来了社会的动荡，使他的统治因内部反叛而结束。阿淑尔贝尔卡拉死后，亚述合法的王位继承便中断了。在此后近一个半世纪的时间里，亚述一直处于大萧条时期。一份属于公元前 990 年的年代记对这种混乱状况有所反映。据该年代记记载，在新年节日庆祝活动中，连续 9 年“马尔都克神都没有出现，纳布神都没有来”①。亚述人的活动范围被限制在亚述城和尼尼微等亚述的核心地区。

四、亚述帝国的成长

公元前第一千纪，铁在亚述被广泛使用，亚述进入铁器时代。铁器的广泛流行，不仅为多山的亚述提供了其开发所需要的先进的生产工具，更为军事征伐提供了锐利的武器。这一时期国际形势也发生了有利于亚述的变化，埃及新王国的衰亡、赫梯王国的瓦解和阿拉米人势力的削弱为亚述的重新崛起创造了良好的外部环境。公元前 10 世纪末，亚述开始复兴，进入其历史的第三个时期，也是其最辉煌的时期——新亚述时期，或称亚述帝国时期(公元前 10 世纪末至公元前 612 年)。

---

① 通常在新年节日庆典活动中，马尔都克神要走出巴比伦城，到一个叫阿吉图(Akitu-House)的神庙中，波尔西帕的纳布神要在马尔都克返回巴比伦城的途中，拜见马尔都克神。

亚述的复兴始于阿淑尔丹二世（Ashur-Dan Ⅱ，公元前934—前912年在位）和阿达德尼拉里二世（Adad-nirâri Ⅱ，公元前911—前891年在位）。阿淑尔丹二世是小有名气的提格拉特帕拉沙尔二世（Tiglath-pileser Ⅱ，公元前966—前935年在位）之子，在一份铭文中记载了他如何在亚述城重建了“工匠之门”（Craftsmen's Gate），这座被毁坏的“工匠之门”是伟大的提格拉特帕拉沙尔一世修建的。由于这座门是亚述城通往西部交通的门户，所以它的修缮也意味着亚述西部商路情况的改善。然而在阿淑尔丹二世之子阿达德尼拉里二世统治时期，亚述的经济才开始真正恢复，对外扩张才又重新开始，亚述又踏上了强国之路。按照亚述一贯的战略，他首先把兵锋指向了下扎布河以南地区，他在这里遭遇了巴比伦人，因为巴比伦人企图在下扎布河以南的贾贝尔·哈姆林（Jebel Hamrin）地区建立自己的霸权。此时的巴比伦人已经不是亚述人的对手，阿达德尼拉里二世不仅把巴比伦军队驱逐出这一地区，攫取了具有重要战略地位的阿拉普哈城——该城作为重要的军事驻防城，始终是亚述控制其东部边境以外山区的钥匙——还吞并了更南地区的一些城镇。

为了保护亚述东部和南部边境的安全，阿达德尼拉里二世把注意力转向了底格里斯河以西诸省份，这些地区仍然被掌控在阿拉米人部落及其同盟者手中。他出兵一举迫使阿拉米人部落屈服于自己的统治，并正式向亚述纳贡。与此同时，位于幼发拉底河中游的许多城镇，它们原先就属于亚述，现在不仅被夺回，而且还重新修建了堡垒，这些城镇对保护亚述的商路起到了重要的作用。在更北一点的尼斯宾（Nisibin）地区——亚述人称之为哈尼加尔巴特——聚集着许多阿拉米人的小王国，这支阿拉米人被称为泰曼尼特人（Temanites），他们是亚述人的死敌。阿达德尼拉里二世向他们发动了几次猛烈的战役，动用了所有的围城手段，几乎倾其所能，一城城地对这些独立的小王国进行了横扫，并最终把它们的国王俘虏至亚述。阿达德尼拉里二世随后把亚述的控制范围扩大到了喀布尔河两岸，占领了古扎纳①，使其王俯首称臣。其他喀布尔河沿岸城市的王公们也纷纷效仿古扎纳王，承认亚述的统治，同意向亚述纳贡。通过控制整个喀布尔河流域，阿达德尼拉里二世保证了亚述西部边境的安全。对于其南部边境的安全，阿达德尼拉里二世在经过其统治伊始与巴比伦的战争之后，最终采取和平手段来解决，他与巴比伦王签署了和平条约，该条约文献史称《两国平行史》(*the Synchronous History*)。之所以取名“平行史”，是因为作为和平解决争端的基石，条约同时从两国的角度，按编年顺序，记载了两国以往历史上的边界纠纷。所以，该条约也成为阿达德尼拉里二世之前珍贵的编年史资料。顺便提一句，阿达德尼拉里二世还创立了另一种编年史记载的方法，即《名年官表》(*Limmu*)。

阿达德尼拉里二世统治时期，各地的贡品从四面八方涌入亚述，包括战车、战马、粮食、金器、牛羊，以及酒和食物等。日益增长的物质财富为亚述的经济发展做出了重要贡献。正如阿达德尼拉里二世自己所说：

> 我在我的所有土地上修建起用于行政管理的建筑物；我在我的所有土地上修建起运河灌溉系统；我比以往任何时候都积满了粮仓……我增加了众多马匹的数量……②

在此后60余年的时间里，亚述的国王们都在为维护和巩固阿达德尼拉里二世所取得的成果而努力，这远不是一件容易的事情，尤其是要求亚述中央政府时时保证对帝国各行省和纳贡臣邦的控制，保证通往卡帕多西亚和地中海的商路时时畅通。阿达德尼拉里二世的儿子和继承者吐库尔提尼努尔塔二世在其统治的头4年都忙于对凡湖西南那伊里地区的征战，并最

① 《圣经·旧约》中的歌散(Gozan)及其他地方，后来成为亚述一个行省的首府。现在的哈拉夫遗址。

② H. W. F. Saggs, *The Greatness That Was Babylon*, p. 106.

图 4.32　亚述国王阿淑尔那西尔帕二世的宫廷场景。约公元前 865—前 860 年。出自尼姆鲁德

终迫使那伊里国王低头，接受臣属亚述的地位，并发誓向亚述提供装备轻骑兵所需要的马匹，这是亚述军队第一次引进骑兵。降服那伊里的同一年的晚些时候，吐库尔提尼努尔塔二世又出兵东部山区，维护上下扎布河之间地区的安全，从而为向南进军底格里斯河以东地区扫清了障碍。由于此时的巴比伦正处于虚弱时期，吐库尔提尼努尔塔二世乘机获得了对杜尔库里加尔祖(Dur-Kurigalzu)①和西帕尔城的控制权，似乎没有受到巴比伦的任何抵抗。亚述军队从西帕尔继续向前，同样没有受到任何反抗就穿越了幼发拉底河，一路征伐至喀布尔河。随后他沿河北上，远至尼斯宾，途中收到当地统治者奉献的丰厚贡品。最后，他稍稍拐了一个弯，洗劫了小亚细亚的穆什库。

① 现在的阿卡尔库夫(Aqarquf)，位于巴格达附近。

吐库尔提尼努尔塔二世之子阿淑尔那西尔帕二世同样是一位伟大的国王，他首先向东部山区开战，并把亚述的威权扩大到以前亚述未曾征服过的山民，把苏莱曼尼亚(Sulaimania)山谷的扎姆阿(Zamua)纳入亚述臣属国范围。在亚述的西北部，在喀什阿里山区(Kashiari)有一个曾经属于亚述但长期拒绝承认亚述中央政府的地区，阿淑尔纳西尔帕二世一举占领之，并建立了一个以土什罕(Tushkhan)①为中心的新行政区，他还把亚述的移民安置在这里。在亚述的西部出现了另一个强大的阿拉米人国家——比特-阿迪尼(Bit-Adini)，其都城在提尔巴尔斯普(Til-Barsip)②。在阿淑尔那西尔帕二世统治初期，比特-阿迪尼国煽动喀布尔河和幼发拉底河上游臣属于亚述的诸王国的反抗情绪，甚至在苏鲁(Suru)城扶植了自己的傀儡王。对此，阿淑尔那西尔帕二世毫不容忍，迅疾出兵，迫使阿拉米人臣服，俘虏了谋

图 4.33　亚述浮雕：阿淑尔那西尔帕二世面对圣树的祭神仪式。他所拜祭之神可能是太阳神沙马什。约公元前 865—前 860 年。出自尼姆鲁德

① 现在的卡尔克赫(Karkh)。

② 位于卡尔凯美什以南，现在的阿赫马尔遗址(Tell Ahmar)。

反者，并对其施以叉死、活剥皮和长期面壁囚禁的酷刑。同时，阿拉米人诸国大量的财富从其神庙和宫殿中涌入亚述，其中除了牛羊和金银等常规物品之外，还包括青铜器、铁器、铅制物品、宝石、药膏、羊毛和亚麻等纺织品，雪松以及其他种类的香木，等等。阿淑尔那西尔帕二世的严厉措施使这一地区保持了5年的安定，此后在巴比伦和比特-阿迪尼国的直接和幕后支持下，这一地区先后爆发过反叛，但都被一一镇压。阿淑尔那西尔帕二世对这一地区的征服为亚述打开了通向叙利亚海岸的通道，亚述军队随即取道卡尔凯美什和奥伦特斯(Orontes)，未遇任何抵抗就到达了地中海，途中收到沿岸城市国家——南部远至推罗(Tyre)——的进贡。在阿淑尔那西尔帕二世剩余的15年统治时间里，亚述帝国鲜有征伐，享受着太平、稳定的生活。

在国内政策方面，阿淑尔那西尔帕二世最主要的成就是在卡尔胡城建设了自己新的首都，并在公元前879年举行了定都开城仪式。庆祝宴会更是盛况空前，有70000人参加宴会，他们包括男女工人、政府官员以及前来道贺的臣属国代表等，庆祝活动持续了10天。阿淑尔那西尔帕二世把在历次战役中俘获和流放的居民，大量地安置在新都城定居；在新都城所在的地区大修水利灌溉工程；大力修建和装饰神庙；把各国敬献的珍奇动植物集中起来，建成花园、植物园和动物园。

阿淑尔那西尔帕二世的儿子和继承者沙尔马纳赛尔三世(Shalmaneser Ⅲ，公元前858—前824年在位)继续和巩固了其父创造的业绩。在其统治的第一年，他就未受阻碍地到达了地中海海岸。他把向其父纳贡的阿拉米人国家比特-阿迪尼纳入自己的直接统治之下，使其成为亚述的一个行省。这样，亚述便直接控制了沿幼发拉底河上游通往西里西亚(Cilicia)和小亚细亚的重要商路，从而对叙利亚地区富裕而强大的商贸国家形成了严重的威胁。这些国家以大马士革的阿达德伊德里(Adad-Idri)①为首，组成了反亚述联盟。亚述军队使这些叙利亚人遭受了毁灭性的打击，歼灭联军14000余人。

此后亚述的政策虽然发生过短暂的转移，即镇压南部巴比伦尼亚地区迦勒底酋长们的反叛，但公元前849年，沙尔马纳赛尔三世又转向了西方，因为幼发拉底河上游还有最后一个名义上保持独立的国家——卡尔凯美什。

图4.34　沙尔马纳赛尔三世雕像

卡尔凯美什已经是向亚述纳贡的国家，但沙尔马纳赛尔三世不满足于此，他要将其纳入亚述的直接统治之下。此外，沙尔马纳赛尔三世虽然打败过远西部叙利亚联盟，但它们依然存在，依然对亚述保持着威胁。沙尔马纳赛尔三世下决心展开最后一次战争，企图达到毕其功于一役的效果，投入了120000人的兵力与叙利亚联盟决战。但事与愿违，他并没有取得终结性的胜利。后来随着其主要领导者以色列的亚哈(Ahab)之死，以及大马士革的阿达德伊德里被刺身亡②，叙利亚联盟终告解体。沙尔马纳赛尔三世经过不懈努力，把

① 在《圣经》中称便哈达(Ben-hadad)。

② 对此，《圣经·旧约》的《列王纪》中有详细记载。

西部地区平定下来，腓尼基城市推罗和西顿都向其纳贡，埃及也不断赠送礼物以保持友好的关系。

在沙尔马纳赛尔三世漫长统治的晚年，国内发生了叛乱，他的儿子阿淑尔丹宁阿普利（Ashur-Danin-Apli）成为叛乱的领导者。他选中了另一个儿子作为自己的继承人，史称沙马什阿达德五世（Shamshi-Adad V，公元前823—前811年在位）。沙马什阿达德五世在巴比伦人的帮助下稳固了自己的王位后，便在北部和东北部地区发动了三场战役：一场是对实力日益增长的乌拉尔图；一场是对凡湖西南那伊里地区的酋长们；一场是对最东部的米底人（Medes），他们已经迁徙至乌尔米亚湖（Lake Urmia）的东南部。随后，沙马什阿达德五世把注意力转向了南方，他穿过迪亚拉河进入巴比伦尼亚的东部，对整个边境地区大肆蹂躏，抢劫、焚烧城镇，乱砍滥伐庄稼和植被，等等。巴比伦国王马尔都克巴拉苏伊克比（Marduk-Balatsu-Iqbi）组织起了巴比伦联盟进行抵抗，联盟包括埃兰、位于埃兰以北的纳姆里（Namri）、巴比伦尼亚南部的迦勒底人部落，以及底格里斯河东部阿拉米人残留的部落，

图4.35　沙马什阿达德五世雕像

结果遭到了失败。公元前 811 年，沙马什阿达德五世进入了巴比伦城。在沙马什阿达德五世之子阿达德尼拉里三世（Adad-nirâri Ⅲ）统治时期（公元前 810—前 783 年），迦勒底部落最终向亚述俯首称臣，被迫向亚述缴纳贡物和赋税。阿达德尼拉里三世的铭文表明，在他统治的前 5 年，一直由他的母亲萨姆拉马特（Sammu-Ramat）“垂帘听政”，她是亚述政治舞台上的重要人物，在亚述享有较高的声誉。她的声名和故事（希腊人称她为萨米拉米斯，Semiramis）被后来的希腊人广为传播。

在阿达德尼拉里三世及其子沙尔马纳赛尔四世（Shalmaneser Ⅳ）统治时期（公元前 782—前 773 年），乌拉尔图已经成长为重要的强国，在此时及之后，他们不断地与亚述发生摩擦，叙利亚人也乘机重新组织起反亚述的联盟。乌拉尔图人沿着几乎整个亚述北部边境前进，他们不仅牢牢地控制了挨近乌尔米亚湖以南的地区，更严重的是，他们从亚述人手中夺取了卡尔凯美什以北和以西的几乎全部土地，从而控制了小亚细亚的金属贸易，以及成为亚述军队主要依靠的马匹供应。商路被切断不仅使亚述丧失了对叙利亚的控制，也使亚述的经济陷入了困境。这种状况不仅导致了亚述以南底格里斯河流域许多城市的反叛，公元前 746 年，亚述首都卡尔胡城也发生叛乱，国王阿淑尔尼拉里五世（Ashur-nirâri Ⅴ）及其全部家人被刺杀。古老的皇室家族被推翻了，亚述更强有力的统治者——提格拉特帕拉沙尔三世（Tiglath-pileser Ⅲ）——走上了历史舞台，他与他的后继者们把亚述帝国带到了最辉煌的时刻。

五、亚述帝国的辉煌

提格拉特帕拉沙尔三世不仅是伟大的军事家，还是伟大的谋略家和治国者，他把周围强敌环视的亚述帝国从低谷中带到了最巅峰的时刻。他不仅弘扬了亚述的军威，扩大了帝国的领土，还实施军事和行政改革，巩固和稳定了帝国的统治，从而奠定了亚述帝国文化繁荣的基础。“从各方面来说，他都是亚述帝国的真正缔造者。”①

图 4.36　提格拉特帕拉沙尔三世石雕像

提格拉特帕拉沙尔三世是充满智慧和讲究方法的军事家。他首先安抚南部近邻。他对美索不达米亚南部的征伐远至乌克努河(Uknu)，将巴比伦从阿拉米人的重压下解放出来，从而告诉巴比伦王，亚述王仍然是巴比伦的保护者。提格拉特帕拉沙尔三世依以往惯例，走遍了从西帕尔到乌鲁克的苏美尔和阿卡德诸多神圣的城市，向神庙敬献了“纯洁的牺牲”。然后，他远征叙利亚，更确切地说，是进攻新赫梯和阿拉米人王公的联盟，联盟中领头的是阿尔帕德(Arpad)王国，他们听命于乌拉尔图强大的国王萨尔都尔三世(Sardur Ⅲ)。面对提格拉特帕拉沙尔三世对其盟国的进攻，萨尔都

① Georges Roux, *Ancient Iraq*, Third Edition, p. 305.

尔三世急速赶往驰援，但是在幼发拉底河畔的萨姆萨特(Samsat)附近遭到亚述人的痛击，连夜逃跑，再也不见踪影。提格拉特帕拉沙尔三世包围了阿尔帕德，阿尔帕德抵抗了3年之后，于公元前741年投降，变成了亚述一个行省的主要城镇。与此同时，提格拉特帕拉沙尔三世战胜了亚迪亚(Ya'diya)的国王阿兹里约(Azriyau)及其叙利亚海岸的同盟国家，并于公元前742年最终把叙利亚西北部可能还有腓尼基并入亚述帝国。临近的众多王公们闻风丧胆，纷纷向提格拉特帕拉沙尔三世敬献礼物和贡品，包括大马士革王拉素努(Rasunu)、以色列王麦纳西姆(Menahem)以及阿拉伯女王扎比蓓(Zabibe)等。哈达图(Hadatu)很可能是提格拉特帕拉沙尔三世征服叙利亚的桥头堡，考古学家在哈达图发掘出了提格拉特帕拉沙尔三世的行宫(在行省为自己修建的宫殿)，这是一座精美的建筑，在布置方面与阿淑尔那西尔帕二世在尼姆鲁德的宫殿惊人地相似，虽然在规模上稍小一点儿。在宫殿的附近还发现了一座献给女神伊什塔尔的神庙，在神庙中藏有许多有趣的雕刻品。

图4.37　刻有乌拉尔图国王阿尔吉士提二世(Argishti Ⅱ)名字的青铜牌匾残片。公元前8—前7世纪

在稳定了乌拉尔图的叙利亚臣国后，提格拉特帕拉沙尔三世把兵锋转向了东部。公元前737—前736年，亚述人发动了一系列战争。在把扎格罗

斯山脉中部的大部分地区都纳入亚述的疆界之内后，提格拉特帕拉沙尔三世发动了穿越伊朗高原的远征，深入强大的米底人占据的土地的核心区，远至比克尼丘(Bikni)和“盐漠”，抵达今德黑兰的西南部，此前从来没有任何一支亚述军队到达过这里。在尼哈文德(Nihavend)附近的泰普·吉沿(Tepe Giyan)发现了提格拉特帕拉沙尔三世的另一座行宫。公元前735年左右，亚述向乌拉尔图发起了直接的进攻，包围了萨尔都尔的首都土什帕，但最终未能攻克此城。公元前734年，提格拉特帕拉沙尔三世转回到了地中海岸，因为推罗和西顿出现了不安定的因素，这源自亚述限制向菲力斯丁(Philistia)和埃及出口木材。亚述军队的平叛取得了胜利，他们使反叛之人“恐惧地爬行”。但对于亚述而言，这里的事情远没有就此了结，还有更糟糕的情况发生：阿斯科隆(Ascalon)和加扎(Gaza)的菲力斯丁统治者组织起了反亚述联盟，参加国包括所有巴勒斯坦的王国和跨约旦尼亚(Trans-Jordania)王国。提格拉特帕拉沙尔三世亲自粉碎了叛乱，阿斯科隆王被杀，加扎王“像鸟一样逃往埃及”，阿蒙(Amon)、伊顿(Edom)、莫阿布(Moab)、犹大(Judah)，以及另一位阿拉伯女王沙马施(Shamshi)都向亚述纳贡。2年以后，犹大王亚哈斯(Ahaz)面对大马士革和以色列的重压，向亚述求救。提格拉特帕拉沙尔三世占领了大马士革，吞并了以色列一半的土地，在撒玛利亚立何细亚(Hoshea)为王。

与此同时，公元前734年巴比伦尼亚的纳布那希尔(Nabu-Nasir)死后，阿拉米人酋长乌金泽尔(Ukin-Zer)于公元前731年在巴比伦尼亚称王。提格拉特帕拉沙尔三世在采用外交策略失败后，只得兵戎相见，并杀死了篡权者和他的儿子。提格拉特帕拉沙尔三世决定亲自管理巴比伦尼亚，公元前728年，他在新年节庆期间牵起了马尔都克之手，被宣布为巴比伦之王。次年，提格拉特帕拉沙尔三世去世，用巴比伦术语表达，就是“他走向了他的命运”。

提格拉特帕拉沙尔三世的行政改革展示了其不凡的治国才能，他的行

图 4.38　提格拉特帕拉沙尔三世的随从。其帮助国王在出征或打猎时扛着武器。约公元前 728 年。出自尼姆鲁德

政改革措施在公元前 738 年后逐步实施。改革的宗旨是加强王室的权威，削弱大地主的势力。在亚述本土，旧有的地区被划分成更多、更小的单位。在亚述本土以外亚述国王们征服的地区，他尽可能或在适当的时候剥夺当地统治者的权力，将其改组并入行省。每一个行省被当作亚述的一个区来对待，交给一位“区长”(Bel Pihati)或总督(Shaknu)来管理，他直接听命于国王。对于那些没有被纳入帝国版图的地区和人民，则留给他们自治政府的余地，但该自治政府必须处于一位监督(Qepu)的监管之下。

提格拉特帕拉沙尔三世还在宫廷和行省之间建立起高效的信息传递系统，信使分一般信使和特快信使两种，他们不停地奔跑于宫廷和行省之间，双方向地传递着报告、书信和命令。在有些情况下，国王还拥有自己的私人代表(the Qurbutu-Official)。

提格拉特帕拉沙尔三世的另一项改革就是实行比以往任何时期都更大

规模的流放政策。主要做法是把整个城市和整个地区的人口迁往遥远的地区，而他们留下的空城和地区则迁来其他“国家”和地区的人口。例如，公元前742和公元前741年，有30000名叙利亚人从哈马（Hama）地区被迁往扎格罗斯山区；而18000名阿拉米人从底格里斯河左岸被迁往叙利亚北部；另一次涉及美索不达米亚南部人口的迁徙，则影响到不下于154000人。提格拉特帕拉沙尔三世的后继者们继续了他的流放政策。

提格拉特帕拉沙尔三世死后，其子沙尔马纳赛尔五世（Shalmaneser Ⅴ，公元前726—前722年在位）的统治非常短暂，他曾经镇压以色列傀儡王何细亚的反叛，围攻撒玛利亚达3年之久。沙尔马纳赛尔五世的后继者是萨尔贡二世（Sargon Ⅱ，公元前721—前705年在位），根据目前的材料还无法得知他是如何获取王位的，也不知道他的确切身份是否是提格拉特帕拉沙尔三世的另一个儿子。他像阿卡德的萨尔贡大帝一样，自称“沙鲁金”（Sharru-kin）。在萨尔贡二世登上亚述王位之前，近东的国际舞台上发生了两个重要的变化，即埃及开始干预巴勒斯坦的事务以及埃兰开始干涉巴比伦尼亚的事务，这两个变化对未来长达一个世纪之久的亚述战略和外交走势，都产生了重要影响。埃及人和埃兰人采取行动是因为亚述帝国的统治严重地限制了它们各自的发展，影响了它们各自在相关地区的利益。具体来说就是，亚述人征服和吞并了腓尼基，而腓尼基是埃及的主要臣国之一；亚述人占领伊朗高原则切断了通往埃兰的唯一商路。因此，埃及人和埃兰人加入了乌拉尔图人反亚述的阵营中。由于亚述帝国正处于巅峰时期，而埃及人和埃兰人无力与亚述展开正面冲突，他们只得采取迂回的策略，即在亚述的附属国中培养和煽动反亚述的情绪。萨尔贡二世统治的重要内容就是镇压臣属国和行省的反叛。

在首先花了一年时间安稳了国内的动荡之后，萨尔贡二世开始应付巴比伦尼亚和叙利亚的紧张形势。在巴比伦尼亚，一位来自亚金家部落的迦勒底统治者马尔都克阿帕尔伊丁那(Marduk-Apal-Iddina)①在埃兰王的支持下，与萨尔贡二世在同一年登上了王位。公元前720年，萨尔贡二世向巴比伦尼亚进军，在底格里斯河和扎格罗斯山脉之间的德尔城与马尔都克阿帕尔伊丁那交战。有趣的是，交战的双方在自己的铭文和年代记中都宣布自己大获全胜。可以肯定的事实是，马尔都克阿帕尔伊丁那的统治持续了11年(公元前721—前710年)，他也成为美索不达米亚的伟大君王之一。

叙利亚的形势对亚述同样危险，哈马国王组织起了叙利亚各行省的反抗联盟，加扎在埃及军队的支援下起义。萨尔贡二世在卡尔卡尔(Qarqar)击败了叙利亚联盟，哈马王被俘并被处以酷刑。而加扎王哈努那(Hanuna)得到了宽恕，给他以援助的埃及将军“像羊群被偷的牧人般独自逃亡”(公元前720年)。8年之后，埃及在巴勒斯坦又策动了另一次反叛，同样遭到了萨尔贡二世的镇压。在萨尔贡二世统治的其余时间里，埃及的新法老表现出了友好的态度。

图4.39　萨尔贡二世与一位高级官员。也有可能是他的儿子辛那赫里布王子

在北部，乌拉尔图依然是亚述最主要的敌人。公元前719—前715年，尽管萨尔贡二世不断地干涉，乌拉

① 其名字的意思是“马尔都克神给予我子嗣”，即《圣经·旧约》中的比罗达巴拉但。

尔图王鲁萨斯一世(Rusas Ⅰ)还是不停地企图扶植自己在这一地区的势力。公元前 714 年，亚述人开始了强烈的反击。穿越库尔迪斯坦山区的行军是异常困难的，其难度甚至不亚于与敌军交战本身。萨尔贡二世翻越高山、穿过河流，沿着乌尔米亚湖可能还有凡湖征战，最后征服了乌拉尔图最神圣的城市穆萨西尔(Musasir)①，掳走了其国家保护神哈尔迪亚(Haldia)的神像。但乌拉尔图人早已在其他国家和地区煽动起了反亚述的情绪。公元前 717 年，仍然保持独立地位的卡尔凯米什统治者谋反，结果遭到萨尔贡二世的攻击，其王国沦为亚述的一个行省。在接下来的 5 年里，库伊(西里西亚)、古尔古姆(Gurgum)和米利德(Milid)等也遭遇了同样的命运，萨尔贡二世最终战胜了乌拉尔图组织起来的二十三国联盟。

图 4.40　记载萨尔贡二世第八次战争的泥板。公元前 714 年

到公元前 710 年年初，萨尔贡二世在四面八方取得了全面的胜利。整个叙利亚—巴勒斯坦(犹大除外)和扎格罗斯山脉的大部分地区都牢牢地掌握在亚述人

① 位于凡湖以南。

手中；米底人已俯首称臣；乌拉尔图正遍体鳞伤；埃及人保持着友善的关系；埃兰人和弗里吉亚人(Phrygians)虽仍充满敌意，但也能和平相处。对于巴比伦，萨尔贡二世发动了他统治期间的第二次征伐，巴比伦抵抗了2年之后，最终未能摆脱失败的命运，其国王很狼狈地逃到埃兰避难。萨尔贡二世挺进巴比伦城，像提格拉特帕拉沙尔三世一样，“握住了马尔都克神之手”。萨尔贡二世的胜利威震四方：弗里吉亚人主动示好，建立友谊；底尔蒙(巴林)王“风闻了亚述的伟业后，向他敬献了礼物”；伊亚特那那(Iatnana，塞浦路斯)的七个王——“其遥远的住所位于需要7天旅行才能到达的海上日落处”——送来了礼物，并宣誓效忠于亚述伟大的君主。到萨尔贡二世统治末期，亚述帝国的疆域似乎比以往任何时期都更广大，其实力似乎比以往任何时期都更强大。

作为战争领袖，萨尔贡二世很喜欢居住在亚述帝国的军事首都卡尔胡。他在这里不仅修复和装饰了其先辈留下的旧宫殿，还在附近为自己修建了新宫殿。公元前717年，“萨尔贡堡”(Dur-Sharrukin)①奠基，整个城堡被设计成方形，城墙上有7个防御城门，修建和装饰用了10年时间。宫殿建在16米高的平台之上，有200多间房屋和30多个庭院，还有神殿和塔庙等附属建筑。萨尔贡二世在一份铭文中这样写道：“对于我，萨尔贡，居住在这座宫殿之人，愿他(阿淑尔神)保佑我万寿无疆，身体健康，心情愉快，灵魂明亮。”然而阿淑尔神并没有满足萨尔贡二世的祈祷，在其城堡正式落成1年以后，即公元前705年，他就在征伐塔巴尔(Tabal)的战争中身亡。他的后继者们还是更爱尼尼微。

① 位于尼尼微东北24千米，靠近现在的村庄霍尔萨巴德(Khorsabad)。

图 4.41　亚述浮雕：战俘。浮雕描绘的是辛那赫里布在伊朗或土耳其东部战争中俘获的战俘，被带到这位亚述国王面前

六、亚述帝国的极盛

萨尔贡的后代们连续不间断地统治亚述帝国达一个世纪之久(公元前704—前605年),把亚述帝国的疆域推向更极限,把亚述文明推向更高峰。辛那赫里布(Sennacherib①,公元前704—前681年在位)如其名字所昭示的,并不是萨尔贡二世的长子,萨尔贡二世选他接替王位的原因根据目前的材料尚无法探知。辛那赫里布的征服和对亚述疆域的扩展,又取得了前所未有的成就。在他统治期间,北部和东部边疆平稳,萨尔贡对库尔迪斯坦、亚美尼亚和陶鲁斯山脉的胜利使得乌拉尔图和弗里吉亚不再成为威胁。但另一支来自南俄罗斯的好战民族西米莱人(Cimirrai)不仅频繁地进攻乌拉尔图人和弗里吉亚人,也构成了对亚述人的威胁,他们于公元前8世纪末穿过高加索进入西亚。他们当中的一部进入伊朗的西北角,并与米底人和曼耐人(Mannai)结盟。不过辛那赫里布此时无暇顾及这相对遥远之事,因为迫在眉睫的问题是来自帝国内部的反叛。

萨尔贡二世去世的消息一传出,地中海地区和巴比伦尼亚就发生了一连串的反叛。在腓尼基和巴勒斯坦,在埃及人的策反下,西顿、阿斯科隆、犹大和伊科戎(Ekron)断绝了与尼尼微的联系。公元前701年,辛那赫里布发兵镇压。西顿王逃往塞浦路斯,阿斯科隆王被掳回亚述,埃及军队赶往驰援伊科戎遭到失败,辛那赫里布在当地把亲亚述的人员扶上了王位。然后,辛那赫里布兵锋直指犹大,攻取了壁垒森严的拉吉(Lachish)城,随后派兵包围了圣城耶路撒冷。关于此事件,《圣经·旧约》中有记载。犹大国在付出了巨额赔款外加公主、宫女和乐师之后,与亚述人媾和。据说,辛那赫里布曾两次出兵巴勒斯坦,还计划侵入埃及。

在巴比伦尼亚,形势则更加糟糕。辛那赫里布统治的大部分时间都用

① 其名字原文(Sin-ahhe-eriba)的意思是"月神辛补偿了兄长们(之死)"。

图 4.42　亚述浮雕。描绘亚述军队围攻拉吉城的系列浮雕的一部分。图为辛那赫里布在拉吉城所获得的战利品

来对付阿拉米人及其盟友埃兰人。公元前 703 年，即他即位 1 年后，在埃兰避难的巴比伦的马尔都克阿帕尔伊丁那即比罗达巴拉但在埃兰人的支持下起兵，进入南部巴比伦尼亚，占领都城，自称为“巴比伦之王”。仅几周之后，辛那赫里布便率军前往镇压。在基什城墙之下，迦勒底人被击败，马尔都克阿帕尔伊丁那落荒而逃，隐藏在“沼泽和湿地之中”。辛那赫里布洗劫了其宫殿，俘获了无数的俘虏，并把 208000 人发配到亚述。他立贝尔伊波尼(Bel-Ibni)为王，贝尔伊波尼在尼尼微长大，在别人看来，他就“像个年轻的傀儡”。3 年以后，马尔都克阿帕尔伊丁那在其家乡出现，并再次惹起事端。贝尔伊波尼被疑与反叛者共谋，辛那赫里布用自己的儿子阿淑尔那丁舒米(Ashur-Nadin-Shumi)取而代之。马尔都克阿帕尔伊丁那不敢应战，“他把整个国家的神都集中在一起，安置在他的神龛中，统一装入多艘船中，像一只小鸟一样逃往(埃兰)的那吉特(Nagite)湿地，那吉特位

于大海之中”。

由于埃兰人不断地在背后煽动巴比伦人的反抗情绪，并支持其反叛行为，辛那赫里布决定直接对埃兰予以打击。公元前694年，他发动了水陆联合军事行动，穿过波斯湾，进入埃兰领土。构成其庞大舰队的船只都是由叙利亚工匠在尼尼微建造的，水手和海员则来自腓尼基。辛那赫里布洗劫了埃兰南部的一些城市，出乎预料地没有遇到任何抵抗。因为埃兰人采取了让亚述人始料不及的“以攻对攻”的策略，他们放弃了在自己领土的抵抗，而是穿过底格里斯河进入巴比伦尼亚北部，对处于亚述帝国控制下的巴比伦城市进行反洗劫。这个策略一时间收到了奇效，埃兰人切断了亚述人的交通和信息，抓获了辛那赫里布的儿子、巴比伦王阿淑尔那丁舒米，安置了自己的傀儡王。辛那赫里布迅速返回，埃兰人也不敢在巴比伦尼亚久留，很快撤了回来。为防止埃兰人再次插手巴比伦尼亚的事务，公元前693年，辛那赫里布又一次发动了对埃兰的进攻，这一次他取道德尔城，埃兰人就是通过这里入侵巴比伦尼亚的。巴比伦的迦勒底人很快与埃兰人以及他们的其他支持者们结成了更大的联盟，公元前691年，辛那赫里布与盟军在底格里斯河流域巴比伦以北的地区展开战斗。对于这次激烈的战役，辛那赫里布宣布自己获得了胜利，而《巴比伦编年史》则记载了他的败退。公元前690年夏，亚述军队重返巴比伦尼亚，这一次他们采取了围城的策略，使巴比伦城陷入了灾难之中，根据文献记载：

> 巴比伦城遭到了严密的封锁和围困，灾荒、饥饿、短缺……2卡大麦可以卖到1舍客勒银子。所有的城门都被严密封锁，没有一个人能够出得去……由于没人掩埋，尸骨堆满了巴比伦城的各个广场。①

① H. W. F. Saggs, *The Might That Was Assyria*, p. 103.

15个月过后，巴比伦城终于落入辛那赫里布的军队手里。短暂获得王位的巴比伦人自己的国王逃出巴比伦，但很快被捉了回来，并被处死。巴比伦这座梦幻般的圣城、“天地之间的结合点”，惨遭辛那赫里布的破坏。据辛那赫里布自己说：

> 像飓风掠过，我攻占了巴比伦城。我推翻它，有如狂风暴雨……它的居民，年长的年幼的，我都不放过，我把他们的尸体堆满街道……整座城市和房屋，从根基到屋顶，我任意蹂躏，任意毁坏，我还用大火焚烧之……
>
> 为的是在将来即便是神庙的土地也会被人遗忘，我用水冲毁巴比伦城。我把它变成牧场。①

图4.43　记录辛那赫里布征战的赤陶方柱。从他继位一直到最后与巴比伦的战争都有记载，还描述了公元前701年他收到犹大国王的贡品

在毁坏圣城巴比伦8年后，辛那赫里布在尼尼微被杀身亡。据说他被杀时正在神庙里做祈祷，谋杀他的是他的两个儿子(《圣经·列王纪》下，19：37)。关于辛那赫里布之死的另一个版本具有神话色彩，说他是被保护神殿的有翼神牛顶撞而死。

辛那赫里布以残忍著称，尤其是他

① Georges Roux, *Ancient Iraq*, Third Edition, pp. 322-323.

对巴比伦城的暴行，激起了民愤，以至于人们相信他的死是被冒犯了的巴比伦神灵对他的惩罚。但他在亚述境内却做了许多建设性的工作。他修建了许多神庙和公共建筑，他使许多城市焕然一新。他还在亚述境内修建和修复了许多大型的水利工程，从而促进了农业经济的发展。其最重要的功绩之一是对尼尼微古都的扩建，尼尼微原只是“皇家居所”，经过辛那赫里布的扩建、修筑堡垒以及美化装饰，变成了一座与庞大的亚述帝国相匹配的都城。仅几年时间，尼尼微城的周长就由 3 千米扩大到 12 千米，包括两座独立的城镇，其遗址就是现在位于底格里斯河左岸、摩苏尔城对面的两座土堆库云吉克(Kuyunjik)和内比尤努斯(Nebi Yunus)。

图 4.44　埃塞尔哈东与两名俘虏

辛那赫里布被谋杀后，亚述帝国立即陷入了王位之争的混乱之中。王位的合法继承人埃塞尔哈东(Esarhaddon①，公元前 680—前 669 年在位)是辛那赫里布最小的儿子，为辛那赫里布的第二位妻子、非常有影响的娜琪雅/扎库缇(Naqi’a/Zakuti)王后所生。他被选为王位继承人，自然引起了他的兄长们的嫉恨，在辛那赫里布被杀之时，他正率军在西部征战。面对国内的政变和王位之争，他选择了到境外(可能是西里西亚或塔巴尔)避难。亚述王子们的王位之争，使他们失去了公众的支持，埃塞尔哈东抓住时机，率军杀回尼尼

① 其名字的原形 Ashur-aha-iddin 的意思是“阿淑尔神带给他一个兄弟”。

微，亚述人民迎纳他们的合法之王，并亲吻他的脚。公元前 680 年 3 月，埃塞尔哈东“快乐地坐在了其父留下的王位之上”。

埃塞尔哈东即位后的第一件事就是替其父赎罪，重建巴比伦城，而且这项工作贯穿其整个统治期。他对巴比伦城的重建不仅停留在扩建的层面上，还提升其地位，使其更加宏伟、雄壮。埃塞尔哈东还重修巴比伦的神庙，并把掳往亚述的包括马尔都克在内的巴比伦诸神的神像请回他们各自在巴比伦的神庙中。埃塞尔哈东还修缮巴比伦的河道，修筑巴比伦城墙，他自己甚至像一个普通劳动者那样亲自提着篮子制作砖坯。他还使逃亡的居民重新返回巴比伦的家园，他给巴比伦公民以优惠政策，并免除他们的赋税。埃塞尔哈东的“正义之举”收到了应有的效果，使其赢得了许多巴比伦尼亚臣邦的友谊，在他统治时期，巴比伦尼亚没有发生大的动荡。

图 4.45 埃塞尔哈东记载其重修巴比伦的石碑铭文。公元前 670 年。出自巴比伦

公元前 677 年，腓尼基城市西顿之王阿伯迪米尔库提(Abdi-Milkuti)反叛，结果遭到失败被俘，并被处死。西顿城“被撕成碎片，抛入大海之中”，其居民被流放到亚述，其领土被划归给其竞争对手推罗城。这些措施为埃塞尔哈东赢得了地中海地区的安定，一时之间，整个地中海地区咸来朝贡，包括推罗、犹大、伊顿、莫阿布、

加扎、阿斯科隆、伊科戎、毕布洛斯(Byblos)、阿蒙、阿什多德(Ashdod)，以及“位于大海之中的亚德那那(Yadnana)”等。而对埃塞尔哈东的严峻挑战则来自北部和东部边界。在埃塞尔哈东统治之初，一支游牧民族西徐亚人①从俄罗斯南部穿过高加索，进入小亚细亚、亚美尼亚和伊朗，与早先已经迁移到这里的西米连人(Cimmerians)汇聚在一起，形成了对亚述帝国的威胁。公元前 679 年，他们突破陶鲁斯山，对亚述在塔巴尔的驻防形成了直接的威胁，造成了臣服于亚述的西里西亚地方统治者的骚乱。埃塞尔哈东立即挥兵而至，一举平定骚乱。西米连人和西徐亚人抢劫了弗里吉亚王国(the Kingdom of Phrygia)，并于 3 年后在乌拉尔图人的帮助下推翻了弗里吉亚王国。埃塞尔哈东在看到西米连人和西徐亚人转移了进攻目标后，不失时机地与西米连人缔结了和平条约；同时，他把亚述公主嫁给了西徐亚人首领巴尔塔图阿(Bartatua)。此外，他还驱逐了乌拉尔图人威胁不大的进攻，安抚了伊朗高原的米底人，平定了中部的扎格罗斯山区等。

图 4.46　埃塞尔哈东记载其重修巴比伦的赤陶柱形铭文。公元前 670 年。出自巴比伦

在安定了四方尤其是稳住了北部和东部长达 2000 千米的边界线后，埃

① 西徐亚人(Scythians)，又译作斯基泰人，亚述语称伊什库扎伊(Ishkuzai)，生活在伊朗北部和安纳托利亚。

塞尔哈东开始了其更为宏伟的计划——征服埃及。在阿拉伯人的帮助下，埃塞尔哈东征服埃及的军事行动的困难减少了很多。对埃及的进攻始于公元前 675 年，一份铭文记载了公元前 671 年的最终胜利。文献记载了亚述军队如何克服沙漠缺水的困难，依靠阿拉伯人提供的骆驼作为运输工具，成功进入埃及的情况。一进入埃及，埃塞尔哈东就大败法老塔尔卡(Tarqa)的军队，然后包围了埃及的首都孟斐斯(Memphis)①，并最终攻克。埃塞尔哈东的胜利使得下埃及大大小小的王公们纷纷赶来，表示愿意臣服于亚述的威权统治。亚述的官员们被任命在埃及当地的公国任职，埃塞尔哈东宣称自己为上下埃及和埃塞俄比亚之王。但亚述对埃及的统治更多地具有象征意义而缺乏实际效果，亚述主力军队一撤，法老塔尔卡立即重新夺回了首都孟斐斯。公元前 669 年，埃塞尔哈东又一次发动了对埃及的远征，但因病死于途中。

根据埃塞尔哈东生前的安排，他死后，其子亚述巴尼拔(Ashurbanipal②，公元前 668—前 627 年在位)继承了亚述王位，另一子沙马什舒姆乌金(Shamash-shum-ukin)则获得了巴比伦的王位，并享有在巴比伦王国内的绝对权威。亚述巴尼拔继续其父未竟的事业，派遣司令官(Turtanu)远征埃及，以期镇压和平定叛乱。亚述军队与埃及法老的军队在孟斐斯以南的平原上相遇，亚述军队获得胜利，并重新占领了孟斐斯。亚述巴尼拔下令，组成由亚述人、腓尼基人、叙利亚人、塞浦路斯人以及在尼罗河三角洲地区征募的埃及士兵构成的庞大军队，继续向埃及古都底比斯(Thebes)进军。但远征军被迫中途停止前进的脚步，因为他们惊悉下埃及的王公们正密谋造反。亚述军队回师镇压了密谋中的反叛，处死了一些密谋者，另一些密谋者包括著名的塞伊斯(Sais)王尼科(Necho)被送往尼尼微。鉴于远征给身

① 位于现在开罗以南 20 英里处。

② 其名字的原形(Ashur-ban-apli)的意思是“阿淑尔神是该子的创造者”。

图 4.47　记载亚述巴尼拔远征的棱柱形黏土棱柱

后留下的“空虚”，又考虑到亚述与埃及 2000 余千米的距离，以及语言、习惯和宗教不同，官员和军队不足等因素带来的统治困难，亚述巴尼拔迅即调整了对埃及的策略。他把塞伊斯王尼科派回埃及统治，委任尼科的儿子以重要的行政职位，并给予其必要的军事支持。公元前 664 年，在流放中死去的法老塔尔卡的儿子塔努塔蒙(Tanutamun)进入了底比斯，并沿尼罗河航行至孟斐斯，尼科战败身亡。就在此时，亚述庞大的军队正驻守在孟斐斯以南的某个地方，他们闻讯后开始向底比斯进军。亚述军队攻入了底比斯这座伟大而美丽的埃及古都，像洪水暴风般对其进行破坏、摧毁，大肆洗劫，抢走不计其数的战利品，包括两座高大的方尖碑，每座方尖碑重达 38 吨。古埃及的这座大都市陷入了万劫不复的灾难之中。此后，亚述巴尼拔又镇压了腓尼基人的反叛。公元前 665—前 655 年，亚述巴尼拔的主要精力放在了北部和东部边境。约公元前 655 年，萨美提库斯(Psammetichus)——可能是尼科的儿子——在尼罗河三角洲竖起独立的大旗，把亚述人驱逐出埃及。此时的亚述巴尼拔正陷入与埃兰人激烈的交锋中，只得放弃埃及来解救美索不达米亚。与埃兰人的斗争刚一结束，巴比伦尼亚的反叛又开始了。沙马什舒姆乌金做了 16 年忠实的兄弟后，终于忍不住要像尼尼微那样统治世界了。公元前 652 年，他关闭了西帕尔、巴比伦和波尔西帕的城门，不让亚述人进来，并且组建了包括腓尼基、菲力斯丁、犹大、叙利亚沙漠的阿拉伯人、南部美索不达米亚的迦勒底人、埃兰人，甚至吕底亚和埃及在内的庞大的联盟。幸好亚述巴尼拔及时发现了正在形成的反亚述联盟，未等他们采取一致行动，他就发起了进攻，结果沙马什舒姆乌金战败身亡。随后，亚述巴尼拔发动了向其他反叛者及其支持者的惩罚性战争，其中对阿拉伯人的战争虽然很艰苦但仍然取得了胜利。对埃兰人的战争持续的时间更长一些，公元前 639 年，亚述人取得了最终的胜利。埃兰首都苏撒以及整个领土惨遭蹂躏，大量的财富被抢夺，苏撒的塔庙被摧毁，神殿被践踏，神像被掳走。亚述人对埃兰人意欲赶尽杀绝，他们追逐战败的埃兰人直至坟墓里，他们把埃兰具有象征意义地从地图上抹掉。

攻陷苏撒后，亚述巴尼拔为自己举行了凯旋庆典。在尼尼微极其奢华的宫殿前，“整个世界都匍匐在他的脚下”。三位埃兰国王和一位阿拉伯国王被拴在他的战车上；骄傲的推罗人和阿尔瓦德商人、脖子笔直的犹太人和焦躁不安的阿拉米人一一臣服；塔巴尔和西里西亚统治者把他们的女儿送到亚述王宫；帮助萨米提库斯的吕底亚被放火焚烧，其王吉吉斯(Gyges)丧命；尼尼微充满了来自孟斐斯、底比斯、苏撒以及其他数不胜数的城市的战利品；“亚述这个伟大的名字”受到广泛的尊重，威震四方，从爱琴海绿色的海岸，一直传颂到阿拉伯燃烧的沙漠。其边界从尼罗河延伸到死海，从阿拉拉特(Ararat)山延伸到陶鲁斯山谷，从里海延伸到扎格罗斯山脉。亚述帝国达到顶峰。

亚述帝国是依靠强大的军事力量建立起来的，一旦军事失利，帝国便面临瓦解。亚述历代统治者都相信亚述的军队是战无不胜的，因此一味地征战。然而当亚述人最终把大片土地踏在脚下，成为世界主人的时候，他们自己的实力也已经消耗殆尽了。所以，当扎格罗斯山后面的米底人和在波斯湾附近聚集力量的迦勒底人的袭击形成南北夹攻之势时，这个已被战争耗尽力量的泥足巨人，没有经过任何有力的抵抗便倒下了。公元前614年，千年古都亚述城沦陷；公元前612年，有“狮穴”之称的尼尼微最终被踏平。公元前605年，当米底人和迦勒底人的联军最终攻克亚述军队所坚守的最后一个据点——卡尔赫米什时，这个经过几个世纪的征服建立起来的大帝国便走完了自己的全部历程。

第六节　新巴比伦王国

在亚述帝国岌岌可危之时，居住在两河流域南部的塞姆族迦勒底人首领纳波帕拉沙尔（Nabopalassar）趁机逐渐控制了巴比伦尼亚。公元前626年，他自立为巴比伦王（公元前626—前605年在位），建立了新巴比伦王国（公元前626—前539年），亦称迦勒底王国。

迦勒底人部落大约在公元前第一千纪初进入两河流域南部，曾长期与亚述人进行斗争，他们在语言上与巴比伦人同属塞姆语系，因此很快与他们融合在一起。迦勒底王国在纳波帕拉沙尔之子尼布甲尼撒二世（Nebuchadnezzar Ⅱ）统治时期（公元前604—前562年），其政治、经济和文化发展进入全盛期。公元前586年，尼布甲尼撒二世灭亡犹太王国，将其国王、王公贵族及民众掳至巴比伦，巴比伦城成为当时近东地区的重要经济和文化中心。他所建立的“空中花园”被誉为古代世界七大奇迹之一。但迦勒底人统治的强盛期很短，因为他们没有强大的军队作为支柱。公元前539年，波斯王居鲁士二世攻入巴比伦尼亚，巴比伦城不战而降，末代国王纳波尼德（Nabonidus，公元前555—前539年在位）被俘，新巴比伦王国灭亡。从此，两河流域长期处于外族统治之下，其人民独立的历史不复存在。

图 4.48　新巴比伦王国国王纳波尼德雕像

但两河流域的文明与文化并未因此而中断，它们还在不同程度上继续发展。在塞琉古王朝时期(公元前 305—前 64 年)，巴比伦数学和天文学的发展到达了一个新阶段。

第五章　政治制度与政府管理

政治文明是古代美索不达米亚人对人类文明的重要贡献之一。美索不达米亚孕育了人类最早的城市文明和政府形式，产生了议会制(两院制)的最原始形态，在中央集权的统治形式下城市自治有效地运转着。所有这一切都成为古代美索不达米亚人留给我们的宝贵遗产。

第一节　苏美尔城邦时期的政治制度

苏美尔城邦都有自己独立的王朝，如基什第一王朝、乌尔第一王朝和乌鲁克第一王朝等。苏美尔城邦的最高权力机构通常由王、长老(*abba*)会议和公民(*gulus*)大会组成。这种制度被历史学家称为“军事民主制”或“原始民主制”。

一、王权的起源

在古代美索不达米亚人的观念中，所有的土地都属于上天的神灵，所有的人类都是由神创造的服务于神的子民，所有神的土地都是用来供养神的子民的。国王是上天的神在人间的代表或代理人，他向上代表神灵牧养神的子民，所以所有国王都自称“牧者”，还负责向神的子民传达神的旨意；向下代表人民服侍神灵，并向神灵祈福，祈求神灵的保佑。

古代美索不达米亚的王权经历了一个漫长的发展过程。苏美尔各城邦的王有的称“恩”(*EN*)或“恩西”(*ENSI*)，表意符号为“帕达西”(*PATESI*)；

有的称为“卢伽尔”(*LÚ.GÁL*)。恩和恩西都是城市国家主神代理人的称号，其职责是代神理财、管理神庙经济和主持修建公共工程等。此外，他可能还拥有军权和司法权。卢伽尔原意为“大人”，后来才有“主人”和“王”的意思。他们最初可能只是在发生战争等紧急情况时临时选举的“独裁官”，后来由于战争持续不断而逐渐演变成常设职位。卢伽尔和恩西的职位通常都是世袭的。相比之下，卢伽尔的权力更大一些，只有强大的国家的统治者或霸主，才有资格称卢伽尔。例如，拉伽什城邦的一位强有力的王朝创立者称卢伽尔，继他之后先后统治拉伽什的七位统治者都很软弱，因此放弃了卢伽尔的称号，改称恩西，他们称自己城市的保护神为“真正的卢伽尔”。

图 5.1　苏美尔早王朝时期乌鲁克的官员库尔里尔(Kurlil)。出土于阿尔·欧贝德

关于王权的起源与演变，斯蒂芬·伯特曼(Stephen Bertman)给出了清晰的概括：

开始的时候，神圣与世俗的主权可能都处于单个人的手中——这是再自然不过的结果，因为美索不达米亚人不认为君王与神有什么分别。因此，一个城邦最早的统治者就很可能是“恩”，即苏美尔语中代表“高级祭司”的一个词。而“恩”因而也可能是地球上本地神的代表，管理着神庙的土地和在土地上工作的人。在发展的后来阶段，当人口增长起来，而且社会变得更加复杂的时

> 候，又有一种官职出现了，即“恩西”，或者“统治者”，其职责便是管理城市事务(法律与社会，商业与贸易，以及军事事件)，而“恩”则继续管理神庙的事务(神庙土地的监管，主持宗教仪式)。在危机爆发的特殊时刻，人们可能会通过一个长老会顾问团或者公民大会(正如马尔都克在《创世史诗》中曾经被任命的那样)任命一位“卢伽尔”。实际上，“卢伽尔”这个官职所出现的时间，几乎与苏美尔城市为保护自身不受敌人入侵的危害而开始建造防御城墙的时间，处于同一个时期，因此，这时也是特别需要有领袖的危机时期。最初，“卢伽尔”可能只是在出现紧急情况的时候才被授予权威，可是如果危机持续下来或者反复出现的话，“卢伽尔”的最高权力就可能成为永恒的权力。①

随着国家的繁盛和规模的扩大，越来越需要强有力的权威，国王的权力也就越来越大，越来越明确。作为神在人间的“牧者”，国王首要的任务便是使土地丰饶，国家富有，以使人民得享安康。为此，修筑运河，发展农业为王之大事。国王的另一重要职责就是率军征战，作为战争领袖，其目的便是获取土地和其他财富。作为国家的管理者，国王的职责是维持国家秩序，尤其是伸张正义，铲除邪恶，使强不凌弱。作为宗教领袖，国王修建神庙，主持宗教祭祀活动，代表人民祈求神灵保佑。另外，通过宗教与文化加强意识形态管理，目的还是维护稳定与秩序。

二、城邦会议

无论是恩西还是卢伽尔，都远不是专制君主。这时的苏美尔各国还有

---

① Stephen Bertman, *Handbook to Life in Ancient Mesopotamia*, New York: Facts on File, Inc., 2003, pp. 65-66.

图 5.2　乌玛城的官员鲁帕德(Lupad)雕像。约公元前 2400 年。出自特罗(古代吉尔苏)

其他两个权力机构，即长老会议和公民大会。两者合称为“城邦会议”(苏美尔语称 *unken*，阿卡德语称 *puḫrum*)。长老会议由贵族组成，公民大会则由城邦中的“成年男子”组成，它们限制和制约着王权。根据《吉尔伽美什和阿伽》史诗记载，基什王阿伽遣使要乌鲁克王吉尔伽美什派人为基什挖井修渠，并威胁说，若不从，即兵戎相见。吉尔伽美什召开城邦会议，以决定战与降。他首先召开长老会议，长老们主张投降；他又召开公民大会，公民大会主张拒绝基什的无理要求，宁战不降。最后，吉尔伽美什听从了公民大会的意见，并且率领乌鲁克人民战胜了基什。这个故事可能表明，城邦之王在战与和的问题上还没有决定权，而公民大会可能是城邦内部的最高权力机构。与此相对应的是，在天上既有天神安努和众神之父恩利尔，也有众神会议。每遇重大事情，也要召开众神会议商讨，但天神安努和众神之父恩利尔的权力似乎要大一些。

随着社会经济的发展、统一国家甚至帝国的形成，国王的权力越来越大，最后发展成为专制君主，在苏美尔城市国家，城邦会议的作用逐渐减弱。

第二节　统一国家的中央集权制

虽然阿卡德王朝被作为城邦统治者的家族成员载入《苏美尔王表》，但阿卡德王国已经再也不是像苏美尔城邦那样的国家了，它已经通过军事征服发展成为美索不达米亚历史上第一个统一的国家。阿卡德王国不仅统一了包括苏美尔和阿卡德地区的巴比伦尼亚，其影响还贯穿整个近东地区。阿卡德王国不仅结束了苏美尔城邦争霸的局面，而且还结束了城邦统治的政治体制，开创了与统一国家的统治和管理要求相适应的中央集权制度。阿卡德王国所取得的成就，是以往任何一个城邦国家难以企及的。

一、阿卡德王国的新型政府管理体制

阿卡德王国的统治者们一方面凭借武力统一了美索不达米亚南部，兵锋甚至远达整个近东地区；另一方面也采取各种积极措施，在政治、经济和意识形态等领域加强中央集权统治和统一王国的管理。他们甚至采取积极的外交活动，保持阿卡德王国在国际上的地位和影响力。

(一)新型政府管理体制的创立

萨尔贡以武力统一了苏美尔和阿卡德之后，并没有急于施展自己的“远大抱负”，即并没有急于对外扩张，而是先把精力投入“内政”建设上。在政治方面，他创立了新型的政府管理体制。他将原来各自独立的城市国家并入统一王国中来，成为阿卡德王国的一个个“行省”。对那些原来城市国家的统治者，即被征服的卢伽尔和恩西，他仍然保留他们的职位，只是他们原来所享有的卢伽尔和恩西的职位再也不是城邦统治者的职位了，而变成了行省总督或地方城市总督。萨尔贡让他们以行省总督或地方城市总督的角色继续履行职责，为自己的王国服务，实际上是为了维护统一王国的稳定大局。他虽然确立了阿卡德人对苏美尔人的统治，但他并没有一味地排

挤苏美尔人，更没有在政治上压迫他们，只是在新创立的行省和新设的官职方面，萨尔贡把机会留给了阿卡德人。实际上，由苏美尔城邦统治者摇身一变而成为的阿卡德王国地方总督，遍及整个巴比伦尼亚。虽然如此，苏美尔人反抗阿卡德人的斗争从来没有停止过。

为了维护阿卡德王国内部的稳固，较高的国际地位和良好的国际关系也是非常重要的因素。除了武力征伐之外，和亲是阿卡德的国王们维持与边远地区国家的良好关系的重要手段。例如，纳拉姆辛的女儿塔拉姆阿卡德(Taram-Agade)就远嫁到叙利亚北部的城市乌尔凯什(Urkesh)，东部国家马尔哈什(Marhashi)把他们的公主嫁给了阿卡德国王沙尔卡利沙里或者他的儿子。

(二)统一度量衡

在经济方面，阿卡德王国同样加强了中央对地方的控制。中央政府建立了新的统一的税收制度。每个地区都要把收入的一部分上交中央政府，这些税收被征集上来后，一部分集中运送到首都，一部分用作地方政府的管理之需。在纳拉姆辛统治时期，为了进一步加强中央集权统治，纳拉姆辛开始了全国的计算或计量标准化，他建立了全国统一的计量和重量标准体系，由书吏实施，例如，用阿卡德“古尔”(Akkadian gur)①来计算大麦。会计账簿的泥板形状和设计，以及相关楔形文字符号的形成，都由中央政府统一规定。为了使中央政府控制的财政记录能够在时间或日期上保持连续性和一致性，在全国统一实行“年名制”的记录方法。所谓“年名制”，就是每年选择上一年所发生的最著名的事件，来为这一年命名。这个纪年的方法让我们知道，在古代美索不达米亚的统治者们心中什么事情最重要。结果被用来命名最多的事件是军事征伐、修建或重建神庙或城墙、开凿运河、任命高级祭司或女祭司，以及为宗教仪式捐赠物品等。

---

① 1阿卡德古尔约相当于300升。

(三)文化与意识形态管理

除了在意识形态领域维护巴比伦尼亚的统一外，萨尔贡还努力把这一地区的宗教祭祀制度与自己的家族联系在一起。萨尔贡仍然尊敬苏美尔人的宗教习俗，尊崇和信奉苏美尔人的神灵，为他们修建神庙。萨尔贡甚至把自己的女儿送到乌尔城，让她成为乌尔城的保护神——月神南那(Nanna)神庙的一名高级女祭司。为此，萨尔贡还为自己的女儿取了一个纯正的苏美尔语的名字——恩荷都安娜(En-hedu-anna)，意为"服务上天的女祭司"。① 这一点也具有象征性的意义，因为作为南方城市的乌尔城，是一座典型的苏美尔人城市。萨尔贡还自称"安努神的神圣祭司"和"恩利尔神的伟大恩西"，以表明他没有也不希望阿卡德王国割断与过去神圣传统的联系。乌尔是巴比伦尼亚南部的核心区域之一，恩荷都安娜积极参与这里的文化活动。恩荷都安娜是一名女诗人，她创作过一系列优美的赞美诗，不仅献给伊南娜女神，还献给遍及巴比伦尼亚的35座城市的神庙。恩荷都安娜因此成为世界文学史上第一位可辨别姓名的作者。在此后的五个世纪里，对乌尔城月神南那祭祀职位的控制，成为在巴比伦尼亚的政治地位的标志。任何一位统治者，若要获得对乌尔的控制权，都要把自己的女儿安置在月神南那的神庙里，使她能够接触到神庙庞大的经济资产。纳拉姆辛发扬了这一制度，他把自己的几个女儿送到巴比伦尼亚的其他城市，担任神庙的高级女祭司，目的是稳固阿卡德王国的统治。

阿卡德王国在意识形态领域加强中央集权统治的重要措施，就是把王权神化推进到了一个新高度。这个新高度的标志就是一改以前在国王死后将其追奉为神的传统做法，而在国王活着的时候就将其尊奉为神，并使其在神庙中受到万众的供奉。在古代美索不达米亚历史上开此先河的是"(宇宙)四方之王"纳拉姆辛。在镇压了一次规模巨大、蔓延至整个巴比伦尼亚

① Marc Van De Mieroop, *A History of the Ancient Near East*, p. 66.

的反叛之后，他在自己名字的前面加上了代表“神”的星号，自称为“神”。在一份奇特的铭文中，有这样的记载：

> 纳拉姆辛，强大之王，阿卡德之王，当(宇宙)四方都联合起来与他为敌之时，他在一年之内就取得了九次战役的胜利，因为他是慈爱的女神伊什塔尔所生，他让那些起而反抗他的国王们全都沦为阶下囚。由于他能够在危机时刻保全他的城市，他的城市(的居民)向下列诸神请求，埃安那的伊什塔尔、尼普尔的恩利尔、图吐尔(Tuttul)的达干、基什的宁胡尔萨格(Ninhursag)、埃利都的恩奇(Enki)和库塔(Kutha)的内尔加尔(Nergal)，请求他们同意纳拉姆辛成为阿卡德城的主神，他们在阿卡德城的中心位置为纳拉姆辛修建了一座神庙。①

作为加强中央集权统治的重要措施之一，阿卡德人所说的阿卡德语取代苏美尔语成为阿卡德王国的官方语言，但苏美尔语仍然受到尊重。对于传统的苏美尔书吏们来说，他们必须学习一种新语言来从事书写或记账工作。阿卡德城是位于巴比伦尼亚北部的一座城市，居住在阿卡德城及其周围的人们都说一种塞姆语，而不说在南方流行的苏美尔语，现代的学者把阿卡德人所说的这样一种塞姆语，称为阿卡德语(Akkadian)。阿卡德王国的统治者们通常都用阿卡德语刻写他们的皇家铭文，只在少数情况下附有苏美尔语的译文。在说苏美尔语的传统地区，苏美尔语作为书面语还在流行，但皇家管理文书和中央政府的会计账簿都必须使用阿卡德语记录。在语言实践方面，我们发现，苏美尔语和阿卡德语有相互借鉴和吸收的传统。从阿卡德王国开始，阿卡德语成为美索不达米亚最重要的语言，其影响遍

---

① Marc Van De Mieroop, *A History of the Ancient Near East*, p. 68.

及整个近东地区，甚至成为古代近东的国际语言。

在文化方面，萨尔贡对苏美尔文化给予了足够的尊重，他采用苏美尔人的天文历法、数学和文学等，并把有关著作编目收藏于书库，成为两河流域最早的书林。

二、乌尔第三王朝的高度集权统治

乌尔纳木所创立的乌尔第三王朝彻底结束了古提人统治的松散状态，把中央集权的统治向前推进了一大步。乌尔第三王朝以乌尔城为首都，其统治范围虽比不上阿卡德王国那么宽广，但比阿卡德王国的统治更加紧密，内部组织和中央权力更加集中。乌尔第三王朝的统治地区可以明显地分为两部分，即苏美尔和阿卡德的中心区域以及东部底格里斯河与扎格罗斯山脉之间的军事控制区。对于这两个区域之外的其他地区，乌尔第三王朝通过外交手段来维持与它们的关系，有时也对它们进行军事劫掠。乌尔第三王朝的中央集权统治是在舒尔吉统治时期一步步强化的，在其统治的 48 年时间里，他在苏美尔和阿卡德中心地区以及东部的军事征服地区进行了一系列的改革。

图 5.3　乌尔第三王朝的圆筒印章。这枚圆筒印章的主人是一个地方城市的总督，他站在两名女神的中间，由女神带领着向坐在王座上的乌尔纳木表示效忠：“乌尔纳木，强大之人，乌尔之王：哈什哈美尔(总督本人)是您的仆人。”

(一)政治体制改革

在政治或行政改革方面，最有趣的事情是，作为改革的一个措施和结果，舒尔吉特意创建了人类历史上最早的国家行政学院。乌尔第三王朝或称新苏美尔帝国的统治心脏在巴比伦尼亚，包括迪亚拉地区。为便于统治和管理，舒尔吉把巴比伦尼亚划分为若干个行省，以前的苏美尔城市基本为一个个行省单位，全帝国拥有二十多个行省。舒尔吉在每个行省都会任命总督和其他官员进行统治，庞大的帝国需要同样庞大的官僚队伍。为了提高行省官员的行政管理能力，虽然早在公元前第三千纪巴比伦尼亚就出现了书吏学校，但舒尔吉还专门在乌尔和尼普尔等地出资建立了正规的行政书吏学院，有意识地教授有成为行政管理人才和宗教神职官员的潜质的学生书写、数学和其他行政管理技能等课程。这些行政书吏学院直接在舒尔吉的掌控之下，以保证它们能够完成好为国家输送行政管理人才的任务。

图 5.4　乌尔第三王朝的管理文书。这是迄今发现的最大块泥板之一

顺便提一下，由于书吏学校的繁盛，苏美尔文学也在舒尔吉时代呈现出繁荣之势。古老的文学作品得到修订，口头文学得以变成文字形式，同时新的文学作品不断诞生。

作为政治或行政改革的第二项措施，舒尔吉在整个巴比伦尼亚建立了统一的行政管理体系，为的是中央政府能够对行省实行最终的控制。在每一个行省，他都任命一位总督和一位或多位军事将领。在绝大多数情况下，总督的人选来自当地古老的贵族或名门望族甚至苏美尔人的恩西家庭，而总督这个职位如同其他许多行政和宗教职位一样，在乌尔第三王朝时期是可以世袭的。行省的其他高级行政官员也多半出自这些名门望族或恩西家庭。因此作为重要的统治策略，君王们要把这些名门望族牢牢地拉在自己一边，而联姻往往是最有效的手段之一。例如，舒尔吉至少娶了九位王后，每位王后都出自当地的名门望族。行省总督基本上控制了神庙的地产，神庙地产在巴比伦尼亚的南部是非常庞大的。行省总督还要负责运河系统的修缮，以及扮演行省内最高法官的角色。由于在行省代表国王的意志，总督手中握有非常广泛的权力。

为了防止行省权力集中和膨胀对中央政府的威胁，舒尔吉在行省又设置了与总督平行的将军一职。对行省将军职位的安排则采用了另一种完全不同的方式。多数情况下，将军不在当地的苏美尔人中选拔，他们不是来自当地古老的名门望族，而是在阿卡德人中，有时甚至在外邦人(胡里人、埃兰人和阿摩利人等)中选拔，他们通常都出自中央政府的服务体系。总督和将军的管辖范围并不一定是完全重合的，有时在一个行省还会出现设置一名总督和几位将军的情况。例如，在乌玛行省就设有一名总督和几位将军，每位将军分别管辖不同的地区。将军个人通常与国王有着密切的关系，他们往往娶王室家族的女儿为妻，成为王室家族的驸马。对于行省首都之外的其他城市，则任命市长进行管理。对于所有的国家行政管理人员和军事人员，舒尔吉或中央政府都会拿出一份皇家田地分给他们，以回报这些公职人员对国家的服务。

作为行政改革的第三项措施，舒尔吉在整个帝国创立了一种新的历法。在他的苏美尔新历法中，有一个月份就是以他的“舒尔吉神”的名字命名的。舒尔吉的新历法并没有强行在整个王国推行，而只是在普兹瑞什-达干(Puzrish-Dagan)、乌玛、吉尔苏和埃什努那等地区用于王室事务中，其他各城市和地区仍然使用自己的月份名称和顺序，这可能反映出地方习俗仍然很强大。

(二)经济体制改革

在经济改革方面，舒尔吉最重要的措施之一便是加强中央对经济命脉尤其是财政税收的控制。他采取很多措施把庞大的神庙地产资源纳入中央政府的掌控之下，他把所有的神庙地产置于地方行省总督的管理之下，就是为了保证它们的剩余收入能够流进中央政府的粮仓。舒尔吉创立的税收制度有一个苏美尔语的名称叫“巴拉”(bala)，大概是“交换”的意思。各行

图 5.5　乌尔第三王朝时期的经济管理文书。记录了一年国家开发农业的总账目

省所缴纳税收的物品和数量依其经济实力和各地不同的物产特点而定。例如，吉尔苏地区盛产谷物，它就缴纳粮食税；而其邻居乌玛则缴纳诸如木材、芦苇和皮革之类的制造物品。许多的税收物品都被当地的王室依附民所消费，还有一些被运送到特定的征集点，以备其他地区之需。所有税收物品的流通，王室的行政管理人员都要进行精确的计算。为此，舒尔吉在各地建立起了再分配中心，各地所生产的粮食等农产品和制造物品以预估产量的方式确定纳税标准，然后以实物的形式支付到中央政府在当地建立的再分配中心。到年底收成或产量确定后，应纳税数额与预估预收数额之间的盈亏，将在下一年的税收中得到平衡。在手工业领域，舒尔吉建立了许多皇家工场，雇用了成千上万的编织工、木匠、金属匠和皮革工等，他们都在中央政府的控制之下从事手工业生产活动。他建立了统一的重量和计量标准，并用苏美尔语创设了新的计算程序。

（三）加强意识形态管理

为了在政治上加强中央集权统治，乌尔第三王朝的国王们加强了对意识形态领域的控制。他们在整个王国大肆修建或重建庙宇，并把自己的子女送到神庙中担任高级祭司和高级女祭司。在宗教方面，舒尔吉最重要的举措便是正式宣布自己成为神。大约在他统治的第 20 年，舒尔吉在自己的名字前面加上了代表神的前缀符号 DINGIR。他的父亲乌尔纳木是在死后才被人民追认为神的，舒尔吉在这方面的“强势”可能一方面带有炫耀自己业绩的成分，另一方面也是出于他加强中央集权统治的需要。无论是在生前还是在死后，舒尔吉也确实受到了全帝国人民的祭祀和膜拜，在全帝国每月都要举行两次向其雕像进献供奉的宗教活动。大量赞美诗篇被创作出来，以歌颂他的丰功伟绩。在舒尔吉死后，他的后继者们也继承了他的“神”的称号，而且这个“神”如同舒尔吉一样是全国的神，而不单是某个城市的保护神。全国很多城市为国王们修建了神庙和雕像，用来让人们供奉和祭拜他们。

很多官员利用圆筒印章来证明他们所从事生意的合法性和有效性，他们所携带的印章通常刻有主人的名字以及他的职务。有一点非常重要的是，他们在提及他们的社会地位时，通常把自己称作“国王的仆人”，表明他们的权威最终来自国王。而且普通人在给自己孩子起名时，也常常使用“国王是神”类似的概念。乌尔第三王朝还鼓励官员们更改名字，以便把自己的名字与国王联系在一起，因此，诸如“舒尔吉是我的保护神”之类的名字变得很常见。通过这一系列在意识形态领域的统治措施，中央集权的观念深入每一个层面的公民心中。

（四）军政府与外交关系

对于东部被征服地区，乌尔第三王朝采取与核心地区完全不同的措施和方式进行管理和统治。早在乌尔纳木统治时期，他已经以武力征服了底格里斯河和扎格罗斯山脉之间的土地，到舒尔吉统治末期，乌尔第三王朝完全控制了南起苏撒、北至摩苏尔平原的地区。乌尔第三王朝的国王们在这一地区建立起了军政府，实行有效的统治。军政府对当地的居民实行直接剥削的制度，军政府的领导机构由几位将军(shagina)组成，将军可以从一个中心被任意地调往另一个中心任职。皇家财政官(sukkal-mah)代表王室的利益，从首都派出监督这一制度的执行。他负责监督将军们征收贡赋，从军管区征收上来的贡赋来自不同的社会阶层，牛、羊和山羊等贡赋都计算精确。士兵们如何征收贡赋情况不明，但几乎可以肯定这些贡赋都是从当地居民那里征收来的。征收上来的大量牲畜被运送到巴比伦尼亚，集中在尼普尔附近一个叫普兹瑞什-达干的地方。它们在那里进入“巴拉”税收体系中，作为食物分配给宫廷，或作为供奉物分配给众多的神庙。很多牲畜的饲养是因为它们毛的价值。从东部军管区和巴比伦尼亚本地征收上来的牲畜，其数量之大是十分惊人的。据文献记载，从普兹瑞什-达干经过的牲畜，仅一天就高达200只羊和山羊，15头牛。[①] 因此，东部地区因其牲畜

---

① Marc Van De Mieroop, *A History of the Ancient Near East*, p. 79.

资源而受到剥削，而被剥削上来的物品又进入了中心区的经济体系之中。

在乌尔第三王朝统治的核心地区和东部的军事控制区以外，存在着许多长期与之为敌的国家。乌尔第三王朝的国王们通常采取三种手段保持与这些国家的关系：其一是间歇式的军事掠夺，其二是王族间的联姻等外交关系，其三是经常性的贸易往来。乌尔第三王朝的王室铭文中提到了一系列军事行动，这些军事行动多半是针对在东部军事控制区以远的边界地区的。在军事征伐之后，往往辅助以和亲或联姻的关系加以安抚。乌尔第三王朝的五位国王中有三位把自己的女儿嫁给了伊朗的王子。在波斯湾地区，乌尔纳木恢复了在阿卡德王国甚至更早时期就建立起来的贸易关系。在北部和西部边界，乌尔第三王朝几乎没有采取军事手段和措施，历代国王们都与这一地区保持着良好的外交关系。乌尔纳木就为他的儿子舒尔吉安排了一桩与马里公主的婚姻，为的是让马里这个幼发拉底河中游的国家成为乌尔第三王朝通往更北部地区的缓冲或中间地带。西部叙利亚人的诸多邦国，都各自保持着在政治上的独立地位，没有形成一国霸权式的统一国家。它们与乌尔第三王朝保持着友好的关系，处于商路上的城市交往较密切，包括图吐尔、埃勃拉、乌尔舒(Urshu)和毕布洛斯等，其他城市由于经济衰落而与巴比伦尼亚的交往渐少。

第三节　古巴比伦时期的城市自治

《汉谟拉比法典》向我们揭示了古巴比伦时期的官僚体系、司法制度和审判程序，从中可以窥见城市公民(*Awīlum*)在政治和司法制度中的位置，以及立法者对“人”或公民的态度。根据法典及其他文献材料，城市(*Alum*)和市长(*Rabiānum*)、长老会议(*Šibūtum*)、公民大会(*Puḫrum*)以及商会(*Kārum*)在巴比伦的司法和行政体系中，在不同时期起到了不同程度的作用，而这些机构都与“人”或公民有直接的关系，或者说，都是由人或公民构成和管理的机构。它们展示了巴比伦城市自治的图景。

一、城市公民与公民权

(一)城市的性质及其管理模式

城市最初起源于氏族的居落，实质上是氏族的活动中心。因此，城市首先是氏族成员的城市。外族人和外邦人不能居于城市的中心地区，所以无论是在古代希腊和罗马，还是在古代东方(如中国等)，那些原来没有氏族或失去与自己氏族联系的人便只能生活在属于某一或某些氏族的城市的周边。平民的情况便是这样。在古希腊和古罗马，平民是通过不断的斗争，才逐步地从贵族——传统意义上的氏族贵族——手中争得权利的，他们的活动也才一步步从城郊或乡野中移入城市的中心地区。

巴比伦"人"将自己的城市称为"*Alum*"。这个称呼总体上包括两层含义：其一，指的是城市的自然特征，如建筑及公共设施等；其二，指作为社会组织的城市，即城市管理机构。在现存文献中能确定其含义的包括"城市"、"作为社会组织的城市"、"小村庄"、"大庄园"、"大地产"、"要塞"、"堡垒"和"军事要塞"等。① *Alum* 一词在现有文献中的多种用法在某种程度上暗示了古代美索不达米亚城市起源的多种线索，即有些城市可能是由村庄、大庄园、大地产发展而成，有些城市是由军事要塞等发展而成。美索不达米亚的城市"几乎可以肯定是"人类历史上"最早的城市"。② 这些标志人类迈入文明大门的城市具有如下特点。其一，城市的兴起在当时肯定不是孤立的现象，而是在两河流域星罗棋布。这不仅可以从后来的历史事实中找到肯定的答案，而且可以从当时的历史文献中找到明证。例如，在一份材料中(TCL 3 164)有这样的文字："其众多的城市数不胜数，宛

① A. L. Oppenheim, *The Assyrian Dictionary*, Vol. 1, A, part 1, Chicago: The Oriental Institute of Chicago University, 1964, pp. 379-391.

② 参见日知主编：《古代城邦史研究》，北京：人民出版社，1989年版，第14页。

若繁星布满天空。"①其二，当时的城市规模很小，甚至可以说很精致。例如，在文献中有人曾经把精美的首饰比喻为"形状像城市一样"②。其三，当时的城市如同古代的其他城市一样，基本上是农业社会，不可以后世的城市度之，如文献中经常出现诸如"在这座城市的灌溉区"、"在该城丰收的大麦收割之后"③之类的记载。其四，城市是公民的城市，是可以称为"人"的城市，古巴比伦的城市是"阿维鲁"的城市。在阿卡德语中，"公民"(*Awīlum*)一词便是从"城市"一词(*Alum*)起源的，其直译为"居住在城市中的人"。④

所以，城市最初只是享有公民权的人的集体，"是公民的集体组织，公民是城邦的主人"⑤。城邦在发展到城邦联盟或专制帝国的阶段后，城市在本质上与国家既是相互矛盾的，又是相互依托的。相互依托是因为没有公民，国家便只剩一具空壳，国将不国；国家的一个重要职能就是保护公民的利益，维护公民的安全。相互矛盾是因为在权力和利益分割方面，城市或公民集体有时与君主或国之统治者是相冲突的，城市是公民自己的城市，但同时它无疑又是国家或君王的城市。所以，城市的管理问题，在某种程度上是公民和国家在权力和利益方面的分配问题。分配得好将对城市的发展起到积极的影响，分配得不好则会阻碍甚至破坏城市的发展，从而使国家的利益和公民自身的利益受到损害。

城市自治或在某种程度上享有自治的权利，是调节公民与君主、地方城市与国家之间关系的一种历史实践，在古代的许多国家和地区都曾流行过这种管理模式。甚至在被称为极度专制的东方君主国家中，城市在某种

---

① A. L. Oppenheim, *The Assyrian Dictionary*, Vol. 1, A, part 1, p. 379.

② A. L. Oppenheim, *The Assyrian Dictionary*, Vol. 1, A, part 1, p. 380.

③ A. L. Oppenheim, *The Assyrian Dictionary*, Vol. 1, A, part 1, p. 381.

④ *CAD*, Vol. 1, A, part 1, p. 390.

⑤ 日知主编:《古代城邦史研究》，第 2 页。

程度上享有自治权也并不罕见。

(二)城市公民集体拥有驱逐国王的权利

国王和中央政府对城市地方政府实行监督和控制，在任何统治形式的社会中都是必要的，更不用说在君主专制的社会中了。但这只是问题的一个方面，另一方面，我们发现在古代美索不达米亚，城市对国王也并非一味地唯命是从，对“无道”的“昏君”城市可以拒不接受，甚至驱逐他。例如，在一份属于古巴比伦时期的文献中有这样的记载：“城市的长老会(*Šibut a-li-šu*)将驱逐国王。”(RA27 149：25)另一份文献记载道：“城市的长老会将把城市及其国王交给(敌人)。”(CT 20 37 iu 7)①但有关这方面的材料很少，可以说微乎其微。这两份材料也只能提供一个线索。驱逐国王可能是城市及其公民能够享有的最大政治权利了。

图 5.6　阿拉拉克王伊德里米(Idrimi)。他在一次国内起义后，遭到国民驱逐，与其一起被放逐的还有他母亲的家族。约公元前 1570—前 1500 年

① A. L. Oppenheim, *The Assyrian Dictionary*, Vol. 1, A, part 1, p. 383.

(三)公民享有生命和财产安全的权利

城市既然是公民自己的城市，那么它就理所当然地负有保护公民人身和财产安全的责任和义务，这也是与城市产生的目的，与其本质相一致的。《汉谟拉比法典》①中就有这样的规定：

> 第 22 条：公民(*Awīlum*)犯强盗罪而被捕者，应处死。
>
> 第 23 条：如果强盗没有被抓到，被抢之人应在神前申明他所被抢之物，城市(*Alum*)或发生抢劫的地区的长官(*Rabiānum*)将赔偿他的损失。
>
> 第 24 条：如果丢了人命，则城市和市长将赔偿其亲人一明那银子。②

从这几条法典中不难看出：首先，公民的财产和人身安全不容侵犯，侵犯者应被处死；其次，如果案件发生，城市当局及其最高行政长官便难脱其咎，就有责任和义务进行赔偿。上述城市的两项权利和义务，体现了一种思想——一种专制社会极难得的思想，即“重民”或以“人”(专指公民，即古巴比伦社会中的阿维鲁)为核心的统治思想。从城市公民可以驱逐君王这一点来看，这是自下而上的保护意识，公民是城市的公民，城市机关有责任保护公民不受“无道昏君”的欺压；从君王以立法的形式规定地方当局的责任和义务这一点来看，这是自上而下的保护意识，在立法者——君王

---

① 本书在引用《汉谟拉比法典》时采用了三种办法：其一，引用中译本，未加任何修改时，在注释中直接列出原书的相关信息；其二，引用中译本，略加修改时，在列出的原书前加“参见”二字；其三，不赞同中译本的条款，系根据 E. 伯格曼《汉谟拉比法典，原始文献》(E. Bergman，*Codex Ḫammurapi*，*Textus Primigenins*)的楔形文字原文译出，则不注明出处。

② 参见《汉谟拉比法典》，杨炽译，北京：高等教育出版社，1992 年版，第 22～23 页；林志纯主编：《世界通史资料选辑》(上古部分)，北京：商务印书馆，1985 年版，第 74 页。

的思想意识中，公民显然首先是自己的公民，是国家的公民，所以国家有责任和义务保护公民的人身安全和财产不受侵害。

除了这两项重要的权利和责任外，城市还有其他许多日常管理方面的职责，如征收捐税、招募兵役、征募劳役、管理国家粮仓以及修建和维护运河及其他重大公共工程等。

二、城市自治机构

虽然在传统上古巴比伦社会被认为是专制统治社会，虽然国王既是最高行政长官，又是最高法官，但在中央政府之下，仍然存在着地方城市自治机构和地方城市法院。根据现有的材料，在城市自治机构中拥有最高行政和司法职能的是城邦会议。实际上，城邦会议这时已随着统一专制国家的建立和巩固而降为了城市公民会议。在古巴比伦时期，它包括三种公民组成的会议，即长老会议、公民大会和商会。

(一)长老会议

1. 司法权

到古巴比伦时期，长老会议和公民大会仍然在政治和司法领域起着不同程度的作用。在阿卡德语中，这一时期的长老会议称为 *Šibūtum*，原来表示城邦会议的*Puḫrum*，这时专指公民大会。长老会议通常与城市(阿卡德文为 *Alum*，苏美尔文为 *URU. KI.*)及市长(*Rabiānum*)共同执掌城市的司法权和行政权。一般认为，这一时期的长老会议可能由城市中名门望族的首领或族长组成。① 虽然反映其在这一时期活动的材料十分有限，但通过有限的材料仍然可以依稀看到这一机构在行政和司法方面的一些职能。

① R. Harris, *Ancient Sippar: A Demographic Study of an Old-Babylonian City (1894-1595 B.C.)*, Istanbul: Nederlands Historisch-Archaeologisch Instituut te Istanbul, 1975, p. 59.

关于长老会议的司法职能，在古巴比伦时期的私人书信中屡有反映。例如，有一封书信涉及的是一位纳第图(*Nadītum*)妇女收养孩子的案例，书信全文如下：

> 致穆纳维鲁姆(Munawwirum)，提沙那图姆(Tišana-tum)如是说。关于你给我写信所说："我的母亲，一位纳第图妇女，收养了一位青年，该青年逃走了。根据他的行动，我把该城中的20位长老召集在一起开会，把他的案子摆在他们面前，并且在3年前已取消了他作为我兄弟的地位，因为那位青年已经逃走了。但现在他已经变成了恶棍，沿河地区的首领说：'去满足宫廷。'"——这就是你给我写信的内容。我与那位绅士谈了话，那位绅士的一块泥板已送给伊丁辛(Iddin-Sin)。他将不会再为那位青年的事骚扰你。①

根据这封信的内容判断，一位纳第图妇女收养或过继了一位青年，但该青年在3年前出走了，于是他被宣布取消收养或过继资格。但后来该青年行为不端，并很可能犯了案，写信人澄清，该青年已与那位纳第图妇女脱离了关系。从信中可知，长老会议在案子中起着很重要的作用。

另一封信是一名叫穆纳维鲁姆(Munawwirum)的人写给他夫人的信，泥板虽然残缺不全，但大概也可以看出事情的原委。全信保存下的文字如下：

> 致我的妻子，穆纳维鲁姆如是说。愿沙马什和马尔都克因为我的缘故保护你，我的妻子，身体永远健康！至于该地区的那位屠马夫……："在过去的时光中，我经常……500只羊的，(但现在

---

① *AbB*，9：50，Leiden：Briefe aus dem British Museum，1979.

这些羊)数量已增长过多，达到1500只；我这样抗议道：'这些羊数目已变得太大，我无法弄到它们。'"达姆鲁(Damru)的长老会调查了我的案子，并派给我一位伙伴，这位伙伴为月亮神辛(Sin)神庙提供定期的贡品，他们为我削减了500只羊，他们放……和在这位绅士面前……达姆鲁的长老会派给我一位定期向月亮神辛提供贡品之人，他们把1000只羊的……强加于我。我从某位商人处支付了一明那银子，并且我将为月亮神辛神庙提供定期的贡品。……我已经收到……这些给……的定期贡品……让我的妻子对这位绅士说，以便该绅士……我的面子。把该绅士的一块泥板及你的泥板送给达姆鲁的公民们及长老会。①

这封信涉及的是向神庙奉献牺牲的案子，长老会议显然有权处理类似的案子，这也从另一方面说明神庙没有自己独立的法庭。

另一封信所涉及的案子似乎要复杂一些，牵涉的人也相对要多。全文如下：

我的主人，西里沙马什(Silli-Šamaš)如是说，关于伊利图拉姆(Ili-Turam)母亲向你申请的那个案子，她这样讲道："我已经把我的儿媳及家人带进……"撇开她的儿媳不讲——如果他们能够证实我让她家的女奴和奴隶们进入你的房屋，他们将在埃姆特巴鲁姆(Emut-balum)的所有人面前羞辱我。这个女人在塔什里吐姆(Tašritum)月的第6天来到这里；在处理这个案子时，我在当月的第8天对她进行起诉，我是这样说的："1.5明那又5舍客勒银子给三……从/用……"我在……诸位及仲裁人埃亚那西尔(Ea-

① *AbB*, 9：52.

nasir)和该城的长老们面前起诉她，但是她否认此事。然而，关于银子和大麦一事，我有许多对她不利的证人；明天我将把(他们)带到你那里去，你来审问他们。其他的绅士们已经召集在一起开会，他们这样说："由于该妇女否认了此事，而你又有证人指控她，我们已听到了证人们的证词，在你兄弟面前宣誓作证，让我们说出我们的证词。"现在他们还没有安排他的母亲在她自己的行业中为任何人工作。

我已经通知了你。让我看管这些绅士们，让我自己前来，向我质询有关任何故意玩忽职守之事。①

权威的《芝加哥亚述语词典》收集了一些材料，现择要举例如下②：

"某人(具体人名)起诉另一人(具体人名)，他们求见法官们和城市长老们。"(Meissner *BAP* 80：3)

"城市长老们拿走了我一半的田地，并把它给了另一人。让城市的长老们取回他们从我手中非法强占的田地，把它归还于我。"(*CT* 627b：24 and 30)

"让城市的长老们及长久居民出面，通过城市守护神的徽标，判明(此案的真相!)"(*OECT* 3 40：25)

"为了他的案子，我把城市的20位长老召集在一起开会，将

① *AbB*，9：49.

② *CAD*，Vol. 17，Š，part Ⅱ，pp. 392-393.

其案情摆在他们面前。”(*YOS* 2 50：8)

“我来到市长和城市长老的面前，我的儿子在市长和城市长老们面前回答我。”(*JCS* 23 29 No. 1：15 and 19)

“在城市和长老们面前，他宣称：‘我就是那个贼。’”(*UCP* 10 177 No. 107：8)

“我将向城市、人民和长老们回答些什么？”(*Gilg* XI 35.)

在一封古巴比伦书信中，法官们写信给拉里亚城市的市长和长老们，要求市长和长老会议派人押送某人所控诉的犯有巫术罪的儿媳及其母亲。具体内容如下：

致拉里亚城的市长和该城的长老会，法官们如是说。伊利伊丁纳姆(Ili-Idinnam)在我们面前这样起诉：“我给了我的儿子们30石大麦(让他们)去耕种一块田地，然而他们自己吃光了大麦(种子及口粮)。后来他们把这块地给了一个佃农(耕种)，而这个佃农轻视我。我去拜见市长和城市长老们，并在他们面前对此事进行起诉。我的儿子在市长和城市长老们的面前回答了我的问话。我说：‘我要让人拘捕你的妻子和岳母，你的女巫们’”……与此信同时，我们还有另一块泥板送往你们那里。押送他的妻子乌尔舒布拉和他的岳母到这里！让我们根据国王的法令对他们做出判决！①

① *AbB*，9：268.

2. 政治和行政管理权

长老会议和城市在古巴比伦时期，至少在汉谟拉比之子萨姆苏伊鲁纳(Samsuiluna)统治时期(公元前1749—前1712年)之前，在政治和行政管理方面仍然享有一定的权利。

第一，长老会议可以废立城邦的君主。当城邦君王因战争或内乱被杀时，长老会议便有权推举一位新王：

“他的城市的长老会议将驱逐国王。”(*RA* 27 149：25)①

“城市的长老们将把这座城市及其君主交到敌人手中。”(*CT* 20 37 iv7)②

第二，长老们有决定城邦对外政策，决定战争与和平、投降与抵抗等重要事务的权利。③ 例如，一份材料这样载道：“一座敌对城市的长老们将前来，并跪倒在我主的脚下。”(*Labat Suse* 3：40)④

第三，参政、议政，充当国王的顾问。

根据材料判断，国王外出，常有长老陪伴。例如，一则材料记载：“某城的国王(人名)与另一地的5名长老到达查萨加拉图姆。”(*ARM* 14 114：8)⑤城市的长老会议有向国王提供咨询或提出建议的权利。例如，一份材料中这样载道：“该地的长老们将向国王提出不明智的建议。”⑥

---

① *CAD*，A，part 1，p. 383.

② *CAD*，Š，part 2，p. 393.

③ 参见施治生、郭方主编：《古代民主与共和制度》，北京：中国社会科学出版社，1998年版，第122～131页。

④ *CAD*，Š，part 2，p. 393.

⑤ *CAD*，Š，part Ⅱ，p. 394.

⑥ *CAD*，Š，part Ⅱ，p. 394.

第四，作为城市的代表管理城市内部事务。《芝加哥亚述语词典》中有关于这方面的材料，现举例如下①：

"我几次写信给城市的长老们，[及]众村庄的[……](为的是在城堡集会)。"(*ARM* 14 121：28)

"当你决定前往西帕尔城时，你便把荣誉带给了我及城市的长老们。"(*CT* 33 20：6)

"城市的长老们将改变他们的决定。"(*RA* 65 73：52)

现有材料涉及长老会议管理城市内部事务的具体事例，包括与城市一起在城市内部范围出售、出租没有法律上的主人的不动产；处理阵亡且没有子嗣的士兵的某些财产(*Sibtu*，holdings)，这个权力在阿比舒(Abi-ešuḫ)统治时期(公元前1711—前1684年)转移给了商会；管理挖运河工人的粮食供给，这个权力同样在阿比舒统治时期转移给了商会；作为城市最尊贵者接待外城要人的来访②，等等。在这里我们仅举汉谟拉比的一封信为例，它涉及的是长老会议负责疏通运河以及灌溉农田等事宜。全文如下：

致沙马什哈西尔(Šamaš-ḫazir)，汉谟拉比如是说。我已写信给伊努赫萨马尔(Inuḫ-Samar)和沙马什姆沙里姆(Šamaš-mušallim)。他们将前往加布姆(Gabum)运河，他们将为我查看将从

① *CAD*，Š，part Ⅱ，393.

② R. Harris，*Ancient Sippar：A Demographic Study of an Old-Babylonian City(1894-1595 B.C.)*，p.59.

> 加布姆运河取走的土方。在见到我的这块泥板之后，前往伊努赫萨马尔和沙马什姆沙里姆处，前往加布姆运河，你一到达目的地，立即召集城市的长老们及灌溉区的成员们。根据神的武器，确定从加布姆运河取走的适当土方量，让人把土运到你所查看的灌溉区，以便从加布姆运河抽取灌溉用水——关于从加布姆运河取土以及把土运到灌溉区之事，送给我一份清晰的报告。让你的报告尽快送到我手里！①

长老会议与城市、市长一起，在政治和司法领域的地位和影响逐渐减弱。大约到萨姆苏伊鲁纳统治末期，有关长老会议的活动很少见诸文献，其职能到阿比舒统治时期全面被商会所取代。

（二）公民大会

1. 政治权

有关古巴比伦时期公民大会活动的材料可以说是微乎其微。现有材料及现代学者的研究成果②为我们提供了这一时期的公民大会的如下情况。

其一，其成员由阿维鲁构成。

其二，其召开的频率很低，而且其职能可能仅限于为涉及主要公民的案子提供裁判结果。

其三，公民大会设有主席（GAL. UKKÍN. NA）一人，其任期与商人头领及市长一样均为一年；其职位在萨姆苏伊鲁纳统治时期及以前，高于法官团和商人头领。

其四，其行政管理职能既对国王及中央政府负责，又对城市及其公民负责，如管理王室粮仓，管理城市内部土地的出租、出售和转让等。

---

① *AbB*，9：194.

② R. Harris，*Ancient Sippar：A Demographic Study of an Old-Babylonian City*（*1894-1595 B.C.*），pp. 64-67.

其五，由于其高高在上的职位，其可能享有大量的王室土地，国王可能赋予其某种特权。国王阿比舒有一封写给西帕尔城商会和法官的信，涉及的是公民大会主席的事情。内容如下：

> 致马尔都克那西尔(Marduk-nasir)、西帕尔城的商会和法官们，阿比舒如是说。来自西帕尔-阿姆纳努(Sippar-amnanu)及其附近地区的十六又三分之二舍客勒……四名男奴隶，属于法官瑞什沙马什(Riš-Šamaš)之子，及辛伊里巴姆(Sin-iribam)及其诸兄弟之子的财产，[……]收割都尔(Dur)的公民大会主席辛姆沙里姆(Sin-mušalim)所租种的田地之谷物[……]及[……]。当你们看到这块泥板之后，来自西帕尔-阿姆纳努及其邻近地区的十六又三分之二舍客勒……以及属于法官瑞什沙马什、辛伊里巴姆及其诸兄弟之子之财产的四名男奴隶，连同旅途的盘缠，[……]你们应该一并将它们送到都尔总督辛姆沙里姆所租种之田地。他将让你们查看他租种田地中的谷物，并让他们收割并搬运之。①

关于公民大会和长老会议的职权范围及其相互关系，目前的材料还无力对此进行回答。

2. **司法权**

在古巴比伦时期，虽然国王既是最高行政长官，又是最高法官，但在中央政府之下，还存在有地方法院。根据现有材料，古代美索不达米亚社会的许多事务是在公民大会中做出决定的。公民大会在其丧失政治权力以后很久，在司法管理中仍起着作用，一直到新巴比伦王国时期。这在《汉谟拉比法典》中表现得非常清楚：

---

① *LIH*，Ⅲ：8.

第5条：如果法官审理讼案，做出判决，提出正式判决书，而后来又更改其判决，则应揭发其擅改判决之罪行，科之以相当于原案中之起诉金额的十二倍罚金，该法官之席位应从审判会议(原文为*puḫrum*，应为“公民会议”)中撤销，不得再置身于法官之列，出席审判。

第202条：如果一个人打了一个地位比他高的人的嘴巴，那么他应在集会中(原文为*ina puḫrim*，应为“在公民会议中”)被用牛皮鞭打六十下。

公民大会的法庭似乎对所有成年男子开放，例如，一则《箴言》这样写道：“不要去站在公民大会中，不要出入是非之地。陷入纷争中命运会摧毁你；你将要作为证人为他们做证……去证明一个不属于你的案子。”①在被称为迄今所知世界上第一起法律判决的案子中，审理此案的便是公民大会。这个案子以苏美尔语记载在一块泥板上，属于伊新王朝时期，时间约在公元前1890年。案情大致如是：

三名男子——一名理发师、一名园丁和一名职业不明之人——杀死了一名神庙官员，名字叫卢伊南那(Lu Inanna)。不知为什么，三名杀人犯在作案后，把事情的经过告诉了死者的妻子宁达达(Nin-dada)。奇怪的是，他的妻子对此缄口无言，并不控告三名凶手。但案子终被披露，并引起了国王乌尔尼努尔塔的关注，身居都城伊新的国王把案子交由尼普尔的公民会议审理。在

① H. W. F. Saggs, *The Greatness That Was Babylon*, p. 216. 参见[美]T. 雅各布森：《古代美索不达米亚的原始民主》，载《世界历史译丛》1980年第3期，第70页。

公民会议审理此案的过程中，有九个人主张严惩凶手，不仅要处死三名案犯，而且还要处死死者的妻子宁达达，理由是她在得知丈夫被杀后并没有起诉，她显然是同谋。但之后又有两个人起而为宁达达辩护，他们认为宁达达并没有参与谋杀其丈夫的行动，因此不应该受到惩处。公民会议最后做出裁决：三名凶手被判处死刑，死者之妻宁达达无罪；她之所以没有起诉，是因为她的丈夫并没有供养她。

在汉谟拉比统治时期，公民会议在司法方面仍然起很大的作用。在一个案件中，一位名叫马尔伊尔西提姆(Mar-irsitim)的人与其兄弟向汉谟拉比申诉道，他的叔父乌杜都(Ududu)给其父一块土地，但其父死后，其叔父又想要回土地。汉谟拉比命令尼普尔的公民会议审理此案，公民会议经过调查后，做出了判决。①

(三)商会及其地位

商会具有行政功能甚至成为城市的行政和司法机构，是古代美索不达米亚城市文明的奇特现象，这在某种程度上印证了商人和商业贸易在美索不达米亚城市生活中的重要性。

在阿卡德文中，代表“商会”的 *Kārum* 一词首先表示的意思是“堤岸”、“停泊区”；其次表示的意思是“海港区”、“为商人和海员指定的城区”；最后，随着商业的发展，这个词所表示的含义便由毫无生命力的地点，衍生出这个地点或地区最为活跃的人群，这便是“商会”。②

商会的成员主要由商人塔木卡(*Tamkārum*)组成，此外商会中还有法

---

① W. F. Leemans, *King Ḫammurapi as Judge*, Leiden: Symbolae et Historicae, 1968, pp. 117-118.

② *CAD*, K, pp. 231-239.

官。至于法官与商人头领和商人塔木卡是一种什么样的关系，比如，法官是必须由商人和商人首领担任，还是他是专职法官，任何城市公民均有资格担任，根据目前的材料尚无法得知。法官不仅具有司法权，而且在萨姆苏伊鲁纳统治时期，尤其是在阿比舒及其后继者统治时期，其在行政管理方面也占有一席之地。商会成员塔木卡属于“人”（*Awīlum*）的范畴。①《汉谟拉比法典》为此提供了直接的材料证据。

至于法官和商人头领，他们无疑是“人”，即阿维鲁，因为法官一般来说要由商人塔木卡和商人头领担任，而商人头领应首先具备商人塔木卡的身份。

1. 商会的司法地位

商人和城市中的商业区虽然在汉谟拉比统治前很久就已在古代美索不达米亚存在，但直到汉谟拉比统治时期，商人和商会才在古巴比伦社会占据重要的地位，这可能是因为到古巴比伦时期，古代美索不达米亚的商业和对外贸易达到了前所未有的水平。

商人头领（苏美尔文符号为*UGULA DAM. GÀR.*）在法律文献中出现，最早也只能追溯到古巴比伦时期的阿匹尔辛统治时期。在当时的一份法律文书中，一位商人头领是一位证人和财产所有者。其在司法制度中占有一席之地的有史可依的最早记载是在汉谟拉比的父亲辛穆巴里特统治时期。在这一时期的法律诉讼中，商人头领的名字通常排在法官的后面，而到了汉谟拉比统治时期，商人首领和法官的排序则正好颠倒了过来，即法官排在商人首领的后面。也正是在汉谟拉比统治时期，商人首领才成为商会的最高领导或代表，与法官组成法庭，接替了从前由市长履行的职责，裁定诉讼案的结果。②这时商会在某种意义上可称为城市的最高法院，商人首领则是其院长。

① 关于商人塔木卡的社会经济地位，参见于殿利：《试论〈汉谟拉比法典〉中商人的社会等级地位》，载《比较法研究》，1994年第1期；《论古巴比伦时期商人的社会经济地位》，载《北京师范大学学报》，1991年增刊。

② R. Harris, *Ancient Sippar: A Demographic Study of an Old-Babylonian City (1894-1595 B.C.)*, p. 71.

商会中设有商会成员大会。例如，在一份材料中这样写道：“抓住某人(一个具体人名)的女儿，把她带到商会的全体成员大会上，让那些知情的人在商会面前进行揭发。”(*BIN* 6 69：21)①又如，在另一份材料中有这样的记载：“普鲁沙杜姆(Purušaddum)的商会全体大会(作为仲裁人)把这起纠纷提交给我们，我们将解决这个案子。”②

法庭通常由商会、商人首领和法官组成。最初首席法官由市长担任，后来被商人首领取代。他们通常处理城市内部或公社成员之间的民事纠纷，诸如家庭纠纷和财产继承等。他们还审理神庙女祭司和纳第图妇女的案子。这也说明神庙本身并没有独立的法庭，它们在司法制度中几乎不起任何作用。例如，西帕尔城沙马什神庙的一位女祭司从他人手中买得一幢房屋，并且付清了款项，3年后买主否认此事，向国王控告这位女祭司。国王将此案交给商会组成的法庭审理。④

从现有材料中可以判断，下列种类的案件或纠纷不经过城市法庭而由中央法庭或国王亲自裁断。

第一，涉及王室或神庙份地(也是王室份地的一部分)纠纷的案子可能不属于城市的司法管辖范围，它们一般由国王的大臣或国王亲自审理。例如，某神庙的一位高级祭司抱怨说，一位祭司不停地向该神庙的伊沙库(Iššākkum)⑤农民索取土地。国王命令西帕尔城的商人头领、商会和法官把那位祭司送往巴比伦审查。③ 汉谟拉比在征服美索不达米亚南部时，将大量土地纳为国有或王室所有，这类土地归王室直接管理。为此，汉谟拉比专门派有官员

---

① A. L. Oppenheim，*The Assyrian Dictionary*，Vol. 8，K，Chicago：The Oriental Institute of the University of Chicago，2008，pp. 234-235.

② A. L. Oppenheim，*The Assyrian Dictionary*，Vol. K，8，p. 235.

④ W. F. Leemans，*King Ḫammarapi as Judge*，p. 120.

⑤ 伊沙库(Iššākkum)，古巴比伦时期耕种王室和神庙土地的农民，应属于纳贡人(Našbiltim)。

③ *AbB*，Ⅱ：73.

负责，如辛伊丁纳姆(Sin-idinnam)和沙马什哈西尔(Šamaš-Ḫazir)等。尤其是后者，汉谟拉比与他的大量通信，几乎都是涉及王室土地管理的。① 在这里我们仅举一例：一位名叫南那吐姆(Nannatum)的纳贡人向汉谟拉比抱怨说，他所租种的土地因灌溉条件不好而无法耕种，汉谟拉比写信给沙马什哈西尔，命令他调查此事，如果情况属实，应在尚未分配出去的王室土地中选一块给南那吐姆，以代替原来那块土地，并且不得因南那吐姆拖欠或无法偿付租税而惩罚他，如果沙马什哈西尔拒绝为南那吐姆调换土地，他自己就要遭受国王的处罚(*TCL* 7 18)。②

第二，城市之间或公民跨越城市的纠纷案通常由中央法庭或国王亲自审理。这可能是为了防止各城市法庭袒护自己城市的公民。例如，在汉谟拉比致辛伊丁纳姆的一封信中反映了这样的内容：

> 致辛伊丁纳姆，汉谟拉比如是说。阿维鲁图穆穆(Amelu-tummumu)，尼普尔城的公民(Awīlum)，向我报告说："我在乌纳巴姆城(Unabum)的一个粮库中储存了70古尔的谷物，但是，阿皮尔伊利(Apil-ili)破仓而入，并且(拿走了)这些谷物。"这件事发生之后，他报告给了我。请注意，我现在正派遣这位阿维鲁图穆穆(Amelu-tummumu)到你那里去。你应该派人把阿皮尔伊利找来，让他们把他带到你面前。你应该调查他们的案子。被阿皮尔伊利抢夺的属于阿维鲁图穆穆的谷物，应该物归原主。③

在这个案子里，被告阿皮尔伊利是乌纳巴姆城的居民，原告是尼普尔

① 参见于殿利、郑殿华：《巴比伦古文化探研》，第219～222页。

② Maria DeJ. Ellis, *Agriculture and the State in Ancient Mesopotamia*, Philadelphia: University of Pennsylvania Press, 1976, p. 32.

③ *LIH*, I: 12.

城的居民，原告不向尼普尔城市法庭起诉，也不向乌纳巴姆城的法庭去讨回公道，而是直接上诉到国王汉谟拉比本人。汉谟拉比既没有把案子交给原告所在的城市尼普尔，也没有把案子移交给案发地点乌纳巴姆城，而是交由王室官员辛伊丁纳姆来审理。

第三，城市行政长官的正义由中央政府或国王本人伸张。城市行政长官甚至包括最高行政长官市长和商人的个人案件，直接向中央政府或国王本人申诉。这可能出于两方面的考虑：一方面是为了避免城市为自己长官断案的偏袒嫌疑，另一方面为了防止城市长官利用职权欺压公民。在这里，我们仅举两个案例。其一涉及的是一位市长：

> 致辛伊丁纳姆，汉谟拉比如是说。梅地姆城(Medem)的市长，向我报告了有关他的抵押品之事。现在我正派遣梅地姆城的这位市长到你那里去。你应该调查此案。你应该派人把案件的另一方当事人找来，让他们把他带到你面前，你应该“根据枷锁法”对他们做出判决。①

这里所说的“根据枷锁法”可能是最为严厉的惩罚之一，有学者认为可能是指为王室服苦役。② 这里是否可以理解是对城市官员的一种特殊保护？但这种推测没有其他证据。

其二涉及的是商人塔木卡：

> 致辛伊丁纳姆，汉谟拉比如是说。伊利舒伊比(Ilisu-ibi)，商人，向我报告说：“我借给总督(*Šakkanaku*)辛马吉尔(Sin-magir)30古尔谷物，我拥有他对此的收条；我已经向他索要了三年，他还是不肯偿还

---

① *LIH*，I：16.

② *LIH*，Vol. 3，p. 39.

谷物。"在这种情况下，他向我做了汇报。我已经检查了他的泥板，辛马吉尔应该偿还谷物及其利息，你应该将它们交给辛马吉尔。①

2. 商会的行政管理职能

如果说在汉谟拉比统治时期，商会及商人首领的主要地位是把握着城市公社的最高司法权的话，那么在汉谟拉比的后继者统治时期，商人首领及其领导下的商会还取代了城市和长老会议而成为城市的最高行政机关。②这时的商会和商人首领既是城市公民的最高行政管理机关，在某种程度上又是国王和中央政府的代表，因此其负有上对国王和中央政府，下对公民和城市的双重职责。

对国王和中央政府，商会和商人首领的一项重要职责就是收取租税和管理王室粮库。从材料中我们发现，塔木卡尤其是商人头领根据国王的文件负责为王室征收和运送实物税及贡赋，并负责贮存和再分配，即管理国家粮仓。③ 关于这一点，我们在有关经济的章节中会详细论述。

此外，商人和商人头领还根据国王的命令为其办理任何在自己管辖范围内的事情。比如，汉谟拉比派人下去收集椰枣树和芝麻种子，写信让辛伊丁纳姆派诚实的城市公社公民予以协助④；再比如，商人和商人头领还要移交或引渡逃跑的奴隶。正如阿比舒王的一封信反映的那样：

致辛伊丁纳姆，西帕尔城的商会和法官们，阿比舒如是说。

---

① *LIH*，Ⅰ：13.

② R. Harris，"Some Aspects of the Centralization of the Realm under Ḫammurapi and His Successors"，*JAOS*，(88)1968，p. 730. R. Harris，*Ancient Sippar*：*A Demographic Study of an Old-Babylonian City*(*1894-1595 B. C.*)，p. 69.

③ R. Harris，*Ancient Sippar*：*A Demographic Study of an Old-Babylonian City*(*1894-1595 B. C.*)，p. 69. W. F. Leemans，*Hammurapi's Babylon*，p. 93.

④ *LIH*，Ⅰ：23.

> 一位加巴乌官(*gabba'*u-officer)写信给我说，我们无法找到的哈鲁(Ḫallu)的女奴被发现了，她现在身处西帕尔-阿姆纳努。他得知此事后写信给我。现在我已派一名杜加波官(*DUGAB*-officer)和那位加巴乌一道到你那里去，当他们到达你处后，那位加巴乌官将向你指出那位女奴隶，你要把那名女奴隶交给我派去的那位杜加波官，由他把她带到巴比伦。①

商会和商人首领作为城市的最高行政机关和行政长官，在城市管理、市政建设和安全防务等方面负有直接的责任。其责任主要可概括为以下几个方面。

其一，为农业生产提供服务。由于城市管理机关承担着为国家征收赋税的任务，为保证做好这一项工作，及时、合理地安排农业生产，或为公民在农业生产方面提供帮助和服务，是十分必要的。上引国王阿比舒的一封信(*LIH* III：8)提供了较好的例证。

其二，组织公民在自己的水域捕鱼。例如：

> 致辛伊丁纳姆、西帕尔城的商会及法官们，萨姆苏伊鲁纳王如是说。他们向我报告说，渔民们的众渔船下到拉比姆(Rabim)和沙卡尼姆(Šakanim)两地区，并在那里捕鱼。于是我现在派遣一位宫廷官员到你们那里去。当他们到达以后，在拉比姆和沙卡尼姆两地区的渔民和船只[你们将……]，并且你们不要再派遣渔民的船只到拉比姆和沙卡尼姆两地区去捕鱼。②

这封信表明城市管理机关负责安排渔民捕鱼；不同地区的居民在自己

---

① *LIH*，Ⅲ：2.

② *LIH*，Ⅱ：3.

的家乡水域享有捕鱼垄断权，这个权利可能与他们对疏通、清理和修建在自己地区里的运河和河流负有责任有关。

其三，对商人的活动进行指导和管理。

古巴比伦时期的商业及对外贸易已较以前有了很大的发展，商人十分活跃，港口还是重要的商业区或商站，码头更是重要的经营商业的场所。根据现有材料判断，所有商业活动都是在商会的指导和管理下进行的。商会设有管理商业活动的机构，称为 *É Kārim* 或 *bīt kārim*，或许可以译为"商业局"或"贸易局"。重要的具有法律效力的交易或活动都要在商贸局(*bīt kārim*)进行。正如文献(*TCL* 20 165：35)中所直接表明的，"我在商贸局交付沙杜乌图税(*Šaduwutu* tax)"①，"我们抓到了那个人，把他带到商贸局"②，等等。

商人塔木卡的重要活动之一就是从事借贷活动。商站成为资金交付中心，付账可能要在有关当局的监督下进行，并有一套严格的手续。比如，一个人这样说，"从商会给我拿一块泥板，上面记载着我已经向他的账上付了 20 明那银子"；在另一份材料中，商会要求某些人出示账目。③ 对塔木卡所从事的长距离贸易或对外贸易，商会也参与管理。例如，一份材料记载说："商会在这里召回了一支商队。"④根据《乌尔发掘文书》第五卷(*UET* V)所载大量反映古巴比伦时期对外贸易的材料，商会可能为商人经营对外贸易提供资金或实物，一次商旅结束后，商人必须到商会去结清账目(参见 *UET* V 82，114)。⑤ 合伙经营者在生意做成后，还要在商会的监督和主持下进行分成。例如，一个人这样说："我将在商贸局得到我的 1/3 分成，它是我与某人(一个人的名字)进行商业冒险之所应得。"⑥作为管理机构，商

---

① *CAD*，Vol. K，p. 237.

② *CAD*，Vol. K，p. 237.

③ *CAD*，Vol. K，p. 235.

④ *CAD*，Vol. K，p. 235.

⑤ A. L. Oppenheim，"The Seafaring Merchants of UR"，*JAOS*，74(1959)，p. 12.

⑥ *CAD*，Vol. K，p. 238.

会可能收取5%的管理税。① 此外，根据材料判断，商会可能还向商人收取码头税，因为一份材料记载道："我免除了他们在我的地界上的码头税和船只停靠税。"②

除了农业、渔业和商业等重要的生产和经营活动外，商会和商人头领还有责任和义务主持公共设施建设，如疏通和修建运河③，在战争临近时加固城墙④等。

（四）小结

专制统治社会中也存在着自治和民主机构，其在世界上不同的国家和地区，在不同的历史时期起着不同程度的作用。这些自治和民主机构几乎毫无例外地包括长老会议和公民大会，在古巴比伦社会还有其特殊机构商会。长老会议、公民大会和商会各自发挥的作用及其发挥作用的历史时期，基本反映了各文明和各社会的经济与文化的发展及社会结构的演变，或者说与经济和文化的发展阶段及社会结构的演变过程相吻合。具体地说，就是人类社会随着经济的发展，从以血缘关系为纽带和标准的氏族制，逐渐演进到以地域关系为纽带和标准的国家形态，在国家形态下，财产关系逐渐上升为主要的甚至是主导因素。卢梭在《社会契约论》中讨论贵族制时的相关论断对我们是有极大启发的。他说："最初的社会是以贵族制来治理的。各家族的首领们互相讨论公共事务。年轻人服从着经济的权威，毫不勉强。因此才有了长老、长者、元老、尊长这些名称。北美洲的野蛮人到今天还是这样在治理他们自己的，并且治理得非常之好。但是，随着制度所造成的不平等凌驾了自然的不平等，富裕或权力也就比年龄更为人所看重，于是贵族制就变成了选举(指选择、挑选、择贤而任，而不是指在会议上投票选举——译者注)的。最后，权力随着财产由父子相承，便形成了若

① *CAD*, Vol. K, p. 239.
② *CAD*, Vol. K, p. 236.
③ *LIH*, Ⅲ: I.
④ *LIH*, Ⅱ: 5.

干世家，使政府成为世袭的；于是人民就看到有二十岁的元老了。”①

在长老会议的地位和作用逐渐减弱后，公民大会和商会两个机构接过了城市和长老会议的职能。至于这两个机构哪个起的作用更大些，虽不太好评估，但有一点是显而易见的：公民大会的权力逐渐减小，由最初具有最高行政权，逐渐缩小到只保留司法权；而商会则刚好相反，权力范围呈扩大趋势，即最初其权力仅限于司法方面，后不断扩大，从而使商会成为行政权力的核心。对涉及公民大会和商会的材料进行综合分析后，我们还发现了这样一个现象，即涉及公民大会的材料主要来自尼普尔城，换句话说，公民大会在尼普尔城占据主要地位，而涉及商会的材料则主要出自西帕尔城，也就是说，商会和商人头领等是西帕尔城的最高司法机关。这可能表明，各城市根据自己的不同情况，享有自治的权利。从美索不达米亚的历史发展来看，尼普尔城是苏美尔人的文化中心，从苏美尔城邦时期起便是宗教中心，受“传统文化”影响较大；而相比之下，西帕尔城则属于经济中心之一，商品经济可能更发达。

三、城市最高行政长官

古巴比伦时期的城市拥有自己的市政机关 、司法机构和法庭。在不同的历史阶段和不同的城市中，长老会议、公民大会和商会分别起到了最高行政机构和司法机构的作用。城市的最高行政长官是市长，后来是商人头领。我们从现存的材料里可以得知以下情况。

第一，市长和商人头领均来自城市的内部。有能力担任市长和商人头领的人都是城市公社的杰出人物②，都来自城市公社中的望族和富家大

---

① ［法］卢梭：《社会契约论》，何兆武译，北京：商务印书馆，2009 年版，第 86～87 页。

② R. Harris，*Ancient Sippar：A Demographic Study of an Old-Babylonian City*（*1894-1595 B.C.*），p. 138.

户。① 这从“市长”一词的词源便可略知一二。“市长”(Rabiānum)一词来源于一个形容词 Rabûm，意为“伟大的”、“杰出的”等。

第二，市长和商人头领可能由选举产生，而不是由国王或中央政府任命。例如，有记载云，城市最高行政长官“由多数人从一小部分富有之人中选举产生，即将离职的现任长官不参加其继任者的选举”，“被选举人被严格限制在公民圈中”。②

第三，市长和商人头领既然出自城市公社，那么他们就体现着城市公社的利益，代表公社与中央政府打交道。③ 在这方面，作为首都的巴比伦城，其地位可能略有不同，巴比伦城作为中央政府的象征，其地位要高于其他城市。④

第四，市长和商人头领的任期为一年，而且严格限制在一年，不得连选连任。唯一的一个例外是一位叫伊尔舒伊波尼(Ilšu-ibni)的商人头领，他在阿米迪塔那(Ammi-ditana)统治时期(公元前 1683—前 1647 年)，担任商人头领的时间长达 22 年，可能系通过非常规手段攫取职权。⑤ 虽然市长和商人头领不得连续当选，却可以隔年当选，而且任职的次数不限。在文献中出现过同一年有两位市长的现象，但这并不意味着市长一职同时由两人担任，而是两人由于某一种原因各任职一段时间。⑥

---

① A. L. Oppenheim, “A New Look at the Structure of Mesopotamian Society”, *JESHO*, 10 (1967), p. 6.

② A. L. Oppenheim, “A New Look at the Structure of Mesopotamian Society”, *JESHO*, 10(1967), pp. 6-7.

③ A. L. Oppenheim, “A New Look at the Structure of Mesopotamian Society”, *JESHO*, 10(1967), p. 7.

④ R. Harris, *Ancient Sippar: A Demographic Study of an Old-Babylonian City (1894-1595 B. C.)*, p. 138.

⑤ R. Harris, *Ancient Sippar: A Demographic Study of an Old-Babylonian City (1894-1595 B. C.)*, p. 71.

⑥ R. Harris, *Ancient Sippar: A Demographic Study of an Old-Babylonian City (1894-1595 B. C.)*, p. 60. A. L. Oppenheim, “A New Look at the Structure of Mesopotamian Society”, *JESHO*, 10(1967), p. 6.

第五，公民有权罢免市长。虽然作为城市最高行政长官的市长无论业绩如何突出都不得连续任职，但他却可以因为渎职或有劣迹而遭到公民的驱逐。例如，在一份材料中(*YOS* 10 31 X 38)有这样的记载："他们将要把市长从他自己的城市中驱逐出去。"①

四、中央政府的监控机制

在以专制统治著称的东方社会，城市公社能享有一定程度的自治权已属难得，国王和中央政府不愿意，也不可能对城市的管理不闻不问，"放任自流"，因为城市虽然是公社和公民的城市，但同时更是中央政府和国王的城市。城市自治机构与中央政府既是相互制约，又是相辅相成的关系。

(一)中央政府对城市自治机构的监控机制

中央政府对城市自治机构的监控主要表现在以下几方面。

其一，现有材料虽然不能证明城市的最高行政长官——市长和商人头领由国王和中央政府任命和委派，而相反却是由城市公社自己内部选举产生，但他们名义上还算是国王和中央政府"任职"和雇用的代表②，因此仍然要执行王室和中央政府的命令。

其二，虽然市长和商人头领不由国王和中央政府任命，但城市的有些官员还是由国王任命的。比如，负责城市内各区域安全防务的警察官就有由国王和中央政府直接任命的，任期也比市长和商人头领要长。③ 城市还有其他官员(如*ša muḫḫi ali*)也由国王任命。④

其三，国王直接任命自己的官员以监视或监督城市自治机构。这些被任

---

① *CAD*，Vol. 1,A，part 1，p. 382.

② R. Harris，*Ancient Sippar*：*A Demographic Study of an Old-Babylonian City*(*1894-1595 B. C.*)，p. 138.

③ A. L. Oppenheim，"A New Look at the Structure of Mesopotamian Society"，*JESHO*，10(1967)，p. 9.

④ *CAD*，Vol. 1,A，part 1，p. 390.

图 5.7　汉谟拉比写给辛伊丁那姆的信。辛伊丁那姆是汉谟拉比直接调遣的负责行省事务的官员，此信要求他在拉尔萨征募船夫送到巴比伦

命的官员并非出自城市，更非其世族，而是国王授予特权之人。例如，在一份材料中，一位这类官员发表过这样的言论："我不是这座城市官员（*bēl ali*-official）的后代，（但）我是一位被赋予了特权之人（*unzarḫu*），是国王的仆人，我主——国王在城市内任命了我，我的使命是把我的所见所闻报告给国王。"①此外，国王还经常从巴比伦城派遣官员外出办案，或下达国王对某件案子的命令，有时甚至直接监督地方法庭的审理。他们有时被称为"国王的法官"（*dāianu-šarrim*），有时被称为"国王的士兵"（*redû šarrim*）。

其四，国王或中央政府经常派遣高级官员下去私访巡视。上面提到的所谓国王的"耳目"可能不一定要把自己的所见所闻亲自向国王本人报告，而是定期或不定期地向中央政府的巡游官汇报，再由巡游官返回首都后，向国王本人报告。一份材料为此提供了例证。在这份材料中，一个人这样讲道："国王的官员们一经过他的城市，某某城市的某某官员就（带着贡品）

① *CAD*，Vol. 1，A，part 1，p. 388.

到我这里来了。”①

(二)建立公民申诉制度

公民如在城市公社内遭到不公正对待，有权直接上诉到中央政府，甚至上诉到国王本人。当然这是万不得已的做法，是公民讨回公道的最后手段。②例如，有人向国王反映，法官辛伊丁纳姆、商会和西帕尔城的法官未经允许便破门而入某人女儿的闺房，国王要求他们对此做出解释。③ 又如，阿比舒王致辛伊丁纳姆、商会和西帕尔城的法官的一封信中说：

> 致辛伊丁纳姆、商会和西帕尔城的法官，阿比舒如是说。布尼尼纳西尔(Bunini-nasir)、米尼沙马什(Mini-ŠamaŠ)，里什(Riš-)[……]之子，向我报告说：“伊利伊丁纳姆(Ili-Idinnam)，我们的兄长，把我们作为抵押品。两年来，我们一直向西帕尔城的商会申诉，但他们(即法官们)不为我们伸张正义。”在这种情况下，他们向我做了报告。当你见到泥板文书后，布尼尼纳西尔(Bunini-nasir)、米尼沙马什(Mini-ŠamaŠ)，里什-(Riš-)[……]之子将向你指出伊利伊丁纳姆和知情的证人，你把这位伊利伊丁纳姆和知情的证人送到巴比伦，以便他们的案子有所了结。④

荷兰学者W. F. 列曼斯(W. F. Leemans)对古巴比伦时期的众多案例进行研究后得出这样的结论：上诉到国王的案子一般通过三种不同方式进行调查和审理——国王亲自审理并做出最后判决；国王根据法律做出指示，然后交

---

① *CAD*, Vol. 1, A, part 1, p. 388.

② W. F. Leemans, “Ḫammurapi's Babylon, Centre of Trade, Administration and Justice”, *Sumer*, 41(1985), p. 94.

③ 参见于殿利、郑殿华：《巴比伦古文化探研》，第219页。

④ *LIH*, Ⅲ: 3.

由地方法官或地方当局执行；国王把整个案子交由地方法官处理。① 在汉谟拉比身边有一些官居要职之人，具体官职不详，他们构成了中央政府的核心。其中材料涉及较多的是一位名叫卢尼努尔塔(Lu-Ninurta)的人。他不仅掌管王室事务，而且对公社事务也有管理权，他不单单执行国王的命令(他常说：我主人对我说……)，而且对一些事务具有独立决断权。如果有人在地方蒙冤，可直接上书卢尼努尔塔，他有时直接做出判决，有时把案子移交给地方司法机关，后者根据他的指示进行处理，并把结果报给他。地方总督也直接听命于他。有学者认为，在汉谟拉比外出征战之时，由卢尼努尔塔代行国王的职权。② 在第一种情况下，证人要前往巴比伦。③ 有时国王把案子交由国王的法官来审理，国王的法官住在首都巴比伦，他们也采用同样的三种方式来处理案件。④ 值得一提的是，巴比伦城的法官似乎享有特殊的地位和权利，他们可以审理整个王国的案件。就目前所见材料而言，涉及巴比伦城法官审理案件的泥板遍及王国的每一个城市，全国四面八方的人民求助于他们伸张正义。巴比伦城的法官有时自己亲自审理案件，有时把案件交给其他法官审理，这一点也与国王本人和国王的法官处理的方法一样。⑤

(三)国王直接控制军队，密切关注军队建设

以西帕尔城为例，在巴比伦第一王朝时期，虽然在国王阿匹尔辛统治时期就有关于军队的记载，但是直到汉谟拉比统治时期才建立起制度严密、权力分层的军事组织。汉谟拉比及其后继者企图在西帕尔城建立和保持一

---

① W. F. Leemans, *King Ḫammurapi as Judge*, pp. 107-129.

② W. F. Leemans, *King Ḫammurapi as Judge*, p. 121.

③ *AbB*, 21, 11, and 74.

④ W. F. Leemans, "Ḫammurapi's Babylon, Centre of Trade, Administration and Justice", *Sumer*, 41(1985), p. 94.

⑤ W. F. Leemans, "Ḫammurapi's Babylon, Centre of Trade, Administration and Justice", *Sumer*, 41(1985), p. 94.

支高效、有实力的军事力量。军队的最高军事长官称为“将军”(*UGULA MAR. TU*)。最早提到“将军”的文献材料，其时是汉谟拉比统治的第39年，此外文献中还提到有“队长”(*PA. PA*，出自汉谟拉比统治的第41年)、士官(*Laputtu*，出自汉谟拉比统治的第18年)、军事书记官(*DUMU E. DUB. BA*，出自汉谟拉比统治的第35年)及传令官(*deku*)等。①将军由国王从巴比伦直接选派，迄今尚未发现一位将军是出自西帕尔城的本地公民。士兵既可以在当地人口中招募，也可以在更大的范围内雇佣。此外，还有皇家军队驻扎在西帕尔城里，或其附近地区。所有这些军队的给养都由位于西帕尔城的王室粮库供给。②所有为王室服兵役的军事人员，作为回报都能从王室领取份地、花园和房屋等，这从《汉谟拉比法典》中便明显可见(参见第26～39条)。需要指出的是，古巴比伦时期的军队不仅用于军事目的，而且也用于修建公共工程，在这方面，汉谟拉比也是第一人。③实际上，在和平时期，古巴比伦王国的军队或士兵还充当警察、运输公司和劳动力公司的保安等，这些都有合同和书信文献的记载。④

在军官和士兵卷入经济或其他民事纠纷时，尤其是涉及其土地耕种问题时，可以由军事法庭审理或调解。军事法庭通常由将军和队长联合组成。⑤

---

① Benno Landsberger, “Remarks on the Archive of the Soldier Ubarum”, *JCS*, Vol. 9, No. 4 (1995), p. 122. R. Harris, “Some Aspects of the Centralization of the Realm under Ḫammurapi and His Successors”, *JAOS*, 88(1968), pp. 730-731.

② R. Harris, *Ancient Sippar: A Demographic Study of an Old-Babylonian City(1894-1595 B. C.)*, p. 39.

③ R. Harris, “Some Aspects of the Centralization of the Realm under Ḫammurapi and His Successors”, *JAOS*, 88(1968), p. 231.

④ Benno Landsberger, “Remarks on the Archive of the Soldier Ubarum”, *JCS*, Vol. 9, No. 4(1995), p. 128.

⑤ Benno Landsberger, “Remarks on the Archive of the Soldier Ubarum”, *JCS*, Vol. 9, No. 4(1995), p. 126.

第四节 亚述帝国的政治制度和统治政策

亚述人创造了人类历史上的一个壮举，第一次建立了横跨亚非两个大陆的庞大帝国，把美索不达米亚人的大一统思想在实践上实现了前所未有的最大化。面对幅员辽阔的帝国，面对各种不同的民族，面对各种不同的语言，面对各种不同的宗教信仰和风俗习惯，亚述帝国的统治者们需要高超的治国才能和睿智的管理手段。

一、亚述的政治传统

亚述是一个军国主义的社会，亚述的政府是一个军政府，军队构成了亚述政治和社会的基本结构。

(一)军国主义传统的形成

亚述帝国的政治制度和统治政策带有明显的军国主义色彩。所有的成年男子都要应召入伍，所有的国家官职都为军队和军事需要而设立，虽然

图 5.8 亚述浮雕：国王阿淑尔那西尔帕二世与朝臣们。约公元前 865—前 860 年。出自尼姆鲁德

它们也有非军事的任务。国王处于这个结构的最顶端，他的职责主要是为了阿淑尔神和国家的利益发动和指挥战争。在亚述社会存在着这样一种观念，即国王每年都应该率领军队打仗，其统治的每一年都应该以一次重要的战役来命名，但实际上并不能做到。在国王之下，是庞大的官僚队伍，高级官员最初都出自亚述的名门望族，但后来情况发生了变化，被征服地区的贵族也可以被委以重任，甚至还出现了宦官位高权重的情况。

(二)移民政策成为基本的统治术

为了加强对被征服地区的统治，亚述统治者采取了将当地居民大规模迁徙的政策，尤其是自公元前 8 世纪以后更是如此。据估计，在亚述帝国统治的三个世纪里，迁移的人口达 4500000 人之巨。这项政策对亚述帝国来说，是使其获益颇丰的统治术和卓有成效的战略管理手段。第一，大量人口从被征服地区迁移出去，大大降低了他们反抗的可能性。第二，大量人口被迁到其他地区会引起被移民地区居民本能的敌视，两者的矛盾一方面可以降低他们联合起来谋反的概率，另一方面加大了移民对亚述中央政府的依赖程度，因为他们到达陌生环境需要政府帮助解决很多困难，尤其是在新环境并不友好的情况下。第三，被迁移的人口为亚述帝国提供了很多专业性人才，如熟练的手工业者，他们成为建设亚述宫殿和神庙建筑、冶炼金属及造船等方面的能手。腓尼基人甚至还为亚述帝国造船和提供海军人才。第四，大量的移民为亚述帝国带来了充足的劳动力。第五，大量的移民成为亚述帝国不断涌现的新城市的居民和建设者。第六，大量的移民从游牧民族转化为定居的农民，为亚述以农业为根基的社会奠定了更深厚的基础。同时大量的人口依附在土地之上，增加了社会的稳定性。

亚述帝国大规模的人口迁徙政策造成了整个近东范围的人口交流和民族融合，不仅带来了人口结构和人种结构的新变化，还带来了社会结构的新变化。

图5.9　亚述浮雕：提格拉特帕拉沙尔三世在美索不达米亚南部获胜后，将人口和牲畜一起迁移。约公元前728年。出自尼姆鲁德

二、帝国结构的创立

公元前 8 世纪的上半叶，亚述帝国开始走下坡路，失去了对外征战的能力。在帝国内部，地方官员逐步僭取了皇家的一些权力，各行省的总督甚至拥有很大的独立性，虽然他们仍然听命于国王。亚述帝国内部的反叛也时有发生，其在周围地区的影响逐渐减弱。虚弱的形势需要强有力的国王，而这样的国王也应运而生了。

(一)提格拉特帕拉沙尔三世的改革

提格拉特帕拉沙尔三世和他的第二位继承人萨尔贡二世担负起了重振亚述雄风的重任，他们对外每年都向周边地区征战，把周边地区并入亚述帝国的版图；对内则采取一系列措施，重塑亚述的统治秩序。第一，削弱地方官员的权力。两位国王为了防止地方总督的势力过于庞大，撤销了原来庞大的旧行省，代之以较小的行省划分。这样，行省由原来的 20 个增加到了 25 个。第二，与此相配套，他们把最重要的军事和行政岗位或单位也由大化小，从而使权力趋于分散。例如，把原来由一个人担任的总指挥官(*turtanu*)一职，交由两人担任，一人任“左军”，另一人任“右军”。第三，他们通常任命宦官担任高级政府官职，以防止职位的世袭，由父亲传给儿子。因此，“亚述”的土地重新恢复了秩序，地方官员的权力受到了限制，王权增强了控制能力。第四，提格拉特帕拉沙尔三世进行了军事改革，废除了公民兵制，建立了常备军制度。在公民兵制度下，亚述国王每年从亚述公民中招募军队，闲时军队就解散，第二年再招募新兵。提格拉特帕拉沙尔三世建立的常备军是职业军队，进行长时间的统一训练和统一管理。常备军的核心是骑兵和战车兵，他们构成亚述职业军队的核心战斗力，其兵源来自亚述人；其基本战斗力量是步兵，兵源从被征服地区的人中征募。提格拉特帕拉沙尔三世建立常备军或职业军队的目的，是为了满足亚述帝国对外征服的需要，从此亚述帝国又开始了不间断征战，并且征战到跨越

图 5.10　亚述浮雕：提格拉特帕拉沙尔三世与他的高级官员。约公元前 728 年。出自尼姆鲁德

边境很远地区的对外扩张政策。第五，提格拉特帕拉沙尔三世还创新了对被征服地区的管理方法和统治政策。以往的亚述统治者们对被征服地区只是强迫他们向亚述国王纳贡，他们仍然保有独立的国家形式。提格拉特帕拉沙尔三世取消了被征服地区的独立国家地位，在行政上把它们并入亚述帝国，使其成为亚述帝国的一个行省。

(二)对被征服地区的统治政策

亚述帝国对被征服地区的管理办法和统治政策有三种不同的形式，或者说经历了三个不同的阶段。第一种形式是把被征服地区作为臣属国。亚述帝国允许其保持国家的独立地位，但在政治上要服从于亚述帝国，在经济上要每年向亚述帝国纳贡，统治者保持着独立的统治地位。第二种形式是傀儡国。傀儡国在政治和经济地位上都与臣属国一样，但统治者的地位发生了变化，傀儡国的统治者是由亚述帝国的国王任命，以使其对亚述帝国更加忠心。人选也来自当地人，这个人通常与亚述有着很深的渊源，甚至从小就在亚述的宫廷里长大。第三种是行省制。亚述帝国把被征服地区纳入自己的行政版图，使其成为亚述帝国的一个行省。其统治者成为行省总督，直接听命于亚述国王。这三种形式的统治政策和管理方法，实际上代表着三个发展阶段，体现了亚述帝国在被征服地区的管理和统治上越来越严、越来越强硬的态度，这也是亚述帝国对被征服地区经常性反叛的回应。

应该指出的是，亚述帝国的行省制度不是僵硬的，而是有弹性的，其指导方针就是怎样有利于亚述帝国的整体利益。也就是说，是把被征服地区纳入行省还是作为臣属国对待，还取决于亚述帝国的整体战略和外交方面的考虑。例如，提格拉特帕拉沙尔三世的行省范围就到地中海沿岸为止，而对于菲力斯丁人的城市则仍然让它们保有独立的地位。

三、帝国的行政与意识形态管理

亚述人所创立的庞大帝国需要大规模的、运转良好的管理体系。随着行省制度的膨胀，原有的地域或区域概念发生了巨大的变化，除了行省之外，还有臣属国和傀儡国，可以说，整个近东都处于亚述帝国的控制之下。总体说来，亚述帝国的管理结构呈金字塔形，国王处于金字塔的最顶端，广大的人民群众处于金字塔的最底端，处于中间的是帝国的各种官员，他们是连接国王与人民大众的中间纽带。

(一)行政管理

亚述的官员头衔有很多，级别最高的包括军事领袖(*turnanu*)、宰相(*ummanu*)和司库或财政官(*sha muḫḫim ekallim*)，此外，还有其他一些低级别的官员。虽然官员们拥有不同的称呼，但实际上，在亚述帝国他们的职权范围远没有那么界限分明。亚述帝国官僚体系的重要特点之一，就是官员们只有级别的区分而较少有职责范围的区分。具体来说，一名官员的职位可能同时兼具行政职能、军事职能和宗教职能，一名军事指挥官可能同时也是行省的总督。国王持杯人（*rab shaqe*）的地位略微有些特殊，他主要负责外交事务。在官员职责不那么明确，更没有法律文件加以界定的情况下，在亚述国王与其官员的关系中，忠诚是最重要的。国王往往信任那些值得信任或自己认为更可靠的官员，而这些官员也以自己对国王的忠诚加以回报。例如，国王通过书信的方式要求某一官员缴纳赋税，就好像这仅仅是他们两个人私人之间的事情一样。同样，国王要免除某一官员的赋税，就像这是国王对他的特别恩惠一样。这样的制度需要维持一支书吏队伍，以保持国王与官员们之间沟通的畅通。在尼尼微和卡尔胡发现了大量的书信，大约有2300封，这可能只是国王与官员通信的一小部分。所有官职都不是世袭的，不可以传给其子孙，其任命与撤职全凭国王的好恶。亚述国王们还任命了很多宦官担任重要职务，其目的就是保证在他们死后或退休之后官职不世袭。作为对大臣们的奖励，亚述国王通常赠送他们大量的土地，这些土地的所有权归国王，大臣们享有使用权。

亚述帝国的中央管理体制在行省的管理体系中也得到了复制或贯彻。每一个行省的最高行政长官称为总督（*shaknu*），他在行省的官邸与亚述国王在首都的王宫相类似。行省总督在亚述帝国的管理体系中，既是最高行政长官，又是最高军事统帅，还是国王最为倚重的持杯人，等等。行省必须为帝国创造资源，提供劳动力和兵源等。他们有时还必须为帝国生产某种物品，如在菲力斯丁地区组织生产橄榄油以便提高供应量等。行省的管理当局是其人民与帝国获取联系的唯一渠道。同样，位于亚述中心区的城市，如亚述城和卡尔胡等，由最高行政长官市长（*hazzanu*）执掌，他们的职责是代表那些不直接依赖于宫廷的人们。一些大一点儿的城市通常安排不止一名市长，可能是为了防止他们的权力过大。

(二)意识形态管理

亚述帝国在意识形态领域的工作，主要是为帝国的统一制造思想舆论，以及采取必要的措施将思想统一进一步落实到实践和行动上，根本宗旨是为亚述帝国的统治和统一打下良好的思想基础。

首先是忠诚和效忠思想。对亚述国王忠诚的思想传播到了所有亚述人民和臣属的统治者中间。有时在接受一项皇家政策或决定时，全体人民要在神面前举行宣誓效忠仪式，或者至少国王们要宣布，所有人都进行了宣誓。例如，埃塞尔哈东在宣布他的小儿子亚述巴尼拔作为他的王位继承人之时，就曾经让亚述人民举行过宣誓。据亚述巴尼拔自己说："埃塞尔哈东召集从一个海岸到另一个海岸的大大小小的亚述人民，让他们在神面前宣誓效忠，一致同意在全亚述保护我的储君地位和未来的王权。"①如果有人反对新国王，将打破自己的誓言，必然会遭到神的惩罚。臣属国也同样要对亚述国王进行宣誓效忠，臣属国对亚述国王本人拥有特殊的责任和义务，

图 5.11　亚述浮雕：亚述宫廷侍从。约公元前 865—前 860 年。出自尼姆鲁德

① Marc Van De Mieroop, *A History of the Ancient Near East, ca. 3000-323 BC*, p. 259.

如在战争时提供军队等，逃避这些责任意味着对由神主持的誓约的践踏和破坏。

其次是秩序和正义思想。亚述的统治者们在全帝国进行宣传，称亚述国王是阿淑尔神在人间的代表，他是秩序的象征。凡是亚述国王所控制的地区，那里就充满着和平、安定和正义；凡是他的控制所达不到的地区，那里便陷入一片混乱之中。所以外国的都是敌对的，所有外国人都类似非人类的动物。亚述国王的职责就是为整个世界带来秩序，所以他的军事征伐和扩张符合神意，是正当的，是符合正义之道的。因此，所有亚述人都深信，军事征伐是符合正义的，是对所有亚述人都有好处的。

亚述帝国的统治者们通过各种手段在全帝国内宣传这些思想，反映出他们对意识形态或思想工作的重视。通过皇家铭文进行宣传是通常的手段，他们甚至把石碑竖立到了边远的埃及。然而，这种手段对当时大多数不识字的人民来说，是根本不会起作用的，因为他们无法读懂铭文的内容。因此，亚述国王发明了更为直观，可能也更有效的方式，即举行庆祝战争胜利的盛大游行，在游行当中进行宣传。他们还在城市当中对战争的记载进行大声的朗读。更有甚者，在新的城市进行建设时，就事先把这些宣传思想纳入设计中，在城墙和城门上安排带有安全和秩序思想的内容，让居民和来访者学习。另外，一般人很难有机会进入亚述王宫，但外国的使节和访客却经常有机会进出，因此在王宫的墙壁上安排有浮雕或壁画，把亚述国王描绘成整个世界的主人，强化对外国人的教化。

第六章　军事制度与尚武精神

一部完整的美索不达米亚史，战争与征服是其最重要的主线之一，与此相对应的是，军事制度与尚武精神也同样构成了美索不达米亚文明的重要篇章，甚至是最具特色的篇章之一。

第一节　军队与军事组织

一、军队的产生与演变

伴随着私有制的产生，原始部落之间就经常不断地发生战争，这是很自然的逻辑。城市产生之后，苏美尔城邦之间的争霸战争更是持续了相当长的历史时期，但非常遗憾的是，有关这一时期战争尤其是能够反映这一历史时期军事制度的文献材料少之又少。

(一)公民兵制度

在苏美尔城邦时期，各城邦实行的是民兵制度，没有受过专门训练的正规军或常备军。公民在和平时期从事生产劳动，遇外敌入侵时便应征入伍。最早记录和描绘战争场面的资料来自乌鲁克文化时期，在属于这一时期的圆筒印章上，刻有战争和俘获俘虏的场面。到早王朝时期，这类的资料有所增多，不仅有对战争场面的记载，而且还有征兵的资料，在乌尔城邦国王的墓葬中甚至还有陪葬的卫兵。来自舒路帕克的最早的军事文献，为我们提供了一份军队和战车的名单，而另一些来自扎巴拉(Zabala，临近

图 6.1 阿拉米人的骑兵征战浮雕。出自阿拉米人统治下的古扎纳城，泰尔·哈拉夫遗址。公元前 1200—前 900 年

乌玛)的军事资料则提供了各式武器的名单。不幸的是，目前我们所拥有的属于这一历史时期的资料，都无法揭示出这一时期有关士兵的来源及其社会地位等重要问题，我们只能判断，这一时期的苏美尔城邦尚没有全职的职业士兵和军队，他们只是在紧急情况下临时征召起来的一般成年公民。这在保存下来的乌鲁卡基那统治时期拉伽什城邦巴乌神庙的有关档案中便有所反映，受雇于巴乌神庙的劳动力便应征参加了与乌玛的战争，并有人员死伤。另外，有一些后来成为军事头衔的称谓，如努班达(*nu-banda*)等，在巴乌神庙仍然只是民事统治机构的一部分。甚至更晚出的"军队"一词，也没有什么特别的意义，因为它所指代的人群，在和平时期主要从事农业生产或公社劳动，只在城邦发生紧急情况时才拿起武器上战场。实际上，在阿卡德王国里姆什统治时期的文献中，被俘的士兵被称为古鲁什(*GULUŠ*，阿卡德语为 *etlum*)，古鲁什在苏美尔语里的主要意思是"成年男子"，他们是农业生产中的主力军。到了乌尔第三王朝时期，士兵有了专门的称呼埃林(*ERÍN*)，但他们同时还被称呼为古鲁什。例如，在乌尔第三王朝舒辛统治时期的行政管理文献中，他们既被称为古鲁什，也被称为埃林。到了古巴比伦时期，正如萨姆苏伊鲁纳统治时期的文献所揭示的那样，对士兵的称

呼基本上用埃林取代了古鲁什。“埃林”这个词，具有双重意思，既代表“士兵”或“武士”，也具有“受雇佣的工人”之意。①

(二)常备军的出现

民兵制度基本反映出苏美尔城邦时期的社会与经济状况以及这种社会和经济状况对军队的需要，那就是社会发展的空间范围还很有限，主要是各城邦之间为争夺土地和水源而进行的城邦内战，偶尔有抵御外族入侵的战争发生，对专门的常备军或职业军队的需求度不高。目前有关古代美索不达米亚出现常备军或职业军队的最早记载，始于阿卡德王国时期，确切地说，是在萨尔贡大帝统治时期。在著名的《萨尔贡年代记》中，他提到“每天有 5400 名士兵在他面前进食”②。在萨尔贡统治时期出现常备军或职业军队是非常合乎逻辑的，因为萨尔贡建立起来的阿卡德帝国，依靠的是武力征服，冲破地域界线的征服性帝国之伟业，不可能依靠民兵来实现，只有依靠职业军队才能获此成就。阿卡德帝国从波斯湾到地中海的辽阔区域，更只能依靠职业军队的征战。此后，常备军或职业军队贯穿美索不达米亚的历史。第一位提到建立特殊专业军队的人，是乌尔第三王朝的统治者舒尔吉，他说他挑选乌尔城的公民，组成了一支长矛军。③

亚述的常备军称为“中央军”或“王军”，亚述的国王们发展亚述军队完全是出于把亚述建设成军事国家的需要。出于战争的需要，亚述的常备军必须确立固定的战斗编队，通常由 50 人组成一支小的编队，当然还有比这更小的兵团，也有更大的兵团，大到万人兵团。无论兵团规模是大是小，决定其效率的是军队的组织性和纪律性。在常备军的军事组织中，还有一些类似特种兵的团队，特种兵团的士兵都受过专门的训练，具有某种军队

① I. J. Gelb，“Prisoners of War in Early Mesopotamia”，*JNES*，32 (1973)，pp. 83-84.

② *ANET*，p. 268.

③ J. N. Postgate，*Early Mesopotamia：Society and Economy at the Dawn of History*，London and New York：Routledge，1995，p. 242.

图 6.2　亚述浮雕：皇家骑兵渡河行军。约公元前 704—前 681 年。出自尼尼微

作战所需要的特殊技能。战车兵、工程兵、攻城车兵和攻城塔兵等都属于特种兵。此外还有负责运送粮饷和武器等其他物资的运输兵，以及负责记录和登记造册等事务的军事书记官等。

(三)职业雇佣军

雇佣军是最具职业军人特点的，他们主要来自外邦人。雇佣军也属于常备军。美索不达米亚的雇佣军制度在古巴比伦时期已经非常盛行。例如，在西帕尔城，驻军就包括由城市公民组成的常备军和由外国人组成的雇佣军两部分。驻守西帕尔城的外国雇佣军主要是加喜特人雇佣军，此外还有苏提人雇佣军(*ERÍN Suti*)和埃兰人雇佣军(*ERÍN NIM. MA*[ki])。① 外国

① R. Harris, *Ancient Sippar: A Demographic Study of an Old-Babylonian City (1894-1595 B. C.)*, pp. 88-89.

雇佣军的主要职责是驻守哨所和要塞地区。外国雇佣军在古巴比伦时期扮演着十分重要的角色，就连“将军”一词(*UGULA. MAR. TU*)也来自外国军队，其字面意思是“阿姆鲁人的头领”(overseer of the Amurru)，表明这个头衔来自贝都因人军队的指挥官。①

如果说类似西帕尔城的资料所揭示的外国雇佣军资料还很零散的话，那么汉谟拉比还为我们提供了皇家外国雇佣军的有趣资料。在汉谟拉比的征服和统一过程中，外交手段起到了十分重要的作用，其外国同盟友邦往往派出自己的军队，加入巴比伦的军队中，以实际行动支持或投入汉谟拉比发动的征战中。巴比伦书信和马里档案资料为我们提供了这方面生动的证据。为了击败宿敌埃兰，汉谟拉比经过努力终于与马里国王兹姆里利姆结成了同盟。兹姆里利姆不遗余力地为汉谟拉比在其本国向部民征兵，甚至不惜采取强硬手段，并最终完成了征兵的目标。一份给兹姆里利姆的报告(*ARM* Ⅱ No. 118)幸运地保存了下来：

> 构成尾翼部队的部民到达了。先锋部队和尾翼部队都进展很好。他们没有疾病和其他问题，也没有一个人丢失。远征军部队的人员也进展顺利。我主不必担忧。
>
> 其他事情如下：在每一次远征期间，我都必须听取详细的汇报，因为总有很多抱怨。现在，在每一次远征期间，我同样必须听取详细的汇报，但已经没有了抱怨声，取而代之的是欢笑和歌声。他们就如同在自己的家里一样开心。他们唯一想做的就是参加战斗和击败敌人。我主的仆从们的心灵在诉说，愿我主高兴与欣喜！②

---

① R. Harris, *Ancient Sippar: A Demographic Study of an Old-Babylonian City (1894-1595 B. C.)*, p. 88.

② Marc Van De Mieroop, *King Hammurabi of Babylon*, Oxford: Blackwell Publishing, 2005, p. 23.

所以，兹姆里利姆为汉谟拉比派出了庞大的军队，他们分四批到达巴比伦。第一批先遣部队由600人组成，随后的第二批有1300人，他们由兹姆里阿杜(Zimri-Addu)和伊巴尔皮埃尔(Ibal-pi-El)将军统领。第三批的加强部队数量不详，由沙鲁姆安杜里(Sharrum-andulli)统领。最后一批是由马里王国的众多部落组成的军队。这四批马里部队是在不同时间抵达巴比伦的，每批部队到达巴比伦时，巴比伦方面都为其举行了隆重的欢迎仪式。伊巴尔皮埃尔致兹姆里利姆的一封信详细地记录了巴比伦欢迎一批马里军队加入汉谟拉比军队的盛况：

当我们还在途中的时候，听到了一部分部民到达巴比伦的消息，我把这个消息这样通知了汉谟拉比："部民已经到达。我主可愿意出去迎接他们?"这就是我要求他做的，他这样回答我："在这个月5日(或6日)，我们将回到巴比伦，那时我会做出决定。"这就是他回答我的。

我们已经到达了巴比伦，正向王宫大门行进。汉谟拉比立刻让我们进城，他说："快来！让部队进城，在指定区域已经准备好了的房屋里住下来。明天早晨，我将陪他们一起吃饭。"然后，他就走了。

随后我对他的大臣辛贝尔阿普里姆(Sin-bel-aplim)说："他们每次进入马里城，我主都会出来迎接他的仆从们，并举行军旗手阅兵式。"我把这些告诉了他，他回答说："明天所有的部民都将与我主一起进餐。然后举行军旗手阅兵仪式。"这就是他回答我的。塔伯埃利马提姆(Tab-eli-matim)和辛贝尔阿普里姆与我一起离开了，我们让部队进了城。

第二天，我集合了50名精锐士兵，让他们进入检阅队伍当中。所有的部民都在公园里与汉谟拉比一起进餐，就在这个公园里举行了标准的阅兵仪式。汉谟拉比为部民的到来而感到由衷的高兴，他向他们分发了许多礼物。①

正如这封信所揭示的，汉谟拉比对马里雇佣军的回报，不仅是两国在政治上的攻守同盟，还包括经济上的支出。在这封信的末尾，列出了一长串的礼物清单，是汉谟拉比赠送给马里高级军官、低级军官、普通士兵以及军旗手的礼物。学者们判断，汉谟拉比赠送给马里军队的这些财物都属于其国王兹姆里利姆所有，这些财产被归于宫廷，因为这些礼物都悉数记载在马里的档案文件中。实际上，汉谟拉比还有其他许多外国军队的支援。对于汉谟拉比而言，无论是对自己的常备军还是对待外国雇佣军，作为他们为自己服役的回报，赠送财产都属于正常的支出。

这种官方的外国雇佣军加入巴比伦的作战部队中，完全听从巴比伦军队的统一调遣，但他们并不效忠于巴比伦国王，他们仍只效忠于自己国家的国王，并随时把作战情况向自己的国王汇报。实际上，他们与巴比伦军队协同作战，其目的是为其国王达到自己国家的战略目的，只不过这时他们自己国家的战略目标与其同盟国巴比伦的战略目标，在某些方面达成了一致。

在亚述的军队中，外国雇佣军的数量更多，这与亚述统治者对待俘虏的态度密切相关。例如，辛那赫里布就曾把“西方国家”的大量俘虏编入自己的军队中，其中包括 10000 名弓箭手和 10000 名盾牌手。亚述巴尼拔还曾把自己征服的埃兰的弓箭手、盾牌手以及手工业者和铁匠补充到自己的军队中来。

在亚述的文献中经常提到一种常备军叫“伊图阿”(*Itu'a*)，他们来自阿拉米人部落。这支部落曾经给亚述制造过很多麻烦，但从公元前 8 世纪晚

① Marc Van De Mieroop, *King Hammurabi of Babylon*, pp. 23-24.

期以后，他们归顺了亚述帝国，成为亚述帝国一支执行特殊任务的军队。例如，西顿人发生抗税暴动、杀死税务官的骚乱时，他们被派到黎巴嫩地区维持秩序。在亚述的军事组织中，并没有民族或种族歧视现象。征募外国人入伍充军的条件与征募亚述本国人的条件完全相同，每个由不同民族组成的兵团，拥有他们明显的身份标识，这种身份标识不仅包括他们所擅长使用的武器，还包括他们的服装、鞋帽和头饰等，这些都与他们的民族渊源密切相关。在亚述的浮雕艺术作品中，有弓箭手、投掷手、击剑手、长矛手、轻装步兵和重装步兵等组群，不同的组群拥有不同的装束，使用不同的武器，他们的装束和武器具有他们自己部落、族群或民族的鲜明特征，表明不同的兵种来自不同的部落或族群。

二、武官军官制度

在古代美索不达米亚历史的任何时期，任何王朝或国家的国王或统治者都是其军队的最高统帅或总司令。国王作为国家军队的最高统帅，绝不是空享这一头衔，从苏美尔各城邦的恩西或卢伽尔，到阿卡德王国的创立者萨尔贡，到巴比伦最伟大的国王汉谟拉比，直至亚述帝国伟大的国王们，他们亲率军队远征的事例屡见不鲜。

在古代美索不达米亚的历史文献中，涉及军事制度方面的资料非常罕见，只有古巴比伦时期为我们留下了一些蛛丝马迹。古巴比伦时期的军队组织，是一个以国王为核心的组织机构，它涉及两个领域的工作，即在战争时期从事军事事务，在和平时期从事公共工程建设、要塞堡垒的修建，以及运河的挖凿和疏浚等。军队组织的官僚体系可以分为武官军官系统和文官军官系统两大部分。现存的文献资料表明，古巴比伦时期军队的组织结构是在汉谟拉比统治时期发展起来的，最终在阿米迪塔那和阿米萨杜卡(Ammi-saduqa，公元前1646—前1626年在位)统治时期达到极盛。

(一)将军

在古巴比伦时期，除了国王作为最高军事统帅外，在军队内部，最高军事长官称为将军(*UGULA. MAR. TU*)，在将军之下是队长(*PA. PA.*，*wakīl ḫattim*)，在队长之下则是军士(*NU. BANDA*)，军队的最底层也就是军队的主干则是普通士兵，他们之中包括里都(*Redûm*)、巴衣鲁(*Ba'irûm*)和埃林(*ERÍN*)等。

根据目前发现的材料，在西帕尔城，"将军"这个称呼出现在汉谟拉比统治的第 39 年(*CT* 47 46：27)，一位将军的士兵在一份法律文件中成为证人之一。将军实行轮换制，一般每年更换一次，而队长则相对稳定。① 但在目前有限的材料中，也发现有的将军任职 2 年或 3 年。在阿米迪塔那统治的第 35 年，有一位将军叫斯那图姆(Sinatum)，如果他与阿米迪塔那统治第 29 年出现的一位同名将军是同一个人的话，那么他的任职时间就达到了 6 年。②

"将军"这个头衔(*UGULA. MAR. TU*)是个外来词，其字面意思是"阿姆鲁人的头领"，这似乎表明这个官职最初指挥的是贝都因人的雇佣军。但在目前西帕尔城保存下来的古巴比伦时期文献记载的 28 位将军③中，只有在汉谟拉比统治第 39 年第一位被提到的将军萨姆萨努姆(Samsanum)和阿米萨杜卡统治第 5 年被提到的将军舒胡特基(Šuhutki，son of Kuzarri)明显是外来的名字，表明 2 位将军的外族身份，其他所有将军的名字都是典型的阿卡德语人名，说明绝大多数将军都出身巴比伦尼亚的城市公社。

驻守在各地的军队之将军，可能统一由中央政府直接从巴比伦派出，

---

① Benno Landsberger，"Remarks on the Archive of the Soldier Ubarum"，*JCS*，Vol. 9，No. 4(1995)，p. 126.

② R. Harris，*Ancient Sippar*：*A Demographic Study of an Old-Babylonian City*(*1894-1595 B. C.*)，p. 94.

③ 关于古巴比伦时期 28 位将军的名单，见 R. Harris，*Ancient Sippar*：*A Demographic Study of an Old-Babylonian City*(*1894-1595 B. C.*)，pp. 95-96.

而不是由城市地方自治机构挑选。关于这一点我们缺乏直接的材料证据，只能根据其他间接的材料来分析、判断。例如，在古巴比伦时期，王室、贵族和高官家庭通常都愿意把自己的女儿送到神庙，做纳第图女祭司。根据来自西帕尔城的材料，地位低于将军的队长以及高级军事行政官（*abi sabim*）都把自己的女儿送到当地神庙中去做纳第图女祭司，在纳第图女祭司当中唯独不见将军的女儿。对此最合理的解释，就是将军不是西帕尔本地人，而是来自巴比伦。

在一份属于古巴比伦时期的账单中，记载了两位将军、两位牧羊人和其他一些人一道向西帕尔-阿姆那努姆（Sippar-Amnānum）城的官员们缴纳大麦的数量。有学者据此判断，将军可能要为他的职务缴纳职务税。① 这则材料中的两位将军向城市当局所缴纳的大麦，究竟属于什么性质的赋税，仅凭这个账单实难判断。

巴比伦中央政府一年任命多少位将军，这也是个很难判断的问题。就目前材料的局限，在西帕尔城一年内最多提到过五位将军，这也许不能说明任何问题。

（二）队长

“队长”在武官军职中是地位仅次于“将军”的职务。就目前的材料而言，在西帕尔城，“队长”一职最早出现在汉谟拉比统治的第 41 年。与将军的轮换制不同，队长在军职系列中是比较稳定的职位，即使不是终身制，一个人也可以长期担任队长一职。例如，斯那图姆（Sinatum）任队长 22 年，瓦拉德马尔都克（Warad-Marduk）任队长 11 年，伊波尼阿达德（Ibni-Adad）任队长 12 年，伊尔舒伊波尼（Ilsu-Ibni）任队长 5 年。

按正常逻辑，队长的任职人数肯定远远多于将军的人数，但目前的材

---

① R. Harris，*Ancient Sippar*：*A Demographic Study of an Old-Babylonian City*（*1894-1595 B. C.* ），p. 95.

料同样不能提供具体的情况。还以西帕尔城为例，在一年内被提到最多的队长，与将军一样，也只有 5 人。但在一份材料中，同时提到 5 位队长和 1 位将军①，不知这是否预示着队长与将军的正常比例。

队长的一项重要职责是负责管理份地(*sibtu*-fields)，尤其是里都士兵的份地。这一点与将军的职责相同，可能只是权限不同而已。另外，队长在涉及军人财产转移等案件中，享有和代表军界的法律权威，在这方面的职责也与将军相同，他们之间的区别可能也只是权限不同而已。

队长的另一项重要职责是用武器装备士兵(*samadu*)，并为他们分配岗位。从巴比伦运来的武器，全部交由队长保管，再由队长分配给士兵。队长还负责把外国雇佣军护送到应到达的兵站。例如，在一份属于阿米萨杜卡统治时期的文献(*CT* 48 78)中，2 名队长负责护送 3 名埃兰雇佣兵和数量不详的苏提人雇佣兵，这些雇佣兵被安排守护底格里斯河的堤岸。在和平时期，队长还负责管理修建公共工程用的劳动材料，以及负责为雇佣工人分发粮饷和工资等。

与将军一职不同，队长不是由中央政府统一从巴比伦派出的，而是从当地选拔出来的。来自西帕尔城的材料显示，驻守西帕尔城军队的队长，肯定都是西帕尔城的公民。例如，一位名叫伊尔舒伊波尼的队长，为我们提供了其家庭的完整档案(*BE* 6/1 119)。他是伊利达米克(Ili-damiq)之子，其父伊利达米克在公民大会中担任重要的行政职务。伊尔舒伊波尼的姐姐拉马萨尼(Lamassani)是一名十分富有的沙马什神庙的纳第图女祭司，她拥有大量的地产。他的兄弟也拥有一份兵役份地(*sibtu*-field)，因此他也是一名军人。队长多半来自家境殷实的富裕家族，队长本人也都是拥有多处房产、地产之人。

---

① R. Harris，*Ancient Sippar*：*A Demographic Study of an Old-Babylonian City*(*1894-1595 B.C.*)，p. 97.

与将军一样，队长也必须缴纳职务税(Goetze *JCS* 11 34 No. 25：7)。

(三)军士

军士是处于队长之下的军衔。在一份文献材料中，明确地记载了几名队长和几名军士处于一位将军的领导之下。实际上“军士”的称呼(*NU. BANDA* 或 *laputtum*)不仅出现在军事文献中，在一些情况下它还出现在其他文献中，表示“头领”或“监管人”等意思。尽管按照正常的逻辑，军士的人数肯定多于队长和将军，但有关他们的材料却更少，这可能是由于他们官位低下，鲜有机会从事重要的军事活动和私人财产交易，因此也鲜有机会进入官方文献和私人法律文件。

(四)士兵

士兵无疑构成了美索不达米亚军队的主体。从《汉谟拉比法典》中可以看出，古巴比伦时期的士兵主要包括里都(*redû* 或 *UKU. US*)和巴衣鲁(*ba'irum* 或*SU. ḪA*)。里都最早出现在历史文献中，是在巴比伦第一王朝的第四代国王阿匹尔辛统治时期，早于将军、队长和军士。

三、文职军官体系

在古巴比伦时期，与武官军官制度相比，文职军官体系也很发达，这从古巴比伦时期的历史文献中便清晰可见。在古巴比伦时期，军队中存在着三级行政管理人员或文职人员，即高级军事行政官(*abi sabim*)、军事税务官(*deku*)、皇家军事书记官(*DUMU. E. DUB. BA*)和占卜官(*baru*)。

(一)高级军事行政官

阿比·萨比姆(*abi sabim*)作为高级军事行政官，可能是古巴比伦时期军队管理机构中最高级别的官员，其地位甚至可能位于将军之上。阿比·萨比姆的军事职位和地位，长期以来一直受到学者们的肯定，因为关于此有原始文献的依据。例如，在一份文献中，阿比·萨比姆被称为“军队之父”①；在另一份文献中，阿比·萨比姆被称为“雇佣军之首领”②。有一份账单记载的是在战争期间为士兵分配给养品的情况，所有被分配的牛总计1685头，其中有许多头牛分配给了5位将军，而对分配享有主宰权的就是1位阿比·萨比姆高级军事行政官。③

长期以来，一份重要的原始文献（*CT* 6 29）受到了学者们的广泛关注，因为它不仅成为研究阿比·萨比姆的重要文献，对研究古巴比伦时期的军队与官制、社会经济及奴隶制也同样具有重要的参考价值。这份文献记载如下：

> 瓦拉德布尼尼（Warad-Bunene），他的主人皮尔希伊利舒（Pirḫi-ilišu）以1.5明那之银，把他卖到了埃什努那——在埃什努那服役5年之后，他逃回了巴比伦。两位阿比·萨比姆官员辛穆沙里姆（Sin-mušallim）和马尔都克拉马萨舒（Marduk-lamassašu）抓获了瓦拉德布尼尼，并对他说：“你获得了自由，你的奴隶标记被剃掉了。你将要作为里都服兵役。”瓦拉德布尼尼回答道：“我不要作为里都服兵役，我将履行我父亲地产的伊尔库义务（*ilkum*-service）。”他的兄弟们李必特伊什塔尔（Lipit-ištar）、阿达德卢泽鲁姆（Adad-lu-zerum）和伊波尼沙马什（Ibni-Šamaš）对着马尔都克神和阿米迪塔那王发誓。瓦拉德布尼尼没有受到奴隶身份的起诉，他将与他的兄弟们一起履行其父亲地产的伊尔库义务，直到他生命的尽头。④

---

① Norman Yoffee, *The Economic Role of the Crown in the Old Babylonian Period*, unpublished Ph. D. Dissertation, Yale University, 1973, p. 86.

② Norman Yoffee, *The Economic Role of the Crown in the Old Babylonian Period*, p. 86.

③ R. Harris, *Ancient Sippar: A Demographic Study of an Old-Babylonian City (1894-1595 B.C.)*, pp. 94-95.

④ 原文及英译文参见 Norman Yoffee, *The Economic Role of the Crown in the Old Babylonian Period*, p. 93。

作为军队中的最高行政长官，高级军事行政官的任期也不像将军那样轮换很快，其中有一位马尔都克拉马萨舒任职达 14 年之久。与将军由中央政府从巴比伦派出不同，高级军事行政官一般出自当地的公民，他们的女儿在当地的神庙中担任纳第图女祭司。

从文献可以看出，高级军事行政官掌握着军队的生命线——给养的供应，在这方面他们甚至有超越将军的权力。他们不仅负责一般陆军的给养供应，还负责战车手和外国雇佣军的给养供应(*CT* 45 54)。此外，高级军事行政官还负责征兵工作(*CT* 6 29：8)；负责在军队范围内的音乐与歌唱活动(*CT* 8 21c：5f.)；还像队长一样，负责为从事公共工程劳动的工人分发粮食等配给品(*TCL* 1 158：8)；负责为王室向普通公民租借羊毛等物品(*CT* 8 21a；*CT* 8 30b；*CT* 8 10a)；负责购买奴隶从事公共工程劳动①；最为重要的是，高级军事行政官还是军队事务争端的仲裁者(*CT* 4 39d：5；*CT* 4 19a：13；*PBS* 7 108：28；*TCL* 1 164：13)。

也有学者认为，高级军事行政官并不是专职的军事官员，也不是专门的军事仲裁官，他的职责是多方面的。“他是一位王室官员，其基本职责在负责农业事务，负责收集和储存农产品”②，“他作为王室官员的这些职责，使得他在一些情况下充当了位于城市公社及其传统的机构和势力与城市公社成员对国家应负义务之间的代理人”③。

(二)征兵官和军事税务官(deku)

根据一位军事税务官辛伊丁纳姆(Sin-Iddinam)的任职经历来判断，军事税务官一职可能系终身制。军事税务官的主要职责是为国家征收兵役免

① R. Harris，*Ancient Sippar：A Demographic Study of an Old-Babylonian City(1894-1595 B. C.)*，p. 103.

② Norman Yoffee，*The Economic Role of the Crown in the Old Babylonian Period*，p. 131.

③ Norman Yoffee，*The Economic Role of the Crown in the Old Babylonian Period*，p. 97.

除税(*igisu*-tax)。自有公民兵制度以来，服兵役就是城市中成年适龄男子应尽的国家责任。在古巴比伦时期，对不能服兵役的人实行以纳税代替服兵役的制度，因此便有了兵役免除税。根据目前的材料尚无法判断兵役免除税适用于所有适龄成年男子，还是仅限于从事特殊职业的人。在目前的文献材料中，缴纳兵役免除税的人包括商人头领、商人、祭司、法官及其他政府官员，还有牧羊人、建筑师、理发师和船工等。兵役免除税按年度征收，以货币或银钱形式(*kasap ilkim*)缴纳，也可以分期付款。缴纳兵役免除税的数额因人不等，根据目前的材料无法判断征收兵役免除税的原则。来自西帕尔城的材料显示，一个人一次缴纳的数额最少的有 2/3 舍客勒之银，最多的达 120 舍客勒之银。① 政府征收上来的兵役免除税，有相当一部分用于为在各城市工作的王室官员以及军事书记官提供粮饷。

军事税务官除了为政府征收兵役免除税以外，还负责为公共工程召集劳动力。

(三)皇家军事书记官

在楔形文字文献中，皇家军事书记官有两种称呼，一种为 *DUMU. É. DUB. BA*，另一种为 *DUB. SAR*。在多数情况下，*DUMU. É. DUB. BA* 用于军事场合，*DUB. SAR* 用于非军事场合，但这样的区分并不严格。根据来自西帕尔城的文献资料，*DUMU. E. DUB. BA* 的称呼最早出现在汉谟拉比统治的第 35 年，三位军事书记官在一宗财产转让活动中担任最终的证人。有一些军事书记官反复出现在文献中，从而为我们提供了有关他们工作职责的信息。例如，伊比伊拉布拉特(Ibbi-Ilabrat)担任军事书记官 35 年，舒姆里斯(Šumu-lisi)担任军事书记官 6 年，沙鲁茹姆(Šallurum)担任军事书记官 2 年。

---

① R. Harris，*Ancient Sippar：A Demographic Study of an Old-Babylonian City(1894-1595 B. C.)*，p. 43.

图 6.3　亚述浮雕：描绘军事书记官在记录被砍去头颅的敌人的数量。约公元前 700—前 692 年。出自尼尼微

军事书记官的一项重要工作是及时记录里都士兵等的变化情况，对减员和增补情况进行登记，以保证军队士兵数量的真实性和准确性。在战斗中，军事书记官还负责清查和记录缴获敌人战利品的数量、消灭敌人的数量以及俘获战俘的数量，并把所有这一切都登记造册。

在非战争的和平状态下或在战场之外，军事书记官还和武官队长一道共同负责管理从事公共工程建设的工人，为他们保管和分发配额的生活必需品。军事书记官还像其他军事官员一样，在军人与军外人员进行财产交易过程中充当主要证人，虽然他们也可能在其他普通公民之间的财产交易中充当证人。

在文献中还出现了一种被称为“部队书记官”（*DUB. SAR ERÍN*）的人，他们有可能是来自巴比伦的军事书记官。例如，在一个盗牛案件（*TCL* 1 164）中，一名部队书记官伊丁马尔都克（Iddin-Marduk）获得了赔偿的判决。

在这个案件中，虽然其他当事人都来自西帕尔城，但主审官却是巴比伦的高级军事行政官，据此判断这名原告部队书记官是来自巴比伦的军事书记官。在另一份文献材料(*CT* 45 55)中，一名部队书记官负责把大麦运送到西帕尔-雅赫路鲁姆(Sippar-Jahrurum)城的粮仓，这些大麦是属于王宫守卫官(*GAL UKKIN. NA ERÍN KA É. GAL*)的，他有可能是承担护送或押运任务。

(四)占卜官

占卜活动在古代君王们所参与的战争中起到了非常重要的作用，占卜官也因此扮演着重要的角色。在美索不达米亚文明中同样如此。占卜官不仅决定着是否应该发动战争，还在战争进行中决定着是继续战斗还是选择媾和的战略决策。占卜官通常还要随军出征，他们不仅负责提供占卜仪式所用的牺牲，更重要的是还要获取占卜物和解释预兆。在美索不达米亚的习俗中，羊是最常见的占卜动物，偶尔也会用到鸟。占卜官似乎还负责为在战争中牺牲的亚述军官和士兵举办葬礼，虽然并没有这方面的文献资料留存下来。

亚述帝国的占卜官由于享有预兆解释权，在鼓舞军队士气方面发挥着重要的作用。在很多情况下，在军队陷于被动不利的局面时，占卜官往往为军队提供吉利的预兆，以稳定军心，鼓舞士气，摆脱困境。亚述国王埃塞尔哈东在其父王辛那赫里布遇刺身亡之时，意欲率军镇压弑君者的军队，来自众神的一封信给予了埃塞尔哈东以支持，表明神站在埃塞尔哈东一边，从而大大地鼓舞了军队的士气，使叛军士兵纷纷弃弑君者而去，有效地瓦解了叛军，造成了叛军的分崩离析。在亚述巴尼拔镇压其兄弟、巴比伦王的反叛战争中，占卜官也起到了非常重要的作用。占卜官提供的一份预兆是这样的：“在月神(雕像)的基座上写道：‘对于那些谋划反对亚述巴尼拔，犯有反叛罪之人，我将让他们邪恶地死去。让他们死于闪闪发光的铁剑之下，死于熊熊燃烧的烈火之中，死于饥饿和瘟疫。我将终结他们的性命。’”①在另一次行军过程中，亚述巴尼拔的军队面对一条波涛汹涌的河流，产生了畏惧的情绪，这一次又是占卜官立了功。具体情况是这样的：

> 军队来到了伊戴德河(Idide)，波涛汹涌。他们产生了恐惧心理，不敢渡河。居住在埃尔比尔的伊什塔尔女神在夜间为我的军队而显圣。她这样告诉他们：“我自己将走在亚述巴尼拔的前面，他是我用双手创造的亚述王。”我的军队在伊什塔尔女神显圣的保佑下，恢复了信心，安全地渡过了伊戴德河。②

占卜官通常也出自豪门，拥有巨额的地产和房产，享有较高的社会地位。除了从事占卜活动外，他甚至还参与给军人分发大麦的工作。在涉及军人甚至上至将军的财产转让交易活动中，占卜官可以充当重要的证人。

第二节　军人的社会地位

关于军人社会地位的文献资料主要来自古巴比伦时期，因此我们这里所论述的军人的社会地位也主要根据古巴比伦时期的社会分层。

一、军官的社会地位

如前所述，古巴比伦时期的军官可以分为文职和武官两个系统。无论是武官的将军、队长和军士，还是文职的高级军事行政官、军事税务官、军事书记官和占卜官，他们都来自城市公社，都在城市公社中享有土地，

① H. W. F. Saggs, *The Might That Was Assyria*, p. 245.

② H. W. F. Saggs, *The Might That Was Assyria*, p. 245.

是享有全权的自由公民，因此，他们无可置疑地都属于阿维鲁等级。在这方面，我们也拥有直接的文献材料证据。在涉及马里的文献中，有将军被称为"*LÚ GAL MAR. TU*"和"*LÚ GAL MAR. TU. MEŠ*"。① 其中的"*LÚ*"是苏美尔语，相当于阿卡德语中的"*Awilum*"(阿维鲁)。在巴比伦第一王朝的

图 6.4　记载巴比伦国王向一位高级官员赠送土地的界碑。该官员在与亚述的战争中有过优异的表现。约公元前 1090 年

① A. Marzal, "The Provincial Governor at Mari: His Title and Appointment", *JNES*, Vol. 30, No. 3(1971), p. 192.

文献中，某位将军名字前面带有阿维鲁称号的情况也不少见，例如，一位将军作为证人出现在一份文献中（*igi awilim ugula martu*）①，其中的 *awilim* 在阿卡德语里是 *awilum* 的所有格形式。在古巴比伦时期的文献中，高级军事行政官往往也被加以阿维鲁的尊称（*awilum abi sabim*）。② 不仅如此，我们从文献中还发现，有的高级军事行政官曾经有过担任公民大会主席（*gal-unken-na*）的经历③，而公民大会主席来自城市公社，在他们名字的前面往往也加有"阿维鲁"的称呼。

不仅如此，军官当中的多数人，都出身于家境殷实的富贵之家。他们通常还像一般的皇亲贵胄一样，把自己的女儿送往自己城市的神庙做纳第图女祭司。虽然西帕尔城的资料没有显示将军把自己的女儿送到神庙做纳第图女祭司，但这可能是因为他们是由中央政府从巴比伦城派出的，他们的女儿应该被送到巴比伦城的神庙中做纳第图女祭司。高级军事行政官把自己的女儿送到神庙担任纳第图女祭司的例子比比皆是。古巴比伦时期的相关文献表明，纳第图女祭司都来自城市公社，来自社会地位较高、经济条件较好的富贵人家，甚至国王都把公主送到神庙做纳第图女祭司。纳第图女祭司在进入神庙之后，并没有脱离城市公社，她们在城市公社中仍享有土地，因此，纳第图女祭司都属于阿维鲁等级。④ 纳第图女祭司所享有的阿维鲁等级的社会地位，说明她们出自阿维鲁家庭，她们的父辈自然属于阿维鲁等级。

---

① Norman Yoffee, *The Economic Role of the Crown in the Old Babylonian Period*, p. 92.

② Norman Yoffee, *The Economic Role of the Crown in the Old Babylonian Period*, p. 86.

③ Norman Yoffee, *The Economic Role of the Crown in the Old Babylonian Period*, p. 87.

④ 关于纳第图女祭司社会地位的详细论述，参见于殿利：《巴比伦法的人本观——一个关于人本主义思想起源的研究》，第 50～54 页。

二、公民兵的社会地位

古巴比伦时期军队的士兵有两个重要来源，一是公民兵，一是雇佣兵，其中以公民兵为主。公民兵来自城市公社，从城市公社中招募而来；而雇佣兵则来自城市公社以外，其中很多是外邦人。公民兵显然属于阿维鲁等级，而雇佣兵则多数属于穆什钦努(*Muškēnum*)等级。

处于军队组织最基层的士兵则包括里都、巴衣鲁和埃林等。里都和巴衣鲁等公民兵属于阿维鲁等级，因为他们来自城市公社，除了为国家服兵役而享有王室份地外，他们在城市公社中享有土地，是城市的公民。例如，在一封书信(*CT* 44 53)中有这样的记载：一位纳第图女祭司的奴隶逃到了另外一个城市，声称他是该城的一位自由民的儿子，并且已经被征为里都，该纳第图女祭司的代理人则宣称，他既不是沙加(Šagga)城的公民，也不是一名自由民(*Mār Awīlim*)。①

从《汉谟拉比法典》中我们便可以很清楚地看到，古巴比伦时期的军事人员，从一般士兵到最高军事指挥官，都出自城市公社，在城市公社中享有土地，城市公社中的成年男子构成了公民兵的主要来源。公民兵的主要职责是随军征战，即参加与敌国的战争，这种参加战争的活动在目的性方面，被提到最多的，无非是"保家卫国"。在"保家"方面，公民在遇到战争时应征入伍那是自己作为公民应尽的义务，在"卫国"方面，则是在为国王效力、为国家效力，就像《汉谟拉比法典》中反复提到的"奉王命远征"，因此作为城市公民为国家履行军事义务的报偿，国王通常赠送其田地、花园、房屋等不动产，以及牛羊等动产。这些与军事义务密切相连的不动产和动产，不能随意买卖和交换，不能随意遗赠他人，不得用于抵偿债务，不得

---

① R. Harris, *Ancient Sippar: A Demographic Study of an Old-Babylonian City*(*1894-1595 B. C.*), p. 91.

用于赎金。这在法典中有明确的规定：

> 第 35 条：一个人从里都那里购得国王所赠予之牛或羊，那么他应丧失其所付之银。
>
> 第 36 条：里都、巴衣鲁或纳贡人①之田园房屋不得出卖。
>
> 第 37 条：如果一个人购买了里都、巴衣鲁或纳贡人的田园房屋，则应毁其泥板契约，而失其所付之银。田园房屋应归还原主。
>
> 第 38 条：里都、巴衣鲁或纳贡人不得以其与所负义务有关的田园房屋遗赠其妻女，亦不得以之抵偿债务。
>
> ……
>
> 第 41 条：一个人以自己的财产换取里都、巴衣鲁或纳贡人的田园房屋，且加付价额时，里都、巴衣鲁或纳贡人仍可以回到自己的田园房屋，并可以收取其所加付的价银。
>
> 第 42 条：里都或巴衣鲁于王命远征时被捕为俘……其田园及房屋不得作为赎金。②

但里都和巴衣鲁在公社中享有的其他土地，或自行购得的其他土地，由于与军事义务无关，则不在禁止之列。这在《汉谟拉比法典》中也有明确规定：

① 纳贡人为从王室领取份地(*ilkum*)并向王室交纳大量田地收获物之人，他们所承担之义务亦称 *ilkum* 义务。他们在这里虽然与里都和巴衣鲁等一并被提到，但他们的身份不属于阿维鲁，而属于穆什钦努。关于纳贡人身份、性质及其地位的论述，参见施治生、徐建新主编：《古代国家的等级制度》，北京：中国社会科学出版社，2003 年版，第 171～175 页；周怡天：《关于古巴比伦社会经济的札记两则》，见中国世界古代史研究会编：《世界古代史研究》第 1 辑，北京：北京大学出版社，1982 年版，第 40～53 页。

② 参见林志纯主编：《世界通史资料选辑》(上古部分)，第 75～76 页。

第39条：如田园房屋系由其自行买得，则彼得以之遗赠其妻女，亦得以之抵偿债务。①

里都和巴衣鲁不得以任何理由拒绝履行军事义务，否则等待他的只有死刑。里都和巴衣鲁被俘或牺牲后，其军事义务可由其子继承履行，如果他没有子嗣或子嗣年幼，则可由他人代服军役，代服军役者可享有其与军事义务相连的田园房屋等。

第26条：里都或巴衣鲁奉王命出征而不行，或雇人代替自己，此里都或巴衣鲁应处死，代之者得其房屋。

第27条：里都或巴衣鲁为王役而被捕为俘(?)，此后其田园交与其他代服军役之人，如果其返回其乡里，则应归还其田园，由他自行担负军役。

第28条：里都或巴衣鲁为王役而被捕为俘(?)，而其子能服军役者，应以田园予之，由其代父服役。

第29条：如果其子年幼，不能代父服役，则应以田园之三分之一交与其母，由其母养育之。

第30条：里都或巴衣鲁因其义务繁重，离弃其田园房屋，其后他人取其田园房屋而代之服役，已届三年，如果他回来而要求其田园房屋时，不得交还之。取其田园房屋而代其服役者应担负军役。

第31条：如果他离去仅一年即归，则应交还其田园房屋，由其自服军役。②

---

① 参见林志纯主编：《世界通史资料选辑》(上古部分)，第76页。
② 参见林志纯主编：《世界通史资料选辑》(上古部分)，第75页。

从这些法律条款中不难看出，法典一方面极力保护士兵的与履行军事义务密切相连的田园房屋等供养家庭的生产和生活资料，这一精神与我们在债务法中所见的立法者极力保护债务人的土地和田园的宗旨是一致的；另一方面竭力保证这些作为权利所享有的田园房屋，能与作为其来源的军事义务，始终联系在一起，从而保证军事义务始终有人来履行，而不至于落空。此外，《汉谟拉比法典》对被俘和牺牲（在法典中虽未被提及，但按逻辑可以推断出）士兵的家属（未成年孩子和妻子）的安置工作（见第 29 条）也值得称道，体现了以人为本的思想。

比《汉谟拉比法典》稍晚一点的《赫梯法典》，为我们研究关于古巴比伦时期士兵的身份和地位的问题提供了辅助性的，却是相当重要的参照。《赫梯法典》中有许多条款涉及士兵及其所承担的义务，在这里只援引第一表中有代表性的、最能说明问题的两条：

> 第 40 条：假如某战士失踪，而另一个“萨含”①人被任命，这个“萨含”人说，“这个武器是我的，这个‘萨含’也是我的”，则他将占有(?)某战士的田地，同时应拿起武器并履行“萨含”；假如他拒绝武器，则[丧失]某战士抛弃的田地，而那个公社的人将耕种它。
>
> 假如国王给予俘虏，俘虏就应当接受这块田地并成为战士。
>
> 第 41 条：假如“萨含”人失踪，而另一个“萨含”人被任命来代替他，而这个战士说，“这个武器是我的，这个‘萨含’也是我的”，则他将占有“萨含”人的田地，同时应拿起武器并履行“萨含”；而假如

① 萨含(*Sahḫan*)为赫梯公社成员所承担的军事义务，以及与这军事义务相连的份地。“萨含”人即指享有该份地，履行该军事义务之人。这一点与古巴比伦时期里都和巴衣鲁所领取的份地及所承担之军事义务十分相似。

他拒绝履行“萨含”，则“萨含”人的田地就收进宫廷，而失去“萨含”。①

无疑，公民兵义务是公民对家和对国的义务，但它首先应是公民所在的城市公社对国家的义务。所以，当作为公社成员和公民的战士失踪时，公社有责任和义务“任命”别人来代替他，替代者在宣称拿起武器履行“萨含”义务之时，同时也宣告了与之相连的“萨含”份地归属已有。但是，如果他拒绝履行军事义务，则要丧失“萨含”份地。这个份地应该是出自公社，所以自然由公社收回。但如果连续两个“萨含”人拒绝履行其应承担的军事义务，份地便要被国家收回，这可能意味着国家要亲自为公社寻找其应服兵役之人，但份地仍由公社提供，由国家用从公社中收回的份地来解决。

关于公社土地、王室份地以及与之相关的公共义务和军事义务，《赫梯法典》中还有其他许多条款有所涉及(如第一表第46～47条)，限于篇幅，不再赘述。

其实，在《汉谟拉比法典》的相关条款(第133～135条)中，在涉及士兵被俘后其妻子的生活保障时，已经把第27～29条和第32条中同样涉及的被捕为俘的里都和巴衣鲁，直接换上了自由民阿维鲁的称呼。② 不仅如此，在楔形文字原始文献中更有直接把士兵和将军称为阿维鲁的证据。例如，在涉及巴比伦在幼发拉底河中游的行省马里的一些文献中，经常有士兵被称为“*LÚ UKU. UŠ. MEŠ*”③和“*LÚ UKU. UŠ*”④，还有一群哨兵被称为

① 参见林志纯主编：《世界通史资料选辑》(上古部分)，第152～153页。

② 参见《汉谟拉比法典》，杨炽译，第72～75页；林志纯主编：《世界通史资料选辑》(上古部分)，第85页。

③ A. Marzal, “The Provincial Governor at Mari: His Title and Appointment”, *JNES*, Vol. 30, No. 3(1971), p. 191.

④ A. Marzal, “The Provincial Governor at Mari: His Title and Appointment”, *JNES*, Vol. 30, No. 3(1971), p. 191.

“*LÚ. MEŠ*”。[①] 其中的 *LÚ* 是苏美尔语，它的阿卡德语表达形式就是 *Awīlum*(阿维鲁)；*UKU. UŠ* 也是苏美尔语，在阿卡德语中就是 *Redûm*(里都)[②]；*MEŠ* 则是名词复数的表达方式。

由于公民兵是古巴比伦时期军队的主要成分，士兵主要来源于城市公社，他们是公社中的成年男子，从本质上就具有公社土地持有人和战士的双重身份资格，所以军人中的大多数应属于阿维鲁，而不像传统的教材和著述中所认为的那样，把士兵归于穆什钦努等级。[③]

三、雇佣兵的社会地位

外国雇佣兵在古代美索不达米亚是有其传统的。古巴比伦时期雇佣兵主要来源于加喜特人(*Kassites*)、苏提人(*ERÍN Suti*)和埃兰人(*ERÍN NIM. MA*[ki])等。有一种士兵称为“埃林”，他们可能是外国雇佣兵，而且有可能是由战俘转化而成的外国雇佣兵。

关于外国雇佣兵的社会地位，几乎没有文献材料直接指明他们属于阿维鲁还是穆什钦努，但根据阿维鲁来自城市公社，在城市公社中享有土地，是享有全权的自由公民，以及穆什钦努主要是由外邦人构成这一事实判断，外国雇佣兵应该属于穆什钦努。根据外交同盟关系临时受雇于巴比伦的外国雇佣军，如汉谟拉比时代的马里雇佣军，不属于巴比伦军队的正式编制，他们不属于“巴比伦人”，他们在完成“外交援军”的任务之后，就返回自己的国家，向自己的国王复命。

---

① A. Marzal, “The Provincial Governor at Mari: His Title and Appointment”, *JNES*, Vol. 30, No. 3(1971), p. 191.

② R. Harris, *Ancient Sippar: A Demographic Study of an Old-Babylonian City(1894-1595 B. C.)*, p. 87.

③ 参见刘家和、王敦书主编：《世界史·古代史编》上卷，北京：高等教育出版社，1994年版，第74页。

第三节 主要兵种、武器和战略战术

在古代世界，地理环境成为影响战争的重要因素，地理环境影响着战争的发生，影响着主要战略战术的制定，影响着武器的发明和使用，还影响着军队主要兵种的形成。对于美索不达米亚而言，还算优越的地理环境所造成的相对富庶，以及内部和周边民族为此展开的争夺成为战争的主要动因。开阔的平原以及发达的内河和海上交通，又为战争的展开提供了便利的条件。地理环境在很大程度上还决定着战略战术的制定，地理条件所提供的物质资料和战略战术共同影响着武器的发展与主要兵种的形成。构成主要兵种的士兵，他们的来源多半与他们的生产与生活环境，以及在生产和生活中培养起来的技能密切相关。换句话说，“每一个兵种都穿自己特色的服装，极大地显示出士兵的社区身份，每一支军队都出自不同的社会背景，他们都穿着不同的服装，使用不同的武器”①，“很明显，不同的部队使用不同的武器，这多半源于他们的家庭环境”②。

一、主要兵种和武器

诚如一位亚述学家所云：“对于美索不达米亚的生活而言，战争是一种自然状况。”③所以，美索不达米亚人在战争艺术方面所达到的高度——兵种的齐全、武器的精良，以及战略战术的发达等，在人类战争史的发端处就奠定了较好的基础。

---

① J. N. Postgate, *Early Mesopotamia: Society and Economy at the Dawn of History*, p. 245.

② J. N. Postgate, *Early Mesopotamia: Society and Economy at the Dawn of History*, p. 245.

③ [美]斯蒂芬·伯特曼：《探寻美索不达米亚文明》，秋叶译，北京：商务印书馆，2009年版，第401页。

(一)战车兵

平原地区无疑是最适合用战车来进行作战的了，无论是古代的马拉战车，还是现代的汽车、坦克和装甲车等莫不如此。无论是古代的还是现代的哪一种车，轮子都是至关重要的。轮子的发明是古代美索不达米亚人对人类文明最重要的贡献之一，马的驯养在美索不达米亚文明中也是较早发生的事，所以依靠马来拉动的战车的发明便是很自然的事情。遗憾的是，有关战车方面的文字资料，至今湮灭不彰，但幸运的是，保存下来了零星的模型和浮雕等资料。

图 6.5　铜战车模型。约公元前 2000 年。出自土耳其东部

根据现代军事史学家的评价，“战车的发明与发展是(公元前)第 3 千纪时对战争艺术最重大的贡献”①，而这个贡献属于美索不达米亚最古老的民族之一——苏美尔人。在最初发明战车之时，由于没有马匹，苏美尔人是

① 转引自[美]斯蒂芬·伯特曼：《探寻美索不达米亚文明》，秋叶译，第 406 页。

使用野驴作为动力的。

战车在当时的美索不达米亚南部地区，属于最精良、最高端的武器。苏美尔人的战车分为两轮的通信车和四轮的用于作战的重型战车。两轮车的优点是快速和灵活，缺点是控制性差，所以主要作通信之用，用于运载传递军事情报和军事命令的信使。苏美尔人的四轮车是一种用于两人作战的重型战车，它能装载一名驾车手和一名手持长矛的士兵，由四匹野驴拉动。苏美尔人的四轮战车在著名的乌尔皇家军旗的军事场面中得到了充分的展示。在战车的前面有一个类似箭箱的装置，是用于装载长矛或标枪之类的武器的，长矛或标枪的箭头是用铜金属制作的。

苏美尔人的这种四轮战车虽然坚固、稳重，可以用于作战，但弱点同样突出，即在运动战中显得笨重，不够灵便，推进的速度缓慢，因为结实的车轮安装在轴心上，且前轴在转弯时不能旋转。这种战车的用途主要是配合步兵，去冲击敌方的队形，也可用来直接攻击敌军的统帅。

苏美尔人的四轮战车部队主要由有钱的贵族提供，因为战车的制作和装备非常昂贵，非寻常百姓所能够负担。与此相适应，战车和战车手也是社会地位的标志。在国王、王公大臣和有钱的贵族的陵墓中，战车通常是最耀眼的陪葬品。在阿卡德王国时期，战车失去了它至高无上的地位，因为阿卡德人的军队没有苏美尔人那样的城市文明生活背景，他们的战争通常都是远征，跨越的地域非常广泛，地形变化复杂，不同于苏美尔和阿卡德广阔的平原，适于战车的应用。到古巴比伦时期，尽管重型四轮车还发挥着重要的作用，但战车似乎主要用于一些仪式场合或宗教场合，作为祭神之用。

到公元前第二千纪，美索不达米亚的战车技术得到了发展，战车兵的作战能力得到了大大的提高，这其中有一个非常重要的原因，即优良的马匹从中亚引进到美索不达米亚，且得到广泛的应用。两轮战车得到了改善和发展，成为主要的作战车型。这主要体现在亚述的军队中。新型的两轮战车在保持传统的苏美尔人四轮战车的稳固性的同时，又与两轮战车快速、

图 6.6　亚述浮雕：战车和战车兵。约公元前 728 年。出自尼姆鲁德

灵活的优点结合在了一起，使其既稳固又不笨拙，既快速、灵活又可以控制。这种新型两轮战车在战场上的用途也发生了变化，它主要的功能不在于冲击敌方的阵型，而在于它的先锋突击队作用，因为这种战车实际上已经成为一个快速移动的发射台，战车上配有三个人：一个是驾车手，负责操控战车；一个是弓箭手，负责向敌人实施射击；一个是盾牌手，负责用盾牌保护弓箭手和驾车手。亚述军队使用战车的技术十分娴熟，他们除了把战车用于战场，还用于皇家狩猎活动中。

(二)步兵

在美索不达米亚历史的任何时期，在任何战争场合下，由平民和外邦人组成的步兵都是最主要和最基本的兵种和战斗力量。因此，步兵也是规

图 6.7　亚述浮雕：步兵中的投掷手。约公元前 700—前 692 年。出自尼尼微

模最大的。例如，在亚述帝国时期，一次投入战斗的步兵就达十几万人。沙尔马纳赛尔三世就曾提到他的部队一次就有 120000 人向西穿过幼发拉底河(公元前 845 年)。辛那赫里布在一次对埃兰人的战役结束后，也曾炫耀自己消灭了埃兰军 150000 人。如果他不是全歼敌军的话，埃兰军队的总人数肯定超过损失之数，那么亚述军队投入战斗的兵力也不会少于这个数，除非他们是以少胜多。

苏美尔早王朝时期的步兵，使用的武器多种多样。例如，在拉伽什王安那吐姆为纪念自己对邻邦乌玛的胜利所立的鹫碑上，就至少展示了三类重装武器。其一，拉伽什的一支部队肩扛着战斧。其二，另一支部队手持着扁斧，这种扁斧可以两用，即和平时期可以用作农具。典型的扁斧的斧头是用坚硬的铜金属制作的，重量超过1.25千克。其三，另一支部队则是盾牌方阵和长矛方阵，他们手持硕大的盾牌——盾牌是用皮革制成的，皮面上配有金属铆钉，还有长矛。在这三类武器中，长矛可能是最为有效的武器，因为长矛队在乌尔第三王朝时期也特别受重用，舒尔吉就曾特别提到长矛队。

虽然弓箭在战车兵和骑兵等兵种中也有使用，但弓箭在步兵中应用最广泛，弓箭兵是步兵队伍中最重要的兵种之一。弓箭的发明无疑与投石器的发明一样，拥有久远的历史，它也是古代最有效的远程武器之一。早在乌鲁克文化时期，就有统治者用弓箭猎狮的图画。① 弓箭用于战争的最好例证，来自早王朝时期的马里，其画面中还有许多盾牌。在纳拉姆辛的“胜利纪念碑”上，这位自称“世界四方之王”的阿卡德君主就手握一张弓。实际上，阿卡德

图6.8　亚述浮雕：弓箭兵在围城战斗中。约公元前728年。出自尼姆鲁德

① J. N. Postgate, *Early Mesopotamia: Society and Economy at the Dawn of History*, p.249.

人使用弓箭远不是从纳拉姆辛开始的，军事史家愿意相信，阿卡德人就是凭借弓箭征服装备精良的苏美尔人的。阿卡德人使用的弓箭不是原始的弓箭，而是发明于公元前第三千纪下半叶的一种合成弓。军事史家认为，“具有更长射程的合成弓的发明是革命性的，堪与几千年后黑色火药的发明相媲美”①。这种“具有革命性”的武器与普通的简单弓不同，它不是用单一的木料制成的，合成弓由多种材料制成，由木料、骨头，还有其他一些加强物黏合在一起。合成弓最大的优点在于其牵拉强度的增大使得弓箭的射程大大增加，最大射程达600～800英尺。与此同时，弓箭发射的速度也大大提高。这些优点往往使得在把敌人放入有效射程范围之内的同时，自己还可以远远地置身于安全距离中。弓箭在亚述帝国的征服过程中也发挥了重要的作用。这在保存下来的亚述战争浮雕以及其他艺术作品中都得到了充分的表现。

除了弓箭、长矛、标枪、战斧和刀剑等最主要的进攻型武器外，还有防守型武器，主要包括盾牌、头盔和铠甲。头盔最初使用的原料是毛毡和皮革，后来发展为金属。铠甲也经历了一个发展过程。最初在苏美尔时代，是在用亚麻或皮革制成的斗篷上缝制金属片，以抵御敌人的进攻。到亚述帝国时期，出现了用重叠的金属鳞片缝制的专门的铠甲，这种专门的铠甲用于武装亚述精良的部队。这种专业的铠甲可以自由屈曲折弯，因此在战斗中反应灵活，应对自如。进攻型武器和防御型武器的“竞赛”，促进了古代美索不达米亚兵器的发展。

(三)骑兵

骑兵可以称得上是古代美索不达米亚最精良的部队，但是它在公元前第一千纪以前发挥的作用很小，因为虽然马早已经被驯化，但马鞍和马镫还没有发明，所以人们无法骑在马上自由地使用兵器，无论是挥舞长矛、短剑，还是开弓放箭都是极其困难的。它的威力直到亚述帝国时期才真正显示出来。根据现有的材料判断，亚述骑兵队伍的规模应该是非常可观的。

① 转引自[美]斯蒂芬·伯特曼：《探寻美索不达米亚文明》，秋叶译，第404页。

图 6.9　亚述骑兵浮雕。约公元前 700—前 692 年。出自尼尼微

例如，一名地方官在一次征兵中就提到了 1500 名骑兵和 20000 名弓箭手。① 由此判断，整个亚述帝国骑兵队伍的规模应达过万甚至过十万之巨。

亚述军队的最强战斗力表现在行军速度快，进攻速度快，追击退却的敌人的速度快，这在很大程度上归功于骑兵的快速作战能力。亚述骑兵的马匹供应主要来源于被征服的北部和东北部臣属国，而武装起来的亚述骑兵又在亚述帝国镇压包括北部和东北部臣属国在内的各地反叛活动中发挥了重要作用。亚述骑兵的马匹有的是臣属国的纳贡物品，有的则是通过劫掠获得的。位于伊朗西北部的乌尔米亚湖以南的地区以盛产优良马匹著称，所以亚述与其北部邻国乌拉尔图为争夺对这一地区的控制，连年不断地发动战争，他们争夺的是骑兵队和战车兵队所需要的马匹资源。萨尔贡二世对此曾如此炫耀：

对于那些居住在乌拉尔图那片土地上的人们来说……他们对掌

① H. W. F. Saggs, *The Might That Was Assyria*, p. 253.

> 握骑兵马匹技术的喜好不复存在了。那些小马驹……是为皇家军队喂养的，我们每年收集一次，然后把它们送到苏比(训练)基地(the Land of Subi)。我们看到它们所拥有的本领，它们不让任何人骑在它们的背上，它们不需要接受前进、旋转、撤退或者一切战斗训练。①

文献中通常提到的这一地区的优良马匹有两种，一种是库善马(the Kusian)，另一种是莫善马(the Mesian)，它们产自北部或东部的不同地区。有很多文献资料表明，亚述人训练马匹的技术也是从这一地区的居民那里学来的。

图 6.10　亚述浮雕：亚述骑兵在战斗中。约公元前 728 年。出自尼姆鲁德

(四)工程兵

亚述军队拥有专门的工程部队，用于为军事行动和战役修建道路、桥梁、营房、战壕和其他防御工事等，以保证军队战略战术的正常实施。从

① H. W. F. Saggs, *The Might That Was Assyria*, p. 169.

保存下来的图像资料中可以看出，古代亚述人的筑城技术已经达到了相当高的水准。亚述人修建的军营，通常就构成一座长方形或椭圆形的坚固的堡垒，筑有高大的城墙，以及用于瞭望和发射弓箭等兵器的高塔。

亚述的工程兵还用于亚述军队的主要战术之一的围城术。在亚述王宫的浮雕中，就保存有亚述军队围攻敌人城池和要塞、堡垒的生动画面。亚述军队通常把敌人的城池和要塞、堡垒围困起来，然后由工程兵修筑浮桥、栈桥和挖掘壕沟，以及制作其他攻城工具，配合围城战术的实施。

亚述工程部队的传统和技术，通过波斯人传给了古罗马人，最终成为西方古代军事文明的一个重要组成部分。

(五)海军

古代美索不达米亚尤其是巴比伦尼亚，拥有十分发达的水路交通条件，也拥有造船的技术和传统，但巴比伦人把它们主要作交通和贸易之用，巴比伦人的海军几乎没有发挥重要作用。亚述人为满足其开疆扩土、建立庞大帝国之需，试图在其臣属国的帮助下建立自己的海军舰队。腓尼基人是古代世界最伟大的造船师和航海家，在亚述帝国征服腓尼基人的各城市，迫使它们称臣纳贡后，腓尼基人的造船和航海技术便被亚述人所利用。最初，亚述人直接利用腓尼基人的舰队出征，例如，萨尔贡二世出征塞浦路斯时指挥的就是腓尼基人的舰队。后来，亚述人把腓尼基人请到尼尼微来为自己建造船只，试图打造自己独立的海军舰队，亚述的统治者们对这一点是抱有很大的期望的，这种期望是与他们征服和统治世界的期望相一致的。辛那赫里布就建立起了自己的舰队，并派这支舰队出师波斯湾，但由于航海家和优秀的海军水手不是短时间内可以训练出来的，辛那赫里布舰队中的海军水手还得依靠腓尼基人，他们来自西顿和推罗等城市。强大的陆军是亚述统治者开疆拓土的主要依靠，海军则是他们的缺憾，建立强大的海军一直是亚述统治者们的梦想，他们都把每一次海军行动看成是十分重大的事件，要浓墨重彩地记录在自己的铭文中。

图 6.11　亚述浮雕：亚述海军在美索不达米亚南部作战中。约公元前 700—前 692 年。出自尼尼微

(六)通信兵、工兵、侦察兵和间谍

古代美索不达米亚的君王们并不是每次都随军出征，但他们需要随时了解战争的进展情况。另外，军队指挥官在指挥作战的过程中，需要向下传达作战命令，因此，通信兵发挥着重要的作用。在古代美索不达米亚的战争中，已经出现了工兵部队、侦察兵和间谍。工兵主要用于暗中破坏敌人的防御工事等，他们通常通过暗中挖掘坑道来实施对敌人防御工事的破坏。侦察兵主要用于侦察敌情等活动。间谍则主要是用来获取敌人的重要情报等。通信兵、侦察兵和间谍构成了古代美索不达米亚的军事情报体系。在公元前第二千纪的时候，美索不达米亚的信使们就在“幅员 1000 平方千米的政治和军事版图上穿梭着，从地中海到波斯湾”，“所有的信息都是通过谍报人员收集起来的”。① 美索不达米亚的谍报系统在古代可以说是非常发达的。例如，在一份来

① J. N. Postgate, *Early Mesopotamia: Society and Economy at the Dawn of History*, pp. 250-251.

自上美索不达米亚王国的文献中，直接提到了间谍。这份文献是其国王沙马什阿达德一世的儿子伊什美达干给他弟弟雅思马赫阿杜的书信，内容如下：

> 当我到达伊克拉图姆城之时，我听到了哈尔布城(Harbu)叛变的消息，它投靠了埃什努那。我准备派出一支军队，但没有船只运载军队渡过亚波利亚河(Yabliya)。你收到这份泥板书信后，立即派20艘船到亚波利亚河，每艘船能运载120名(士兵)。如果你发送空船过来，将会引起敌人的注意，敌人的间谍人员将会向敌人报警。所以，要装上1000霍摩尔(homer)的粮食，搭载100霍摩尔的面粉和10霍摩尔的啤酒，按每艘船50霍摩尔粮食的比例平均装载，然后让船只顺流而下。当你下令发船之时，不要提及士兵的数量。当你下发命令时，应该这样指示："我们发送的粮食船队是为了供给亚波利亚河的居民，面粉和啤酒是为了供给亚波利亚河的城堡。"(*ARM* V No. 81 ŠDurand 1998 No. 539)①

这份文献一方面反映出当时的军事战略部署是非常周详的，另一方面也反映出当时的谍报系统也是非常发达的，所有的战略意图都需要较好的迷惑性或欺骗性。美索不达米亚谍报系统的发达还揭示出当时交通的便利和各国外交往来的畅通。可以想见，如果没有对地理环境的熟知，没有各国外交往来的关系，通信和谍报系统也会受到很大的影响。所以，谍报系统的发达也从另一个侧面反映了古代美索不达米亚地区的综合交往状况。

亚述帝国时期，谍报系统就更为发达了。公元前8世纪末，面对乌拉尔图王国在东北部边境的压力，亚述的情报系统不断地通过书信的形式，从边境向国王报告乌拉尔图人的详细信息，包括他们随时随地所处的位置

---

① Marc Van De Mieroop, *King Hammurabi of Babylon*, p. 8.

以及未来的动向或意图等。亚述的间谍获取了乌拉尔图军队的详细人数、行动方向、行军路线以及最终目的地等情报。亚述帝国的间谍人员或侦察兵称为“达雅鲁”(*dayalum*)，他们被派往帝国领土进行情报搜集活动。为了获得敌人的详细情报，甚至包括各级头领的真实姓名，他们必须与敌人军队内部的人员保持必要的联系。敌人内部的人员通过两种途径获得：一种是有目的地抓获俘虏，试图从俘虏口中审问出想要的情报；另一种也是一直流传到现在的做法，即花钱雇用或购买谍报人员。实际上，古代美索不达米亚的谍报人员不仅向他们的国王或中央政府报告有关敌人的军事情报，还搜集一切可能影响敌人军队士气的信息，如敌人内部的宗教不满情绪等。为了使自己的情报系统发挥最大的威力，亚述的统治者们在自己的宫廷里招揽了熟悉各国语言的翻译人才。

二、亚述帝国的基本战略

在古代，战争的频仍使其成为并不受人民喜欢的生活状态之一，而国家战略是与军事战略密切相关的。

(一)城市选址和城防建设

古代美索不达米亚人在战争和军事方面第一个重要的战略选择和举措，就是城市的选址和城防建设。古代的战争基本都是在地面水平线上进行的，因此防御首先要针对来自地面水平线的进攻进行设计安排。战争的经常化使得每个城市国家都首先把安全放在第一位来考虑，而这种考虑的最首要因素便是城市的选址和城防建设。古代美索不达米亚的国家基本都是城邦形式的国家，即使后来发展到帝国阶段，首都城市也构成了国家的核心，因此核心城市的安危就直接关系到整个国家的安危。

一般来说，城市的选址最好前傍水后依山，有高处的堡垒或要塞地势最理想，这样一来易守难攻，二来进可攻退可守。但对于美索不达米亚南部的平原地区而言，城市几乎都是在幼发拉底河和底格里斯河沿岸交通便

图6.12　描绘亚述军队宿营的浮雕。公元前865—前860 年。出自尼姆鲁德

利、经济发达的地区发展起来的，虽然也都尽可能地选在相对高的地势修建，使城市高出周围的平原，但总体来说，没有太多易守难攻的天然地理条件，因此对城防建设的依赖程度便大大增加。城墙的修建是最重要的防御手段。美索不达米亚南部的城市在这方面又处于十分不利的境地，因为这里没有坚固的石头作为建筑材料，甚至缺乏可用的木材，只有两河富产的淤泥以及蒲草和芦苇等可用作建筑材料。修建城墙的砖就是用黏土混合碎草制作而成的，这种砖分为一般太阳晒成和进炉烧制而成两种，烧制而成的砖由于硬度更大和更持久耐用而被用来修筑城墙，使得城墙更坚固。城墙可能分为内外两层，内城墙更接近王宫。城墙上根据需要开设城门，城门由皇家卫队守护。在城墙外边修建护城河，成为另一个重要的城防手段。古代美索不达米亚的城市，一般都修建有护城河。

(二)军事要塞和首都的修建

军事要塞和军事首都的修建，成为亚述帝国军事扩张的重要战略部署。亚述的统治者们为了满足其建立庞大帝国的需要，选择在重要的具有战略意义的位置建立军事要塞，保证武器与军需物品的储存与发放、粮食给养的供应、战利品的保管，以及军队的休整与训练等。军事要塞还往往建设成要塞型城市，这些要塞型城市有的还发展成亚述帝国的军事首都，成为亚述帝国进攻与防守的大本营。所以，在亚述帝国本土境内，沿底格里斯河形成了一连串的都城群，构成亚述帝国的一道风景。

卡尔胡城最初就是沙尔马纳赛尔一世在公元前 13 世纪修建的一座军事要塞型城市，在阿淑尔那西尔帕二世统治时期建设成亚述的一座都城。阿淑尔那西尔帕二世堪称亚述帝国的战略家，长期在帝国北部的跋涉征战使他认识到在这里建立一座都城的必要性。由于亚述帝国的首都亚述城位居南部，对其军事征伐形不成有力的支持，所以阿淑尔那西尔帕二世早年在北部的战争主要以埃尔比尔或尼尼微作为其作战基地。阿淑尔那西尔帕二世要为帝国建造一座新的都城。进入他选都视野的要塞型城市有很多，土

图 6.13　亚述浮雕：土耳其安纳托利亚要塞。雪花石膏浮雕。公元前 8 世纪。出自尼姆鲁德

什罕(Tushkhan)是其中之一。土什罕是一座破旧的古城，阿淑尔那西尔帕二世把它建设成一处驻防要塞，而实际上它的发展远远超过了要塞型城市，成为军备城市和行政管理中心，它储备着大量从邻近地区收集的粮食和其他物资，以备战争之需。国王可以从这里径直出征，而没有古老祭祀中心或居住型商业中心城市所带来的不便。阿淑尔那西尔帕二世最终选择了卡尔胡城，因为它具有更加重要的战略地位。它不仅位于北部，还位于上扎布河(the Upper Zab)注入底格里斯河的交汇处。阿淑尔那西尔帕二世是在沙尔马纳赛尔一世所建古城的废墟上重建新城的，他从上扎布河引水，为新都城修建了一条运河，把两条河连接在一起。他在新都城修建了许多宏伟的建筑，配有污水处理系统，污水被利用来浇灌果园。他把帝国境内许多地区的人民迁到新都城居住，使卡尔胡城成为国际型城市。为庆祝新都城的落成，阿淑尔那西尔帕二世举行了为期一周的庆祝宴会。

萨尔贡二世也为自己修建了一座新都城，取名杜尔-沙鲁金(萨尔贡堡)。萨尔贡堡位于尼尼微东北 20 英里处，同样具有重要的战略地位。陶鲁斯山脚距离尼尼微以北不足 30 英里，而翻过山就是乌拉尔图王国，它是当时能够对亚述帝国构成威胁的唯一强国。乌拉尔图人在任何时候都能像蛇一样选择山间小道穿山而过，进入尼尼微的平原地带。萨尔贡二世把杜尔-沙鲁金城或萨尔贡堡的地址选在尼尼微和通往陶鲁斯山脚下的道路最狭窄的入口处中间。

在亚述帝国的要塞型城市和军事首都中，通常有一座综合性建筑，其字面上的意思是“军队之宫”或“军宫”（*ekal mašharti*），实际上就是军营。军营内有很多庭院，主要供军事训练之用。随着战争的频繁和士兵的增多，军营的容量显得越来越狭小，这一点在国王的铭文中就有所反映。例如，埃塞尔哈东这样记述道：在尼尼微的“军队之宫”中，“在我之前的国王们，我的先祖们，为军营提供了许多合适的设备，用来保养骏马、骡子、战车、战斗装备以及从敌人那里缴获的战利品……这个地方已经显得太小了，无法进行战马训练和战车演习”。① “军宫”同时还是“军工厂”或武器库，存储有大量的武器。在“军宫”中，还有自己的军事书记官。实际上，“军宫”就是要塞型城市和军事首都的“总指挥部”。

亚述帝国的统治者们不仅沿底格里斯河修建了一连串的都城，作为战争或军事基地，还在亚述以外的被征服地区设立要塞或军事基地。亚述军队通常选择当地居民古老的堡垒进行重建，建成自己所需要的要塞，并以亚述人的名字重新为要塞命名。这类要塞同样配备适当的军需物资，以供养人马之需。其中较著名的例子来自萨尔贡二世。他在关于公元前 714 年对乌拉尔图人战争的记载中，提到了他在伊朗西北部占领了一座强大的堡垒，这个堡垒的地理位置具有重要的战略意义，它可以有效地控制两个对亚述怀有敌意的地区，他重修了这个堡垒，使它成为坚固的要塞，为“它配备了粮食、油、酒和武器装备”。②

三、亚述军队的主要战术

在战争中，不仅战术的使用反映出了指挥官的军事智慧，战术的发展

① H. W. F. Saggs, *The Might That Was Assyria*, p. 251.
② H. W. F. Saggs, *The Might That Was Assyria*, p. 252.

图6.14　描绘亚述军队围攻敌人城池的浮雕。约公元前865—前860年。出自尼姆鲁德

还体现出了战争的需要，甚至折射出战争艺术的丰富性。

(一)围城术

都城是美索不达米亚城市国家存在的标志，攻下都城就等于征服了城市国家。所以以征服为目的的战争，其主要目标往往直指对方的都城。由于都城一般都修筑有坚固的防御体系，很难一举而攻克，所以围城成为最主要的攻城战术。巴比伦人和亚述人都非常善于围城术，他们已经把围城战提高到了艺术的层面。

围城术首先是包围目标城市，切断其与外界的联系，尤其是切断其粮食和其他物品的供应，降低其抵抗能力，这样还会造成城中人的恐慌和混乱。在面对强大的敌人，单纯依靠攻城很难奏效的情况下，这个战术是最经常使用的。在亚述文献中，这样的记述比比皆是。最典型的案例就是亚述王辛那赫里布和亚述巴尼拔对巴比伦城的围困。辛那赫里布使“巴比伦城遭到了严密的封锁和围困，灾荒、饥饿、短缺……所有的城门都被严密封锁，没有一个人能够出得去……由于没人掩埋，尸骨堆满了巴比伦城的各个广场”，然后辛那赫里布一举攻克之。亚述巴尼拔对巴比伦城的围困，使城内发生了严重的饥荒，“他们(指巴比伦人)因饥饿而食自己的孩子，他们嚼食皮带”。①

实施攻城计划则需要严密的组织。运输保障是最基本的前提，因为要拉载沉重的攻城设备和器械，如有轮子、有装甲设备的攻城车等。为保证攻城士兵的饮食、休息甚至娱乐活动，亚述军队通常在城外修建筑有堡垒的坚固的营房。攻城的方法或手段多种多样。首先是工程兵修建浮桥或吊桥以及坑道，使攻城士兵渡过护城河接近城墙。然后，利用攻城槌或攻城车攻破敌方的城门。攻城槌或攻城车是安装在车轮上的一种快速移动装置，主体是圆木，撞击城门的部位是圆木的一端，在这一端上包裹着坚硬的金

---

① H. W. F. Saggs, *The Might That Was Assyria*, p. 261.

图 6.15　亚述浮雕：亚述军队利用六轮攻城车攻打城堡。约公元前 728 年。出自尼姆鲁德

属，圆木攻城槌用金属链子吊在车轮装置上。攻城时，利用推动车轮前进的速度和力量形成对城门巨大的撞击力，从而攻破城门。为了使攻城车的速度加快、力量增大，亚述人通常会修建专门的斜坡车道，斜坡车道主要是通过把土和石块填充到木框架结构中修建而成。攻破城门的另一种方法，是在城门的地基底下把建造城墙的基石挖出来，从而破坏城墙。还有一种突破城墙的手段，就是利用攀登城墙的梯子，攻城梯也是很有效的工具。当守城士兵利用弓箭和滚石甚至泼洒油类燃烧物进行防御抵抗时，攻城部队一方面利用盾牌掩护前进，另一方面利用移动的攻城塔对守城军队实施战略性打击。移动攻城塔上面搭载有出色的弓箭手，目的是对守城敌军的关键性防御据点实施有效打击，从而保证整个攻城部队顺利前进。

尽管使用攻城车、攻城塔和攻城梯等手段，在交战双方实力相当的情况下，终究还是易守难攻。古巴比伦早期的一份来自埃什努那王国的文献，

图6.16　描绘亚述军队渡河的浮雕。约公元前865—前860年。出自尼姆鲁德

就报告了敌人连续攻城失败的情况：

> 致我的主人：军队状况良好。城市安然无恙。我主的守军很强大。尽管阿摩利人发动的战争已经持续了10年，使用了10辆攻城车、10辆攻城塔和20架攻城梯(?)，我仍然保持着我的城市的强大。我主不必担心。①

另一个用于围城术的攻城武器是火。火攻的方法有两种。一种在楔形文字文献中有所记载，但未发现有实战的例子，那就是用芦苇燃烧的烈火焚烧城墙，使城堡断裂，这种方法可能只对不太坚固的城墙才有效果。另一种在实战中屡获成功的火攻方法，是用弓箭向被包围的城市中投射火焰，守城的军队也用弓箭向围城部队的攻城车上投射火焰。在特殊情况下，守城军队还试图使用近东地区富产的原油来焚烧围城军队专为攻城车修建的斜坡车道。亚述王埃塞尔哈东为我们留下了相关的记载：

> 正当我在这一地区高歌猛进之时，我修建的攻城斜坡车道……乌普莫城(Uppume)。在平静的夜晚，他们往斜坡车道上喷洒石油，并在上面点火。在众神之王，马尔都克的命令下，北风——众神之主的令人愉悦之风——转变了方向，火神喷射的火舌掉转过来，吹向了乌普莫城。火没有烧到斜坡车道，却烧着了乌普莫城的城墙，将它化为了灰烬。②

---

① J. N. Postgate, *Early Mesopotamia: Society and Economy at the Dawn of History*, p. 252.

② H. W. F. Saggs, *The Might That Was Assyria*, pp. 260-261.

(二)平原大战

战术的制定在很大程度上取决于战役展开的地理环境。美索不达米亚的地形非常富于变化，其中平原地区占据重要位置，因此平原战争自然非常多。亚述军队非常善于平原作战，他们的步兵、战车兵和骑兵都有优势，都适合于平原作战。平原作战往往很难避免短兵相接，因此最为残酷，最具血腥味。亚述王辛那赫里布为我们描绘了平原作战的惨烈状况。公元前691年，辛那赫里布率军在底格里斯河岸的平原地带迎战入侵的埃兰军队。辛那赫里布记载了入侵敌军的情况：

> 他们像春天的蝗虫一样群集前进，他们联合起来与我对峙，准备战斗。他们脚步卷起的尘土弥漫着宽广的天空，犹如寒冷天气里随时倾泻而下的暴风雨。他们在底格里斯河岸的哈鲁勒(Halule)与我摆开战斗的阵势。他们阻断了我通往饮用水的道路，做好了战斗的准备。①

面对这种局势，辛那赫里布向神祈祷，请求神灵保佑他获得胜利，然后戴上盔甲，踏上战车，投入了战斗。辛那赫里布对战斗，或更确切地说是自己的胜利，做了如下的记录：

> 在伟大的主，阿淑尔神的指挥下，我像飓风一样冲击敌人……我让他们溃不成军，我让他们节节败退。我用标枪和弓箭刺穿敌人的军队。埃兰王的指挥官洪班温达沙(Humban-undasha)，连同他的王公贵族们……我割断他们的喉咙，就像割断羊的喉咙一样……敌人血流成河，我跃动的骏马，训练有素，

① H. W. F. Saggs, *The Might That Was Assyria*, p. 258.

> 在马具的引导下，冲入由敌人身体流出的鲜血汇聚而成的河流。我的战车车轮被敌人的鲜血染红，被敌人的秽物污染。我用像牧草一样丰厚的敌人士兵的尸体，铺满了平原……①

从辛那赫里布的记录中我们看到，埃兰军队也使用战车进行作战，不过他们的战车手和骑手从一开始就抵挡不住亚述军队的冲击，战死沙场。辛那赫里布宣称，他获得了完全的胜利，歼敌 150000 人。

（三）游击战

与美索不达米亚南部的平原地区不同，北部多山的地形更适合游击战。萨尔贡二世就为我们提供了一个游击战的精彩战例。萨尔贡二世的这个战例发生在伊朗西北部的山区，他是通过骑兵实施他的游击战的。

萨尔贡二世统治时期，乌拉尔图是亚述最强劲的敌人之一，曾经组织成立二十三国反亚述联盟。萨尔贡二世率军远征，决心与乌拉尔图人决一死战，他最终战胜了乌拉尔图组织起来的二十三国联盟。在这场发生在伊朗西北部山区的战役中，萨尔贡二世显示了作为一军统帅的高超的战术素养。乌拉尔图国王和他的主要盟军意图利用多山的地形对亚述军队展开伏击，但萨尔贡二世审时度势、将计就计，利用游击战一举击败乌拉尔图及其盟军。整个游击战是这样进行的：

乌拉尔图国王及其盟军撤退至山里，而实际上设下了埋伏，引诱萨尔贡二世的军队进山，欲一举歼灭之。布置好了之后，乌拉尔图国王派信使向萨尔贡二世挑战，萨尔贡二世看清了形势，迅速采取了有效的游击战。尽管他的主力部队存在着问题，但萨尔贡二世置之不理，率领他的私人骑兵卫队冲入敌人伏兵的心脏，骑兵卫队由一名指挥官带领，他自己则驾乘一辆轻装战车。面对萨尔贡二世骑兵卫队突如其来的袭击，乌拉尔图人的防线未及做出反应就被冲破了，萨尔贡二世占领了敌人的大本营，并攻到

---

① H. W. F. Saggs, *The Might That Was Assyria*, p. 258.

了乌拉尔图国王本人的营前。乌拉尔图国王的战车根本无法参加战斗，因为驾车的马匹都被亚述军队射死了。乌拉尔图国王弃车而逃，其狼狈相成为亚述人的笑柄。乌拉尔图军队遭到重创，其残部慌不择路地逃进山里。

(四)心理战

在亚述人征服和建立帝国的过程中，攻心术或心理战起到了重要的作用，亚述人特别擅长心理战。亚述人的心理战手段多种多样，这些手段的核心目的就是不仅在心灵上震慑对方，而且震慑四方，使亚述帝国四面八方的人都有恐惧感。

图 6.17　三幅亚述浮雕。上图描绘提格拉特帕拉沙尔三世正在攻打叙利亚的一座城市，下图描绘亚述军队正在把战败的敌人的保护神掳走，中间的楔形文字记载了亚述军队重新安置敌人俘虏的情况。约公元前 728 年。出自尼姆鲁德

亚述人的心理战首先是向世人宣传，让他们相信，亚述人所从事的战争是“圣战”，他们所代表的是神的旨意。任何反抗神的旨意的企图，最终必将难以摆脱失败和灭亡的命运。亚述军队在获得战争胜利后，要把敌方的保护神的神座一起掳走，把敌人的精神依赖打垮。另一种心理战是向敌人和臣属国炫耀武力，让他们知道亚述帝国的强大，知道强大的亚述军队是不可战胜的，使他们不战而胆寒，目的是压制他们的谋反之心。在亚述王宫中描写战争场面的浮雕，就可以起到这样的作用。例如，在卡尔胡的阿淑尔那西尔帕王宫中，似乎就有专门的展厅，以浮雕的形式向来访的各国统治者和使节展示亚述的强大实力。亚述人还往往在临战前大打心理战，目的是企图不用付出任何代价就能迫使敌人投降。主要做法是在阵前向敌方部队喊话，目的是消磨他们的意志，瓦解他们同仇敌忾的抵抗情绪。例如，在辛那赫里布攻打耶路撒冷之时，他派代表用亚述语对这座圣城的官员们进行规劝，让他们放弃抵抗，臣服于强大的亚述帝国。在遭到耶路撒冷城市官员们的拒绝后，辛那赫里布的亚述代表又把规劝对象转向了城墙上的守城士兵，用希伯来语向他们喊话，告诉他们一些他们不知道并且他们的头领永远也不可能让他们知道的信息。

通过处理战俘的方式开展的心理战，是历史上最残酷的心理战。主要做法是，对战俘斩首示众，甚至以更残忍的方式示众，以警示远近的臣属国和其他敌人，让他们知道反抗亚述或与亚述为敌是没有好下场的。一位亚述学家根据史料做出了这样的描绘：“在达到其军事目的后，他们会接着劫掠和焚烧房屋，强奸妇女，将孩子活活烧死，以及残杀或残毁男人。牺牲者的身体或头颅被他们钉在城墙墙头的木桩上，或者将他们被砍断的手、割下的鼻子、下唇或头颅堆成堆，向其他人说明抵抗亚述人统治要付出的代价。他们的尸体也可能会被切成小块喂狗、喂猪和饲养秃鹫。”①这样的

① ［美］斯蒂芬·伯特曼：《探寻美索不达米亚文明》，秋叶译，第408页。

例子比比皆是，萨尔贡二世镇压曼耐伊人(Mannaeans)反叛的战争就是其中之一。曼耐伊人居住在扎格罗斯山的另一边，伊朗西北部，乌尔米亚湖以南地区，他们处于亚述和其北部的主要竞争对手乌拉尔图的包夹之下。公元前716年的时候，曼耐伊人的国王是亲亚述的。然而乌拉尔图国王鼓动两名曼耐伊人的总督造反，谋杀了亲亚述的国王。萨尔贡二世不能坐视不管，他说："我在阿淑尔神面前举起了手，他将向曼耐伊人的土地复仇，使它重回到亚述的边界之中。"①他活捉了一名造反的总督，剥下了他的皮向曼耐伊人示众。曼耐伊人马上领会了这位亚述国王的意图，被谋杀国王的兄弟和继承者乌鲁苏努(Ullusunu)，最初与乌拉尔图签订了同盟条约，现在则转向了亚述。萨尔贡二世说："曼耐伊人乌鲁苏努与他的整个国家集合在一起，握住了我的双脚。我对他们给予了怜悯。我原谅了乌鲁苏努的罪过，把他安置到了王位之上，从他那里收取贡赋。"②

以高额的金银悬赏反叛者的躯体，且无论死活，是另一种心理震慑。辛那赫里布和他的孙子亚述巴尼拔都曾经做过这样的事情。辛那赫里布以与反叛者身体同等重量的银子作为悬赏，而亚述巴尼拔则以与反叛者身体同等重量的金子作为悬赏，而且领赏者带来的无论是反叛者本人还是其尸体，都享有同样的奖赏。

对于溃败逃跑的敌军，不一定非要赶尽杀绝，其目的是希望逃生的敌人回到家乡后能够把自己经历和看到的惨状讲述给别人听，以收到"恐吓"的效果。这是亚述人采取的另一种形式的心理战，这种形式的心理战有时也很残酷，主要还是涉及对待俘虏方面。"亚述人有时候不会屠宰俘虏，而只是弄瞎他们的眼睛，然后释放他们，让他们去证实用眼睛最后看见的恐怖情景。"③溃败的敌军士兵，如果没有被俘，情况要好一些。公元前714

① H. W. F. Saggs, *The Might That Was Assyria*, p. 250.

② H. W. F. Saggs, *The Might That Was Assyria*, p. 250.

③ [美]斯蒂芬·伯特曼：《探寻美索不达米亚文明》，秋叶译，第408页。

年，萨尔贡二世在击败乌拉尔图及其盟军的重要战役中公开声称："对于那些逃生的残余部队，我让他们自由而去，让他们去颂扬我主阿淑尔的胜利。"①结果，乌拉尔图及其盟军的残部，一些人逃到山上死在那里，另有一些人经过艰难跋涉返回故乡。返回故乡的士兵向自己的同胞们讲述着自己痛苦的战争经历，宣扬着亚述军队的强大和不可战胜，这些故事深深地打击着敌对国听众们的心灵。对此，萨尔贡二世这样记述道："他们的首领，那些亲历过战斗的人，那些从我武器下逃命的人，他们所接近之人，都被死神的恶毒笼罩着，他们向所接近之人详细地讲述着阿淑尔的荣光……所以，听他们讲故事的人也变得像死人一样。"②

---

① H. W. F. Saggs, *The Might That Was Assyria*, p. 249.

② H. W. F. Saggs, *The Might That Was Assyria*, p. 249.

第七章　法律传统与立法精神

法律传统和立法精神是古代美索不达米亚人对人类文明的最大贡献之一，国内外的学术传统习惯上都把这一功劳记在古罗马人的头上，这实在有失公允。实际上，古代美索不达米亚文明从根本上来说，就是法律文明和契约文明，古罗马人的法律受到了楔形文字法系的重要影响。

第一节　法律的起源与发展

古代美索不达米亚文明最显著的特征之一就是尊重法律，法律的发展是该文明的重要内容之一。据英国学者 H. W. F. 萨格斯(H. W. F. Saggs)估算，在迄今所发现的楔形文字文献中，有关法律方面的内容在苏美尔文献中占 95%左右，在阿卡德文献中所占的比例不会少很多。[①] 其中包括一些“松散”的契约，尽管实际上主要是一些各种财产的收据、记账单和有关登记记录。在没有文书记录的情况下，任何形式的财产买卖和转让都是无效的。任意伪造和更改文书一定会受到严厉的惩罚。每位国王上任后的第一件事就是颁布新法律，宣布自己建立了秩序和正义。在古代苏美尔的书吏学校中，高年级的学生要花相当多的时间学习法律方面的专业知识。他们必须反复地练习和抄写高度专业化的法律术语以及法典和一些具体案例的法庭判决书等。由此可见，法律在美索不达米亚人的日常生活中占有十分

① H. W. F. Saggs，*The Greatness That Was Babylon*，p. 196.

重要的地位。

与美索不达米亚文字的产生相类似，法律可能也是社会经济发展到一定阶段的产物，其产生不会晚于文字太久。美索不达米亚国王们所宣称的所谓“正义”，最初指的就是经济方面的正义。现存的文献材料很清楚地表明，国王们在“世界四方”建立正义指的就是减免或延缓债务。最初的具有法律性质的文书大部分涉及的是有关经济方面的内容，如各种买卖和转让财产的契约和各类账单等。

一、人类历史上第一位改革家和立法者

迄今所知人类历史上第一位改革家和立法者，是苏美尔城邦拉伽什的统治者乌鲁卡基那。改革和立法的主要原因是拉伽什城邦内部陷入了深深的危机之中。苏美尔各城邦之间为了争夺土地、财富、奴隶和霸权，经常发生战争。连绵不断的战争削弱了苏美尔城邦的实力，加重了人民的负担，各城邦内部土地兼并严重，城市公民两极分化加剧，阶级矛盾日益尖锐。其中尤以拉伽什城邦为甚。拉伽什城邦在恩铁美那即位(约公元前 2450 年)时，由于大量公民丧失土地，享有公民权之人只有 3600 人。在卢伽尔安达统治时期，阶级矛盾的尖锐化不仅表现在平民与贵族的矛盾十分尖锐，而且还表现在统治阶级内部祭司贵族和王室贵族之间的矛盾日益加剧。这主要是因为卢伽尔安达及其家属兼并了拉伽什主神吉尔苏及其妻巴乌女神神庙的土地，并强迫原来免税的神庙纳税。平民则遭受官吏和祭司贵族的双重剥削。卢伽尔安达在全国设立监督官、税吏，巧立名目增收苛捐杂税，祭司贵族则向百姓增收葬礼费。此外，平民战时还要承担兵役。

卢伽尔安达的暴政终于激起广大平民的反抗。公元前 2378 年，卢伽尔安达的统治被推翻，奴隶主贵族出身的乌鲁卡基那乘机夺取政权，成为拉伽什城邦的“恩西”(后改称“卢伽尔”)。为巩固统治，缓和尖锐的社会矛盾，乌鲁卡基那针对卢伽尔安达统治时期的各项弊政，进行了历史上已知的第

一次社会改革。①

乌鲁卡基那将卢伽尔安达及其妻子霸占的神庙土地和建筑物归还给神庙，取消其向僧侣征收的赋税；免除平民所欠王室之赋税，撤销派往各地的监督官和税吏；减轻手工业者的负担；以国家立法的形式确定财产的私有制，保护拉伽什城邦公民和依附民的私有财产和身份，禁止官吏及其他人强夺他人财产；禁止以人身作为债务抵押，释放因债务而被奴役或遭拘禁的平民；降低丧葬费用；确立一夫一妻制，禁止一夫多妻；改变过去以贵族子弟兵为主要军事力量的制度，建立以平民为军队主要力量的制度，用由平民组成的步兵代替由贵族组成的战车兵，等等。改革的内容虽然涉及税收、婚姻与家庭及军队等诸多方面，但可以归结为一个宗旨，即确立私有制形式，减轻平民的负担以保证正常的经济秩序和生产的不断发展。改革确实收到了很大的效果，平民的地位得到了提高，公民人数扩大了十倍，乌鲁卡基那自称宁吉尔苏神在36000人中授予他“王”权。

虽然现在所知的有关乌鲁卡基那改革的内容并非出自法典之上，而是记载在乌鲁卡基那的档案学家们为纪念新运河开凿所作的铭文之上，但改革无疑具有明显的立法性质，并对之后两河流域的法律发展产生了重要影响。有关改革的铭文原文用苏美尔语写成，现存于法国巴黎卢浮宫博物馆。

虽然乌鲁卡基那是迄今所知人类第一位立法者和改革家，但可以肯定地说，美索不达米亚的立法传统还可以追溯到更早的历史时期，因为在拉伽什称霸的时期，苏美尔城邦的发展已经进入了相对成熟的时期，而法律的发达绝不是一朝一夕完成的，所以在乌鲁卡基那之前美索不达米亚肯定存在着立法文献。正如美国著名苏美尔学家S. N. 克莱默在评论《乌尔纳木

---

① 苏联学者I. M. 贾可诺夫认为，改革是祭司和支持神庙地产在经济和政治上独立的贵族与统治者斗争的结果，统治者力图通过兼并神庙地产而加强自己的经济和政治地位。神庙以外的公民可能也参与了这场统治阶级内部的斗争。参见[苏]I. M. 贾可诺夫：《评乌鲁卡基那的〈改革〉》，载《亚述学与东方考古学杂志》1958年第52卷第1期。

法典》时所说:“已经有迹象表明,在乌尔纳木之前很久就存在着立法者,某位幸运的发掘者或迟或早将会发现早于乌尔纳木一个世纪或更早时期的法典版本。”①学者们对美索不达米亚更早历史时期的法典出土的期待,是有充足的理由的。因为法律不是孤立存在的,它起源于经济生活条件,是人类社会发展到一定阶段的产物,是一定的物质生产方式所产生的利益和需要的表现,用恩格斯的话来说就是,“在社会发展某个很早的阶段,产生了这样一种需要:把每天重复着的产品生产、分配和交换用一个共同规则约束起来,借以使个人服从生产和交换的共同条件。这个规则首先表现为习惯,不久便成了法律”②。具体到美索不达米亚社会,可以说,从苏美尔城邦诞生的那一刻起,生产、分配和产品交换就随着城市文明的发展而发展,因此法律也一定是随着苏美尔城邦文明的产生而产生的,而不成文的习惯法甚至在城邦文明产生之前就已经存在了。

图 7.1 记录乌鲁卡基那改革内容的锥形铭文。约公元前 2350 年。出自特罗(古代吉尔苏)

在苏美尔城邦时期之后,阿卡德人统治者未留下一部法典或相应的法律文献。但这并不意味着他们未曾从事立法活动,阿卡德王国的创立者萨

① S. N. Kramer, *History Begins at Sumer*, Philadelphia: The University of Pennsylvania Press, 1981, p. 55.

② 《马克思恩格斯选集》第 3 卷,北京:人民出版社,1995 年版,第 211 页。

尔贡就被称为“正义之王，讲正义者”。继阿卡德人之后的古提人统治时期，可以说是美索不达米亚文明停滞、文化倒退的时期，自然不能奢望有法典传世。

二、世界上最早的成文法典

乌尔第三王朝时期，两河流域南部已经完全进入青铜时代，生产力和奴隶制都较以前的历史时期有新的发展。这时期王权比较强大，中央集权制统一局面形成。随着两河流域由分散的城邦发展成为统一的中央集权制国家，为适应经济和社会的发展，编纂成文法典已成为社会发展的必需。乌尔第三王朝的创立者乌尔纳木的法典便应运而生。虽然更新的学术观点认为法典不是乌尔纳木而是舒尔吉颁布的，但我们还是沿用《乌尔纳木法典》这一传统名称。

《乌尔纳木法典》得以重见天日应归功于两位世界著名的苏美尔学家和亚述学家。1952 年，美国著名苏美尔学家 S. N. 克莱默博士根据世界著名亚述学家、荷兰莱顿大学楔形文字研究教授 F. R. 克劳斯(F. R. Kraus)提供的线索，在伊斯坦布尔古代东方博物馆找到了一块泥板，编号为“尼普尔文献集第 3191 号”。该泥板所载内容便是迄今所知人类历史上第一部成文法典——《乌尔纳木法典》。该泥板本来是两块泥板的残片，是克劳斯教授当年在那里担任博物馆馆长期间接合起来的，并为之编了号。克莱默博士不愧为苏美尔学的权威，他只用几天时间便弄清了泥板上所载的内容，意识到自己手中的泥板是迄今最古老的法律的抄本。该泥板系由太阳自然烤干而成，颜色呈浅褐色，约 20 厘米×10 厘米大小。不幸的是，泥板上一半以上的文字被毁。古代书吏把该泥板分为 8 栏，正面 4 栏，反面 4 栏，每栏包括 45 个小格，其中只有一小半可以辨认出来。正面载有一个长篇序言，因为文献多处中断，只有部分可以解读。此外，考古学家还在乌尔发现了古巴比伦时期一位书吏学校学生的抄本。

现在的《乌尔纳木法典》由前言和正文两部分组成。前言的内容可概括如下：

在创世以后，在苏美尔和乌尔的命运被决定以后，苏美尔的两位主神安和恩利尔任命月亮神南那为乌尔国王。月神南那选择乌尔纳木作为其在人间的代表，统治苏美尔和乌尔。乌尔纳木被说成是宁荪女神所生之子，为了保证苏美尔和乌尔的政治安定和军事安全，他根据月神南那确立的平等和公正原则，与邻国拉伽什展开战争。他击败了拉伽什，处死了其统治者纳姆哈尼(Namhani)。然后，他借助于乌尔城之主南那的力量，重建了乌尔先前的边界。稳定了边界以后，乌尔纳木便致力于国内事务。他被称为"伟大的战士、乌尔之王、苏美尔和阿卡德之王"。他借助南那的力量，根据太阳神乌图的"真言"，在全国建立平等，消除诅咒、暴力和斗争。他处死了骗子们或夺取公民的牛、羊和驴的强盗；规定了诚信无欺、不得更改的度量衡；他使孤儿不受富人欺凌，使寡妇不受权贵的强暴，使拥有一舍克勒银之人不受拥有一明那银之人的剥削和压迫。

总体说来，法典涉及范围包括社会伦理、婚姻家庭、土地的占有和使用、奴隶制、司法和诉讼程序以及刑法等诸多方面。最引人注意的是，在有关身体伤害的刑罚中，该法典已用罚金的形式取代了"以眼还眼，以牙还牙"的处罚原则。对此，我们后面还将详论。

从本质上讲，《乌尔纳木法典》极力维护私有制，对稳定社会秩序、促进社会经济的发展无疑有着重大的积极作用。更重要的是，它开古代美索不达米亚成文法之先河(仅就目前的考古发掘成果而言，以后如有更早的成文法重见天日乃学术界之幸事)，对之后这一地区各个历史时期的统治者们所从事的立法活动以及他们所制定和颁布的法典产生了较大的影响，成为后来两河流域其他法典的范例。

三、两河流域法典编纂的鼎盛时期

乌尔第三王朝灭亡之后，古代美索不达米亚的历史进入了其最辉煌的时期——古巴比伦时期(公元前2006—前1559年)。学术界通常所说的古巴比伦时期包括伊新和拉尔萨两个独立王朝及著名的巴比伦第一王朝。国家的强盛、经济的发展和社会制度的演进极大地促进了文化的繁荣和法律的发展，使这一时期成为古代美索不达米亚编纂法典的鼎盛期。

古巴比伦时期之初，两河流域呈现多国林立的分裂局面。在这些国家中，最重要的有南部的伊新和拉尔萨，北部的埃什努那、马里和亚述，这些国家共存达两个世纪之久。拉尔萨王朝建于公元前2025年，其创立者纳波拉努姆是第一个在巴比伦尼亚建立统治的阿摩利人。拉尔萨王朝的法律比较发达，遗憾的是属于这一时期的法律典籍只保存下来所谓《苏美尔法典》的断片和所谓《苏美尔亲属法》。有关《苏美尔法典》的情况学界目前所知甚少，甚至连编纂的具体时间及颁布此法典的国王都不清楚。目前保存下来的法典文本是古巴比伦时期苏美尔地区书吏学校学生的习作，时间大约在公元前1800年。法典抄本的原文为草书体的晚期苏美尔文，刻在一块大型的楔形文字泥板上，该泥板可能出自乌鲁克城。可惜的是，保存下来的仅是该大泥板的一个片断。泥板的正面损坏严重，因此学者们未曾发表过，但从依稀可辨的几行中可以推断，它包括一些毫不相关的法律术语和句子，仅涉及债务抵押和丢失牲畜等有限的主题。反面保存稍好，其内容可概括为10条，包括保护孕妇及胎儿、租借船只、收养、婚姻伦理及保护牲畜等方面。①《苏美尔亲属法》的出现时间可能较《苏美尔法典》稍早，大概编纂于公元前20世纪。原文为苏美尔文，现存的只有公元前7世纪的阿卡德文抄本，出自尼尼微的亚述国王的档案。《苏美尔亲属法》的正文只保存下来7

① *ANET*，pp. 525-526.

条，主要包括两方面的内容：其一为以立法的形式确立父母与儿子(第1～4条)及丈夫与妻子(第5～6条)之间的法律关系和地位，任何一方不得擅自否认自己所处的这种社会地位，更不能摆脱所承担的相应的责任和义务，否则要受到惩罚；其二为规定雇用奴隶所应支付的佣金(第7条)。

伊新王朝建立于公元前2017年，它虽晚于拉尔萨摆脱乌尔第三王朝的控制，但比拉尔萨更强大。其创立者伊什比伊拉占据着尼普尔、乌鲁克和埃利都三个重要的中心城市，并在其统治末年赶走了埃兰人在乌尔的驻防军，控制了乌尔。伊新的霸权一直维持到其第五代统治者李必特伊什塔尔统治时期。这位国王以立法者著称，大约在他统治的末年，他颁布了著名的《李必特伊什塔尔法典》。法典以晚期苏美尔文写成，最初可能刻在石柱之上。现存的抄本包括9个楔形文字泥板的断片，其中大部分出土于尼普尔。这些泥板的片断只保存下来法典正文43条，还有部分前言和结语。正文内容涉及土地和房屋等不动产的占有、各种动产的损害与赔偿、各种雇佣契约、婚姻家庭和继承关系以及私有奴隶的地位等诸多方面。李必特伊什塔尔在前言中自称把尼普尔、乌尔、伊新、苏美尔和阿卡德的公民“解放”出来，在“苏美尔和阿卡德”“主持正义”。这可能是指他把奴隶从奴役

图7.2　刻有伊新的《李必特伊什塔尔法典》序言的黏土泥板

中解放出来[①]，但也从另一方面反映出李必特伊什塔尔统治时期伊新王朝非常强大。

与美索不达米亚南部诸国国力强大、法律盛行交相辉映，北部国家的实力也蒸蒸日上。在立法方面的代表是埃什努那王国的国王俾拉拉马。埃什努那位于底格里斯河与扎格罗斯山脉之间，迪亚拉河以东 10 英里处，是上美索不达米亚通往埃兰之路的中转站，其文明和文化受多方面的影响。它处于苏美尔—阿卡德文明的氛围之下，与北部地区有密切的联系，与东部的埃兰在经济、政治和文化等方面有广泛的交往。公元前 2028 年，埃什努那摆脱乌尔第三王朝国王伊比辛的控制，脱离乌尔第三王朝，成立独立的王国。埃什努那的统治者自称“提什帕克神的仆从”[②]，而不再称“乌尔国王的仆从”。他们还以埃什努那自己的地方名字取代了乌尔第三王朝时期采用的年月的名称，以阿卡德语取代了苏美尔语作为官方语言。埃什努那的早期统治者很快就扩大了王国的领土，在一支阿摩利人的帮助下占据了下迪亚拉河的整个谷地，包括重要的中心城市图图勒，其统治在北方可能远至基尔库克地区。在这些早期统治者之中，俾拉拉马为最著名者。

俾拉拉马统治的具体时间目前尚不得而知，只知他是伊新王朝第二代国王舒伊里舒(šu-ilišu，公元前 1984—前 1975 年在位)的同时代人。俾拉拉马也是以立法者名载史册的。他统治时期颁布的《俾拉拉马法典》(或称《埃什努那法典》)在时间上应该早于《李必特伊什塔尔法典》。但与《李必特伊什塔尔法典》不同，《俾拉拉马法典》的正文不是以苏美尔文写成，而是以阿卡德文写成的，但两者的序言又都是用苏美尔文写成的。有趣的是，该法典是伊拉克考古学家在 1945—1949 年发现的，发现的地点不是阿斯马尔

---

① I. E. S. Edwards, *The Cambridge Ancient History*, Vol. 2, part 1, Cambridge: The Cambridge University Press, 1973, pp. 634-635. H. W. F. Saggs, *The Greatness That Was Babylon*, p. 63.

② 提什帕克(Tishpak)，埃什努那地区信奉的主神。

图 7.3 刻写《汉谟拉比法典》的石碑。现为法国卢浮宫博物馆最引以为傲的藏品

遗址，而是巴格达郊区的一个小土堆哈尔玛尔遗址。哈尔玛尔是埃什努那王国农业区的管理中心，考古学家在“市政厅”中发现了该法典的抄本以及其他许多颇有价值的泥板文书。该抄本由两块泥板组成，现存于巴格达博物馆。这两块泥板保存下来的《俾拉拉马法典》只有简短的序言和正文59条。其中正文内容涉及日常生活必需品如大麦、上等植物油和羊毛等的最高限价，租用生产工具和生活用具的费用，雇佣劳动力的佣金，借贷谷物和白银，婚姻家庭，偷盗、伤害乃至于杀人的刑罚，等等。

标志古代美索不达米亚法典编纂到达最顶峰的是举世闻名的《汉谟拉比法典》。汉谟拉比是古巴比伦王国(巴比伦第一王朝)的第六代统治者，他的统治使两河流域达到了空前的统一，把古代美索不达米亚的历史和文明带入了最辉煌的时代。汉谟拉比统一两河流域后，如同以前的统治者一样，在其土地上“建立秩序”，“发扬正义”。他集以往苏美尔和阿卡德法典之大成，并结合阿摩利人的习惯法，编纂了著名的《汉谟拉比法典》。

刻写法典的石碑是由摩尔根率领的法国考古队于1901年12月至1902年1月在埃兰古都苏撒遗址发现的。石碑由三块黑色玄武岩合成，高2.25米，上部周长1.65米，底部周长1.90米。石碑上部刻有太阳神、正义之神沙马什授予汉谟拉比王权权标的浮雕，下部是用阿卡德语楔形文字刻写的法典铭文，共3500行。据考证，法典是埃兰国王于公元前1150年前后入侵巴比伦尼亚时，作为战利品掳回苏撒的。法典中的部分铭文已被磨损得无法辨认，据推测系埃兰国王意欲刻上自己的功绩而为，虽然因故未能刻成。残缺部分依法典复本及在其他地区发现的法典片断进行了填补。石碑现存于巴黎卢浮宫博物馆。

《汉谟拉比法典》是迄今所知最早的保存完整的古代法典。法典由前言、正文和结语三部分组成。前言大致包括三方面的内容：其一，神化王权，宣扬其权力得自神授；其二，炫耀汉谟拉比本人的伟大业绩；其三，声明其立法的目的，即“发扬正义于世，灭除不法邪恶之人，使强不凌弱”。在结语中，汉谟拉比主要宣扬他的法典如何“公平”与“正义”，希望垂之后世，并诅咒敢于破坏法典之人。正文共282条，包括关于神判的规定(第1～5条)，关于盗窃动产和奴隶的规定(第6～25条)，关于田园房屋等各种不动产的占有、继承、转让、租赁和抵押等方面的权利和义务的规定(第26～88条，其中有14条残缺)，关于借贷、经商和所谓债奴等方面的规定(第89～126条，其中有4条残缺)，关于婚姻、家庭的规定(第127～194条)，关于伤害不同地位之人予以不同处罚的规定(第195～214条)，关于各种职业人员的报酬和责任的规定(第215～240条)，关于租用工具、牲畜和雇工的规定(第241～277条)，关于赎还奴隶的规定(第278～282条)，等等。

自汉谟拉比以后，古巴比伦王国逐渐衰落。其后继者可能仍按先王汉谟拉比制定的法律来治国，因为这一时期古巴比伦王国的社会结构和经济制度并未发生本质的变化，似无另立新法之必要，汉谟拉比的子孙们也远没有他那样强大，因此没有著名的法典流传下来。但是，这一时期出现了一种特殊形式的法律或法令，即所谓“正义”或“平等”法令(阿卡德语称*mišārum*)。这些法令的主要内容是减免债务和其他义务，将小块土地归还原主等，因此有些学者也称之为“巴比伦解负令”。这些“正义”或“平等”法令显然是统治者在自由民分化严重、平民与贵族斗争激烈的社会背景下，为稳定社会局势、维持正常的生产秩序而采取的积极措施。完整地保存下来的“巴比伦解负令”，目前只发现一篇，即古巴比伦王国第十代王阿米萨杜卡的诏令。另外还发现一残篇，即汉谟拉比之子萨姆苏伊鲁纳诏令的断片。其实，这种“正义”或“平等”法令并非古巴比伦王国后期所特有，它一直可以追溯到迄今所知古代美索不达米亚的立法始祖乌鲁卡基那。迫使乌鲁卡基那改革和立法的社会条件及改革和立法的内容，几乎与这些“正义”或“平等”法令完全相同。《乌尔纳木法典》、《李必特伊什塔尔法典》、《埃什努那法典》甚至《汉谟拉比法典》中也有相当一部分内容涉及减免债务的问题，都属于“正义”或“平等”法令的条款。几乎所有美索不达米亚的立法者都极力标榜自己在其统治的土地上建立了“正义”和“平等”，汉谟拉比的子孙们直接把自己的法令冠以“正义”或“平等”的名称，只是有些太过招摇罢了。因此，古巴比伦王国后期的“正义”或“平等”法令与以往的法典并无本质的区别，实为一脉相承。这些“正义”或“平等”法令如同此前的法典一样，对缓和社会矛盾、维持正常的生产秩序和促进社会经济的发展，起到了一定的积极作用。

古巴比伦时期成为古代美索不达米亚法典编纂的鼎盛期，绝不是偶然的。乌尔第三王朝崩溃后，两河流域的社会经济结构发生了重大变化，先前由王室控制的大农庄和手工作坊瓦解了，私人经济在混乱和破坏之后迅速恢复。古巴比伦时期，商品货币关系迅速发展，土地的私有化和奴隶的家庭私人占有制不断深化，高利贷活动空前活跃，在经济领域还出现了新的生产方式——租佃方式。统治者为维护其统治地位，保证社会稳定，肯定现存的社会秩序和生产关系，把既存的一切用法律的形式确定下来就显得十分必要。

四、美索不达米亚中晚期法律之发展

古巴比伦王国衰落并最终于公元前1595年被赫梯王国灭亡后，美索不达米亚的政治中心开始北移，即由南部的巴比伦尼亚转移至北部的亚述。公元前第二千纪后半期，在米坦尼王国打击下衰落下去的古亚述开始复兴，史称中期亚述时代。在这时期，亚述的奴隶制得到进一步发展，王权不断加强。这一时期的社会发展史是以一部重要的法律文献为标志的，它就是《中期亚述法典》。该法典与《汉谟拉比法典》不同，它不是刻在石碑之上，而是刻在泥板之上的，因此有些内容已毁坏。这些泥板是德国考古学家于1903年至1914年春在挖掘亚述古城遗址时发现的。泥板本身属于亚述国王提格拉特帕拉沙尔一世统治时期，上面所刻的法典条文则可追溯到公元前15世纪。泥板保存下来的法典共有三表：第一表包括20条，主要内容是对与土地和房屋等不动产有关的权利和义务及继承原则的规定；第二表包括12条，主要内容是对与债务、抵押和买卖联系在一起的权利和义务的规定；第三表所包括的内容稍多，计59条，主要涉及的是有关婚姻和家庭方面的规定。根据法典所载内容判断，在中期亚述时代，私有土地占主导地位，水利和灌溉则为共有；但逃亡者的土地则由国家处理。《中期亚述法典》的刑罚显然要比《汉谟拉比法典》严厉得多。例如，后者规定，作为债务抵押的人质为债权人服役不得超过3年，第4年就获得自由，而《中期亚述法典》规定，人质的服役无限期，到一定时候甚至可以将其卖往国外(第二表第2～3条)；又如，《汉谟拉比法典》规定，殴打自由民之女致使其流产者，应赔偿白银10舍克勒(第209条)，而在同一情况下，《中期亚述法典》的处罚为赔偿2塔兰特黑铅、受五十杖责及为王室服劳役一整月(第三表第21条)。

迄今发现的古代美索不达米亚最晚的一部法典是《新巴比伦法典》。该法典发现于大英博物馆所藏的一块泥板上。从符号、书写和构词等方面看，该法典显然属于新巴比伦王国时期(公元前626—前538年)。整理后的法典共16条，其中只有9条保存完好，2条保存下大部分内容，其余5条要么只保存下来几个字，要么一字未存。法典内容包括出租土地、灌溉、买卖奴隶、偷盗木材、婚姻、家庭及财产等方面。

第二节　法典的基本特征和惩罚原则

在古代美索不达米亚两千多年的法律发展史上，在不同的历史时期，不同的民族都曾拥有自己的法律，这些法律无疑在不同程度上存在着相互影响甚至继承关系。因此，它们存在着许多共同特征，体现出非常饶有兴味的立法原则和法律精神。它们在世界法制史上形成了自己独特的法系，占有非常重要的地位。

一、结构的完整性和严谨性

古代美索不达米亚的法典多由前言、正文和结语三部分组成。迄今所知的第一部成文法典《乌尔纳木法典》和埃什努那王国的《俾拉拉马法典》保存下前言和正文两部分，迄今尚未发现结语部分。伊新王朝的《李必特伊什塔尔法典》和著名的《汉谟拉比法典》都包括前言、正文和结语三部分，在结构上具有较好的完整性，虽然正文中有些内容被毁。而《中期亚述法典》目前只发现了正文。所有这些法典的前言和结语在内容上如出一辙。立法者在前言中都竭力神化王权，宣扬其权力得自神授；炫耀自己的所谓文治武功；阐明自己立法的主旨或目的等。在结语中，立法者主要宣扬其法典的所谓“公正”性，并且诅咒和威胁那些敢于毁坏法典之人。著名君王汉谟拉比的法典结语简直令人生畏和胆寒：“此后千秋万世，国中之王必遵从我在我的石柱上所铭刻的正义言辞，不得变更我所决定的司法判断、我所确立的司法裁定，不得破坏我的创制”；“倘其人不崇敬我在我的石柱上所铭刻之言辞，蔑视我的诅咒，不畏神灵的谴责，废除我所决定之司法判决，变更我的创制，磨灭我所铭刻的名字而刻入自己的名字，或对此诅咒心怀畏惧而唆使他人为之……愿众神之父，赐我统驭之权的伟大的安努，剥夺其贵为王者的光辉，断其王笏，诅咒其命运；愿决定命运而其命令不可更改且曾光大我的王权的主神恩利尔，使其祸起萧墙，消弭无术，而终趋灭亡，注定其统治动摇，国祚短暂，饥馑连年，天日无光，死不旋踵，并以有力之言宣布其城市毁坏，其人民离散，其王位灭绝，其姓名及国号无传……愿沙马什在上界使其生命绝灭，在下界使其灵魂干涸……”

二、保留了“神圣裁判”原则

古代美索不达米亚人的法律无疑都属于世俗法，这从苏美尔和巴比伦的司法制度中便明显可见。但在审判程序中，仍然保留了所谓“神圣裁判”原则。这表现在两个方面：一方面是由神直接证明当事人有罪与否，另一方面则由当事人对神发誓以表明自己的清白。前一种情况最典型的例子是《汉谟拉比法典》和《乌尔纳木法典》。《汉谟拉比法典》第 2 条有这样的规定：

> 倘自由民控告另一自由民犯行巫之罪而没有证据，则被控犯行巫罪者应被带至于河而投入之。倘彼被河所吞噬，则控告者可以占据其房屋；倘河为之洗白而彼仍无恙，则控彼行巫者应被处死，投河者取得控告者之房屋。①

这里的“河”的原文是一个神的限定符号，意指“河神”。河应特指幼发拉底河，因为巴比伦人把幼发拉底河视为神圣之河。这条法律所涉及的案

① 参见《汉谟拉比法典》，杨炽译，第 12 页；林志纯主编：《世界通史资料选辑》(上古部分)，第 72 页。

子显然由河神来审理和裁决，河神就是一种特别法官。如果原告没有足够的证据，那么被告就要被带到幼发拉底河边，自投河中。如果被告被河水吞没，就表明河神认为其有罪，其房产就要归原告所有；如果被告未被河水吞没，仍安全走上河岸，就表明河神认为其无罪，那么原告就要因诬告罪而丧失其房产。

后一种情况在《汉谟拉比法典》中经常出现。例如，《汉谟拉比法典》第120条规定："倘自由民将其谷物交存于自由民之家，而发生藏谷缺少之事，或屋主开仓擅取谷物，或根本否认曾藏谷其家，则谷物之主人应对神宣誓，证明其谷物，此屋主应将彼所擅取之谷加倍交还谷物主人。"①

三、"和谐"惩罚原则

在古代美索不达米亚的法律中，对身体的处罚，即所谓肉刑(死刑除外)表现为两种形式，或者说遵循两种原则。一种就是通常被称为"以眼还眼，以牙还牙"的原则，或所谓"同态复仇"原则；另一种就是"和谐"惩罚原则。所谓"和谐"惩罚原则，在我们现代人看来是十分有趣的事情，因为它在某种程度上体现了4000多年前的古代美索不达米亚人对法律和犯罪的某些观念。这种原则的内容可以简单地阐释为，犯罪是由身体的哪一部位直接引发的，换句话说，身体的哪一部分直接触犯了法律，惩罚就直接落在该部位上，是为"和谐"。"和谐"惩罚原则在《汉谟拉比法典》和《中期亚述法典》中表现得十分明显。例如：

《汉谟拉比法典》

第192条：阉人(?)之[养]子或神妓之[养]子告抚养彼之父母云，"你非吾父"或"你非吾母"，则彼应割舌。

① 参见林志纯主编：《世界通史资料选辑》(上古部分)，第84页。

第193条：倘阉人(?)之[养]子或神妓之养子获知其父之家，因而憎恶抚养彼之父母，而归其父之家，则彼应割去一眼。

……

第195条：倘子殴其父，则应断其指。①

《中期亚述法典》

第三表第8条：如果某女人在打架时打碎了某人的睾丸，那么就应该割去她的一个手指。如果医生把绷带扎在某人的身上，发现第二个睾丸原来是和第一个同时受伤，而且已经肿胀，或是在打架时打碎了第二个睾丸，那么就应该割掉该女人的两个乳头。②

第9条：如果某人吻了别人的妻子，那么就应该用斧刃割掉他的下嘴唇。③

《汉谟拉比法典》第193条中所云"因而憎恶抚养彼之父母"的直观表现形式，是指养子用眼睛瞪其养父母，因此在立法者的观念中，他应受剜眼之刑。《中期亚述法典》第8条则提供了另一种特例。该条法律的前半部分无疑属于"和谐"惩罚原则，因为该女人打碎该男人睾丸的直接施动者显然是手，故而断其指，但后半部分却引起了"以眼还眼，以牙还牙"原则，两者的差别可能仅在于伤害程度的不同。具体地说，在这个案子中，其差别就是该女人伤害该男人一个睾丸还是伤害两个睾丸的数量上的差别。在立

① 林志纯主编：《世界通史资料选辑》(上古部分)，第92～93页。

② J.米克在其《汉谟拉比法典》中把"乳头"这个词译成了"眼睛"，参见*ANET*，p.181；英国学者H.W.F.萨格斯则译为"乳头"或"阴唇"，参见H.W.F.Saggs，*The Greatness That Was Babylon*，p.213。可见学者们对这个词的理解略有不同。

③ 参见林志纯主编：《世界通史资料选辑》(上古部分)，第122页。

法者看来，伤害一个睾丸还是伤害两个睾丸显然代表着致残程度的轻重。因此可以推断，立法者据以认为犯罪已发生了性质的变化。因此我们可以据此推断，掌握使用“和谐”惩罚原则和“以眼还眼，以牙还牙”原则的尺度在于犯罪或伤害程度的轻重。但这仅仅是一种推测，目前还缺乏其他材料证据。这条法律还揭示了一种特殊性，即在男人和女人因生理构造不同而无法直接实行“以眼还眼，以牙还牙”的原则时，则惩罚其相对应或相关的部位。

四、“同态复仇”原则

“以眼还眼，以牙还牙”或习惯上所说的“同态复仇”是古代两河流域法律中的两大身体处罚（肉刑）原则之一，这两种处罚原则尤其在《汉谟拉比法典》和《中期亚述法典》中体现得淋漓尽致。但并不是所有的美索不达米亚法典都施行肉刑，对身体的处罚也不是在美索不达米亚人创法之初就存在。在人类第一部成文法典《乌尔纳木法典》和后来的《埃什努那法典》中就不采用肉刑，取而代之的是处以罚金。为研究方便起见，我们把《乌尔纳木法典》、《埃什努那法典》和《汉谟拉比法典》的有关条文对比如下：

《乌尔纳木法典》

第 16 条：如果某人在打斗过程中，用棍棒打断了他人之肢体，他应偿银一明那。

第 17 条：如果某人用铜刀割断了另一人之鼻，则他应偿银三分之二明那。

第 18 条：如果某人用[……]割断[另一人]的[……]，他应偿银……

第 19 条：如果他用[……][敲掉]他的[牙]，他应偿银二舍克勒。①

① *ANET*, pp. 524-525.

《埃什努那法典》

第43条：倘自由民砍断自由民之一指，则彼应赔银三分之二明那。

第44条：倘自由民推倒自由民于……而折断其手，则彼应赔银二分之一明那。

第45条：倘彼折断其足，则应赔银二分之一明那。①

《汉谟拉比法典》

第196条：倘自由民损毁任何自由民之眼，则应毁其眼。

第197条：倘彼折断自由民之骨，则应折其骨。

……

第200条：倘自由民击落与之同等之自由民之齿，则应击落其齿。②

《中期亚述法典》

第50条：[如果某人]打了他人[之妻]因而使[其流产]，则应依[此人之所为]以对待这个使别人妻流产的人之妻：他应当像抵偿生命一样来抵偿胎儿；如果此妇女死亡，则应杀那人，他应抵偿胎儿生命；如果这一妇女的丈夫没有儿子，而他打了她，她流产，则应杀殴打者，抵偿他的胎儿。即使是女胎，他仍然应当抵偿其生命。

第51条：如果某人殴打别人的易流产之妻，而使其流产，则这是罪行，他应交纳二塔兰特黑铅。

---

① 参见林志纯主编：《世界通史资料选辑》(上古部分)，第60页；*ANET*, p. 163。

② 参见林志纯主编：《世界通史资料选辑》(上古部分)，第93页；*ANET*, p. 175。

第 52 条：如果某人殴打妓女，并使其流产，则对他应以殴打还殴打，以此(?)他应抵偿生命。

……

第 55 条：[如果]住在[自己父亲]家里的某人之处女，在她的父亲家尚未定亲，她未失去贞操，未出嫁，也没有人对父家提出控诉，如果有人——无论是在居住地，还是在草原上，还是夜间在街上，还是在仓库里，还是在公共的节日里——强占了该处女，并侮辱了她，则其父可夺取强奸其女儿者之妻，并奸之。①

根据以上内容可以明显地看出，早于汉谟拉比三百余年和二百余年的两位国王即乌尔第三王朝的乌尔纳木和埃什努那王国的俾拉拉马，在其法典中已“废除”了“以眼还眼，以牙还牙”的原则，取而代之的是处以罚金的办法；而要晚几个世纪的汉谟拉比在其法典中却仍然保留了这种“同态复仇”原则。对此，传统上一般的看法认为，《乌尔纳木法典》和《埃什努那法典》体现了高度的人道主义，而《汉谟拉比法典》保留了原始的、野蛮的“同态复仇”法则，是其民族的落后性所致。实际上，这种论断是不科学的，所谓“同态复仇”原则体现了立法者的一种人本主义观念。② 因为这无法解释一系列相关的问题。例如，苏美尔人高度发达的文化与文明在各个方面都对塞姆语族的阿卡德人和阿摩利人产生了较大影响，阿卡德人和阿摩利人甚至吸收了最能体现民族特性的苏美尔人的文字和宗教，为什么唯独对苏美尔人如此“进步”的立法原则弃而不用？学者们在这一点上达成了共识，

---

① 参见林志纯主编：《世界通史资料选辑》(上古部分)，第 134～135 页；*ANET*，p. 185。

② 对此，笔者有专门、详细的论述。参见于殿利：《〈巴比伦法〉的人本观初探——兼与传统的“同态复仇”原始残余说商榷》，载《世界历史》1997 年第 6 期；《巴比伦法的人本观再探》，载《求是学刊》2010 年第 6 期；《巴比伦法的人本观——一个关于人本主义思想起源的研究》，第 287～314 页。

即美索不达米亚的历代立法者都熟悉并采用了其前辈立法者的法典以及整个地区的一般法和立法传统。那么问题便出现了，即为什么汉谟拉比无视其前辈的成就和美索不达米亚已有的立法传统？为什么巴比伦的文化与文明在各个方面都臻于极盛的汉谟拉比时代唯独在法律方面出现所谓“拟古主义”倾向？为什么这种所谓“拟古主义”仅应用于较严重的犯罪，确切地说是对阿维鲁等级严重的人身侵犯上？

其实，采用罚金和肉刑只体现出一种观念的差别，评价这两种惩罚办法时，只有把它们放在一定的社会和历史背景下考察，才能得到比较客观的结论，因此也才有意义，不能想当然笼统地谈论其“进步性”与“落后性”，更不能以当今的观念去读古人。孟德斯鸠对日耳曼人和日本人刑罚的评论对我们就很有启发，他指出：“我们的祖先日耳曼人只准许罚金，其余一概不许。这些自由而好战的人民认为，除非是手执武器，他们的血是不应流的。日本人正相反，他们反对罚金，他们的借口是：如果用罚金，则有钱人便可以避免处罚了。”在孟德斯鸠看来，“一个好的立法者是不偏不倚的。他并不老是用罚金，也不老是用肉刑”。① 因此我们说，用罚金与肉刑来衡量一个民族的特性(即文明与野蛮)是不科学的。如果一定要以此作为标准，那么日耳曼人和日本人则提供了刚好相反的例证，即采用罚金的日耳曼人是文明的，采用肉刑的日本人是野蛮的，这显然不符合历史事实。

《汉谟拉比法典》中的“以眼还眼，以牙还牙”或“同态复仇”原则是社会学意义上的一种进步，是对人的尊严或人格在法律上的承认和肯定，体现了立法者的一种人本观。很显然，在立法者汉谟拉比看来，严重的人身伤害是对人的尊严的侵犯，是对人格的侮辱，因此侵犯他人尊严、侮辱他人

---

① [法]孟德斯鸠：《论法的精神》上册，张雁深译，北京：商务印书馆，1982年版，第93～94页。

人格之人自己也无资格享有人的尊严，也应该丧失其人格，而处以罚金显然收不到如此之功效，更何况人的尊严或人格是无法用金钱来衡量的。这一点从《汉谟拉比法典》对待阿维鲁、穆什钦努和奴隶的不同刑罚上，便可看得更清晰。“以眼还眼，以牙还牙”原则只适用于阿维鲁等级，而对穆什钦努和奴隶仍采用罚金的办法。例如，损毁穆什钦努之眼或折断其骨，应赔银一明那；损毁自由民奴隶之眼或折断其骨，则应赔偿其买价的一半(参见第198～199条及第201条)。传统的“野蛮残余说”无法解释立法者对三个不同等级在使用刑罚方面的区别，即为什么对社会地位较高的阿维鲁等级采用所谓“野蛮”的刑罚，而对社会地位相对较低的穆什钦努和处于社会最底层的奴隶却采用所谓“文明”或“进步”的惩罚方式呢？因为穆什钦努属于依附民，在法律上没有独立的地位和人格，而奴隶从来就不是“人”，只是主人财产的一部分，充其量是会说话的工具。因此，在《汉谟拉比法典》中，阿维鲁等级具有独立的社会经济地位，是城市公社的公民，其人格与尊严不容侵犯。不仅如此，《汉谟拉比法典》在对待阿维鲁等级的人身侵犯方面，也并非一味地使用所谓“野蛮残余”——“以眼还眼，以牙还牙”原则，例如，第203条规定，如果一自由民打另一自由民，则应赔银一明那。在这里就采用了颇受学者们称道的所谓文明的罚金方式。两者的区别可能在于伤害程度的不同，在立法者心中显然有一个“度”的标准，在他看来，一般性的、暂时的轻微损伤和严重的、永久的伤害(如断肢和断足等致残伤害)显然有着本质上的不同，因此才导致惩罚方法上的差异。第203条中所涉及的“打”，可能系指未致伤致残的行为，因为法典中另有条文专门规定对致伤致残的惩罚。因此，《汉谟拉比法典》在这方面所表现出来的是野蛮还是文明，是落后还是进步，无须多言。汉谟拉比作为一代立法者所表现出的开明性及法典所体现出的文明性与进步性，更被下面的规定证实：

第 206～207 条：如果自由民在争执中殴打另一自由民而致伤，则他应立誓，“我非故意使然”，只需赔偿医药费即可；如果该自由民因被殴打而死，则他亦应发誓，“我非故意使然”，然后赔偿 1/2 明那之银。

以上规定揭示出，古巴比伦时期的立法已达到了相当高的水平，立法者已懂得区分故意伤人或杀人与过失伤人或杀人的不同性质。

另外，从法律发展史的角度来看，比较流行的看法认为，“以眼还眼，以牙还牙”的原则源于原始社会的遗风，而罚金的方式则实行于其后的文明社会。对其他地区和国家的古代和现代法律我们所知甚少，但至少古代美索不达米亚没有为这样的论断提供有力的证据。与此相对的是，一位西方学者的研究表明，在原始部落中，缴纳罚金的方法是很流行的，他断定：“在《汉谟拉比法典》以前几千年，在巴比伦尼亚肯定存在过原始法庭，对重大犯罪的惩罚很可能实行的就是缴纳罚金的方法。”①迄今所知古代两河流域最早的成文法典《乌尔纳木法典》中，实施的便是罚金的方式，并未见有所谓原始社会的遗风存留。关于阿摩利人早期社会生活的状况，目前更是无从知晓。因此，把《汉谟拉比法典》中的“同态复仇”原则说成是倒退或冠之以“拟古主义”是毫无根据的，仅仅是一种经验上的猜测而已。

第三节　人本主义的立法精神

古代西亚地区的楔形文字法尤其是《汉谟拉比法典》往往被中外法制史研究者所低估，这一方面是由于他们惯常以现代法律的视角和观念来考量古代法，另一方面也由于他们对古代美索不达米亚文化传统的了解和认识有限。

① A. S. Diamond, “An Eye for An Eye”, *Iraq*, 29/2 (1957), pp. 154-155.

令人高兴的是，2009年中国学者在外国法制史研究领域，具体地说是在古代西亚地区楔形文字法研究领域，取得了最新的成果①，那就是将人类民法的起源追溯到古代西亚地区，这是非常重要的发现，而且是有道理和根据的。这些民法规范所表现出来的立法精神，能够从一个方面反映出古代美索不达米亚人的价值追求。因为“价值是内容，而规范则是形式。民事规范中的一般规定承载着一般价值，而具体条文或文书则负荷着具体价值。当适用其各项具体规定时，也就是在实现其所蕴涵的价值”②。从民法的角度来审视，“古代西亚地区法律文明成就是以民事规范为载体，演绎了合意、对价、立约、诚实信用、情事变更乃至民事赔偿等原则与精神”③。不仅如此，“这些制度化的民事习俗，以其翔实而朴素的条文折射了人类社会早期法律的文明曙光，特别是内蕴的民事精神，闪烁着古代人对于人和人类社会直接相关的两大根本问题，即人与超自然力(神灵或非人所理解或控制的力量)以及人与他人之间关系的种种现实思考与制度实践”④。

古代美索不达米亚人的法典尤其是《汉谟拉比法典》所体现出的立法精神，反映出了明显的人本主义思想，具体来说就是以法律上的“人”为本，以阿维鲁公民为本，因为他们构成了古巴比伦社会公民的主体。⑤

一、立法传统与契约文明

法律文明和契约文明是美索不达米亚文明最重要和最显著的特征之一，可以说在人类早期文明中独树一帜。同时，法律文明也是美索不达米亚人留给我们的重要遗产，美索不达米亚人首先将他们的法律文明在周围民族

① 魏琼：《民法的起源——对古代西亚地区民事规范的解读》，北京：商务印书馆，2008年版。

② 魏琼：《民法的起源——对古代西亚地区民事规范的解读》，第4页。

③ 魏琼：《民法的起源——对古代西亚地区民事规范的解读》，第4页。

④ 魏琼：《民法的起源——对古代西亚地区民事规范的解读》，第13页。

⑤ 参见于殿利：《从立法精神看巴比伦法的人本观》，载《学术研究》2011年第1期；《巴比伦法的人本观——一个关于人本主义思想起源的研究》，第208～255页。

中传播开来，并进而影响到整个古代近东社会，形成了古代文明中拥有跨地域影响的楔形文字法体系。美索不达米亚的法律体系被后来的古希腊和古罗马文明所借鉴和吸收，并最终成为西方文明的重要元素和来源的一部分。①

由于人类早期文明都肇始于东方，肇始于被传统定格为专制统治的东方社会，因此与专制统治显得有些格格不入的美索不达米亚法律文明与契约文明，就特别值得认真研究。

(一)法律文明与契约文明

在人类社会，契约基于自由与平等原则，人们在自由与平等的基础上才形成约定；同时，契约的结果又引发权利与义务的关系，正如卢梭所说，只有“约定才可以成为人间一切合法权威的基础”②。从这个意义上我们说，只有在法治社会和契约文明的环境下，人的权利才能得到根本的保障，因而也只有这样的环境才能孕育人本观念和人本思想，只有这样的社会才可能成为以人为本的社会。

古代美索不达米亚文明的一个突出特征就是其法律文明和契约文明特征。关于美索不达米亚人的立法传统，上面已经勾勒出了概貌，对于与法律文明相协调的契约文明，在这里进行扼要阐述应该是很有必要的。

法律与契约从来都不是彼此孤立而存在的，两者是相辅相成的。对于任何一部法律而言，契约法都构成其重要内容，甚至构成其核心和基础。比如，有学者在评价罗马法时这样讲道：“罗马法的特征，如果就其内容来说，则在于它是以契约法律为核心的。如果缺少了这个核心，有关人权法、物权法等实体法以及程序法等等便都失去了可靠的依托。”③《汉谟拉比法

---

① E. A. Speiser, “Cuneiform Law and the History of Civilization”, *Proceedings of American Philosophical Society*, Vol. 107, No. 6(1963), p. 538.

② [法]卢梭：《社会契约论》，何兆武译，第10页。

③ 蒋先福：《契约文明：法治文明的源与流》，上海：上海人民出版社，1999年版，第163页。

典》也包含契约法的内容。学者们对此给出了这样的评价："在古巴比伦时期，契约法是简洁而发达的……契约的起草非常出色，简明扼要，表述清晰，内容中没有任何啰嗦的语言。"①

纵观古代美索不达米亚的历史，我们可以得出这样的结论，即法律意识和契约观念渗透到了美索不达米亚人日常生活的方方面面，上到君王和廷臣，下到寻常百姓，离开了法律和契约，他们寸步难行，他们赖以生存的社会也就无法正常运转。迄今所发现的美索不达米亚文献中，属于法律和契约类的文书占绝大多数，其内容对国际社会和国内公民社会两大领域都有涉及。

（二）契约的主要类型

1. 涉及国与国之间关系的国际条约或同盟和约

在古代美索不达米亚历史的最早时期国际交往就已经存在，到古巴比伦时期，这种国际交往随着对外贸易的发达，以及巴比伦国力的强盛更是达到了前所未有的水平。因此，美索不达米亚人保存下来了一些较为珍贵的国际交往法律文献和证据。它们包括两国之间关于战争与和平的条约、结为同盟的盟约，以及其他外交和经济贸易协议等。虽然如此，但正如学者们所说："从任何宽泛的角度和综合的种类属性来判断，都很难说古代美索不达米亚人创立了'国际法'。相反，古代美索不达米亚的大多数国际法都只局限于两国或多国之间的条约和联盟。因此，从很多方面来看，更适合把这些国际条约纳入一般契约法的范畴内。"②这也是我们把它放入美索不达米亚契约文明论题来讨论的重要原因。

美索不达米亚的国际条约或国际法则，始于苏美尔城邦时期。苏美尔

① G. R. Driver and John C. Miles, *The Babylonian Laws*, Vol. 1, Oxford: Oxford University Press, 2007, p. 57.

② Russ Versteeg, *Early Mesopotamian Law*, Durham: Carolina Academic Press, 2000, p. 175.

城邦时期的重要特点之一，便是城邦争霸，战争不断，霸权往往随战争的胜负而易主。城邦之间结束敌对状态，往往是通过缔结和平条约实现的。美索不达米亚人皆信，国际法则是神赐予给他们的，如关于条约和结盟的观念，以及如何对待战败国等。为了能够缔结条约和建立联盟，国家首脑们必须要在神前宣誓。

迄今所知古代西亚地区最早的国际性条约来自埃勃拉，时间为公元前第三千纪。可喜的是，一份阿卡德国王纳拉姆辛同一个埃兰国王签订的同盟条约保存了下来。该条约用埃兰文写在一块有些损坏了的泥板上。条约的开始部分是以两国的神起誓，然后说纳拉姆辛指派大使带着礼物前去苏撒，而埃兰国王则派遣一位司令官带领一支辅助部队前往纳拉姆辛处，该司令官同纳拉姆辛的代表一起拟定两国间的同盟条约。在埃勃拉档案被发现以前，这个条约曾被认为是最古老的有文字为证的国际条约。①

马里文书或书信中最重要的部分之一，就是涉及国际条约的内容，时间在公元前第二千纪的初期(即汉谟拉比统治之前)。根据马里书信判断，各国的国王们为了使缔约规范化或程式化，通常要举行盟誓或其他仪式，或做象征性的动作，如“触摸喉咙”等。② 各国的王室还通过联姻的方式来建立和加强联盟关系。更有甚者，当两国准备进行结盟谈判时，为了表示诚意，双方有时要事先交换人质。如果最终谈判失败，人质就会被处死。③在一般情况下，一旦同盟条约达成，缔约国之间便不仅限于军事联盟，而且双方还同意引渡罪犯和自由贸易与自由通航。④ 当一国统治者想要给另一国统治者赠送外交礼物时，他通常雇用被称为沙曼达提(*ša mandatti*)的

① 参见刘家和、廖学盛主编:《世界古代文明史研究导论》，北京：高等教育出版社，2001年版，第86页。

② Russ Versteeg, *Early Mesopotamian Law*, p. 176.

③ H. W. F. Saggs, *The Greatness That Was Babylon*, pp. 223-224.

④ H. W. F. Saggs, *The Greatness That Was Babylon*, pp. 224-228.

商人来完成此任务，商人通常受到外交条约的保护。

在古代西亚的历史中，赫梯王国占有重要的一席之地。其中赫梯条约既是难得的史料，也是重要的历史事件。赫梯条约是认识赫梯国对外政策和揭示赫梯国历史发展道路的重要文献。条约在赫梯历史文献中以其流传数量多、种类多而受到人们的关注。现存三大类条约：第一类是国与国之间的平等条约，如赫梯国王哈吐什里三世(Hattusili Ⅲ)与古埃及法老拉美西斯二世(Ramesses Ⅱ)签订的《银板条约》；第二类是附属国条约，这一类在赫梯条约文献中居多，如赫梯国王吐塔里亚四世(Tudhaliya Ⅳ)与阿穆鲁国王沙乌什卡姆瓦签订的条约；第三类王室条约是赫梯王国与本国王室成员之间签订的条约，如赫梯国王舒皮鲁流马一世与沙里库苏赫签订的条约。前二者充分反映了赫梯王国的对外关系和政策，后者充分体现出赫梯国王驾驭庞大帝国的谋略和王室成员内部之间的政治、军事关系。①

2. 公民共同体成员之间的契约

在阿卡德语中，用来表示一般意义上的“契约”的词是 *riksatum*。*riksatum* 一般用于财产交易中，如涉及物品的买卖、保管与储存，雇佣服务，代理，委托及婚姻等。② 这类公民共同体成员之间的契约，其内容多数都是记载公民之间的经济活动，目前发现较多的有商业契约、土地买卖契约、土地和房屋租赁契约、其他各种租赁契约、雇工契约和借贷契约等。现存的美索不达米亚契约告诉我们，“所有阶层的个人都可以自由地买卖、交换、捐赠或者出租属于他们自己的，或者更有可能是属于他们家族共同体的房屋、土地、花园、鱼塘、牲畜和奴隶”③。法律观念和契约意识渗透在古代美索不达米亚人生活的方方面面，在他们的任何经济活动和社会活动中，当事人双方都要签订合同、契约或类似的具有法律效力的文件。在没有文书记

① 参见刘家和、廖学盛主编：《世界古代文明史研究导论》，第 131 页。

② Russ Versteeg，*Early Mesopotamian Law*，p. 169.

③ Georges Roux，*Ancient Iraq*，Third Edition，p. 133.

录的情况下，任何形式的财产买卖和转让都是无效的。例如，《汉谟拉比法典》中就有如下规定：

第 95 条：如果塔木卡为利息而贷出大麦或银子，[但既无证人也无契约]，那么他将白白地丧失他所贷出的一切。①

至于契约或合同的形式，“美索不达米亚的契约法并没有要求任何特定具体的有效格式。相反，契约——尤其是买卖契约——其形式多种多样……然而在特定的历史时期，很多契约包含有共同的元素和模式”②。例如，在古巴比伦时期，土地买卖的契约文件就形成了比较固定的格式，通常包括以下内容：对土地的描述(面积、位置、四周邻接的土地)；买方与卖方(通常表述为：从甲手中，乙买下了它)；土地的价格；对交易完成仪式的描述(木杵被传递，交易结束)；声明对交易满意，将来任何一方不得对交易提出争议、诉讼；起誓、证人、时间(年名、月名、日期)；交易双方的印章。③ 对于一般的交易契约而言，有两点是保证其法律效力的关键：其一是证人；其二是书面的文字契约，约定双方的权利和义务。没有证人出现，很多契约是不被法律承认的，证人的名字通常刻在文件的末尾。④在涉及土地买卖的契约中，“证人的数目较多，一般在 10 个以上。在有的契约中，证人甚至达到了 24 个。证人的身份随着买卖双方身份的变化而变化。如果土地买卖的双方是一般的自由民，那么证人大多也就没有身份，而土地买卖的一方或双方是官僚贵族，那么证人的身份也就较高。市长、

---

① 参见《汉谟拉比法典》，杨炽译，第 74+E 条，第 54 页。

② Russ Versteeg, *Early Mesopotamian Law*, p. 170.

③ 参见李海峰：《古巴比伦时期不动产经济活动研究——以西帕尔地区为考察中心》，北京：社会科学文献出版社，2011 年版，第 2 页；李海峰、祝晓香：《古巴比伦时期土地买卖活动述论》，载《西南大学学报(人文社会科学版)》2007 年第 1 期，第 166 页。

④ Russ Versteeg, *Early Mesopotamian Law*, pp. 169-170.

神庙主持、军官、法官等都可以以证人的身份出现在契约中”①。

在古代美索不达米亚人的契约中，还有两件事情是比较独特的，因而也是非常有趣的。其一，缔约的双方不是通过亲笔签名，而是通过盖章来确认当事人在场、同意契约条款。印章是美索不达米亚人身份的标志，所谓盖章就是在柔软的黏土文件上做出印记，最常见的是圆筒印章，此外还有印环，甚至有时还出现衣服的褶边。其二，在乌尔第三王朝及其以后的历史时期，契约的原件被封在黏土信封的里面，而契约的副本被刻写在信封的外面。一旦双方对契约发生争执，被封在信封内部的契约原件便要被启封，并作为解决争执的决定性文件。副本的意图是为了防止有人企图篡改契约原件的内容。②

此外，在巴比伦社会，任意伪造和更改文书属于重大的犯罪，一定要受到严厉的惩罚。

《汉谟拉比法典》还界定了非法契约的形式，凡是违反公共政策或国王旨意的契约，都是非法契约。这一立法原则一直延续到现在，因此其“先进性”堪与现代法律相媲美，也是《汉谟拉比法典》最令人称道的地方之一。在现代社会，一般而言，如果某一公民共同体认定公民的某一交易践踏了公共政策，那么他们就会认定该交易属于无效法律行为，在法律上不受保护。在古代美索不达米亚，也有一些类似的法律来禁止不法交易。在古巴比伦时期，为王室服役人员因其服务而从王室获得的土地等财产，法律是禁止其转让和买卖的。因此，凡是这类的交易都是非法的。例如，《汉谟拉比法典》规定，里都、巴衣鲁和纳贡人的与其服役相关的土地、房屋和其他财产是不可以转让和买卖的，所有这样的交易在法律上都被视为无效，购买者都将白白丧失其所支付的银钱(第35～38条)。显然，在立法者看来，对于

① 李海峰：《古巴比伦时期不动产经济活动研究——以西帕尔地区为考察中心》，第5页。

② Russ Versteeg，*Early Mesopotamian Law*，p. 171.

所有为王室服役的人员，他们从王室获得的财产既是其为王室提供服务所获得的报酬，同时更是其为王室提供服务的经济条件，如果因转让和买卖而丧失其经济条件，必将会动摇他们为王室服务的基础，从而使公共利益受到损害。另外，《埃什努那法典》还禁止商人塔木卡和卖酒妇从奴隶和女奴手中接受银、羊毛、胡麻油及其他物品(第15条)。也就是说，奴隶和女奴不具备独立从事交易的主体资格，与他们所进行的交易属非法交易，不受法律保护。这条法律规定的宗旨，应该是维护奴隶主阶级的整体利益，他们主要是阿维鲁，还有穆什钦努，他们构成了古巴比伦公民社会的基础。

3. 家庭成员之间的契约

家庭成员之间的契约主要包括婚姻契约、继承契约和收养契约。根据官方法律和私人契约的记载，我们可以说，至少在古巴比伦社会，契约观念和契约形式已经进入了寻常百姓的日常生活之中。婚姻形式就是一种典型的契约形式，包括三种形式：缔约——结婚，违约——退婚或悔婚，解约——离婚。

首先，没有缔结契约的婚姻是不被法律所认可和承认的，这在埃什努那王俾拉拉马的法典和古巴比伦王国汉谟拉比王的法典中都得到了体现(参见《埃什努那法典》第27～28条①，《汉谟拉比法典》第128条②)。

大多数中外学者都认为法典中所说的契约指的是书面文约，但也有个别学者认为《汉谟拉比法典》第128条中所说的契约不一定是书面文约，而也有可能是口头婚约③，但无论是书面契约还是口头婚约，都不影响我们的立论，因为两者都属于契约形式。《中期亚述法典》则规定(第34条)，如果一个人与寡妇结婚，而没有缔结婚约，她在他家住了两年，那她就是他

① 以上两条参见林志纯主编：《世界通史资料选辑》(上古部分)，第62页。

② 《汉谟拉比法典》，杨炽译，第77+F条，第70页。

③ Samuel Greengus, "The Old Babylonian Marriage Contract", *JAOS*, 89(1969), pp. 505-532.

的妻子，也就不能走了。①

其次，对缔结婚约以后、尚未结婚之前，无论是男方还是女方的退婚或悔婚行为，《汉谟拉比法典》都给出了处罚的措施(参见第159～161条②)。

最后，对于解除婚约——离婚的处罚，不仅表现出了对男方主动提出离婚和女方主动提出离婚的处罚轻重的不同，还体现出了处罚方式等方面的差异(参见《汉谟拉比法典》第137～140条)。

关于家庭成员之间的财产继承契约和收养契约，也有相当多的楔形文字文献流传下来，在这里就不多赘言了。

(三)契约文明与人本主义

契约关系是一种反映社会进步的社会关系，它的出现标志着一种新的社会文明，这种新的社会文明是通过社会的物质层面、制度层面和精神层面体现出来的。"就精神层面看，由于契约范畴以特定的方式在当事人之间公平地分配权利和义务，并且最大限度地反映人们的自由意志和利益追求，因而契约关系所蕴涵的自由平等、等价有偿、权利义务对等等一系列规则和精神，是符合人们的精神追求的，这些原则和精神必然内化为人们的契约观念和契约精神，并以此来规范自己的契约行为。人们按照契约规则的要求，进行各种经济、政治活动和其他社会活动，这样一种行为模式和价值取向，就是精神文明的一种表现。"③

古巴比伦社会的契约文明是与其高度发达的商品经济密切相关的，这一点与文艺复兴和资产阶级启蒙运动的社会经济基础有着相似之处。正如一位中国学者所说："从人类进步的宏观层面思考，启蒙思想家所主张的'天赋人权'、'社会契约'等观念都曾经在革命的过程中发挥了巨大的精神

① 参见 Samuel Greengus, "The Old Babylonian Marriage Contract", *JAOS*, 89(1969), p.521；林志纯主编：《世界通史资料选辑》(上古部分)，第128页。

② 此三条参见林志纯主编：《世界通史资料选辑》(上古部分)，第88页。

③ 蒋先福：《契约文明：法治文明的源与流》，第23页。

鼓舞作用。但是真正导致以契约这一交易工具作为社会中人际关系的媒介者，还是商品经济的内在要求使然，而非这些思想家的理想和宣传口号。事实上，契约产生于一定的社会经济基础，决定着人们之间的平等交易关系，是塑造法律人格的内在动力。”①

“契约关系存在的根本前提就是契约主体须全面符合法律人格的要求。”②而“平等”、“自由”观念又成为“法律人格的最根本的规定性”。③ 在人类社会，自由平等和权利义务是人本主义价值观的基础与核心，所谓以人为本，首先必须保证人是自由和平等的，然后人享有同样的权利和义务，这是在法律文明和契约文明社会才有可能实现的事情。在古巴比伦社会，人的自由与平等、权利与义务仅限于同一社会等级内部，只有阿维鲁等级才是享有全权的自由公民，也只有阿维鲁才可以称为法律意义上的“人”，因此所谓权利与平等也只是对于阿维鲁等级内部而言，穆什钦努只能享受属于他自己本身的那个等级内部的权利与平等，而奴隶甚至连谈自由都很难，更不用说权利与平等了。

二、社会秩序与公民权利

国家的形成是为了使纷乱的社会走向有序，是为了维护公民共同体的集体利益，因此也是为了维护每个个体公民的利益，因为只有公民共同体的集体利益得到了维护和保障，每个个体公民的利益才能得到维护和保障。正如恩格斯所说：“国家作为第一个支配人的意识形态力量出现在我们面前。社会创立一个机关来保护自己的共同利益，免遭内部和外部的侵犯。这种机关就是国家政权。”④政府的创立是为了执行国家的意志，而制定和

① 马俊驹：《人格和人格权理论讲稿》，北京：法律出版社，2009 年版，第 40 页。
② 马俊驹：《人格和人格权理论讲稿》，第 39 页。
③ 马俊驹：《人格和人格权理论讲稿》，第 40 页。
④ 《马克思恩格斯选集》第 4 卷，北京：人民出版社，1995 年版，第 253 页。

颁布法律则是确立秩序的重要手段和措施。

（一）法律即秩序

法律本身就意味着一种内在逻辑方面的秩序。马克斯·韦伯不仅从法学的角度，而且从社会学和经济学的角度论述了法律的秩序性。他说："法律的着眼点，或更确切地说，法学教义的着眼点，着重的是(法律)陈述的正确意义；这些陈述的内容构成了一种秩序——一种被看作是对特定人群的行为有规约作用的秩序。换言之，它试图确定这一秩序运用于哪些事实以及用什么样的方式来处理这些事实。为此目的，法理学家在假定了法律陈述之经验有效性的前提下，审视每一个陈述并试图以下述方式来规定每一陈述之逻辑上正确的意义，即：把所有陈述都看成是可以组合在一系统中的，这个系统在逻辑上是圆融贯通，不存在内在矛盾的。这种系统就是法学意义上的'法律秩序'。"①

立法就是要确立秩序，确立每一位公民都从中受益的秩序。美索不达米亚的统治者们对这其中的道理显然有着深刻的理解，这种理解首先表现出的就是把建立秩序确定为一种立法精神。美索不达米亚人以其悠久的立法传统，向世人昭示了他们对秩序的尊重与渴望，美索不达米亚文明以及美索不达米亚人为人类文明的发明创造所做出的突出贡献，也向世人证明了他们立法传统的有效性和先进性。

在美索不达米亚人看来，他们"在地球上的法律是与宇宙的法则和宇宙间的秩序相和谐一致的"②。在这样的基本认识和前提下，美索不达米亚人的法律在其内部运行方面呈现出许多自己的特色。对此，美国宾夕法尼亚

① ［德］马克斯·韦伯：《经济、诸社会领域及权力》，李强译，北京：生活·读书·新知三联书店，1998 年版，第 2 页。

② E. A. Speiser, "Cuneiform Law and the History of Civilization", *Proceedings of American Philosophical Society*, Vol. 107, No. 6(1963), p. 538.

大学教授、著名亚述学家 E. A. 斯佩泽尔进行了如下归纳和论述①：

第一，法律所确立的真理永远有效，不因时间的推移或个人的变化而有所改变。因此，法律所包含或反映出的真理既是没有时限的，也是非个人的，不受个人情感影响的。在阿卡德语中表示“法律”的词汇 *kittum u mēšarum*，其在字面上的意思就是“真理与正义”，而且表示的是一种“永恒的真理”。

第二，在这种情况下，对法律的解释权不能留给双方当事人中的任何一方，取而代之的是，必须把法律的解释权委托给专业或职业法官。

第三，为了努力使自己的判决与既定的规范相一致，法官们通常要查考先前的判例。在这种追求下，他们不仅要援引法律汇编或法典，而且还要援引包含有法律短语和句式的综合性法律词典，这类综合性的法律词典早在汉谟拉比之前若干世纪的公元前 2000 年就已经出现了。

第四，职业审判员和判例的有效性，与成文法律文献、其普遍存在性以及恭敬的操控性等最高权威一道，手手相传，代代相传。这就是美索不达米亚人如此强烈地虔信文献，尤其是法律文献的原因，书面文字既是个人社会权利的切实保障，也是人类社会与宇宙之间和谐秩序的切实保障。

第五，把事情付诸文字不仅是对对方或双方的约束，更是对法律制定者等更高权威的约束。这种庄严的法律责任和义务通过圆筒印章的使用得到了强化。在美索不达米亚，圆筒印章从根本上来说是个人的替代者，甚至是个人本身的一部分。谁若是没有属于自己的圆筒印章，通常便被视为没有自尊。

（二）社会秩序是人应该享有的基本权利

社会秩序是人们企盼和应该得到的权利，同时它不是自然产生的，必须通过追求，通过人们的共同追求才能获得。正如卢梭所说：“社会秩序乃

---

① E. A. Speiser, “Cuneiform Law and the History of Civilization”, *Proceedings of American Philosophical Society*, Vol. 107, No. 6(1963), pp. 537-538.

是为其他一切权利提供了基础的一项神圣权利。然而这项权利绝不是出于自然，而是建立在约定之上的。”①这个约定也不可能建立在自发的基础之上，而只能建立在有组织的基础之上，这个有组织的活动之一就体现在国家颁布的法律上。“我们今天所了解的人以及整个文明史上所知道的人，无论在现在和过去都一直是处在各种群体、集团或相互关系当中的，这些群体、集团或相互关系实质上包含着一种它们赖以存在的内部秩序。这种内部秩序是靠某种社会控制来维护的，也就是依靠其他人对每一个人施加压力来迫使其在维护文明社会方面履行义务，同时制止其反社会行为，即与社会秩序的基本原则相背离的行为”②所以，“在每一个政治上有组织的社会里面，都存在着我们称为法律秩序的东西，即一种高度专门化的社会控制形式。”③。

伊新国王李必特伊什塔尔在其所颁布的《李必特伊什塔尔法典》的序言中开宗明义地指出：

> 当安和恩利尔为了建立境内的法律，为了消除众人的怨言，为了防止敌意与暴力的武装，为了满足苏美尔及阿卡德的生灵，选择李必特伊什塔尔即贤明的牧人而其名尝为嫩兰尼尔④所称的李必特伊什塔尔来领导国家的时候。
>
> 我，李必特伊什塔尔，尼普尔的恭顺牧人，乌尔的忠实的恩加尔⑤，埃利都的亲近之人，乌鲁克的善良僧侣，伊新之王，苏

---

① ［法］卢梭：《社会契约论》，何兆武译，第4～5页。

② ［美］罗·庞德：《通过法律的社会控制　法律的任务》，沈宗灵、董世忠译，北京：商务印书馆，1984年版，第73～74页。

③ ［美］罗·庞德：《通过法律的社会控制　法律的任务》，沈宗灵、董世忠译，第75页。

④ 恩利尔神的绰号。

⑤ 指乌尔的统治者。

美尔和阿卡德之王，伊兰娜①所关怀的人，依照恩利尔的嘱咐，在苏美尔和阿卡德确立法律。

当这时候，我对于尼普尔的儿女、乌尔的儿女、伊新的儿女、苏美尔及阿卡德的儿女，这些曾被束缚和奴役的人，我真正为之……在我的……建立他们的自由。我真正地使父母抚养其子女，使子女扶持其父母，我真正地使父母与其子女共处，使子女与其父母共处。②

李必特伊什塔尔王意欲通过其法律建立的秩序包括三类：一是国家的和平与安定的秩序，其立法的目的是使国家既免遭外敌入侵的威胁，也免受内部暴乱的侵害；二是国家的内部秩序，建立人人都享有自由，人人都不受奴役的公平、健康的秩序；三是作为社会基础的家庭秩序和社会伦理秩序。

汉谟拉比在其著名法典中就公开自我炫耀说："我，明哲之君主，其祈祷为阿达得雷电雨及洪水之神。所知，曾使彼特·卡尔卡尔(?)城战士阿达得之心平息，并使埃·乌格尔格尔的一切均有其应有的秩序。"③

三、"公平"与"正义"之为立法精神

古罗马著名法学家乌尔比安指出，正义是法律的根本原理。④ 这一思想被后世的法学家所接受，并成为法学最重要的基本理论之一。卢梭在论述正义的来源时，给出了这样的阐释："当正直的人对一切人都遵守正义的法则，却没有人对他也遵守时，正义的法则就只不过造成了坏人的幸福和

① 阿卡德主管生育、生长的肥沃女神，相当于伊什塔尔女神。

② 参见林志纯主编：《世界通史资料选辑》(上古部分)，第62页。

③ 林志纯主编：《世界通史资料选辑》(上古部分)，第70页。

④ 参见何勤华：《西方法学史》，北京：中国政法大学出版社，2000年版，第55页。

正直的人的不幸罢了。因此，就需要有约定和法律来把权利与义务结合在一起，并使正义能符合于它的目的。”[①]现代法学家在继承乌尔比安思想的同时，进一步认为，“正义是人在世上的最高利益。无论如何，它是人们不断寻求，坚决为之奋斗，并确信能从他们的统治者和左右四邻的人们那里得到的一种东西，如果拒绝给予或缺少这种东西，都会使他们感到愤怒。从开始有组织的社会以来，维护和执行正义的制度一直是人们最为关心的事情”[②]。现代法学家们的论断完全可以从美索不达米亚的立法传统中得到充分的印证，“公平”与“正义”从立法传统的一开始就成为立法者的最重要的立法精神之一，并贯穿始终。

(一)法律与正义——美索不达米亚的孪生兄弟

在美索不达米亚的文化传统中，具体地说是在阿卡德语中，当然也包括苏美尔语中——因为阿卡德语在这里仅仅是其前辈苏美尔语的反映[③]，“法律”与“正义”从一开始就是一对孪生的兄弟，从词源学的角度来考察，它们就是一对孪生词。在阿卡德语中，用来表示“法律”意思的是一个复合词或合成词，即 *kittum u mēšarum*，这是一个宽泛的“法律”概念，“它表示一种制度体系，这种制度体系又相当于一种值得珍视的生活方式”[④]。根据权威的《芝加哥亚述语词典》的解释，*kittum* 可以表示“真理”、“正义”、“正确程序”和“正常状态”等意义。[⑤] 而 *mēšarum* 或 *mīšarum* 则首先表示一种“法律补救”，在古巴比伦时期还表示“一项旨在纠正某些经济失灵的立法法

① [法]卢梭：《社会契约论》，何兆武译，第 45 页。

② [美]罗・庞德：《通过法律的社会控制　法律的任务》，沈宗灵、董世忠译，第 73 页。

③ E. A. Speiser，“Cuneiform Law and the History of Civilization”，*Proceedings of American Philosophical Society*，Vol. 107，No. 6(1963)，p. 537.

④ E. A. Speiser，“Cuneiform Law and the History of Civilization”，*Proceedings of American Philosophical Society*，Vol. 107，No. 6(1963)，p. 537.

⑤ A. L. Oppenheim ed.，*The Assyrian Dictionary*，Vol. 8，K，pp. 468-470.

令”，此外它还具有“一般意义上的‘正义’之意”。① 当 *kittum* 与 *mešarum* 或 *mīšarum* 一起连用时，便具有表示“法律”的意义，特别是“维护正义”、“为弱者提供法律保护”的意思。②

（二）立法者的“公平”与“正义”之举

正如“法律”一词与“公平”和“正义”相对应的那样，在美索不达米亚历史的各个时期，立法者们的法律实践与“法律”及“公平”和“正义”的词源学意义和语义学意义也是极相一致的。在古代美索不达米亚社会，“公平”与“正义”首先表现在个人的经济地位方面，因为经济地位构成了其他一切社会地位的基础。所以，历代统治者和立法者都非常关注由经济负担甚至经济剥削造成的人类社会的不平等状况，时常颁发“*mīšarum*”法令，即“正义”或“平等”法令，亦称“解除负担的法令”，正如我们上面论及的“*mīšarum*”一词的一层语义所指明的，这一法令便成为他们改善社会不平等状况的法律补救措施，主要内容就是减免赋税，甚至减免平民所欠的债务，使他们不至于丧失土地，从而摆脱受奴役的潜在威胁和现实地位。

作为迄今所知人类历史上第一位改革家和立法者，拉伽什城邦著名统治者乌鲁卡基那在颁布自己的改革法令时，虽然没有像古巴比伦国王阿米萨杜卡和萨姆苏伊鲁纳那样将他的改革法令直接称为“*mīšarum*”法令，但根据其改革的历史背景和内容来判断，其目的主要是把人民从沉重的经济负担中解放出来。乌鲁卡基那自己就曾说，他“解救了贫苦大众”③。例如，乌鲁卡基那免除了平民所欠王室之赋税；撤销了派往各地的监督官和税吏；减轻手工业者的负担；保护拉伽什城邦公民和依附民的私有财产和身份，禁止官吏及其他人强夺他人财产；禁止以人身作为债务抵押，释放因债务

① A. L. Oppenheim and Erica Reiner eds., *The Assyrian Dictionary*, Vol. 10, M, Part Ⅱ, Chicago: The Oriental Institute of the University of Chicago, 2004, pp. 116-117.

② A. L. Oppenheim ed., *The Assyrian Dictionary*, Vol. 8, K, p. 470.

③ 转引自[美]威尔·杜兰:《东方的遗产》，第 8 页。

而被奴役或遭拘禁的平民，等等。因此，乌鲁卡基那的改革法令被学者们称为“我们现在所知之最古老、最简明、最公平的法律”①。

在《乌尔纳木法典》的“序言”中，乌尔第三王朝的国王乌尔纳木当然也忘不了炫耀他的“正义和真理”，最值得骄傲和引以为豪的还是免不了涉及“解除负担”的内容。在谈到立法的原因和背景及其成果时，乌尔纳木这样说道：

> 当时田地被课以尼什库门税，水手长官被安排监督商船。公牛的征税人、绵羊的征税人、驴的征税人……被安排监督放牧的人。
>
> 当时伟人、乌尔之王、苏美尔和阿卡德之王，乌尔—纳木，凭着格拉德的统治者南纳的威力，按照乌图②的公正品行，真正在国内建立了正义，他真正驱除了邪恶、暴力和纷争。他把水手长官从商船上清除了出去，把公牛的征税人、绵羊的征税人和驴的征税人从牧人身边清除了出去，从而在苏美尔和阿卡德实现了自由。③

伊新国王李必特伊什塔尔则在其所颁布的《李必特伊什塔尔法典》的“结语”中，对其建立“真理与正义”的立法宗旨和立法精神进行了表白：“我依乌图的诚实之言，使苏美尔与阿卡德保持可靠之正义；我，李必特伊什塔尔，恩利尔之子，遵照恩利尔确立之旨意，消除敌意与暴力；哭泣、悲伤，而……乌图以此等法律，我不咎既往；真理与正义，我使之光辉灿烂；我

① ［美］威尔·杜兰：《东方的遗产》，第8页。

② 苏美尔人的太阳神，是掌管正义之神，相当于阿卡德的太阳神沙马什。

③ 北京师范大学历史系世界古代史教研室编：《世界古代及中古史资料选集》，北京：北京师范大学出版社，1991年版，第58页。

满足苏美尔及阿卡德之生灵(缺文 50～60 字)……当我为苏美尔与阿卡德创立财富之时，我立此石柱。”①

《汉谟拉比法典》中也有很多条款涉及债务问题，以及立法者在处理债务问题方面所表现出的“社会公平意识”。汉谟拉比以后，出现了一种特殊形式的法律或法令，即所谓“正义”或“平等”法令(即上面提到过的阿卡德语称之为 *mīšarum* 的法令)。这些法令的主要内容是减免债务和其他税赋、义务，将小块土地归还原主等，因此有些学者也称之为“巴比伦解负令”。这些“正义”或“平等”法令，显然是统治者在自由民分化严重、平民与贵族斗争激烈的社会背景下，为稳定社会局势、维护正常的生产和社会秩序而采取的积极的法律补救措施。完整地被保存下来的“巴比伦解负令”只有一篇，即古巴比伦王国第十代王阿米萨杜卡的诏令。另外，还发现一保留不完整的残篇，即汉谟拉比之子萨姆苏伊鲁纳诏令的片段。

几乎所有美索不达米亚的统治者和立法者都极力标榜自己在其统治的土地上建立了“正义”或“平等”的秩序，汉谟拉比的子孙们直接把自己的法令冠以“正义”或“平等”的名称，只是太过自我标榜罢了。因此，古巴比伦后期的“正义”或“平等”法令，与以往的法典并无本质不同，其立法精神实为一脉相承。这些“正义”或“平等”法令如同此前的法典一样，对缓和社会矛盾、维护正常的生产秩序以及促进社会经济的发展，起到了一定的积极作用。

(三)《汉谟拉比法典》的“公平”原则

汉谟拉比作为一代贤明的君主，更是竭力为其公民建立公平、正义的秩序，一部《汉谟拉比法典》便能直接和充分体现其以阿维鲁公民为本，从而以“人”为本的公平思想。

汉谟拉比在其法典的“序言”中虽也忘不了反复申明自己的“公道与正义”，但主要还是炫耀自己所建立的丰功伟绩。而在展示了自己的丰功伟

① 林志纯主编：《世界通史资料选辑》(上古部分)，第 66 页。

绩，订立了自己的法典之后，在法典的“结语”中，汉谟拉比大肆总结了自己的“公平”与“公正”：

> 此为确立真正福祉及仁政于国内的常胜之王汉谟拉比所制定的公正的法律。
>
> 我，汉谟拉比，无敌之王。我未尝蔑视恩利尔所赐予之黔首，而马尔都克委我以牧养黔首之任，我亦未尝疏忽，我为黔首寻觅安全之居地，解决重大之困难，以光明照耀彼等。我以萨巴巴及伊什塔尔所赐予我的强大武器，以埃亚所赋予我的智慧，以马尔都克所授与我的威力，驱逐上下①之敌，消弭纷争，使国家得享太平，人民栖息之所有所庇护，而无惊恐之虞。我受命于伟大之神明，而为仁慈之牧者，其王笏正直；我之恩泽广被于吾城，我保护苏美尔与阿卡德之人于我的怀抱，赖吾庇护女神及其诸兄弟之助，我得以和平统驭世人，以我的智慧保护之。
>
> 为使强不凌弱，为使孤寡各得其所，在其首领为安努与恩利尔所赞扬之巴比伦城，在其根基与天地共始终之神庙，埃·沙吉刺②，为使国中法庭便于审讯，为使国中宣判便于决定，为使受害之人得伸正义，我以我的金玉良言铭刻于我的石柱之上，并置于我的肖像亦即公正之王的肖像之前。③

诚如汉谟拉比自己所极力宣扬的那样，他制定法典的公平原则可谓渗透在具体条文的字里行间。例如，盗窃罪和诬陷罪在关涉人命的情况下，要采用死刑的手段，体现出的是巴比伦人的一种平等观。而所谓“和谐”或

① 指两河流域上下游。
② 巴比伦城中供奉马尔都克神的神庙名称。
③ 参见林志纯主编：《世界通史资料选辑》(上古部分)，第100～101页。

“对应”惩罚原则，则体现出更为直接的“平等观”。①

如果说《汉谟拉比法典》在刑法中的有关平等或公平的观念和立法精神还多少有些含蓄的话，那么在经济法即关于公民从事经济活动的相关法律规定中所体现出的公平观念和立法精神，则是非常直接或直观的：

> 第94条：倘塔木卡贷谷或银，定有利息，贷出之时，以不足重之秤计银，以不足量之银计谷，收取之时，以超重之秤计银，以逾量之器计谷者，此塔木卡应丧失其所贷付之物。②

> 第99条：如果一个人以均等份银子与另一个人合伙投资，那么他们所得到的利润和损失，都应在神前平分。③

商品交换本来就要求并体现着自由、平等与公平的精神原则，所以在商品经济形态下，人与人之间的经济关系必然要求呈现出自由、平等与公平的关系，立法形式只不过是这种人与人之间的经济关系得到保证的必要手段和措施而已。当然这也不是所有君王都有意识和能够做到的，所以它反映出了立法者汉谟拉比作为一代明君的“重商崇人”的思想和立法精神。

四、私有财产神圣不可侵犯

在原始社会末期，随着剩余产品的出现、商品交换的深入，私有财产自然而然地得到了越来越多的积累。恩格斯在其《家庭、私有制和国家的起源》

---

① 对此的详细论述参见于殿利：《巴比伦法的人本观——一个关于人本主义思想起源的研究》，第238～243页；《从立法精神看巴比伦法的人本观》，载《学术研究》2011年第1期，第42～44页。

② 林志纯主编：《世界通史资料选辑》(上古部分)，第81页。

③ 参见《汉谟拉比法典》，杨炽译，第77+F条，第54页。

中分析英雄时代的希腊社会时指出："在英雄时代的希腊社会制度中，古代的氏族组织还是很有活力的，不过我们也已经看到，它的瓦解已经开始：由子女继承财产的父权制，促进了财产积累于家庭中，并且使家庭变成一种与氏族对立的力量；财产的差别，通过世袭贵族和王权的最初萌芽的形成，对社会制度发生反作用……一句话，财富被当作最高的价值而受到赞美和崇敬。"①在这种情况下，原来的氏族制度已经不能适应社会经济发展的需要了，"所缺少的只是一件东西，即这样一个机关，它不仅保障单个人新获得的财富不受氏族制度的共产制传统的侵犯，不仅使以前被轻视的私有财产神圣化，并宣布这种神圣化是整个人类社会的最高目的，而且还给相继发展起来的获得财产从而不断加速财富积累的新的形式，盖上社会普遍承认的印章；所缺少的只是这样一个机关，它不仅使正在开始的社会分裂为阶级的现象永久化，而且使有产者阶级剥削无产者阶级的权利以及前者对后者的统治永久化。而这样的机关也就出现了。**国家**被发明出来了"②。

恩格斯阐述的普遍真理同样适用于古代美索不达米亚社会，更何况在古代美索不达米亚，诚如我们前面所论到而后面还将论到的那样，商品经济的发达程度在人类早期文明中是非常罕见的，甚至可以说是极为特殊的。美索不达米亚文明最典型的特征就包括商业文明、城市文明和法律文明，这三者之间又是密切相关的。美索不达米亚私有经济、私有财产形态和私有制的发展虽然无疑是其社会生产力发展到一定阶段的产物，但它不可避免地与商品经济、城市发展和法律传统相伴而生。

（一）私有经济形态和私有制的确立

国外学者们最近二三十年的研究成果表明，美索不达米亚的私有经济在任何历史时期都占有极其重要的地位，在苏美尔城邦时期就是如此。在

---

① 《马克思恩格斯选集》第4卷，第106～107页。

② 《马克思恩格斯选集》第4卷，第107页。

苏美尔城邦时期，商品经济就已经十分发达，不仅存在土地买卖、商品交换与货币借贷，长距离贸易或对外贸易也是经济常态。私人之间的契约更是私人经济交往中不可缺少的东西，代表个人身份和作为个人经济交往法律凭证的私人印章也成为美索不达米亚文明中一个非常值得关注和研究的现象。私有经济的发展和私有制的产生，必然带来社会形态的变化和社会制度的变革，以及公民阶层和社会阶级新状况的出现。在苏美尔城邦社会，“由于私有财产，神圣不可侵犯，久而久之遂演化而成许多阶级。除大富与赤贫之外，尚有中产阶级及奴隶。中产阶级所含分子，有学者、医师、传教士及小工商业者”①。

到了乌尔第三王朝时期，根据这一时期最重要的历史文献《乌尔纳木法典》来判断，“综观《法典》全文，却找不到有关国家经济的任何条文，看不出存在大规模国家经济的明显迹象”，“在乌尔第三王朝早期，小农经济即村社私有经济成分居明显优势”。② 古巴比伦时期私人经济的发展更是达到了前所未有的水平，这一点几乎贯穿本书全部，所以无须在此赘述。

在迄今所知美索不达米亚也是人类第一位立法者乌鲁卡基那的改革法令中，除了规定减免各种苛捐杂税的主要内容以外，另一项具体内容的重要意义则在于，乌鲁卡基那以国家立法的形式确定了财产的私有制，保护拉伽什城邦公民和依附民的私有财产和身份，禁止官吏及其他人强夺别人的财产。在乌鲁卡基那的改革法令第 14 条中，明确指出了该项法令属于“保护拉伽什国家公民的财产和身份的法律”，“他命令把拉伽什的儿女由生活税③、固定量④、干谷⑤、劫掠、残杀、破坏房屋中解放出来(直译是“清

① ［美］威尔·杜兰：《东方的遗产》，第 14 页。

② 朱承思、董为奋：《〈乌尔纳姆法典〉和乌尔第三王朝早期社会》，载《历史研究》1984 年第 5 期，第 188 页。

③ 即赋税或贷款。

④ 即不因实际收获量多少而改变的固定的数额。

⑤ 用于缴纳赋税。

出去”)，确立了他们的权利”。①

因此，乌鲁卡基那的改革法令是人类社会第一部明确确立私有制的国家法律。在《乌尔纳木法典》中，同样可以明显地看到保护私有财产这一立法精神。例如，其第5条、第14条和第21条就涉及保护私人对奴隶的所有权：

第5条：如果一个人起歹意使另一个人的处女女奴失去清白，此人应付5西客勒(即舍客勒)白银。

第14条：如果奴隶或(?)女奴隶逃跑了(?)并出了城界，〔而别〕人把她〔或他们?〕叫了回来，主人应付给叫他们(?)回来的人2(?)西客勒白银。

第21条：……他将带来。如果他没有女奴，他可以付10西客勒白银。如果没有银，他可以用任何财产支付。

对土地的所有权和使用权的保护，则在第27～29条中得到了反映：

第27条：如果一个人恶意地耕种属于〔别〕人的田地，而他〔所有者〕提出诉讼，但这被蔑视，此人丧失自己的劳动。

第28条：如果一个人让水淹没了别人的田地，他应因每伊库②田地而量给〔田地主人〕3古耳大麦。

第29条：如果一个人把耕地交给另一个人耕种，但此地未被耕种并作为休荒地而还给了他，他应因每伊库土地而量给〔田地主人〕3古耳大麦。③

① 参见林志纯主编：《世界通史资料选辑》(上古部分)，第51页。

② 古代两河流域土地面积计量单位。

③ 北京师范大学历史系世界古代史教研室编：《世界古代及中古史资料选集》，第60页。

从《乌尔纳木法典》相关条文的内容来看，“无论是对奴隶的所有权或是对土地的所有权，都是属于私人的。《法典》竭力维护所有权，表明它维护私有财产和所有者利益的性质”①。

保护私有财产的立法精神在古巴比伦时期的法律中，更是得到了淋漓尽致的体现。

（二）古巴比伦社会：人人都享有财产权

虽然《汉谟拉比法典》明显反映出了以“人”为本，即以阿维鲁公民为本的立法精神，但在古巴比伦社会，却不仅仅是阿维鲁公民享有财产权和继承权，穆什钦努也享有财产权和继承权，妇女不仅享有财产权和继承权，而且还与男人一样享有经商的权利，不仅纳第图女祭司如此，普通的妇女也如此。② 就连奴隶也可以拥有自己的财产，虽然奴隶及其所有的财产在理论上是属于主人的，甚至“奴隶由主人出面，亦可经营工商业，不过应以部分利润奉献主人”③。例如，仅在《汉谟拉比法典》中就有穆什钦努拥有奴隶和财产，奴隶亦拥有财产甚至可以由其子女继承的内容（第 175～176 条）。④

在古巴比伦社会，自由的公民阿维鲁肯定是社会财富的主要占有者和享有者，首先在城市公社中占有土地是他们独享的权利，关于这一点下文中将专门论述，而土地占有权无疑是最重要的财产占有权，因为无论是在古代还是现在，土地都是最重要的生产资料。此外，阿维鲁还享有其他一切财产经营权和继承权。穆什钦努虽然不享有在公社中占有土地的权利，但他们可以依靠为王室服役享有王室土地的使用权，此外他们还享有经营

① 朱承思、董为奋：《〈乌尔纳姆法典〉和乌尔第三王朝早期社会》，载《历史研究》1984 年第 5 期，第 185 页。

② Russ Versteeg, *Early Mesopotamian Law*, p. 171.

③ [美]威尔·杜兰：《东方的遗产》，第 132 页。

④ 参见林志纯主编：《世界通史资料选辑》(上古部分)，第 90 页。

及占有奴隶和其他财产的权利。至于奴隶，他们在古巴比伦社会的地位更是其他古代社会难以比拟的。第一，他们享有与自由的阿维鲁公民之女通婚的权利，在这个意义上可以说是结婚自由；第二，在此婚姻状况下，奴隶的身份不是世袭的，其子女享有自由的身份；第三，他的子女是享有其财产继承权的，其主人无权剥夺他的子女的此项继承权。

(三) 经营与交易过程中的财产保护

古巴比伦时期的商品货币经济十分发达，正如我们在上文中所说，古巴比伦社会甚至可以说“全民皆商”，那么如何在商品经营和交易过程中有效地保护私有财产，则成为法律所关心的重要问题。《埃什努那法典》针对借贷与扣押人质、委托保管以及财产交易过程中可能出现的问题，做出了明确的规定。

> 第 22 条：倘自由民并无他人所负任何之债，而拘留他人之婢为质，则婢之主人应对神宣誓云：“我不负你任何债务”；而自由民应付出与一婢之身价相等之银。
>
> 第 23 条：倘自由民并无他人所负任何之债，而拘留他人之婢为质，并扣留此质于其家直至于死，则自由民应赔偿婢之主人以两婢。
>
> 第 24 条：倘自由民并无他人所负任何之债，而拘留穆什钦努之妻以为质，并扣留此质于其家直至于死，则此为生命攸关之法律问题，取人为质者应处死。①

以上三条法律是限制在借贷过程中债权人“滥用”其债权人的法律地位，而对非债务人的奴隶财产和其他财产实施有效保护，以使“强不凌弱”，如果

① 林志纯主编：《世界通史资料选辑》(上古部分)，第 57～58 页。

发生此类事件，法律对债权人严惩不贷。从《埃什努那法典》第24条中我们还可以看到另一个有趣且十分重要的问题，即至少在法典所设定的这个环境下，穆什钦努及其妻子的权利和地位并不比阿维鲁低下，他们享有同等的权利和法律地位，阿维鲁若对穆什钦努的妻子犯下生命之罪，则他必须以命抵命。

> 第36条：倘自由民以其财产交人保管，而以日后取赎为条件，然而房屋未被打开，入口未被打破，窗户未被拆毁，而保管之财产遗失，则彼（即担负保管之人）应赔偿自由民之财产。
>
> 第37条：倘自由民①之屋倒塌，或除托交彼之财物外，屋主之财物亦有遗失，则屋主应在提什帕克庙对神发誓："我之财产与你之财产一并遗失；我不欺人，亦不说谎。"——他应对彼如此发誓，而后可不负任何责任。②

这两条法律所涉及的财产保管应该是有偿保管，也算是一种商业模式，因此双方就应该拥有相应的责权利规范。《汉谟拉比法典》中也有相当的条款涉及此类生意，可见这种商业模式在古巴比伦社会应该是较为普遍的。例如，《汉谟拉比法典》第120～121条涉及的是谷物保管或谷仓租赁业务，第122～126条涉及的是保管金银财宝或其他财产业务。这些规定的宗旨只有一个，即在经济关系中为私人财产提供正当的法律保护。

《埃什努那法典》中还有一条关于继承财产买卖的规定：

> 第38条：倘诸兄弟之一欲出售其所分得之产，而其兄弟欲购之，则彼（卖者）应先满足其兄弟之意。③

① 指受托保管人。

② 林志纯主编：《世界通史资料选辑》（上古部分），第59页。

③ 林志纯主编：《世界通史资料选辑》（上古部分），第59页。

这条法律表明，家庭继承所得的财产可以自由买卖，卖者之兄弟享有优先购买权。对兄弟之优先购买权予以法律规定，可能是为尽可能地保护私有财产不流出家庭或家族之外。

(四)国家赔偿法则与财产权

对于阿维鲁公民在遭遇强盗时所遭受的生命和财产损失，如果案件不能破获，《汉谟拉比法典》中给出了国家赔偿的规定：

> 第 22 条：如果一个人抢了东西被抓住，那个人将被处死。
>
> 第 23 条：如果强盗没有被抓到，被抢的人应在神前申明他所被抢的东西，抢劫发生地区的城市①或市长②应赔偿他的损失。
>
> 第 24 条：如果是生命被害，那么城市或市长应付给他的亲人一明那银子。

对于《汉谟拉比法典》中关于国家赔偿的内容，史学家们显然毫不吝惜赞美之词："政府及官吏，对保护人民生命财产如此负责，除巴比伦外，今天还找不到这样的国家及城市。由此，使我们不禁要这样问，自《汉谟拉比法典》以来，所谓法律的进步，除了繁复艰深之外还有什么？"③

国家赔偿法则的重要意义在于，国家承认了自己对公民的过错、对公民权利保护不当的过错，将国家公权力置于法律规范之中。在这种情况下，国家权威与利益退居了第二位，让位给了公民利益，公民利益上升到了第一位，而几乎在所有其他情况下，公民的个人利益永远都要服从于国家的整体利益。所以国家赔偿法则体现了公民权利在共同体内的最大化，从而

---

① 原文为 alum，"城市"之意，指负责治安的城市行政机关。

② 原文为 Rabiānum，"市长"之意，系城市最高行政长官。

③ [美]威尔·杜兰：《东方的遗产》，第 134～135 页。

体现了国家以公民为本或以人为本的精神主旨。正如一位学者所说："在法律发展史上，国家赔偿制度从出现开始就代表着一种法律价值观的确立——人权。一国只要有国家赔偿制度，其理念都体现了保障人权的价值观。"①

（五）私有制与人本主义的根源

按照传统的史学，无论是国外的还是国内的学者，在涉及人本主义这个论题时，最多都只能追溯到欧洲文艺复兴时期。最近有一位法国学者菲利普·尼摩(Philippe Nemo)在欧洲文艺复兴之前的历史时期，即古罗马时期，具体地说是在古罗马的私法中，发现了西方人文主义甚至是人类社会人本主义的根源。②

菲利普·尼摩从民法的角度论述西方人本主义的根源，从方法论的角度来说，这无疑是正确的，因为撇开民法是一切法律的基础这个基本事实不说，民法直接涉及的就是民事关系——是最直接关乎于人的法律。但民法的起源还远不止罗马法，它可以追溯到人类早期文明的发源地之一美索不达米亚，而且罗马法肯定受到了古代西亚楔形文字法尤其是巴比伦法的影响，关于这一点无论是罗马法学家还是亚述学家都深信不疑。正如一位中国学者所指出的："以往学术界一提及古代民法，一般都会谈到古代西方，或者是希腊，或者是罗马，而对古代东方的民事规范却很少关注，甚至认为在古代东方社会根本就没有民法，或者说不存在比较系统、成熟的民法"，实际上，"在古代东方(西亚地区)，不仅存在着比较系统和成熟的民事规范，而且它比人类的任何一个文明社会的民法都要早；民法起源于古代东方，起源于古代西亚地区"。③ 这一观点的提出，是基于如下几个要

① 孙笑侠：《人权保障理念正走向成熟》，载《社会科学学报》，2010年6月30日，第4版。

② 参见[法]菲利普·尼摩：《什么是西方——西方文明的五大来源》，阎雪梅译，桂林：广西师范大学出版社，2009年版，第26～32页。

③ 魏琼：《民法的起源——对古代西亚地区民事规范的解读》，第2页。

素，这些要素是判断民法起源的重要标志："这些要素包括是否存在条理比较清晰、用语比较规范而较为成熟的法典(或法律文集)，是否存在主张民事主体权利义务对等的观念，是否存在一套比较系统的保护财产所有权、契约、婚姻家庭关系等的制度，是否存在(即使在没有成文法的状态下)稳定社会经济秩序、保障商品交易能够正常进行的原则体系，以及是否存在在民事交往中为大家都普遍接受的概念术语，等等。"①而且，越来越多的中国学者认为，"《汉谟拉比法典》，80％是民法，只有20％不到才是刑法"②。

在论述了罗马法中关于私有财产的界定之后，菲利普·尼摩进一步指出："由于一个人的存在从某种程度上说取决于他的所有物，因此，如果他的财产与其他人的财产有所区别而且保持这种区别，那么他的存在与其他人的存在也就有着并且保持着区别。"③尼摩在这里所说的罗马法中的情形，与《汉谟拉比法典》中所反映出的古巴比伦社会的情形是非常相似的。在《汉谟拉比法典》和古巴比伦的现实社会中，正是基于对财产尤其是土地等不动产的占有权以及占有方式不同，才有了阿维鲁、穆什钦努和奴隶的不同社会分层。

菲利普·尼摩接着做出小结："我们可以肯定地说，因为发明了私法，罗马人创造了人类个体，一个自由的、有内心生活的自我，一个有着无法缩减为其他任何人的绝对特别的命运的自我。罗马法因而成为西方人文主义的源流。"④虽然罗马法中的私法比巴比伦法中的民法无疑更系统、更成熟，但就其本质特征方面而言两者并没有根本的区别。因此，按照尼摩的论证，我们也可以这样总结："我们可以肯定地说，因为发明了民法，巴比

① 魏琼：《民法的起源——对古代西亚地区民事规范的解读》，第2页。

② 何勤华、贺卫方、田涛：《法律文化三人谈》，北京：北京大学出版社，2010年版，第97页。

③ [法]菲利普·尼摩：《什么是西方——西方文明的五大来源》，阎雪梅译，第28页。

④ [法]菲利普·尼摩：《什么是西方——西方文明的五大来源》，阎雪梅译，第28页。

伦人创造了人类个体，一个自由的、有内心生活的自我，一个有着无法缩减为其他任何人的绝对特别的命运的自我。巴比伦法因而成为人类人文主义的源流。”

第四节　司法制度与审判程序

一、苏美尔城邦时期

苏美尔城邦时期的法律记录被古代书吏们称为“迪提拉”（*ditilla*），其字面上的意思为“了结了的案子”或简称为“结案”。但并非所有被称为“迪提拉”的文献涉及的都是法律案件，也有一些只是涉及婚姻、离婚、买卖及馈赠等契约的公证。从理论上讲，至少到乌尔第三王朝时期，国王负责全苏美尔的法律和正义，但实际上法律掌握在众多城邦的地方统治者恩西手中。在较早的法庭文案中，恩西的名字往往代表官方的签名；后来恩西的名字与审理案件的法官的名字一同出现；再后来就只有法官的名字而不见恩西的名字了。从现有的材料看，神庙在司法方面的作用微乎其微，迄今尚未发现有“某某神庙的法官”之类的记载，神庙只是当事人起誓的场所。但出于某种特殊原因，神庙也可能任命自己的法官。

法庭通常由三至四名法官组成，在特殊情况下也可只由一至二名法官组成。当时还没有职业法官出现，在文献中所列出的法官绝大多数是航海商人、传令官、书吏、治安员、监督官、占卜官、行政长官、档案员、神庙管理员、城市长老甚至恩西等。还有一些人被称为“王家法官”，例如，在出自尼普尔的一份迪提拉文件中，有七名法官就被称为“王家法官”，这可能表明，尼普尔存在一种特殊的法庭，可能系终审法庭。关于如何任命法官、其任职期限及报酬等方面的情况，目前还不得而知。在迪提拉文件中还提到一种人，他们被称为马什吉姆（*Mashkim*），可能是一种法庭书记员，其职责是为法庭准备“提案”和监督法庭程序。他们的工作是有偿的，例如，在一份文件中有这样的记载：“为马什吉姆所做的工作支付 1 舍克勒银和 1 只小羊。”①

苏美尔人的法庭程序大致如下：一个案件由当事的一方起诉，如果涉及国家利益，则由国家政府的管理部门起诉；之后把证据带到法庭；通常有一些证人做证，也可能有“专家”或“高官”提供书面材料或口头证词；只有当法庭所要求的一方在神庙起过誓后，法庭才做出判决。通常由一至二位证人起誓，而不由当事人起誓，除非证人的证词遭到当事人的否认。如果一方能提供确凿的书面材料证据，则免于起誓。判决通常由这样简洁的语言表达：“它(争执的物品、财产或奴隶)被证明属于某某(胜方)”，或者是“某某(胜方)可以合理地占有它(争执的财产或奴隶)”，又或者是“某某(败方)必须赔偿”等。有时如果需要——但并非总如此——还会指出判决的理由。

二、古巴比伦时期的司法机构

在古巴比伦时期，虽然国王既是最高行政长官，又是最高法官，但在中央政府之下还存在有地方法院。根据现有的材料，古代美索不达米亚社会的许多事务是在公民大会中处理的，公民大会在其丧失政治权力以后很久，在司法管理中仍起着作用，一直到新巴比伦王国时期。公民大会的法庭似乎对所有成年男子开放，例如，一则《箴言》这样写道：“不要去站在公民大会中，不要出入是非之地。陷入纷争中命运会摧毁你；你将要作为证人为他们做证……去证明一个不属于你自己的案子。”②在被称为迄今所知世界上第一起法律判决的案子中，审理此案的便是公民大会(参见本书第

① S. N. Kramer, *The Sumerians*, *Their History*, *Culture*, *and Character*, Chicago: The University of Chicago Press, 1963, pp. 85-87.

② H. W. F. Saggs, *The Greatness That Was Babylon*, p. 216.

236～237 页）。

在汉谟拉比统治时期，公民大会在司法方面仍然起着很大的作用。在一个案件中，一位名叫马尔伊尔西提姆（mār-irsitim）的人与其兄弟向汉谟拉比申诉道，他的叔父乌杜都（Ududu）给其父一块土地，但其父死后，其叔父又想要回土地。汉谟拉比命令尼普尔的公民大会审理此案，公民大会经过调查后，做出了判决。① 又如，《汉谟拉比法典》第 202 条规定：倘自由民打地位较高者（或比他年长者）之颊，则应于公民大会中以牛皮鞭鞭之 60 下。

古巴比伦时期另一个重要的司法机关由商会、商人头领和商人塔木卡组成，至少在西帕尔城，他们构成城市管理的核心。② 最初首席法官由市长担任，后来被商人头领取代。③ 法庭通常由商会、商人头领和法官（*daiānum*）组成。他们通常处理城市内部或公社成员之间的民事纠纷，如受理兄长虐待弟弟之类的家庭纠纷④、财产继承案，以及公民到不属于自己辖区的水域从事非法捕鱼引起的纠纷⑤等。他们还受理神庙女祭司纳第图的案子，这也说明神庙本身并没有独立的法庭，它们在司法中几乎不起作用。例如，西帕尔城沙马什神庙的一位女祭司从他人手中买得一幢房屋，并付清了款项，3 年后卖主否认此事，向国王控告她。国王把此案交给由商会组成的法庭审理。⑥ 涉及王室份地和神庙土地纠纷的案子可能不属于城市的司法权限，它们一般由国王的大臣和国王亲自审理。例如，某神庙

---

① W. F. Leemans, *King Hammurapi as Judge*, pp. 117-118.

② A. L. Oppenheim, "A New Look at the Structure of Mesopotamian Society", *JESHO*, 10(1967), pp. 1-16.

③ R. Harris, *Ancient Sippar: A Demographic Study of an Old-Babylonian City* (*1894-1595 B.C.*), pp. 68-69.

④ L. W. King, *Letters and Inscriptions of Hammurapi*, London: Luzac and Co., 1900, Ⅲ 3.

⑤ L. W. King, *Letters and Inscriptions of Hammurapi*, Ⅲ 3.

⑥ W. F. Leemans, *King Hammurapi as Judge*, p. 120.

的一位高级祭司抱怨说，一位祭司不停地向该神庙的伊沙库农民索取土地。国王命令西帕尔城的商人头领、商会和法官把那位祭司送往巴比伦审查。①

三、古巴比伦时期的法官和司法程序

在古巴比伦时期，还有两种官员在司法中起过不同程度的作用。一种为沙卡那库(*šakkanakkum*)，关于其职位，学者们存在争议，其中一种看法认为他是国王派驻城市的代表或总督。到巴比伦第一王朝的第八代王阿比舒统治初期，沙卡那库便绝迹于文献中，其地位逐渐被沙庇鲁(*šapirum*)取代。

关于古巴比伦时期的司法制，苏联学者 I. M. 贾可诺夫(I. M. Diaknoff)认为，王室依附民处于王室的司法管辖之下，自由的公社成员则处于地方自治机构的司法权限下。② 这个论断基本符合事实，但应该说还不全面。实际上自由的公社成员如遇冤屈也可直接上诉到国王。国王手下有一大批高级官员及“国王的法官”，他们在国王的统领下构成王室法庭。

中央政府对地方法庭实行监督和控制，例如，有人向国王反映，法官辛伊丁纳姆、商会和西帕尔城的法官未经允许便破门而入某人女儿之闺房，国王要求他们对此做出解释。国王还经常派遣官员到各地办案，或下达国王对某件案子的命令，有时还直接监督地方法庭的审理。他们有时被称为“国王的法官”(*daiānū šarrim*)，有时被称为“国王的士兵”(*rēdû šarrim*)。值得一提的是，巴比伦城的法官似乎享有特殊的权力，他们可以审理整个王国的案件。

在审判程序方面，古巴比伦时期与以前相比没有太大的变化。起诉后，

---

① *AbB*，2，No. 73.

② I. M. Diaknoff，“On the Structure of Old Babylonian Society”，in H. Klengel ed.，*Beitrafe Zur Sozialen Structur des Altre Verderasien*，Berlin：Akackmie Verlay，1971，pp. 26-27.

双方当事人都要把证据和证人带上法庭。当证人的证词发生冲突时，一方的证人要对神起誓，如果双方的证人都不肯对神起誓，那么便要由神来裁决。这便采用了所谓“神圣裁判法”。另外，古巴比伦时期的一审判决可能就是最终判决，因为法官不许改判(参见《汉谟拉比法典》第5条)，这可能也是为了防止法官营私舞弊。

第三编

经济与社会

第八章　经济制度与经济发展

经济发展是文明进步的基础，经济发展首先满足人类生存的物质需求，并进而影响着人类的精神和文化需求。诚如一位亚述学家所云："如果没有美索不达米亚的生产经济，文明本身也不会发展起来。土地的组织与运河灌溉功能的维护导致了法律和政府的产生，而食物的盈余促成了复杂的劳动分工，并逐渐有了闲暇时间，进而激发了艺术的产生。"①如同人类文明在其他诸多方面的发展一样，美索不达米亚的经济发展也开创了人类经济史上的很多先河。从最早发明的农业和农业经济制度的发展到一些动物的驯养和畜牧业的开始，从货币的产生到对外贸易的繁荣，从手工业的发展到艺术的创造，等等，都为美索不达米亚文明增添了绚烂的色彩。

第一节　经济结构与财税制度

由于历史文献的相对稀少，我们对美索不达米亚的经济发展，尤其是有关经济制度与经济秩序等方面的图景的了解，还远没有达到清晰的程度。但即使是这样，现有资料所揭示的美索不达米亚的经济轮廓也远比人们想象和期待的要更引人注意，更能激发人们对探寻古老文明的热情和研究兴趣。

---

① [美]斯蒂芬·伯特曼：《探寻美索不达米亚文明》，秋叶译，第375页。

一、王室经济、神庙经济和私人经济

关于古巴比伦时期的社会经济性质问题，长期以来存在着相当多的争论。虽然也有学者认为古巴比伦时期私人经济占主导地位，但传统上一般认为王室经济(包括神庙经济)与私人经济并存，而王室经济居主要地位。① 20 世纪 70 年代以前，人们普遍认为，在公元前第三千纪(古巴比伦时期以前)，神庙或国家控制着国家的全部土地，从而控制着国家的社会经济生活。因此这一时期的商人被认为是王室或神庙的代理人，或称寺庙—城邦的工作人员。②

但早在 20 世纪 40 年代就有人以苏美尔和阿卡德文学为证据对此做过系统的批驳。③ 20 世纪五六十年代，I. M. 贾可诺夫④和 I. J. 格尔布(I. J. Gelb)⑤以大量的事实从外部向传统理论发起了冲击。他们指出，相当大的经济成分处于王室和神庙的控制之外，属于私人经济。20 世纪 80 年代初，B. 福斯特(B. Foster)则通过剖析传统理论的论据，从内部瓦解了传统理论。⑥ 有学者对苏美尔城邦时期商人的经济地位进行了重新估价，认为他们的活动是以营利为目的、自负盈亏的，国家和神庙从来没有承担过损失。⑦ 有的

① R. Harris, "On the Process of Secularization under Hammurapi", *JCS*, 15(1961). I. M. Diaknoff, "The Rise of the Despotic State in Ancient Mesopotamia", in I. M. Diaknoff, *Ancient Mesopotamia*, *Socio-Economic History*, Moscow: Nauka, 1969.

② I. J. Gelb, *On the Alleged Temple and State Economies in Ancient Mesopotamia*, *Estratto da Studi Onore di Edouardo*, Vol. 11, Roma: Volterra, 1969, pp. 137-154. A. Falkenstein, "The Sumerian Temple City", *MANE*, 1/1, 1974, pp. 7-10.

③ 参见雅各布森的《古代美索不达米亚的原始民主》一文，中译文见《世界历史译丛》1980 年第 3 期，第 68～77 页。

④ I. M. Diaknoff, *Sale of Land in Pre-Sargonic Sumer*, Moscow: the Soviet Delegation to XXIIId International Congress of Orientalis, 1954.

⑤ I. J. Gelb, *On the Alleged Temple and State Economies in Ancient Mesopotamia*, pp. 137-154.

⑥ B. Foster, "A New Look at the Sumerian Temple State", *JESHO*, 24(1981), pp. 225-241.

⑦ M. A. Powell, "The Sumerian Merchants and the Problem of Profit", *Iraq*, 39 (1977), pp. 23-24.

学者甚至走得更远，认为不仅早期历史时期有承包商人，而且在史前晚期这种承包商就已经发挥作用了。

1981 年在意大利罗马举行的国际学术讨论会，是研究古代近东经济史的一个里程碑。提交大会的论文所揭示的从阿卡德萨尔贡时期到新巴比伦王国时期古代近东(主要指美索不达米亚、赫梯、小亚细亚和叙利亚北部及乌加里特，不包括埃及)的私人经济状况使人耳目一新。学者们一致认为，“在整个近东地区的任何历史时期，私人经济的作用和地位都比迄今所认为的更重要”①，“私人经济，更确切地说，是独立于王室再分配制之外的产品交换，在古巴比伦时期的经济中起着巨大的，可能是决定性的作用”②。有学者甚至认为，“在美索不达米亚历史的任何时期，私人经济都起着决定性的作用”③。

总体说来，在古代美索不达米亚的历史上存在着三种主要的经济成分，即王室经济或国有经济、神庙经济和私人经济。无论在任何历史时期，三种经济成分并存应该是不争的事实。至于这三种经济成分的比例或在整个经济秩序中的地位，在不同的历史时期可能不尽相同，但总体趋势应该是神庙经济地位逐渐下降，王室经济或国有经济和私人经济呈上升趋势，尤其是私人经济有了很大发展。在最初的苏美尔早王朝时期，神庙经济占有非常重要的地位，因为在美索不达米亚的观念中，土地属于神所有，每个城市都有自己的保护神，每个城市的土地都属于该城市的保护神所有。神庙因此拥有大量的地产，在神庙的地产里雇用着大量的劳动力，这些劳动

① P. Vargyas, “The Problems of Private Economy in the Ancient Near East”, *BiOr.*, XLIV, No. 3/4(1987), p. 377.

② J. Renger, “Patterns of Non-Institutional Trade and Non-Commercial Exchange in Ancient Mesopotamia at the Beginning of the Second Millennium B. C.”, in Alfonso Archi ed., *Circulation of Goods in Non-Palatial Context in the Ancient Near East*, Roma: Incunabula Graece, 1984, pp. 31-123.

③ P. Vargyas, “The Problems of Private Economy in the Ancient Near East”, *BiOr.*, XLIV, No. 3/4(1987), pp. 377-378.

力甚至在城邦之间为争夺土地等资源而展开的战争中还发挥着作用。祭司阶层在神庙地产的经营管理中发挥着重要的作用，他们是侍奉神的人员和神在人间的代理人，女祭司甚至就是神在人间的妻子。王室经济或国有经济实力的增强和规模的不断壮大，不仅有很多具体的原因，而且更符合国家发展和文明演进的规律。这些原因和规律包括：其一，在古代美索不达米亚人的观念中，王权得自神授，国王是神在人间的代表，代表神灵牧养着神的子民，所以国王或国家享有部分地产和土地所有权是理所应当的；其二，随着国王在战争中发挥的作用越来越大，其权力和权威性也随之越来越大，他越来越能够摆脱神庙对他的影响，王权的世俗化倾向也随之越来越明显，神庙的土地越来越受到削弱；其三，国王在率领国家征战的过程中所获得的土地和其他财产，成为王室经济或国家经济迅速发展的另一重要因素；其四，随着国家规模的扩大和政府管理职能的需要，税收成为王室经济或国家经济的最重要的来源；其五，随着自身实力的增强和掌控资源的扩大，王室手工业和商业的发展也成为顺理成章的事。

纵观古代美索不达米亚的经济发展史，不难发现王室经济的发展经历了与神庙经济的斗争过程，甚至可以说，王室经济的发展在某种程度上是建立在抢夺和削弱神庙财产的基础之上的。神庙的财产主要包括大量的地产、财产租赁和借贷收入以及祭祀收取的各种宗教和仪式性服务费用等。王室在强夺和削弱神庙地产的同时，对其收入也采取了限制性措施。“在汉谟拉比以前的时期，古老的城市王国就采取措施限制神庙的过度收费，防止祭司们抢夺欠他们债的‘贫穷’农民的土地。”①在苏美尔早王朝时期，在拉伽什城邦，王室与神庙的财产和经济斗争最为激烈。到古巴比伦时期，可以说，在某种程度上神庙经济已经融入庞大的王室经济当中了，祭司尤

① Max Weber, *The Agrarian Sociology of Ancient Civilizations*, translated by R. I. Frank, London and New York: Verso Classics, 1998, p. 86.

其是纳第图女祭司在经营地产和商业借贷等方面的经济活动，应该属于私人经济的范畴，因为她们的财产基础来自她们城市公社的公民身份，即阿维鲁身份。

原始社会末期私有制的出现促进了私有经济的发展，私有经济的发展也在一步步推进和完善着私有制。原始部落以及后来演变而成的城市公社拥有属于自己的土地，而这些土地逐渐转变为部族、家族乃至家长私有，成为他们祖祖辈辈世袭的地产，这些地产成为他们公社成员身份乃至公民身份的前提、标志和保证，进而也成为私有制和私有制国家发展的前提和保障。私人经济在美索不达米亚的历史上从来都不乏活力，苏美尔早王朝时期的私人买卖土地活动以及对外贸易活动都拥有原始文献的证据，至少到古巴比伦时期，私人经济已经占据主导地位的说法，应该是可信的，这也与政治体制方面的城市自治是相吻合的。就神庙经济而言，祭司阶层包括古巴比伦时期在经济领域异常活跃的纳第图女祭司所从事的大量土地买卖和租种活动、商业贸易活动，以及银钱借贷活动等，也都属于私人经济的范畴，而不属于神庙的机构经济，因为她们个人的财产和财产经营收益都不归神庙机构所有。关于王室经济或国有经济、神庙经济和私人经济的发展与演变，有学者给出了这样的概括："最初，土地属于该城的保护神，并由一位拥有祭司职位的人管理。后来，统治者及其贵族成员们成了地主。亲属关系的集体渐渐地拥有了财产，就像那些受到特别嘉奖的个人一样。土地由其所有人自身或承租农民代表土地所有者进行耕作，尤其是在土地所有者们拥有较高社会地位的时候。"①

二、货币与度量衡

货币和度量衡体系无论在古代还是在现代文明中，对经济的发展和社

① ［美］斯蒂芬·伯特曼：《探寻美索不达米亚文明》，秋叶译，第375页。

会制度的完善，甚至对精神文明和文化建设都起到了非常重要的作用。纵观几千年的人类文明发展史，我们完全可以说，货币和度量衡早已成为文明发展不可或缺的要素。

(一)货币体系

货币是人类商品交换和商品经济发展到一定阶段的必然产物。货币是人类经济文明的重要标志和承载物，其价值不仅在于一般等价物和作为支付手段等纯经济价值，更在于它在人类社会建立起来的信用制度，没有信用体系的支撑，人类社会无法正常运转，人类社会所特有的精神与文化生活也不会如此发达。货币自其出现以后，几千年来恒久不变地影响着人类的物质文明和精神文明的演进与发展。

一般认为，在古代美索不达米亚，在公元前3000年代至公元前2000年代，“物物交换贸易与非货币交换制构成了商业交换的基础”①。但在乌鲁克Ⅲ期和Ⅱ期文化的泥板中，就出现了象形文字“银钱”的符号，同时还出现了“大商人”的名称(*šab-gal*)，也就是后来的大商人塔木卡(*dam-gàr*)。② 实际上，银钱成为古代美索不达米亚最主要的货币形式，在经济发展中扮演着十分重要的角色。我们拥有一些乌尔第三王朝时期的结算单或平衡表，这些结算单和平衡表最显著的特征之一，就是利用银钱作为结算单位。商人所有的资本、买进和卖出的货物，以及最终的盈亏，都以银价即银子的重量计算。同样的情况也出现在拉尔萨的文献中，拉尔萨的商人对其所收到的货物通常只以银子的总价来列出，而不记述实际上种类繁多的具体商品。

在这里有两个问题需要考察：一是银钱是仅限于商人阶层记账使用的

---

① Stephen Bertman, *Handbook to life in Ancient Mesopotamia*, p. 256.

② A. I. Tyumenev, “The State Economy in Ancient Sumer”, in I. M. Diaknoff, *Ancient Mesopotamia*, *Socio-Economic History*, p. 74.

工具，还是已经成为一般通用的货币；二是银钱是否已形成或出现统一的或标准的形式。考察第一个问题，需要联系历史学家和人类学家对货币三种功能的广泛讨论，这三种功能即计算或会计标准、交换媒介和支付手段，三者不一定要同时具备。“根据乌尔第三王朝时期收入账单的上下文内容，我们可以看到，尽管很难判断每一笔单个人的收据都在物质形态上转化成了银子，每一笔买卖都是通过银子实现的，但银钱已经成了记账或会计标准。银子凭其本身的作用，已经成为资本的一部分，仅这个事实就表明，银子已经作为交换媒介发挥作用了。”①与此同时，在乌尔第三王朝时期，银子也已经成为支付手段了。在很多买卖文书和租赁合约中，一定数量的银子通常用来支付所收到的货物或者得到的服务。在管理文书中，还记载有用银子向劳动者支付工资。② 银钱的这三种功能在古巴比伦时期以及马里，更是得到了更大的发挥，《汉谟拉比法典》和其他大量的经济文献充分地揭示了这一图景。在古巴比伦时期大量的私人经济契约中，银钱成为向雇佣劳动力支付工资的首要形式，如果要以其他实物的方式向雇佣劳动力支付工资，必须得到雇佣劳动力的同意，如果雇佣劳动力不接受实物工资，雇主必须以银钱支付其工资。③ 在古巴比伦社会，银钱的借贷也非常普遍，说明银钱已经具备了货币的所有功能。

关于银钱的统一或标准形式问题，通常要涉及铸币的问题，因为现代学者很容易把铸币当作真正货币的标志。学术界一般认为，铸币发明于公元前第一千纪(通常认为是公元前 700 年左右)的吕底亚王国。④ 在同一个

① J. N. Postgate, *Early Mesopotamia*: *Society and Economy at the Dawn of History*, p. 203.

② J. N. Postgate, *Early Mesopotamia*: *Society and Economy at the Dawn of History*, p. 203.

③ Howard Faber, “A Price and Wage Study for Northern Babylonia During the Old Babylonian Period”, *JESHO*, 21. No. 1(1978), pp. 30-31.

④ 参见 J. N. Postgate, *Early Mesopotamia*: *Society and Economy at the Dawn of History*, p. 203；[美]斯蒂芬·伯特曼：《探寻美索不达米亚文明》，秋叶译，第 394 页。

世纪，亚述国王辛那赫里布下令将熔化的青铜倒入黏土模型中，形成两河流域最早的铸币。然而，直到波斯历代国王的统治和希腊化时期，铸币在美索不达米亚并没有发挥太大的作用。①

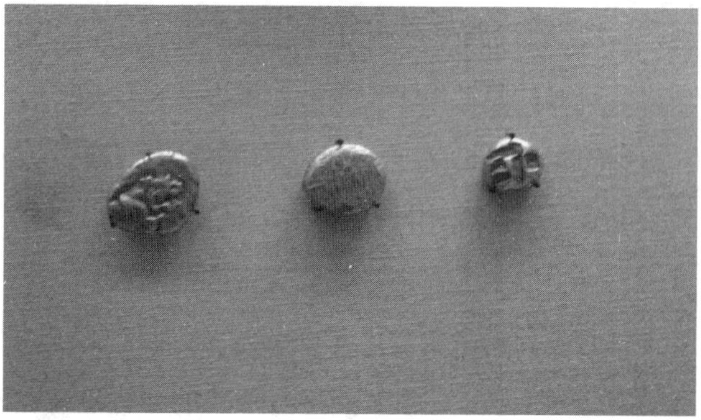

图 8.1　吕底亚铸币。被认为是人类社会最早的铸币。公元前 700 年左右

乌尔第三王朝时期的银钱虽然与现代铸币的标准相差甚远，但它也已经具有了统一或标准的式样。在美索不达米亚的众多原始文献中，银钱通常都只是在称重时发挥其作用，但是在乌尔第三王朝时期的一些管理文书中，我们很清楚地看到银钱已经具有了统一的重量和制式，那就是银环或银圈。在类似文献中被提及的银圈，其重量从 1 舍客勒(约 8 克)到 10 舍客勒不等，其中以 5 舍客勒的重量占绝大多数。在一份文献中列举了制造出的 240 只“银圈”，其重量标准都是 5 舍客勒，用料达 20 明那银子。② 实际上类似的银圈早在阿卡德王国时期就已经存在，这有考古学资料为证。阿卡德银圈有重量为 1 明那(60 舍客勒)的，也有重量为 1/2 明那的。

虽然银钱在公元前第二千纪初期就已经成为商人和国家管理机构最常

① 参见[美]斯蒂芬·伯特曼：《探寻美索不达米亚文明》，秋叶译，第 394 页。

② J. N. Postgate, *Early Mesopotamia: Society and Economy at the Dawn of History*, p. 203.

用的货币，但即使在古巴比伦时期，银钱也不是唯一的货币，货币还有其他形式。虽没有银那么常见，但铜和锡也偶尔充当货币使用，用作支付手段，它们之间已经建立起了换算标准。其实，铜作为货币的功能早在法拉时期(Fara Period)就已经出现了，在安纳托利亚的亚述商人也使用铜作为货币，亚述商人还使用锡作为货币。但只有银钱被作为统一的结算或会计标准，在后来的历史时期，金也具有此功能。在古巴比伦时期，实物货币也还发挥着作用，实物货币通常包括大麦、羊毛和油等，它们尤其可以作为支付手段。在美索不达米亚北部，王室的宫廷里还把贵金属制作的“斧子”用作货币。在古亚述时期的文献中，还有“杯子”(*kasum*)形状的物品被大量用作货币。

到古巴比伦时期，从《汉谟拉比法典》中就可以清楚地看出，虽然大麦和椰枣也可以作为货币支付的手段，但金属货币当中的银币已上升为主要货币。布罗代尔还根据《汉谟拉比法典》的相关条款，判断出汉谟拉比统治时期古巴比伦的社会经济具有“半货币经济的模糊特征”。同时，他还援引一位学者的推测，进一步指出：“在可用体积大分量重的物品支付的地方——河流沿岸、大海之上，当王宫这样的富足物品拥有者们参与其中时，物物交换或许仍然存在。相反，货币经济则应在‘资本家’当中占据统治地位，他们没有庞大的仓库以提取源源不断的货物，其中的‘流动货商’带着‘携运资本的伙计们’一路跋涉。”①里姆辛统治时期大量的对外贸易文献，就为此提供了坚实的证据。在乌尔商人所经营的底尔蒙贸易中，铜商从底尔蒙进货所支付的货币便主要是银钱。② 其实，在古巴比伦时期，货币经济不仅仅存在于“资本家”的长途贸易中，从《汉谟拉比法典》和其他大量文

① [法]费尔南·布罗代尔：《地中海考古——史前史和古代史》，蒋明炜、吕华、曹青林等译，北京：社会科学文献出版社，2005年版，第87页。

② W. F. Leemans, *Foreign Trade in the Old Babylonian Period: As Revealed by Texts from Southern Mesopotamia*, Leiden: E. J. Brill, 1960, p. 56.

献中，我们都可以很清楚地看到，商人头领和商人塔木卡为王室征收赋税的税务经济，明显地属于货币经济，这也体现了商人的优势地位。尽管在马克思所生活的年代，他没有机会接触到《汉谟拉比法典》以及其他有关古代美索不达米亚的相关资料，但仅就这一点而言，古巴比伦时期货币经济发展的状况，与马克思在《资本论》中对“资本主义以前的状态”的分析，也是相符的：“每一笔在一定期限到期的交款，如地租、贡赋、赋税等等，都必须用货币来支付。因此，从古代罗马一直到现代，大量放高利贷的都是包税者，大包税人，收税人。”①在古巴比伦的税务经济中，充当包税人或税收人角色的就是商人塔木卡，同时他也是重要的放高利贷者。另外一个提供贷款业务的人，来自富有的祭司阶层。关于商人塔木卡所从事的收税和放高利贷活动，后面将详细论述。在这里还需补充一点，那就是，税收经济尤其是借贷经济的发达，反过来又促进了货币经济的发展。

另外，古巴比伦时期私人土地买卖活动非常活跃，这一时期大量的私人土地买卖契约显示，“古巴比伦时期，随着商品经济的发展，金属货币的逐渐流通，实物不再成为地价的一部分，地价也不再像以前那样包括四部分，银子成为地价的唯一载体”②。

货币的意义从它被发明出来的那一天起，就已经超出了经济领域和经济学的范围，“尽管货币作为信用工具的发明和创造，最初是由经济的理由而推动，但一经诞生，它的影响和作用所及就超越了经济本身，它与人类文明的几乎全部构成相联系。货币的力量，如同语言一样，它同时是人类文明中最重要的文化事件”③。货币作为信用工具的发明和运用，“是人类

① 马克思：《资本论》第3卷，北京：人民出版社，2008年版，第678页。

② 李海峰：《古巴比伦时期不动产经济活动研究——以西帕尔地区为考察中心》，第15页。也可参见李海峰、祝晓香：《古巴比伦时期土地买卖活动述论》，载《西南大学学报(人文社会科学版)》2007年第1期，第168页。

③ 李锦彰：《货币的力量》，北京：商务印书馆，2004年版，第9页。

走向文明的具有里程碑意义的事件”，国外有学者甚至认为，“使人区别于牲畜的是货币”。① 因为发现信用资源的价值，不是人类特有的特征，在蚂蚁和蜜蜂群体中同样存在“承诺”与“信任”的方式，“然而人类的伟大英明之处，不仅在于发现了信用资源的价值，更重要的是通过一种制度安排，发明并不断创造出运用这种资源的工具，其中货币是最具典型和代表性的工具形式”。② 货币对人类社会生产方式的演变也无疑起到了重要作用，马克思就十分赞成货币主义对此的论断，即“把为世界市场进行的生产，以及产品到商品从而到货币的转化，正确地宣告为资本主义生产的前提和条件”③。

古巴比伦时期已拥有了一套较完备的货币单位计量体系。银币的最小计量单位为舍客勒(shiklu)，1 舍客勒等于 180 舍(苏美尔语 še，“谷物”；1 舍等于 1/600 盎司)，等于 3/10 盎司，相当于半英两之银，合 2.5～5 美元。1 明那(mana)等于 60 舍客勒，等于 18 盎司；60 明那为 1 比尔图(biltu)或塔兰特(talent)；1 比尔图或 1 塔兰特等于 67 磅，约合 1 万美元到 2 万美元。④

(二)度量衡体系

在一定的社会环境下，没有社会一致认可的重量和计量单位作为统一的标准，任何形式的商品交换与买卖都很难进行，所以人类文明在经历了短暂的物物交换阶段之后，便进入了更高级别的商品货币经济阶段。在商品货币经济发展阶段，要求统一的货币以及统一的度量衡作为经济运行的根本保证。古代美索不达米亚度量衡标准的制定，完全要归功于苏美尔人的发明创造，尽管在古代美索不达米亚的历史舞台上，塞姆人和其他民族

---

① 李锦彰：《货币的力量》，第 8 页。

② 参见李锦彰：《货币的力量》，第 5～8 页。

③ 马克思：《资本论》，第 3 卷，第 887 页。

④ 参见 Stephen Bertman，*Handbook to Life in Ancient Mesopotamia*，p. 257；[美]斯蒂芬・伯特曼：《探寻美索不达米亚文明》，秋叶译，第 395 页；[美]威尔・杜兰：《东方的遗产》，第 130 页。

在经济活动中扮演着更长期、更重要的角色，但苏美尔人发明的度量衡体系是后来历代王朝的基础。正如一位亚述学家所说："巴比伦尼亚与亚述的重量和计量单位，揭示出其非塞姆地区的苏美尔起源，以及它们所具有的苏美尔名称，及其所体现出的苏美尔计数系统。苏美尔人的数学系统是六十进位制(在该系统里基数是六和六的倍数)与十进位制(以数字十为基础及其倍数)的混合系统。正如美索不达米亚文化中的许多其他事物一样，计数的起源归因于这片土地最早文明的建设者，即苏美尔人。"①在古代美索不达米亚的度量衡体系中，我们可以明显地看到非常古朴的计量方法，如运用人体的手指和臂肘的长度作为一种基本单位等。

图 8.2　刻有拉伽什王乌尔宁吉尔苏名字的鸭子形状的秤砣。其重量超过 60 千克。约公元前 2125 年。出自特罗(古代吉尔苏)

买卖某种商品往往需要称量重量，在某些手工业和科学技术程序中也需要称量重量，所以重量工具和重量单位便不可缺少，秤和秤砣由此发明。

① Stephen Bertman, *Handbook to Life in Ancient Mesopotamia*, p. 257. [美]斯蒂芬·伯特曼：《探寻美索不达米亚文明》，秋叶译，第 395 页。

它们小到可以称量1舍客勒的物品，大到可以称量人的体重，因为亚述国王经常悬赏捉拿敌人，报酬就是与被捉住敌人的体重相同重量的银子。

表2　重量单位表

阿卡德语单位	苏美尔语名称	单位换算	现代重量换算
	1舍(še)①		1/600盎司
1舍客勒(shiklu)	gin	180舍	3/10盎司
1明那(manu)	ma-na	60舍客勒	18盎司
1比尔图(biltu)	gu	60明那	67磅

在美索不达米亚南部，到新巴比伦王国时期，舍(še)作为基本重量单位不再使用了，它完全被舍客勒取代。

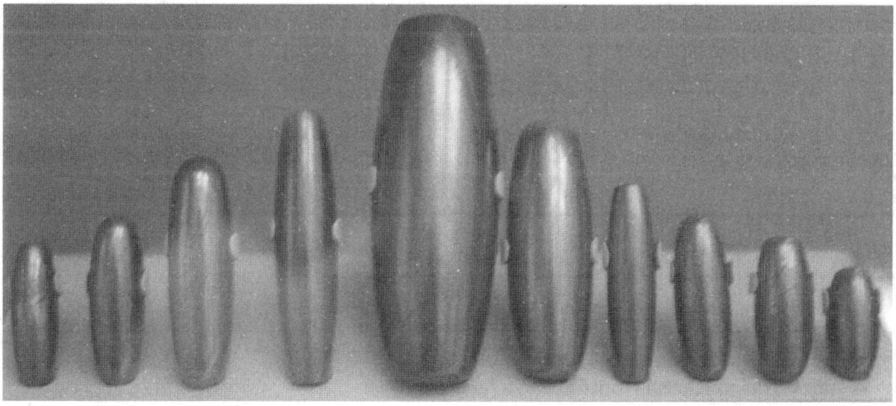

图8.3　用于称重的赤铁砝码。赤铁矿发现于叙利亚和土耳其，这种形状的赤铁砝码在古巴比伦时期始被引进巴比伦尼亚。这些砝码的重量从3舍克勒至1明那不等

在亚述，最大的容量单位是伊美尔(imer/emar)，其字面的意思是“驴驮”，1个伊美尔又分为10个苏图(sutu)，1苏图又分为10卡(qu)。每卡可能刚刚超过3品脱，不足2升。每伊美尔几乎就等于5蒲式耳。②

① še在苏美尔语中的字面意思是“大麦”或“谷物”。

② H. W. F. Saggs, *The Might That Was Assyria*, p. 161.

表 3　长度单位表

阿卡德语单位	苏美尔语名称	单位换算	现代长度换算
1 ubanu	Shu-si①		2/3 英寸
1 ammatu	kush②	30 ubanu	15½英寸
1 kanu	gi③	6 ammatu	7′ 10½″
1 gar	gar(du)	12 ammatu	15′9″
1 ashlu	esh④	10 gar	157½′或 52½码
1 beru	Danna；里格	1800 gar-(du)	5¼英里

表 4　面积单位表

阿卡德语单位	苏美尔语名称	单位换算	现代面积换算
1 musaru	sar⑤	1 平方 gar	27½平方码
1 iku	iku⑥	100 musaru	5/6 英亩
1 buru	bur	18 iku	15 英亩
1 shar		1080 iku	25⅓平方英里

表 5　容量单位表

阿卡德语单位	苏美尔语名称	单位换算	现代容量换算
	1 gin		2/5 盎司
1 sila	sila	60 gin	1½品脱
1 massiktu/pi		60 sila/qa	11 加仑或 1⅓蒲式耳

① Shu-si 在苏美尔语中的字面意思是“手指”。
② kush 在苏美尔语中的字面意思是“肘”，指肘尺或腕尺。
③ gi 在苏美尔语中的字面意思是“芦苇”或“茎”。
④ esh 在苏美尔语中的字面意思是“线”。
⑤ sar 在苏美尔语中的字面意思是“花园”。
⑥ iku 在苏美尔语中的字面意思是“田地”。

续表

阿卡德语单位	苏美尔语名称	单位换算	现代容量换算
1 imeru		100 sila/qa	$18\frac{1}{3}$加仑或$2\frac{1}{4}$蒲式耳
1 qurru/gur	gur	180 sila/qa	33 加仑或$4\frac{1}{10}$蒲式耳

三、财政与税收制度

关于美索不达米亚的财政与税收制度，一位亚述学者给出了这样的论述："从名义上说，所有的土地和水源在美索不达米亚的城邦里都属于该城邦的诸神，并受到其代理人的管理，而这些代理人正是统治者与祭司们。那些使用土地、水源，并从中得到经济利益的个人，就必须交税。"①实际上，这位学者阐述的是美索不达米亚国家税收制度的"合理性"。遗憾的是，关于这方面的材料非常稀少，只有古巴比伦时期有些零星的文献记录，因此我们也只能根据古巴比伦时期的这些零星记录寻找关于财政与税收制度方面的一丝线索。

(一)税赋的种类

中央从地方征收上来的赋税收入，可能统称为"行省税"(*gu mada*)，包括从各种职业的人员那里征收的赋税。例如，有一组文献(*CT* 32 19-22)记载了乌尔第三王朝时期的这样一笔"行省税"。文献所记载的这笔"行省税"包括121头牛以及1110只绵羊和山羊，是从13座城市和城镇的头领和士兵那里征收上来的，这13座城市和城镇都位于迪亚拉河地区，包括阿比巴纳(Abibana)、卡库拉图姆(Kakkulatum)、伊什姆-舒尔吉(Išim-Šulgi)、图图勃(Tutub)和马什坎-阿比(Maskan-abi)。②

以西帕尔城作为行省的典型例子，缴纳给中央政府的税赋包括以下一些种类。

① [美]斯蒂芬·伯特曼：《探寻美索不达米亚文明》，秋叶译，第101～102页。

② I. J. Gelb, "Prisoners of War in Early Mesopotamia", *JNES*, 32(1973), p. 85.

第一，职业税和执业税（*nemettu* tax），是按年度向官员和商人征收的税种，通常以实物的形式如牲畜和大麦等交付，有时也需要交付银钱。例如，有两份账单记录了征收与缴纳职业税或营业税的情况，两份账单涉及的都是大麦。[①] 在阿米萨杜卡统治第12年的一份账单（*BE* 6/1 99）中，纳税的是两名牧羊官、两名将军和另一位可能也是军官的辛伊丁纳姆（Sin-iddinam）。他们缴纳大麦的总额达20古尔，征税的人员是城市的管理者，这些大麦都被送到了西帕尔-阿姆那努姆的粮仓。在属于萨姆苏迪塔纳（Sumsu-Ditana）统治时期的第二份账单（Goetze *JCS* 11 24 No. 52）中，缴纳大麦的是其他官员，包括军队的队长、皇家书记官、学徒的医师、法官以及旅馆经营者。

在另一份来自巴比伦城的属于阿米迪塔那统治第36年的文献中，纳税的是旅馆经营者和炊具商店的合伙经营者，根据这份文献的记载，他们缴纳的不是实物税的大麦，而是货币税的银钱。[②]

第二，兵役免除税（*kasap ilkim*）。这是不服兵役的适龄男子需要缴纳的税。根据楔形文字文献我们得知，逃避服兵役是很严重的罪过，要受到严厉的惩罚。根据现存文献我们无法得知，具备什么条件才可以通过纳税的方式免除服兵役的义务，文献中记载缴纳免除兵役税的人中有牧羊人、建筑师、理发师和船运工等。[③] 免除兵役税需要以银钱的方式，按年度缴纳，也可以分期付款，通常数额都较大，每人要缴纳6～7舍客勒银。负责征收免除兵役税的，是在军队中负责征兵工作的征兵官，也有法官和商人头领负责征收的情况。一份文献（*CT* 45 40）中提到了一件征收两年时间的

---

① R. Harris，*Ancient Sippar：A Demographic Study of an Old-Babylonian City（1894-1595 B. C.）*，pp. 40-41.

② R. Harris，*Ancient Sippar：A Demographic Study of an Old-Babylonian City（1894-1595 B. C.）*，p. 41.

③ R. Harris，*Ancient Sippar：A Demographic Study of an Old-Babylonian City（1894-1595 B. C.）*，p. 43.

兵役免除税的事情，数额达到了 450 舍客勒银，若干名男子指摘这笔巨额税收落入了几名负责征税的征兵官手中。①

第三，商人和祭司税(*igisû*)。这是向商人和祭司征收的年税。② 这个税不仅向商人和祭司征收，还向一些特殊的官员征收，如向沙卡那库官(*šakkanakku*)、商会、商人头领以及法官等征收。商人和祭司税也是按年度以银钱的货币税方式征收，也可以分期付款。负责征收商人和祭司税的税务官似乎不太固定，因为文献中显示参与征收此种税的人员很多。来自西帕尔城的材料还显示，在该城征收上来的商人和祭司税，有一部分用于为派驻在西帕尔城的王室官员和军事书记官提供生活保障。

此外，还有很多种税，诸如土地租种税(*miksu*-tax)和占卜税或另一种土地税(*muštabiltu alim*，因材料稀少无法确定)等。

(二)税赋的征收

税收是国家财政的重要支柱，美索不达米亚国家机器的运转同样也离不开税收。以古巴比伦时期为例，税收的种类众多，负责和参与征税的人员和官员也同样非常众多。这种情况似乎说明，“国王可以随时随地派人下去征税，没有人成功地建立起有序、高效的税收体系”③。虽然众多的个人和官员负责和参与到国家税收工作中来，但也有一些官员是比较常见的，如马基苏(*makisu*，或者 *ZAG. HA/GIR*)、穆沙迪努姆(*mušaddinum*)和商会以及商人首领等。在汉谟拉比统治早期的文献中，马基苏负责沙马什神庙的开销，很多物品都归属在他的名下，很多从私人手中征收上来的大麦等实物税都是由马基苏负责征收的。马基苏可能是地方的税务官，而不是

① R. Harris，*Ancient Sippar*：*A Demographic Study of an Old-Babylonian City*(*1894-1595 B. C.*)，pp. 42-43.

② A. L. Oppenheim，The *Assyrian Dictionary*，Vol. 7，Chicago：The Oriental Institute of the University of Chicago，1960，p. 42.

③ R. Harris，*Ancient Sippar*：*A Demographic Study of an Old-Babylonian City*(*1894-1595 B. C.*)，p. 40.

中央政府从巴比伦派出的税务官。相比之下，穆沙迪努姆负责征收很多特定的税，他很可能是中央政府从巴比伦派往各地征收亏欠王室的税收的。因此，也有学者主张，“穆沙迪努姆不是一个专门的官职，而是临时受到差遣之人，负责在特殊情况下，由王室以税务官的身份派出去督税”①。

从材料中我们发现，塔木卡，尤其是商人头领及其领导下的商会，根据国王的文件负责为王室征收和运送实物税及贡赋，并负责贮存和再分配，即管理国家粮仓。② 例如，汉谟拉比和萨姆苏伊鲁那统治时期，拉尔萨地区的商人头领森普辛及在他领导下的商会负责为王室征税。③ 具体的征收和运送任务由商会成员塔木卡执行。例如，森普辛手下的一位头领从一位官员那里收到大蒜④，乌尔城的商人头领辛木什塔尔手下的一位头领征收鱼银等⑤。有材料表明这类头领就是塔木卡。⑥ 因此，塔木卡和商人头领享有王室份地。众所周知，古巴比伦时期的王室土地除王室成员直接享用外，王室还把它出租或作为供养田分给为王室服役的人员。塔木卡就属于拥有供养田并对王室负有某种义务之人。《汉谟拉比法典》第 40 条规定：纳第图女祭司、塔木卡及其他负有类似义务之人可出售其田园房屋，买者必须同时承担其与田园房屋有关之义务。

古巴比伦时期的文献资料表明，商会、商人头领和商人塔木卡所收之税赋有些是比尔吐(*biltum*)土地税或田租，有些则可能是伊尔库(*ilkum*)土

---

① Norman Yoffee, *The Economic Role of the Crown in the Old Babylonian Period*, p. 36.

② R. Harris, *Ancient Sippar: A Demographic Study of an Old-Babylonian City (1894-1595 B.C.)*, p. 69. W. F. Leemans, "Hammurapi's Babylon, Centre of Trade, Administration and Justice", *Sumer*, 41(1985), p. 93.

③ *HE*, 137, *YOS*, 12 70; *JCS*, 34(1982), p. 135.

④ *JCS*, 34 (1982), p. 134.

⑤ *JCS*, 34 (1982), p. 134.

⑥ M. Stol, "State and Private Business in Land of Larsa", *JCS*, 34(1982), pp. 141-142, 147-148. W. F. Leemans, *The Old Babylonian Merchant, His Business and His Social Position*, Leiden: E. J. Brill, 1950, pp. 91-92.

地税。大神庙的土地税可能由国王自己控制。商会、商人头领和商人塔木卡负责和参与王室的税收工作，除了因商会扮演着最高行政机关(古巴比伦王国后期)的角色外，还与他们的职业或行业有着直接的关系，即他们所从事的商业活动具有将物品或实物转化为货币的便利条件，而国家从各行省征收上来的税收多半为实物税，所以商会便顺理成章地成为王室在税收工作方面最好的服务伙伴，也因此商人塔木卡和商人头领便扮演了国家税务官的角色。因此，有人把他们称为“对某种商品拥有国家垄断权的‘财政官员’①或‘技术性官员’”②。

然而，商人塔木卡和商人头领在收税的过程中，或者说在进而帮助国家把实物税转化成货币银两的过程中，不是简单地等价交换，而是享有“差价”的利益。换句话说，商人塔木卡和商人头领在为王室提供税收“服务”的同时，从中是有利可图的。对于国家来说，这是税收的过程，但对于商人塔木卡和商人头领来说，这同时也是一个商贸或做生意的过程。③

我们拥有商人塔木卡伊波尼阿姆鲁姆(Ibni-Amurrum)的一些材料(*TCL* 10 13；*TCL* 11 208；*TCL* 11 199；*TCL* 11 194-195)④，他是某一商人家庭的第四代子孙。⑤ 从材料中我们看到，塔木卡负责征收实物税并把它们兑换成银两上缴国家。事实上，在征税过程中，塔木卡不仅仅是为王室或国家服务，他们自己也有利可图。如我们所见，商会成员以国家规定产品价格的1/3(可能系国家收购价)从纳税人手中“买”得这些实物，这些产品实际上是国家的税收物，故所有权应属于国家。因此严格说来，卖者应

---

① *ANET*，p. 162.

② Yang Dawu，“Hammurapi and Bureaucracy：A Study of the Role of Šamaš-ḫazir”，*JAC*，2(1987)，p. 81.

③ 关于商人塔木卡征税的活动，参见于殿利、郑殿华：《巴比伦古文化探研》，第242～247页；于殿利：《巴比伦法的人本观——一个关于人本主义思想起源的研究》，第352～356页。

④ 这五则材料均来自*JCS*，34(1982)，p. 138。

⑤ W. F. Leemans，*The Old Babylonian Merchant*，*His Business and His Social Position*，pp. 53-61.

该是国家。但国家关心的只是保证自己收到这些产品价格 1/3 的银两，塔木卡以收购价买进之后再以什么价格将它们卖出便与国家毫不相干了。塔木卡以当时市场的流通价卖出这些税收物，赢利或亏损均与国家无关，赢利自得，亏损亦自己负担。

不仅如此，塔木卡从国家手中“买”得这些税收物的同时，并没有立即向国家付银，而是在他把产品销售出去之后才由其买主将银两直接交给国家，即把国家应得的 1/3 价银交给国家。所以从严格意义上讲，与其说是国家把物品“卖”给塔木卡，倒不如说是“租借”更合适。

从其他材料中我们还发现商人头领和塔木卡经常拖欠王室的税款，汉谟拉比经常写信催促。① 这种经常性的拖欠是否意味着塔木卡没能及时把税收物出售而致使国家不能及时得到税银呢？回答当然是否定的。材料向我们揭示了这种长期拖欠的秘密，即道出了这些税收物和税银的另一种使用价值——出租或借贷出去以图大利。例如，在一份契约②中，森普辛把羊毛以固定利率贷出；在另外两份契约③中已明确指出了贷出的是国家的税银。古巴比伦王国后期西帕尔城的材料也为此提供了例证。在西帕尔，商会和商人头领负责管理王室粮仓，许多商人把王室的物品出租出去，王室对此也显得很宽宏。④ 苏联学者 N. V. 库兹列娃(N. V. Kozyreva)对拉尔萨的材料进行研究后，得出了类似的结论。她认为，官员和塔木卡每年年底要向国家报告收支情况，在此之前，他们能或多或少地自由支配由其保存的产品。也正是在这个中间阶段，官僚机构的“私人”活动发生了。⑤ 因

---

① *AbB*，2，33. *LIH*，I，pp. 19-20.

② *JCS*，34(1982)，No. 35.

③ *YOS*，12，No. 61-62.

④ R. Harris，*Ancient Sippar*：*A Demographic Study of An Old-Babylonian City*（*1894-1595*），pp. 67-74.

⑤ N. V. Kozyreva，“Economics and Administration in the Old Babylonian Period”，*JCS*，36(1984)，p. 86.

此我们有理由认为，商人头领和塔木卡在税收及管理国家粮仓的过程中通过两种方式，即买进与卖出的差价及“再次借出”实现自己赢利的目的。

(三)国库管理与财政经营

行省税的征收和皇家在各地的土地收入在核心地区形成了粮食和物品集散地，在主要城市形成了皇家粮仓或国库(*natbaku*)。皇家粮仓的主要功能是储存征收上来的各种税收和皇家土地的收入，把其中的一部分发放到相应的机构和人员手中，用剩余的部分开展“租贷式”的经营活动。发放到相应的机构和人员手中的粮食和物品主要包括为在各地为王室服务的官员、工作人员和其他各种服务人员，驻守在各地的军队和为军队服役的马匹以及其他牲畜和动物提供的生活物资和给养。而皇家粮仓的“租贷式”经营活动，对于国家而言，其主要目的并不是赢利，而是把征收上来的实物转化为银两或货币。

在各地的国家粮仓由城市的各类行政官员负责管理，他们包括书吏、法官、商人头领、公民大会主席以及以商人塔木卡为会员组成的商会等。以西帕尔城为例，大西帕尔地区由三座城市构成，即作为核心城市的西帕尔城，以及两座卫星城市西帕尔-阿姆那努姆和西帕尔-雅赫路鲁姆。在来自西帕尔城的一份属于萨姆苏迪塔纳统治第 3 年的文献中(*BM* 81255)，在书吏伊比辛(Ibbi-Sin)、商人头领、法官和西帕尔城的商会控制下的 105 西拉(*silas*)大麦从皇家粮仓中运出，并作为国家发放的“贷款”由一名法官送给另一个人。① 在一份来自西帕尔-阿姆那努姆城的属于阿米萨杜卡统治第 12 年的文献中(*BE* 6/1 99)，公民大会主席、辛伊丁纳姆(Sin-Iddinam)之子伊比辛(身份不明)、三名法官以及西帕尔-阿姆那努姆城的商会收到了一笔税，即 20 古尔的大麦。② 另一份材料(*CT* 45 48:30ff.)表明，西帕尔-阿姆

① R. Harris, *Ancient Sippar: A Demographic Study of An Old-Babylonian City (1894-1595)*, p. 46.

② R. Harris, *Ancient Sippar: A Demographic Study of An Old-Babylonian City (1894-1595)*, p. 47.

那努姆城皇家粮仓的48古尔大麦被提供给驻守在西帕尔-阿姆那努姆城的战车兵(*ERÍN GIŠ. GIGIR ḪI. A*)和步兵(*ERÍN GIR*)。① 有时粮食和其他物资也可能从巴比伦运来，由西帕尔城的官员负责分发，一份来自西帕尔-雅赫路鲁姆城的属于阿米迪塔那统治时期的文献(*CT* 45 55)为此提供了例证。②

第二节　主要经济门类

人类现代文明的绝大多数经济门类都可以在古代文明中找到其根源。美索不达米亚文明作为人类最早的文明之一，在经济领域的贡献同样是值得苏美尔人、巴比伦人和亚述人引以为傲的。他们发展农业、畜牧业、商业、手工业和交通运输业，为城市文明奠定了坚实的基础。

一、灌溉与农业

农业的发明是人类生产方式和生活方式的重大革命，在前农业文明的形态下，人类过着以狩猎和采集为主的生活。农业产生于公元前9000年左右，产生于古代近东。美索不达米亚的经济从根本上来说是农业经济，也就是说，农业的发展在很大程度上决定着国家的发展和人民的生存。两河丰富的水资源及其冲积平原的肥沃土壤，成为美索不达米亚农业发展的重要基础。在美索不达米亚人的观念中，农业的发展也同样是受到神的眷顾的，只有在神的保护下才能保证五谷丰登。宁胡尔萨格女神被尊为“大地之母”，她掌管着所有的土地资源。恩奇则是地下水之神，掌管着所有的水资

① R. Harris, *Ancient Sippar: A Demographic Study of An Old-Babylonian City (1894-1595)*, p. 47.

② R. Harris, *Ancient Sippar: A Demographic Study of An Old-Babylonian City (1894-1595)*, p. 47.

源。尼努尔塔神则是一位“农民神”，是农业的保护神，他是美索不达米亚的最高神恩利尔的儿子，由此可见农业对美索不达米亚人的重要性。就连以军事成就闻名于世的亚述帝国，其君王们也每每以发展农业、供养人民而沾沾自喜和吹嘘炫耀。例如，提格拉特帕拉沙尔一世这样告诉我们：“我把犁深入整个亚述的土地进行耕作，借此我比我的祖辈们堆积起更多的粮食。我从战利品中建立起马群、牛群和驴群，这些战利品是我在我主阿淑尔神的帮助下从我所赢得的土地上获得的。”①萨尔贡二世更是以第三人称这样炫耀：“他很精心地……开垦荒地，种植果园；他亲自在布满岩石的陡峭山坡上收获农作物，以前从来没有人在这里进行过耕植；他把心扑在了对荒废土地的耕种上，使人民尽情地欢歌笑语，而以前的国王们从没有在这些荒废的土地上动过锄犁。”②

美索不达米亚农业的发展，其意义不仅在于农业经济本身，还在于农业经济的发展极大地促进了商品经济的发展，农业经济甚至成为商品经济的重要组成部分，更在于农业经济中出现了类似“资本主义”的生产方式，关于这一点下面将专门予以论述。农业的出现和农业经济的发展，促进了美索不达米亚城市文明的发展。

就农业经济本身而言，“灌溉成为经济的基础，因为它是土地资源全面开发利用的关键因素。每一个新的居民定居区都要求修建运河，所以土地从根本上说是男人创造的产品”③。灌溉农业在美索不达米亚南部比在北部更为发达，这在很大程度上是由底格里斯河和幼发拉底河的流域及特性决定的。与尼罗河泛滥具有规律性以及埃及的耕种季节可以顺应和利用河水泛滥的规律性不同，底格里斯河和幼发拉底河的泛滥较缺乏规律性，且往

① H. W. F. Saggs, *The Might That Was Assyria*, p. 162.

② H. W. F. Saggs, *The Might That Was Assyria*, p. 162.

③ Max Weber, *The Agrarian Sociology of Ancient Civilizations*, translated by R. I. Frank, p. 84.

往与耕种季节相冲突。底格里斯河的河水水流更急，因此泛滥时更加凶猛，相比之下，幼发拉底河由于河道较浅，因此水流较缓，更加便于利用。所以，底格里斯河在美索不达米亚的农业中虽然也发挥着一些作用，但幼发拉底河滋养着美索不达米亚绝大部分开垦的土地。修建运河和导水沟渠进行灌溉，是美索不达米亚农业的重要特征。正如马克斯·韦伯所说："苏美尔和阿卡德地区是美索不达米亚文明最早的中心，在苏美尔和阿卡德的铭文中，运河与灌溉系统就已经占据了非常显要的地位，后来在美索不达米亚北部的亚述铭文中，也讲述着同样的故事。各种类型的劳役服务被强加给人民，用来修建和维护运河与沟渠，这项工作在王室监工们的指挥下展开，所以古代城市王国很快便发展了其官僚机构。"①到古巴比伦时期，灌溉技术也已达到相当高的水平，对灌溉网的管理和使用已经被纳入国家的立法中。运河的勘察、开凿和维护，成为美索不达米亚人经济活动中的最重要内容之一。历代国王在任期间最重要的一项工作，就是开凿、疏浚和管理运河，这是国之大事。例如，汉谟拉比为其统治第 33 年开凿的运河竖立了一块石碑。在石碑铭文中，汉谟拉比说："我，汉谟拉比，强大的国王，

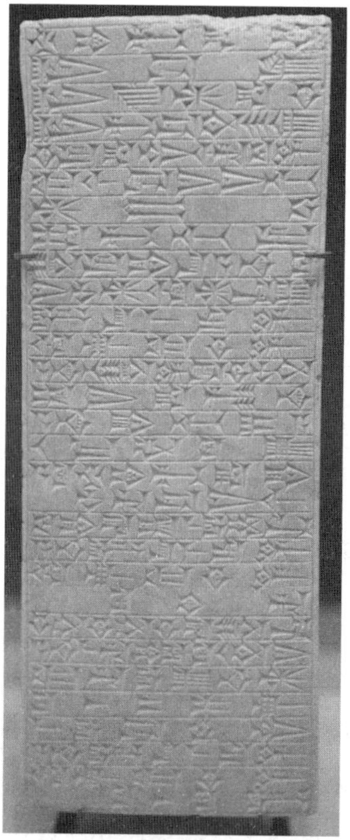

图 8.4　汉谟拉比为其统治第 33 年开凿的运河所立的石碑

① Max Weber, *The Agrarian Sociology of Ancient Civilizations*, translated by R. I. Frank, p. 84.

巴比伦之主，令四方臣服的君主，马尔都克神取得胜利的工具，满足于他庭院的牧羊人。当安努和恩利尔神让我统治苏美尔和阿卡德时，他们把缰绳交到我手里，让我开挖水渠，并说：'汉谟拉比会给人民带来富足。'这条水渠将把肥沃之水带到苏美尔和阿卡德。"在古巴比伦国王汉谟拉比的书信中，有很多是涉及运河事项的。除了运河之外，美索不达米亚人用于灌溉的还有水井和地下导水沟渠。① 对于美索不达米亚南部的农民而言，灌溉或对田地水资源的管理是非常重要的事情，也是一门需要熟练掌握的技术。它至少包括四方面的事项：其一，供应——保证水充足地流进田地；其二，储存——保证水在田地里存留到足够必要的时间；其三，排水——在不需要水的时候，及时进行排水；其四，保护——不让不需要的水流进田里。整个灌溉过程通常分为四个阶段，或者说，在整个庄稼种植一直到收割前，要进行四次灌溉。前三次灌溉是在庄稼生长过程中进行的，每次灌溉都要精确地计算大麦成长的高度。其中第三次灌溉是在大麦全部长开，即长到最高的时候进行的，这是非常关键的时期，农民要密切关注庄稼上迅速生长的病虫害，常见的病菌是"锈病"，主要症状是受病菌感染的庄稼秆茎变红。如果庄稼成功地渡过这一段病菌危险期，那么就可以进行第四次灌溉。第四次灌溉对庄稼非常重要，它通常可以使粮食产量提高 10%。②

美索不达米亚人发明的灌溉系统，是古代人类最光彩夺目的工程之一，它不仅灌溉着古代美索不达米亚南部 12000 多平方英里的土地，"其人口密度总体上甚至超过了今天的伊拉克的国家"③，还成为后世罗马人在罗马帝国境内修建地上导水沟渠的先行者。

---

① 关于水井和地下导水沟渠的发明和应用，参见[美]斯蒂芬·伯特曼：《探寻美索不达米亚文明》，秋叶译，第 318～321 页。

② H. W. F. Saggs, *Everyday Life in Babylonia and Assyria*, New York: Dorset Press, 1965, p. 127.

③ [美]斯蒂芬·伯特曼：《探寻美索不达米亚文明》，秋叶译，第 321 页。

两河流域的农业年开始于秋冬，农民在秋季或初冬开始播种。在庄稼生长的季节里，农民面临的最主要问题就是大洪水所造成的水灾，河水泛滥经常发生在庄稼即将成熟的季节。此外，威胁还来自庄稼的病害、蝗虫和老鼠，尤其是老鼠吞吃庄稼。因此，农民们要举行祭祀老鼠女神宁吉里姆的仪式，请求宁吉里姆女神保护庄稼免遭老鼠的吞食。在播种和收获之间，农民的生产活动就是除草和灌溉。收获是最忙的季节，在收获季节劳动力是最为紧缺的。王室和神庙等大型机构由于自己拥有大量可支配和调动的劳动力，其按时的收割活动能够得到保障，而个体农民的收割则要等到有劳动力的时候才能进行。我们从楔形文字文献中看到，收获季节雇用劳动力的合同非常常见，有时甚至连奴隶都被租借或雇用来帮助收割。为解决收割季节的劳动力紧缺问题，债权人在从事租借或借贷活动时，往往在双方的租借或借贷合同中，加上债务人要在收割时帮助债权人收割的条款，而且通常不仅是无偿的收割，费用还要债务人自己承担。下面是一份合同中涉及这方面条款的内容：

> 阿哈姆尼尔施(Aham-nirši)的两个儿子辛-伊丁纳姆（Sin-idinnam)和塔里巴特辛(Taribat-Sin)从伊波那图姆(Ibnatum)之子塔里布姆(Taribum)那里收到240升谷物……到收割之时，他要像左邻右舍那样，提供收割服务。如果他没有提供收割服务，根据国王的法律，他将受到刑事处罚。
>
> (2位证人；阿米迪塔那第5年12月13日)①

美索不达米亚的农民已经知道总结长期以来的农业经验，公元前1700

① J. N. Postgate, *Early Mesopotamia: Society and Economy at the Dawn of History*, p. 169.

年左右的古巴比伦时期，出现了一部以苏美尔语写的农人历书。这是目前所知世界上最早的一部农人历书。这是一部一位农民教育自己的儿子如何种地的书，农民告诫儿子，要监督工人勤奋工作，在耕种土地之前，所有的准备工作都要做好：

你的工具一定要准备好，
牛轭的部件一定要安装牢固，
你的新鞭子一定要准备好挂在钉子上，
你那手柄松动摇晃的旧鞭子，
一定要让工匠给修理好。
扁斧、播种犁、锯子以及所有用具，
都要处于良好状态。
编成辫子的鞭子、皮带、皮袋子以及其他鞭子都要牢固。
你用来播种的篮子一定要按标准进行测量，其边沿必须坚固。
所有必需的事项一定要尽在掌握之中。
仔细检查好你的工作。①

从文献中我们可以看到，美索不达米亚南部的人民不仅认识到播种的深度会影响种子的发芽，土地的细腻与否也会影响种子的发芽，所以播种时必须把土块敲碎等纯技术问题，而且已经懂得了庄稼轮作的原则，以及土地必须得到休耕的需要，如此土地的养分和地力才能得到恢复。他们已经有了土质的概念，认识到了土质的差别，并且懂得利用不同土质的土壤种植适合的作物。舒尔吉统治时期的一份土地勘察汇总报告，可以为此提供例证：

---

① S. N. Kramer, *The Sumerians, Their History, Culture, and Character*, p. 340. J. N. Postgate, *Early Mesopotamia: Society and Economy at the Dawn of History*, p. 167.

总计：94. 1. 2 1/2　伊库(iku)——良好

总计：9. 2. 1　伊库——位于中间

总计：0. 0. 3 1/2　伊库——位于中间的草地

总计：28. 0. 0 3/4　伊库——空地

总计：46. 1. 1 1/2　伊库——已耕种，但不长庄稼

总计：3. 2. 3 1/2　伊库——临桥

总计：2. 1. 1 1/4　伊库——良好，已排涝

总计：114. 1. 2 1/2　伊库——中等

总计：4. 0. 4　伊库——水涝

总计：52. 2. 5 1/2　伊库——差

总计：22. 2. 4　伊库——运河旁

总计：0. 0. 3 3/4　伊库——临井

总计：2. 0. 3　伊库——临村

总计：0. 2. 4　伊库——果园

总计：4. 0. 2　伊库——(古时)土堆

总计：4. 1. 4 1/4　伊库——临渠

在吉尔苏的土地勘察：勘察员卢宁伊尔杜马(Lu-Nin-ilduma)和乌尔拉马(Ur-lama)。监察员伊尼姆沙拉(Inim-sara)，土地登记员。①

美索不达米亚的主要农作物虽然也可以列出很多，但就粮食而言应该说比较单调，只有谷物，即大麦和小麦。其他农作物还有芝麻、椰枣、豆类作物(主要是小扁豆、豌豆和蚕豆等)、洋葱和大蒜，以及亚麻等。其中

① J. N. Postgate, *Early Mesopotamia: Society and Economy at the Dawn of History*, p. 176.

芝麻是用来生产食用油的，正如它在苏美尔语和阿卡德语中所表明的那样，芝麻是最重要的“油料作物”。亚述帝国的国王们喜欢在自己的都城建立庞大的花园，从世界各地引进许多植物、花草和动物放于其中，一般来说这些对亚述的农业不会产生什么影响，但有一种农作物例外，它在经济中起到了重要作用，这种农作物就是棉花。辛那赫里布曾经提到，他在尼尼微的花园里种植过棉花，他把棉花说成为“可以长羊毛的树”①，并对棉花的用途给予了清晰的描述：“他们在长羊毛的树上进行采摘，并把它纺织成衣服。”②

农民所使用的农具也十分简单，绝大多数农具都是用木料制作的。主要农具包括耕犁、用于收割的木柄石刃的镰刀、打谷(大麦和小麦)用的沉重的木槌，还有筛粮食用的器具等。耕犁可能出现在公元前第五千纪，在公元前第四千纪的圆筒印章上，就有了关于耕犁的图画。到公元前第二千

图 8.5　描绘公元前第二千纪发明的播种犁的雕刻

① H. W. F. Saggs，*The Might That Was Assyria*，p. 165.

② H. W. F. Saggs，*The Might That Was Assyria*，p. 165.

纪的时候，美索不达米亚人又发明了一种可以用来播种的耕犁。具体说来，就是在耕犁上设计一只垂直的漏斗，当耕犁的刀刃切入垄沟时，从漏斗上方导入的种子便会滴落在垄沟里。

古巴比伦时期的社会经济与以前相比，得到了巨大的发展。在农业方面，青铜工具已广泛使用，农业工具除巴狄尔犁和淑金犁以外，还有修整土地的扁斧、镐及平整土地的耙等。至少在公元前第三千纪以前，用来牵引犁具的牲畜是驴子，之后才广泛使用耕牛作为牵引的动力。

二、畜牧业

畜牧业是古代美索不达米亚经济的一个重要门类，甚至可以说“与农业享有同样重要的地位”①。美索不达米亚人驯养和饲养动物的时间开始于新石器时代，与他们发现种植植物的时间大体在同一时期。驯养和饲养的动物有很多，主要有牛、驴、马、羊和猪等。这些动物经过长期的驯养之后，慢慢变成了牲畜和家禽。由于牲畜和家禽具有较高的经济价值，所以畜牧业发达起来。

牲畜的经济价值可以分为生产和生活两大类。生产价值包括为耕犁等提供主要动力，成为主要的生产工具，如早期的驴和后来的牛等；为车辆等交通工具提供牵引动力和作为驮兽成为直接的交通工具，如马和驴等，它们甚至作为战车的动力直接驰骋在沙场上；家禽和牲畜的皮与毛还是缝制衣服的好材料，这不仅促进了美索不达米亚服装业自身的发展，服装还成为对外贸易中最重要的出口产品之一，为美索不达米亚人换回了许多他们需要的稀缺产品和原料。生活价值包括物质生活和宗教精神生活两个方面。在物质生活方面，家畜、家禽为美索不达米亚人的饮食提供了丰富的肉类、奶类和蛋类食品；在宗教精神生活方面，有些家禽和家畜往往成为

① H. W. F. Saggs, *The Might That Was Assyria*, p. 166.

图 8.6　描绘亚述人驯化野驴的浮雕

宗教祭祀活动和仪式中不可或缺的牺牲品，它们在成为人类敬献给神的食物的同时，满足了人们内心的精神慰藉的需求。有些动物牺牲还成为占卜的重要工具，在很大程度上影响着美索不达米亚人对吉凶和未来的判断，对包括战争等重大事务的决策。

羊是畜牧业中最重要的支柱性家畜之一。羊和牧羊业在古代近东流行的重要原因之一，是它们成了农业的重要补充。第一，耕地边缘剩余的水资源会使得杂草丛生，在耕地边缘放牧羊群便成为去除杂草的重要手段；第二，在城市公社的田地休耕轮作之年，荒地便成为牧羊的最好场所；第三，甚至在正在成长的庄稼地里，经农民允许也可以进行放牧，这不仅有古巴比伦时期的文献证据，这种现象在现在也仍然很普遍。在《汉谟拉比法典》中便有这方面的规定：

第 57 条：如果一个牧人未经田主同意而在其田中放牧，让羊吞吃田中的庄稼，田主应该收获田中之物，除此之外，牧人由于未经田主同意便在田中放牧之故，应按每布尔土地20古尔谷物之额，赔偿田主。

第58条：当羊离开牧场(?)而全部羊群(?)都被拘留在城门内之后，如果牧人仍然纵羊于田，且饲羊于田，则牧人应看守其饲羊之田，并在收获时以1布尔60古尔谷物之额，赔偿田主。①

从《汉谟拉比法典》中看到，如果征得田主的同意，牧羊人是可以在田中进行放牧的，田主自己当然就更可以在自己的田中放牧了。如果看管得当，在田中放牧不仅不会对庄稼有大的毁坏，造成收获之时的大量减产，而且还会带来相应的好处，例如，除了羊群可以吃掉田中杂草之外，羊粪还可以成为最好的自然肥料留在田中，滋养着庄稼茁壮成长。这也是有时田主会允许牧羊人在自己田中放牧的重要原因之一。

每个农家可能都有自己的羊群，只是数量多少不等而已，羊群中以绵羊为主，夹杂着山羊。他们白天把羊赶出去放牧，晚上再把羊赶回来，荒地和嫩草能为农家提供充足的放牧场所。在夏季，羊群甚至可以走到很远的地方，去寻找更丰美的草源。羊群要么由家庭成员带出去放牧，要么由雇用的职业的牧羊人来帮助放牧。

城市家庭也可以拥有自己的羊群，他们的羊群是经营性质的，是一种投资行为。从古巴比伦时期开始，我们拥有很多契约涉及羊群的主人与牧羊人之间的放牧事宜，契约中通常包括羊群的构成和状况，以及雇佣的条件等内容。以下面一份契约为例：

① 参见《汉谟拉比法典》，杨炽译，第40～42页；林志纯主编：《世界通史资料选辑》(古代部分)，第78～79页。

92只母羊，20只阉羊，22只小绵羊，24只小羊羔，33只母山羊，4只公山羊，27只小山羊羔：

总计158只绵羊，64只山羊，辛沙姆赫(Sin-Šamuḫ)委托给牧羊人达达(Dada)。牧羊人达达对这些羊负有法律责任，如有丢失则予以如数赔偿。如果他的牧童尼德那图姆(Nidnatum)逃走，由此造成的损失，牧羊人达达负有全责。牧羊人达达将向(牧童)支付5古尔的谷物。

3位证人。萨姆苏伊鲁纳统治第1年4月18日。

(Finkelstein，1968b)①

从楔形文字文献中可以得知，羊群的数量或规模大小不等，小的从4只起，大到200只。其中母绵羊的数量占绝大多数，但公羊也必须保持足够的数量，以保证混合饲养的目的。山羊的数量相对较少，也就占1/3的比例，有的人家甚至连1只山羊也不养。羊的主要经济价值在于羊毛、羊肉和羊奶产品，羊和羊毛成为美索不达米亚最重要的农牧产品，在国家税收和财政经济中占有重要的一席之地。“在最早的历史时期，羊群和牛群提供了王室大部分的财政收入，在后来的历史时期，农作物提供的粮食实物税收才占据主要地位。”②从《汉谟拉比法典》和其他原始文献中可以看到，在古巴比伦时期，羊和羊毛仍然构成国库的重要财政收入。在巴比伦第一王朝的末期，国王对王室的羊毛生产给予了足够的关注，国王本人甚至亲自监督年度剪羊毛活动的具体生产安排。③

① J. N. Postgate，*Early Mesopotamia：Society and Economy at the Dawn of History*，p. 160.

② Max Weber，*The Agrarian Sociology of Ancient Civilizations*，translated by R. I. Frank，p. 85.

③ J. N. Postgate，*Early Mesopotamia：Society and Economy at the Dawn of History*，p. 161.

图 8.7 亚述国王在战争中掳获的羊群。约公元前 728 年。出自尼姆鲁德

羊群的主人与牧羊人的账目契约在春天剪羊毛的季节签订，这是称量羊毛重量的时候，而羊的主要产羔季节已经过去，新签订的契约是下一年执行的契约。顺便提一句，在古代美索不达米亚，最初收集羊毛的方法是拔毛，直到公元前 1400 年左右，剪羊毛才成为完全普遍的方法。① 一般情况下，牧羊人享有所有的奶产品，每只成年羊所产出的羊毛的固定比例，以及其他小羊按比例推算出来的双方认可的羊毛数量。牧羊人还可以得到配给的食物、衣物以及支付其手下的薪酬等。条件似乎对牧羊人过分的优惠，但对羊群的主人来说，这还是比较安全的投资项目。经常发生的疾病等灾害所造成的损失，要由牧羊人承担，而与主人无关。但羊群遭受狮子吞食而造成的损失等，不应由牧羊人承担，那不属于牧羊人的过失。在这方面，私人契约的相关条款与《汉谟拉比法典》的规定是相互印证的。《汉谟拉比法典》有如下规定：

① H. W. F. Saggs, *Everyday Life in Babylonia and Assyria*, p. 129.

第 261 条：如果一个人雇佣牧人放牧牛羊，则他每年应该支付给牧人 8 古尔的粮食。

……

第 264 条：如果为人放牧牛羊之牧人，收领雇金且已表示满意，而牛羊之数量减少，或增殖率减低，则他应按契约规定的数额交付收入和增殖数。

第 265 条：如果为人放牧牛羊之牧人不诚实，交换标记，或出卖牲口，则应受检举，他应该按其所盗窃的牛羊数，十倍赔偿其主人。

第 266 条：如果畜栏与神发生关系①，或狮子吞食了牲口，则牧人应对神剖白其事，畜栏之主人应对他加以宽恕(?)。

第 267 条：如果牧人不慎，致使畜栏中发生白血病(?)，农民牧人对于畜栏中因发生白血病(?)而遭受之损失，应以牛羊赔偿主人。②

在乌尔第三王朝统治时期，为王室和神庙等大型机构服务的牧羊人，他们与王室和神庙签订的放牧契约同与私人所有者签订的契约是一样的。在拉尔萨的里姆辛统治时期，其国家机关所签订的契约，也采取了相似的契约程序：由于牧群数量较大，必须与牧场主(*naqidum*)签订放牧契约，由契约签署人牧场主再雇用放牧人，但责任分担和利润分成则是相同的。下面是一份来自拉尔萨的年度账本：

羊和羊毛的计算：

里姆辛统治第 21 年的资金和产羔。

① 指牲口遭雷电击毙等。

② 参见《汉谟拉比法典》，杨炽译，第 134～139 页；林志纯主编：《世界通史资料选辑》(古代部分)，第 98 页。

进入里姆辛统治第2年的剪羊毛季节，100只羊要产公母羊羔合计80只，100只羊的合理死亡损失数是15只，每只羊获得的羊毛数量是2明那。

收据，结果，损失，赤字。

1年的完整账目。

放牧契约签署人：萨穆姆(Samum)、瓦拉德穆里姆(Warad-murrim)和西力-沙马什(Silli-Samas)。

(Kraus，1966，No.5)①

根据这份年度账本判断，牧羊人被允许的成年母羊的自然损失率是15%；被要求的产羔率是80%；每只羊期望的产毛数量是2明那，约相当于1千克。

国家和神庙等大型机构所经营的牧群，其规模通常是非常庞大的，牛、羊、马和驴等混合牧群数以万计。乌尔第三王朝时期乌尔城的一份文献资料，为我们提供了这方面的线索，它就是普兹瑞什-达干60多个月的牲畜账簿：

28601头公牛；

404只鹿；

236只野羊；

29……

38匹马；

360头野驴；

① J. N. Postgate, *Early Mesopotamia: Society and Economy at the Dawn of History*, p. 160.

727 头驴与野驴的杂交驴；

2204 头驴；

347394 只绵羊(和山羊)；

3880 只羚羊；

457 只熊；

1……

388344 头(只)未结余额

在列举了费用支出后，这份账簿这样结束：

纳沙(Nasa)的完整账簿，从舒尔吉统治第 44 年 12 月到舒尔吉统治第 48 年 10 月，共 60 个月，包括 2 个闰月。

(Calvot，1969，101-3)①

这份账单还揭示出野生动物与已经驯化了的牲畜之间的杂交情况。除了驴与野驴杂交外，其他文献同样揭示出了羊与野羚羊的杂交、母牛与野公牛之间的杂交，等等。野生动物与家养牲畜之间的杂交，使得美索不达米亚的牲畜种类变得丰富多样。另外，在这份账单中，除了牛和羊之外，数量最多的就数驴了。实际上，驴是古代近东较早驯化的动物，它们在生产、交通运输甚至在战争中(最早的苏美尔战车就是靠驴来拉动的)都发挥着重要作用，因此它们往往成为对外贸易的重要商品之一。还有更早的历史文献，如早王朝时期的文献(ED Ⅲa)，记载了有关阿布-萨拉比赫(Abu-

① J. N. Postgate, *Early Mesopotamia: Society and Economy at the Dawn of History*, p. 161.

Salabikh)一座神庙的牧群的规模。在一份行政管理文件中，就记录有近14000只绵羊和山羊。①

牧羊和羊毛经济在美索不达米亚的国家经济中占有非常重要的地位，其中一个非常重要的因素，就是美索不达米亚的原材料严重缺乏，绝大多数依赖进口，而农产品和羊毛是其为数不多的原材料资源，因此在对外贸易中发挥着非常重要的作用，它们可以换回美索不达米亚所需要的木材和稀有金属等重要资源。例如，阿卡德人的服装(*subatu ša A-ki-di-e*)就在安纳托利亚享有盛誉，它们是阿卡德人交易到亚述，又通过亚述的对外贸易运到安纳托利亚的。② 古巴比伦时期的羊毛制品享有很高的质量声誉，“天蓝色的羊毛结实耐用”③。可以说，农产品和羊毛在美索不达米亚尤其是巴比伦尼亚的经济中，具有举足轻重的地位。也正因为如此，国家对羊毛生产、羊毛交易和羊毛税收始终十分重视。例如，在拉尔萨王朝的末代国王里姆辛统治时期，国王本人就对大规模的牧羊十分关心。④ 在剪羊毛的时候，政府要征集大规模的工人。⑤ 在汉谟拉比征服拉尔萨之后，他继承了政府大规模养羊的做法，这有汉谟拉比本人的书信为证。⑥ 根据学者们对汉谟拉比书信内容的解释，1000名剪羊毛的工人还是太少了。⑦ 古巴比伦国王阿米萨杜卡在其书信中，就经常对剪羊毛的事情直接下指示(*AbB* 2,

① J. N. Postgate, *Early Mesopotamia: Society and Economy at the Dawn of History*, p. 161.

② W. F. Leemans, *Foreign Trade in the Old Babylonian Period: As Revealed by Texts from Southern Mesopotamia*, p. 98.

③ W. F. Leemans, “Old Babylonian Letters and Economic History, a Review Article with a Digression on Foreign Trade”, *JESHO*, 11, No. 2(1968), p. 179.

④ W. F. Leemans, “Old Babylonian Letters and Economic History, a Review Article with a Digression on Foreign Trade”, *JESHO*, 11, No. 2(1968), p. 178.

⑤ *AbB*, 1, 57.

⑥ *AbB*, 2, 25.

⑦ W. F. Leemans, “Old Babylonian Letters and Economic History, a Review Article with a Digression on Foreign Trade”, *JESHO*, 11, No. 2(1968), p. 178.

48-52)。古巴比伦国王阿米迪塔那也在其书信(*AbB* 2，53)中，亲自过问征收羊毛的事情。不仅在南部，在北部羊毛经济同样重要。羊毛也同样是亚述商人的重要商品之一，这有很多文献资料可兹证明。例如，一名亚述商人卢马赫(Lu-Maḫ)在给阿马特沙马什(Amat-Šamas)——她很可能是西帕尔城的一名纳第图女祭司——的信中写道：他在第一次旅行中给她送去了1塔兰特10明那羊毛、一大笔银子和6古尔大麦，在第二次旅行中又给她送去了大量的羊毛和其他物品，在第三次旅行中又给她送去了20明那或30明那的羊毛。卢马赫写信的目的是抱怨，他始终没有收到阿马特沙马什应该给他出具的所有这些物品的收据。①

牛是美索不达米亚人畜牧业的另一重要支柱，牛和羊的功用和养殖方法有很多相似之处。牛出产牛皮和牛奶制品，牛皮可以有很多种功用，从服装和鞋帽等物质生活用品，到音乐乐器等精神文化用品，再到武器和战车等军事用品，可以说无所不用。人类有确切的史料证据证明，最早的制奶业，就产生于美索不达米亚。在早王朝Ⅲ期的欧贝德神庙的外墙上，就刻有人们制奶的场景。牛拥有很高的价值，一般不用作牺牲，除非遇有国家重大的祭祀仪式场合，它们也不用于占卜活动。它们最主要的功用是作为牵拉的动力，其中拉犁耕种是最常见的场景。耕犁在乌鲁克时期就已经使用了，这有楔形文字文献的确切记载。根据骨龄学的证据推测，在更早的时期，在拉斯·阿尔·阿米亚的属于欧贝德文化中期的土层中，就发现有用作耕犁的公牛。

牛在生产中的作用，使得每一个农民家庭都想要拥有耕牛，家里时常都得饲养牛，以备耕地之用。在简单的农业经济中，不需要饲养大规模的牛群，因为喂养它们不是一件简单的事情，牛比羊每天消耗的食物要多得

---

① W. F. Leemans, "Old Babylonian Letters and Economic History, a Review Article with a Digression on Foreign Trade", *JESHO*, 11, No. 2(1968), p. 179.

图8.8　苏美尔早王朝时期的石雕。这是临近乌尔城的阿尔·欧贝德遗址的一座神殿外墙的石质中楣的嵌入图案，时间为早王朝Ⅲ期。这个场景保存了人类最早的制奶业证据

多，它们除了吃草之外，甚至还要吃大麦。在乌尔第三王朝的管理文书之中，就包括给牛配给大麦份额的内容，计算作为给牛的食物配额，大麦种子所要耗费的成本。① 它们能够产生的副产品也不像羊毛那样容易处理。在一般家庭的财产清单中，经常有一群羊，但不会有超过几头牛。至于王室和神庙这样的大型机构饲养牛的情况，目前的文献材料还无法提供太多的证据。虽然根据乌鲁克时期的镶嵌艺术判断，神庙中肯定饲养牛，但这样的证据太少了，更没有神庙和王室大规模养牛的材料证据。来自乌尔的官方账簿，包括王室和神庙的账簿表明，王室或神庙的牛奶产量是十分有限的，少到几乎引不起关注的程度。

畜牧业还包括驴、马、骡子和猪等的饲养。驴与野驴是完全不同的种类，驴的经济价值主要在于作为拉车等的牵引动力以及作为交通运输工具。最早的苏美尔人战车配备的就是驴或野驴，驴还广泛用于播种。在公元前第二千纪初亚述与安纳托利亚的商业贸易中，主要的交通运输工具就是驴，驴的商队是当时商路上的明星。在很早的历史时期，驴还是很好的骑兽，在颠簸的多石地段它比马更具安全性，驴的这一用途后来被马所取代。在公元前第一千纪亚述的皇家交通通信系统中，骑驴仍然发挥着作用。马是在公元前第三千纪从北部和东北部引进到美索不达米亚的，一直享有较高的地位，尤其是在军事领域有着不可替代的作用，无论是马拉战车还是骑兵都为亚述帝国的开疆拓土立下功勋。骡子是马和驴的杂交品种，在美索不达米亚非常常见，它继承了马和驴的优良品质，它的主要用途也是在交通运输业。

三、商业与金融业

美索不达米亚城市文明的最显著特征之一，就是超乎想象的商业与金

---

① J. N. Postgate, *Early Mesopotamia: Society and Economy at the Dawn of History*, p. 164.

融业之发达，即商业文明特征。美索不达米亚的商业经济和长距离或对外贸易可以追溯到很早的历史时期，经过苏美尔早王朝、阿卡德王国和乌尔第三王朝的发展之后，到古巴比伦时期达到了超乎寻常的程度。正如马克斯·韦伯所说："美索不达米亚的经济在漫长的历史时期，在任何情况下都保持着相当多的同一性，其差异性从根本上来说源于商业经济(货币经济这个术语在这里只是有条件地适用)的发展程度，即源于商业经济占据主导地位，然后走向衰落。"[①]在韦伯看来，古巴比伦时期显然处于商业经济的鼎盛期，"在临近汉谟拉比统治之前的历史时期以及汉谟拉比时代，商业贸易得到了巨大的发展，而且越来越具有自由贸易的性质。"[②]

(一)全民皆商的商业氛围

在人类文明史上，商人阶级具有十分特殊的性质和作用，对于社会组织和生产方式而言，他们既是破坏者，同时又是建设者。他们是旧的社会组织和生产方式的破坏者，甚至是直接摧毁者，同时又是新的社会组织和生产方式的建设者或共同建设者。资本主义社会和生产方式的建立提供了最好的例证，资本主义文明在某种程度上可以被看作商业文明，资本主义社会因此在某种程度上可以被看作商人社会。

中世纪的商人完全是戴着封建的镣铐艰难地起舞，丝毫没有现代西方人赋予商人的尊严甚至耀眼的光环，其经济地位和社会地位甚至根本无法与古代美索不达米亚的商人尤其是古巴比伦时期的商人相比。"约在公元1000年左右，商人在西欧初次出现时"，"他们被称为 Pies poudreux——'泥腿子'，因为他们带着货物徒步或骑马四处奔波，从这个镇到那个镇，从这个集市到那个集市，从这个市场到那个市场，一路售卖货物。在封建

---

① Max Weber, *The Agrarian Sociology of Ancient Civilization*, translated by R. I. Frank, p. 91.

② Max Weber, *The Agrarian Sociology of Ancient Civilization*, translated by R. I. Frank, p. 90.

领主的大厅里，商人乃是嘲笑、侮弄、甚至憎恨的对象。那时候的许多抒情流行歌曲，既歌唱骑士的骁勇善战和偷情通奸，也歌唱他们如何掳掠商人。利润，即商人买进卖出的差价，在那时的社会被认为是不名誉的，那个社会赞誉的是高贵的杀伐之功，敬重的是——用当时一份特许状上的话来说——'全仗辛苦和勤劳'过活之人。获得利润被视为高利贷的一种形式，人们因此认为，商人的灵魂是要进地狱的。对商人的憎恨来得稍晚，贵族需要现钱打仗和维持生活风采时，才发现商人比他们有钱得多"。①

虽然古代美索不达米亚人主要以农业为生，但商人阶层在农业社会中大行其道，以及"全民皆商"的重商倾向，可以算是古代美索不达米亚文明尤其是巴比伦文明一个特别突出的特点。

我们这里所说的"全民皆商"不是指全民都是不从事生产的商人，否则巴比伦民族也就成为商业民族了，而是指古巴比伦的各个阶层和各个职业的人，都可以从事商业活动。我们从《汉谟拉比法典》就可以看出，借贷和租赁业务在古巴比伦社会非常普遍。在《汉谟拉比法典》保存下来的 282 条中，涉及借贷和租赁的多达 100 余条。从事借贷业务的人，除了商人塔木卡以外，还有神庙祭司和纳第图女祭司，以及城市自治机构的管理人员等。参与租赁业务的人可以说涉及每一个阿维鲁公民，租赁业务则从一头牛、一头驴和一只羊等牲畜，到一艘船和一辆车等交通运输工具，再到不动产田地和果园的租种，最后到劳动力的雇佣，包括船工、建筑师、耕田者，以及各种手工业者等。可能与巴比伦的商业和贸易发达有关，法典中关于出租船只和雇用船工的条款不仅数量较多，而且关于顺流、逆流等不同工价，以及船只在各种情况下的失事责任及赔偿等，规定得非常详细。难怪布罗代尔对此发出这样的感叹："在这里，雇主与雇员之间的关系，难道不就是类似资本主义社会的生产关系吗?"②

---

① ［美］M. E. 泰格、［美］M. R. 利维：《法律与资本主义的兴起》，纪琨译，上海：学林出版社，1996 年版，第 4 页。

② ［法］费尔南・布罗代尔：《地中海考古——史前史和古代史》，蒋明炜、吕华、曹青林等译，第 65 页。

至于直接从事以买卖为特征的生意或者说经商，各职业各阶层的人员都不受任何限制，体现出国家和社会对商业的支持与鼓励。从目前的经济文献来判断，这种支持与鼓励也确实收到了效果，因为不仅职业商人在古巴比伦的商业经济中起到了中流砥柱的作用，其他人员参与商业活动也对商业经济起到了补充作用。不仅一般的男性阿维鲁公民不会放弃经商的机会，女祭司和其他妇女也有参与经商的，穆什钦努参与的商业活动也时常可见，就连奴隶由其主人出面，也可以经营工商业。①

(二)职业商人阶层

在“全民皆商”的大环境下，职业商人阶层的出现及发挥便如鱼得水了。关于商人在巴比伦文明中所起的作用，一句巴比伦的谚语一语道破：“建造巴比伦者为商人，享受巴比伦者为祭师。”②

古巴比伦时期的商人已经有了较为明细的分工，达到了一定程度的专业化。商人大体说来可以分为三大类：专门从事国内贸易的商人，既做批发也做零售业务；从事对外贸易的商人；从事贩运业务的商人，负责把原材料和商品从一地运到另一地。其中以从事远途贸易和对外贸易的大商人和大“资本家”塔木卡最强势，也最著名和最有影响。

古巴比伦时期的商人塔木卡(*Tamkārum*)一词，源于动词 *makārum*，*makārum* 表示“做买卖”和“投资”之意。③ 其名词形式为 *makkurum*(意为“珍宝”、“财产”及“庄园”等)④和 *namkurum*(意为“财产”)⑤。因此，作为动词 *makārum* 动作发起者的 *Tamkārum* 在语义学上便具有了“商人”(做买卖的人)和“银行家”(投资者)的双重意思。⑥

---

① 参见[美]威尔·杜兰：《东方的遗产》，第 132 页。

② [美]威尔·杜兰：《东方的遗产》，第 137 页。

③ *CAD*，Vol. 10，pp. 126-127.

④ *CAD*，Vol. 10，pp. 133-137.

⑤ *CAD*，Vol. 11，pp. 231-233.

⑥ W. Von Soden，*AHw*，Band Ⅲ，Wiesbaden：Otto Harrassowitz，1981，p. 1315.

在《汉谟拉比法典》中有关商人塔木卡的条款达35条之多，其地位和重要性可见一斑。在经济领域中，他们是王室的“包税商”，在国家的税收经济中扮演着重要角色，在某种程度上决定着国库的收入；他们还是“银行家”和“资本家”，是古巴比伦的社会经济大机器得以正常运转的发动机；同时，他们自己也经营远途贸易尤其是对外贸易，而远途贸易和对外贸易是商业活动的重中之重，用现代历史学家的眼光来看，“在任何时代，远程贸易都无异于一场革命”①；此外，由商人塔木卡组成的商会还具有经济管理的职责，指导和管理商人的活动。在政治领域，他们是城市自治机构重要的管理人员，商会和商人头领作为城市的最高行政机关和行政长官，在城市管理、市政建设和安全防务等方面，负有直接的责任。同时，他们也是国家官僚体系中的重要一员，为国家管理国库和粮仓，还要办理国王亲自交办的其他一切事情。在司法领域，商会、商人头领和法官组成城市法庭，法官的身份也多数是商人塔木卡。在某种意义上可以说，商会实际上是城市的最高法院，而商人头领则是城市最高法院的院长。

可见，商人全面影响甚至在某些方面控制着古巴比伦社会的经济、政治和司法诸领域。

(三)银行与金融业

特别值得一提的是，古巴比伦时期的金融业也十分发达，私人借贷和机构借贷都大大地促进了古巴比伦社会商业的发展。“在巴比伦甚至还出现了银行。”②当然，巴比伦的银行肯定不是现代意义上的银行，而是富家巨室经营的钱庄。“大的钱庄，多半为世业，其所经营的项目，除借贷之外，尚有房地产及商业投资。钱庄对于存户，略收少许手续费即开出银票，银

---

① [法]费尔南·布罗代尔：《地中海考古——史前史和古代史》，蒋明炜、吕华、曹青林等译，第57页。

② [法]费尔南·布罗代尔：《地中海考古——史前史和古代史》，蒋明炜、吕华、曹青林等译，第88页。

票可作交易支付之用。”①古巴比伦时期的商人塔木卡可以说是最大的私人银行家，他们的一项重要生意就是从事银钱借贷，以及大麦、油和羊毛等物品的借贷，这在《汉谟拉比法典》中得到了充分的体现。另一类私人银行家是纳第图女祭司，她们与商人塔木卡一样不仅从事经商活动，还开展银钱等的借贷业务。与商人塔木卡不同的是，她们所开展的这种“金融”业务不是体现在《汉谟拉比法典》中，而是在私人商业契约中得到了反映。另外，王室和神庙作为机构也从事面向私人的商业借贷活动。根据《汉谟拉比法典》，银钱借贷的利率为20％，谷物的借贷利率为33％。

尽管这一时期还没有出现铸币，但金属货币尤其是银币体系的建立，以及“银行”等金融体系至少是信用和支付系统的建立，对古巴比伦社会的商品货币经济，尤其是长途贸易和对外贸易的发展起到了极大的促进作用。

(四)商人组织——商会

作为美索不达米亚商品经济成熟的一个重要标志，在王室官方组织之外，商会发挥着重要的作用，“他们灵活巧妙地掌握着各种付款现金，能够识辨记名期票、汇票，以及票据交换付款，——这证明资本主义的货币工具一旦条件具备便会自动生成”②。

四、手工业和工业

正如年鉴学派代表人物之一的布罗代尔所说：“城市总是先具有商业的职能，然后才有工业的职能。工业在商业的带动和要求下发展起来，城市的经济至此才达到一定程度的成熟。”③但严格说来，古代的所谓“工业”或

---

① ［美］威尔·杜兰：《东方的遗产》，第130～131页。

② ［法］费尔南·布罗代尔：《地中海考古——史前史和古代史》，蒋明炜、吕华、曹青林等译，第88页。

③ ［法］费尔南·布罗代尔：《菲利普二世时代的地中海和地中海世界》第1卷，唐家龙、曾培耿等译，北京：商务印书馆，1996年版，第465页。

“制造业”主要还是以手工业为主，最多是工场手工业，而远非以大机器生产为主的现代工业的概念。撇开规模不说，古代美索不达米亚的手工业在经济门类及其性质方面，与文艺复兴时期意大利城市的手工业极为相似。①

（一）纺织业

纺织业是一项非常古老的事业和技术，从公元前6000年或更早的时候起，就出现在加尔莫文化中。从公元前3000年开始，布料特别是毛料成为美索不达米亚的主要出口产品之一。在乌尔，在当时的权力中心神庙里就有纺织作坊。在乌尔的南那神庙附近，发现了一个涉及国王经济的档案，关于羊毛和纺织业的内容成为这个国王经济档案的重要组成部分。后来，王室成为这项历来生机勃勃的手工业的组织者。② 古代美索不达米亚的纺织业，其原料主要是羊毛、棉花和亚麻，其中羊毛最为普遍，这从《汉谟拉比法典》及其他文献材料中得到了充分的反映。值得一提的是，在美索不达米亚，从很早的时候起，人们就知道使用机器从事各种手工业了，其中就包括织布用的织布机及用于制陶的陶车和转盘。巴比伦的染色和刺绣的技术已相当高明。“当巴比伦的布匹呢绒，经商人转运到希腊罗马人之手，希腊罗马人即赞不绝口。” ③

（二）冶金业

大约在公元前5000年，伴随着铜的熔化，冶炼技术最早诞生于伊朗和西西里，以及素有“铜之国”美称的迪亚巴尔克一带。大约公元前2800年，铜的冶炼和青铜器具出现在美索不达米亚。人类历史上整整一个时代以青铜命名，可见其意义之重大。由于稀有又昂贵，青铜在相当长的时间里都

---

① 参见于殿利：《巴比伦法的人本观——一个关于人本主义思想起源的研究》，第92～98页。

② 参见[法]费尔南·布罗代尔：《地中海考古——史前史和古代史》，蒋明炜、吕华、曹青林等译，第50页。

③ [美]威尔·杜兰：《东方的遗产》，第129页。

属于奢侈品，主要用于武器和一些生产工具的制作，还有供上流社会的达官贵人们享用的首饰等装饰物的生产制作。另外，从《汉谟拉比法典》中我们得知(参见第215～220条)，古巴比伦时期医生在进行重大外科手术和眼科手术时所使用的手术刀或器具，系用青铜制造的。

早期铜匠或青铜匠们所从事的是一项奢华而特殊的职业，如同其他金属冶炼技术一样，这项高贵的职业完全是由成年男子来从事的。而且这个特殊的行业有其自身独特的生产规则、秘方和流程，还有独立或流动的工匠。由于工序相对繁多，且每道工序需要掌握一定的技术，所以在金属冶炼和加工行业(包括金和银)，工匠们很早就实现了专业化的分工。一部分工匠负责用凿子和锤子等工具加工矿石，另一部分工匠则负责进一步地锻打、研磨和反复熔炼。美索不达米亚人已经懂得使用带风嘴的熔炉，通过风嘴吹工(也可能是风箱)可以促使掺杂在矿石里的木炭加速燃烧。考古学家还发现了一些用于铸塑的美索不达米亚模具，有的是用粗陶制成的。①

美索不达米亚矿产资源相对贫乏，多数金属依靠长距离贸易或对外贸易获得，对稀有金属或贵金属的需求可能也是刺激美索不达米亚长距离贸易或对外贸易蓬勃发展的一个重要原因。铜来自卡帕多西亚、陶鲁斯山脉或巴林，锡来自伊朗，银则来自陶鲁斯山脉。

(三)造船业

与文艺复兴时期的意大利相比，相似的地理环境、相似的亲水特性，必然造成相似的交通运输方式和由此带来的经济模式，以及由所有这一切所带来或决定的“工业”或“制造业”，尽管在当时还只能被称为手工业，是手工作坊式的，或最多是手工工场式的。这就是造船业。

《汉谟拉比法典》和现存的其他珍贵的经济文献，为我们提供了一条古

---

① 参见[法]费尔南·布罗代尔：《地中海考古——史前史和古代史》，蒋明炜、吕华、曹青林等译，第52页。

巴比伦时期造船业完整的产业链，这条产业链包括材料供应、生产制造、订货销售、船只经营和船员雇用等。因此，从某种意义上也可以说，它为我们提供了最为原始的“资本主义”生产方式模型。

> 第 234 条：如果船工为一个人建造容积 60 库鲁①之船，则此人应向船工支付 2 舍客勒之银作为报酬。
>
> 第 235 条：如果船工为一个人造船，而施工草率，造成船只当年即发生漏水，或出现(其他)毛病，则船工应将此船拆开，并自费重造坚固之船，交给船主。②

这两条法典清楚地告诉我们，至少到古巴比伦时期，船只制造已经冲破了自给自足的经济范围，而发展成为一种独立的产业，因为船只的制造者不是为自己的使用进行生产，而是为他人制造加工。《汉谟拉比法典》还规定了制造船只的规格和价格，以及制造船只的质量要求、使用标准和赔偿原则，这说明造船业在古巴比伦时期是比较发达的，这与其商业贸易尤其是长距离贸易或对外贸易发达，及其所要求的内河航运和航海等水路交通发达是相一致的。一份文献记载了一个河上“兵工厂”制造船只的情况。汉谟拉比时代的一位总督催促下属加紧造船：“将篾匠……和(其他)普通工匠所需的粮食和椰枣通通交给他(制造商)”，“将制造驳船所需的木板和梁柱交给”拉尔萨同一工地的另一制造商。③

造船业应该与内河航运和航海事业同时发端。美索不达米亚人所制造

---

① 1 库鲁(*qurru*)或古尔(苏美尔语称古尔，*gur*)等于 33 加仑(gallons)或 $4\frac{1}{10}$ 蒲式耳(bushels)。

② 参见林志纯主编：《世界通史参考资料》(上古部分)，第 96 页。

③ [法]费尔南·布罗代尔：《地中海考古——史前史和古代史》，蒋明炜、吕华、曹青林等译，第 65 页。

的船只，是与他们航海和内河航运的需要相一致的。要出入波斯湾，前往巴林，到达红海(Red Sea)和地中海，乃至再通过印度洋前往印度沿海地区，帆船和航海船只是必不可少的。迄今发现的世界上第一座城市埃利都也确实为我们提供了这方面的例证。在埃利都的一座属于公元前4000年以前的墓穴中，考古学家发现了一个经过烧制的完整的宽底海船黏土模型，这应该是世界上最早的船模。这是一艘帆船的模型，船上有一个插桅杆的孔，在船头、船尾和船的中部的洞孔是用来穿系船帆的。此外，船上还有一把供船员乘坐的椅子。①

内河航运的船只有大船和小船两种，大船包括驳船和渡船，是依靠绳索在河岸上牵拉前进的，由于主要原料是美索不达米亚所稀缺的木材，因此这种大船的生产制作受到了一定程度的限制。小船包括柳条船和一种叫作克勒克(kelek)的羊皮船。柳条船至今还在伊拉克使用，只是现在使用的是阿拉伯名称古发(guffa)。根据这种船的形状，古代人亦将之称为“萝卜船”。柳条船的防水层采用的是沥青，沥青也算是古代两河流域的天赐之物，这种防水技术还可以提高船体的自然浮力。由于船只没有舵的装置，要借助撑篙或划桨才能控制船的行进与方向。通常顺流时用撑篙，而逆流时则用划桨。在一座属于公元前第三千纪的乌尔王陵中，出土了一只银制的豪华划艇，划艇上配有七只划船凳和划桨。② 船只模型随葬的普遍可能从一个侧面反映了船只的重要性，及其在古代美索不达米亚人民生产和生活中的地位。

另一种叫克勒克的羊皮船就更引人注意了，那多半是因为古希腊著名历史学家希罗多德的记述。

古代美索不达米亚人把船只用作交通工具，用于在沼泽地捕猎，甚至

① Stephen Bertman, *Handbook to Life in Ancient Mesopotamia*, p.252.
② Stephen Bertman, *Handbook to Life in Ancient Mesopotamia*, p.252.

用作战争工具，这些自不必细说。我们更感兴趣的是，在日常生活中，不仅造船者不是船只的使用者或终端顾客，就连购买者或订货者也不一定是终端顾客，他们购买船只完全是出于经营性目的，他们作为船主做出租船只的生意。这是一种由船只带来的业务模式或商业模式。《汉谟拉比法典》对出租船只业务不仅在价格方面而且在风险方面都做出了较为详细的规定：

第 236 条：如果一个人把他的船租给船工，船工疏忽，沉了船或丢了船，那么船工应以船赔偿船主。

第 275 条：如果一个人租赁顺流之船，则每日之租金为三乌德图银子。

第 276 条：如果一个人租赁逆流之船，则每日之租金为二又二分之一乌德图银子。

第 277 条：如果一个人租赁容积六十库鲁之船，则他每日应付租金十乌德图银子。①

如果说租船业务或经营船只作为经营生产资料的一种形式，还只是市场经济的一个方面的话，那么雇佣船工的出现，也就是雇工的出现，用现代资本主义的术语来说就是雇佣劳动力的出现，或更确切地说，劳动力成为商品这种现象的出现，就使市场经济更上了一层。

《汉谟拉比法典》对雇佣船工的价格、船只维修保养以及风险责任做出了如下规定：

第 237 条：如果一个人雇了船工，租了船只，装上大麦、羊毛、油、椰枣或其他货物，结果那船工疏忽，而使船只沉没或损

① 参见《汉谟拉比法典》，杨炽译，第 142 页。

失货物，那么船工应赔偿他弄沉的船只及他损失的一切货物。

第 238 条：如果船工弄沉了一个人的船，又把它捞了起来，他应给他相当于船价一半的银子。

第 239 条：如果一个人雇佣船工，他应一年给他 6 库鲁大麦。

第 240 条：如果逆水而行的船撞沉了顺水而行的船，沉船的主人应在神前说明他船上损失的一切，造成顺流船沉没的逆流船的主人应赔偿他的一切损失。①

对于《汉谟拉比法典》中所反映出的雇佣船工业务，著名历史学家布罗代尔发出了这样的感慨："在这里，雇主和雇员之间的关系，难道不就是类似资本主义社会的生产关系吗？"②其实，在古巴比伦社会，雇佣关系又何止存在于造船业和船只租赁业务中，它几乎存在于所有行业中，甚至在农业中都比较普遍。

关于古巴比伦时期的"工业"或手工业发展，远非只有纺织业、冶金业和造船业三大门类值得论述，仅从《汉谟拉比法典》中就可以窥见古巴比伦时期"工业"或手工业繁荣的盛况(第 274 条规定了许多种手工工匠的雇工价格)。各个行业的专业化程度达到了相当高的水平。例如，建筑业中就有建筑师、砖块制造者、石工、木匠，以及像雕刻家和画家之类的艺术家。再如，食品业中有渔夫、屠夫、面包师、奶制品工、油工(食用油)和酿酒人等。其他手工业中还包括乐器制造者、乐师、陶工、玻璃制造者、香水制造者、蜡工、肥皂制造者、皮革匠③、印章石切割匠、珠宝匠、马车制造

---

① 参见《汉谟拉比法典》，杨炽译，第 127～128 页。

② [法]费尔南·布罗代尔：《地中海考古——史前史和古代史》，蒋明炜、吕华、曹青林等译，第 65 页。

③ 关于古巴比伦时期玻璃、香水、蜡、肥皂和皮革制造业的发展和取得的成就，参见于殿利、郑殿华：《巴比伦古文化探研》，第 335～348 页。

工、弓箭匠、鞋匠、芦苇编织工和编篮匠等。巴比伦雕刻工的技术手法和艺术表现力在当时具有很大的国际影响，赫梯国王哈吐什里三世就不止一次地致信巴比伦国王，请求派遣雕刻工，并承诺一旦完工即将雕刻工送回，由此可见美索不达米亚艺术对赫梯艺术之影响。①

商业和手工业的发展体现的是社会分工的进步，“分工所带给人类的收益除了经济的，更在于它构成了社会和道德程序本身，使个人摆脱孤立的状态，成为有机社会的构成分子，使人们牢固地结合起来，形成一种联系”②。

第三节　国有农业经济的租佃制度

国有土地在美索不达米亚历史的任何时期都占有相当大的比例，国有农业经济同样在任何历史时期都占有重要的地位。国有土地的耕种方式决定着国有农业经济的生产方式，决定着国有农业经济的性质。

一、国有土地类型

古巴比伦时期的国有土地大体可以分为两大类：一类是由王室依附民耕种的土地，这类土地称为贡赋田（*biltu*-land），最低层次的王室依附民得到的报酬通常只是粮食和食物配给；另一类是国家根据国家工作人员为国家提供的服务而向其分配的土地，这类土地称为服役田（*ilku*-land），为国家提供的服务可以是农业性质的，也可以是非农业性质的。这类土地又分为两种：一种为供养田（*sukussu*-fields），另一种为持有田（*sibtu*-fields）。我们把第一类土地称为贡赋田，因为其所有权在国家，由国家行政官员行使管理权，王室官员把它分配给王室依附民耕种，收获物扣除生产成本以及

---

① 参见李政：《论美索不达米亚文明对赫梯文明的影响》，载《北京大学学报（哲学社会科学版）》1996 年第 1 期，第 87 页。

② 李锦彰：《货币的力量》，第 11 页。

图 8.9　汉谟拉比致沙马什哈西尔的信之泥板。“致沙马什哈西尔，”汉谟拉比说，“那那图姆对我说，‘在我的土地上，有一大片没有被浇灌到。’他是这样跟我说的。去那那图姆的田地看看，在那些靠近水渠的王室土地中，拿一块给那那图姆。”

留有小部分之后，大部分都要上缴给国家。租种这类土地的人称为纳贡人（*naši bilti*）。根据《汉谟拉比法典》的规定（第36～38条），纳贡人租种的这类土地以及田园房屋不得出售，不得转让给其妻子和儿女，也不能用作债务抵押。第二类服役田也称为王室份地，具有采邑或封地的性质。享有王室份地之人都是为王室或国家提供各种服务之人，如国家的各级行政官员、商人塔木卡、纳第图女祭司、士兵里都和巴衣鲁、王宫卫兵、王室建筑师、王室牧羊人和王室手工业者，等等。虽然服役田或王室份地是以为王室服务为条件的，一旦服务结束就不再享有王室份地，但实际上这类土地已经私有化了。除了里都和巴衣鲁这样服军役的士兵不能将其与军事义务相关的田园房屋出售、转让和用作债务抵押（参见《汉谟拉比法典》第36～38条）外，纳第图女祭司、商人塔木卡以及其他服役人的田园房屋都可以出售，买主在购买这类田园房屋的同时，要履行附着在其上的相应义务（参见《汉谟拉比法典》第40条）。士兵不能出售、转让和抵押这类土地，显然是由于服军役的特殊性，或者更确切地说是服军役的特殊要求所致。

二、国有土地的耕种方式

国有土地的耕种方式有所不同。由于服役田已经在某种程度上私有化了，所以其耕种是按照私有经济的规律进行的，多数采取的是雇佣劳动或租赁式的生产方式。贡赋田是由专门的王室官员负责组织耕种的，他们通常把这类土地分割成小块，分配给纳贡人耕种。这类土地根据收成的归宿又可以分为两种，一种是收获物全部上缴给国家的田地，另一种是耕种者或纳贡人可以享有一部分收成作为耕种土地报酬的田地，一般情况下，纳贡人享有 1/2 或 1/3 的收成。① 根据美国学者艾莉丝(Maria DeJ. Ellis)的研究，纳贡人是对租种这类土地之人的一种统称，伊沙库是纳贡人中重要的一种。② 现有的文献材料为我们解读伊沙库的职责和活动提供了一些线索。根据权威的《芝加哥亚述语词典》的解释，“可以说，汉谟拉比对其王国的封建结构进行重组，遵循巴比伦尼亚北部的具体实践，创造了一个新的世袭农民阶层”③，这个“世袭农民”就是伊沙库。在不同地区和不同时期，伊沙库的职责是不同的，有的伊沙库自己耕种土地，有的伊沙库雇用劳动力耕种土地，有的伊沙库把土地租出去耕种，还有的伊沙库则已经成为农业管理者。

第四节　私人农业经济的“资本主义”生产方式

虽然美索不达米亚的商业发展在古代世界堪称奇迹，历史学家们也都认为，“古代美索不达米亚的文明实质上还是城市文明和商业文明”④，但

---

① Maria DeJ. Ellis, *Agriculture and the State in Ancient Mesopotamia*, p. 31.

② Maria DeJ. Ellis, *Agriculture and the State in Ancient Mesopotamia*, pp. 26-27.

③ *CAD*, I/J, 266b.

④ [美]L. S. 斯塔夫里阿诺斯：《全球通史——1500 年以前的世界》，吴象婴、梁赤民译，上海：上海社会科学院出版社，1988 年版，第 119 页。也可参见[美]威尔·杜兰：《东方的遗产》，第 131 页。

历史学家们也都相信，农业构成了美索不达米亚社会的经济基础，土地和农业显然是美索不达米亚人最重要的生产资料和生存手段。令人惊奇的是，从各个方面来考察，古巴比伦时期的私人农业几乎都与资本主义农业以及资本主义的生产方式，具有很大的相似性。① 这种相似性使我们认识到巴比伦农业的特殊性，即与资本主义生产方式之前的其他一切生产方式相比，古巴比伦时期的私人农业经济表现出了完全不同的特点。

一、土地买卖的商业性质

学术界传统上认为，王室和神庙控制着古代美索不达米亚的土地，从而控制着整个社会经济，随着大量的美索不达米亚经济文献得到整理和释读，学者们的研究越来越深入，传统的观点也在逐步得到修正，直到 20 世纪 80 年代中期以后，新的结论得以确立，即古代美索不达米亚虽然存在着王室经济和神庙经济，但私人经济自始至终发挥着重要的作用，甚至起着主导性的作用。私人土地占有制和土地买卖便是私有经济的重要表现形式，也是私有经济的重要组成部分。

早在苏美尔城邦时期，美索不达米亚就出现了土地买卖活动，在属于这一时期的经济文献中，有相当一部分是土地买卖契约。到古巴比伦时期，土地买卖活动更是达到了极盛，这一点在《汉谟拉比法典》中就得到了充分的反映。属于古巴比伦时期的经济文献尤其是土地买卖契约，也比任何其他历史时期都要多。近些年来，西方学者对古巴比伦时期土地买卖和租赁经济文献的整理和释读，又取得了新的成果。例如，比利时学者卢克·德基莱(Luc Dekiere)于 1994—1997 年发表的六卷本《古巴比伦不动产经济文献》(*Old Babylonian Real Documents from Sippar in the British Museum*)，

① 参见于殿利：《古巴比伦私人农业经济的商业化特征》，载《中国社会科学》2011 年第 2 期，第 208～219 页；《巴比伦法的人本观——一个关于人本主义思想起源的研究》，第152～187 页。

包括九百余份楔形文字泥板契约。①

根据古巴比伦时期土地买卖的特点，我们可以判断出这一时期土地买卖的性质，即土地买卖属于以营利为目的的经营性行为，也就是土地买卖属于商业性质。

图 8.10　苏美尔早王朝时期(公元前 2900—前 2600 年)的石碑。记载了一位祭司乌舒姆加尔(Ushumgal)的财产转让事宜，涉及三块土地、三栋房屋及一些牲畜。由于铭文系用苏美尔语的古典语体写成，很难辨认详情

(一)土地买卖的双方都不是土地的直接耕种者

现有的土地买卖契约显示，古巴比伦时期土地买卖的双方几乎都不是土地的直接耕种者，这表明土地只是作为和一般商品一样的商品在经营，其目的是通过买卖活动赚取商业利润。

标明身份参与土地买卖活动的最活跃的人群是纳第图女祭司，其中又以沙马什神庙的女祭司为最多。例如，沙马什神庙的女祭司，阿克沙加(Akešaja)之女胡扎拉图姆(Ḫuzalatum)②、伊特尔皮辛(Etel-pi-Sin)之女阿马特沙马什(Amat-Šamaš)③和那卡鲁姆(Nakkarum)之女拉马丝(Lamassi)④

① 我国学者李海峰所著的《古巴比伦时期不动产经济活动研究——以西帕尔地区为考察中心》中把卢克·德基莱所整理的《古巴比伦不动产经济文献》中的许多内容从拉丁化转译的阿卡德语翻译成了中文，具有较高的文献价值和史料价值。

② *Orientalia*，38，134ff.

③ *TCL*，1，64. *CT*，4，16a.

④ *CT*，27. *TCL*，186.

都积极投资土地和其他不动产。在一段时间里，“纳第图女祭司的土地投资活动严重地集中在易堡(Eble)地区，以至于易堡被称为‘纳第图女祭司的易堡’(Eble of nadītu's)”①。不仅纳第图女祭司而且所有的祭司都不直接参加生产活动，他们不可能走进田间耕种土地，他们买卖土地的目的只有一个，就是通过买卖和经营赚取利润，积累财富。幸运的是，古巴比伦时期的土地买卖契约揭示出了纳第图女祭司经营土地的两种方式。其一，是通过单纯的土地买卖赚钱，通俗一点儿说就是“炒地”。例如，在汉谟拉比统治的第 25 年，一位纳第图女祭司以每 GÁN(1GÁN 接近于 9/10 英亩②)土地 13 舍客勒银子之价，在易堡购得 6 GÁN 土地，转手就以每 GÁN 土地 40 舍客勒银的价钱把它卖了出去(*CT* 4 25b)。③ 其二，是把买来的土地出租出去以赚取租金。这类的材料相对较多，我们将在下面论述。

另一个具有明确身份的参与土地买卖的人群是商人塔木卡。他们的土地买卖活动也可以追溯到苏美尔时期，到古巴比伦时期更为常见。例如，在迪尔巴特城(Dilbat)有一个商人家族，在父亲伊丁拉加马尔(Idin-Lagamal)时代，家境殷实。伊丁拉加马尔从巴比伦第一王朝创立之时，就积极从事地产和房产的买卖活动，以从中赢利。他的长子那希鲁姆(Naḫilum)子承父业，在地产和房产的经营方面甚至比他父亲还要活跃，尤其是在阿匹尔辛和辛穆巴里特统治时期。但到了那希鲁姆之子胡扎鲁姆(Ḫuzalum)生活的汉谟拉比时代，其家境逐渐衰落，未见到胡扎鲁姆经营地产和房产，他只能做一些小买卖。④ 商人经营土地的活动与经营其他商

① R. Harris, *Ancient Sippar*: *A Demographic Study of an Old-Babylonian City*(*1894-1595 B.C.*), p. 214.

② R. Harris, *Ancient Sippar*: *A Demographic Study of an Old-Babylonian City*(*1894-1595 B.C.*), p. 210.

③ R. Harris, *Ancient Sippar*: *A Demographic Study of an Old-Babylonian City*(*1894-1595 B.C.*), p. 216.

④ W. F. Leemans, *The Old Babylonian Merchant*, *His Business and His Social Position*, pp. 107-108.

品的活动在本质上并没有什么不同，虽然与他们所从事的长距离贸易、信贷或高利贷业务以及买卖奴隶业务等相比，经营土地总体来说可能略微逊色，但由于拥有资金优势，他们在租赁土地方面仍显示出很强的活力。与纳第图女祭司一样，商人塔木卡自己肯定也不直接下田耕种，他们拥有自己的农人为其耕种，这从《汉谟拉比法典》(第49～52条)中就可以明显地看出来。

纳第图女祭司和商人塔木卡买卖土地的活动，与《汉谟拉比法典》的相关规定是相吻合的。根据法典第40条的规定，纳第图女祭司、商人塔木卡以及其他负有义务之人，可以出售其田园房屋，前提是购买者必须承担附着在田园房屋之上的相关义务。这里的其他负有义务之人都包括哪些人，根据法典无法判断。苏联学者 I. M. 贾可诺夫认为，他们是指皇家手工业者和政府公务人员等，他们因为王室提供各自的服务而享有王室分配的土地。① 皇家手工业者和政府公务人员享有王室份地，这是确定无疑的，例如，在汉谟拉比写给地方总督沙马什哈西尔的一封信中(*TCL* 7 22)，就提到了手工业者和牧羊人的份地。② 也就是说，手工业者和政府公务人员也从事土地经营活动，这在古巴比伦时期的经济文献中也偶有反映。

还有一类身份极其特殊的土地出售者，那就是国王本人。我们拥有两份国王向纳第图女祭司出售土地的契约，出售土地的面积为90 GÁN，是目前能看到的古巴比伦经济文献中出售土地数额最大的，价格是10明那银子。由于土地出售者的特殊身份，这两份土地买卖契约与一般土地买卖契约的不同之处有两点：其一，证人也是地位和身份很高之人，包括公民大会主席、商人头领、理发师头领和其他高级官员；其二，省略了一般契约中必需的买卖双方的誓言。③ 至于国王买卖土地的性质，美国学者 R. 哈里

① 参见林志纯主编：《世界通史资料选辑》(上古部分)，第76页注③。

② 信的内容见 Maria DeJ. Ellis, *Agriculture and the State in Ancient Mesopotamia*, p. 14.

③ R. Harris, *Ancient Sippar: A Demographic Study of an Old-Babylonian City (1894-1595 B. C.)*, p. 215.

斯(R. Harris)认为："这两份契约表明，国王可能是以私人身份利用和出售土地。"①

(二)土地买卖中的合伙经营

合伙经营是古巴比伦时期较为普遍的经营形式，这种经营形式在商业领域最为典型，被学者们称为人类"最早的合资公司"。这种合伙经营形式之所以盛行，无疑是当时的社会经济条件和商品货币经济规律使然，但《汉谟拉比法典》(第 99 条)在立法上给予的支持和保护，也肯定对这种经营形式起到了促进作用。

值得注意的是，《汉谟拉比法典》的关于自由民合伙经营生意的规定中，并没有提到合伙经营的领域或范围，这就意味着古巴比伦人的合伙经营形式在任何领域都普遍存在，而绝不仅仅限制在商业领域或长距离贸易领域，古巴比伦时期的经济文献也确实为此提供了坚实的例证。古巴比伦时期大量的土地买卖和租赁契约显示，合伙经营形式在农业领域同样很普遍。关于租赁或租种土地的合伙经营形式，现存的楔形文字文献已足够说明问题，我们将在下面专门论述。在租地契约中，有几个人合伙出租土地的情况，它反过来说明了自由民合伙买卖土地然后以出租的形式进行经营的事实。在古巴比伦时期的契约文献中，也确实出现有两人以上合伙出售土地的情况。例如，在汉谟拉比统治的第 29 年，苏姆阿克沙克(Sumu-Akšak，可能是辛穆巴里特统治时期西帕尔城的市长)②之子兹姆茹哈姆(Zimru-Ḫammu)从两个人手中购得 68 GÁN 土地，伊里巴姆(Eribam)之子沙马什伊丁纳姆(Šamaš-iddinam)和普祖尔辛(Puzur-sin)作为证人。③

---

① R. Harris, *Ancient Sippar: A Demographic Study of an Old-Babylonian City(1894-1595 B. C.)*, p. 216.

② R. Harris, *Ancient Sippar: A Demographic Study of an Old-Babylonian City(1894-1595 B. C.)*, p. 215.

③ *BE*, 6/1, 28.

(三)自由合意或排除强制交易的经营性质

在人类的早期文明中，土地买卖在很多情况下是由于自由民举债而无力偿还，被迫出售自己的土地而发生的，因此土地买卖往往伴随着自由民的破产。但古巴比伦时期的经济文献并没有为此提供丝毫证据，在古巴比伦时期甚至此前的美索不达米亚任何历史时期都不曾出现自由民大量破产的情况，从乌鲁卡基那改革一直到汉谟拉比以后的古巴比伦诸王，都在不停地颁发“解负令”(*mīšarum*)，较著名的如汉谟拉比的继任者萨姆苏伊鲁纳和古巴比伦王国的末代国王阿米萨杜卡的“解负令”。国王颁布“解负令”的宗旨，是通过赦免债务来主持王国内的“公正”，从而维护王国的统治基础和秩序，美索不达米亚的历史发展证明了这种“解负令”的有效性。长期以来学术界所谈论的所谓“债务奴隶制”，其实并不存在，这种观点的唯一根据是《汉谟拉比法典》的相关条款，而这完全是因为错误的翻译导致的错误理解。①

图 8.11　记录土地买卖的石碑。上面出现有一女神。约公元前 900—前 750 年。可能出自巴比伦

与没有自由民在经济强制下被迫出售土地从而走上破产之路这个历史事实相呼应的是，古巴比伦时期也没有出现土地过分集中的现象，在土地买卖过程中没有

① 参见于殿利：《古巴比伦社会存在债务奴隶制吗?》，载《北京师范大学学报(社会科学版)》2004 年第 4 期，第 70～75 页。

出现拥有庞大地产的“巨商大贾”，并没有出现土地垄断的现象。从古巴比伦时期的土地买卖契约中可以看到，在这一时期的土地买卖活动中，每次交易的数量都不大，都不是大块土地，通常是 1 GÁN 到 10 GÁN，最小的交易甚至低于 1 GÁN，只有 6 SAR(1 SAR＝27 $\frac{1}{2}$平方码①)，少数契约的交易量达到 16 GÁN。极特殊的交易达到 90 GÁN，就是上面提到的国王卖地给纳第图女祭司的那笔交易，根据美国学者 R. 哈里斯的判断，那两位从国王手中购得土地的纳第图女祭司很可能是高官的女儿，甚至是身居要职的高级军官的后代。② 从目前的资料来看，除此之外最大的交易，就是上文提到的那位西帕尔市长之子兹姆茹哈姆从两个合伙人手中购得的 68 GÁN，且仅此一例。

在目前所见的土地买卖契约中，能够确认卖主身份的都不是自己拥有土地的自耕农。在古巴比伦时期确实有很多土地买卖契约没有显示卖主的身份，国内有学者推断说他们大多是一些普通的小土地所有者，“他们或者因为贫穷或者想要转移所负担的国家义务而出卖自己的土地”③。首先，对于他们的身份，这仅仅是猜测，目前还缺乏材料的支撑；其次，即使他们是小土地所有者，也无法确认他们是自耕农，更无从判断他们出售土地的真实目的，或许是投资经营也未可知。

另外，从土地买卖的价格来看，古巴比伦时期的土地价格相对稳定，这也是经济健康和社会稳定的重要表现。

---

① 参见 Stephen Bertman, *Handbook to Life in Ancient Mesopotamia*, p. 258；[美]斯蒂芬·伯特曼：《探寻美索不达米亚文明》，秋叶译，第 396 页。

② R. Harris, *Ancient Sippar: A Demographic Study of an Old-Babylonian City (1894-1595 B. C.)*, p. 216.

③ 李海峰、祝晓香：《古巴比伦时期土地买卖活动述论》，载《西南大学学报(人文社会科学版)》2007 年第 1 期，第 169 页。

二、土地的经营形式——租赁制

租赁制渗透到古巴比伦社会的方方面面，成为普遍采用的经营方式，因此成为人类早期诸文明中最奇特的现象，也成为美索不达米亚文明最重要和最突出的特点之一。它的重要性在于它将成为我们判断古巴比伦社会生产方式乃至社会性质的主要依据；它的奇特性则表现在在资本主义生产方式普遍建立之前，这种类似资本主义生产方式的稀缺性和独特性。

(一)农业租赁制——古巴比伦社会租赁制的核心之一

可以说，一部《汉谟拉比法典》就比较全面地为我们揭示出了古巴比伦社会普遍的生产方式——租赁制的整体面貌。通过《汉谟拉比法典》我们看到，租赁制是古巴比伦社会农业、商业、手工业、房地产业甚至“金融业”(信贷)普遍采用的经营方式。关于古巴比伦时期工商业文明的特点，尤其是《汉谟拉比法典》中的相关内容和租赁制，我们在上文已有较详细的论述。《汉谟拉比法典》第 71～78 条对房地产(居民住宅)的买卖与租赁做出了法律上的规范，虽然其中的第 72～77 条缺失，但根据《汉谟拉比法典》中内容一贯的逻辑性判断，由于第 71 条和第 78 条是有关房地产买卖与租赁的，所以夹在这两条中间的第 72～77 条所涉及的内容应该是一样的。信贷或贷款也可以被看作某种形式的租赁，所不同的只是其所租赁的是作为一般等价物的货币，而且在古巴比伦社会还包括金属货币和实物货币(通常是大麦)两种形式。法典第 89～96 条则对信贷或贷款，即通常人们所愿意指称的高利贷业务进行了规范，虽然商人塔木卡成为法典中的“银行家”或放贷人，但在实际经济领域中，从事这种信贷业务的不仅仅是商人塔木卡，至少纳第图女祭司凭借其雄厚的资金实力，在此领域也十分活跃。

关于农业领域的租赁制，《汉谟拉比法典》为我们提供了整个农业产业链的全貌，包括土地和果园的租种(第 42～47 条)、租种土地和果园资金的借贷(第 48～52 条和第 66 条)、租牛耕田(第 244～252 条)、租用其他牲畜和生产工具等(第268～272条)、保管粮食或租用粮仓(第120～126条)，以及雇工耕田(第252～258条)等。《汉谟拉比法典》的这些规定，与古巴比伦时期的社会经济实践是相吻合的。在全农业产业链的租赁制之中，最核心的无疑是土地和果园的租赁与耕种，《汉谟拉比法典》为我们提供了古巴比伦社会两种形式的租赁与耕种方式。一种是田主仅仅收取租金的单纯的租赁制；另一种是田主参与分成的"混合"租赁制，这种"混合"租赁制究其实质就是合伙制经营。

第45条：如果一个人以收取租金的形式将田租给农人耕种，并且收到了其田租，其后田地被暴风雨淹没或被洪水冲去，那么损失归农人。

第46条：如果他不是收取租金，而是按收成的1/2或1/3出租田地，则农人与田主将按约定比率分享田中收成的大麦。

第47条：如果农人前一年没有收回其投资，因此说："田，我还要种。"那么田主不得拒绝，他的农人将再耕种其田，收获时他将根据契约收取大麦。①

在第45条所规定的单纯租金的租赁形式下，田主的利益只是土地所有权给他带来的租金，这种形式对他具有两面性，既有有利的一面，也有不利的一面。有利的一面是，他不承担任何风险，无论农人租种或经营土地的状况如何，也无论是否遇到自然灾害造成减产甚至颗粒无收，他都保证如数收回他的租金，损失全归租种土地的农人承担；不利的一面是，他收取的租金是固定的或事先约定好的，而且肯定不会高于土地收成的1/2或

① 参见《汉谟拉比法典》，杨炽译，第34页；林志纯主编：《世界通史资料选辑》(上古部分)，第77页。

1/3，如果土地丰收，也与他没有任何关系。对租种田地的农人而言，这种租种形式同样具有两面性，道理很简单，只不过是把对田主的两面性对调过来而已。

在第46条所规定的分成制租赁形式下，在法律关系上，缔约的一方是田主或土地所有者，而租种田地的另一方则是农人和田主结成的“合伙人”，只不过根据“合伙人”双方的责权利划分，农田归农人耕种而田主实际上并不参与耕种而已。这种租种形式与上一种单纯的租金制形式一样，对田主和农人都具有两面性。对田主有利的一面是，他作为投资者之一参与“生意”，因此收益性可能较高，正如法典所规定的那样；不利的一面是，既然是共同投资，共同分成，那显然应当共同承担风险，所以在这种形势下，法典就没有也不可能像上一条一样，规定“损失归农人”。对于农人而言，其两面性则刚好相反。

第47条是对第45条和第46条的必要补充。在第45条下农人所遭受的损失非人为因素所致，而是由人力不可抗拒的自然灾害造成的，因此法律理应给出补救的办法或措施，那就是第47条所规定的，农人享有下一年继续租种田地的权利。在第46条所规定的“合伙制”下，如果遭受与第45条同样的损失，虽然损失应归农人和田主共同承担，但由于田主是以土地所有权和田里既有的农具等“资产”入伙的，这两种“资产”不因土地减产或颗粒无收而有所减损，而农人则是以“现金资产”入伙的，所以无疑会造成直接的“现金”损失。也就是说，虽然同样承担损失，对于田主而言，他承担的只是“隐形”的损失，是对“未来收益”(假定丰收)的损失；而对农人而言，他的直接“现金投资”损失则是“现行”的，所以第47条的法律补偿针对的是“农人前一年没有收回其投资”。

(二)合伙经营的租种形式

正如我们看到的，合伙经营在古巴比伦时期的商业领域和农业中的土地买卖活动中扮演着重要的角色，在土地租种的经营活动中同样是非常普遍的。有两个人合伙经营的情况，也有四五个人甚至更多人合伙经营的情况。

合伙经营的形式虽然有很多种，但归纳起来主要包括三种形式。其一，土地所有者与土地耕种者之间的合伙。《汉谟拉比法典》第 46 条中所规定的，本质上就是这种形式的合伙经营。这种形式的合伙经营，在合伙人之间即土地所有者和土地耕种者之间的契约中，需要特别说明合伙的性质，通常以“一块土地以合伙(*ana TAB. BA*)的形式出租”，或者是“双方是合伙人(*tappû*)”这样的语言来表述。其二，两个或更多的大土地所有者之间的强强联合，共同开发一块土地。① 这样的土地通常都是较大规模的土地，如几个有钱人共同开发和租种单块面积达 16 GÁN 的土地。② 其三，不太富裕的农人之间的合伙经营。在这种合伙形式下，合伙人租种的土地通常都是较小块的土地。

在以上三种不同的合伙形式下，土地的耕种方式也是不同的。在第一种即土地所有者与土地耕种者之间的合伙形式下，土地所有者应该不参与土地的耕种，土地的耕种应该由其承租土地的合伙人负责；在第二种即大土地所有者之间的合伙形式下，土地的所有者和租种者都不参与土地的耕种，土地要么转租给具体的土地耕种者，要么自己雇用劳动力耕种，关于这一点我们将在下文专门论述；在第三种即不太富裕的农人之间的合伙形式下，合伙人往往就是土地的直接耕种者，因为这样可以最大限度地降低土地租种的成本。

关于土地的分成比率，不同形式的合伙经营略有不同。在后两种形式下，通常是合伙人平均分配收成(*baš'am mitḫariš izzuzu*)；在第一种形式下，则存在两种分成形式，即平均分配，或田主拿去收成的 1/3，正如《汉

① R. Harris, *Ancient Sippar: A Demographic Study of an Old-Babylonian City (1894-1595 B. C.)*, p. 234.

② *PBS*, 8/2, 206. *BE*, 6/2, 72.

谟拉比法典》第 46 条所规定的那样。但在汉谟拉比以后，随着出租人与承租人之间合伙的形式更加普遍，双方往往共同承担费用(*mānaḫtu*)，因此就平均分配收成，只是在少数情况下，田主或出租人所得略高一点。[①] 这些都只是一般情况下的通常惯例，但在实际的生产实践中，往往还有些特例。例如，在阿米萨杜卡统治第 17 年的一个合伙经营的案例中，土地所有者是一名书吏，他与另外 5 个人达成了合伙协议。他自己作为一方享有一份(*zittu*)收成，即田地收获物的一半，而另外 5 个人作为另一方共同享有另一份，即土地收获物的另一半。[②] 应该说，从现有的材料来看，古巴比伦社会保持了较好的社会秩序和生产秩序。尽管如此，有关合伙租种土地的诉讼还是时有发生，而且诉讼的焦点多半集中在分成问题上。[③]

(三)资本主义租地农场主的先辈

古巴比伦租赁制农业的私人经济领域最值得研究的奇特现象之一，就是类似于近代欧洲资本主义租地农场主阶级的出现。从古巴比伦时期的租地契约和其他经济文献中我们看到，虽然古巴比伦私人农业经济领域中一方面存在着一般自由民甚至自耕农租种土地的情况，但另一方面富裕阶层甚至大土地所有者租种土地的情况更值得关注。这些富裕阶层的人员包括商人塔木卡、神庙纳第图女祭司、高级政府官员，以及神庙管理人员等。他们虽然拥有自己的职业，但租赁田地显然也不属于他们的“业余”活动，而是他们各自十分重要的私人经济和经营活动。与自耕农租种土地不同，他们自己并不直接从事生产劳动，要么雇用劳动力耕种，要么转租土地。他们不关心土地里生长什么农产品，也不关心这些农产品的流向和归宿，他们只关心在土地租赁过程中自己能赚多少钱，所以他们俨然就是欧洲近

① R. Harris，*Ancient Sippar：A Demographic Study of an Old-Babylonian City*（*1894-1595 B. C.*），p. 226.

② *BE*，6/1，112.

③ *TCL*，1，112. *CT*，8，40a.

代租地农场主的前辈。

虽然商人和商人头领也从事土地买卖的经营活动，但在私人农业领域，他们更多的还是作为承租人租种土地。在这里仅举两个有代表性的例子。其一是伊比-伊拉布拉特(Ibbi-Ilabrat)之子、商人塔木卡伊尔舒巴尼(Ilsu-bani)作为土地承租人，频繁地出现在若干份不同的文献中。① 其二是一份属于阿米萨杜卡统治第 4 年的契约文献，记录了一名商人头领租种土地的情况："7 伊库②熟地，在 10 伊库面积的灌溉区内，它是属于沙马什的那迪图女祭司、瓦腊德伊里舒之女伊那萨埃尔舍特的土地。从土地的主人、沙马什的那迪图女祭司、伊那萨埃尔舍特手中，'商人总监'乌图舒孟迪波用租金租下了这块田地，用来耕种 1 年。在收获的季节里，他要在女观院的门口，按照 1 布尔③土地 8[古尔]④大麦的标准量出大麦作为租金。[…]在租金之中，1/2 舍凯勒银子被收到了。在 3 个沙马什节日里，每次他要给她提供 20 希拉啤酒 40 希拉面包和 1 块肉。(证人略)时间：5 月 15 日，阿米嚓杜喀第 4 年。"⑤

商人塔木卡有自己的商业活动、信贷业务和为王室征收税务的工作，他们自己肯定不会亲自耕种土地，无论是自己拥有所有权的土地还是像这样租种的土地。他们要么转租给农人，要么雇用农人为自己耕种。《汉谟拉比法典》也确实反映出，商人塔木卡拥有自己的农人为其耕种土地(第 49 条)。除了自有土地和租种土地以外，根据《汉谟拉比法典》第 49 条之规定，商人塔木卡的农人还需要耕种无力偿还其债务的债务人的土地，以便收回

---

① *PBS*，7，47.

② 1 伊库(苏美尔语为 *iku*)＝5/6 英亩。

③ 1 布尔(苏美尔语为 *bur*)＝18 伊库＝15 英亩。

④ 1 古尔(苏美尔语为 *gur*)＝33 加仑或 4.05 蒲式耳。

⑤ Luc Dekiere，*Old Babylonian Real Documents from Sippar in the British Museum*，*MHET*，Vol. II，Part 4：*Post Samsu-Iluna Documents*，Ghent：The University of Ghent Press，1995，pp. 48-49，转引自李海峰：《古巴比伦时期土地租赁活动研究》，载《世界历史》2009 年第 1 期，第 100 页。

其贷款和利息。

纳第图女祭司在土地买卖活动中是最为活跃的人群，她们通常是土地的购买者，她们通过购买土地而成为土地的所有者。她们是出于投资的目的而购买土地的，因此她们在古巴比伦时期的土地租赁活动中，多数情况下是作为土地所有者出租土地，也就是说，她们的主要角色是土地出租人。但也有少数文献反映出，她们还作为承租人租种土地以获利①，当然她们不会自己亲自耕种土地，而是雇用劳动力来耕种。②

(四)人类社会最早的职业经理人

随着自己不亲自耕种土地的租地农场主的出现，以及随着经营私人土地和管理大地产的需要的产生，职业经理人也就自然出现了。这是人类社会最早的职业经理人，它的有趣之处还在于，它不是首先产生于工商业“企业”，而是首先产生于农业“企业”。在这里我们仅以一位职业经理人为例，来剖析一下他的活动、职责和待遇等问题。

这位职业经理人是来自西帕尔城的伯利加图姆(Belijatum)。他之所以能成为租地农场主所聘用的职业经理人，源于他的职业经验或职业背景。根据文献判断，他是一名伊沙库。在古巴比伦时期，伊沙库是负责王室土地经营和管理的官员，学者们在这一点上越来越达成了共识，即“在古巴比伦时期，一般来说伊沙库是‘可耕公共土地的经理人’，他在不同的时期在经济体系中处于不同的经营管理层面”③。对于伯利加图姆而言，作为一名伊沙库，他拥有经营和管理土地的经验和技能，所以在私人经济领域应该是难得的专门的农业经营管理人才。

我们把伯利加图姆“定性”为职业经理人，有以下几个标志。

---

① *PBS*，8/2，240. *CT*，8，17b.

② W. F. Leemans，“The Role of Landlease in Mesopotamia in the Early Second Millennium B. C.”，*JESHO*，18，No. 2 (1975)，pp. 140-141.

③ Maria DeJ. Ellis，*Agriculture and the State in Ancient Mesopotamia*，p. 45.

其一，他不是固定地受聘于某一个租地农场主，否则的话，他就有可能仅仅是代理人。他曾经受聘于纳第图女祭司拉马萨尼(Lamassani)及其身为公民大会主席的兄弟辛伊奇沙姆(Sin-iqišam)，他的身份被清楚地表述为“纳第图女祭司拉马萨尼的伊沙库”。① 他还曾受聘于纳第图女祭司埃尔默舒姆(Elmešum)，因为在一份文献中，列举了伯利加图姆和埃尔默舒姆投资购买生产资料和雇佣劳动力的清单，为了耕种一块 $5\frac{1}{2}$ GÁN 的土地。② 伯利加图姆还曾受聘于四人合伙的“公司”，因为一份属于阿米萨杜卡统治第 13 年的文献记载了他从四位合伙人那里领取工资。③

其二，伯利加图姆负责财务管理，负责购买生产资料及安排其他一切耕作所需要的花销。④ 可以说他对“公司”的财务支出和经营结果负全责。

其三，负责雇用和组织农业工人在田间耕作，以及雇用工人和牲口进行收割等。⑤ 可以说他对“公司”的整个经营活动负全责，既是 CEO(首席执行官)又是 COO(首席运营官)。

其四，关于伯利加图姆的薪酬，从文献资料中我们看到，他所领取的工资通常是比合伙人分红少一些的份额。⑥ 至于他是否算作合伙人之一，目前还不能确定，因为关于这方面的资料并不多。在他参与分红的情况下，我们就可以理解为他作为经营者在合伙“公司”享有股份，因此这也可能就成为迄今我们所看到的最早的“企业激励机制”形式。

租赁制是古巴比伦时期各经济领域重要的生产方式，关于《汉谟拉比法典》中所反映出的雇佣船工业务，正如前文所述，在世界著名历史学家布罗

① R. Harris, *Ancient Sippar: A Demographic Study of an Old-Babylonian City (1894-1595 B. C.)*, p. 235.

② *TCL*, 1229.

③ *TCL*, 1168.

④ *TCL*, 1174: 1-10.

⑤ *TCL*, 1229.

⑥ *TCL*, 1168.

代尔看来，这种雇主和雇员之间的关系，就是类似资本主义社会的生产关系。古巴比伦时期还产生了人类社会最早的职业经理人，产生了人类历史上最早的股权激励形式。这些都是典型的资本主义的生产方式和管理形式。

三、土地的耕种——雇佣劳动

雇佣劳动在古巴比伦社会是十分常见的，可以说存在于一切经济领域，私人农业经济领域自然也不例外。

《汉谟拉比法典》对雇工的价格做出了规定：

> 第257条：如果一个人雇佣了一个雇农，他一年应给他8古尔大麦。
>
> 第258条：如果一个人雇佣了一个牛倌，他一年应给他6古尔大麦。①

《汉谟拉比法典》还对雇佣劳动力的“工作纪律”，以及违犯各项“工作纪律”应给予的处罚进行了相应的法律上的规范：

> 第253条：如果一个人雇佣另一个人照料他的田地，把种子、饲料预支给他，把牛交给他，与他定下契约耕种田地，如果那人偷窃种子或饲料，并在他手中破获，那么应砍掉他的手。
>
> 第254条：如果他拿了种子、饲料，却使牛挨饿，那么他应赔偿他收到的大麦的两倍。
>
> 第255条：如果他把人家的牛出租或偷窃种子，结果田里没长庄稼，那么应证实那人(有罪)，收获时每一布尔田他应交付60古尔大麦。

---

① 参见《汉谟拉比法典》，杨炽译，第134页。

第 256 条：如果他不能做到，那么应在那田里用牛拖他几个来回。①

在古巴比伦时期，载有私人农业经济领域里的雇佣劳动力的经济文献，可谓比比皆是，与《汉谟拉比法典》形成了呼应。例如，一份属于阿米萨杜卡统治第 12 年或第 15 年的文献资料，内容是前文我们提到的那位“职业经理人”伯利加图姆经营土地的账单②，上面列举了他耕种土地所需要的农业工人的类型和数量：

8 人负责耕地，

3 位簸扬者，

2 人负责为灌溉沟渠筑提，

2 人负责在播种之前捡拾土块，

10 人负责驱赶鸟群，

36 名园丁即 6 人在 6 天里备土，

16 名园丁即 4 人在 4 天里松土，

40 名园丁即 5 人在 8 天里第三次犁地。

在保存下来的古巴比伦经济文献中，有相当一部分属于私人农业经济领域的雇佣劳动合同。根据合同中雇佣术语的表达形式，这些合同大体上可以分为两大类：一类是由阿卡德语动词 *igur*（苏美尔语为 *in. ḫun*）所确定的形式，意为“他雇用了”；另一类是由苏美尔语 *šu ba. an. ti* 所确定的形式，意为“他收到了”。③ 通常情况下，第一类合同是涉及土地耕种全过程

① 参见《汉谟拉比法典》，杨炽译，第 133～134 页。

② *TCL*，1174：1-10.

③ Howard Faber，“A Price and Wage Study for Northern Babylonia During the Old Babylonian Period”，*JESHO*，21. No. 1(1978)，pp. 30-31.

的雇佣劳动合同，而第二类合同除极少数例子外，一般是收割季节的雇佣劳动合同。在第一类即土地耕种劳动合同下，雇佣劳动的时间少则 10 天，多至 2 年，但工资的支付周期通常是 1 个月或者 1 年。只有在王室经济文献中，才发现有王室雇佣劳动按日计酬的例子。① 工资的支付，通常采用银钱支付的形式，也可以采用实物支付的形式，但采取实物支付的形式时，必须经雇主和雇工双方同意，也就是说雇主不具有单方面的权力来确定工资的支付形式。即使是双方同意采取实物工资的形式，具体用于支付工资的物品也还需经双方认可，通常这类具有支付功能的商品包括大麦、油和羊毛等。

雇佣劳动是与租赁制的经营方式相适应和相一致的，它几乎存在于古巴比伦时期的一切经济领域和一切行业，包括王室和神庙等机构经济领域和私人经济领域。从文献材料中可以看出，王室经济和神庙经济中也雇用了大量的劳动力，尤其是在以耕种土地为核心的农业经济中。其中享有特殊地位的是纳贡人，《汉谟拉比法典》中明确规定，他们与王室义务相连的田园房屋不得继承、转让和随意买卖(第 37～38 条)，因为这部分土地的所有权不在他们自己手中，而属于王室，他们因为王室提供服务而享有王室份地。根据文献资料判断，纳贡人提供的服务主要是耕种王室的土地。②

四、农业资本的形成与来源

与古巴比伦时期“资本家”的身份相一致的是，这一时期私人农业经济的资本也不是来自农业生产领域，而是来自农业以外的其他领域。商人塔木卡是古巴比伦时期的“大资本家”，他们依靠经商积累起来的财富不断被

① Howard Faber, “A Price and Wage Study for Northern Babylonia During the Old Babylonian Period”, *JESHO*, 21, No. 1(1978), p. 31.

② Maria DeJ. Ellis, *Agriculture and the State in Ancient Mesopotamia*, p. 47.

作为资本投资到各个经济领域。在私人农业经济领域，他们的“资本”以两种形式发挥着作用：其一，作为“银行家”向土地经营者和耕种者提供贷款；其二，他们直接投资于土地，直接从事土地经营活动。

作为“高利贷者”的商人塔木卡，其在农业领域中的“高利贷”活动，在《汉谟拉比法典》中得到了充分的反映：

> 第 49 条：如果一个人向塔木卡借了银子，交给了塔木卡一块耕作过的大麦或芝麻田，对他说：“你种这田，产的大麦或芝麻你收割，你拿走。”如果[塔木卡之]雇农在田里种了大麦或芝麻，收获时田里产的大麦或芝麻仍归田主拿走，再由田主付给塔木卡大麦[或芝麻①]，作为偿还他从塔木卡那里借的本银和利息以及种地的费用。
>
> 第 50 条：如果他给的田里已经种上了大麦或芝麻，田中所产的大麦或芝麻，也仅由田主取之，而以银偿还塔木卡本息。
>
> 第 51 条：如果他没有银钱可还，他应根据王家规定之比率，还给塔木卡相当于他向塔木卡借的银子与利息价值的大麦或芝麻。
>
> 第 66 条：如果一个人向塔木卡借了银钱，他的塔木卡催他还债，而他无物可给，(因此)他把他的已(开始)结枣的果园交给塔木卡，并对他说：“取园中全部之椰枣，以还你之银”，则塔木卡不得同意。果园里的椰枣仅应归田中收取，然后他(再)根据他的合同偿还塔木卡的银子和利息，果园中剩余的椰枣应归园主。②

---

① 法典原文中似缺漏“或芝麻”(中译文本中也因此都没有补译)，但根据法典内容和上下文的逻辑关系，应包含此内容，否则如果借贷的债务人交给塔木卡的是芝麻田，他是无法向塔木卡支付大麦的。

② 以上引用的几条参照杨炽先生的中译文，有所修改。参见《汉谟拉比法典》，杨炽译，第 36～38 页。

在古巴比伦时期，商业资本和高利贷资本(生息资本)绝不仅仅是以“高利贷”的形式渗透到私人农业经济领域，商人塔木卡还直接投资和经营土地，也就是说，他们把自己的商业资本直接转化为生产资本，转化为以生产剩余价值为最终目的的生产资本。如果说在高利贷资本(生息资本)的条件下，“农民本身是自己的主人，他的生产方式是自主的独立小农的传统生产方式”①的话，那么在商业资本转化为生产资本，即商人塔木卡直接投资和经营土地的形式下，则体现的完全是新型的生产方式。

虽然我们从《汉谟拉比法典》中较少能获得纳第图女祭司从事信贷和投资土地活动的信息，不过正如我们前文中所看到的，现有的古巴比伦经济文献为我们提供了大量的补充。纳第图女祭司以及其他神职人员成为投资土地的“资本家”的另一群体，换句话说，她(他)们成为农业资本的另一重要来源。可以肯定，她(他)们投资土地的原始资本来自她(他)们所从事的神圣事业，这种神圣事业是上至君王、下至百姓的日常生活所离不开的，因此其收入是不言而喻的。她(他)们依据自己从事的具有垄断性质的“祭司产业”获取几乎无成本的巨额利润，再把这些利润转化成为资本投资到土地上，投资到农业经济领域以获取更大的利润。根据现有材料我们可以说，商人塔木卡不止满足于自己的本行商业领域，他们的足迹遍及一切可以赚钱的经济领域，遍及一切他们手中握有的货币可以大显神威的经济领域；而纳第图女祭司仅投资于农业一项，就创建了属于自己的，用自己的名字命名的私属垄断领域——“纳第图女祭司的易堡”。

古巴比伦时期私人农业经济的资本，还来自政府官员，如市长、公民大会主席、法官、书吏、高级军官，以及牧羊人等群体，他们的共同身份特征就是，他们都属于“非农业人口”，因此他们的资本对于农业而言，都属于产业外资本。

① 《马克思恩格斯全集》第48卷，北京：人民出版社，1985年版，第31页。

第五节　对外贸易

美索不达米亚的对外贸易不仅有着悠久的历史传统，而且在古代社会达到了相当发达的程度，这种发达程度甚至在某种程度上改变着人们传统上对美索不达米亚文明特性和文明形态的判断。

一、早期贸易：起源与发展

早在新石器时代，一种富有男人的宝物——黑曜石就已经遍及整个近东地区了，而在整个近东地区只有少数地区出产这种宝石。这至少表明，早在新石器时代，黑曜石贸易就已经遍及整个近东地区了。据学者们考证，在新石器时代，美索不达米亚进口的黑曜石主要来自凡湖地区和土耳其中部。① 这与各种风格、式样的陶器的传播范围是相吻合的，从而相互印证了当时的文化交往范围。由于缺乏确切的考古学资料，关于这一时期其他物品的贸易情况只能建立在分析、推测的基础之上。到加尔莫文化时期，就有确切的证据表明，在公元前5000年时，美索不达米亚就存在了地区间的贸易。② 大约在公元前4500年，美索不达米亚就有了专业化的商业贸易探险活动，其证据来自伊拉克北部的亚利姆·泰普(Yarim Tepe)，它属于欧贝德文化时期。1977—1978年，一支苏联考古队在一间屋子里挖掘出了几百件磨石。研究者这样评价这一考古成果："这表明了一次专门的商业探险活动，它还被后来的历史资料所证实，这些历史资料表明，这种磨石实际上是用火山熔岩制成的，只能产自火山熔岩区。还有充分的证据表明，亚利姆·泰普位于往东的陆路交通线上，为后来的亚述地区提供供应；一封来

---

① J. N. Postgate, *Early Mesopotamia: Society and Economy at the Dawn of History*, p. 207.

② H. F. Saggs, *The Greatness That Was Babylon*, pp. 269-270.

自马里的古巴比伦书信提到了用船装运磨石，运送到南部诸城市，这些磨石无疑与在亚利姆·泰普发现的磨石出自同一个来源，它取自西线，沿喀布尔河而下。”①在苏美尔早王朝时期，颇受王公贵族喜爱的天青石和红玉髓等宝石的流行，揭示出苏美尔城邦与山地国家的宝石贸易。一部关于恩美尔卡(Enmerkar)的史诗就为我们提供了这方面的线索，它讲述了乌鲁克统治者恩美尔卡怎样与遥远的山地国家统治者谈判，为保证建造伊南娜神庙所需要的天青石和红玉髓等宝石的供应，他送去了大量的粮食。下面是史诗的片段：

> 随后主人打开了他的主要仓库……他足额称量了谷仓中的大麦，(甚至)还加上了被蝗虫吃咬的余额。在把大麦装载上驴背后——事先准备好的驴队，把大麦驮在驴子的两边——国王，广阔智慧之主，乌鲁克之主，库拉巴(Kulaba)之主，把它们直接派往了阿拉塔(Aratta)。全体人民像从地缝里钻出的蚂蚁一样，纷纷涌向阿拉塔城……当使者到达阿拉塔城的时候，阿拉塔的人民纷纷登上台阶好奇地看着装满粮食的驴队。在阿拉塔城的庭院里，使者足额地称量了大麦，(甚至)还加上了被蝗虫吃咬的余额。其情景好似在风调雨顺、阳光普照之下，阿拉塔正享受着五谷丰登的富足。②

实际上，在公元前第三千纪早期的历史文献中，虽然较少有直接涉及对外贸易的内容，但它们经常提到从事对外贸易的商人。在拉伽什王卢伽

---

① J. N. Postgate, *Early Mesopotamia: Society and Economy at the Dawn of History*, p. 207.

② J. N. Postgate, *Early Mesopotamia: Society and Economy at the Dawn of History*, p. 210.

尔安达统治时期，就由商人塔木卡负责把铜进口到拉伽什。① 考古材料证明，公元前第三千纪时美索不达米亚诸城市就与印度河流域有贸易往来。②阿卡德王朝时期与印度的商业往来，有考古发掘出来的古代美索不达米亚的特殊文物圆筒印章为证。在阿斯马尔遗址阿布神庙的阿卡德地层中出土的圆筒印章，"它的造型艺术具有印度河文明的特点，由此建立了与同时代的摩亨佐达罗和哈拉帕城市的第一个年代联系"③。乌尔第三王朝与古巴比伦时期的对外贸易更是达到了前所未有的水平，国外有个别学者认为"乌尔第三王朝的商人从来就没有走出美索不达米亚，外国商品很可能是由外国商人带进来的"④，但这样的猜测既不合乎逻辑(因为外国商人能来乌尔，乌尔的商人缘何不能到外国去?)，更与考古发掘的实物和文献材料的记载相悖。在古亚述时期，亚述商人在安纳托利亚的卡尼什(Kaneš)城建立的商业殖民地对早期亚述的经济和社会发展起到了极大的促进作用。20 世纪 20 年代，捷克东方学家贝德里奇·赫罗兹尼(Bedrich Hrozny)对库尔泰普(Kultepe)青铜时代的土堆进行挖掘，出土了许多用古亚述方言书写的泥板文书，从而揭开了古亚述与安纳托利亚商业贸易的面纱。学者们根据材料分析，实际上早在阿卡德王朝时期，安纳托利亚高原、叙利亚和美索不达米亚之间就建立起了商业贸易关系，而且不是政府建立的官方关系，而是独立的商人家庭建立起来的私人商贸往来。⑤ 亚述与安纳托利亚的商业贸

---

① W. F. Leemans, *Foreign Trade in the Old Babylonian Period: As Revealed by Texts from Southern Mesopotamia*, p. 142.

② W. F. Leemans, *Foreign Trade in the Old Babylonian Period: As Revealed by Texts from Southern Mesopotamia*, p. 5.

③ [英]塞顿·劳埃德:《美索不达米亚考古——从旧石器时代至波斯征服》，杨建华译，第 132 页。

④ N. Forde, *The Sumerian Dam-Kàr-E-Ne of the Third Ur Dynasty*, Minneapolis and Saint Paul: University of Minnesota, 1964. Daniel C. Snell, "The Activities of Some Merchants of Umma", *Iraq*, 39(1977), pp. 45-50.

⑤ J. N. Postgate, *Early Mesopotamia: Society and Economy at the Dawn of History*, p. 216.

图 8.12　卡尼什城出土的圆盘形状的妇女石像。为早期青铜时代的物品，约公元前第三千纪晚期

易同样属于私人商贸性质，但是在双方国家的统一管理下进行的。所有的商贸活动都是在具有半官方性质的商会的组织、管理、指导和保护下展开的。亚述商人既要向亚述国家纳税，还要向安纳托利亚当地政府机构缴税，甚至还要向商会缴纳管理费，以保证商会组织的正常运转。在亚述城，每一批货物一离开亚述城，商人就要缴税。同样，对于进口的货物，他们还要缴进口税。

亚述的商队是由设在亚述城的商会组织起来的，商队的主要运输工具是驴子，行走的商路是穿过美索不达米亚北部的平原，然后翻越陶鲁斯山，进入安纳托利亚高原。他们在安纳托利亚建有自己的贸易殖民地，通常是具有当地风格的房屋建筑，位于主要城市城堡的下方。他们出口的商品是锡和纺织品，换回的商品是金和银。大量的金银财物通过贸易的方式涌入亚述，大大地促进了亚述城的发展与繁荣。无论是亚述还是安纳托利亚都出产纺织品，但它们的质量都无法与南部的巴比伦尼亚生产的纺织品相比，巴比伦尼亚的纺织品远近闻名，亚述和安纳托利亚纺织品的产量也远远赶不上巴比伦尼亚。虽然有些亚述商人拥有自己的纺织品加工队伍，但他们出口到安纳托利亚的纺织品主要都是从巴比伦尼亚进口的“阿卡德纺织品”。为了保证“阿卡德纺织品”的充足供应，亚述商人在位于巴比伦尼亚北端的西帕尔城建立了一个商业殖民地。即便如此，纺织品的供货也很难保证时时都那么及时。下面一份材料就讲的是一名亚述商人向其卡尼什的商业伙伴揭示纺织品缺货的原因：

> 至于所要购买的阿卡德纺织品，对此你已经写信给我，自你走以后，阿卡德人还没有来到过(亚述)城。他们的国家处于叛乱之中。如果他们在冬天之前来到亚述城，就有买到货的可能，买到货你就能获利，我们将为你购买到货，并用我们自己的钱支付货款。你应该留意把银钱给我们送过来。①

安纳托利亚当局不容许亚述商人在其境内做当地生产的纺织品生意，这可能是出于地方保护的需要，也是为了保护安纳托利亚自己商人的利益。此外，一些奢侈品也禁止亚述商人携带，奢侈品贸易似乎由亚述城的市政

---

① J. N. Postgate, *Early Mesopotamia*: *Society and Economy at the Dawn of History*, p. 213.

机构(*bīt alim*)垄断。尽管有商业禁止，但走私的情况肯定也是存在的，商会在商人走私方面似乎开辟有秘密通道，以保证走私不被发现。[①] 下面一份材料就是涉及商人走私的：

> 伊姆迪伊鲁姆(Imdi-ilum)、恩那姆贝鲁姆(Ennam-belum)和阿舒尔苏鲁里(Assur-sululi)（在亚述城）致普祖尔阿舒尔(Puzur-Assur)(在卡尼什)：[这封信的第一部分是关于纺织品的交货和付款的]……伊拉(Irra)之子把他的走私货发送给普舒-肯(Pusu-ken)，但他的走私货被截获，王室抓捕了普舒-肯，并把他投入监狱。守卫人员非常强大。女王向卢胡萨迪亚国(Luhusaddia)、胡拉马国(Hurrama)和沙拉赫舒瓦国(Salahšuwa)以及她自己的国家都发出了信函，关心走私问题，并且安排了监察人员。请不要走私任何物品。当你通过提米尔基亚(Timilkia)之时，请把铁[②]留下来，把它送到提米尔基亚非常友好的管理机构，留下一名你信任的小伙子，你一个人过来，我们在这里讨论这件事。[③]

亚述在安纳托利亚的商业殖民活动在阿摩利人外来者沙马什阿达德一世篡夺亚述王位后，突然中断了，其商业殖民地遭到了破坏。亚述早期对外贸易的黄金时代宣告结束。顺便说一句，安纳托利亚在与古亚述保持商贸往来的同时，其对外贸易也涉及其他地区。例如，在马里书信中，我们就发现有双方贸易交往的内容。

---

① J. N. Postgate, *Early Mesopotamia: Society and Economy at the Dawn of History*, p. 214.

② 铁(asum)是当时非常珍贵的物品，应当属于被禁止的奢侈品之列。

③ J. N. Postgate, *Early Mesopotamia: Society and Economy at the Dawn of History*, p. 214.

二、古巴比伦时期的对外贸易

W. F. 列曼斯对巴比伦城的对外贸易的研究结果表明，巴比伦城贸易繁荣，所有贸易似乎都是私人性质的。[①] 其他城市的资料更为丰富。这些材料反映出，古巴比伦时期的贸易具有明显的私人或民间贸易特点。

其一，商人在生意结束之后，往往要向国家或神庙缴税(如*UET* V 81，286，526 和 546 等)。这说明他们显然是私商。因为如果他们是王室代理人即所谓“官商”，或神庙代理人的话，他们就必须把所有商品和利润上缴给国家或神庙，自己只领取固定的工资，而无须缴税。他们需缴纳税的性质，与现代社会所有经营者都必须履行纳税义务的事实，想必并无本质区别。

其二，商业资本多半来自私人或民间。[②] 一般的借贷契约都有 5～6 位证人，并有证人的印章。[③] 虽然也有学者持不同观点，指出私人文书和管理文书都有可能出现证人[④]，但学界一般认为，证人的出现是私人之间订立文书的标志。[⑤] 需要指出的是，提供“贷款资本”的债权人多半是商人塔木卡，这不仅因为从事借贷活动是商人塔木卡最经常的活动内容之一，更主要的是因为我们发现许多塔木卡向别人提供合伙做生意的资金。[⑥] 此外，富有的神庙祭司和女祭司纳第图也从事借贷或高利贷业务；文献资料还显

---

① W. F. Leemans, “Hammurapi’Babylon, Centre of Trade, Administration and Justice”, *Sumer*, 41 (1985), pp. 91-92.

② H. F. Saggs, *The Greatness That Was Babylon*, p. 274. W. F. Leemans, *Foreign Trade in the Old Babylonian Period*, p. 56.

③ *TCL*, X 95, 98, 125. *UET*, V 367.

④ B. Landsberger, “Remarks on the Archive of the Soldier Ubarum”, *JCS*, 9 (1955). Norman Yoffee, *The Economic Role of the Crown in the Old Babylonian Period*, Yale: Yale University Press, 1973, p. 7.

⑤ Marc Van De Mieroop, “Turam-ili, An UR III Merchant”, *JCS*, 38 (1986), pp. 11-12.

⑥ *TCL*, X 75. *YOS*, 8, 96.

示，城市长官也资助城市间的贸易。①

其三，民间出现了许多专营某种商品的大商人，如乌尔的大锡商南那伊里什和西帕尔的大锡商卢宁尼亚那。② 其中较著名者之一是里姆辛统治时期的大铜商埃亚纳西尔。乌尔的许多商人贷款或货物给他，让他在底尔蒙(今巴林)购铜。从材料看他可能是个私人大批发商。因为其“资本”来自私人(参见 *UET* V6，7 和 55)，很难想象王室代理商靠私人提供者借贷；他要向国家缴税(*UET* V 81)；他还要向债主交抵押品，债主有时会抱怨甚至威胁他(*UET* V 6，7 和 81)；他有时可能还与别人合伙。③ W. F. 列曼斯在承认埃亚纳西尔从私人手里获得出口商品和资金的同时，又认为他可能(着重号为笔者所加)也为王室服务。④ 起初，I. M. 贾可诺夫一方面承认埃亚纳西尔的大部分生意，特别是贩铜生意是私人性质的；另一方面又认为他可能是皇家商人。⑤ 但后来他改变了看法，认为埃亚纳西尔“是在以前的王室分配制毁灭之后起家的独立私商”⑥。他还考证出与埃亚纳西尔有业务往来的某个伊里伊丁那姆是某一商人家庭中的五兄弟之一。⑦ W. F. 列曼斯和 I. M. 贾可诺夫的早期疑问主要起因于乌尔出土的文书中提到他向王室交纳 18 塔兰特铜之事。其实这个根据是靠不住的，因为正如 A. L. 奥本海姆(A. L. Oppenheim)指出的那样，这些铜是作为税收上缴国家的。⑧ 如果这

---

① John. F. Robertson，“The Internal Political and Economic Structure of Old Babylonian Nippur”，*JCS*，36(1984)，pp. 145-190.

② W. F. Leemans，“The Old Babylonian Letters”，*CT*，29，2411，pp. 202-205.

③ *UET* V 29 有“你同伙们的带有印章的泥板刚刚给你送去”之句，参见 *UET*，V 22，55。

④ W. F. Leemans，*Foreign Trade in Old Babylonian Period：As Revealed by Texts from Southern Mesopotamia*，p. 56.

⑤ I. M. Diaknoff，“On the Structure of Old Babylonian Society”，in H. Klengel ed.，*Beitrage Zur Sozialen Struktur des Alter Vorderasien*，Berlin，1971，p. 21.

⑥ I. M. Diaknoff，“The Extended Families in Old Babylonian Ur”，*ZA*，75（1985），p. 52.

⑦ I. M. Diaknoff，“The Extended Families in Old Babylonian Ur”，*ZA*，75（1985），pp. 57-60.

⑧ A. L. Oppenheim，“The Seafaring Merchants of Ur”，*JAOS*，74(1979)，p. 11.

个结论正确的话，如同我们在前面对商人纳税所分析的那样，它恰好表明了埃亚纳西尔及所从事贸易的私人性。

王室也可能经营商业贸易，有些塔木卡也可能与王室的贸易有关系。例如，在一封书信①中，我们发现商人头领可能负责组织官方的商业活动，但商人头领同时还经营私人商业。② 我们还发现有位塔木卡经商的资金来自政府管理机构。③ 但就目前而言，这样的材料太少了，可以说微乎其微。不仅如此，值得注意的是，虽然可能有少数商人参与政府贸易，但绝不意味着他们仅仅是王室代理人。因为材料表明，“政府经济中雇用了许多私人，他们除为政府经商外自己还独立经商”④。这与努济(Nuzi)地区(靠近两河流域北部的边缘)的商人形成了鲜明的对照。“努济的王室代理商在代理王室经营商业期间，使用王室提供的资金，他们没有多少行动自由，每次经商归来之后，塔木卡要到行政机构结账，他们所购之物必须如数上缴王室。不仅如此，他们还必须把所购商品的价格带来作为结账的依据。王室几乎控制着每位商人的账目，在每次商业冒险之后似乎都要对每位商人的账目进行修正，登记盈余或亏空。”⑤他们从王室领取固定的工资。⑥ 至少到目前为止，我们尚未发现古巴比伦的商人处于如此的境遇和地位。

三、人类最早的合资公司形式

古巴比伦时期商业经济最有趣的现象之一，便是出现了人类历史上最早的合资公司形式——合伙经营。这不仅可以从《汉谟拉比法典》中看出，

① *AbB*，9，9，10.

② W. F. Leemans，*The Old Babylonian Merchant*，*His Business and His Social Position*，p. 95.

③ *BE*，6/1，85.

④ W. F. Leemans，“The Old Babylonian Letters”，*CT*，29，2411，p. 199.

⑤ C. Zaccagnini，“The Merchants at Nuzi”，*Iraq*，38(1976)，pp. 179-184.

⑥ G. R. Driver and J. C. Miles，*The Babylonian Laws*，Vol. 2，Oxford：Oxford University Press，p. 195.

《汉谟拉比法典》还为阿维鲁公民合伙经营生意提供了法律保护。

> 第99条：如果一个人以银钱与另一人合伙，那么他们应当在神面前均分其利益。①

这条法律规定很容易在其他文献中找到证据。在一份没有完全保存下来的文献中，记载了合伙经营的当事人在沙马什神庙结算的事情。值得注意的是，证人团来自两方，其中四位证人构成一方，他们是来自基什城的商人，另一方证人团则是西帕尔城的当地人。② 这份文献还表明，来自不同城市的商人也可以合伙经营生意。

接下来的第100～107条，主要规范了商人塔木卡和沙马鲁(*Šamallûm*)的经营行为，对此我们在后面将专门详细论述。在这里我只想强调，商人塔木卡与商人沙马鲁的生意关系中，有的就属于双方合伙经营生意，或者说，商人塔木卡投资商人沙马鲁的生意，双方共同承担风险，共同分享利益。③

古巴比伦时期大量的经济文献与《汉谟拉比法典》形成了有效的呼应，从一些经济文献中可以看到，合伙经营在古巴比伦时期是十分普遍的现象，尤其是在长途贸易和对外贸易中更是如此。例如，根据一份文献记载，合伙双方共同投资跨地区贸易和市内生意(*ša ḫarrānim u libbi alim*)，在生意结束之后，双方在神庙里结账，平均分担高额的借款(*babtum*)，平均分配银钱，平均分配奴隶和女奴。④ 这一方面可能是因为长途贸易和对外贸易

---

① 参见《汉谟拉比法典》，杨炽译，第77+F条，第54页；林志纯主编：《世界通史资料选辑》(上古部分)，第81页。

② R. Harris, *Ancient Sippar: A Demographic Study of an Old-Babylonian City (1894-1595 B.C.)*, p. 262.

③ 参见于殿利：《从〈汉谟拉比法典〉看商人塔木卡与沙马鲁之关系》，载《世界历史》1993年第4期，第119～123页。

④ R. Harris, *Ancient Sippar: A Demographic Study of an Old-Babylonian City (1894-1595 B.C.)*, p. 262.

所面临的风险比其他一般生意要大，需要多人来共同分担风险；另一方面还可能因为长途贸易和对外贸易一般投资会更大，且投资回报周期更长，单个人的资金或经营能力毕竟有限。例如，一份契约①中记载了两位贩铜的商人合伙向另一人借得银、油和衣服，到底尔蒙去进货，去购买铜。根据契约的规定：债权人不承担损失，只拿取固定的利息。在其他经济文献中我们看到，有时债权人也参与合伙（如 *UET* V 297），在这种情况下，他通常不取利息，只参与分红，当然他也承担风险。合伙的人员一般为 3～5 人，他们自己租船，并雇用水手。② 还有材料表明，经营这种长途贸易和对外贸易的商人，很多是以血亲关系维系在一起的单一家庭或扩大式家庭成员。I. M. 贾可诺夫认为这种经营方式与到安纳托利亚殖民的古亚述商人采取的“家庭、家庭公司及个人合伙经营的形式”③极为相似。因此，他也把它称为“公司”或“家庭公司”。④

这就是我们所看到的人类文明史上最早的合资公司形式，在某种程度上也可以说是最早的保险公司形式。如果说巴比伦人创造了“公司”这种经营形式的话，那么“法人”的发明权就要归属于古罗马人了。公元前 3 世纪，著名的罗马法学家乌尔比安（Ulbian）说过这样的话：“一个法人的财产和债务，不是其每个成员的财产和债务。”他还强调说：“法人即使只有一个成员，亦成为有别于该成员的法律上的实体。”⑤罗马人发明的以“公司”为“法人”这一概念，被中世纪的律师继承，并一直传播沿用至今。

---

① *UET*，V，367. 参见 W. F. Leemans，*Foreign Trade in the Old Babylonian Period*：*As Revealed by Texts from Southern Mesopotamia*，pp. 36-37.

② *UET*，V，126，130，192，362，391，415 and 417. A. L. Oppenheim，*The Seafaring Merchants of Ur*，pp. 9-11.

③ M. T. Larsen，“Partnerships in the Old Assyrian Trade”，*Iraq*，39(1977)，p. 20.

④ I. M. Diaknoff，“The Extended Families in Old Babylonian Ur”，*ZA*，75(1985)，pp. 52-65.

⑤ 转引自[美]M. E. 泰格、[美]M. R. 利维：《法律与资本主义的兴起》，纪琨译，第 18 页。

四、对外贸易与国际影响力

古巴比伦时期的对外贸易为什么会有如此繁荣的景象？原因当然是多方面的，如美索不达米亚地处交通枢纽的优越地理位置，发达的陆路交通、内河航运和航海路线等，古巴比伦时期高度发达的社会经济所创造的对高品质生活的向往，以及追求高品质生活所产生的对自己本身所缺乏的稀有物品甚至奢侈品的强大内需等。无疑，这些都很重要，没有内需，没有交通，一切都不会存在。但在此，我无意对这些着墨过多，而更愿意谈及人类文明的更高级表现形式——城市管理水平、国家管理水平，以及国际交流水平。没有这些作为保证甚至作为基本条件，任何形式的贸易，更不用说对外贸易，是无法开展的，在古代社会尤其如此。

面对长途的跋涉，环境的陌生，给养的缺乏，自然的灾害，异域的凶险，等等，再加上匪徒的打劫——顺便说一句，海盗和陆匪在现代社会都十分猖獗，更别说在古代社会——古巴比伦的商人们却能够在城市与城市之间，民族与民族之间，国家与国家之间畅行无阻，这无疑需要相应的城市管理水平，国家治理水平和较强的外交能力。说到外交能力，就不能不提及古代美索不达米亚人，尤其是古巴比伦人引以为骄傲和自豪的语言文字——阿卡德语，随着古代美索不达米亚经济的发展和国家的强盛，阿卡德语逐渐变成了古代近东商业贸易的交易语言和国际交流的官方语言。有了共同的官方语言，才能有信息的交流、沟通与磋商，才能有共识与谅解，才能有共同遵守的原则，也因此才能有共同采取的管理措施。关于美索不达米亚尤其是巴比伦的国家如何管理对外贸易，如何保证商路畅通和商队安全，布罗代尔为我们提供了如下的话语：

> 货物在陆地、河流和海洋上的流通得益于有利的环境。但并非既无海盗也无陆匪，而是这些长距离的交流表明城市与城市、

国家与国家之间配合默契。在美索不达米亚，货物在城市间的流通就如同一场组织缜密的比赛当中的橄榄球。例如，从亚速到卡内什(灰山)，浩浩荡荡的黑驴商队运送布匹(购于南美索不达米亚)和锡矿，返回时又从安纳托利亚满载铜矿。在行进途中，他们从未受到拦截和阻碍。这一时期(公元前2000年初)巴比伦的一份文献中曾提及或许付钱才可获得的“皇室流通许可”，路上设有驿站和“小旅馆”。路途依然困难重重，险象环生，以至于美索不达米亚人在出发之前要向太阳神沙玛什祈求庇护：“对于路途艰难的旅行者，请给予他帮助；对于漂泊海中畏惧风浪的人们，请给予他慰藉……”①

国家在美索不达米亚的商业事务中发挥了重要的积极作用，根据目前的有限资料，我们可以把美索不达米亚的“政府干预”归纳为以下几个方面。

其一，通过国际商业契约来指导和保证商贸活动的正常进行。

“正如文献资料中所显示的那样，他们的商业运作时常是在本国或从事商业活动的城市、国家之间所商定的契约下实施的。”②虽然我们还不知道美索不达米亚的城市和国家，是否存在与国外的城市和国家结为“友好城市”或“友好国家”的现象，但这些商业契约表明，双方友好的相互依赖的经贸关系肯定是存在的。

其二，通过外交关系来影响经贸关系。

巴比伦尼亚的商人拥有掌握国际商贸语言和外交语言的便利条件，所以经常受本国君王的委托出入外国的宫廷，充当使者或对外使节，在美索

---

① [法]费尔南·布罗代尔：《地中海考古——史前史和古代史》，蒋明炜、吕华、曹青林等译，第86页。

② 参见 Stephen Bertman, *Handbook to Life in Ancient Mesopotamia*, p. 256；[美]斯蒂芬·伯特曼：《探寻美索不达米亚文明》，秋叶译，第393页。

不达米亚的对外关系中发挥着重要作用。他们不仅代表美索不达米亚的统治者传递信息，还代表美索不达米亚的统治者向外国城市和宫廷呈送礼物。

其三，政府设立专门的“商务部门”来管理商业事务。

到公元前第二千纪早期的时候，王室的管理机构中出现了一名被称为“商业主管”或“商业秘书”的高级官员，表明国家或政府管理和干预商业活动的力度进一步得到强化。这也算是自有国家这种社会组织以来，人类所建立的最早的处理经济事务的“商务部门”吧。与此同时，在幼发拉底河上建立起了一些检查站，只有携带“国王泥板”的商船才能通过①，“国王泥板”无疑相当于“签证”或“许可证”之类的东西。这也可以算作世界上最早的“海关”了。

其四，出现危急情况，国家甚至可以动用军队。

这样的例子在阿卡德著名统治者萨尔贡大帝身上就曾发生过。萨尔贡无疑是个能征善战的国王，第一次统一了巴比伦尼亚。史诗《好战的国王》描述了萨尔贡为了援助在小亚细亚经商时受当地统治者虐待的阿卡德商人，如何率领他的军队越过无名山关，侵入小亚细亚的中心地带。② 其他文献材料还反映出，萨尔贡十分重视商业的发展，为促进阿卡德王国的商业发展做出了很多努力，其中包括保证大大小小的货运船只畅通无阻。

其五，在政府组织之外，商人贸易合作组织也发挥着重要作用。

商人贸易合作组织是商人们为了自身的利益，也是为了彼此的利益而自愿成立的组织，其目的就是使商队在漫长的旅途中，面对各种困难能够互相帮助，尤其是“因其规模所带来的更大安全性足以对抗劫匪的袭击”③。

① 参见 Stephen Bertman, *Handbook to Life in Ancient Mesopotamia*, p. 256；[美]斯蒂芬·伯特曼：《探寻美索不达米亚文明》，秋叶译，第 393 页。

② 参见[美]L. S. 斯塔夫里阿诺斯：《全球通史——1500 年以前的世界》，吴象婴、梁赤民译，第113 页。

③ 参见 Stephen Bertman, *Handbook to Life in Ancient Mesopotamia*, p. 256；[美]斯蒂芬·伯特曼：《探寻美索不达米亚文明》，秋叶译，第 393 页。

可以想见，城市商人间的贸易合作尤其是国际上的合作，必须有政府层面的干预才有可能。有一封古巴比伦书信，写信人是西帕尔城驻马里和距离马里一天旅程的米什兰(Mišlan)的商会，收信人在德尔城，信的内容涉及马里政府干预西帕尔城商会派出的一支商队。这封信还说明，西帕尔城的商会在各港口城市设有分支机构或商业代表，负责照看其商人在各地的利益。① 商人组织或商会在古巴比伦时期的国家行政管理体系中扮演着重要的角色。

汉谟拉比死后，古巴比伦王国逐渐走向衰落，但尼布甲尼撒二世统治时的新巴比伦王国又把巴比伦带到了世界的巅峰。巴比伦城成为首屈一指的国际大都市，成为近东贸易中心。“数不清的商队，从世界各地把货品运进巴比伦市场。巴比伦盛时，其商务奄有世界之半。”②

① R. Harris, *Ancient Sippar: A Demographic Study of an Old-Babylonian City (1894-1595 B.C.)*, p. 258. W. F. Leemans, *Foreign Trade in the Old Babylonian Period: As Revealed by Texts from Southern Mesopotamia*, p. 106f.

② [美]威尔·杜兰：《东方的遗产》，第129页。

第九章　城市建筑与建造工程

艺术史学家西格弗里德·吉迪昂(Sigfried Giedion)曾经说过，“美索不达米亚是建筑学的诞生地”，在美索不达米亚，“与无形的力量建立起联系的久远渴望，首次被赋予了一种建筑的形式”。① 建筑与建造工程是古代两河流域文明与文化最主要的实物形态遗产。但由于美索不达米亚缺乏风调雨顺的自然条件，潮湿的土壤促成了埋葬在地下的文物的腐蚀，加之材料的脆弱和战乱频繁，古代美索不达米亚各民族的建筑与建造工程文物保存下来的几乎没有。因此，要详尽无遗地说明全部建筑与建造工程甚至就连勾勒出一个框架，都是不可能的。这里，我只能根据有限的遗迹、文献记载和艺术作品的描绘，就建筑与建造工程的一般情况加以叙述。

第一节　城市规划

城市作为人类一种全新的居住秩序，从一开始就必须拥有系统的规划，否则，它给人类带来的不是文明和便利，而很可能是灾难。古代美索不达米亚人是人类最早的城市和城市生活的发明者，他们从一开始就懂得规划自己的家园。

① 转引自[美]斯蒂芬·伯特曼：《探寻美索不达米亚文明》，秋叶译，第 299 页。

一、城市规划

美索不达米亚文明没有像古埃及文明那样，给我们留下诸如金字塔和卢克索神庙那样辉煌的建筑，留下的只是一个个在阿拉伯语中被称为“泰尔”(tell)的土堆。所以，要想从这些土堆遗迹中探寻美索不达米亚城市的城市设计，无异于自讨苦吃。但正如美国哥伦比亚大学古代近东史专家马克·凡·德·米艾鲁普(Marc Van De Mieroop)所说：“关于古代美索不达米亚城市规划的资料在数量上非常有限，但它们提供了非常有用的信息。”①仅有一些巴比伦城市的简易地图保存了下来，其中保存得最好的一份是尼普尔城的规划图，它可能绘制于公元前1300年左右。这幅地图集中绘制了城墙、城门、幼发拉底河的河道、运河以及神庙等，其精确度已经被在其遗址上进行的考古发掘所证实。

在苏美尔语和阿卡德语中，农村和城市都称*uru*(阿卡德语为*ālu*)，这一词的本义是指用太阳晒干的泥砖建成的任何一个长久的定居点，有时还指聚集在一起的简陋的小屋。

城市一般都有城墙，但这并不是绝对的。城市大都建在水道附近。在一些城市的城墙外，常常建有一个特殊类型的神坛，称为“新年的圣坛”(*bīt akītu*)。在早期，一个城市是围绕着神庙逐渐发展起来的。

乌尔第三王朝的都城乌尔城建于公元前2100—前2000年，城市平面为不规则形，有城墙与城壕，有2个港口通往水面。城市面积为88万平方米，人口约为34000人。城中，由厚墙围抱的宫殿、神庙以及贵族的府第高踞西北高地，墙外是普通平民和奴隶的居住地，分野明显。乌尔城中的塔庙是两河流域文化幸存的最古老的建筑遗迹之一，也是保存最完好的观象台之一。在这宫殿、神庙和观象台三位一体组成的建筑群中，还分布着

---

① Marc Van De Mieroop, *The Ancient Mesopotamian City*, p. 63.

各种税收和司法等衙署、商业设施、作坊、仓库等，构成了城市公共中心。宫殿是四合院，由若干院落组成，房间多为狭长形，但布局较乱。庙宇平面较规整，一般是四方形平面，由厚实的土坯墙包围起来。城市中除中央土台外，还保留有大量耕地，有几处零星的居民点散居在耕地中。城中房屋密集排列，街宽仅 3 米左右，这有利于阻挡暴晒的烈日，避免瘴气侵袭和防洪。

亚述都城尼尼微建在一个高约 25 米的山坡上，呈不规则长方形，占地近 7.5 英亩。城墙全长 12 千米，东、西、南、北四段分别为 5 千米、4.2 千米、0.8 千米、2 千米。城墙分内外两圈，外墙带有雉堞，较矮，间有城塔；内墙为土坯高墙。城墙外有壕沟。城门计有 15 个，各门均有一对石兽保护。沙马什门为一外凸的城堡，前有三道城壕。城中安与阿达德神庙有一对相同的塔庙。庙宇的前面还有一个用很厚的墙封闭起来的院子。城内有辛那赫里布的西南宫和亚述巴尼拔的北宫。

图 9.1　祝福的神灵

尼尼微城东北的杜尔-沙鲁金城由亚述国王萨尔贡二世建于公元前 721—前 705 年。城市近正方形，面积约 289 万平方米。4 个城角朝着东西南北的正方位。城墙高约 20 米，上有雉堞和可供四驾战车奔驰的大坡道，墙厚达 50 米，设 7 个带碉楼的城门，防御性极强。宫殿位于城市西北角，与塔庙及一组神庙建在一高 18 米、边长 300 米的方形土台上。城中主要街道铺着大鹅卵石。城南有一个“王室军火库”。

巴比伦，阿卡德语意为“神之门”。巴比伦城在古巴比伦王国第一王朝汉谟拉比统治时期已发展成为两河流域最大的一座城市，并成为祭祀巴比伦主神马尔都克的中心。新巴比伦王国那波帕拉沙尔和尼布甲尼撒二世统治时，巴比伦城的规划与建设达到高潮，成为古代世界最伟大的城市。19 世纪末，德国考古学家历经 10 年才完成这一遗址的发掘工作。通过发掘，人们几乎揭开了这座以四方形规划建成的城市的全貌。巴比伦城周长 11 英里，幼发拉底河从城中穿过。它有三道城墙，其中最外层的那一道是外围长城，是为防御米底人入侵而修建的。在这道长城的里面，是两道砖砌城墙。这两道城墙略呈方形，高 23 米，厚 8.7 米，都由太阳砖建成，并隔一定距离用凸起的壁柱加固。外墙脚下是一条宽 20～80 米的护城河。城市有 9 个城门，分别由门外通向城市的保护神命名，其中伊什塔尔门最为壮观。伊什塔尔门分前、后两道门，每道门有 4 个望楼，望楼与望楼之间有拱形过道相衔接。在大门墙上装饰着蓝色的琉璃砖，上面分布着横向排列的黄色、褐色、黑色琉璃砖组成的动物浮雕，如牛、狮子，还有幻想出来的长着蛇头鹿身兽爪的神化动物。墙垣上部是琉璃砖构成的饰带和整排的雉堞。幼发拉底河把整个城区分成两部分，河西为新城，河东为旧城，由架在河上的一座五根石礅支撑着的大桥连通着。旧城是整个城区的主要部分。王宫位于旧城西北角，这里由东至西并列着 5 个彼此以拱门相通的宽阔庭院，为厚实的墙垣所环绕。进入正殿庭院的墙垣，用五彩琉璃砖砌成，琉璃砖的色彩主要是深蓝、浅蓝、白色、黄色、黑色。就在这组建筑群的东北部，有一座非常引人注目的披着花木盛装的小“山”，这就是神奇的“空中花园”。“空中花园”实际上就是建筑在梯形高台上的花园，它建于公元前 6 世纪，毁于公元前 3 世纪。在这里，考古学家们发现了和幼发拉底河相衔接的水池、喷泉以及运河系统的遗迹。马尔都克神庙和第一座王宫相去不远。著名的古代塔庙巴比伦巴别通天塔和神庙并列。有一条“圣路”贯通旧城南北，这是新年时马尔都克神像经过的“游行大街”，这条道路是城市主要的结构轴心，它的宽度约为 7.5 米。在这条道路上铺砌着有红色角砾岩镶嵌的石灰石石板。

图 9.2　记述亚述王阿达德尼拉里一世建造工程的大理石铭文。公元前 13 世纪初

二、城墙设计

美索不达米亚的城市是用城墙界定的。城墙最初是起防护栏作用的，是为了抵御一年一度的洪水泛滥，保护城市居民所居住的房屋和神庙中供奉神灵的神龛免遭洪水的侵袭，在南部的城市尤其如此。后来随着城市之间争夺资源的日趋激烈和战争的频仍，抵御外敌入侵便成为城墙的主要功能和作用。所以，在亚述帝国统治时期，攻城成为一门重要的战争艺术，这在亚述的浮雕等艺术作品中，得到了清晰的描绘。

图 9.3　尼布甲尼撒二世时期的巴比伦城复原图。正面为著名的伊什塔尔城门

亚述王阿达德尼拉里一世留下了一个大理石铭文，讲述了由他进行的亚述新城城墙的重建过程。上面的文字内容是："城墙被损坏并被摧毁，我，阿达德尼拉里……我将之重建。我将颓墙从顶部到地基全部拆掉，我把它建成十四块砖的厚度，全部墙砖都在我的大砖窑里烧制而成，我镌刻上我和我的……的纪念铭文。当城墙日后再度损毁老旧，将有另一位国王来重建它……我的铭文……在真正的位置上。哦，愿亚述神听到他的祈祷。"

实际上，描绘亚述军队围攻城市的情景的亚述浮雕，成为我们了解美索不达米亚城墙设计的最重要资料之一，因为几乎没有一座真正的美索不达米亚城市能够保存下来，历史学家研究美索不达米亚的城市建筑史几乎没有任何实物证据可以依赖。从描绘围攻城市的亚述浮雕上面我们得知，城墙上设置了曲曲折折的防御工事，与中世纪欧洲城堡的城墙差不多。城市的防御者通过建造垛口或堡眼工事，将如雨般的落箭射向城墙下面的敌人。当敌人借助发射物或投掷物进行还击时，城墙上的守城者还可以迅速躲藏到垛口背后。建造城墙的材料有石头和砖，由于石料有限，通常城墙的根基和底部用石头建造，以防止敌人挖地毁墙以及用攻城锤撞墙。至于城墙的上半部分，外面用较结实、耐用的烘烤砖，城墙的里面则一般用便宜的日晒砖。巴比伦城有双重城墙，城墙墙体里填充的是碎石，仅外城墙的厚度就达 20～25 英尺。在绵延 11 英里的城墙上，每隔 65 英尺就建有一座防护塔，使得每座塔上的弓箭手在塔上的射击范围可以相互接应。此外，重要的城市如巴比伦城，要么在城墙的四周挖凿护城河，要么建在河岸，利用自然河流作为天然的屏障。巴比伦城可能有 9 个城门，但考古学家目前只挖掘出 1 个城门，即著名的伊什塔尔神门，现存于德国柏林的博物馆里。

图 9.4　巴比伦城伊什塔尔神门残迹

第二节　建筑材料、建造技术与一般特征

美索不达米亚人并没有为我们留下像埃及金字塔那样堪称世界奇迹的建筑遗产，与他们的城市建筑受到区域建筑材料的限制有很大的关系。美索不达米亚的南部是一片两河的冲积平原，严重缺乏建筑用的石料和木材，在这片土壤里，“根本就连一块鹅卵石都找不到”①。只有北部的亚述地区还能采挖到少量石料，这些少量石料还不够用于建筑亚述宏伟的宫殿和神庙等重大工程。

一、建筑材料

虽然美索不达米亚南部没有建筑使用的石料和木材，却拥有适于生产砖块的理想材料——黏土。因此，美索不达米亚城市的主要建筑材料是天然的黏土、芦苇和灌木。其结果自然使建筑物的规模和装饰受到限制，且容易毁坏。

(一)黏土砖

在苏美尔时期，人们将黏土在四边有框的模子中模压成型，并在太阳下晒干，称“日晒砖”(*agurru*)，用于砌筑房屋台基和墙心，并在表面贴上具有防水性能的陶砖，以防墙体受潮侵蚀。在北部亚述地区，气候湿润，砖往往是烧干的。石灰石以及更贵重的石料只用于神庙和王宫的装饰，而所有的私人住宅主要是使用黏土。

在古代美索不达米亚几千年的历史进程中，作为主要建筑材料的黏土砖也经历了一段不断变化的发展史。最早黏土砖的形状是长且薄的，从公元前第四千纪至公元前第三千纪，它们便成了比较规则的矩形，一般来说

① ［美］斯蒂芬·伯特曼：《探索美索不达米亚文明》，第292页。

长度是宽度的两倍。砖的铺码方式因砖的形状不同而有所区别。直到原始文字时期结束时，人们通常是将小的长方形砖平行放置，砌成一行行水平向的砖墙。后来，这种建筑方法完全消失，代之而起的是一种新的建筑方法：砖块有所增长，并呈“平凸状”，凸起的砖面上常常有一个手指或拇指的印记；这种砖的规格为20厘米×30厘米；它们像书架上的书一样，一边朝下放置并且每一行都朝与上一行相反的方向倾斜，从而形成人字形排列。这样形状的砖多用于铺路。后来，类似于正方形的砖被大量使用。这种砖宽31厘米，长34厘米，厚8～10厘米。亚述地区的建筑砖略大些，宽37厘米，长38厘米，厚10～15厘米。人们常用沥青(*kupru*)作为黏结材料，后来石膏被用来做灰泥(*gaṣṣu*)。

(二)芦苇

芦苇和黏土一样，是底格里斯河和幼发拉底河对美索不达米亚人民最大的奉献之一。在较早的历史发展阶段，芦苇成为美索不达米亚人主要的建筑材料，他们用芦苇建造自己的家园，芦苇屋成为民居的主要形式。随着黏土砖的发明、普及和广泛使用，芦苇作为房屋建筑材料便退居到了次要地位，因为黏土砖房的诸多优点使其更受欢迎。

(三)沥青

沥青作为一种建筑和建造材料，在世界古代文明中，几乎为美索不达米亚人所独有。沥青是古代柏油的别称。它是一种类似石油一样的东西，在古代近东尤其是在两河流域属于天然的物质。在底格里斯河和幼发拉底河的两岸都拥有沥青沉积，古代美索不达米亚人在这些沉积物里发现了一种强大的黏胶剂所带来的巨大财富。这种黏胶剂与黏土砖结合起来，比一般的胶性能好，黏性更大，而且防水性能突出。因此，沥青也被用来当作防水涂料，比如，它就是美索不达米亚人造船业不可或缺的材料。

二、建造技术

在人类的早期文明中，建造技术都没有什么特别之处，最值得一提的就是拱形结构的发明和使用。

拱形结构是苏美尔人的一种发明，是美索不达米亚文明在建筑领域对人类的较大贡献。早在公元前第四千纪的时候，苏美尔人为解决建造房屋的门和通道问题，发明了拱形结构。拱形门解决了水平门框承受力差，容易被压垮的问题，使建筑的坚固性得到了大大的提升。“其秘密在于释放并转移重量，将重量向下传递到地底下，而不是完全只靠自身的承载。通过建造一个接一个这样的拱形结构相互支撑，工程师们就能建造出能作隧道用的拱顶结构。除形成通道，拱形结构还有效支撑上层结构力量：因为具有开放性，这种结构所需要的砖或石块比建造一堵同样规模，并支撑近似重量的墙要少得多。”①

最早的拱形结构可能出现在芦苇屋的建造过程中，因为芦苇捆容易折弯而形成曲线轮廓。随后，美索不达米亚的工程师们还运用拱形结构建造桥梁和高架渠，他们无可争议地成为后来擅长此道的古希腊人和罗马人的先驱。

三、一般特征

为避免潮湿、水患和瘟疫，房屋大多建在高大的土台之上。早王朝时期的建筑一般是平顶的小屋，由芦苇、灌木和泥建成。门固定在有凹坑的石枢上。而窗户一般较小，开在墙壁的高处，并用穿孔的泥格栅保护。有的房屋没有窗户，只是临街有一个狭窄的门。由于缺少合适的木材，所以支撑室顶的柱子很少见，但在主要建筑中，可以发现由扇形砖砌成的圆柱。

---

① ［美］斯蒂芬·伯特曼：《探索美索不达米亚文明》，秋叶译，第297页。

在欧贝德的考古发掘证实了这一点。在这里，如同在乌尔、乌鲁克一样，最早的芦苇小屋是长方形的，但在北部尼尼微附近发现的圆形小屋，直径达六七米。亚述的建筑开始用石头建造和装饰。

美索不达米亚的建筑物的外墙呈斜面，使它特具庄严坚固的气派。内部通道很狭窄，因为当时还没有解决支架屋顶的困难。公元前2000年后，大石柱才出现。

苏美尔的重要建筑物都呈塔形，塔形建筑是多层的，每一层都比下面一层窄小些，四周是阳台，并有梯级。软砖的表面盖着瓦和经过烤烧的较硬的砖。

美索不达米亚在建筑方法上发展出了一种独特的结构，对于后世建筑艺术的发展影响很大，此即拱以及由拱化生的半圆屋顶和圆屋顶的结构系统，随后美索不达米亚人又创造了可用来保护与装饰墙面的面砖与彩色琉璃砖。这些使材料结构、构造与建筑造型艺术有机结合的成就，影响着小亚细亚、欧洲与北非的建筑。

第三节　大型公共建筑

大型公共建筑不仅构成城市和城市文明的重要组成部分，还成为其重要标志，这一特点一直延续到现代文明。它们往往成为政治权力中心、文化活动中心、宗教祭祀中心，甚至还成为经济活动中心。

一、宗教建筑

在古代美索不达米亚人的观念里，就像他们自己需要居住在房屋之中一样，他们城市的保护神也需要居住在房屋里，于是他们开始为自己城市的保护神建造房屋，以便神居住在他们中间，更好地保护他们。在他们为神建造起的神圣房屋里，他们供奉起神像，安置了桌子，摆放好贡品，以求得神灵的保佑。此外，他们还建起平台样的神龛，以便神灵能够下凡，也使自己的声音能够传递到天庭。

(一)神庙

迄今在美索不达米亚发现的最古老的神庙是在南部城市埃利都，这座神庙可以追溯到公元前第五千纪。这座神庙并不大，只有一个 12 英尺×15 英尺大小的房间。在这座神庙的中央，摆放着一张贡品桌，在墙壁里设置了一个壁龛作为祭坛或放置神像。

乌鲁克文化时期(公元前第四千纪中叶)，神庙建筑出现了变化。这一时期，神庙建筑在一个人造的不规则的山头上，已达到宽 50 米、长 80 米以上的规模，其壁面有密排数层的拱壁，巨大的“T”形殿堂从十字形甬道出入，四周环绕着侧房。庙内有长方形的神坛，坛上有祭坛和一个与炉壁相连的供桌。神庙的外墙粉刷着明亮的白色，因此，人们习惯地称它为“白庙”。在乌鲁克发现的另一座神庙，有半柱式墙垣，建在石砌的地基上。这座神庙用彩色的镶嵌画作为装饰，镶嵌画用嵌在建筑物上的生砖砌成，并由钉在墙垣上的彩色陶钉加固，这是在美索不达米亚神庙建筑中运用彩色镶嵌的最早范例。

神庙的核心部分是一个长方形殿堂，在一个长边上开一个门。在殿堂的另一端是一个凸起的砖砌祭坛，它的后面是放置神像的殿龛。殿堂中部是一个小砖台基，此即为“供桌”。长砖凳靠在墙边，是用于放置还愿像的。殿堂两旁是侧房，其中一个通向平顶阶梯。

在苏美尔早王朝时期，神庙建筑分成两类。第一类是建在砖台基上的“高大”的神庙或塔庙，第二类是地面建筑，有时周边围绕着私人住宅。从神庙产生时起，一座城市就不止一座神庙，而是拥有很多座神庙，供奉不同的神灵。但是，作为城市保护神的主神，其地位肯定是其他诸神无法相比的，

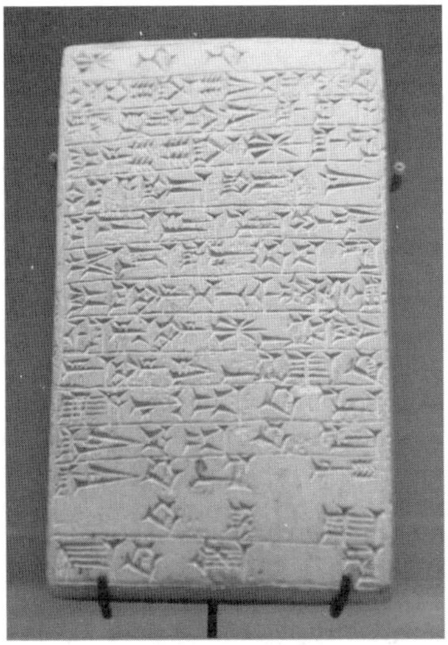

图 9.5(左)　拉尔萨王瓦拉德辛建造的宁尼西娜神庙的建造碑牌。石灰石，约公元前 1830 年。宁尼西娜在拉尔萨被视同为医药女神古拉。庙的名字“Funamtila”意为“生命之草的殿宇”

图 9.6(右)　乌尔巴乌神庙奠基铜雕像。神灵与奠基钉头，约公元前 2130 年。出自特罗(古代吉尔苏)

图 9.7　圆形基础残片。石灰石，早王朝Ⅱ期，约公元前 2600 年。出自特罗(古代吉尔苏)

图 9.8　穿孔卵石。天神楔入奠基的钉子，对面是张大嘴的狮子。同时还刻有保护女神拉玛，顶上是蛇身。其上有埃兰文和阿卡德文铭文。普祖尔因舒什那克统治时期，约公元前 2100 年

为城市主神或保护神所建造的神庙，无疑会更大一些，也更具威严。例如，巴比伦城的保护神马尔都克的神庙、乌尔城的保护神月神南那和他的配偶宁加尔的神庙，以及伊沙里(Ischali)的爱神伊什塔尔的神庙等，就都属于这类城市主神的神庙，因此更受敬仰。在古巴比伦时期，巴比伦第一王朝修建的最著名的神庙就是马尔都克神庙，它占地非常宽广，达 60 多英亩。到亚述帝国和新巴比伦王国时期，神庙在建筑结构上与王室宫殿结合了起来。“一方面，这样做可以提高国王的威严；另一方面，通过建筑，它象征着神圣活动与世俗控制的从属关系。”①

在古代美索不达米亚人建造神庙的过程中，还有一件非常有趣的事情，那就是在建筑的基座下插入“奠基石”，这种做法一直延续到我们今天的建筑中。在古代美索不达米亚神庙建筑的“奠基石”上，通常记载有王室修建者所刻写的碑文，碑文会对建造的环境进行描述，包括建筑材料的清单，如具有一定气味的矿物油或是那些时常被添加到灰浆里的蜂蜜，抑或是类似于用来制作门的柏树和雪松等价值昂贵的木材。古代美索不达米亚人对

① Stephen Bertman, *Handbook to Life in Ancient Mesopotamia*, p. 300.

待建筑的这种态度，或者说先进的意识，到今天都值得称道。

(二)塔庙

塔庙是古代美索不达米亚最杰出的建筑学创造。年代最久远的塔庙可以追溯到公元前第三千纪末期，同样出现在人类历史上的第一座城市埃利都。“塔庙”这个词来源于阿卡德语 *Zigguratum*，意思是“顶峰”或“高地”。最初，塔庙是一种由砖块砌成的多台阶平台式建筑，它建在整个神庙综合建筑群的最高处，在塔的顶部可能供奉着神龛，神灵可以从天庭降临到这里。大型的宗教活动，尤其是盛大的宗教仪式，都要在塔庙最顶端的平台上举行。一方面可能因为它更能显示出帝王君临天下的威严和气势；另一方面可能因为作为城市的制高点，它距离天庭更近，更容易接受和传递上天神灵的旨意。

图 9.9　人形奠基铜钉。为伊南娜神庙奠基石。公元前 20 世纪初。出自拉尔萨

苏美尔人所创造的塔庙，是独创一格的祭神建筑的典范。塔庙耸立在当地主要神祇的庙宇附近。塔庙主要用生砖砌成，涂以沥青浆结合。在塔庙的顶部有作为建筑物的结顶的不大的房子，即所谓“神宅”。

美索不达米亚城邦遗留下来的塔庙已知的共有 30 座左右，建筑年代都在公元前 3000 年至公元前 500 年之间。公元前 2200—前 2100 年在乌尔兴建的塔庙，由 3 个大型塔楼组成，象征水神、天神和地神。塔楼一个比一个高，有不同颜色，下面是黑色，上面是白色，中间是红色。塔庙的基座

图 9.10　乌尔塔庙的挖掘现场。乌尔塔庙修建于公元前第三千纪，重修于公元前 6 世纪

呈长方形，长 65 米，宽 43 米，高 13 米，第二层长 38 米，宽 26 米，高 5.7 米，第三层高度为 2.9 米。整个建筑高达 21 米。在塔庙里一般是没有内部空间的，或者内部空间被压缩到最低限度，压缩到一个小房间。塔的中央有一阶梯直达第三层台基。整个建筑以土砖砌筑，表面饰以烧砖，并用沥青勾缝。外墙向内倾斜 80°，并有呈弧状弯曲的辅助墙柱。人们在有"神宅"的上部屋顶庭院里进行祭祀，这里也用作占星术士的观象台。美索不达米亚的各大城市，多半至少有 1 座塔庙，供奉族人崇拜的神祇。有证据表明，亚述城至少有 3 座塔庙。

巴比伦巴别通天塔是塔庙中最壮观的一座。它坐落在尼布甲尼撒二世的繁华国都巴比伦城内的幼发拉底河畔。尼布甲尼撒二世说他在巴比伦城"用鲜蓝色釉烧制的砖"建造了一座塔庙，现今一般认为那就是《圣经》中所说的没有建成的巴别通天塔。据记载，在那波帕拉沙尔统治时，他就着手重建被亚述毁掉的塔庙。他宣称："取自山上海上的金银珠宝，大量镶在塔里……各种油料、香料混合在砖块中……我身为王者，喜欢运送盛砖的篮

图 9.11　位于亚述的安努·阿达德神庙的塔庙

子，把篮子送到塔基去。我在马尔都克神前鞠躬，脱下皇袍，解下国王的徽章，把砖和泥顶在头上运送。我叫最心爱的长子尼布甲尼撒帮助运泥，又亲自携来酒、油两种祭品……”尼布甲尼撒二世所写的铭文，记载建筑工程接续进行的情况：“……那波帕拉沙尔……已把塔基建好，并建到约 45 米高，但还未建塔顶。我着手做这件工作。我亲手把从黎巴嫩茂盛的森林运来的雪松木斩开，用作建筑材料。又把围墙、那些大门建造得辉煌壮丽，像白昼那样炫目，还亲自把各门装上。”尼布甲尼撒二世死后 25 年，巴比伦成为波斯的一个省。大约在公元前 478 年之后，这座塔庙被弃置。不过，在公元前 460 年，希腊史学家希罗多德游览巴比伦城时，依然对通天塔赞赏不已。他记述说：

在这个圣域的中央，有一个造得非常坚固，长宽各有一斯塔迪昂的塔，塔上又有第二个塔，第二个塔上面又有第三个塔，这样一直到第八个塔。人们必须从外面循着像螺旋线那样地绕过各塔的扶梯走到塔顶的地方去。在一个人走到半途的时候，他可以看到休息的地方，这里设有座位，而到塔顶上去的人们就可以在这里坐一会儿休息一下。在最后的一重塔上，有一座巨大的圣堂，圣堂内部有一张巨大的、铺设得十分富丽的卧床，卧床旁边还有一张黄金的桌子。①

二、王宫建筑

正如神庙和塔庙最早出现在埃利都城一样，美索不达米亚最早的宫殿建筑也出现在埃利都，其时间可以追溯到公元前第三千纪早期。苏美尔早王朝后期开始，随着王权的发展，王宫建筑逐渐成为都城内主要而且是最壮丽的建筑物。实际上，“王宫”一词在苏美尔语里的意思就是“大房子”。如果说神庙以其楼层不拘而赫赫有名，塔庙以其高入云端而引人注目的话，那么宫殿便以其规模宏大而威慑四方。

（一）宫殿的设计与格局

美索不达米亚王宫建筑的设计与格局，也经历了一个发展的过程。早王朝时期，基什的宫殿建筑群是由两座建筑物构成，中间有狭窄的胡同相隔。较大的那座由门楼出入。周围有双重围墙。之后宫殿的设计都由两个庭院组成，在两个庭院之间由一个谒见室来连接。谒见室非常大，有庭院的两倍面积，室里设有供国王使用的宝座。外庭院用来处理公共事务，而内庭院则用来举办私人活动。外庭院的四周可以用作办公室、作坊和储藏

① ［古希腊］希罗多德：《历史》上册，王以铸译，北京：商务印书馆，2017年版，第106页。

室等，内庭院的四周则用来作为王室家族的居住场所。后来，美索不达米亚的王宫宫殿还引进了一种叙利亚式的圆柱门廊，它在阿卡德语里称作 bit hilani。古巴比伦时期的宫殿，设有谒见室、国王的起居室、妃妾的起居室、中庭、仓库、厨房、浴室、书吏训练学校等。宫殿的内墙壁都用图画和浅浮雕式绘画来进行装饰，图画或浮雕的内容题材通常都是涉及君王狩猎和战争的场面，一方面表现君王本人的英勇善战，另一方面起到给外来的访客尤其是其他国家的君臣以震慑的作用。

图 9.12　题有拉伽什王恩铁美那之名的闪长岩枢轴。约公元前 2400 年

建于公元前 18 世纪的马里宫殿——与巴比伦第一王朝的著名的汉谟拉比王同时代的马里王兹姆里利姆的一座宫殿，是美索不达米亚规模最大的宫殿之一，被称为“古代东方建筑的瑰宝”①。宫殿长 190 米，宽 130 米，约有 300 个房间。从入口进去，经过 3 个大厅和 2 个中庭，便是谒见室。方形院落和长方形谒见室的结合，是美索不达米亚大宫殿的范例。王宫周围有双层围墙。建筑西北角是王室住宅。

① Stephen Bertman, *Handbook to Life in Ancient Mesopotamia*, p. 198.

(二)亚述王宫

亚述时期建造了美索不达米亚历史上最宏伟富丽的宫殿建筑。亚述的宫殿，从总体设计上看，彼此十分相似。宫殿建在一块长方形的土地上，四面有高墙围绕，设有供守卫用的塔楼。亚述人造房时，懂得利用柱和拱架结构，柱身呈圆柱形，表面光滑，柱头带冠。公元前717—前701年，亚述国王萨尔贡二世在尼尼微东北的杜尔-沙鲁金城内[今伊拉克北部的霍尔萨巴德(Khorsabad)]建造了规模宏大的宫殿建筑群。宫殿位于城市西北角，营造7年方竣工。它建在一个高18米、边长300米的方形土台上，周围有护卫的要塞。王宫建筑围绕2个大庭院布置，共由30多个内院、200多个房间组成，布局规整，分工明确。房间多呈长条形，土坯墙厚3～8米，运用了砖拱券技术。萨尔贡二世宫殿的谒见室在设计方面有两个特别之处：其一是旋转阶梯一直通向屋顶，以便进行天体观察和举办仪式；其二是在地板上有一条小石路可以使一种移动火盆在地上通过轮子滑动，以便冬天取暖。

图9.13　萨尔贡王宫复原图

图 9.14　一座亚述宫殿的内部图。图片见 Rawlinson，*Seven Great Monarchies of the Ancient Eastern World*，New York：John B. Alden，1884

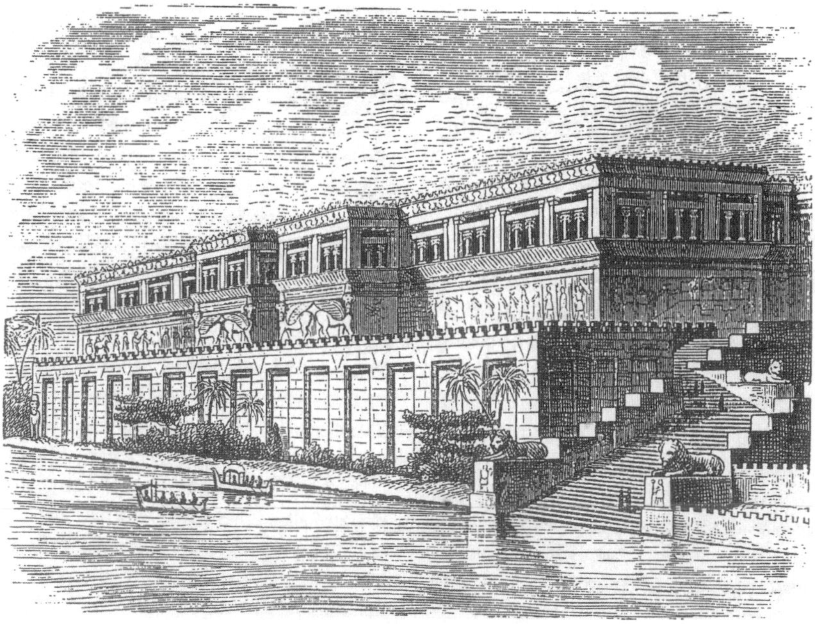

图 9.15　一座亚述宫殿的外观图。图片见 Franz von Reber，*History of Ancient Art*，New York：Harper，1882

王宫可由正面阶梯引入，侧面设有长长的坡道，供车马进出。正门为4座方形碉楼夹持着3个拱券门洞。中央门洞宽约4.3米，这是古代美索不达米亚的典型式样。碉楼顶部用雉堞饰边，外面贴满彩色琉璃砖；石板墙裙高约4米，其上刻浮雕。宫殿入口处有一对人首带翼兽身像(即五腿兽)，镇妖辟邪。雕像可从正面、侧面两个方向观看，气势极为雄壮。

图9.16　镇守王宫大门的人面牛身神兽像

萨尔贡二世的继承者们——辛那赫里布和亚述巴尼拔则仿效他们先祖的做法，在尼尼微的王宫门口也安置了巨大的人首牛身神兽像担任其守卫，每头都高达10～15英尺，这种架势足以震慑任何身居高位的到访者。

(三)新巴比伦王宫

美索不达米亚王宫建筑给人留下最为深刻的印象的，要数新巴比伦王国的著名国王尼布甲尼撒二世的宫殿。他的宫殿修建在巴比伦，尼布甲尼撒二世非常得意地把自己的宫殿夸赞为"人类的奇迹，大地的中心，充满阳光的居所，陛下的寝宫"①。这座宫殿至少拥有五座庭院和一间面积达55英尺×140英尺的谒见室。从谒见室四周的琉璃砖墙上可以看见，群狮张着大嘴，紧张地盯着正思考下一步军事行动的国王。

第四节　大型公共工程

大型公共工程建设既关系到国计，更关系到民生。而交通和通信工程无论在古代文明还是在现代社会中，在经济发展、政治管理、战争以及人民生活诸多领域的作用，无论怎么评价都不过分。很多古代的工程不仅在当时的社会中发挥了突出的作用，还对后世文明的发展起到了传承和促进作用。而古代美索不达米亚作为人类文明的发源地之一，在这方面同样有着创始和突出的贡献。

一、运河与高架渠——罗马人的师祖

古代美索不达米亚文明向来因灌溉农业而备受称赞，其灌溉农业得益于底格里斯河和幼发拉底河这两条著名河流——实际上，底格里斯河由于水流湍急而在直接灌溉上发挥的作用非常有限，而且与埃及的尼罗河不同，两条河流的泛滥期与庄稼的耕作期根本不吻合，所以运河和高架渠发挥了重要的作用。运河和高架渠不仅体现了古代美索不达米亚人民在灌溉农业方面的高度智慧，还在民用机械工程领域创造了人类最早的成就。正如当代学者所评价和估算的那样，美索不达米亚的灌溉系统"当然是古代工程光彩夺目的成功范例之一"，"仅美索不达米亚南部开垦的土地就超过一万两千

① Stephen Bertman, *Handbook to Life in Ancient Mesopotamia*, p. 199.

平方英里的面积，而其人口密度总体上甚至超过了今天的伊拉克国家”。①

(一)运河建设

运河在古代美索不达米亚人民生产和生活中的作用，可以从一句巴比伦咒语中得到充分的反映：“愿你的运河塞满沙子!”实际上，在发明运河之前，美索不达米亚人利用河水灌溉很难收到好的效果，他们甚至只能不停地忙于修筑堤坝，以抵御洪水的泛滥，而他们所修筑的堤坝也一次次地被洪水冲垮。所以，运河的发明具有双重的作用，即灌溉农田以及疏通和分流洪水。

一位西方学者生动地描绘了运河灌溉给美索不达米亚人民带来的勃勃生机：

> 穿越五千年宽阔的海湾，我们可以看到早已被日光染红的苏美尔人，开始无休止地引河破土。随着一个又一个世纪过去，由蔚蓝运河网编织而成的波纹装点起美索不达米亚。运河驯服了强悍的幼发拉底河，使成熟的麦浪在田野中绵延起伏，为沙漠穿上了金色的衣裳；运河两岸一排排望不到尽头的椰枣树，其根茎也享受着运河的滋润和营养。②

学者们习惯上把美索不达米亚运河的成功修建归因于集权统治下组织劳动力的方便，无论这一说法是否符合历史的本真，美索不达米亚的统治者们对修建运河工程的重视却是不争的事实。国王们都把修筑运河并利用运河控制洪水、进行灌溉视为自己的最高责任，在他们与中央和地方官员的书信中，经常涉及运河的挖凿和维修。在他们的年代记和铭文中，修筑运河都作为重大事件加以记录，其中对自己在水利工程方面的成就不乏炫耀和得意之辞。以巴比伦第一王朝著名的汉谟拉比王为例，

---

① Stephen Bertman, *Handbook to Life in Ancient Mesopotamia*, p. 311.

② Stephen Bertman, *Handbook to Life in Ancient Mesopotamia*, p. 203.

如果说在他统治的前期主要以征伐和平定四方为主的话，那么在他统治后期则主要以建立国内秩序为主要目标，尤其是在其统治的最后九年，可以说他把主要时间和精力都放在了开挖和维修运河等水利工程上面。他甚至还把他统治时期的一个年份，以他修建的一条运河命名，以示庆贺和荣耀。有关修建和维护运河的事务，在他那部著名的治世法典中也占有重要的一席之地。

由于资源水平和技术能力的限制，在古代挖凿和修建运河可不是一件容易的事。在古代美索不达米亚，苏美尔和巴比伦的工程师们便面临着许多困境。首先，运河的坡度就要求非常讲究和严格，由于不可能拥有大型机械设备创造动力抽水，运河没有坡度水就不能顺畅下流，如果坡度太大水流湍急，则水流要么冲垮河床无法循着河道流入田地，要么直接冲毁庄稼。如果河道坡度不够，水流过于平缓，就会有淤泥不断地沉积下来，影响河水的流动。如果芦苇借机疯狂地生长，情况就更加麻烦。因此，勘察地形和设计河道便是美索不达米亚工程师们首要的必修课。然后，他们必须设计一些必要的装置，对整个运河系统起到调节和控制作用。此外，筑堤护河、疏浚河道以及清除芦苇等工作也不可或缺。

在运河工程设计方面，必须要提及的是人工水闸。美索不达米亚人在河流注入运河的入口处设置了人工水闸，调节和控制着河水流入运河体系。当河水的水位降低到入口点以下时，就必须想办法把河水的水位提升，于是美索不达米亚人便发明

图 9.17　根据浮雕作品绘制的亚述人的灌溉设计示意图

了名为桔槔的神奇装置。可以让生活在几千年前的美索不达米亚人引以为傲的是，这种装置至今仍在近东地区使用着，它就是众所周知的在阿拉伯语里被称为“沙杜夫”(Shaduf)的东西。桔槔是一种像跷跷板一样的装置，简单地说，它的设计首先就是在一根长杆的两头分别安装上一只空水桶和一个作用类似砝码的东西，这个起砝码作用的东西可以是一条装满黏土或碎石的口袋，也可以是其他类似的东西。然后，把两端安置了空水桶和“砝码”的长杆安装在一个简易的木体框架上，让其处于可以活动的状态，可以上下摆动和自由旋转。它的工作原理就是先通过长杆把空水桶放入河水中，然后通过不断地给“砝码”加重，使装满河水的水桶不断提升，待提升到一定的高度时，再通过旋转功能将桶中的河水倒入运河之中。除了使用这种桔槔装置将河水运送到运河之中外，将水从一条主要运河输送至小运河中，桔槔同样发挥着作用。

新巴比伦王国的尼布甲尼撒二世为自己的宫殿建设可谓煞费苦心，居然别出心裁地把一种水泵装置应用其中。为了提高供水速度，他在他那座著名宫殿的基底部位安装了一种链条式水泵，将一连串的水桶系在一条长长的金属链条上，当下面的水桶装满水时，上面的水桶已经将水倒空了。

(二)地下暗渠

作为欧洲文明的古典根基之一，古代罗马人在很多方面享有盛誉，其中就包括至今在欧洲的一些地方仍然可见的地上和地下导水沟渠。然而，公平地说，无论是地上还是地下导水沟渠，这可不是罗马人的发明，在这方面，美索不达米亚人当之无愧地是他们的祖先。

与南部巴比伦尼亚地区运河网络四通八达不同，在美索不达米亚北部的亚述地区则呈现出另外一种景象。由于地表山地起伏较大，开凿地面运河绝非易事，于是亚述人发明了地下暗渠。地下暗渠的挖凿是比桔槔更具独创性的发明，它比在南部挖凿运河所面临的难度似乎更大。挖凿运河首先面临的掌握适当坡度的问题，对封闭的地下水渠来说显然更难以把握。

除此之外，在地下挖凿水渠，控制方向也是一个巨大的难题。能征善战的萨尔贡二世成为破解难题的亚述国王，虽然他的征伐战争与挖凿暗渠没有任何关系，但他却是在被自己征服的敌国发现这一秘密的，这个敌国就是乌拉尔图。乌拉尔图是一个矿产资源丰富的国家，乌拉尔图的矿工们成功地挖凿了许多地下导水沟渠，萨尔贡二世不仅一举捣毁了这些暗渠，而且还学会了挖凿地下导水沟渠的技巧。当他从乌拉尔图凯旋之后，便依照乌拉尔图人的方法挖凿暗渠。与开凿运河相同，这里的关键技巧也是勘测，与开凿运河不同的是，暗渠的勘测过程也是挖凿的过程。具体来说就是，每隔一定的距离先向下挖出一条垂直的管道或深洞，地面上的勘测员在水流流动的方向标出一条直线，无论在哪个地方打下一根木桩，都要向下挖凿岩石，开出一条渠道。每条渠道都垂直向下，勘测员将一条铅垂线从洞顶垂下，依偏离程度控制暗渠的走向，每条垂直的管道或坑洞的深度也能通过测量这一连串坑洞上方的水平面而精确预测。当挖凿完所有垂直的管道或坑洞之后，便开始挖凿水平的暗道把它们连接起来。暗渠的挖凿不仅是美索不达米亚北部的亚述人民灌溉农业的必需，而且只有在他们遍布石床的地理条件下才能实现，运河网络发达的南部巴比伦尼亚地区不仅不需要，而且其泥土松软的地理条件也不允许挖凿这种暗渠。

亚述王辛那赫里布以赫赫战功闻名于世，他在杰尔万(Jerwan)挖凿的一条长达30英里的渡槽也显得非常特别。辛那赫里布在杰尔万挖凿渡槽的目的，是解决首都尼尼微的供水问题，杰尔万就位于尼尼微的北面。在挖凿渡槽的过程中，必须要穿越一条小河谷，辛那赫里布便修筑了一条90英尺的桥梁渡槽，这段桥梁渡槽距河面30英尺高。支撑这条桥梁渡槽的五个拱形“桥墩”，留下了废墟遗迹，至今可见。修建这条桥梁渡槽耗时一年零三个月，本来辛那赫里布还准备举行一个特别的开通庆功仪式，但由于闸门失控，没等仪式开始，水便泄了出来。辛那赫里布借机宣布，这是上天的安排，是上天批准这项工程的象征，并奖赏给工匠们精美的衣裳、金项圈和短剑。

亚述人从乌拉尔图人那里学到的暗渠挖凿技术，被后来的波斯人所掌握，这项技术在随后的几个世纪里传遍了整个近东，沿用至今。

二、桥梁

在美索不达米亚很少见到供行人使用的步行桥，因为密布的河运网使得船只甚至芦苇筏成为主要的交通工具。倒是亚述军队在行军和攻城过程中经常架设桥梁，不过他们架设的是临时的浮桥和吊桥。亚述国王提格拉特帕拉沙尔一世甚至还专门雇用过一个特殊的工程队，在陆地和河面的浮桥上面建造应急道路，供军队专用。

不过还是有好事的国王，给我们留下了一个特别的惊喜，惊喜的制造者是新巴比伦王国的国王那波帕拉沙尔，公元前 7 世纪末，他在巴比伦修建了幼发拉底河大桥。古希腊历史学家希罗多德和狄奥多鲁斯・希库鲁斯(Diodorus Siculus)对此都有过记述，虽然他们的记述有差别且都与事实有出入。根据狄奥多鲁斯・希库鲁斯的说法，幼发拉底河大桥的建造者是公元前 9 世纪的尼尼微女王萨米拉米斯；而希罗多德则把功劳记在了新巴比伦王国的尼布甲尼撒二世的妻子尼托克里司身上。好在尼布甲尼撒二世自己的铭文揭开了造桥者的身份之谜，他就是尼布甲尼撒二世的父亲那波帕拉沙尔。希罗多德的记述如下：

> 正当尼托克里司用挖掘出来的土来保卫自己的城市的时候，她又想到了一件工程。当然，这只不过是上面所说的两件工程的附属工程而已。这个城原来是被河流从正中分为两部分的。在先前的国王当政时，如果有人要从这一半到另一半去的时候，他是必须乘船的。这在我看来，当然是件麻烦的事。因此，在尼托克

> 里司挖掘人工湖的时候，她便想到把它用来立刻消灭这种不方便的情况并使她能够在她统治巴比伦的时候留下另一项纪念物。她下令削切巨大的石块，而当她所需要的石块切好之后，人工湖也挖好了，于是她便把幼发拉底河的河道引导到挖好的人工湖去了。人工湖满了，原来的河道也干涸了。于是她便着手首先把城内河流的两岸用烧好的砖砌起来，又把河门前面引到河边的那些坡形的码头也砌上了砖，就和筑城砌砖的时候完全一样。在这之后，她便用已经掘出的石材，大约在城市正中的地方，修筑一个石桥，石桥用的石块则是用铁和铅接合到一起的。在白天的时候，在桥座和桥座之间，放上方形的木块，以便使居民过河，在夜间，木块便撤了下去，好不叫人们在黑暗中过来过去相互间进行偷盗的事情。当河水灌满了人工湖而石桥也竣工的时候，尼托克里司便使幼发拉底河还归它的旧道；这样一来，变成了湖泊的那块挖掘的凹地既已达成了她原定的目的，同时又因造桥而使居民得到了便利。①

幼发拉底河大桥全长 380 英尺，由七座用石头、砖块和木料建成的桥墩支撑，由于桥墩体积庞大，占据了河流宽度的一半，桥墩之间的水流速度加快，特别是在河水泛滥的季节，因而导致桥墩基底周围河床的侵蚀。根据狄奥多鲁斯・希库鲁斯的记载，幼发拉底河大桥的上部结构是用棕榈树、柏树和松树板制作而成的，桥面宽约 30 英尺。

幼发拉底河大桥存在了 600 余年，在狄奥多鲁斯・希库鲁斯生活的时代，这座桥依然矗立着。“它是我们迄今为止有历史记载的最古老而永恒的

① ［古希腊］希罗多德：《历史》上册，王以铸译，第 109 页。

一座桥，其声誉堪与巴比伦的‘空中花园’相媲美。”①考古学家已经挖掘出了幼发拉底河大桥的废墟。

三、公路

对于美索不达米亚而言，河流就是天然的公路，在南部地区尤其如此。在城邦争战时期，军队都是通过水路或商用小道来行军的。有意识地修筑公路是从亚述帝国开始的，亚述帝国的统治者们主要是出于军事目的或需要开始这一工程的。

> 首先，他们居住的地带地形崎岖不平，丘陵绵延，而且成队的士兵需要有道路才能通行。其次，他们的母亲河，即底格里斯河，不如幼发拉底河那样适于通航，因此水运显得更困难。其三，他们对各个地方的征服扩张要求有一个系统能加速管理、军事汇报、军事命令的传递以及军队的迅速调遣。②

在城乡之间和乡野之间，亚述的国王们并没有花费太大的气力去修筑快速公路，而只是在沙漠小径沿途每隔一定的距离就建立起一个岗哨，并挖凿水井供路人饮用。为防止路人迷路，他们还树立起路标指引。辛那赫里布对道路的维护特别重视，尤其是城市里的街道建设更是重点。在埃塞尔哈东统治时期，亚述在被征服地区的城邦，也开始修建基础设施，这样不仅保持了城邦之间的道路畅通，而且极大地促进了城邦之间商务活动的开展。亚述统治者还创立了王室信使制度，为王室信使们绘制地图，标明各个驿站之间的距离。在少数情况下，亚述的统治者们也会铺设一些特殊

① [美]斯蒂芬·伯特曼：《探寻美索不达米亚文明》，秋叶译，第324页。
② [美]斯蒂芬·伯特曼：《探寻美索不达米亚文明》，秋叶译，第325页。

的道路，如专门供重大宗教节日期间使用的通往主要神庙的特殊通道，专门供外宾使用的通往皇城入口的道路——目的是给外宾留下深刻的印象等；主要街道和市场广场通常也会特别铺设。这些专门铺就的道路是在沙砾层上铺设一层烧制过的砖块作为路基，然后在上面铺设涂有沥青胶泥的灰浆板。

第十章　社会结构与社会制度

第一节　社会结构

家庭或扩大式家庭、城市公民共同体和国家或中央政府构成古代美索不达米亚社会的主要结构。这样的社会结构几乎亘古未变，延续至今。

一、家庭

家庭无论在古代还是现代，都是最基本的社会单位甚至经济单位，越往古代，其作为经济单位的角色就越重要。在古代美索不达米亚也同样如此。“家庭是美索不达米亚最基本的社会单位，家庭的规模大小不一，相差很大。最小的家庭就是一个核心家庭。”①核心家庭通常包括父母亲与他们未结婚的孩子，也可以是单亲家庭，这样的家庭也可以拥有仆人和家内奴隶。“根据对公元前第三千纪中叶的巴比伦土地买卖文书的分析，美索不达米亚存在着扩大式家庭”，这里的“扩大式家庭是指以家庭关系为纽带的亲属组合，虽然他们并不一定居住在一起，但他们保持着密切的经济和社会联系”。②

在古代美索不达米亚，作为经济单位，家庭或扩大式家庭是土地等生

① Marc Van De Mieroop，*The Ancient Mesopotamian City*，p. 15.

② Marc Van De Mieroop，*The Ancient Mesopotamian City*，p. 103.

产资料最主要的占有和使用方式。对于一般的阿维鲁家庭而言，其获得土地的方式大体有三种：其一，从祖辈继承下来的土地，它是阿维鲁在城市公社中享有全权的前提；其二，通过为王室提供服务，包括担任官职和服兵役等，而获得的服役田或供养田；其三，通过转让或买卖而获得的田地。根据古巴比伦时期的土地买卖实践判断，通过买卖获得的土地可以有四种经营途径：买卖或商业交易，出租出去以获得租金，雇用别人租种，自己亲自耕种。在商人家庭中，由于在很多情况下出于资金短缺和共同承担风险的需要，往往采取合伙经营的方式，因此扩大式家庭也发挥了作用，这一点在古亚述时期的商业殖民活动中更为明显。有关亚述地产权利的起源，“在城邦发展成一个民族国家实体以前，土地归扩大式家庭所有，在中亚述时期这种土地制度仍有非常明显的印记，尽管在中亚述时期扩大式家庭通常集合起来进入更大的村社；这种发展变化在某些方面限制了任何特定扩大式家庭的活动自由。村社所控制的大部分土地被分成若干的小块，称为‘份地’，这些‘份地’定期地在扩大式家庭中进行再分配，以及在私人中间进行买卖”①。

在一般的观念中，美索不达米亚的家庭经济都是自给自足的农业经济，所有生产品都是为了满足家庭自身的消费需要。“但实际上，这种自给自足的状况在超越了生存水平线之后是要被打破的。因为美索不达米亚缺乏矿产资源，例如，制造金属物品所需要的原材料只能从美索不达米亚以外的地区获得。甚至王室都不能仅仅依靠自己生产和军事征服满足其所需，这种状况至少持续到亚述帝国的建立。”②也就是说，一方面家庭所生产的农产品在满足自身需要之后仍有富余，另一方面用于生产和生活的其他物质资料又非常缺乏，所以产品交换就不可避免，商业的发展就顺理成章。因此，以家庭为单位的工商业，作为私有经济的重要组成部分，就自然会呈

---

① H. W. F. Saggs, *The Might That Was Assyria*, p. 132.

② Marc Van De Mieroop, *The Ancient Mesopotamian City*, p. 15.

现出一片繁荣的景象。“私人个体和家庭公司在美索不达米亚的经济中占有非常重要的地位，这些个体和家庭公司的规模不断地与时俱进。”①

作为社会单位，父权制家长代表整个家庭行使在城市公社中的权利。也就是说，只有父权制家长享有全权的公民权，参加公民会议，其未成年未成家的子女甚至不能被称为“阿维鲁”，而只能被称为“阿维鲁之子”（*Màr Awilim*）。但纳第图女祭司除外，由于她们实际上享有独立的财产权和经营权，还由于她们在社会观念中已婚（嫁给了神灵），她们享有“阿维鲁”的称号，并因此享有阿维鲁的权利和社会地位。

图 10.1　一位乌尔城的母亲抱着孩子的雕像。出自乌尔

从《汉谟拉比法典》中可知，在家庭关系中，父权占支配地位，但妻子受到一定程度的保护。父亲有权将子女交给债权人抵债（第 117 条），甚至有权让他们为自己杀他人之子女去抵命（第 230 条）。妻子在这方面的处境要好得多，丈夫婚前所负债务与她无关，丈夫不得因此将其妻抵押，婚后所负债务则由丈夫、妻子双方共同负责（第 151～152 条）。此外，妻子还受到其他方面的法律保护。例如，诽谤或诬告自由民之妻者要受到法律惩罚（第 127 条）；强奸自由民未婚妻者要处以死刑（第 128 条）；如果自由民被捕为俘，而家中无生活资料，其妻可以与别人同居，待自己丈夫回来后再随其夫（第 134～135 条）。虽然如此，妻子在某种程度上还只是生儿

① Marc Van De Mieroop, *The Ancient Mesopotamian City*, p. 19.

育女的工具，丈夫可以因妻子未生育之故而纳妾或离弃之(第 138 条和第 145 条)，但对妻子来说还有补救的措施，即如果妻子为丈夫找到女人并替其生育，丈夫便不得如此(第 144 条)。即使离弃之时，丈夫也必须给妻子一部分财产(相当于聘金数额之银)，并归还其所带来之嫁妆，如无聘金，则要给 1 明那银，作为离婚费(第 138～140 条)。

二、城市公民共同体

长期以来，很多研究西方古典学的历史学家包括一些专门研究城市学的学者，无视大量的考古学和文献资料，否认在古代近东存在城市这样一个历史事实，他们把城市的起源看作古希腊现象，其中主要的依据是根据古希腊的“范例”断定古代近东没有“民主制”和“私人企业”。① 实际上，正如在本书相关篇章中所论述过的，古代美索不达米亚不仅存在过“原始民主制”，其城市还享有高度的自治权，私人经济包括工商业和“农业资本主义”的高度发展孕育了人类历史上最早的公司形式。正如亚述学家所说：“美索不达米亚不仅是最早的城市文明，还是古代最具城市化的社会。”②美索不达米亚的城市首先出现在南方，后来北部的亚述地区也开始了城市化进程，并且很快形成巨大规模。“美索不达米亚城市的密集度是无与伦比的；大型的城市中心延绵相望”，“对于我们今天的人们来说，美索不达米亚人就是公民，就是这些众多古代城市的居民。我们所欣赏的艺术与文学就是由这些公民们创造的，我们所研究的官僚体系就是城市的管理体系，我们所熟悉的政治家和军事领袖就居住在城市”。③

在苏美尔城邦时期，一座城市就是一个独立的国家。区域性的统一国家出现以后，城市作为行省的核心享有高度的自治权，成为连接家庭和国

---

① Marc Van De Mieroop, *The Ancient Mesopotamian City*, pp. 3-4.

② Marc Van De Mieroop, *The Ancient Mesopotamian City*, p. 1.

③ Marc Van De Mieroop, *The Ancient Mesopotamian City*, pp. 1-2.

家之间的强有力的纽带。城市作为联结家庭与国家或中央政府的媒介，其功能主要是组织性、管理性和服务性的，其组织性、管理性和服务性功能是两个层面和多维度的。两个层面指的是，“在较低层面上的街坊邻里或城区事务，帮助城市居民制定从环境卫生到安全防卫的管理规定等；在较高层面上，城市当局必须建立自己与国王的联系，充当王室驻外和更高权威的代表，在城市为王室履行多方面的职能”①。城市共同体的多维度的组织性、管理性和服务性功能至少包括经济的、文化或意识形态的、军事的和政治的四个方面。在经济领域，城市向上要负责为国家挖凿和维护运河，向下要在城市公民中征集挖凿和维护运河的劳动力；向上要负责为王室经营银钱和粮食的借贷业务，为王室征收各种税收，以及管理国家粮仓等，向下要为城市居民的生产和经营活动提供便利条件，尤其是在长距离对外贸易活动中，更需要得到城市共同体的帮助和服务。在文化或意识形态领域，城市无疑是国家的文化中心，国家修建神庙和举行大型祭祀活动都需要城市当局负责组织和承办，同时还要使城市公民日常的宗教生活和祭祀活动得到很好的保证。在军事领域，由于在整个美索不达米亚的漫长历史进程中，公民兵都是最主要的军队构成，而公民都生活于具体的城市之中，所以城市共同体在包括征兵在内的军队建设中便发挥着不可替代的作用。一方面，城市共同体要为国家保证足够的兵源，任何人逃避兵役都要受到惩罚；另一方面，城市还要代表国家保证军人及其家属的合法权利和应有利益。在政治领域，一方面，美索不达米亚的城市共同体享有高度的自治权，城市的长老会议、公民大会、商会和最高行政长官市长享有独立的行政权和司法权，成为管理和保证城市公民利益的根基；另一方面，城市自治的管理机构同时也构成整个国家官僚体系的一个重要组成部分，接受中央政府的监督和管理。

---

① R. Harris，*Ancient Sippar：A Demographic Study of an Old-Babylonian City*（*1894-1595 B. C.*），p. 57.

三、国家

在古代，国家是最大的公民群体组织，无论是单一的城邦或城市国家还是跨地区的庞大帝国，在组织的性质方面并无本质性的区别。国王是国家最高的统治者和管理者。就其权力范围而言，国王扮演着双重角色：其一，整个国家的领导者；其二，他自己的家庭王室组织的头领。作为整个国家的领导者，他是国家所有臣民的国王，臣民拥有不同的地位，他们包括王室的依附民，还包括村社的村民和部落的部民，当然也包括城市的公民，他们不属于王室组织范畴，国王在他们生活的某些方面，享有绝对的权威。

图 10.2　拉伽什王安那吐姆献给宁吉尔苏神的权标头。拥有狮头的神鹰伊姆杜古德(Imdugud)——宁吉尔苏的象征——正抓着两头狮子。约公元前 2400 年。出自特罗(古代吉尔苏)

作为国家的最高统治者和管理者，国王也扮演着双重角色。一方面，在人民面前，他作为天国神灵在人间的代表，代表神灵照料其子民，因为所有人类都是神灵的后代和奴仆；另一方面，在神灵面前，他又作为人民的代表，代表人民祈求神灵的保佑。美索不达米亚的国王对人民的责任和义务，有如牧人对于牧群一样，所以国王往往自称为神灵所指派的“牧者”。他必须保证他的人民得到“牧养”；作为战争中的统帅，他必须保证他的人民不受外敌侵略；他必须挖凿和维护运河，以保证土地的丰腴；他必须在国内主持正义和维持秩序；他必须通过不断的祭祀活动使人民得到神灵的宠爱，把邪恶的魔鬼引开。他在这些方面，享有无限的权威。作为对国王和国家的回报，人民提供两方面的义务：其一，是向国家缴纳税赋的义务；其二，是为国家服兵役和劳役的义务。城市当局或城市公民共同体的角色，相当于在国王和人民的双向义务之间，提供具有责任心的中介服务。

第二节 社会分层

社会分层是人类社会的“自然”规律，是不以人的意志为转移的不可抗拒的规律。尽管追求平等是人类的目标和愿望，但社会分层却是人类社会的现实，在阶级社会中，社会阶层具有鲜明的阶级特征，因此社会分层具有明显的阶级性。在古代美索不达米亚历史发展的任何阶段，社会都存在着明显的分层，在美索不达米亚的文化中存在着分层或等级的观念和意识。就连天上的众神也是划分层次或等级的，“这是美索不达米亚人热衷于社会分层的十分有力的证明”①。从《汉谟拉比法典》中就可以明显看出，古巴比伦社会存在着阿维鲁、穆什钦努和奴隶三大社会阶层，不同阶层显然享有

① Jean Bottéro, *Religion in Ancient Mesopotamia*, translated by Teresa Lavender Fagan, Chicago: The University of Chicago Press, 2004, p. 49.

不同的权利和社会地位。

一、阿维鲁的社会地位

众所周知，汉谟拉比在其法典中把古巴比伦社会的居民划分为三个等级，即阿维鲁(*Awīlum*)、穆什钦努(*Muškēnum*)和奴隶(*Wardum*)。关于阿维鲁与穆什钦努的内涵问题，自《汉谟拉比法典》被发现以来，一直存在着激烈的论争。① 随着讨论的不断深入，越来越多的学者达成了基本的共识，他们都主张阿维鲁是在公社中享有全权的自由民，穆什钦努是王室仆从。这一论断无疑符合历史事实。

阿维鲁与穆什钦努有以下几方面的区别。

其一，阿维鲁来源于传统氏族，属于城市公社，穆什钦努被排斥在氏族和城市公社集体之外。这从有关法典中便明显可见。

《汉谟拉比法典》第136条规定：

> 如果一个人(阿维鲁，Awīlum)背弃其城市公社(Alum)而出走，而后其妻改嫁入于他人之家，及此阿维鲁返回而欲重新拥有其妻，则因彼憎恨自己的城市公社而出走，此妻不得返回其夫——出走者之处。②

《埃什努那法典》第30条规定：

---

① 关于阿维鲁和穆什钦努的论述，参见于殿利：《巴比伦法的人本观——一个关于人本主义思想起源的研究》，第28～60页；《古巴比伦时期阿维鲁等级的社会地位》，见施治生、徐建新主编：《古代国家的等级制度》，第125～154页；《试论〈汉谟拉比法典〉中商人的社会等级地位》，载《比较法研究》1994年第1期。

② 参见《汉谟拉比法典》，杨炽译，第74～75页；林志纯主编：《世界通史资料选辑》(上古部分)，第85页。

如果一个人憎恨其城市公社而逃走，而另一人在事实上占有了其妻：无论他何时返回，他都不能对他的妻子进行起诉。①

从《汉谟拉比法典》和《埃什努那法典》中不难看出，阿维鲁不仅属于城市公社，而且还必须忠于城市公社，热爱城市公社，擅自离开自己的城市公社，要受到法律的惩罚。不仅如此，其他文献同样能为此提供许多证据。在这里我们仅以《芝加哥亚述语词典》为例，把该词典在城市和阿维鲁条目下的例句择要列举如下：

任何人不得以暴力在城市公社内从其他人(阿维鲁)家中抢夺财产。②

国家将不同情国家，城市将不同情城市，个人(阿维鲁)将不同情个人，家庭将不同情家庭，兄弟也将不同情兄弟。③ 他不是沙加城的土著居民，因此，他也不是该城的公民。④

这些材料表明，国家、城市公社、家庭和个人(Awilūm)是一个有机体，也就是说，国家是由城市公社组成的，城市公社是由家庭组成的，家庭是以其家长阿维鲁为代表的，阿维鲁构成古巴比伦王国的主体，他们是城市公社的公民，是真正意义上的“人”。穆什钦努被排斥在城市公社之外，现有的涉及城市公社的资料，几乎没有提到穆什钦努的。

其二，阿维鲁在公社中拥有土地所有权，并因此享有公社中的全权，处于公社自治机构的司法管辖之下；穆什钦努处于公社之外，靠为王室提

① Reuven Yaron, *The Laws of Eshnunna*, Jerusalem: The Magnes Press, 1988, pp. 60-61.
② *CAD*, A, part 1, p. 384.
③ *CAD*, A, part 1, p. 384.
④ *CAD*, A, part 1, p. 56.

供服务获取王室土地的使用权，并因此成为王室仆从，受王室的特殊保护和限制，处于王室的司法管辖之下。

而且这种划分可以解释这一事实，即总体来说阿维鲁的地位高于穆什钦努，但穆什钦努与王室的利益密切相关，因此受到王室的限制和保护。穆什钦努虽然没有土地所有权，但为王室服务和耕种王室土地也可使一些人变得富有。

另外，从材料中我们看到，在古巴比伦社会中，一个人可以同时身兼阿维鲁和穆什钦努双重身份。例如，在一封官方书信中，一群穆什钦努同时被称为阿维鲁，甚至城市之子（*a Lú Meš muškēnum dumu meš as-la-wk-ka-a*^{ki}）。[①] 之所以存在这种情况，可能是因为古巴比伦时期土地买卖及转让很活跃，一个人只要获得私人拥有的公社土地便可成为阿维鲁。这种情况的出现应不是个别现象，因为贾可诺夫对公元前19—前18世纪的乌尔和拉尔萨两城的研究结果表明，“大多数城市居民，即使不是全部，实际上都与王室或神庙服务有关。同时，他们大多数不仅以服役为条件换取土地，还在公社中拥有私人财产。因此，他们有权获得阿维鲁称号”[②]。

其三，阿维鲁享有参政的权利。因为阿维鲁是城市公社成员，是真正的公民或国民，所以他们不仅在城市公社中享有政治权利，可以担任城市公社管理机构的官员，参加长老会议和公民大会，而且中央政府的官吏也同样出自阿维鲁，包括商人首领、商人塔木卡和高级女祭司纳第图。

总之，阿维鲁出自城市公社，源于氏族组织，是城市公社中的公民，享有土地所有权及参与政治的权利。穆什钦努被排斥在城市公社之外，他们不享有土地所有权，没有参与政治的权利。阿维鲁不仅参与城市自治机

---

① F. R. Kraus, *Ein Edikt des Königs Ammi-ṣaduqa Von Babylon*, Leiden: E. J. Brill, 1958, p. 145.

② I. M. Diakonoff, “Socio-Economic Classes in Babylonia and the Babylonian Concept of Social Stratification”, *Compte Rendu de la Rencontre Assyriologie International Selected Papers*, 18(1970), pp. 46-47.

构的管理，中央政府的官吏同样出自城市公社，出自阿维鲁公民，迄今未发现有穆什钦努担任官吏，或官员被直接称为穆什钦努的记载。

二、穆什钦努的社会地位

穆什钦努一词是迄今所知最古老的阿卡德语词汇之一，早在《汉谟拉比法典》颁布之前1000多年就已出现了，在苏美尔文中它被称为*MAŠKA'EN*。学者们普遍认为，*Muškēnum*一词来源于动词*Šuk-ēnum*，表示“鞠躬”、“下跪”和“磕头”等意。① 根据穆什钦努被排斥在城市公社之外这一点来判断，贾可诺夫等人所坚持的穆什钦努“可能只是在公社中无以立足、已经破产与被剥夺财产的人，或是外邦人”，可能更接近事实。但同样是根据这一点来判断，克劳斯和米克(Th. J. Meek)等人认为穆什钦努是平民，阿维鲁是贵族，也有其道理。因为阿维鲁出自氏族和城市公社，并因此成为公民，他们实际上就成了传统的氏族贵族；穆什钦努由于是外邦人或被逐出公社之人，实际上也就沦为平民。

三、奴隶

无疑，在《汉谟拉比法典》中，奴隶处于社会的最底层。关于奴隶的社会地位问题，我们将在后面论述。

第三节　婚姻与家庭

《汉谟拉比法典》反映出的古巴比伦社会的婚姻、家庭和继承关系有着两个基本特征，其一是家长制残余(宗法制)仍较明显地存在着，其二是相对而言，妇女享有较高的地位。

---

① Reuven Yaron, *The Laws of Eshnunna*, p. 133.

在婚姻方面，一方面，结婚的双方必须缔结婚约，无婚约的婚姻在法律上是无效的。这说明男女双方都受到法律的约束和保护，而对妇女显得更为重要，因为这在某种程度上限制了男人的恣意妄为。但另一方面，婚约的缔结不是由结婚者本人，而是由双方的父亲来完成的。婚约按财产买卖契约方式立字盖章，婚约缔结后，如果男方违约另娶则失其聘金；如果女方毁约另嫁，则要加倍退还聘金(第159、160条)。

一、婚姻契约

根据官方法律和私人契约的记载，我们可以说，至少在古巴比伦社会，契约观念和契约形式已经进入了寻常百姓的日常生活之中。婚姻就是一种典型的契约形式，包括三种形式：缔约——结婚，违约——退婚或悔婚，解约——离婚。

首先，没有缔结契约的婚姻是不被法律认可和承认的，这在埃什努那王俾拉拉马的法典和古巴比伦王国汉谟拉比王的法典中都得到了证明。

《埃什努那法典》

第27条：倘自由民未向女之父母提出请求，且未与女之父母订立协议与契约，而径取自由民之女为妻，则此女住自由民之家即达一年之久，仍非其妻。

第28条：倘相反，自由民已与女之父母订立协议及契约，而后取女为妻，则她已为有夫之妇，倘再投入他人怀抱，则应处死，不得偷生。①

《汉谟拉比法典》

第128条：如果一个人娶妻而没有立文约，那么那女人还不

① 参见林志纯主编：《世界通史资料选辑》(上古部分)，第58页。

是个妻子。①

大多数中外学者都认为法典中所说的契约指的是书面文约，但也有个别学者认为《汉谟拉比法典》第128条中所说的契约不一定是书面文约而也有可能是口头婚约②，但无论是书面契约还是口头婚约，都不影响我们的立论，因为两者都属于契约形式。《中期亚述法典》则规定(第34条)，如果一个人与寡妇结婚，而没有缔结婚约，她在他家住了两年，那她就是他的妻子，也就不能走了。③

其次，对缔结婚约以后，尚未结婚之前，无论是男方还是女方的退婚或悔婚行为，《汉谟拉比法典》都给出了处罚的措施：

> 第159条：如果一个人将聘礼送至其岳家，交付聘金之后，见其他妇女，而谓其岳父云："我不娶你之女"，则女子之父得占有其送来的一切财物。
>
> 第160条：如果一个人将聘礼送至其岳家，交付聘金，而后女子之父云："我不将吾女给你"，则彼应加倍归还一切致送与彼之物。
>
> 第161条：如果一个人将聘礼送至其岳家，交付聘金，而后其友诽谤之，于是岳父告妻主④云："你勿娶吾女"，则彼应加倍退还一切致送与彼之物；而其友亦不得娶此妻。⑤

---

① 《汉谟拉比法典》杨炽译，第77+F条，第70页。

② Samuel Greengus, "The Old Babylonian Marriage Contract", *JAOS*, 89(1969), pp. 505-532.

③ 参见Samuel Greengus, "The Old Babylonian Marriage Contract", *JAOS*, 89(1969), p. 521；林志纯主编：《世界通史资料选辑》(上古部分)，第128页。

④ 即男方新郎。

⑤ 参见林志纯主编：《世界通史资料选辑》(上古部分)，第88页。

这三条法律至少反映出，男方到女方家中交送聘金并且女方父亲接收了聘金之后，双方的婚约正式生效；其后任何一方的退婚或悔婚，都被视为违约，都要受到法律的处罚；法律对男方违约的处罚要轻于对女方违约的处罚，这可能一方面反映出在古巴比伦社会男女地位的不平等，同时也有另一方面可能的解释，即男方处于支付而女方处于接收钱财的不同地位，男方支付聘金之后自己违约，是因“见异思迁”等其他因素之故，而女方接收了聘金之后违约，就不免有骗取钱财之嫌疑，而法律对骗取钱财的处罚无疑要更重一些。从《汉谟拉比法典》和古巴比伦时期的婚姻契约文献中可以看出，在商品经济的社会中，婚姻契约与一般的商业契约并无本质上的不同，正如学者们所云：“古巴比伦人采用类似商人处理违约问题的办法来处理悔婚问题。”①

二、解除婚约与夫妻双方权利

对于解除婚约——离婚的处罚，不仅表现出了对男方主动提出离婚和女方主动提出离婚的处罚轻重的不同，还体现出了处罚方式等方面的不同。《汉谟拉比法典》对男方主动提出离婚的规定如下：

第 137 条：如果一个人决定与为他生有孩子的淑吉图②或为他得到孩子的纳第图女祭司离婚，那么他应归还她的嫁妆，并给她田园财物的一半，以便她哺养她的孩子。待孩子大了以后，他们应给她相当于一个继承人的一份遗产。她所喜爱的丈夫可娶她。

第 138 条：如果一个人要与没给他生孩子的原配妻子离婚，他应给她相当于她的聘金价值的银子，并全数偿还从她父亲家带

① 国洪更：《古巴比伦婚姻习俗若干问题的再考察》，载《史学月刊》2004 年第 11 期，第 87 页。

② 淑吉图（*šugitum*），一种献身给神的女人，可以结婚生子。

来的嫁妆，这样他就可以与她离婚。

第139条：如果当初没有聘金，那么他应给她一明那银子作为离婚费。

第140条：如果他是穆什钦努，那么他应给她三分之一明那银子。①

根据这几条法律，我们可以读出这样一些信息，或者说做出这样一些判断。

其一，在古巴比伦社会，男子享有完全的离婚自由权，不管夫妻双方是生有孩子还是没有孩子，男方离婚都不受限制。

其二，在有孩子和没有孩子的情况下，对财产的处置采取了不同的方式，但在两种情况下都体现出了法律对孩子和妻子的“后续”生活的必要保障。

其三，这里含蓄地引入了“过错”的概念，即第138～140条中妻子“没给他生孩子”。在人类社会相当长的历史时期里，直到20世纪的现代社会，在一些“文明”社会中仍把没生孩子视为妻子的最大“罪过”。在这种存在明显“过错”的情况下，古巴比伦的妻子受到的最大惩罚也就是“离婚”或“被休”，但也不是无条件地或无保障地“被离婚”或“被休”，她还是能够得到一些财产补偿。

其四，对于丈夫而言，无论妻子是否存在明显的“过错”，即是否为其生有孩子，只要他主动提出离婚，虽然一方面他没有遭到处罚，这也是他享有离婚权的重要表现，但另一方面，他却要遭受财产损失。在第137条妻子不存在“过错”即为他生有孩子的情况下，丈夫主动提出离婚，他退还嫁妆是正常的，因为在古巴比伦社会，带到夫家的嫁妆从来就被视为是女方的财产；妻子和孩子享有其财产的继承权，也是法律赋予他们的正常继

① 参见《汉谟拉比法典》，杨炽译，第76页。

承权利，算不上是对丈夫的惩罚。而在妻子存在明显“过错”的情况下，丈夫提出离婚时，他还要“归还”聘金(根据古巴比伦时期的婚约文献记载，“父亲在陪送女儿嫁妆的同时，还要把新郎送来的聘金退还给新郎”①)，或者在没有聘金的情况下，给予妻子一些离婚费作为补偿。这一方面表示，主动提出离婚即被视为主动解约，而聘金是当时订立婚约时的“订金”，作为主动解约方的丈夫，在解约时理应丧失其支付的“订金”，而即便是妻子“没有为他生孩子”在当时的社会习俗中构成了明显“过错”，但这一点显然并没有也不可能写进当初双方订立的婚约中，因此对于妻子而言，不存在违约的问题；另一方面也体现了立法者对“被离婚”妇女设置的一种法律补救，因为在立法者眼中或在当时的社会风尚中，“被离婚”妇女显然也被视为是“受害者”。

其五，《汉谟拉比法典》第137条中涉及的生有孩子的妻子的身份是淑吉图和纳第图女祭司，第138～140条中涉及的没有生孩子的“原配妻子”的身份是普通的妇女，而法典中没有提到这种普通妇女在生有孩子的情况下，男方主动提出离婚时，应该如何处理。在这种情况下，丈夫还享有离婚自由的权利吗？对此，《汉谟拉比法典》中没有给出答案，但《埃什努那法典》中有这样一条规定，似乎可以作为参照：

> 第59条：倘自由民于生有小孩后遗弃其妻而另娶，则彼应被驱逐出家，并丧失一切，而它应归于彼所遗弃之人。②

在女方即妻子主动提出离婚的情况下，《汉谟拉比法典》做出了这样的规定：

---

① 国洪更：《古巴比伦婚姻习俗若干问题的再考察》，载《史学月刊》2004年第11期，第73页。

② 林志纯主编：《世界通史资料选辑》(上古部分)，第61页。

第141条：如果一个人的妻子决定出走，因此她(非法为自己)拿东西，挥霍家财，降低她丈夫的地位，那么应证实她(有罪)，如果她丈夫说："我要与她离婚。"那么他可与她离婚，(但)不要给她任何旅费、离婚费。如果她丈夫说："我不要与她离婚。"那么她丈夫可娶另一女子为妻，而这个女子将作为奴仆住在她丈夫家中。

第142条：如果一个女人厌恶她的丈夫，因而说："你不要占有我。"那么应在她的邻里调查她的情况。如果她洁身自重，没有过失，而她丈夫时常外出，给她带来很大耻辱，那么那女人无罪。她应拿了她的嫁妆(回)到她父亲家去。

第143条：如果她不是洁身自重，而有外遇，挥霍家财，丢她丈夫的脸，那么应把那女人扔到水里。①

以上针对女方即妻子提出离婚所做出的法律处置，较丈夫主动提出离婚的情形又有了变化，而这些变化归根结底体现的都是社会普遍的价值观念。其一，与第138～140条隐晦的"过错"概念不同，这几条法律提出了明确的"过错"概念，而且这种"过错"不仅限于女方即妻子，男方即丈夫同样被追究"过错"；其二，在"过错"对等的情况下，即对方犯有过错的情况下，妻子与丈夫享有同等的离婚权；其三，在同样"过错"的情况下，对女方的处罚较之对男方的处罚要重得多；其四，无论是妻子还是丈夫犯有过错，法律都不强行离婚，对方都有自由的选择权。顺便说一句，即使在第141条中丈夫主动提出离婚，也不被视为主动解约的行为，因为是妻子"故意闹离婚"在先。

---

① 参见《汉谟拉比法典》，杨炽译，第78页。

三、婚姻中的财产继承关系

《汉谟拉比法典》中关于婚前婚后的债务关系处理，以及妻子的独立继承权等问题的具体规定，其立法精神已经达到了现代立法的水平。

第150条：如果一个人以田园房屋或其他[动]产赠与其妻，而给他以盖章之文约，则其夫死后，其子女不得对她起诉，作任何请求；母亲得将其身后之物授予其所钟爱之子，唯不得以之授予其兄弟。

第151条：如果居于一人之家之妇，为使其夫之债权人不至于将她扣押，曾与其夫立约，使之给她以有关文书，则此人于娶妇前倘负有债务，其债权人不得扣押其妻。与此相同，倘此妇入于夫家前负有债务，其债权人亦不得扣押其夫。

第152条：如果在此妇入于一个人之家后，彼等负有债务，则彼等共同对塔木卡负责。①

在这里我们看到，尽管《汉谟拉比法典》中关于财产继承的条文规定了财产继承关系、范围顺序和份额，但丈夫可以与妻子订立特别的赠予和继承契约，从另一方面也就是说，妻子有享受婚内特别赠予和继承的权利，只是为保证她接受赠予的这部分财产不“外流”，她死后这部分遗产只能由其孩子继承，而不能留给她的兄弟们。《汉谟拉比法典》的规定被契约文献所证实。在一份契约②中，一位丈夫赠给了他的妻子几名奴隶。在她活着的时候，她可以享受奴隶们的服务，但她死后，奴隶们将属于她的孩子们。

---

① 参见林志纯主编：《世界通史资料选辑》(上古部分)，第87页。

② *BE*，6/1，转引自 Samuel Greengus，“The Old Babylonian Marriage Contract”，*JAOS*，89 (1969)，p. 509.

她丈夫对神宣誓，将不更改协议。另外，无论是丈夫还是妻子，在结婚前所负之债务，只能由他们各自负责，对方没有连带责任；只有在结婚之后他们所负之债务，才由他们共同负责。巴比伦人三四千年前所确立的这种立法原则和立法精神，一直流传到现代社会，成为现代文明社会中有关财产法的一部分。

在财产继承方面，基本原则是父亲死后留下的财产由其所有子女，包括与后妻所生之子、与女奴所生之子(第 170～171 条)和收养之子(第 190～191 条)继承，父亲不可随意剥夺某子的继承权，但可以在法官确认某子犯有重大罪过时，剥夺其继承权(第 168～169 条)。妻子结婚时带到夫家的嫁妆同样由其所有子女，包括与后夫所生之子女继承(第 173 条)。由此可见，所有子女在法律上享有同等的继承权，没有先后贵贱之分。但父亲生前可以将一份财产赠予其所爱之子(第 165 条)，如果有子未娶妻，则要留给孩子一份财产，作为其日后结婚的聘金(第 166 条)。除此之外，他们在其父死后分财产时仍可获得与其他诸子相同的份额。女儿的继承份额则相当于其嫁妆的数量。此外，丈夫死后要留给妻子赡养费，否则，妻子应取回嫁妆，并继承一份财产，子女不得虐待她(第 172 条)。

第四节　社会制度

关于古代美索不达米亚的社会性质问题，长期以来存在着相当大的争论，尤其是中西方学术界在此问题上存在着严重的意见分歧。这里的一个关键点在于，如何认识奴隶与奴隶社会的关系。无疑，奴隶社会一定有奴隶阶层存在，但存在奴隶阶层是否意味着该社会一定就是奴隶制社会？是否还要具体分析奴隶在社会中所扮演的角色，尤其是在生产领域所扮演的角色？

一、奴隶制、封建制和资本主义并存的社会奇观

关于古代美索不达米亚社会尤其是古巴比伦的社会性质问题，长期以来国内外学术界存在着两大主流观点，即“奴隶制说”和“封建说”。大体说来，中国学术界除了极个别学者外比较一致地坚持“奴隶制说”；而以西方和苏联为代表的国外学术界在经过一段时间的反复后坚定了“封建说”。

（一）中国学术界的“不和谐”声音

中国学术界一直奉行“奴隶制社会”说，直到现在都没有改变。① 只有童书业先生在 1957 年出版《古巴比伦社会制度试探》一书，向“正统”或“主流”观点发起了挑战，即认为古巴比伦的社会性质为封建社会。虽然这样的“不和谐”声音太过微弱，但在一边倒的“奴隶制说”的大背景下，已属难能可贵。

在童书业先生看来，古代两河流域的历史至少是有封建成分的，最明显的是极普及的租佃制度和隶属农民的身份。这种制度和身份萌芽于苏美尔时代，而发展于巴比伦时代。在加喜特王朝时代，封建形态更是显著。巴比伦尼亚租佃制度的起源是很早的，远在苏美尔时代就已经存在了。约公元前 2500 年，拉伽什城邦有一种土地叫作“乌鲁拉里”，就是租佃性质的土地。这种土地是国有的，由国家分配给农民耕种。使用“乌鲁拉里”土地的人要付出地租，地租的数目大约是收获量的 1/8 到 1/5。耕种这种土地的农民，就是一种带有隶属性的农民。尽管如此，从苏美尔时代一直到乌尔第三王朝结束的历史时期，美索不达米亚的社会经济都属于奴隶制经济。到古巴比伦时期，出现了特殊的皇室租佃制经济，这正是奴隶制没落、封

① 参见吴泽：《东方社会经济形态史论》，上海：上海人民出版社，1993 年版，第 67～68 页；李海峰：《古巴比伦时期土地租赁活动研究》，载《世界历史》2009 年第 1 期，第 101 页；李海峰：《古巴比伦时期不动产经济活动研究——以西帕尔地区为考察中心》，代序。

建制兴起时期的现象，整个公元前第二千纪前半期就是美索不达米亚从奴隶制转入封建制的过渡时期，而公元前18世纪上半叶汉谟拉比在位的时代，封建制已经占据优势，基本上进入封建社会了。[①]

(二)国外学术界的"封建说"

国外学术界的观点以西方和苏联学者最具代表性，在这里援引中国学者对西方和苏联学者的相关研究综述[②]，供读者参考。

关于奴隶制问题的研究，苏联学者在这方面下的功夫最大，其研究成果也颇具"戏剧性"。早在20世纪30年代中期以前，苏联古史学界，包括赫瓦斯托夫、图拉耶夫、尼科尔斯基和司特卢威等，几乎一致认定古代东方是封建社会。直到1933年，司特卢威才第一次提出和论证古代东方是奴隶制社会，还遭到了多数学者的批评。1934年以后，随着苏联国内政治局势的变化，受"奴隶制社会普遍说"的影响，古代东方的社会性质被"论证"为奴隶制社会。在1960年召开的第11届国际历史学大会上，古代的奴隶制问题成为东西方学者争论的焦点，使得"奴隶制已不再是一种历史现象，而是一个马克思主义和非马克思主义之间的政治问题了"。苏联学者开始抛弃旧的教条主义的论证方法，而采用以事实为依据的理性方法，注重研究奴隶在社会阶级和等级关系中的地位等问题。在此后的几十年里，苏联学者在对奴隶制问题的认识上，产生了较大的分歧，甚至学者们自己的观点也几经修正。例如，著名亚述学家贾可诺夫在1966年还认为奴隶制是古代最经济、实用的生产方式，而两年后便否定了自己的看法，否定了奴隶制生产方式在古代的主导地位，将整个早期文明定名为"古代生产方式"阶段。到了1998年，贾可诺夫和V. A. 雅各布森(V. A. Jacobsen)发表了《古代的

---

① 参见童书业著，童教英整理：《童书业古代社会论集》，北京：中华书局，2006年版，第278～281页；童书业：《古巴比伦社会制度试探》，济南：山东人民出版社，1957年版，第13～17页。

② 参见刘家和、廖学盛主编：《世界古代文明史研究导论》，第129～130页。

公民社会》一文，进一步指出奴隶制“几乎在任何时代都没有在经济中起过主要作用”。其他学者如丹达马耶夫(Dandamayev)1974年发表了著作《公元前7—前4世纪巴比伦尼亚的奴隶制》，根据丰富的泥板文献指出，即使在西亚奴隶制最繁荣的新巴比伦王国时期，奴隶劳动在农业和手工业中均不起决定作用，只在很有限的范围内得到应用。特别需要指出的是，国际学术界经过几十年对亚细亚生产方式的讨论，终于在20世纪80年代中期在一个问题上达成共识，即一致否定了古代东方奴隶劳动的决定作用。1984年，丹达马耶夫甚至在其主编的《古代东方的社会关系与依附形式问题》一书中，为苏联学术界发表了总声明：在苏联的古代东方研究领域，已有大量涉及奴隶的法律地位以及奴隶劳动在生产中所起作用的文献；最近20年发表的研究成果已经确立了这一看法，即奴隶劳动在古代东方的主要生产部门中不起决定作用，而这恰恰是指在农业和手工业当中，不管是在王室经济、神庙经济还是在私人经济当中均是如此。

西方史家从始至终都坚持认为，古代东方的社会性质属于封建社会。

(三)奴隶制、封建制和资本主义并存的社会奇观

纵观国内外学术界几十年来有关古巴比伦乃至整个古代东方社会性质的学术史，可以说在史料或历史事实方面较少存在争议，最大的争议也是最终导致不同结论的关键在理论层面，即方法论层面。根据现有的经济和法律文献判断，加上我们对古代美索不达米亚的社会结构——国家、城市公民共同体和家庭三位一体——之理解，我们认为至少古巴比伦社会的社会性质是复杂的，在国家、公民共同体和家庭三个层面上表现出了不同的特性。

1. 国有经济的封建租佃性质

国家处于社会结构的最高层，国有经济的性质在很大程度上决定着整个国家的社会性质。

关于国有土地的租佃式生产方式我们在前面(参见第七章)已经有所论

述，在这里仅从社会制度的角度做简要的补充。第一，王室土地的耕种方式已经具有了“分封”和“租佃”两种形式。古巴比伦时期王室把土地分给一切为王室服役之人，下到普通士兵上到王公贵族，作为他们为国家服务的回报。到加喜特王朝时期，国王分给国家高级官员的土地，更具有了“封”的特点，这一时期出现的大量的“界碑”(库都鲁)似乎向人们讲述着这样的故事，即被“分”的国有土地实际上已经“封”到了私人头上，这部分土地实际上可能已经私有化了。另一种王室土地则采取租佃的方式租给自己没有土地的人，即《汉谟拉比法典》中出现的纳贡人，纳贡人把收获的大部分缴纳给国家作为地租。第二，租佃土地的纳贡人虽然在法律上享有自由的身份，但他们已经完全成为王室依附民，完全依赖于王室土地，实际上已经附着在王室土地之上了。他们在身份和社会地位上属于穆什钦努。第三，国有土地在总量上可能占到全部土地的一半左右，其中多数是国王通过战争征服的土地，而传统城市核心地区的土地则多数属于城市公社和个体家庭所有。

2. 私人农业经济的“资本主义”生产方式

与国有土地的“租佃式”生产方式不同，以“租赁制”为核心的私人农业经济表现出了完全不同的性质，可以称之为资本主义生产方式的雏形。① 前面(参见第七章)已经对私人土地的租赁制生产方式进行了论述，下面仅就判断资本主义社会性质的一些关键特点，对古巴比伦社会做扼要而有针对性的强调。

(1)租赁制与资本主义生产方式

租赁制是古巴比伦时期各经济领域重要的生产方式，对于《汉谟拉比法典》中所反映出的雇佣船工业务，正如前文所述，世界著名历史学家布罗代

① 对此的详细论述参见于殿利：《巴比伦法的人本观——一个关于人本主义思想起源的研究》，第152～187页；《古巴比伦私人农业经济的商业化特征》，载《中国社会科学》2011年第2期，第208～219页。

尔发出了这样的感慨："在这里，雇主和雇员之间的关系，难道不就是类似资本主义社会的生产关系吗?"在古巴比伦时期的私人农业经济领域中，与在商业领域一样，产生了人类最早的股份公司制形式(合伙经营)，亚述学家把这种租种土地的形式直接就称为"公司制"。[①] 马克思把"股份公司"称为"资产阶级社会的最新形式之一"，指出"它还是在资产阶级社会初期就以拥有特权和垄断权的大商业公司的形式出现"。[②] 古巴比伦时期还产生了人类社会最早的职业经理人，产生了人类历史上最早的股权激励形式。这些都是典型的资本主义的生产方式和管理形式。

古巴比伦时期的土地经营者或租地农场主与 14 世纪下半叶以后英国租地农场主的发展状况有些类似，或者可以说他们就是近代租地农场主的前辈。

(2)获取剩余价值成为农业生产的主要目的

资本主义生产的最大秘密和唯一目的就在于榨取"剩余价值"，这一点在古巴比伦私人农业经济领域表现得特别明显。

首先，土地所有者享有地租，享有土地经营者即租地农场主提供的地租。这一点与马克思所揭示的资本主义的生产方式和分配方式并无不同。古巴比伦时期的地租，往往因田地的位置不同、田地的土质不同，以及已开垦的熟地和未开垦的荒地的不同等因素，而表现出租金高低的不同[③]，从而具有与级差地租相似的特性。

其次，作为土地经营者或租地农场主，他们的收入就更加明确，即肯定是而且只能是经营土地而产生的"剩余价值"。"剩余价值"是他们经营土地的唯一目的，为此他们甚至都不关心土地里生长的是什么庄稼，他们关

---

① W. F. Leemans, "The Role of Landlease in Mesopotamia in the Early Second Millennium B. C.", *JESHO*, 18, No. 2 (1975), p. 141.

② 《马克思恩格斯选集》第 2 卷，北京：人民出版社，1995 年版，第 26 页。

③ 参见李海峰：《古巴比伦时期土地租赁活动研究》，载《世界历史》2009 年第 1 期，第 92～101 页。

心的只是如何把它们转化成货币，而且是转化成最大化的货币。此外他们所关心的就只剩一件事，那就是在把收获物最大限度地转化成货币的同时，追求付出成本或费用的最小化。

(3)劳动力成为商品

劳动成为商品在资本主义生产方式以前的社会形态中就已经存在，但劳动力成为商品却是资本主义生产方式的独特特征，也是使之区别于资本主义以前诸社会形态的重要特征。“资本主义生产方式的前提是：实际的耕作者是雇佣工人，他们受雇于一个只是把农业作为资本的特殊开发场所，作为对一个特殊生产部门的投资来经营的资本家即租地农场主。”①我们看到，在古巴比伦时期的私人农业经济领域里，资本、雇佣劳动和租地农场主一样都不少，雇佣劳动是随着农业资本和租地农场主的出现而出现的，这一点与马克思所给出的“资本主义生产方式的前提”是相符合、相一致的。马克思在历史地考察和分析货币变成资本、劳动变成雇佣劳动时，总结了四个基本条件，这四个基本条件在古巴比伦时期的私人农业经济领域中都已出现和存在着。②

3. 家庭奴隶制

从苏美尔城邦时期开始，美索不达米亚社会就存在着奴隶，但奴隶的数量很少且主要用于家庭内的劳动，较少有机会参加社会生产，其身份和地位更像奴仆。因此，我们更愿意把这种奴隶制称为“家庭奴隶制”。而且即使是家庭奴隶制也远没有那么普遍，只有富人家才可能拥有奴隶。

虽然从《汉谟拉比法典》中我们看不到奴隶在田间耕作的迹象，但在书信和契约文献中确实偶见奴隶的身影，也有学者将此作为古巴比伦社会“奴

① 马克思：《资本论》第3卷，第698页。

② 详细论述参见于殿利：《巴比伦法的人本观——一个关于人本主义思想起源的研究》，第179～184页。

隶制生产”“确凿的史料”。[①] 但仔细分析这些零星的资料后，还是能够探到这种所谓“奴隶制生产”的实质，即奴隶只是在“生产”之后的秋收季节才偶尔被雇用临时“帮忙”，而在整个的真正的生产环节却很难见到他们的身影，这可能是奴隶的生产技能低下从而导致劳动生产效率低下所致。马克斯·韦伯在讨论古巴比伦时期土地的使用和分配时也做出了相同的判断，指出“最重要的是，有组织的奴隶劳动的使用十分少见”，“奴隶的价格不高，数量显然有限”[②]，他们与未成年人只是在“特定的秋收季节才作为收割工人受到雇用”[③]。

在亚述的生产实践中，情况大致相同。“绝大多数的农业生产劳动不是由奴隶从事的，而是由自由民承担的。他们要么是自由的亚述人，要么是遭到流放的自由移民。遭到压迫的亚述农民，其境遇与流放的外国自由民一样，尽管他们可以连同土地一起被出售，但他们绝不可以脱离土地单独被出售，在这方面，他们不是奴隶，尽管他们偶尔被冠以‘奴隶’的称号。”[④]

二、奴隶的社会地位

在任何文明和社会中，奴隶都处于社会的最底层，在美索不达米亚同样也不例外。他们同牲畜一样被视为奴隶主的财产，可以任意买卖、转让、交换、租借和赠予。据《汉谟拉比法典》，奴隶的价格一般为 20 舍克勒银(第 116、216 和 252 条)。然而，这只是人们所熟知的一个方面，另一方面的情况是，在古代美索不达米亚尤其是在古巴比伦社会——关于这方面的材料相对要多一些——奴隶的社会地位远比人们想象的要高。

---

① 参见周怡天：《关于古巴比伦社会经济的札记两则》，见中国世界古代史研究会编：《世界古代史研究》，北京：北京大学出版社，1982 年版，第 40 页。

② Max Weber，*The Agrarian Sociology of Ancient Civilization*，translated by R. I. Frank，p. 97.

③ Max Weber，*The Agrarian Sociology of Ancient Civilization*，translated by R. I. Frank，p. 96.

④ H. W. F. Saggs，*The Might That Was Assyria*，p. 134.

(一)与自由民的通婚权

在法律地位上，奴隶享有与自由的阿维鲁公民和穆什钦努通婚的权利。关于男奴隶娶自由的阿维鲁之女，《汉谟拉比法典》有如下规定：

> 第 175 条：如果宫廷之奴隶或穆什钦努之奴隶娶阿维鲁之女，此女生有子女，则奴隶之主人不得要求将自由民之女所生之子女作为奴隶。
>
> 第 176 条：如果宫廷之奴隶或穆什钦努之奴隶娶阿维鲁之女，当他娶她时，她曾由其父家带来嫁妆以入于宫廷奴隶或穆什钦努奴隶之家，后来他们同居之后，既成家，且有[动]产，而后宫廷奴隶或穆什钦努之奴隶死亡，则自由民之女应得自己之嫁妆，而所有从同居后由其夫及她自己所得之物，应分为两份，奴隶之主人得其半，自由民之女为其子女亦得其半。如果自由民之女未有嫁妆，则所有自同居后由其夫及她自己所得之物，应分为两份，奴隶之主人得其半，自由民之女为其子女亦得其半。①

虽然没有确实的材料证据，但自由民阿维鲁娶女奴为妾的情况在古代美索不达米亚尤其是古巴比伦社会，应该更为普遍。对此，《汉谟拉比法典》有如下规定：

> 第 170 条：如果一个人的配偶为之生有子女，其女奴亦为之生有子女，而父在世之日，称女奴所生之子女为“我之子女”，视之与配偶之子女同列，则父死之后，配偶之子与女奴之子女应均分父之家产；当分产时，配偶之子得优先选取其应得之份。

---

① 参见林志纯主编：《世界通史资料选辑》(上古部分)，第 90 页。

第 171 条：如果父于生前未称女奴为之生育之子女为“我之子女”，则父死之后，女奴之子女不得与配偶之子女同分父之家产。女奴及其子女应解放，配偶之子女不得要求将女奴之子女变成奴隶。配偶取得自己之嫁妆及其夫所给且立有遗嘱确定赠予孀妇之赡养费，并居于其夫之住宅，享有此一切以终其身，但不得以之出卖；至她身后，仅归其子女所有。①

从《汉谟拉比法典》的以上规定可以看出，男女奴隶不仅都有与自由的阿维鲁通婚的自由权，而且婚姻中所生之子女都享有自由的身份，而不是奴隶的身份；只要阿维鲁父亲承认其为自己的子女，他们就都与其他子女一样享有同样的财产继承权。

(二)财产权

古巴比伦社会的奴隶不仅拥有财产权，而且还拥有财产经营权。“有些主人让他们的奴隶去当学徒学做一门生意，或者如果奴隶们看上去还机灵的话，就会在经济上给他们支持，让他们做生意。美索不达米亚的奴隶甚至能存钱，出租财产，而且购买属于他自己的奴隶。”②

既然奴隶拥有财产权，他们就有可能积攒到足够的银钱来赎回自由，奴隶赎身通常要举行一个象征性的净化仪式。③

(三)奴隶身份的转归

《汉谟拉比法典》明确规定，在国外沦为奴隶的自由民，回国后恢复其自由民身份。

《汉谟拉比法典》第 32 条规定：

---

① 参见林志纯主编：《世界通史资料选辑》(上古部分)，第 89～90 页。

② [美]斯蒂芬·伯特曼：《探寻美索不达米亚文明》，秋叶译，第 419 页。

③ Georges Contenau，*Everyday Life in Babylon and Assyria*，London：Edward Arnold，1955，p. 23.

> 如果里都或巴衣鲁于王命远征时被捕为俘，塔木卡赎回了他，并把他送回到他的城市，倘其家有物可以取赎，应自取赎；倘其家无物可以取赎，应由其城市的神庙为之取赎。倘其城市的神庙无物为之取赎，则应由宫廷取赎之。其田园房屋不得作为赎金。①

士兵在战争中被捕以后，汉谟拉比并没有置之不理，还积极想方设法地恢复其自由。首先，如果士兵自己有经济能力，则自己支付赎金；其次，如果自己无力支付，则由其所在地的神庙替他支付赎金；最后，如果其所在地的神庙也无力支付，则由国家出资将其赎回。在这样层层保护之下，被俘士兵之命运便可得到保障。塔木卡是巴比伦尼亚的大商人，经营长距离贸易或对外贸易，经常出入国外的市场，因此比其他人更有条件和机会买下本国在战争中被捕为俘的士兵。汉谟拉比的两封书信证实了法典所反映的情况。他在第一封信②中说："至于被敌人捉住的那个人(人名)，某某人(人名)之子，从辛(SIN，月亮神)神庙中取出10舍客勒之银，交给塔木卡，把他赎回来。"在另一封信③中，付钱给塔木卡赎回两名俘虏的是他们的父亲。

正因为商人塔木卡从事的是有利可图的商业活动，因此他借赎买被俘士兵之机强占被赎者田园房屋之事可能时有发生，为此，《汉谟拉比法典》明文规定，被俘士兵的田园及房屋不得作为赎金。这条法律显然是保护被俘士兵获得自由的生存条件，使他们免于又沦为塔木卡的奴隶的命运。

与此相关或相呼应的是，汉谟拉比对沦为奴隶的自由民也竭力恢复他们的自由，甚至不惜为此损害商人塔木卡的利益。请看《汉谟拉比法典》：

---

① 参见《汉谟拉比法典》，杨炽译，第26页；林志纯主编：《世界通史资料选辑》(上古部分)，第75页。

② *AbB*，9，32. A. L. Oppenheim，*Letters from Mesopotamia*，Chicago：The University of Chicago Press，1967，p. 93.

③ *LIH*，48.

> 第 280 条：如果一个人从外国买了一个人的男女奴隶，当他回到国内时，男女奴隶的主人认出了他的男奴或女奴；如那男女奴隶是本国人，应不(付)任何银子就放他们自由。
>
> 第 281 条：如果他们是外国人，那么买主应在神前说明他付出的银子，男奴或女奴的主人可把他付的银子给塔木卡，从而赎回他的男奴或女奴。①

从这两条法律中可以看出，汉谟拉比是反对自由民把自己的同胞当作奴隶来奴役的。在国外为奴，无论何种情况，回国后都无条件释放。即使在国内时已成为别人的奴隶者，被从国外带回国内后也无条件地获得自由，不用支付任何赎金，也不管塔木卡为此付出了多少银两。

三、奴隶的来源

关于奴隶的来源问题，古代美索不达米亚的现有材料证据并不充分。

(一)想象中的战俘奴隶

连绵不断的战争必然造成大量的战俘，在一般人的观念中，战俘沦为奴隶是很自然的事，但古代美索不达米亚并没有为此提供有力的证据。对于古代美索不达米亚的统治者们对待外国俘虏的态度或措施，我们可以援引美国著名学者 I. J. 格尔布的研究成果。I. J. 格尔布的研究表明，在古代美索不达米亚，从最早的有文献记载的历史时期起，绝大多数的战俘都没有沦为奴隶。I. J. 格尔布指出：

> 战俘一旦被捕获，便完全处于捕获者的支配之下。他们可能当场被杀戮，或随后在神庙中被奉献为牺牲；可能被分配到王室

① 《汉谟拉比法典》，杨炽译，第 144～145 页。

或神庙中从事工作；妇女可能被嫁出；国王和贵族可以被用来换取赎金，或作为人质；个人可能立即或随后马上就被出卖、放生或赋予自由。战俘有可能沦为奴隶吗？在理论上，答案是“有可能”，而实际上为“不可能”。①

图 10.3　亚述浮雕：亚述军队俘获的战俘。其身体挺直，表情刚毅，表现出不屈服的气质。约公元前 728 年。出自尼姆鲁德

在谈及战俘没有沦为奴隶的原因时，格尔布同样拥有重要的见地：

因为离开故土的外国战俘无能力为他们的主人有效地从事生产；因为国家无力对众多难以驾驭的外来因素实行有效的控制；因为经济发展水平很低，只有最初级的剩余产品，还太虚弱，无

① I. J. Gelb, “The Prisoners of War in Early Mesopotamia”, *JNES*, 32(1973), p. 90.

力供养或利用最便利的大量奴隶劳动；以战俘劳动为基础的整个奴隶制，对于早期美索不达米亚的生产力来说，是不可能的，这一点似乎是显而易见的。①

虽然在《汉谟拉比法典》中我们并未看到汉谟拉比对待外国战俘的态度或措施，但我们却拥有其后继者萨姆苏伊鲁纳在这方面的确切材料。根据萨姆苏伊鲁纳的皇家铭文，他“把所有俘获的埃什努那士兵(érin)如数释放，并赋予其生命”②。

图 10.4　亚述浮雕：亚述军队凯旋。浮雕中有描述提着敌人或俘虏人头的情景。约公元前 865—前 860 年。出自尼姆鲁德

① I. J. Gelb, “The Prisoners of War in Early Mesopotamia”, *JNES*, 32(1973), p. 91.
② I. J. Gelb, “The Prisoners of War in Early Mesopotamia”, *JNES*, 32(1973), p. 77.

在亚述，对待战俘大体有三种方式。其一，以各种方式处死，包括砍头、用火焚烧，甚至更为残忍的凌迟和剥皮等手段。阿淑尔那西尔帕就曾这样血淋淋地记述道："对于他们的三千人战斗部队，我用武器把他们砍倒。……我把他们中的很多俘虏用火烧死，很多人我让他们活命，但我砍去他们一些人的双手和手腕，砍去另一些人的鼻子、耳朵和手指；我把很多战俘的眼睛挖出来……我把年轻人和妇女用火烧死。"①在攻克了另一座敌人的城市后，他又写道："我把(尸体)钉在城门前的木桩之上。很多贵族反抗，我把他们的皮剥下来，用他们的皮把木桩子包住……我在我的土地上把他们剥皮，用他们的皮来糊墙。"②其二，把战俘流放，迁徙到其他地区，这是亚述国家的一个基本统治战略。被流放的俘虏仍然保持着自由的身份，他们为亚述国家提供各种各样的服务。其三，把战俘释放。

(二)奴隶的确实来源

从《汉谟拉比法典》中，我们只能看到奴隶的一种确实来源，即通过商业手段从境外进口(参见 *CH* § § 280-281)。从事这项活动的是商人塔木卡，塔木卡在巴比伦尼亚从事奴隶买卖是出了名的。③ 根据法典第 280～281 条来判断，塔木卡很可能经常出入国外的奴隶市场，从事买卖奴隶的活动。这与契约文书和书信材料所反映的情况是相符的。例如，在一封私人书信④中，某人对某个名叫辛埃里巴姆的人说："我女儿将出嫁，但我没有东西可以陪嫁，现在我委派四人(四个人名)到你那里去，请你见到他们后收下银子，给我买两个男奴和三个女奴送来。"在另一封书信⑤中，一位官员的妻子向塔木卡付了三个女奴之款，却只得到两个女奴，为此委托身居高

---

① H. W. F. Saggs, *The Might That Was Assyria*, p. 261.

② H. W. F. Saggs, *The Might That Was Assyria*, p. 262.

③ W. F. Leemans, *The Old Babylonian Merchant, His Business and His Social Position*, p. 5.

④ *AbB*, 9, 9.

⑤ *PBS*, 7, 100.

官的哥哥与塔木卡交涉，未果。在其他书信①中我们还发现，塔木卡拥有许多奴隶，任买者从中挑选。在同一份契约②中，我们还发现两个塔木卡在分一份共同的财产(可能系合伙所得)时，每人分得十个奴隶。顺便说一句，从这些材料中不难看出，塔木卡所从事的活动具有“典型的私人商业性质”。③ J. 荣格(J. Renger)根据古巴比伦时期的买卖奴隶文书，并参照 A. L. 奥本海姆和 W. F. 列曼斯④等人的研究认为，众多的奴隶买卖文书证实了奴隶是从私人手中买得，这些销售奴隶的私人是商人塔木卡。⑤ 甚至有学者认为，“奴隶在任何时候都处于私人手中”⑥，而且“主要用于私人家庭”⑦。

从词源学的角度对巴比伦的奴隶来源进行探究，更有助于追根溯源，弄清事实。在古代美索不达米亚的楔形文字中，最早表示“奴隶”的词是“女奴”，这个词的楔形文字符号为，来源于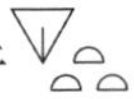，是“女性生殖器”(表示女人)+“山”(表示来自山里)，意思是“来自山里的女人”。⑧ 这个词及其来源至少可以告诉我们三个信息：其一，在古代美索不达米亚最早的奴隶是女奴，而不是男奴，这与前面我们阐述过的其统治者对待战俘的态度

① *AbB*，6，65.

② *YOS*，8，98.

③ W. F. Leemans，*The Old Babylonian Merchant*，*His Business and His Social Position*，p. 97.

④ W. F. Leemans，“The Old Babylonian Letters”，*JESHO*，11(1968)，p. 182f.

⑤ J. Renger，“Patterns of Non-Institutional Trade and Non-Commercial Exchange in Ancient Mesopotamia at the Beginning of the Second Millennium B. C.”，in Alfonso Archi ed.，*Circulation in Non-Palatial Context in the Ancient Near East*，Rome：Incunabula Graece，1984，p. 80.

⑥ A. L. Oppenheim，*Ancient Mesopotamia*：*Portrait of a Dead Civilization*，Chicago and London：The University of Chicago Press，1964，p. 174.

⑦ I. J. Gelb，“From Freedom to Slavery”，in. D. O. Edzard，*Gesellschaft im Alten Zweistromland und in den angrenzenden Gebiete*，XVIII，*Rencontre Assyriologique*，München：Verlag der Bayerischen Akademie der Wissenschafter，1972，p. 83；“Approaches to the Study of Ancient Society”，*JAOS*，87(1967)，p. 7.

⑧ G. R. Driver，*Semitic Writing*，Oxford：Oxford University Press，p. 57.

是一致的，是相互印证的；其二，女奴主要来源于外族，来源于美索不达米亚周边的山区，至少早期是这样；其三，奴隶的用途主要是从事家务劳动，这也是与历史实践相符合的。

四、所谓债务奴隶制的真相

长期以来学术界坚持的所谓“巴比伦债务奴隶制”，主要依据是《汉谟拉比法典》的相关条款。《汉谟拉比法典》中涉及租借、借债以及债务问题的条款达35条之多，被认为最能反映所谓“债务奴隶制”的是第114～119条，其中最主要的是第117～119条。实际上，这一方面是因为对原文翻译错误所导致的错误理解，另一方面是因为没有正确理解“债务奴隶”的实质。对此，笔者有专门的论述①，限于篇幅这里择要述之。

（一）债务抵押与债务奴隶

下面让我们分析一下这几条法律条款的内容。

> 第117条：如果自由民负债，将其妻、其子或其女出卖，或交出作为人质（*ana kiššātim ittaddin*），则他们在其买者或债权者之家应服役三年，至第四年应恢复其自由。

人们通常把 *ana kiššātim ittaddin* 翻译为“交出以为债奴”②，或者“（把他们）作为债务奴隶交出”③，实际上这是不确切的。*kiššātum*（*kiššātim* 的原型即主格形式，*kiššātim* 为其属格形式）在阿卡德语里作“人质”或“抵押

---

① 参见于殿利：《古巴比伦社会存在债务奴隶制吗?》，载《北京师范大学学报（社会科学版）》2004年第4期，第70～75页；《巴比伦法的人本观——一个关于人本主义思想起源的研究》，第256～286页。

② 参见林志纯主编：《世界通史资料选辑》（上古部分），第83页。

③ 参见《汉谟拉比法典》，杨炽译，第64～66页。

物”解释，而与奴隶或女奴没有任何关系。阿卡德语用来表示奴隶的词是 *wardum* 和 *ardum*，其苏美尔语符号为 *ǏR*；用来表示女奴的词是 *amtum*，其在苏美尔语里称为 *Gemé*。不仅如此，即使 *wardum* 和 *amtum* 也不单单表示“奴隶”和“女奴”之意，它们最初的本义是与男性或女性的职务联系在一起的，通常表示“仆从”和“女仆”等意义。

不仅从词源学上讲，我们不能同意把这种作为人质或抵押的人称为债务奴隶，而且从实际内容和实际意义上看，他们与债务奴隶相差也很大。他们是以人质而不是以奴隶的身份在买主或债主家里劳动，他们的劳动期有一定的时间限制，即只有 3 年，至第 4 年无论如何他们都将获得自由，重返家园。对于一般奴隶来说，这是无法想象的。自由民一旦沦为奴隶，就要无止境地接受奴役，他们自己根本无法指望在某一时候得到主人的恩典，使他们获得解放。更重要的是，人质或债务抵押在买主或债主家劳动的条件和地位与一般的奴隶截然不同。他们受到法律保护，买主或债主不能残酷地对待他们，他们不允许被随意买卖和转让(参见法典第 116 条)。而“奴隶在法律上被视作财产或物件，并被剥夺自由人一般所拥有的大部分权利”①。他们可以被肆意对待，被任意买卖和转让。著名亚述学家 H. W. F. 萨格斯在谈到亚述的奴隶时也指出：“作为个体的奴隶是没有任何权利，被他人拥有，可以被自由买卖之人。”②因此，如果一定要给这种人质或债务抵押冠以某种称呼的话，我们宁愿把他们称为“契约仆从”，而非奴隶。

关于奴隶和仆从的区别，或对奴役状态的界定，约翰·洛克早就以犹太人为例，做出了精彩的论说：“我们看到在犹太人中间，乃至于在其他民族中间，确有出卖自身的事情；但是很清楚，这仅是为了服劳役，而不是

① 美国不列颠百科全书公司编著，中国大百科全书出版社不列颠百科全书编辑部编译：《不列颠百科全书》(国际中文版)第 15 卷，北京：中国大百科全书出版社，1999 年版，第 411 页。

② H. W. F. Saggs，*The Might That Was Assyria*，p. 134.

为了充当奴隶。因为很明显，被出卖的人并不处在一种绝对的、任意的专制权力之下。不论何时，主人并无杀死他的权力，而在一定的时候，必须解除他的服役，使他自由；这种奴仆的主人根本没有任意处置奴仆的生命的权力，因此不能随意伤害他，只要使他损失一只眼睛或一颗牙齿，就使他获得自由(《旧约》出埃及记，第二十一章)。”①《汉谟拉比法典》第 117 条所涉及的人质或债务抵押与洛克所述犹太人中的奴仆，其地位极为相似，他不是充当奴隶，而只是为债权人服劳役。这一点在法典第 118 条和第 119 条中表现得更清楚：

第 118 条：如果他(负债人)以奴隶或女奴作为抵押，那么塔木卡可以将[他或她]转让和出卖；不得起诉请求将[他或她]收回。

第 119 条：如果自由民负债，将其为之生育子女的女奴出卖，则女奴之主人可以银还塔木卡，而赎回自己的女奴。

这两条与第 114～117 条不同，它们使用了奴隶(*wardum*)和女奴(*amtum*)这两个词。在第 118 条中出现的 *kiššātum* 仍然表示“人质”或“抵押”之意。重要的是，不难看出，这两条所反映出的因债务被出卖或作为债务抵押的人，在主人将他们出卖或交出作为抵押之前，甚至可能在主人负债之前，他们的身份已经是奴隶(或女奴)了，他们绝不是因为主人负债才沦为奴隶(或女奴)的。这一点与第 117 条相对应。第 117 条中所说被出卖或被交出作为人质之人是债务人的妻子和儿女，他们在被出卖或被交出作为抵押之前的身份是自由民，之后地位也未发生变化。而第 118 条中的这部分人的身份和地位始终是奴隶，他们所处的奴隶的身份和地位并没有也

① [英]约翰·洛克：《政府论》下篇，叶启芳、瞿菊农译，北京：商务印书馆，1996 年版，第 17 页。

不会因为债务发生变化。因此他们可以被买主或债主随意转让和买卖，他们原来的主人不能起诉请求将他们收回。他们受奴役的时间也没有任何限制，更不敢奢望能在何年何月获得自由。当然，在生理上具有某些优越性的女奴的处境要比男奴好得多。如果她们为其主人生有子女，主人便可以把她们赎回来。未曾为其主人生育过子女的女奴也受到保护。“如果某自由民以另一自由民之女奴作为抵押(并造成她的死亡)，他要给该主人两个女奴作为补偿。”(《埃什努那法典》第 23 条)因此，将第 118 条的开头译为“倘彼交出奴或女奴以为债奴”是不妥当的，它根本不能反映出债务奴隶的实质，“雇佣奴隶和真正的奴隶一样，由于所处的地位，不能成为债务奴隶，至少是作为生产者不能成为债务奴隶”，因为他们的“劳动条件”已经“完全被剥夺”。

(二)债务法中的人本观

生产的发展需要一定的物质手段和资金作为保证，因此租借和借贷可缓和物质手段和资金的短缺，使生产和再生产得以顺利进行。但如果租借和借贷脱离了双方互利的原则，而变成纯粹剥削和压榨一方的手段时，便容易造成两极分化。一方面，财产和金钱集中在少数人手中，并被闲置起来；另一方面，原来生产资料所有者的劳动条件完全被剥夺，这是造成债务奴隶最可能的原因。高利贷便是这种手段的最好体现。高利贷和债务奴役对生产具有极大的破坏作用，正如经典作家所精辟地分析的那样，“一方面，高利贷对于古代的和封建的财富，对于古代的和封建的所有制，发生破坏和解体的作用。另一方面，它又破坏和毁灭小农民和小市民的生产，总之，破坏和毁灭生产者仍然是自己的生产资料的所有者的一切形式”。高利贷虽然不改变某一社会的生产方式，却“象寄生虫那样紧紧地吸在它身上，使它虚弱不堪。高利贷吮吸着它的脂膏，使它精疲力竭，并迫使再生产在每况愈下的条件下进行”。因此，“这种高利贷资本使这种生产方式陷入贫困的境地，不是发展生产力，而是使生产力萎缩，同时使这种悲惨的状态永久化”。① 可能正是慑于高利贷及因此造成债务奴役的这种毁灭性的后果，古代世界贤明的统治者们都采取必要的措施，甚至以立法的形式对此进行干预。如前所述，古代美索不达米亚各历史时期法典的一项重要内容就是减免债务，实现所谓“平等”与“公平”，第一位立法者乌鲁卡基那的改革法令就是针对债务和捐税进行的。汉谟拉比在其法典中更是限制高利贷盘剥，采取种种措施保护债务人的利益，使他们免受丧失劳动条件的威胁，如限制高利率的盘剥，为债务人还债大开方便之门，保护债务人对土地和田园的所有权，维护作为债务抵押的自由民之地位，减缓自然灾害和意外事故给自由民造成的重负，等等。丧失劳动条件还意味着丧失人身自由，而丧失人身自由就意味着丧失了做人的资格，丧失了人格和尊严。从这个意义上来说，《汉谟拉比法典》中的“债务法”也体现出了一种人本主义观念——以自由的阿维鲁公民为本的观念。②

（三）债务法与经济秩序

《汉谟拉比法典》主要保护自由民尤其是其上层的利益，奴隶始终处于社会的最底层。汉谟拉比采取种种措施无疑是为了防止生产萎缩，是为了保证正常的经济秩序。汉谟拉比所实行的这些措施对稳定社会生产产生了积极的作用，收到了实效，古巴比伦时期的借贷利率基本上是保持稳定的，虽然有时偏高或偏低。偏高的情况并不多见，我们所发现的贷银最高的利率也只有 25%。而且更普遍的情况是，资金的持有者满足于较少的偿还，因此又有这样的例子：向国家借贷银钱的利息率有时允许为 12%；神庙管理人员的利率要求得更少：西帕尔城的沙马什神庙通常以 20%的利率出借大麦，并且几年以后，借贷银钱的利率只有 1/16，或者至少是法定利率的

① 参见《马克思恩格斯全集》第 25 卷下册，北京：人民出版社，1974 年版，第 674～675 页。

② 对此的详细论述参见于殿利：《巴比伦法的人本观——一个关于人本主义思想起源的研究》，第 262～286 页。

1/3，即 1/15。[①] 在之后的历史时期中，借贷银钱变得更加普遍。例如，在新巴比伦王国时期，利息率基本上与汉谟拉比时代相同，即年利率为 20%，而且偿还债务的手段和方法如法律所允许，也确实是广开渠道的。有许多关于这方面的契约或文书保存下来。但在新巴比伦王国时期出现了一个新变化，即债权人扣留人质的时间竟达 10 年之久，而且如果仍不能抵偿债务，可能就要被无限期地奴役下去，直到偿清债务为止。[②] 因此，这种被扣押的人质已经濒于奴隶的边缘了。这与汉谟拉比时代只允许 3 年期限的人质，无论如何至第 4 年都予以释放，存在着本质的区别。

第五节　亚述的社会结构

位于美索不达米亚北部的亚述无论在地理环境方面，还是在历史和文化传统方面，与南部的巴比伦尼亚都存在着一定的差异，虽然也不可避免地拥有某些相似之处。在社会制度和社会结构方面，两者也同样既有相似性又有差异性。

一、移民国家——亚述

任何一个人类群体，若要成为一个内部联系紧密的社会，必须具有将其成员相互联系在一起，并且以此将自己与周围其他群体区别开来的某些特征。以此为出发点来考察亚述社会，不难得出这样的结论，即亚述人是一个民族概念，而不是一个种族概念。很多种族的人群构成亚述民族，他们一起组成亚述国家。在这方面，亚述民族和亚述国家与美利坚民族和美国国家的形成有某些相似性。

---

① L. Delaporte, *Mesopotamia: The Babylonian and Assyrian Civilization*, New York: A. A. Knopf, 1925, pp. 127-129.

② L. Delaporte, *Mesopotamia: The Babylonian and Assyrian Civilization*, pp. 127-129.

(一)亚述移民国家的特性

亚述从最早的历史时期起，就拥有民族融合的传统，起初是无意识的民间自发现象，后来发展成为有意识的国家主导行为。在中亚述时期，即公元前第二千纪下半叶，很多亚述人包括一些高级官员都拥有胡里人的名字，说明他们是胡里人。实际上，在公元前第二千纪，大量的胡里人涌入亚述，融入亚述社会，对亚述文化产生了重要影响。同时，其他民族通过移民、迁徙或放逐以及通婚等方式，融入亚述社会之中。

与亚述国家的扩张活动相伴随的是其大规模的人口迁移或放逐政策，即将被征服地区的民众大规模地迁往其他地区，主要是亚述本土城市，而将包括亚述本土人口在内的其他地区的民众再迁移到被征服地区以补充其被迁出的人口。大量的人口从近东的不同地区涌入亚述，他们成为亚述国家的农民、手工业者、商人或士兵。亚述城市迅速膨胀成为大都会，在几乎一夜之间建成的大都会中，亚述的“土著”居民甚至降为了“少数民族”。所有被迁移的人口，无论来自近东的哪一地区，一律都被视为亚述人，而且享有与本地亚述人一样的权利。例如，战败且被征服的巴比伦国王，被吸收到亚述高层的行政管理体系之中。一些亚述重要的行省总督职务，可以由阿拉米人、腓尼基人或以色列人担任。亚述国王们所施行的这种人口迁移政策创造了一种崭新的、独特的亚述社会形态——各民族或种族的混合体，在这样一个混合体内，不同民族或种族之间的差异性变得没那么重要，而统一的亚述民族的国民性是第一位的。在这样独特的社会形式下，亚述国家首先显示出的是其开放性。亚述人从来不认为他们的生活只需要自给自足，从一开始他们就把接受其他民族或种族作为自己基本的生活方式，所以他们很早就与其他民族或种族开展自由的贸易。亚述作为统一的民族国家，虽然拥有至高无上的国家主神或保护神——阿淑尔神，但在亚述国家内，从来都不排斥对其他诸神的崇拜，每一个种族的群体都有崇拜自己主神的权利。实际上，南方的巴比伦诸神也受到很多亚述人的喜爱和崇拜。其次，亚述国家更多显示出的是其统一性。亚述国家及其保护神——阿淑尔神拥有海纳百川的胸怀，拥有把其他地区和民族纳入自己统治范围的愿望和权利，而这种统治其他地区和民族的权利是伟大的诸神赋予他们的，具有神圣性。在亚述人的观念中，亚述人统治所有已知世界完全是诸神的功劳，“是伟大的诸神把外国的土地授予了亚述的国王们”①。吐库尔提尼努尔塔一世就曾宣称，自己是“其名字由阿淑尔神和伟大的诸神忠实地呼出的人，是阿淑尔神和伟大的诸神把世界四方之地交由其管理的人，是他们将自己的领地加以委托的人”②。最后，亚述国家展现给世人的还有其稳定性。在政治方面，亚述国家在很多个世纪中始终享受着超乎寻常的稳定。虽然偶有上层社会的统治权之争，但一直没有推翻亚述社会制度的企图。政治稳定既是社会稳定的反映，同时也是社会稳定的结果。

(二)统一国家的语言和文化政策

除了共同的经济发展需求以外，把亚述国家诸种族或民族统一在一起，使其形成统一的民族国家的要素还有两个。其一是语言因素。在亚述国家内，可以说“外国人”和所说的“外语”是最多的，也确实体现出了亚述国家的开放性，但阿卡德语或亚述语作为“官方语言”或“国语”的地位还是具有其普遍性的意义的。一方面，阿卡德语已经成为影响整个古代近东的国际语言；另一方面，作为亚述版图最重要组成部分的南部的巴比伦尼亚，说的也同样是阿卡德语或亚述语，只不过是略有区别的方言而已。应该说，亚述统治者们在语言的统一方面具有较强的意识，他们一方面承认在亚述国内甚至宫廷中的多语言现象，另一方面通过提拔具有外国经历和外国语言知识背景的人担任行政管理长官，大量培养翻译人员，以及对外国使节进行语言培训等措施配合亚述社会的多语言现象。亚述帝国的统治者甚至

① H. W. F. Saggs, *The Might That Was Assyria*, p. 125.

② H. W. F. Saggs, *The Might That Was Assyria*, p. 125.

还审时度势，在亚述传播阿卡德语或亚述语以外的其他“大语种”。例如，在提格拉特帕拉沙尔三世统治时期，阿拉米语已经成为亚述的另一官方语言。其二是宗教因素。虽然在亚述国家，多神崇拜的习俗和自由受到尊重和保护，但阿淑尔神作为国家主神的统治地位是不容动摇的。作为其统治地位最重要的表现，所有土地都归属阿淑尔神所有，它们被以阿淑尔神的名字命名为“亚述”(Assyria)，其意义为“阿淑尔神的土地”(the Land of Assur)。因此，阿淑尔神有统治所有开化、文明土地的权力，亚述的国王们只是代表或代替阿淑尔神行使其统治权力。

二、亚述的社会结构与社会分层

有关亚述社会分层的材料远没有古巴比伦社会多，主要还是依赖于《中期亚述法典》，以及其他有限的文献资料。

(一)社会结构

亚述社会由一系列社会单位组成。与某一块固定土地联系在一起的普通农民要么拥有土地的所有权，要么拥有土地的使用权或耕种权。农民的小块土地属于某一特定的村社，村社直接或间接地通过某一城镇与某一主要的大城市联系在一起，重要大城市包括亚述城、尼尼微、埃尔比尔以及阿拉普哈等。村社与重要大城市的联系方式有缴纳税赋、参加定期的宗教节日活动以及享有节庆的权利和义务、遇到法律和行政纠纷向城市当局求助和提起诉讼等。此外，重要的大城市还是农产品的集散中心，从国外进口商品的集散中心，以及手工制造产品的生产和集散中心，这些功能都是村社所不具备的。这些重要的大城市之间也能实现有效的联系，一方面通过在相似的城市管理体系下发挥各自的功能相联系，另一方面通过共同听命于在国王领导下的中央政府管理机构相联系。国王是全体亚述人共同的核心——而且国王是阿淑尔神在人间的代表，负责代表人类与超自然的上界取得联系。

(二)社会分层

与所有其他社会一样，亚述社会也随着时间的变化经历了一个发展的过程。遗憾的是，由于材料的欠缺，我们根本不可能全面、详细地揭示这一发展过程，甚至不能勾勒出大致的轮廓，而只能依据某一特定时期所保留下来的材料，给出零散的叙述。具体地说，就是中期亚述留下的一部《中期亚述法典》的残篇，给我们留下了当时亚述社会的点滴印象。

在《中期亚述法典》中我们看到，亚述社会也分为三个大的阶层，位于社会顶层和底部的分别是阿维鲁和奴隶，这一点与《汉谟拉比法典》中的阿维鲁和奴隶一样。不同的是，在《汉谟拉比法典》中位于中间阶层的是穆什钦努，而在亚述位于中间阶层的称为“亚述人”(*Assurayan*)。“亚述人”的地位与古巴比伦时期的穆什钦努也完全不同，穆什钦努主要是外邦人和在城市公社中丧失土地的人，而“亚述人”不是外邦人，是自由的亚述人，有的学者因此并不认为他们构成亚述社会的一个阶层，认为他们也是阿维鲁，“是特殊类型的自由人，法典把他们与阿维鲁区分开来意味着他们没有那么重要”①。至于奴隶和奴隶制，学者们认为，“奴隶制的确存在，但作为一种社会制度它在经济方面不具有重要性”②。

到公元前第一千纪的亚述帝国时期，情况又发生了巨大的变化。在自由民之中居于统治地位的是王室官员，他们的社会地位和权威的获得是由于王室的恩宠，而不是得自他们祖先的世袭，尽管有的官员被任命担任他父亲以前担任的职位。在自由民和奴隶之间出现了类似农奴身份的中间阶层，这主要是因为一部分城市公社的农民丧失了自己在公社中所享有的土地。

① H. W. F. Saggs, *The Might That Was Assyria*, p. 131.
② H. W. F. Saggs, *The Might That Was Assyria*, p. 134.

第十一章　宫廷与百姓的日常生活

物质文明和精神文明的进步，无不反映到当时的社会日常生活中，而社会生活又构成了文明和文化的重要组成部分。这里仅对美索不达米亚人的宫廷生活的独特之处，普通人的饮食和服装以及风俗习惯等日常生活中的几个重要方面进行介绍。

第一节　宫廷生活

古代美索不达米亚的宫廷生活在两个方面具有突出的特点，换句话说，这两个方面是普通的民众生活中少见的，那就是山野狩猎活动和宫廷花园建设。

一、宫廷狩猎活动

在较远的旧石器时代，美索不达米亚人就过着采集和狩猎的生活，狩猎成为他们重要的生活方式。但随着定居农业和驯养动物的出现以及这种生活方式的逐渐发展成熟，狩猎不再是人们重要的生产方式和生活方式，而更多地成为一项增添生活乐趣的活动，因此它也逐渐演变成君王和王公贵胄非常喜欢的运动。虽然普通民众仍然可能为了获取某种美食而外出打猎，甚至还要捕杀那些吞食羊群和牛群的生猛动物，但与宫廷大规模的狩猎活动相比，就显得微不足道了。尤其是亚述帝国的君王们已经把狩猎当作其政治和生活的重要组成部分，有关其狩猎情景的艺术作品更成为古代

图 11.1 亚述浮雕：用网子捕获野鹿的场景

美索不达米亚人对人类艺术的杰出贡献之一。

亚述君王们的狩猎活动有两个主要目的。其一是通过狩猎中与动物和猛兽的较量磨炼意志，训练自己在战场上杀敌时同样需要的技能。从这个意义上说，狩猎场就是战场，是战争的实战训练场。其二是通过狩猎活动展示君王们的智慧和勇猛，向亚述人及世人展示其无往不胜的非凡气度，以增强亚述人在战场上战胜敌人的信心。

古代美索不达米亚的宫廷狩猎活动尤其是亚述国王们的狩猎活动是其政治生活中的大事，狩猎要按照一定的程序进行，要举行出征仪式，出征仪式要经过精心的准备，仪式的场面也很庞大，而且很庄重。在仪式上，往往要准备丰盛的水果和食物作为祭品。狩猎的场面十分宏大，波澜壮阔，亚述君王们驾着战车，手握长矛与凶猛的狮子展开搏杀，其身后的随从人员有的手握弓箭协助国王射杀前方不肯轻易屈服的狮子，有的则同样利用手中的长矛刺杀从战车后面反扑过来的凶猛的狮子。人的英勇与猛狮的不屈，形成了鲜明的对照。在亚述君王狩猎的浮雕中，这样的画面十分常见。捕获狮子等猎物后还要举行祭酒仪式。祭酒仪式上当然少不了音乐，亚述的王家乐师们为被征服的、伏在亚述君王脚下的狮子演奏着音乐，此前很

图11.2　亚述浮雕：亚述国王狩猎后的祭酒仪式。约公元前865—前860年。出自尼姆鲁德

图11.3　亚述浮雕：亚述巴尼拔猎狮系列。浮雕既表现了中箭猛狮的不屈，也展现了亚述君王制服其的无惧

短时间内还与亚述君王凶猛搏击的狮子，在主人的音乐声中正式成为其“奴仆”。

宫廷狩猎的主要猎物是鹿、野驴、野马和狮子。其中捕获野鹿、野驴和野马还包含有驯化的目的，因此使用的武器和工具除了长矛、标枪和弓箭之外，还有捕网和套马杆等。猎狗是狩猎的好帮手，狗还是古代美索不达米亚人日常生活中非常好的伙伴，在保存下来的浮雕等艺术作品中，经常有描绘他们遛狗的场面。

二、花园生活

花园生活是古代美索不达米亚人向往的生活，然而这里的地理环境和气候条件并没有为他们提供可供享用的多种植物和动物，甚至连庄稼和蔬菜的品种都不算多。所以，花园生活对于普通人来说虽永远是梦想，但对于王室来说却是可以“创造”出来的。例如，亚述国王就曾在亚述帝国内甚至遥远的域外广泛搜集珍奇的动植物，并在亚述都城修建花园和动植物园，供王公贵胄们享用。其中最著名的，也是引起人们广泛遐想的，还是新巴比伦王国国王尼布甲尼撒二世在其王宫修建的花园，就是举世闻名的巴比伦“空中花园”。巴比伦空中花园被誉为古代世界七大奇迹之一，这个说法源自希腊化时代的一位旅行家的记录，他或许亲眼看到了人类创造的这七项伟大的奇迹，巴比伦空中花园也在他所列出的名单中。但由于至今没有考古发掘的确实证据，所以关于空中花园存在的真实性也引起了怀疑。

关于巴比伦空中花园的情形，我们信息的主要来源是古代作家的记述，尽管考古学家们努力寻找其“下落”，但至今仍然是个难以破解的谜。虽然古代作家们在记述巴比伦空中花园的存在时有着细节上的差异，但他们所描绘的基本轮廓是大体一致的。根据他们的记载，“花园都有一块被提升到

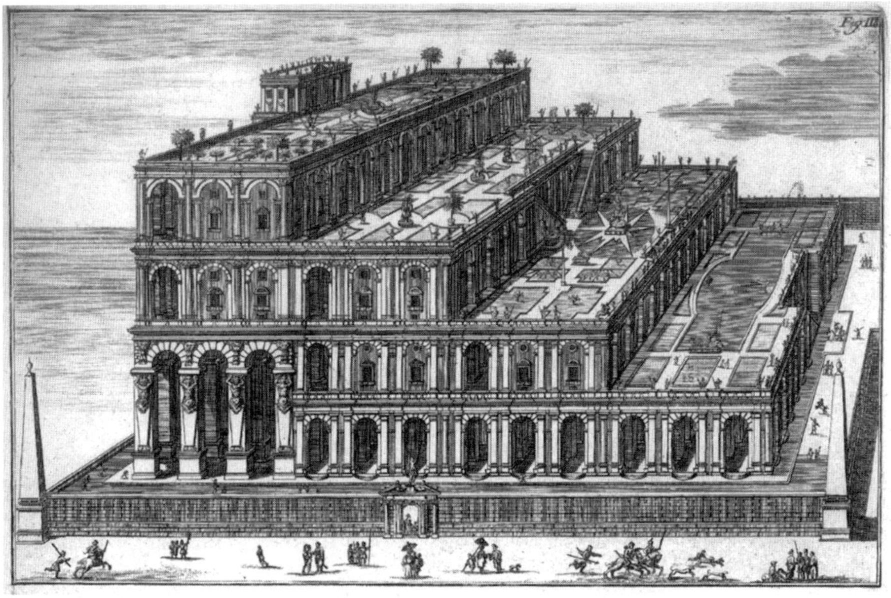

图 11.4　巴比伦空中花园复原图

一定高度(因此得名‘空中’)的泥土带，并且上面还种植树木，有建筑支撑，并通过机械装置浇灌。根据古代的传说，这些建筑是尼布甲尼撒二世为他那害有思乡病的妻或妾兴建的，他的妻或妾非常想念自己的家乡——位于伊朗的崇山峻岭和森林茂密的土地”①。古希腊历史学家狄奥多鲁斯·希库鲁斯把这些花园描绘得就像一座阶梯式的塔庙；古罗马历史学家昆图斯·库尔提乌斯·茹孚斯(Quintus Curtius Rufus)则说那些树的直径大约 6 英尺，高 50 英尺，而且树丛生长在一块方形的基底之上，基底的每边长达 400 英尺；而古希腊地理学家斯特拉波(Strabo)和拜占庭的菲洛(Philo)则描绘了用来提升水源对那片人造森林进行灌溉的螺旋泵和液压的原理。

① Stephen Bertman, *Handbook to Life in Ancient Mesopotamia*, p. 311.

第二节 饮食

一、主食与副食

人们日常的饮食分为主食与副食，在这方面古人与我们显然并无不同。在美索不达米亚，蔬菜尤其是豆科植物，可以在太阳下晒干来保存。各种水果在压成饼后要弄干燥以便保存。鱼和肉通过放盐和香料并晾干来保存。

(一)粮食

谷类是人类所知道的最早的庄稼。谷类是耐寒作物，适合美索不达米亚的气候和土壤条件。事实表明，一旦被种植，谷物并不需要太多照管，种谷物不需要付出太多劳动就能获得大量粮食。谷物易保存，而且用船运输损耗也较小。谷物遂成为美索不达米亚人的主要食物。大麦、小麦、燕麦、小米、黑麦、玉米、大米及高粱可以煮粥。人们把大麦磨成粉，用水混合成面团，然后放在350～400℃的炉中烧烤，制成未经发酵的面包，像一种扁薄饼馍。这种面包不易保存，必须当天制作。后来，面包开始用酵粉制成。亚述国王亚述巴尼拔的大将贝尔伊波尼(Bel-ibni)曾讲到面包的制作过程，他写道："……他们磨碎谷物(*ḫašalu*)，过滤面粉，揉成面团……烤(*bašalu*)。他们吃这种面包，并住了下来。"除面包外，人们还把谷物制成糕点和软饼，即在面粉中加入蜂蜜(*aka*，*dišpiha*)、酥油(*akal*，*himeti*)、芝麻油(*akal*，*šamni*)、盐(*akal*，*tâbti*)、牛奶或各种水果混合制成。

(二)蔬菜与水果

灌溉农业不仅保证了美索不达米亚人的粮食生产，还使得家家户户的花园里长出了丰富的蔬菜和水果，它们的名称都保存在楔形文字字典和商业记录之中。

美索不达米亚人把蔬菜叫作“绿色的东西”(*ni-ba-tú*，*ar-qu* 或 *SUM*)，当一个人饿了的时候，他常说他腹中绿色的东西太少了。最常见的蔬菜可能是洋葱。同时，大蒜、小扁豆、鹰嘴豆、蚕豆、豌豆等也被广泛食用，通常是放在汤里。吉尔伽美什还曾用鹰嘴豆作为祭祀的用品：“他(吉尔伽美什)把他的鹰嘴豆倒在坑中，说道：‘山啊，赐给我一个梦吧!’……”大多数豆类作物蛋白质丰富，对穷人来讲，还可替代肉类。黄瓜和各种葫芦科蔬菜、卷心菜也被食用。莴苣也在栽种之列。海枣是糖的重要来源，是日常食物中的重要组成部分，人们还从棕榈中提取出一种像芹菜似的精美的食物。

美索不达米亚的主要水果有苹果、石榴、海枣、无花果、榅桲、欧楂果、杏、枣、葡萄等。海枣树的种植在艺术品中就有反映。另外，一份经济文书中提到：“紧靠着海枣树，他将做成一个绿色的树篱，他将保护围栏和新鲜的嫩芽；他将挖一条沟……”其中葡萄、枣在果园中最为常见。值得一提的是，苏美尔人还给我们留下了一份制作水果蛋糕的配方：1 杯黄油、1/3 杯白奶酪、3 杯头等椰枣、1/3 杯葡萄干，用精细面粉把它们混合在一起。

(三)鱼和肉

俗话说：“靠山吃山，靠水吃水。”在拥有底格里斯河和幼发拉底河及其支流水系和密集运河网络的美索不达米亚，尤其是南部的巴比伦尼亚，吃鱼是最顺理成章的事情了。在古代美索不达米亚，鱼的品种很多。在公元前第三千纪到古巴比伦王国时期，行政管理文书中常提到许多种鱼。约公元前 2000 年的一篇苏美尔人课文中详细记述了各种各样的鱼，但鲤鱼是最常见和最受欢迎的鱼。从材料上看，加喜特王朝以后，吃鱼变得不太普遍了。

图 11.5　亚述渔民捕鱼的场景。约公元前 700—前 692 年。出自尼尼微

图 11.6　渔船捕鱼图

羊肉，以及不太常见的牛肉，主要在节日时食用。在早期，山羊是一种正式祭祀中常见的动物。随着苏美尔城市化的兴起，向神贡献真的山羊被山羊模型所取代，这反映出城市居民对山羊肉的需求增加。但是，神和国王仍能得到充足的肉类。一些将作为食用或祭祀用的牲畜被养得又肥又大。来自公元前第二千纪早期马里的一封书信记载："一头将献于王宫的牛，被养肥得都站不起来了。"

在苏美尔时期，猪被成群饲养，因为猪可以在沼泽地里食草。

在古巴比伦王国时期，肥猪肉是一种很贵的食物。

由于缺乏适当的牧场，牛与羊相比数量相对不多，而且牛主要用于耕地等生产劳动，以及用于祭祀牺牲。

马肉也被人们食用。公元前 14 世纪亚述东部的努济地区发生了一个案件，讲的是被告偷走一匹马，并把它吃了。

另外，人们从很早的时期就开始饲养鹅和鸭子。不过，母鸡的饲养是在公元前 1000 年才开始的。美索不达米亚人还能捕捉到野鸟、鹿和瞪羚等。

图 11.7　鸟和公牛横幅图画。鸟和公牛的白色石像与沥青和黑石背景形成了鲜明的对比

二、辅料与调料

(一)油及其应用

由于油类在古代社会中的多方面用途，它在人们所需的基本物质中占有重要地位。油是人们生活中仅次于水的重要生活资料。在公元前 1000 年的一封信中曾有这样的话：“愿我主的统治像水和油一样施于所有的土地和

人民。”在亚述法典中，有一条法律涉及一位丈夫抛弃了他的妻子，“并且没给她留下油、羊毛以及衣服”。这表明，油是粮食之外的三大生活用品之一。由于油很重要，所以控制其价格是必要的。在萨尔贡国王的一个铭文中讲道：“使人们肌体舒适的油在我的土地上不应太贵，芝麻卖价应与谷物一样。”公元前1000年，油价大约是10西拉需1舍克勒银。到新巴比伦王国时期，油价变为3～4西拉需1舍克勒银。除了香料、金属、服装和动物外，油是商业和掠夺品中一个重要的组成部分。在公元前第二千纪的阿马尔那时期的一份文书中提到进贡品是23碗优质油。油受到重视还表现在盛油的容器常常是用银、石头以及象牙制成，并且有着华丽装饰。苏美尔早期到亚述时期的盛油的罐子和小容器都已有发现。苏美尔—阿卡德时期，油在文学作品中也常被描绘。

在一份词汇表中，提到了各种类型的油，包括芝麻油（*ÌA. GIŠ*，*ellu*）、精制油（*ÌA. GIŠ. BÀR. AG. A*，*ḥalsu*）、新鲜的甜油（*ÌA. GIŠ. DÙG. GA*，*tābu*）、加蜂蜜的油（*ZÀ. GIŠ. KV$_7$. KV$_7$*，*matgu*）及最高质量的芝麻油（*IÀ. GIŠ. SAG*，*reštu*）等。在这里，新鲜的甜油和加蜂蜜的油可能是一些挥发油的提取物，用来作为香料油。在公元前第一千纪的一份文书中，提到三种香料被用来制作香料油（*šamnu tabu*）。这一时期的另一件文书提到香料油被用来油漆神庙的门。精制油是一种经过过滤的油，用于制作食物。

从种子中获取油的最重要工作是榨取。榨油者称为*AMEL NI. ŠUR MEŠ*（阿卡德语称*amsa ḫišamui*）。在语汇表中还提到了*IÀ · ŠUŘ*（*ṣa ḫitu*）。在乌尔第三王朝时，由女奴榨油。在新亚述时期，榨油的人被组织成行会。有材料表明，榨油者受到主人的非法对待。

榨油的实际过程目前还不清楚。亚述时期的一封信中记载：“让他们在你面前从芝麻中榨取油，让他们在你面前压榨。”这表明，一些油首先可能是通过加热水来获得的，这种油质量高，不同于第一次榨得的油。一种碗（*DUG. NIG. GUL. néseptum*）被用来撇析油。芝麻的残渣称作*kupsu*。用来榨油的工具是铜杵(*mahi ṣu*)和石臼。在古地亚预言书中提到通过加水使油浮在水的表面，“大批土地将要产生果实，沟和运河中的水将要上涨，从大地缝中将要涌出水，在苏美尔，充溢的油将被倒出，过剩的羊毛将被称量”。在这里，通过加水使油浮到表面，可能是榨油的第一步和最后一步。

从芝麻中榨油的比率是1∶3。新巴比伦王国时期的文献表明榨油的比率很低，约是1∶36。不过，这种比率可能有误，因为通常芝麻籽含油在40%～54%。由于榨取方法和原来种子颜色的不同，榨取出的芝麻油的颜色也不一样。

芝麻油在古代美索不达米亚人的日常生活中是一个重要的生活用品。在泥板文书中常见它作为工资的一部分或者被贮藏起来。它还被用作各种油脂食物的香料。芝麻油常用来制作甜食和糕点。制作酒有时也用芝麻，香料油(*šamnu tabu*)可能有时会加到啤酒或葡萄酒中。

油除了食用的价值外，还有许多其他的用途。油和羊毛以及沥青一起使用，可以堵船只的缝。在中巴比伦时期的文书中就曾提及这种情况。芝麻油还被用来制作肥皂。油也是灯和火炬不可缺少的东西。芝麻油还用于葬仪、医学等方面。

(二)调料

调料中最常见的是盐和芥末。实际上，它们在用前是被混在一起的。在美索不达米亚人的家庭中，桌上通常有一个芥末盒和一个盐盒。芥末也被用于与甘松混在一起。芥末常常就着面包一块儿吃，这在一份早期食物名称表中就曾提到过。一篇铭文还提到，盐和芥末被亚述国王撒在埃兰的土地上，以使埃兰受到损毁。肉桂是另一种调料，它在文学作品中常常被提到。其他食物添加剂还有：八角茴香、香菜、马郁兰、郁金香粉、生姜、大蒜、甘松香、百里香、茴香和枯茗等。

三、饮料

(一)酒类

苏美尔人最先把酒奉献给人类。根据苏美尔文明时期遗留下来的刻在泥板上的楔形文字记载，苏美尔人的酿酒技术就已相当成熟了。他们能把酿化与发酵结合成复式发酵法，用大麦、小麦、黑麦发酵制成饮料。在他们很原始的酿酒作坊里已出现了酿酒用的炉子、圆桶和贮酒用的大酒桶。由于酒中有许多沉渣，在苏美尔时期出现了一种起过滤作用的饮酒管，用这样的管子吹吸陶罐内的啤酒，可除去沉渣。酒的种类有啤酒、海枣酒、葡萄酒、烈酒等。啤酒主要以大麦为原料制成。在古巴比伦王国时期，酿酒主要是由妇女进行。在《汉谟拉比法典》中，以开设酒店为职业的妇女被特别提到，称为 *SAL. KAŠ. TIM. NA*（*sabitum*），酒店称为 *E′. KAŠ. TIM. NA*（*bīt šikari*）。酒店一般都不大，通常有 5 张床、10 把椅子、3 张桌子。法典第 108～111 条，是有关酿酒和出售啤酒的法律，违犯这些法律将被处以死刑。

图 11.8　在杜尔-沙鲁金的宫殿里，朝臣们正举起大杯啤酒尽情畅饮。这种没有手柄的大酒杯，底部用金属形象地塑造成狮子头的形状。图片见 Rawlinson，*The Seven Great Monarchies of the Ancient Eastern World*

第 108 条：倘卖酒妇不受谷以为西克拉(*šikaru*，一种烈酒)之费，而按超重的砝码收银，而西克拉之定率量比之谷物之定率量为低，则此卖酒妇应被检举，投之于水。

第 109 条：倘犯人在卖酒妇之家(聚议)共谋不轨，而卖酒妇不报捕此等犯人，送之宫廷，则此卖酒妇应处死。

第 110 条：倘神妻或神姊不住于寺院中而开设酒馆或进入酒馆饮西克拉，则应处焚刑。

第 111 条：卖酒妇赊卖其酒 60 卡者，至收成时应收谷 50 卡。

啤酒不仅用作饮料，而且还有其他用途，如用酒帮助治病。在一块年代为公元前第三千纪末的泥板上，刻着 15 个医方，其中，第 4 条、第 6 条至第 12 条、第 15 条医方里都提到将啤酒与某种植物或其他东西调制在一起能治病。

图 11.9　向植物女神祭酒的浮雕残片。早王朝Ⅲ期，约公元前 2500 年。出自特罗(古代吉尔苏)

在饮料中，除了啤酒外，还有葡萄酒、海枣酒等。葡萄酿的酒在捷姆迭特·那色时期就有了，可能是从高原地区传入的。葡萄酒称为 *Karanu*，一般较贵，可能只供富人饮用。他们大都采用果子露的形式饮用，就是把果酒和水混在一起。城市的统治者在他们的地窖就存有葡萄酒。一份共有 10 种不同名称的葡萄酒的价目表已被发现。海枣酒用水和麦曲子

图 11.10　这是一座石碑的顶部，装饰有向安坐的神灵祭酒的画面

(*IM. GV. EN. NA*)混合或用无花果和葡萄干混合而成，蜂蜜有时也会被加进来。已知的有红果子酒和白果子酒。人们还用石榴树的果子制成一种不含酒精的甜饮料，不过，这种饮料不太流行。

通常，1 库耳(*kur*)的海枣能制 1 桶西克拉。配制 100 西拉的啤酒需 72 西拉的二粒小麦、12 西拉的酵粉、96 西拉的 *buklu*(盐?)。在酒店里，海枣酒和啤酒对顾客没有定量限制。在亚述时期的一封书信中就提到一个醉鬼在大街上抽出匕首，向行人挑衅。在一些文学作品中，也有关于喝酒过量情形的描述。创世神话中，在一次宴会期间，诸神在酒精的作用下，变得十分兴奋："甜甜的葡萄酒把他们的恐惧驱除，他们狂饮欢宴，他们的身体膨胀，他们变得非常疲倦。"在《吉尔伽美什史诗》中也讲到，半人半兽的能士恩奇都命中注定成为吉尔伽美什的朋友，他在神妓的诱导下变成文明人。他所拥有的最早的想法之一就是喝酒:"他喝了酒,他喝了七次,他的灵魂自由了,他大声喊叫,他的身体充满了幸福,他的脸变得通红。"

酒在古代美索不达米亚人的生活中扮演着十分重要的角色。除了人们日常的饮用功能之外，酒在宗教活动和宗教仪式中也发挥着不可替代的作用。如图 11.9 和图 11.10 所显示的那样，神也是喜欢喝酒的，因此向神祭酒就成了非常重要的宗教礼仪。酒还成为各国君王互赠的礼物，可见其受欢迎的程度。例如，卡尔凯美什的君王就曾把美酒赠送给马里国王，并引以为骄傲地说："如果好酒喝完了，给我来信，我再送好酒给你。"①

（二）奶类

奶可以从绵羊、山羊、奶牛获得，但其作为饮料却不是主要的，而是与其他食物一起发挥作用。奶可以做成酸乳酪、黄油或奶酪(*tuhdu*)。奶油和蜂蜜混在一起可制成被称为 *pappasu* 的奶制品，有时把奶油、精炼油等与其他材料混在一起可制成一种被称为 *mirsu* 的食品。来自公元前 3000 年代中期的嵌镶雕带(图 8.8)反映出了奶及奶制品的生产情况：小牛被放在牛眼前，为的是使奶牛的奶更快地流出，这表明，苏美尔人对动物行为有着敏锐的观察力；挤奶的人坐在奶牛后边的凳子上，离他不远，另一个人坐在凳子上摇晃一个大的带塞子的容器；在左边表现的是另两人正在过滤混合物以把奶和黄油分开。奶还时常用于医学中。早期盛奶的容器，是用动物的皮或肚制成的。

（三）蜂蜜

蜂蜜在古代很早时期就有了，在《吉尔伽美什史诗》中曾提到"一个盛满蜂蜜的光玉髓碗"。但直到亚述晚期，蜂蜜也是非常不常见的，并且很贵，1 卡需 15 舍克勒银子。为了制作甜的食物和造酒，蜂蜜常需进口。

四、饮食结构

通常，一个人平均每天摄取 2 西拉的食物，要喝饮料，此外，还要吃一些附加物。美索不达米亚人饮食较为简单，妇女、小孩只给较小的份额。在多数情况下，一般一日两餐：早、晚各一餐。对于富人来讲，通常一顿饭要包括面包、啤酒和肉。此外，油脂食物，如加蜂蜜的点心也很常见。

---

① H. W. F. Saggs, *Everyday Life in Babylonia and Assyria*, p. 65.

在一块泥板文书中，记述了一个富人家一顿饭的内容，包括面包、发酵的饮料、点心(*mirsu*)、鱼、蔬菜以及牺牲用的羊肉、牛肉。蔬菜和水果受穷人欢迎，因为它们可以替代肉食。

图 11.11　亚述人狩猎和捕鸟的场景。约公元前 710—前 705 年。出自霍尔萨巴德

由于燃料缺乏和气候炎热，所以食物时常在半冷时吃，如需要，则用灌木来加热。

肉一般只有在特别的场合才吃，通常是牺牲用的动物，但人们是非常偏爱肉食的，在租佃合同中，我们可以看到这样的规定，即主人除负责正常的饭外，还要给一份肉。在语言中，“肉羊”和“毛羊”是有区别的。在富人举行的宴会中常有烤羊羔。牛或猪腰部的软肉的价格达 20 舍克勒。富人们还雇用职业猎手打鸽子、鸟、瞪羚、野兔、鹿和野驴。肉一般用油炸或用火烤，汤(*mêšeri*)也是富人餐桌上常见的食物。

五、餐具

美索不达米亚的主要餐具是单尖的骨叉、刀、沥青或骨头制成的汤勺、赤陶长柄勺子。盛食品的容器在各个时期都有所不同，但主要有陶、木、石头或金属制成的大浅盘、碗和杯子等。

图 11.12　椭圆形金碗。其带有线绳的提手

图 11.13　彩釉陶碗。约公元前 1500—前 1200 年。出自亚述

第三节　家居与出行

家居与出行从古至今都构成人们日常生活最重要的内容，回顾古人的家居和出行方式不仅能自然地勾勒出人类在这方面的生活轨迹，还可以折射出我们今天物质文明的发展程度。

一、住房

在建筑和住房方面，美索不达米亚人是不太走运的，他们并没有坚固耐用的石料和木材可用，他们所拥有的住房建筑材料还是拜两河所赐，即芦苇和黏土。芦苇可以直接用于建筑房屋，无论是用作支撑的柱子还是用于筑墙和封盖屋顶，芦苇都是直接的建筑材料。黏土则略有不同，它用于建筑通常是制作成黏土砖的形式，黏土砖可以说是缺乏石料和木材的美索不达米亚最好的建筑材料了。

（一）芦苇房屋

芦苇房屋的建造有两种形式，即方形和圆形房屋。无论是方形房屋还是圆形房屋，其建造都必须首先在地面上挖坑洞，以竖立起用作支撑的柱子，这与任何现代建筑并无不同。用作建筑支撑的柱子是由芦苇捆绑而成的，一捆捆芦苇插入一个个坑洞中，坑洞用土填实之后，便把相对立的两捆芦苇折弯并在顶部绑结起来，形成一个拱形。如果坑洞是呈长方形排列的，那么最终建成的房屋就是方形房屋；如果坑洞呈圆形排列，那么最终建成的房屋便是圆形房屋。房屋的屋顶是用芦苇席铺就的，门则开在方形房屋的两头和圆形房屋的侧面。芦苇房屋由于芦苇捆的厚实而显示出其优点，即夏天遮挡酷热阳光的防暑效果。

（二）黏土砖房

黏土砖房肯定是比芦苇房屋更高级的房屋，也是美索不达米亚人更喜爱的房屋，与芦苇房一样，它同样是利用美索不达米亚另一富产资源建造起来的。黏土砖是利用从河岸挖来的黏土与稻草类植物混合在一起制作而成的，它利用草类植物可以凝固黏土的特性，把草切碎与黏土搅拌在一起，然后放入木制模具中定型而成。美索不达米亚人的黏土砖分为两种：一种是经太阳自然烘晒而成的日晒砖，另一种是经砖窑烧制而成的炉烤砖。相比较而言，炉烤砖无疑更坚固耐用，但由于燃料和专业人员的人工成本昂贵，这种砖并非寻常百姓所能负担得起的，因此它并不普遍，仅限于王室家族和神庙高级人员用房。普通人家最多偶尔用这种炉烤砖铺地，享受一下简单的“奢华”。黏土砖房屋的屋顶通常是用棕榈木制成的厚板铺就而成，在棕榈木板之上涂上用棕榈叶或草茎与黏土和成的泥。门则通常只有一个，门框是木制的，木门框通常会涂成鲜艳的大红色，这样做是为了避邪。

由于日晒砖的制作有赖于炽热的阳光，同时还得以少雨作为基本条件，而这样的条件通常出现在每年夏季的第一个月，因此夏季的第一个月被命名为“砖月”，它一方面说明这个月最适合于制砖，另一方面也说明制砖在美索不达米亚人的日常生活中占有十分重要的地位。

与芦苇房相比，日晒黏土砖房的优点自不必多说，但它也有其缺点。其一是它的导热性能好，造成夏季屋里的温度很高，为解决这一问题，通常黏土砖房屋的墙壁要特别加厚，此外墙壁的外立面通常要刷成白色，以反射暴晒的日光；其二是室内温度高，还造成这种房屋的门窗设计通常少且小，窗户上要安装有木格；其三是日晒砖不耐雨，一遇倾盆大雨房屋便有倒塌的危险。

二、房屋设施

如果说房屋体现的是美索不达米亚人的物质生活水平和建筑技术的话，那么屋内的设施和设备则显示出他们生活的精细程度。

(一)庭院与房间设计

美索不达米亚人的房屋通常都设计有庭院，无论是王公贵族还是寻常百姓家，都有中央庭院。中央庭院一般都带有顶篷，庭院四周建有一些小一点的房屋，或者说，正房与四周的小房子围成一个封闭的庭院。根据学者们的勘察，“在古代巴比伦，这样一个庭院大小约是 8 英尺乘 18 英尺，或者大到 17 英尺乘 45 英尺的面积，整体规划呈长方形”①。

庭院既可以保证人们日常生活的私密性和安全性，还可以使人们拥有在室外更多的活动空间，有利于纳凉和呼吸新鲜空气。庭院中可能还设计有小花园，还可能设计有饲养家畜的圈栏。

---

① ［英］斯蒂芬·伯特曼：《探寻美索不达米亚文明》，秋叶译，第 436 页。

图 11.14　类似地毯图案的装饰砖。它用于墙面或地面的铺设。约公元前 600—前 500 年。出自波尔西帕的纳布神庙

图11.15　亚述王宫门厅入口铺设的地砖。为雪花石膏石。出自尼尼微的亚述巴尼拔王宫

屋内的房间有的为独立设计，有的则相互连通。正房通常包括一个会客厅、若干间卧室、一间浴室和仆人的房间。

(二)厨房与卫生间设计

在美索不达米亚人的房屋中，厨房是独立设计的，或者说厨房是单独的房间，这一点与我们现在并无不同。厨房通常设计在正房中靠近庭院的一面，美索不达米亚人通常沿墙用一个开放式的砖砌壁炉使厨房与庭院连接起来。

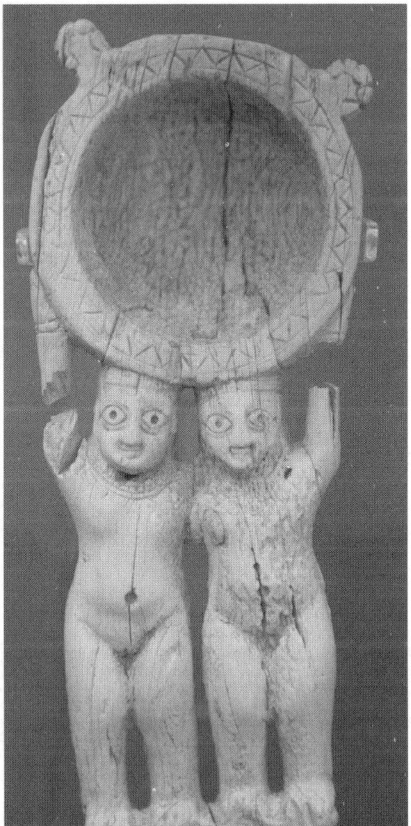

图 11.16　象牙长柄勺子或化妆盒。约公元前 700—前 600 年。出自乌尔

厨房的设施包括研磨香料的研钵，研磨粮食用的手工石制磨盘、刀具，以及赤土杯子、碗和罐子，还有较浅的大盘子。盛菜用的大盘子，其颜色比较丰富，有天然的黄牛皮色、蓝色、白色和黄色等。勺子和刀具也是厨房必备的用具。美索不达米亚人最早的勺子是用沥青(黑淤泥)烧制而成的，后来的勺子通常是木制的，也有金属制品，偶尔还会有象牙勺子。刀具则经历了石刀、青铜刀和铁刀等阶段和形态。

在古代美索不达米亚，带有独立卫生间的房屋的出现，可以追溯到公元前第三千纪的时候。卫生间的设计是这样的：在地板最低矮的地方修建一条小排水沟——顺便说一下，古代美索不达米亚人在田野修建用于农业生产的排水沟渠的技术是很高超的，在这方面他们是古罗马人的老师——小排水沟通常是用砖石堆砌而成的，粪便、废物和废水通过这个小排水沟渠被冲排到室外的污水池里。

图 11.17 “拿精油瓶的妇女”的大理石雕像。新苏美尔帝国时期

卫生间里的用具当然少不了镜子和梳子，甚至还有剃须刀。我们知道亚述人使用的镜子是由金属制作的，包括金镜、银镜和青铜镜等，把金属磨光之后，其表面便会具有高反射力。文献材料中提到了一种皮革(*dusu*)用于镜子的制作①，但我们不能判断是皮革本身经磨光后作为反光镜使用，还是皮革仅用于金属镜的外观装饰。美索不达米亚人很注重头发的护理，梳子肯定是不可或缺的。他们使用的梳子有木制的，也有象牙梳子。文献中还提到了剃须刀的使用，但缺乏详细的描述。从美索不达米亚的艺术作品中不难发现，美索不达米亚人的胡须非常整齐，剃须刀无疑发挥了重要的作用。

(三)化妆品与香水

美索不达米亚的妇女喜欢使用化妆品，既装饰眼睛又美化皮肤。可以肯定的是，至少在公元前第二千纪初，美索不达米亚人就认为眼影是很性感的，神话《伊什塔尔降至冥府》为此做出了注解。根据苏美尔人的文献记载，爱之女神伊什塔尔准备下到阴曹地府去，作为其梳妆打扮的最后一个

① H. W. F. Saggs, *The Might That Was Assyria*, p. 159.

步骤，她往自己的眼睛上涂抹了油膏，并喊道：“愿他快来！愿他快来！”眼霜的主要成分是锑粉团，而苏美尔语中的“金粉团”在阿卡德语中则直接被解释为“美化面部的红颜料”。①

（四）照明与取暖

美索不达米亚人为了防热，通常都把自己房屋的墙壁建得厚厚的，而且窗户既少又小，这样房间里面通常采光都不好，或者更确切地说，房间的设计是故意躲避太阳光的，因此都是很暗的。照明问题还是通过美索不达米亚自身的资源来解决的，那就是油灯。最初的油灯是用贝壳做的，后来被黏土灯取代，因为黏土更容易获取，制作成本也更低。当然也有金属油灯存在，只是不那么普及。黏土灯通常设计得较小，形状有点像拖鞋，燃料也是美索不达米亚盛产的芝麻油和亚麻籽油，虽然原油就在他们脚下的地底埋藏着，可惜他们并不知道如何抽取。灯芯则是用芦苇或其他植物以及羊毛制作而成的。在宫廷举行的重要仪式的场合，常常用火把进行照明，火把一般用芦苇捆沾上油制作而成。

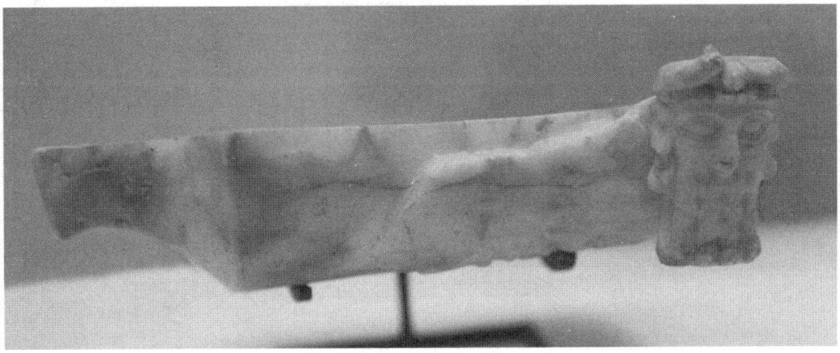

图 11.18　灯具。以牛头装饰，材料为大理石。早王朝Ⅲ期

壁炉是美索不达米亚人取暖的重要方式，这种取暖方式多用于黏土砖房屋中，因为芦苇房屋的防火安全是一个必须考虑的严重问题。黏土砖房

① H. W. F. Saggs, *The Might That Was Assyria*, p. 160.

的壁炉通常设于正房靠近庭院的一面墙上，并与中央庭院相连接。此外，用于取暖的设备还有便携式火盆。

三、家具

美索不达米亚的家具，有木床，桌子，带有椅腿、靠背和扶手的椅子，凳子、嵌入的泥长凳，木制的储藏柜等。床在亚述浮雕中就可见到。在医学文献中也常提到患者躺在床上。有人认为古代美索不达米亚人睡觉盖着毯子，但这似乎还没有明确的证据。桌子在祭神时使用，人们吃饭时也使用桌子。椅子在王宫中很常见。

图 11.19　亚述王宫家具

四、出行

与古代很多地区的人们相比，美索不达米亚人拥有相对便利的交通和出行条件，他们的水路交通和陆地交通都非常发达。

(一)水路交通

在水路交通方面，底格里斯河和幼发拉底河两大河流贯穿美索不达米亚全境，并且远可通达上海即地中海和下海即波斯湾。此外，主要用于灌溉的运河系统也非常发达，美索不达米亚的历代国王都把修建运河作为国家最重要的大事来抓。运河不仅宽阔，而且水深，足够承载船只，船只无论是运送旅客，还是装载货物都绝无问题。

图 11.20　亚述家具留下的一条腿。美索不达米亚人喜欢把家具的腿做成粗壮的动物腿的形状。约公元前900—前 612 年。出自尼尼微

美索不达米亚人用作交通工具的船只有很多种。在属于公元前第三千纪的苏美尔人墓穴中，就发现有划船的模型。在美索不达米亚人的实际生活中，最大的船只是用绳索从河岸上牵拉的驳船和渡船。由于美索不达米亚木材资源的缺乏，这种大的驳船和渡船比较少见。最常见的小船是柳条船和一种叫克勒克的羊皮船。柳条船的形状有点像圆形的芦苇篮子，船体表面用沥青作为防水涂层，沥青具有较好的防水性能，同时还能增大船体的浮力。羊皮船是古希腊历史学家希罗多德所亲眼看见的巴比伦人最奇特的东西之一，他也不吝笔墨地给予了记载：

现在我就要说一下除了城市本身之外，在那个地方最使我感到惊异的东西是什么了。沿河下行通往巴比伦的船都是圆形的，而且都是用皮革做的。他们用在亚述上方阿尔美尼亚人居住的地

图 11.21　运输木材的场景。美索不达米亚人的木材都是从黎巴嫩山区用船运输来的

方割取下来的柳枝制作船的肋骨，而在外面再蒙上一层皮革，这样便造成了船体；这种船既不把船尾弄宽，也不把船头弄窄，因而它是圆圆的和盾牌一样。然后这船便全部塞满干草，再放上运送的货物，这样就叫它们顺流而下了。运载的货物主要是酒，酒是装在用棕榈木所造成的酒桶里。这种船有两个人站在上面操纵着，这两个人各拿着一个桨，一个人向前划水，一个人向后划水。船的大小各不相等，有的非常大，有的小；最大的上面可以装运五千塔兰特重的货物。每只船上都有一个活驴，大一点的船上驴的数目还要多一些。当它们下行到巴比伦的时候，船上的货物便卸下来，然后人们把船给拆开，卖掉船的骨架和里面装的干草，再把皮革打点在驴背上，返回阿尔美尼亚去。由于河中的水流甚速，想叫船溯流而上是绝对不可能的，因此他们就不用木材而用皮革来造船。等他们赶着他们的驴子返回阿尔美尼亚之后，他们便用同样的办法为下一次

的航行而造其他的船。①

根据希罗多德的以上记载，羊皮船的做法是在柳枝框架上蒙上山羊皮，膨胀的山羊皮可以使船产生更大的浮力。这种船只还是亚述军队行军时渡河的良好的军事交通用具。

(二)陆地交通

在古代美索不达米亚历史的早期，国家有意识地铺设陆地道路的事情，是比较少见的，大部分的道路都是人踩出来的，这多半要归功于商人的脚步，为满足人们的日常需求和王室的特殊需求，美索不达米亚的商人们不停地穿梭在这片土地上，甚至不惜经常走出境外。亚述帝国的征服雄心，使得其统治者意识到畅通道路的战略重要性，因此他们建立起了一个全国性的公路系统，这个公路系统无疑也为人们的日常出行提供了极大的便利。

图 11.22 一位亚述新郎牵着两匹配有精美马具的马

至于陆地交通工具的发明，苏美尔人也堪称人类的鼻祖。苏美尔人早

① [古希腊]希罗多德：《历史》上册，王以铸译，第 114～115 页。

在公元前第三千纪以前就已经发明了轮子，并将其运用到交通运输上。到公元前第三千纪，苏美尔人就制造了两轮和四轮的轻便马车，用于道路交通。苏美尔人的马车，其车轮是用木料制作而成的，而到了数百年以后，亚述人就利用铜、青铜和铁制作成金属的轮箍，使木车轮更加坚固、耐用。由于木材的珍贵，可以想见对于一般家庭的寻常百姓而言，马车可能有些奢侈，驮兽可能是他们最经常使用的交通出行工具。最早的驮兽应该是驴或骡子，马或许直到公元前 9 世纪才成为供人骑行的驮兽。

第四节　服装及服饰

说到服装与服饰，生活在现代文明的人们早已司空见惯，也许并不太在意。如果说对其还有关注的话，那完全是出于审美的满足，甚至是出于文明礼仪的需要。但在古人那里，情况并不完全如此。

一、服装

一位学者这样写道："如果苏美尔是伊甸园在地理学上的灵感启发，正如许多人所深信的那样，那么世界上最早的衣服都贴着'美索不达米亚制造'的标签。"①衣服不仅是人类遮风挡雨、抵御严寒的手段，更是用于遮蔽身体、彰显人性的标志。衣服可以说是人区别于动物的显著标志之一，是人之成为人的重要标志之一。关于这一点，古代美索不达米亚文明也为我们提供了最早的例证。在《吉尔伽美什史诗》中有这样一个故事，一个野人恩奇都受妓女的诱惑，而放弃了野性的生活方式，在他们发生了性关系之后，妓女给恩奇都穿上了衣服，并把他叫作男人。从此，恩奇都就变成了人，他所有的动物朋友都离他而去。

---

① ［美］斯蒂芬·伯特曼：《探寻美索不达米亚文明》，秋叶译，第 439 页。

(一)服装式样

图 11.23　一座人物雕像的底部，他身穿一种叫卡乌纳凯斯(kaunakes)的衣服。早王朝时期，约公元前 2500 年。出自特罗(古代吉尔苏)

男式服装常见的是有腰布形式的服装，是用三角形织物绕身包缠，在腰间扎紧，在身体上形成参差不齐、错落相间的层次。里面穿直筒紧身长衫，有时为对襟样式，敞开，不系扣。紧身长衫有时单独穿着，其边缘有刺绣花饰，下摆也有流苏饰物。在紧身衣上束有腰带。女式服装与男式服装大体相同，只是略见宽肥些。苏美尔妇女的大衣看起来像一条大围巾，一端丢在左肩后，主要部分缠过前胸，从右臂下来，再由背后向上绕过左肩，遮盖左手臂，只将左手露在外边，以便活动。亚述时期，出现了附有短袖的束腰外衣。

希罗多德对巴比伦人的衣着有过这样的描述：“巴比伦人穿的衣服是一种长到脚那里的布内衣，在这件内衣外面罩着另一件羊毛的内衣，在这外面他们又罩上一件白色的外衣。他们脚上穿的鞋是他们国家所特有的一种样子，和贝奥提亚人的鞋差不多。他们留着长头发，头上裹着头巾，全身都涂香料。每个人都带着一个印章和一个雕制的手杖，杖头刻成一个苹果、一朵玫瑰、一朵百合、一只鹰或是诸如此类的东西。他们的习惯是每只手杖上必须要有一种装饰。这便是他们身上穿戴的东西了。”①

① ［古希腊］希罗多德：《历史》上册，王以铸译，第 115 页。

图 11.24　美索不达米亚人的大衣和帽子

(二)服装面料

据考古学家考证，早在 25000 年以前的旧石器时代，人类就已经发明了纺织和纺织品。美索不达米亚人纺织的布料的主要原料来自他们种植的亚麻和棉花，除此之外，还有一种叫作卡乌纳凯斯(*kaunakes*)的东西，据考证，这是一种在经线上用纬线结成扣环状，仿羊皮模样的羊毛衣料。到古地亚时期以后，这种布料不再使用，只有在制作神像的神衣时才使用。美索不达米亚人最常见的衣服和衣料，无疑是羊毛和羊毛纺织成的衣服，这一点也不奇怪，因为牧羊是美索不达米亚人家庭和国家最重要的经济形式之一。实际上，早在 10000 年前的新石器时代，古代近东的农民们就已经开始饲养绵羊和山羊了。相比之下，棉花的种植要晚得多，直到亚述帝国时期才出现。在公元前 700 年左右，亚述人从埃及和苏丹引进了棉花。

图 11.25 站立的家臣像。人物衣着华丽，为典型的美索不达米亚风格，但这尊在苏撒发现的雕像上没有任何可以确认身份的铭文。公元前第二千纪上半叶

图 11.26 妇女石膏像。她穿的衣服好像是羊皮的，衣服包裹着一个肩，另一个肩裸露在外，下身底端是很长的羊毛裙摆。约公元前 2400 年

(三)服装的制作

由于原材料丰富和市场需求的巨大驱动，纺织品和服装生产成为美索不达米亚的一个主要产业和财富来源。美索不达米亚的服装制作不可能是以工厂为基础的社会化大生产，更多的只能是手工作坊式的，尽管可能也有皇家制衣作坊存在。然而，虽然美索不达米亚的纺织品生产和服装制作是家庭工业和村舍工业，但其规模都还比较大。美索不达米亚人可能已经开始使用纺织机和纺锤，因为尽管缺乏实物证据，但在保留下来的艺术品中，有对当时的纺织机和纺锤的描绘。

尽管美索不达米亚人的服装颜色通常是纺织品的本色，但人们追求绚

图 11.27　头缠包头巾的马里妇女头像。由白玉、天青石、石灰石、沥青制作而成。约公元前2500—前 2400 年。出自马里的伊什塔尔神庙

烂色彩的审美需求还是难以掩饰。他们服装的主要颜色有红色、绿色、蓝色和紫色。其中，绣金边的紫色外衣为国王专用。服装的最普通的染料来自蔬菜，蔬菜染料会使服装的色彩更加生动、活泼。最珍贵的染料来自一种水生贝壳类动物，即产自黎巴嫩和叙利亚海边的骨螺，它可以用来制作高贵的皇家紫色。古希腊人把这种染料的产地或发源地称为“Phoenix”，意为“紫色的土地”，即腓尼基。

上好的材料和精湛的技艺使得美索不达米亚的服装在古代近东享有盛誉，古亚述的商人在安纳托利亚的商业殖民活动中，最受欢迎的商品之一就是阿卡德服装。

二、妆饰

妇女的衣领上绣有以玫瑰花结为图底的散开形的精致花纹图案。苏美尔男人通常留有长发，由中间向两侧分梳，头发垂过肩；偶尔也有男人剃光了头发或剪成短发的，这可能是要参加宗教仪式而特意剪的。头发上扑金粉。男女都戴金银耳环、项链和镶珍珠与宝石的手镯。国王的头饰是绣花镶宝石的，有时头顶上会插一圈小羽毛。贵族的头饰也都镶有珠宝。亚述时期的妇女头上缠着薄布，外出时必须用薄布遮上面孔。伞和扇子只有贵族才被允许使用，当贵族外出时，伞和扇子由随从拿着。

第五节 风俗

婚丧嫁娶以及风俗习惯，是社会生活的重要方面，是社会风俗和伦理关系的重要表现，它从一个侧面反映出社会文明的风貌。

一、婚姻习俗

婚姻习俗是最重要的文化和社会现象之一，透过婚姻习俗往往可以洞察人间万象。事实上，对于苏美尔人、巴比伦人和亚述人而言，虽然不能排除婚姻中的感情因素，而且可能也会有些浪漫情怀，正如文学作品中的爱情诗所表现出的那样，但他们的婚姻，“从根本上说，是一种生意性的安排，旨在保证和维持社会的秩序。尽管婚姻不可避免地存在着感情因素，但在国家眼里，婚姻的主要目的不是建立伴侣关系，而是为了生育人口；不是为了个人现时的欢愉，而是为了未来的种族延续”①。每一桩婚姻都开始

图 11.28 情侣雕像。其中人物手臂交叉，相互搂抱腰肢，含情脉脉地彼此注视着。出自乌尔

① Stephen Bertman, *Handbook to Life in Ancient Mesopotamia*, p. 275.

于一份法律契约，正如《汉谟拉比法典》所规定的那样，如果一个男人结婚时没有事先签订并执行一份婚姻契约的话，与他“结婚”的女子就不能算是他的妻子。尽管这样一对男女可能同居在一起，但如果没有契约的形式，他们或他们的子孙后代都得不到国家和法律的保护。

(一)父权制家长包办婚姻

女子在结婚前由其父亲保护监管，其父可以自由决定其婚姻；如果父亲不在，则由其兄长做主。如果一个女子因其父欠债而作为抵押品到债主家做工，其婚姻仍由其父或兄长决定；如果其父或兄长都不在，其婚姻就由债权人决定。女子在婚姻上毫无发言权，这是由妇女在当时社会中的地位造成的。

男方通常交给他未来的岳父一笔被当作女方身价的费用，此外，男方还需向女方送聘礼。女方从她的父亲处取得嫁妆，嫁妆后来就转归男方。《汉谟拉比法典》中对聘礼及身份有明文规定：

> 第159条：倘自由民将聘礼送至其岳家，交付聘金之后，见其他妇女，而谓其岳父云：“我不娶你之女”，则女子之父得占有其送来的一切财物。
>
> 第160条：倘自由民将聘礼送至其岳家，交付聘金，而后女子之父云：“我不将吾女给你”，则彼应加倍归还一切致送与彼的财物。
>
> 第161条：倘自由民将聘礼送至其岳家，交付聘金，而后其友诽谤之，于是岳父告诉妻主云：“你勿娶吾女”，则彼应加倍退还一切致送与彼之物；而其友亦不得娶此妻。

从这里我们可以看到，聘礼类似于预约金，目的在于证明双方签订婚约的严肃态度，也是作为保证履行婚约的一种手段。如男方破坏婚约，拒绝聘娶新娘，那么他便丧失先前所缴纳的身份费和聘礼。假如女方的父亲不履行婚约，不准女儿出嫁，那么他应加倍偿还自己所得到的一切。

(二)订婚与结婚仪式

结婚前要举行订婚仪式，由女子未来的丈夫在女子头上洒香水并献上礼物。这之后，女子就成为其未来丈夫家中的一员。如果男方死了，她将嫁给他的兄弟；如果男方没有兄弟，她就嫁给他的近亲。相反，如果女方死了，男方又不想娶她的姐妹，那么男方就要收回所有的聘礼(除粮食以外)。如果订婚时年龄还小，尽管订了婚，女子还要继续与自家人生活在一起，直至适婚年龄。

到了婚期，女方家长将新娘交给新郎，新郎在证人面前，揭掉新娘的面纱，并郑重宣布：她是吾妻。实际上，在正式的婚礼之前，男女双方可能并未见过面，根本不认识对方。结婚要有正式婚约，这样妇女才能获得“妻子”的称号。如果没有契约，那么就认为该婚姻无效。《汉谟拉比法典》第128条规定：“倘自由民娶妻而未订契约，则此妇非其妻。”假如契约已经签订，纵使女方还留在娘家，她也是妻子，不能再嫁给别人。只要契约没有解除，男方就是丈夫；假如契约解除了，那么就产生了违背婚约的后果，破坏契约的人——男方或岳父应付破坏契约的补偿金。

(三)婚后生活

结婚以后，夫妻可以住在女方家中，也可以到男方家中居住。如果是住在女方家中，那么丈夫就要给妻子一笔钱，称为“*dumaki*”。丈夫死后，除非死者既没有儿子也没有兄弟，不然这笔钱就不会成为寡妇的财产。当然，也可能“*dumaki*”被全部或大部分花掉了。《中期亚述法典》第25条规定：“如果某女人还住在自己父亲的家里，而她的丈夫死去，她的丈夫的兄弟们尚未分居，而她又没有儿子，那么她丈夫的未分居的兄弟们可以拿走她丈夫给她戴上的和不曾遗失的一切装饰品……”第26条规定：“如果某女人还居住在自己父亲的家里，而她的丈夫死了，那么丈夫给她戴上的一切装饰品，如果她的丈夫有儿子，就可以由他们拿走。如果她的丈夫没有儿子，就可以由她自己拿走。”另一方面，如果年轻夫妇要住在丈夫家中，那么妻子要带去嫁妆(*shirqu*)。嫁妆以及新娘收到的礼物是其子女不可剥夺的财产，其丈夫的兄弟无权得到。

一夫一妻制是美索不达米亚名义上实行的婚姻制度，家庭主要成员是丈夫、妻子和子女。但实际上，丈夫可以有妻子，也可以有妾(*esirtu*)。妾与妻子相比，地位较低，往往来自女奴。妾必须尊重并服侍法定妻子，即便为主人生有子女的女奴，如自视与女主人平等，也可能受到惩罚。当妾与法定妻子一齐上街时，才有权戴面纱。“妻子”(*ḫīrtum*或*aššatum*)这一称号只属于丈夫的法定妻子，在丈夫把面纱戴到她头上那一刻起，她就是他的妻子了。在《汉谟拉比法典》中就有有关规定：

> 第137条：倘自由民意图离弃曾为之生子之妾，或曾使之有子之不育妇女，则应将此妇女之嫁妆归还，并应给她一部分田园及动产，使她能抚养子女。至她已将子女抚养成人，则应就给予其子女的全部财产中，以相等于一继承人之一份给她，而后她得嫁与她所喜爱之夫。

> 第145条：倘自由民娶不育之妇，她未使彼有子，而彼欲纳妾，则此自由民得纳妾，并带之进入其家；此妾不应与不育之妇平等。
>
> 第146条：倘自由民娶不育之妇，她给其夫以女奴，女奴生有子女，而后此女奴自视与其女主人平等，则因她生有子女，其女主人不得将她出卖；女主人得将她加以奴隶标记，而列之于其余女奴之中。

第 147 条：倘她未曾生子，则其女主人得将她出卖。

如果丈夫死在妻子前面，并且没有留下遗嘱，那么寡妇要继续住在丈夫的家中，由其子女奉养。如果是二婚，并与前夫有子女，那么，第二次结婚后生的子女要把她送回到第一次生的子女那里。寡妇如有幼龄子女，非经法院许可，不得再嫁。如丈夫被俘，妻子只有在无法继续维持生活的条件下，方可再嫁。如果丈夫被释回家，她就应离开后夫，仍回到前夫处。

(四)家庭关系

夫妻关系是不平等的，丈夫在妻子行为不端时可以再娶，在妻子不能生育和有病的情况下，允许纳妾，甚至丈夫若认为必要，还可以不经妻子同意而离婚。相反，法典却要求妻子要忠贞于丈夫。《汉谟拉比法典》第 143 条规定："倘她不贞洁而常他住，使其家破产，其夫蒙羞，则此妇应投于水。"第 132 条也规定："倘自由民之妻因其他男人而被指责，而她并未被破获有与其他男人同寝之事，则她因其夫故，应投入于河。"丈夫对妻子的人身也有极大的权利，当男子欠债而又无力偿还时，可以将妻子交出抵债。

父母与子女的关系，仍然保留着家长制家庭的特色。在家庭中，妻和子女完全在家长控制之下，他可以惩罚妻子和子女，有权支配家庭财产，必要时可将子女交出抵债。

妻子只在下列特殊情况下才能要求离婚。第一，丈夫诬告妻子与人通奸。第二，丈夫对妻子不忠实并蔑视妻子，如《汉谟拉比法典》第 142 条规定："倘妻憎恶其夫，而告之云：'你不要占有我'，则应就其邻人调查其事。倘她贞洁无过，而其夫经常外出，且对之凌辱备至，则此妇无罪；她得取其嫁妆，归其父家。"①第三，丈夫抛弃家庭，脱离乡土。第四，妻子患病而丈夫纳妾。

---

① 林志纯主编：《世界通史资料选辑》(上古部分)，第 86 页。

(五)拍卖新娘、神圣献身与圣婚

据生活在公元前5世纪的古希腊历史学家希罗多德记载，巴比伦人有拍卖新娘的习俗，并且认为这种习俗是非常聪明的做法：

> 每年在每个村落里都有一次，所有到达结婚年龄的女孩子都被集合到一处；男子则在她们的外面站成一个圆圈。然后一个拍卖人一个个地把这些女孩子叫出来，再把她们出卖。他是从最美丽的那个女孩子开始的。当他把这个女孩子卖了不小的一笔款子之后，他便出卖那第二美丽的女孩子。所有这些女孩子都出卖为正式的妻子。巴比伦人当中有钱而想结婚的，便相互竞争以求得到最美丽的姑娘，但是一般的平民想求偶的，他们不大在乎美丽，便娶那些长得不漂亮可是带着钱的姑娘。因为习惯上是当拍卖人把所有最美丽的姑娘卖完之后，他便把那最丑的姑娘叫出来，或是把其中也许会有的一个跛腿的姑娘叫出来，把她向男子们介绍，问他们之中谁肯为了最小额的奁金而娶她。而那甘愿取得最小额奁金的人便娶了这个姑娘，出售美丽的姑娘的钱用来偿付丑姑娘的这笔奁金。这样一来，美丽的姑娘便负担了丑姑娘或是跛姑娘的奁金。谁也不允许把自己的女儿许给他所喜欢的男子，任何人如果他不真正保证把他买到的姑娘当做自己的妻子，他是不能把她带走的。然而，如果发现他们二人不同意的话，则规定要把付出去的钱退回。如果愿意的话，人们甚至可以从别的村落到这里来买姑娘。这乃是他们的风俗中最好的。①

从希罗多德的记载中可以得出这样的结论：被希罗多德所称赞的巴比

① [古希腊]希罗多德：《历史》上册，王以铸译，第115～116页。

伦人最好的风俗，体现的是买卖双方的公平与诚信，而与爱情或两情相悦无关。巴比伦人还有一个风俗，被希罗多德认为是丑陋的，那就是妇女的神圣卖身习俗。据希罗多德说：

> 巴比伦人有一个最丑恶可耻的习惯，这就是生在那里的每一个妇女在她的一生之中必须有一次到阿普洛狄铁①的神殿的圣域内去坐在那里，并在那里与一个不相识的男子交媾。许多有钱的妇女，她们自视身份高贵而不屑于和其他妇女混在一起，便乘坐着双马拉的带围帘的马车到神殿去，她们身后还要跟着一大群仆从。但是大多数的妇女是坐在神殿的域内，头上戴着纽帽；这里总是有大群来来往往的妇女。在妇女中间，四面八方都有用绳子拦出来的通路，而不相识的人们便沿着这些通路行走来作他们的选择。一经选好了位子的妇女在一个不相识的人把一只银币抛向她的膝头并和她在神殿外面交媾之前，她是不能离开自己位子的。但是当他抛钱的时候，他要说这样的话："我以米利塔女神的名字来为你祝福"，因为亚述人是把阿普洛狄铁叫做米利塔的。银币的大小多少并无关系。妇女对这件事是不能拒绝的，否则便违反了神的律条，因为一旦用这样的方式抛出去的钱币便是神圣的了。当她和他交媾完毕，因而在女神面前完成了任务以后，她便回家去；从这个时候开始，不拘你再出多少钱，便再也不能得到她了。因此，那些颀长的美貌妇女很快便可以回去，但是那些丑陋的必须要等很长的时间才能够履行神圣的规定。有些人不得不在神殿的圣域内等上三四年。在塞浦路斯的某些地方也可以看到和这相似的风俗。②

① 即古希腊的爱情女神(亦译作阿佛洛狄忒)，相当于苏美尔人的伊南娜和阿卡德的伊什塔尔女神。

② [古希腊]希罗多德：《历史》上册，王以铸译，第117～118页。

除了希罗多德记载的以上两种婚姻习俗之外，在古代美索不达米亚，从苏美尔人开始就有一种非常奇特的婚姻形式，即所谓“圣婚”。在每年的新年伊始，国王会与情爱和生育女神伊南娜或伊什塔尔结婚，都要举行盛大的婚宴庆典，代替伊南娜或伊什塔尔女神出席庆典并与国王结婚的是作为其化身的女祭司。美索不达米亚人相信，国王与情爱和生育女神或作为其化身的女祭司的结合，以及他们举行的盛大的神圣婚礼可以保证人口繁衍，人丁兴旺，保证土地肥沃，丰产丰收，果实累累。在这种结婚仪式上和婚姻里，国王扮演的角色是情爱和生育女神伊南娜或伊什塔尔在仙境里的爱人——牧羊人杜木兹或塔木兹①。同时，这样的婚礼仪式还具有另外的象征意义，即国王与女神的结合实际上是从上天领到了人间男女结合、结婚的神圣权利，正如一位学者所云：“当成群的夫妇聚集在神庙周围参加这种典礼时，他们或许都接到了作为男人和女人、丈夫和妻子结合在一起的宇宙权利在精神上的许诺。”②

二、丧葬

丧葬习俗与其他习俗一样，总是直接或间接地反映社会制度、社会经济和文化形态等方面的情况。葬俗中具有强烈的阶级性、等级性。劳动人民固然有其丧事的仪式及礼俗，但在绝大多数的情况下，他们生活在饥寒交迫之中，很少有人顾及那些繁文缛节，因此“饿死于道路”、“死道边”的现象就极为常见，所以，这里所说的大部分是富人能做到的礼俗。大体情况如下所述。

(一)吊唁与吊祭

美索不达米亚人临终之时，都是在自己家里的床上度过的。身边自然

① 苏美尔的杜木兹(Dumuzi)或阿卡德的塔木兹(Tammuz)是牧神。神话《伊什塔尔降至冥府》中描述了他与这位爱之女神的爱情故事。

② Stephen Bertman, *Handbook to Life in Ancient Mesopotamia*, p. 280.

有家里人陪伴，或许还有祭司护理。在床榻的左边，摆着一把空椅子，据说是专门为病人的灵魂从躯体里无形地升起而准备的。在椅子的旁边，摆放着灵魂的祭品，通常是啤酒和面包，以便灵魂在通往冥府的漫长之路上食用。人一死，就会对其尸体进行清洗，然后涂抹上有香料浸泡其中的油，最后为其穿上衣服。如果人死时的条件不具备，也可以简单行事，尸体用亚麻布包裹。例如，在《吉尔伽美什史诗》中，恩奇都死后，吉尔伽美什“把他的朋友（即恩奇都）包裹上”。死者的脸和头部被包住，尸体放在棺材里。主持哀悼的祭司（*kalu*）被请来，他组织对死者的吊唁。吊唁时，与死者有关的亲属、朋友要摘掉头饰，脱去帽子，撕碎衣服，穿上丧服（*šakku*），撕扯自己的头发和胡须，扑倒在地，用刀划破自己的身体，表达他们对死者的哀悼。吊祭时，要用牛和山羊。在《吉尔伽美什史诗》中，吉尔伽美什为恩奇都吊唁了七天七夜，但这可能是史诗为了表明他对恩奇都之死的巨大悲痛而故意为之。实际上，在美索不达米亚炎热的气候条件下，停尸时间三天可以说是最长的了。

希罗多德所说的停尸时尸体用蜂蜜保存的做法尚未有铭文证明，但在亚述巴尼拔年代记中曾讲到用盐来保存尸体（*inatabti*）。

（二）土葬

土葬是普遍的形式。不过，在美索不达米亚各地（如乌尔、巴比伦、亚述等）已发现有不同时期火化尸体的骨骸，这似乎表明当时也实行火葬，但有学者认为这可能是外来移民的骨头。城市中的人死后，埋在城中一个大的墓地中，如在巴比伦、乌尔和尼普尔等地都发现有大的墓区。不过，人们也可能预先在城外选择坟地。苏美尔人习惯于把死者埋在自家房下，在亚述也有这种习俗。在亚述发现的一处房屋就有一个拱状的带有一个小穴的墓室，这可能是富人的埋葬方式。地位低贱的人往往就在房子下挖一个墓穴。有一点很清楚，就是随着城市人口的发展，有必要采取措施，规定死者要埋在城墙外的公共墓地。

图 11.29 有蛇、狮和蔷薇图案装饰的葬礼用陶土坛。这个坛子装了一个孩子的尸骨。沙卡纳库时期，公元前第三千纪末。出自马里

国王和贵族的生活是不同于平民百姓的，因此，他们的丧葬也不同，但也有相同之处。国王死后要有三天的吊唁期。国王的棺材是贵重石料或石灰石制成的石棺。陵墓入口有封闭的青铜门或用青铜镶的木门。在乌尔的考古发掘提供了丰富材料。在这里发现了早王朝时期的墓地。在 1850 个坟墓中，有一群“王陵”。王陵为石筑墓穴，有的有一个以上的墓室，墓顶为托梁的石或砖的拱顶，其中发现了一座圆顶墓。乌尔王陵以其丰富豪华的随葬品和人殉为特点。大型墓葬从地表的斜坡道进入，在墓室附近的坡道底部，常常有士兵和女仆以及车马随葬，它们构成送葬行列的一部分。墓中所有这些都放置得井井有条。享有特权的墓主占据着墓室的主要位置，墓主被放置在木棺床上，周围放着丰富的随葬品，这些随葬品数量多、种类全，有装饰品、武器、乐器和其他珍宝。乌尔的“苏巴德女王墓”因随葬品丰富而著名。这座墓由于没有被盗掘，因此墓穴、石墓室以及她的仆从都保持原样。甬道有 5 名士兵、2 头牛拉的车和 10 名宫女，其中 1 名宫女是竖琴演奏者。在墓室中，女王由 2 个人陪伴着，身佩光彩夺目的珠宝，其中包括精致的金和宝石的头饰。周围有金制和银制容器：1 个公牛头饰的竖琴、1 个镶嵌的游戏台、套在野驴像上的合金缰绳以及 267 件其他珍贵遗物。一个装有女王衣服的箱子堵住了这个墓的一个地下洞口，从这个洞口，为女王挖墓的民工可以进入另一座部分被盗的墓室。英国学

者伍利吴雷认为这就是“国王的墓”，这个墓室和耳室中有符合他身份的殉人，总共有 59 人。墓中有 6 个引导送葬行列的士兵，2 辆由 6 头牛牵引的车，19 名戴金头饰的宫女。在墓穴的另一处有 1 个镶嵌金和天青石牛头的七弦竖琴。墓穴曾被盗，仅 1 个银制船模型和 1 个镶贝的游戏台保留在原处。

另一座名叫阿卡拉木都的墓葬中有 40 个殉人，还有 2 把精致的礼仪匕首，其中 1 把匕首有天青石把手和金颗粒装饰。在一座不知墓主姓名的墓葬中，殉葬 74 人，其中 68 名是女性，都穿着华丽的服饰。这种厚葬和人殉的风俗，浪费了大量的财富，对社会造成严重损害。

(三)墓地与坟墓

对王室来讲，他们的墓地有三种选择：可以埋在王宫下，也可以埋在神庙下，或者埋在城外的王室墓区。巴比伦王朝诸王在巴比伦城西南郊就有他们自己的陵墓区，毗邻一个大的普通人的墓地。

地位卑贱的人，最初是裸葬，后来他们用布包裹。他们的棺材是像槽一样的泥棺，带盖或不带盖。贵族的棺材较大，是像盒或缸一样的泥棺。

坟墓用蒲席盖着，周围有正方形或椭圆形的泥砖。

随葬品一般有各种泥制器皿、酒杯、碗。在乌尔，还发现有项链、耳饰、胸针、手镯、脚镯等随葬品，但武器和圆筒印章很少见。

三、生活起居

古代美索不达米亚的家庭成员在早晨见面问候时，有互相接吻的习俗。在一份稀奇古怪的医方中记载着这样的话：“如果一个人喝了过量的烈酒，如果他的头脑混乱，如果他忘记了词，变得言语不清；如果他的思维错乱，他的眼睛变得呆滞，那么需要治疗(列举了 11 种药)，把药和油、酒于晚上在古拉女神前混在一起，这样，在太阳升起前，在任何人还没有吻病人之前，让他把药喝了，他就会痊愈了。”

在王宫和富人家里都有自己的浴室，而普通百姓就在运河岸边或院子里的水池里沐浴。人们偶尔也洗蒸汽浴，就是在密封的屋子里，把水倾注到非常热的石头上。

人们常把油涂在身体和头发上，这一方面能使被干燥气候和风沙弄粗糙和皲裂的皮肤变光滑，另一方面也能除掉头发里的虱子等寄生虫及虫卵。从雕塑中可以看到，美索不达米亚人有浓密的头发。不过，苏美尔人会把胡子都刮光，而巴比伦人则留胡子。

四、妓女与妓院

美索不达米亚出现了妓院和妓女。妓院称为 *ašar melulti*，意为“快乐的地方”，或称*bīt aikreti*，意为“生殖器房”，妓女住在这里。汉谟拉比时代的书信中提到，妓女称为*ḫarimtu*或*ḫarmata šamḫatu*或*šamuḫtu kizreti*，她们之间有什么区别目前尚不清楚。妓女们出没在大街上、广场上、啤酒店或坐在妓院门口，尤其啤酒店更是妓女经常光顾的地方。没有资料表明，她们被事先付钱，但这种职业的收入是可观的。在神话《伊什塔尔降至冥府》中描写女神伊什塔尔不在，大地上所有生物都陷入休眠状态，“男人没有能躺在街上年轻女人的怀中”。在亚述法典中可看到，公共广场被描绘成卖淫的地方。例如，《中期亚述法典》第三表第 7 条规定：“如果某女人向男人做某种手势(从上下文可以看出是卖淫)，有人以誓言揭发她，那么她应交出 50 明那铅，并应受二十杖责。”其他文献也提到田野和公园以及街巷(*cul-de-sac*)也是卖淫的地方。在《吉尔伽美什史诗》中也提到了妓女(*šamhatu*)。

自由人妇女要戴面纱，这是其地位、身份的标志。奴隶或妓女若被发现戴面纱，则会遭到惩罚。例如，《中期亚述法典》第 40 条就规定：“不论是某人之妻，不论是[……]妇女上街时，她们头部不应没有掩盖。某人之女[……]或是用面纱，或是用衣服，或是[……]应罩住。……妓女不应罩住，头部应露着。谁看到罩住的妓女，应把她抓着，提供证人，并把她带到宫廷的大门前。她的珍贵饰物则不许取走，抓到她的人可以取去她的衣服，她应受五十杖责，并在她的头上灌以松脂。……女奴不应罩住。谁看到罩住的女奴，则应把她抓着，并送到宫廷的大门前。她应被割掉耳朵，抓着她的人可取走其衣服……”

第六节　体育与音乐

一、体育与娱乐

美索不达米亚的体育也有发展，苏美尔时期产生了供贵族子弟学习的学校，作为课余活动的游戏、游泳和家中奴仆所辅导的游戏活动即为体育的萌芽。

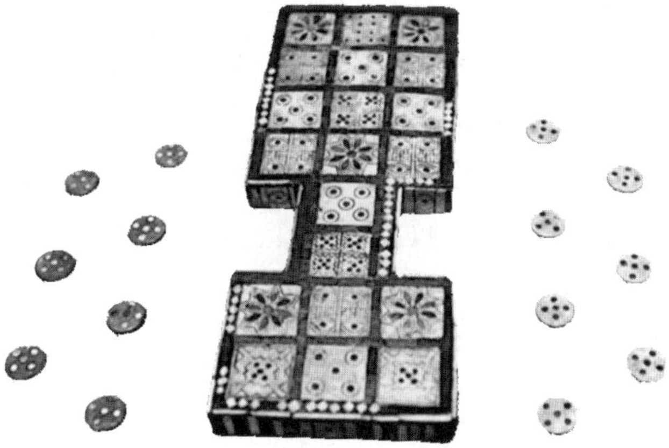

图 11.30　乌尔王陵中发现的游戏赌盘。其附有一套完整的游戏器具。遗憾的是，并没有记载游戏规则的泥板，所以我们也无法确定它应该是怎么样的玩法

在著名的乌尔王陵中，出土了赌盘游戏器具，这肯定是乌尔的国王们为了在地下世界不会寂寞而为自己准备的娱乐工具。乌尔王陵的赌盘游戏

是木制品，上面镶嵌着白色的贝壳、深蓝色的天青石以及红色的石灰石组成的图案，并把这些图案置于黑色的沥青水泥里。这个赌盘有 27 厘米×12 厘米大小，表面由 20 个方格图案组成，有圆点图案，有花瓣图案，还有“眼睛”图案。这种由规则的正方形方格组成的“异形”游戏赌盘，在结构上分为三部分：12 个方格的大区和 6 个方格的小区，中间有 2 个方格的连接区。

根据赌盘的形状和游戏的工具来判断，我们猜测这应该是一个棋类的游戏。比赛的双方各拥有 7 枚棋子，双方各据 1 个区域，依据一定的规则把棋子越过方格，通过中间的连接带，安置在对方所占据的区域。因此，由 2 个方格构成的中间地带，便成为双方交战的核心区，一旦兵力越过核心区，便距离胜利不远了。

同样的赌盘或棋盘在亚述王宫中也发现了不止一个，现在在巴黎卢浮宫博物馆和伊拉克博物馆都有收藏。在亚述王宫出土的棋盘可能是供守卫城门的士兵们消遣而准备的，但无论如何，在苏美尔的王陵和亚述王宫中发现的这种棋类游戏，可能是王宫中常见的消遣和娱乐方式。

公元前 19 世纪后，出现祭神竞技，有为祭祀马尔都克神而举行的祭祀竞技，内容主要是赛跑，胜者以抓马缰把国王迎下战车为荣。节日期间进行的娱乐活动有抱腰式摔跤、战车赛、击球、拳击、击剑、战斗演习和舞蹈等内容。各种形式的摔跤是主要的娱乐形式之一。在《吉尔伽美什史诗》中就记载吉尔伽美什和恩奇都进行了摔跤比赛。

在亚述人中，最有名的体育运动是国王进行的田猎。这种活动具有强烈的宗教色彩。射杀狮子和其他野兽是国王的一项神圣职责。例如，提格拉特帕拉沙尔一世曾宣称，“受爱我的尼努尔塔之命”，在亚述西部地区，他杀死 4 头野公牛、10 头大象和近千头狮子。在亚述帝国后期，狮子被捕获，放在一个特别公园里，田猎时把它们放出来，由国王射杀，以显示国王的权力。王室捕杀狮子成为一年中的重要场面之一。

图11.31　阿淑尔那西尔帕二世狩猎浮雕。他宣称他捕杀过450头狮子。约公元前865—前860年。出自尼姆鲁德

二、音乐生活

自从公元前第四千纪以来，美索不达米亚的各个历史时期都保存下了音乐表演的图像。公元前第三千纪初期的祭献板，刻画的是宴饮场面，表现了祭司或为奴仆和乐师所围绕的一对统治者夫妇在举行祭祀宴会。在石柱和高大石板上也经常刻画音乐表演场面。在楔形文字中，有许多直接或间接与音乐有关的人名和事件，还有许多乐器的名称。

(一)音乐与宗教活动

在早王朝时期苏美尔城邦的神庙中，音乐是祭神活动的基本组成部分。乐器被看成是神圣的祭器，人们以乐器献祭。在重要的节庆活动(如神庙或王宫的奠基仪式和落成典礼、新年庆祝活动)中，在举行葬礼和哀悼仪式时，音乐也占有重要位置。苏美尔时期的一份泥板文书描绘了拉伽什城邦的宁吉尔苏神庙的落成情况：在奠基仪式上国王古地亚呈献给宁吉尔苏神的祭礼中有一件竖琴(*balag*)，奠基仪式伴有希姆(*sim*)和阿拉(*ala*)两种以后在神庙的前庭中演奏的乐器的乐声。在神庙落成后，供奉给宁吉尔苏神的祭品中包括有许多乐器，如提吉(*tigi*)、阿尔加尔(*algar*)、米利图姆(*miritum*)、希姆、阿拉和竖琴。

苏美尔文献中的宗教歌词多数均由乐器伴奏进行念诵或吟唱。苏美尔人使用书写在下方的、部分与音乐符号相关的记号标出了这些歌的性质。在宗教礼拜音乐中使用乐器和在神庙前庭安放膜鸣乐器都有规定。亚述时期，除了由四五名乐师组成的较小型的乐队之外，已经有了较大型的乐队。

(二)乐师

公元前 3000 年以后，在美索不达米亚出现了职业乐师和半职业的乐师。从有关古巴比伦时期西帕尔城的泥板文书中可以看出，当时按不同的职责范围并存着两种神职乐师。一种苏美尔语称为加拉(*gala*)，阿卡德语称为卡鲁(*kalû*)；另一种苏美尔语称作那尔(*nar*)，阿卡德语称作那鲁(*narû*)。两种职务都相应地把职位划分成三个等级：前者分为加拉曼(*gala. man*)——阿卡德语为卡拉曼努(*kalamannu*)、加拉——阿卡德语为卡鲁、加拉图尔(*gala. tur*)，后者分为那尔加尔(*nar. gar*)——阿卡德语为那尔加鲁(*nargallu*)、那尔(*nar*)和那尔图尔(*nar. tur*)。

加拉主要是在举行葬礼和哀悼仪式时用竖琴伴奏唱挽歌、哀歌，并有哭丧妇在旁协助，称为"祭典歌手"。那尔则以其颂扬的音乐和欢声歌唱对神或国王进行赞颂祝福，称为"歌手"。到亚述晚期，加拉专门唱苏美尔语的歌词，那尔则演唱阿卡德语的歌曲。

图 11.32(左)　亚述首都尼尼微发现的乐师头像。约公元前 645—前 635 年
图 11.33(右)　亚述浮雕：两名亚述乐师参加亚述国王阿淑尔那西尔帕二世狩猎归来的祭酒仪式。在仪式上，他们演奏竖琴。他们把竖琴固定在自己腰间，右手握着一根拨弦片，左手则用来弹琴。约公元前 865—前 860 年

在较大城市的主要神庙中都有 1 名职位较高的乐师加拉曼，在他手下有若干名加拉祭司。在古苏美尔时代，拉伽什神庙里主管主要神祇的各有 7 名加拉祭司。

加拉和那尔这两种音乐职位也向妇女开放。

加拉和那尔定时从神庙的财产和收入中获得薪俸。此外，他们还能分到奉献给神庙的供品。在丧葬仪式中，死者的家属要付给主持哀悼仪式和唱挽歌的祭司费用，他们索取的报酬有时非常高。

(三)乐器

美索不达米亚堪称大批乐器类型的发祥地，打击乐器、管乐器和弦乐器的种类都很多。打击乐器主要有青铜钟和鼓，管乐器主要包括长笛、排箫和小号，弦乐器则主要包括竖琴、七弦竖琴和琵琶。

在乌尔国王墓葬群中发掘出土了公元前第三千纪的最重要的乐器。墓葬中有 9 架里拉琴的残余，其中 5 架可以修复。此外墓葬中还有竖琴、吹奏乐器和对击板。里拉琴和竖琴的构造形式豪华瑰丽，制造工艺精巧，技能高超。里拉琴具有金、银和青铜的公牛头饰，具有马赛克彩石的镶边。竖琴琴架以牛头作为装饰，用天青石和金箔制成，琴身由黄杨木制成，正面在沥青上用贝壳镶嵌着人和动物，表现古代神话中的英雄吉尔伽美什与双头公牛以及一些神化的动物在活动的情景。

图 11.34　扬琴弹奏者。古地亚时期，约公元前 2120 年。出自特罗(古代吉尔苏)

一篇献给乌尔王舒尔吉的颂文，称赞此王善奏“婉妙的三头琴……一种使人心旷神怡的三弦乐器”，并说他还能演奏迄今尚未确知为何物的其他十种乐器。乐器制造师掌握了木材、金属和宝石等方面的加工技艺，并具备艺术才能，掌握了有关音乐和声学方面的丰富知识。

在乌鲁克出土并源于乌鲁克Ⅳ期(约公元前3000年)的泥板文书上的符号中有象形文字，它对乐器的描述包括弓形三弦琴和对击棒。自捷姆迭特·那色时期以后，在印章和轮状印章所盖的印以及浮雕上都有里拉琴的图像。

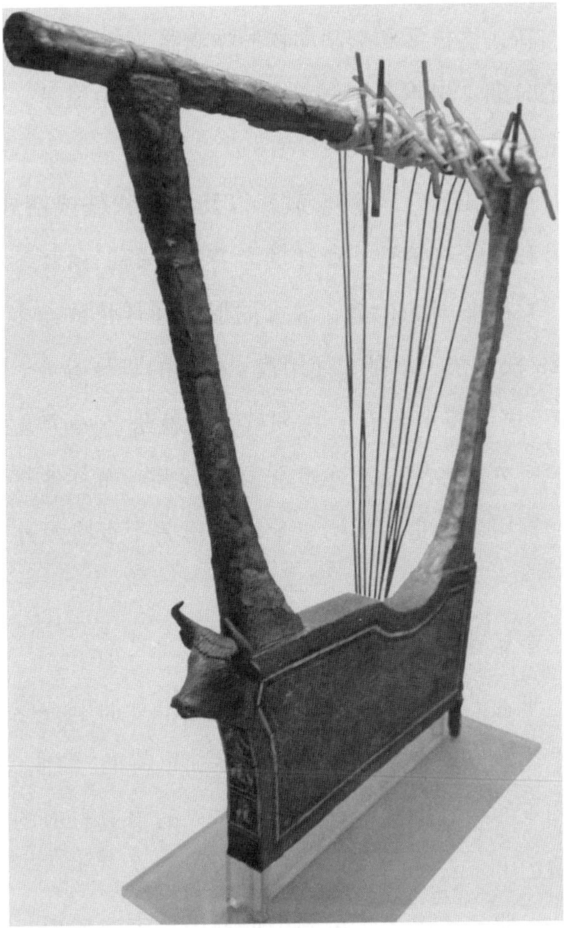

图11.35　乌尔王陵出土的带有牛头装饰的竖琴。约公元前2500年

长笛也是苏美尔人的乐器。在乌尔国王墓葬群也出土了带有指孔的银质管状残件，有人认为这是一种双簧管类型的双管吹奏乐器。

苏美尔时期还出现了小号类型的乐器、框式鼓，以及对击棒、对击板、铙钹和哗啷器等。年代处于捷姆迭特·那色时期和麦萨里姆时期之间的1件陶器上画有3名裸体舞蹈的女子，她们左手持乐器，保持与头部同等高度，并以棒敲击。

在阿卡德人统治时期第一次出现具有棒状长颈和特小音箱的琉特琴，以及经过改进的新式里拉琴和陶制动物形哗啷器。

在古巴比伦时期，出现了一种新的竖琴——三角竖琴。还出现了新样式的哗啷器和带脚与支板的锅状鼓(*lilissu*)。

亚述帝国时期，出现了圆筒形鼓，以及漏斗状鼓或箭式状鼓。此外，还出现了笛、号和双管双簧管。亚述的琴有水平的三角竖琴和垂直的三角竖琴两种形制，并以坚固的构造、放大的形式和琴弦数增多为特征。垂直的竖琴有15～22根琴弦。水平式使用拨子弹拨的竖琴有8～12根琴弦。公元前1500年的一块泥板上刻有一系列数字，就是与一个九弦乐器诸弦有关。那些按顺序排列的数字是表示此乐器之音调，而其他符号也似在指明音阶中的音程，这可以说是人类历史上第一份关于音阶及连贯音乐系统的记录。

(四)乐曲、音乐理论与音乐教育

从美索不达米亚的城市及叙利亚的海滨城市乌加里特挖掘出的一系列楔形文字泥板中，就发现有“歌曲泥板”。乌加里特的“歌曲泥板”记载了一首颂歌的歌词和乐曲，其中的歌词是用胡里人的语言写成的。这首颂歌是献给月神的配偶尼卡尔女神的。

在美索不达米亚，还出土了记载类似音乐理论的泥板。泥板记述了制造音乐的机械原理，包括七弦竖琴各弦的名称，各弦之间的音乐间隔，以及将七弦竖琴各弦调到不同关键点的各种方法。

图 11.36　音乐石碑。拉伽什王古地亚时期，约公元前 2120 年。出自特罗(古代吉尔苏)

古代美索不达米亚人很注意对乐师的培训。在学习期间由有经验的乐师对学生进行可能的实践教学，并由受业学生的父亲为 3 年的课程筹付报酬。盲人也被培养成乐师。在那些世代相传从事乐师职业的家庭里，父亲就是其子女的音乐教师。

第四编

科技与文化

第十二章　科学精神与科学技术

古代美索不达米亚人不仅在思想文化的各个方面为人类创造了宝贵的精神财富，在科学和技术领域，更向世人展示了其非凡的智慧。他们在数学、天文学、化工技术、医学和地理学等方面所取得的卓越成就，以及对科学精神的探索便足以令世人瞩目。这些成就和探索不仅极大地促进了古代世界其他各民族科学精神和技术的发展，而且还在许多方面直接或间接地被现代科学技术所吸收，成为现代科学的基石和不可分割的组成部分。

第一节　数学

古代美索不达米亚数学的产生几乎与文字的出现同时，因为文字的产生不是源于狭义上的文学创作，而是出于社会经济发展，更确切地说，是出于记录财产和产品的实际需要，为此，数学符号首先成为必需。在乌鲁克文化第四期(约公元前 3500 年)中发现的迄今所知美索不达米亚也是人类最早的文字中，数字就占有重要的一席之地。

一、数学的出现

在考古学家迄今在美索不达米亚所发现的大约 50 万块楔形文字泥板中，约有 300 多块被鉴定为纯数学泥板，其中 100 多块是学生练习的“习题集”，其余的 200 多块属于数学表格。“习题集”的内容涉及的多为代数和几何问题，数学表格则包括乘法表、除法表、倒数表、平方表、平方根表、立方表和立方根表，甚至还有指数表等。尼普尔无疑是迄今所发现的泥板的重要来源地之一，在此发现的泥板约有 5 万块之多。这些载有数学表格的泥板多数便出自尼普尔城，主要原因可能在于，尼普尔城是古巴比伦时期书吏教育的繁荣中心，而数学很显然是书吏教育的重要课程。

保存至今的楔形文字数学泥板文书大体上可以分为三组：第一组来自苏美尔时代末期(约公元前 2100 年)；第二组来自古巴比伦时期，主要自汉谟拉比时代开始，至公元前 1600 年前后，这时期的材料数量最多；第三组来自新巴比伦王国及随后的波斯帝国和塞琉古王朝时代，时间约从公元前 600 年至公元 1 世纪初。这些材料反映出，美索不达米亚的数学经历了三个重要的发展和繁荣时期，即苏美尔时期、古巴比伦时期和塞琉古时期。在苏美尔时期，数学主要涉及土地转让及处理这类事务的算术计算，古代苏美尔已熟悉各种法律契约，如账单和收据、期票、单利和复利、抵押、卖货单据和保证书等。苏美尔人还把数学用于度量衡和商务记录中。古巴比伦时期是古代美索不达米亚数学发展史上最重要、最辉煌的时期，这可能与古巴比伦时期是美索不达米亚的政治、经济和文化的最鼎盛时期不无关系。下面将要介绍的古代美索不达米亚的主要数学成就，多数属于古巴比伦人。一般认为，在古巴比伦时期相对高度发展的数学之后，美索不达米亚的数学经历了一个缓慢的发展过程。直至大约 1500 年之后的塞琉古时期前，巴比伦人在数学方面都没有取得重大成就。令人不可思议的是，这期间却是其他科学发展的重要时期。

必须提及的是，古代美索不达米亚的数学奥秘得以揭破，除考古学家的不朽功绩外，许多著名的语言学家和科学史家居功至伟。可以说，没有他们的辛勤劳动和聪明才智，这个人类智慧宝藏不知要埋藏多久。解开古代美索不达米亚数学之谜的贡献最大者无疑首推美国学者奥托·诺伊格鲍埃尔(Otto Neugebauer)，他被认为是关于巴比伦数学的最权威人士，因此值得在这里略书一笔。他在 20 世纪 20 年代末首先破译了巴比伦楔形文字

图 12.1　记载几何内容的数学泥板。涉及一系列关于体积计算的间距，并给出了计算方法和答案

的数学泥板，并建议要妥善保护那些尚未破译的泥板。其主要著作有《古代的精密科学》(*The Exact Science in Antiquity*, New York: Harper, 1957)及与 A. 萨克斯(A. Sachs)合著的《楔形文字数学文献》(*Mathematical Cuneiform Texts*, New Haven: American Oriental Society and the American Schools of Oriental Research, 1945)等。此外，他在巴比伦天文学的研究方面也有较深的造诣。

二、代数学

大约在公元前 2000 年，美索不达米亚的算术已发展成为一种高度发达的用文字叙述的代数学。巴比伦人已经非常善于编撰数学用表，并把它们用于实际的运算过程之中。这些数学用表包括乘法表、除法表、平方表、平方根表、立方表、立方根表、倒数表，甚至还有对数表等。例如，九的倍数表如下：

(9×1)	9
(9×2)	18
⋮	⋮
(9×20)	3，0
⋮	⋮
(9×50)	7，30

再如，除7和11以外的2至12的倒数表如下：

2	3	4	5	6	8	9	10	12
30	20	15	12	10	7，30	6，40	6	5

巴比伦人的数学用表都是按六十进位制计算的。例如，9的50倍9×50的转写形式7，30=7×60+30=450；2的倒数30的意义为$30\times\frac{1}{60}$；8的倒数7，30的意义为$7\times\frac{1}{60}+30\times\frac{1}{60^2}$。上述倒数表中之所以没有7和11这两个数，是因为它们属于不规则数，在六十进位制下永远也除不尽。对不规则数的倒数，巴比伦人另有办法。①

巴比伦人已经涉及了级数问题。诺伊格鲍埃尔在巴黎卢浮宫博物馆发现了一块属于公元前300年左右的泥板，上面载有两个有趣的级数问题。它们分别为②：

$$1+2+2^2+\cdots+2^9=2^9+2^9-1$$

$$1^2+2^2+3^2+\cdots+10^2=(1\times\frac{1}{3}+10\times\frac{2}{3})\times55=385$$

---

① Carl B. Boyer, *A History of Mathematics*, New York: John Wiley & Sons, Inc., 1989, p. 35.

② 参见[美]H. 伊夫斯：《数学史概论》，欧阳绛译，太原：山西人民出版社，1986年版，第35页。

巴比伦人还有一种特殊的代数表，即一个给定的数的立方与平方表。假设给定的数为 n，那么表达形式应该为 n^3+n^2。

值得一提的是，巴比伦人的代数运算过程与我们今天所采用的运算过程有点相似，但巴比伦人的方法尽可能地简洁。例如，他们的除法采用的是被除数乘以除数的倒数的简单办法。再比如，他们求某数的平方根的方法和过程大致是这样的：假设这个数为 a，他们首先选定 a_1 为 $\sqrt{a}$ 的第一个近似值，然后再设 b_1 为其第二个近似值，b_1 的选择方法是使其满足等式 $b_1=a/a_1$。如果 a_1 太小，b_1 则太大，反之亦然。再取 a_1 与 b_1 的平均值作为其可能的近似值，用 a_2 表示，即 $a_2=\frac{1}{2}(a_1+b_1)$。鉴于 a_2 通常也大，下一个近似值 $b_2=a/a_2$ 又太小，那么再取两者的平均值，用 a_3 表示，即 $a_3=\frac{1}{2}(a_2+b_2)$。这样，a_3 便是他们所要求的 $\sqrt{a}$ 的值。《耶鲁泥板文书集》第 7289 号所载 $\sqrt{2}$ 的计算采取的就是这种方法，其结果为 1.414222，与正确值相比误差只有 0.000008。

到古巴比伦时期，巴比伦人在代数方面的才能和智慧还表现在他们已能解一元一次、二元一次、一元二次甚至一元三次方程。由于当时世界上还不存在字母文字，巴比伦人自然无法用字母来表示未知数。但他们有自己一套独特的方法来解决这一问题，他们通常使用“长”、“宽”、“面积”和“体积”等词语来表达所要求的数。为了更清楚地展示巴比伦人叙述方程问题和解方程的办法，我们根据楔形文字泥板所记录的方程问题各举一例阐述之。

(1)一元一次方程

原题内容：“我找到了一块石头，没有称其重量；我加了七分之一，又加了十一分之一。我称一下：一明那。这块石头原重多少？它重一明那八舍克勒二十二又二分之一‘莱恩’。”①

① 英译文见 Georges Roux, *Ancient Iraq*, Revised Edition, London and New York: Penguin, 1980, p. 329.

如果我们按现代方法设石头原重量为 x 明那的话，该方程可表示为：

$$x+x\times\frac{1}{7}+(x+x\times\frac{1}{7})\times\frac{1}{11}=1$$

(2)二元一次方程

原题概述：四分之一宽加长等于七只手，长加宽等于十只手。求长和宽分别是多长。①

如果我们按现代方法设长和宽分别为 x 和 y，该方程可表示为：

$$\begin{cases} x+\frac{1}{4}y=7 \\ x+y=10 \end{cases}$$

(3)一元二次方程

原题内容：“我已加了表面积和正方形的边长：45′

你应记上 1 作为一个单位

你应把它分为两半：30′

你应把 30′和 30′相乘：15′

你应把 45′加 15′：1

这就是 1 的平方根。

你再从 1 里拿走 30′：30′

这就是边长。”②

为清楚起见，我们把题中的分值换算成六十进位制的分数，即 45′表示 $\frac{45}{60}=\frac{3}{4}$，30′表示 $\frac{30}{60}=\frac{1}{2}$，15′表示 $\frac{15}{60}=\frac{1}{4}$。这一运算过程可以陈述如下：

表面积加边长等于 $\frac{3}{4}$，

把系数作为一个单位元素 1，

---

① Carl B. Boyer, *A History of Mathematics*, p. 37.

② H. W. F. Saggs, *The Greatness That Was Babylon*, p. 452.

系数的一半等于$\frac{1}{2}$，

$\frac{1}{2}$的平方等于$\frac{1}{4}$，

$\frac{1}{4}$加$\frac{3}{4}$等于 1，

1 的平方根等于 1，

1 减$\frac{1}{2}$等于$\frac{1}{2}$。

如果把这一过程套入现代的数学运算模式，把边长设为未知数 x，可表达为：

$$x^2+x=\frac{3}{4}$$

$$x^2+x+(\frac{1}{2})^2=\frac{3}{4}+\frac{1}{4}$$

$$(x+\frac{1}{2})^2=1$$

$$x+\frac{1}{2}=\sqrt{1}=1$$

$$x=1-\frac{1}{2}=\frac{1}{2}$$

这块泥板所载的二次方程的解题过程表明，古巴比伦人已经懂得用把等式两边加等数的方法来进行移项。他们还懂得通过把等式两边乘等量使分数转化成整数。他们显然已知道 $a^2+2ab+b^2=(a+b)^2$ 这一公式，并把它灵活地应用于解二次方程中。他们还知道把$(a-b)^2$加 $4ab$ 就可得到$(a+b)^2$。

(4)一元三次方程

能解三次方程是古巴比伦人比古埃及人在数学领域的又一高明之处。对于未知数前没有系数的三项式三次方程，其标准形式为 $x^3+x^2=a$，他们只需用他们自己发明的 n^3+n^2 的值表(n 为从 1 至 30 的整数)就可解决。未知数前有系数的三项式三次方程的标准形式为 $ax^3+bx^2=c$。巴比伦人解这样的方程采用的是替换法。他们先把等式两边同时乘以 a^2/b^3，使方程转化成无系数的标准式，即$(\frac{a}{b}x)^3+(\frac{a}{b}x)^2=\frac{ca^2}{b^3}$；然后再用一个未知数 y 代替 $\frac{a}{b}x$，便得 $y^3+y^2=\frac{ca^2}{b^3}$。由于 a、b 和 c 都是已知数，根据有关的数学用表，y 的值很容易便求出，通过 $y=\frac{a}{b}x$，x 的值也就随之确定了。例如，方程 $144x^3+12x^2=21$，巴比伦人首先把等式两边同时乘以 12，便得 $(12x)^3+(12x)^2=252$；然后再设 $y=12x$，方程就变成 $y^3+y^2=252$(即 4，12)，$y=6$。最后把 $y=6$ 代入 $y=12x$ 中，便得 $12x=6$，$x=\frac{1}{2}$。

巴比伦人能否把四项式的三次方程即 $ax^3+bx^2+cx=d$ 转化成它们的标准式，目前尚无材料证实。不过，根据他们解三次方程和二次方程的办法，他们应该能解个别三项式的更高次方程，如 $ax^4+bx^2=c$ 及 $ax^8+bx^4=c$等，这对古巴比伦人来说并非难题，因为他们很容易就把它们简化成三次以下的标准式方程。

三、几何学

许多年前的传统观点普遍认为，巴比伦人在代数方面的成就是古埃及人远不能比的，但他们在几何学方面却贡献甚微。随着大量考古学资料的不断发现，人们发现美索不达米亚不仅是代数学的诞生地，几何学在这里同样取得了令人惊异的成就。

古巴比伦人已经认识到圆的一些特性。他们把圆周分为 360 等分，这种划分一直沿用至今，这无疑是古代美索不达米亚人对几何学的最大贡献之一。关于巴比伦人把圆周分成 360 等分的原因，学者们有多种说法，但认为与时间有关的见解显然更有道理。德国著名数学史家莫里茨·康托尔①认为，

① 莫里茨·贝内迪克特·康托尔(Moritz Benedikt Cantor，1829—1920 年)，德国数学家，海德堡大学教授(1863—1913 年)，著有《数学史教程》三卷。

“早期的巴比伦人认为一年共有 360 天，在这段时间里太阳围绕地球转了一整圈。这便导致圆之分割为 360 度，每一度代表一天中太阳所走过的距离”①。对此，巴比伦数学的权威诺伊格鲍埃尔的解释更具系统性。他认为：“在苏美尔文化初期，曾有一种大的距离单位——巴比伦里，差不多等于现在的英里的七倍。由于巴比伦里被用来测量较长的距离，很自然，它也成为一种时间单位，即走一巴比伦里所需的时间。后来，在公元前一千年内，当巴比伦天文学达到了保存天象系统记录的阶段时，巴比伦时间——里，就是用来测量时间长短的。因为发现一整天等于 12 个时间——里，并且一整天等于天空转一周；所以，一个完整的圆周被分为 12 等分。但是，为了方便起见，把巴比伦里分为 30 等分，于是，我们便把完全的圆周分为(12)(30)=360 等分。”②

巴比伦人已经能计算圆的周长和面积。他们认为，圆的周长等于直径的 3 倍，面积等于圆周平方的 1/12(或半径平方的 3 倍③)。这两种计算方法对于圆周率 $\pi\approx 3$ 来说，无疑都是正确的，这也许表明他们最初对圆周率 π 的值的计算只精确到 3。但在 1936 年考古学家在距巴比伦城二三百英里的苏撒古都发现的古巴比伦泥板中，其中有一块要求证明 π 的近似值为 $3\frac{1}{8}$。这无疑说明，这时期巴比伦人已把 π 的计算精确到了 3.125。巴比伦人还知道圆的内接和外切的概念；知道等于圆的半径的弦能够绕圆周截 6 次，因此圆可分成 6 个扇形，每个扇形的中心角为 60°；知道用底和高相乘的方法求得直圆柱体的体积；但他们错误地认为圆锥或方棱锥的平头截体的体积是两底之和的一半与高的乘积。

巴比伦人关于三角形和“三角学”方面的知识在古代世界中是非同寻常

---

① ［英］J. F. 斯科特：《数学史》，侯德润、张兰译，北京：商务印书馆，1981 年版，第 21 页。

② ［美］H. 伊夫斯：《数学史概论》，欧阳绛译，第 34 页。

③ Carl B. Boyer，*A History of Mathematics*，p. 44.

的。他们不仅掌握了计算直角三角形和等腰三角形(也许还有普通三角形)面积的方法，而且还知道两个相似直角三角形的对应边成比例，过等腰三角形顶点所作的底边的垂线平分底边以及内接于半圆的三角形为直角三角形等。在这方面他们最值得炫耀的发现是被后世数学家冠之以“毕达哥拉斯定理”的原理，即勾股定理——一个直角三角形两个直角边的平方和等于斜边的平方。对此，最直接的材料证据就是那块在巴比伦数学泥板中最著名的普林顿第 322 号泥板，即哥伦比亚大学普林顿收集馆的第 322 号藏品(No. 322 in the Plimpton Collection at Columbia University)。该泥板属于古巴比伦时期(时间大约在公元前 1900—前 1600 年)。

从泥板的保存状况不难看出，普林顿第 322 号泥板只是一大块泥板的一部分，该泥板左边遗失一大块，右边大约居中的位置有一个大体呈三角形的较深的坑。这块泥板的左边断裂处发现有现代胶水的痕迹，据此推测，它在挖掘出来时可能是完整的，后来断裂时人们曾用胶水接合，再损坏时其中一块便下落不明。

普林顿第 322 号泥板由四列十五行数字组成。最后一列的 1～15 的数字，显然是其他三列数字的行码。前三列数字指示的是直角三角形两条直角边与斜边关系的相关数值。如果左起第二列和第三列的数字分别代表直角三角形 ABC 的直角边 a 和斜边 c，那么第一列的数字应为斜边 c 与另一条直角边 b 之比的平方，即 $(c/b)^2$ 之值。因此，第一列数字实际上是角 A 正割值的平方简表，即 $\sec^2 A$ 的数值表。如果这列数字每一行的第一个逗号用分号代替，根据六十进位制，这列数字的数值从上到下呈有规律的下降趋势。而且第一个数大体接近 $\sec^2 45°$ 之值，最后一个数近似于 $\sec^2 31°$ 之值，从第二个到第十三个数则相当于角 A 从 45°降到 31°的 $\sec^2 A$ 的相应值。它显然不是偶然的排列，而是确定直角三角形三条边长的原则。现在人们通常把像 3，4，5 这样一组能作为一个直角三角形边长的正整数称为毕氏三数(Pythagorean triple)，把除了 1 以外没有其他公因子的毕氏三数，称为素毕氏三数。普林顿第 322 号泥板的数值表显示，古巴比伦人早就知道素毕氏三数的一般参数表达式。该表以两个正则的六十进位制整数开始，我们把它称为 p 和 q，$p>q$，因此构成了三个数，即 p^2-q^2、$2pq$ 和 p^2+q^2。因此，这三个整数很容易组成毕氏三数，其中最大数的平方是其他两数的平方和。因此，这些数可以用于直角三角形 ABC 的三个边，$a=p^2-q^2$，$b=2pq$ 及 $c=p^2+q^2$。巴比伦人把 p 的值限制在 60 以内，q 的值相应地限制为 $1<p/q<1+\sqrt{2}$，对直角三角形来说，$a<b$，结果他们发现有 38 组 p 和 q 的数值可以满足这些条件，他们用这些数值形成了 38 组相应的毕氏三数。普林顿泥板显然只保存下来前 15 组 $(p^2+q^2)/2pq$ 的比值。例如，第一排数字是从 $p=12$ 和 $q=5$ 开始的，结果 $a=119$，$b=120$，$c=169$；$c^2/b^2=28561/14400$，便是第一行的第一个数“1，59，0，15”。其他 14 行数字也具有同样的关系。

表 6　普林顿第 322 号泥板数值表

1,59,0,15	1,59	2,49	1
1,56,56,58,14,50,6,15	56,7	1,20,25	2
1,55,7,41,15,33,45	1,16,41	1,50,49	3
1,53,10,29,32,52,16	3,31,49	5,9,1	4
1,48,54,1,40	1,5	1,37	5
1,47,6,41,40	5,19	8,1	6
1,43,11,56,28,26,40	38,11	59,1	7
1,41,33,59,3,45	13,19	20,49	8
1,38,33,36,36	8,1	12,49	9
1,35,10,2,28,27,24,26,40	1,22,41	2,16,1	10
1,33,45	45,0	1,15,0	11
1,29,21,54,2,15	27,59	48,49	12
1,27,0,3,45	2,41	4,49	13
1,25,48,51,35,6,40	29,31	53,49	14
1,23,13,46,40	56	1,46	15

科学史家埃莉诺·罗布森(Eleanor Robson)对普林顿第322号泥板给予了高度的评价，认为“它是世界上最著名的数学发明之一”①，“它也确实作为数学史上的里程碑而名载史册”②。

在古代美索不达米亚如同在古埃及一样，所有的圆都被认为是相似的。古代美索不达米亚人很可能懂得三角形相似的原理。在巴格达博物馆的一块泥板上，载有一个直角三角形ABC(见下图)：

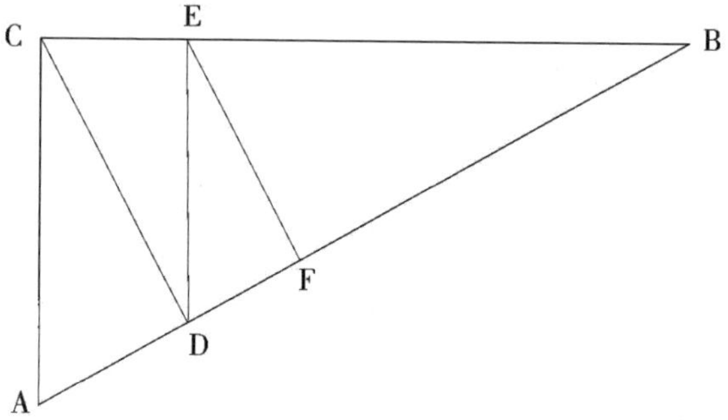

两条直角边 $a=60$，$b=45$，斜边 $c=75$。它又被分为四个小直角三角形ACD、CDE、DEF和EFB。题目给出了这四个三角形的面积，书吏根据这些值计算出AD的长度为27，这显然利用的是“相似形”面积与边长关系的原理。CD和BD的长度分别计算为36和48，根据直角三角形BCD和DCE的相似原理，CE的长度被计算为21；36。由于泥板损毁，关于DE长度的计算未能保存下来。

巴比伦人还能计算规则多边形的面积及其与边长的比率。四边形中的正方形和长方形自不必说，梯形的面积也能计算出来。在上面提到过的苏撒泥板中，有一块记载着正五边形的面积与边长平方之比为1；40，正六边形和正七边形的面积与其边长平方之比分别为2；37，40和3；41。该泥板

① Clifford A. Pickover, *The Math Book*, New York: Sterling Publishing Co. Inc. 2009, p. 34.

② Clifford A. Pickover, *The Math Book*, p. 34.

还给出了正六边形的周长与其外接圆的周长之比为0；57，36。

四、美索不达米亚数学成就之评估

根据以上我们对古代美索不达米亚人数学成就的简单介绍可以看出，希腊文明以前的诸民族在数学才能方面是无法与巴比伦人相匹敌的。传统上一般认为，在希腊文明以前的诸文明中，当然也包括古代美索不达米亚文明，不存在真正的数学。主要理由是，这时的数学只是实用的，没有上升到理论高度。现在看来，这种论调至少对古代美索不达米亚的数学来说，是很难站住脚的。迄今所发现的楔形文字数学泥板表明，虽然许多数学问题涉及的是生产和生活的实际，但"脱离实际"的数学问题绝不少见，这从以上我们介绍的有关例题中便一目了然。还是乔治斯·罗克斯(Georges Roux)概括得好："大多数数学题是为高等学生(甚或智力消遣)准备的练习，而不是关于建筑、土地测量、灌溉以及其他具有实践意义的事项"；巴比伦人"进行抽象思维，他们为数而喜欢数，几乎忘记了数的实际用处"。①另外，现存的泥板虽然没有保存下巴比伦人对有关定理、原理的一般性陈述，但大量的相关问题和计算方法的出现绝不是偶然的，巴比伦人显然已经懂得一些基本原理和抽象概念。

当然，古代美索不达米亚数学的缺点也是很明显的。在代数方面，十进位制和六十进位制的并用，造成了一定的混乱和困难，在某种程度上阻碍了数学的发展；对数值的计算不但模棱两可，而且有时对近似值和精确值不加区分。巴比伦几何学的主要特征便是它具有明显的代数性质，一些比较复杂的几何问题往往涉及的只是代数计算，如边长、面积及两者之比等，而缺乏具有鲜明几何特点的证明等。虽然如此，古代美索不达米亚数学成就之伟大是不容怀疑、不容否认的。

---

① Georges Roux，*Ancient Iraq*，Revised Edition，pp. 329-331.

第二节　天文学与地理学

与数学相比较而言，古代美索不达米亚的天文学发展较晚。后来在公元前第一千纪后半期被苏美尔人的继承者巴比伦人发展成为最高科学成就之一的天文学，在苏美尔时代几乎没有任何痕迹。① 苏美尔人把一年分为两个季节，即夏季(*Emesh*)和冬季(*Enten*)。夏季始于2—3月，而冬季则始于9—10月。新年则可能在4—5月。月份是严格的太阴月，始于新月初现的那个晚上，每月29天或30天。每月的名称通常源于农事活动或祭神的节日，各城市之间并不统一。考虑到太阴年与太阳年长短不一，苏美尔人已懂得有规律地设置闰月。每天从日落开始，包括两个时辰(*Bêru*)；夜晚被分成三更，每更四个小时。苏美尔人采用漏壶(一种用水滴计时的钟)计时，其形状有点像圆筒或棱柱，他们可能还知道日晷指时针。

一、巴比伦天文学的起源

一般认为，占星术是天文学的基础，天文学起源于占星术，美索不达米亚的天文学似乎也不例外。但美索不达米亚人的占星术与现代意义上的占星学(Horoscopic Astrology)不同，现代意义上的占星学认为，人从降生那一刻起，其命运就与天体的位置有关，因此它主要预测个人的命运。这种占星学在美索不达米亚出现较晚，大约在公元前第一千纪的下半叶。在此之前美索不达米亚流行的是"'天罚'占星术"(Judicial Astrology)，其目的是根据天体运行或自然现象来预告国家的前途、命运，诸如丰收、灾害及战争与和平等。有一批水平较高的专家定期向国王报告，陈述他们所观察到的天文现象，并把它们与国家大事联系起来进行解释。例如，亚述帝

---

① S. N. Kramer, *The Sumerians*, *Their History*, *Culture and Character*, pp. 90-91.

国时期占星术士致国王的报告中，有以下几例：

当在阿亚尔月(约当五月)打雷时，谷物和蔬菜将歉收；当在沙巴特月(约当二月)打雷时，将发生蝗患；当在沙巴特月打雷时，将有冰雹。

当月亮周围有光环，狮子座位于其中时，在这一年里，妇女将生男孩。

今天晚上，月亮周围有光环，木星和天蝎座位于其中，当月亮周围有光环，木星和天蝎座位于其中时，阿卡德王将遭围困。①

美索不达米亚人的这些预言固然很有意思，但人们可能会对他们的预言结论是如何得出的这一问题更感兴趣。只要对占星术士的众多报告略做分析便不难看出，他们的结论基本来自两种途径。一种是对自然事物进行观察的结果。例如，“二月打雷将有冰雹”的预言可能便是长期观察后所积累的经验，是一种经验认识，因此这种预言多半是准确的。但对“二月打雷将有蝗灾”之类的预言来说，可能纯系两种观察结果凑到一起的巧合，两者没有必然的内在联系。大多数预言的结论是通过另一种方法，即象征手法获得的。比如，上述“当月亮周围有光环，木星……位于其中时，阿卡德王将被围困”的结论是依这样的逻辑获得的：木星是马尔都克神的行星，马尔都克是巴比伦城的主神，巴比伦城是巴比伦尼亚的都城，巴比伦尼亚在占星学用语中称阿卡德。在阿卡德语中，“光环”一词还可用作“圈围住牲畜”之意。因此，木星见于月亮光环之中意味着巴比伦的主要力量处于包围之中，巴比伦尼亚的国王处于被围困状态。②

---

① H. W. F. Saggs，*The Might That Was Assyria*，pp. 220-221.

② H. W. F. Saggs，*The Might That Was Assyria*，p. 222.

图 12.2　巴比伦人的金星观测记录泥板。时间可能是在阿米萨杜卡统治时期，大致在亚述巴尼拔统治的 1000 年前。很多学者试图根据这块泥板的记载来推算阿米萨杜卡统治的确切时间

对于占星预言是在何时和怎样发展起来的，目前的材料还无法给出清晰的脉络。现存最早的文献属于一大系列的一部分，其中最重要的一篇的名称取自第一句话，为“*Enuma Anu Enlil*”。这一系列材料由 70 块泥板组成，大约包括 7000 多个预言。这些材料的时间跨度大约在 7 个世纪，最晚的可能在公元前 1000 年。

现在尚无材料证明，在公元前第三千纪时美索不达米亚人进行过系统的天文学观测。关于这类观察最早的记录来自巴比伦第一王朝的国王阿米萨杜卡统治时期。这些记录记载的是行星金星的升落，它们可能也是出于预言之目的，也可能与确定和宗教节日有关的日历相关。金星在给定的日期里所处的位置在公元前第二千纪就可以推测出来。虽然从纯粹的天文学观点来看，这些观察并不具有特别重要的意义，但由于这个时间与太阴历的时间同时，巴比伦人关于金星的这些观察记录便成为古代年代学的一把钥匙。它不仅可以用来确定阿米萨杜卡的统治时间，还成为推断汉谟拉比统治时期的重要依据。

除了有关金星偕日升落的记录以外，美索不达米亚现存最古老的天文学文献是所谓星盘。这些星盘用泥板制成，上面刻有 3 个同心圆，被 12 条

辐线等分。这样便把3个同心圆分成了36个部分，每个部分有一个星座的名字和一些数字。虽然这些星盘的目的不甚清楚，但它们显然构成了一幅天文图，这可能与黄道十二宫图的起源有关。属于公元前700年左右的文献材料表明，这时期已经形成了一些最基本的天文学概念，它们已基本从神话中脱离出来。

著名学者奥托·诺伊格鲍埃尔认为，数学在天文学中得到了广泛的应用，使天文学的精确性在古代达到无与伦比的程度。巴比伦天文学因此被他冠以"数学天文学"的名称。对于巴比伦天文学何时发展至系统的数学理论，诺伊格鲍埃尔认为这很难说，不过他猜测最早不早于公元前500年。其理由是，直到公元前480年，巴比伦人仍随意地设置闰月。①

二、原始资料的依据

美索不达米亚考古为我们提供的天文学资料显然没有数学丰富，这一方面可能由于数学有比天文学更悠久的历史，另一方面也可能因为其总体发展水平要比天文学高。当然，也不排除目前发掘和整理资料的局限性。现存所谓巴比伦"数学天文学"的主要文献资料可分为两类，即"程序文献"和"星历表"。所谓程序文献的内容包括星历表的计算规则；星历表有点像现存的"航海历书"，给出某一年或连续某几年月球与行星位置的固定距离，其现实目的是预告新月、日食、月食和行星的升落。现存的程序文献损坏严重，有些程序或步骤已荡然无存，其术语远不清楚。因此，星历表就显得尤其珍贵，成为现代研究巴比伦天文学的基础，而程序文献反倒起着检验或验证我们从保存完整的星历表中归纳出的规则的作用。从塞琉古时期保存下来的天文学泥板，其数量并不大。星历表不超过200份，其中一半

① O. Neugebauer, *The Exact Science in Antiquity*, Princeton: Princeton University Press, 1952, p. 97.

以上涉及的是月球，其余涉及的是行星。程序文献只有 20 份左右，而且保存极不完整，大部分只剩下残片。这些天文学材料主要来自乌鲁克和巴比伦，时间大约在公元前 230 年至公元 49 年。

三、观念与成就

在古代美索不达米亚人看来，上天世界和地上世界是相同的，凡地上存在的东西，天上也一定有。与地上是人的世界相对应，天上是神的世界。天上的星体就是神，因此在楔形文字中，表示星的符号也可用来作为神的限定符号。

早在公元前 2000 年左右，古代美索不达米亚人就已经能区别恒星与行星了。现存有巴比伦第一王朝时期金星(伊什塔尔)的观察资料，还有公元前 18—前 17 世纪详细的恒星记录。他们已经正确地认识了五颗行星，当然还错误地把太阳和月球也当作行星，每颗行星都被赋予了自己的名称。他们还确定了这些行星的运行轨道，并认识到其他五颗行星总是在太阳运行轨道周围运行。巴比伦人还绘制了星象图，把天上的星体按方位划分为星座，共 12 站，每站又分为 30 度，这便是我们今天黄道带的由来。公元前 13 世纪的一个界碑上已有黄道十二宫的图形。这些星座的名称一直沿用至今，如天蝎座、狮子座、巨蟹座、双子座和天秤座等。古代美索不达米亚已有关于带尾巴的彗星和流星，以及彩虹、地震和台风等方面的记录。

巴比伦人还知道星体运行的周期。例如，他们认识到月球每过 223 个朔望(即 18 年又 11 日)又回到它原来相对于太阳的位置，金星每 8 年回到原来的位置，其他行星如水星、土星、火星和木星的周期则分别为 46 年、59 年、79 年和 83 年。因此，他们能够计算一次日食、月食和另一次日食、月食之间的时间，并以此预测日食和月食的出现。大约在公元前 700 年，巴比伦尼亚出现了向宫廷汇报的系统的天文学报告。虽然这些报告的实际意义最初肯定与占星预告有关，没有表现出对天文学现象的数学处理方法，

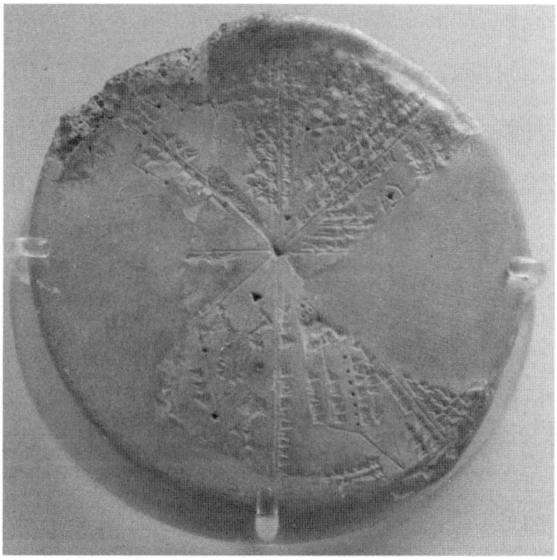

图 12.3 一幅星象图或星盘。其把上天分为八个部分，并画有星座图

甚至不能区分天文学现象与气象学现象，但它们仍表明，巴比伦人这时已经认识到，在一般情况下日食发生在新月时期(月末)，月食发生在满月时(月中)。① 古希腊著名的天文学家托勒密②就曾指出，在纳波那萨尔③统治时期(公元前747年)，就存在了关于月食的全部名单。④

太阴历贯穿着古代美索不达米亚的历史，这与古埃及人不同。古埃及人虽然也有太阴历，但主要使用太阳历。早在苏美尔时代，美索不达米亚的居民就已根据月亮的盈亏制定了太阴历。他们把1年划分为12个月，每月从太阳落山、新月出现的那天傍晚算起，至新月再现止，这期间称为1个太阴月。1年中有6个月为30天，另6个月为29天。这样，1年12个太阴月加起来共354天，比太阳年少了$11\frac{1}{4}$天，每9年要短整整1个季节。美索不达米亚人已懂得用置闰月的办法来补足比太阳年所差之天。最初，

---

① O. Neugebauer, *The Exact Science in Antiquity*, p. 97. H. W. F. Saggs, *The Greatness That Was Babylon*, p. 457.

② 托勒密(Claudius Ptolemaeus)，2世纪亚历山大里亚的希腊天文学家、数学家和地理学家。其太阳和行星围绕地球转的学说直到16—17世纪才被哥白尼的日心说取代。代表作为《地理学》。

③ 纳波那萨尔(Nabonassar)，巴比伦国王(公元前747—前734年在位)，臣属于亚述。其统治时期被认为开创了巴比伦天文学的新时代。

④ O. Neugebauer, *The Exact Science in Antiquity*, p. 93.

他们置闰仅凭经验来确定，有时一年一闰，有时一年两闰，在乌尔第三王朝时期甚至还出现过一年三闰的情况。但一般情况下，以每三年设一个闰月较为合适。在汉谟拉比统治时期，置闰由国王临时下命令来规定。后来置闰逐渐有了固定的周期。公元前 8 世纪的天文学家注意到，235 个太阴月正好构成 19 个太阳年。这样，按照他们的意见，巴比伦国王纳波那萨尔于公元前 747 年颁布命令，每 19 年置闰 7 个月。这 19 年中置闰之年分别为第一年、第三年、第六年、第九年、第十一年、第十四年以及第十七年。第一年的闰月往往置于年中，其他年则置于年终。在公元前 388—前 367 年，“纳波那萨尔历”被标准化了。巴比伦最伟大的天文学家基丁努(基底纳斯)从公元前 375 年开始实践，他提出了太阳年的精确时间，误差只有 4 分 32.65 秒。他所计算的太阳离开交点的运行值，其错误实际上比近代天文学家奥波尔兹①于 1887 年发表的计算值的错误还小。

根据美索不达米亚的太阴历，日落新月初现为一月之始，但巴比伦尼亚的天空并非总是碧空万里，阴云、尘土和沙石风暴有时会使月亮隐没不见。那么，官方的天文学家是如何断定一个月开始，又如何能够算出任何一个月开始的精确日期和时间？也就是说，决定太阳循环与月亮运行的法则是什么？诺伊格鲍埃尔对此进行了详细的解释与阐述。他认为，决定太阳降落后新月出现的因素主要有三个，即离日度、黄道与地平线不同的倾斜度和月球的纬度。② 这三个变量显然都为巴比伦人所熟悉，他们已能够计算日月和行星运行的速度。学者们甚至认为，“巴比伦人用来计算月球运行的方法是古代科学最辉煌的成就之一，可以与希帕库斯③和托勒密相媲美”④。

---

① T. 奥波尔兹(Theodor Oppolzer，1841—1886 年)，奥地利天文学家。其著作《昏暗的峡谷》(*Canon der Finsternisse*，1887 年)给出了从公元前 1207 年至公元 2163 年的月食和日食全表。

② O. Neugebauer，*The Exact Science in Antiquity*，pp. 102-115.

③ 希帕库斯(Hipparchus，约公元前 190—前 125 年)，古希腊天文学家，被称为西方天文学之父。主要贡献为编制了一份记载 850 多颗(一说 1025 颗)星宿的方位和亮度的星座图表等。

④ H. W. F. Saggs，*The Greatness That Was Babylon*，pp. 458-459. O. Neugebauer，*The Exact Science in Antiquity*，pp. 116-123.

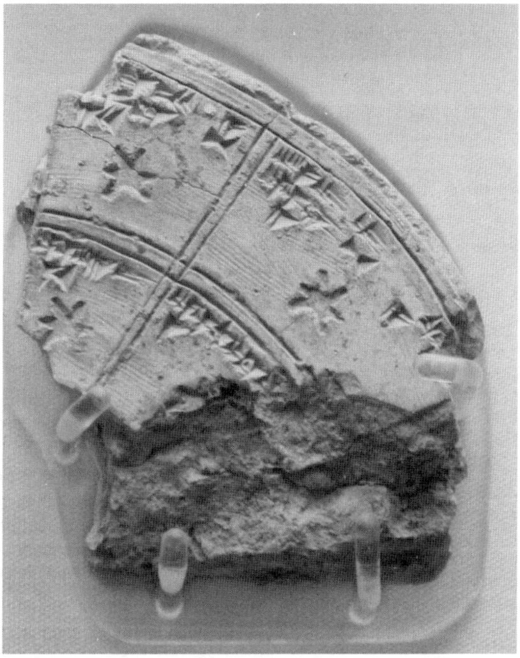

图 12.4　小型楔形文字星图。亚述巴尼拔图书馆里有一些类似的藏品，每一个片断都刻有一个月份的名称，肯定是有关星座的。背后的文字记载的是星球的位置

黄宫十二图最早出现于公元前 419 年的一个文献上，但用星座的名字命名黄道符号的做法肯定要更早。一昼夜按黄道十二宫分为 12 个单位，称为“丹那”；每 1 丹那又分为 30 个更小的单位，称为“乌斯”，1 乌斯约相当于现在的 4 分钟。巴比伦人根据月相的变化，把 1 月分为 4 周，每周 7 天，这与他们眼中的 7 个行星相对应，每个星神主管 1 天。具体分工为：太阳神沙马什主管星期日，月神辛主管星期一，火星神涅尔伽主管星期二，水星神纳布主管星期三，木星神马尔都克主管星期四，金星神伊什塔尔主管星期五，土星神尼努尔塔主管星期六。这便是我们今天每周 7 天的星期制度的来历。“星期”的意思就是星的日期。

美索不达米亚天文学家取得的惊人成就主要应归功于以下两点：其一是他们始终不断的细致观察，其二是美索不达米亚高度发达的数学水平。这时他们还不具备任何完善的仪器。他们的仪器除前面提到的日晷指时针和漏壶外，还有马球(一种记录悬在半球上的一个小球投影的仪器)。巴比伦人可能拥有简陋的观测仪器，但无论是文献记载还是考古材料都肯定地表明，当时还没有望远镜之类的东西，虽然发现有石英或水晶的镜头。

四、地理学

虽然古代美索不达米亚人在地理学方面给我们留下的财富远没有天文学那么丰富，但商业的发达尤其是长距离的对外贸易的发达，以及战争的频繁，尤其是以亚述帝国为代表的跨国家和跨地区远征，需要他们掌握一定的地理学知识，他们的经商和战争实践也证明了他们一定不缺乏有关这方面的知识。

在地理学领域，地图是最基本也是最重要的手段和工具，也是反映人类认知水平和表现能力的重要标志。遗憾的是，美索不达米亚人给我们留下来的地图少之又少；幸运的是，它们提供了极具价值的珍贵信息。仅有一些巴比伦城市的简易地图保存了下来，其中保存最好的一份是尼普尔城的规划图，它可能绘制于公元前 1300 年左右。这幅地图集中绘制了城墙、城门、幼发拉底河的河道、运河以及神庙等，其精确度已经被在其遗址上进行的考古发掘所证实。

留下来的最珍贵的地图是新巴比伦王国时期的一幅世界地图，学者们这样评价它的价值："在古代美索不达米亚，只有少数铭文的影响能够超越楔形文字研究和亚述学研究的范围，但这幅巴比伦人的世界地图却无可争议地位列其中。"①这幅巴比伦人的世界地图，绘制的年代应该在公元前 6 世纪，是 19 世纪的英国考古学家霍尔姆兹德·拉萨姆在西帕尔城挖掘出土的。拉萨姆是奥斯丁·亨利·莱亚德的助手，他还在尼尼微发掘出了记载《创世神话》和《大洪水》的泥板，以及亚述巴尼拔宫殿的猎狮浮雕。这幅地图虽然出自西帕尔，但它显然是以前地图的复制品，因为地图本身以及相关的文字叙述，涉及的都是巴比伦，所以原始的地图应该在巴比伦。如下

---

① I. L. Finkel and M. J. Seymour eds., *Babylon: Myth and Reality*, London: The British Museum Press, 2009, p. 17.

图所见，地图是绘制在一块泥板上的，整个地图占据泥板一面的 2/3 部分，余下的 1/3 部分刻写了楔形文字，内容涉及的是神话故事。泥板的另一面刻写的楔形文字铭文，记述的都是与地图本身密切相关的事情。

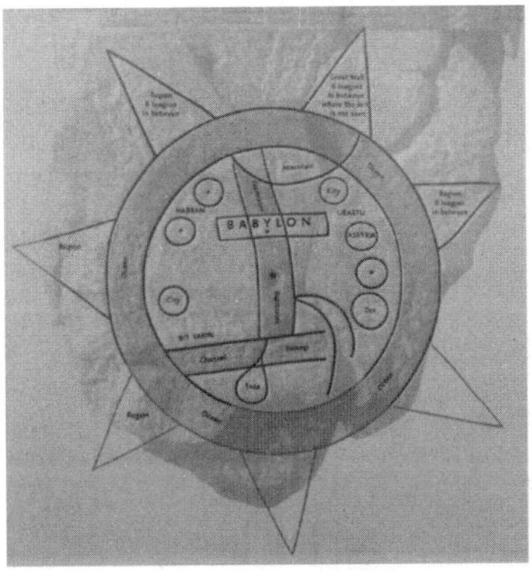

图 12.5　公元前 6 世纪巴比伦人复制的世界地图。出自西帕尔城

在这幅世界地图上，巴比伦无论就其大小还是位置而言，都居于中心地位，居于地理和宇宙的中心。地图的范围涉及巴比伦人未知世界的很远地方，其中包括很多地名和神话故事。这幅地图的最显著特征是它的宽阔的两层圆环，两个圆环的中间地带被标注为“盐海”(*Marratu*)，表明巴比伦人已经知道，在他们栖居的世界周围是流动的海洋。在内侧的圆环边界里，是美索不达米亚的核心地区，其重要的地名和主要地貌特征被用条框、小圆圈、小椭圆或曲线标识出来。在地图中，幼发拉底河从北向南流淌，穿过一条宽阔的横条框，横条框里面标注着巴比伦。在巴比伦的横条框的正中央，有一个圆点，它代表的可能是经新巴比伦王国的国王们不断重修的一座塔庙——著名的埃特美南基(Etemenanki)塔庙。① 在巴比伦的北方是

① I. L. Finkel and M. J. Seymour eds.，*Babylon：Myth and Reality*，p. 17.

一片隆起的山区，是幼发拉底河的发源地。在地图上没有标底格里斯河的位置。沿幼发拉底河而下，在南部的空旷地带，被标以“沼泽和水道”，幼发拉底河从这里流向波斯湾。在地图的东、西部分，排列着一些小圆圈，在其中的三个圆圈里面，只有圆点而没有名字，两个只能辨别出是城市，剩下的两个可以确切地知道是“德尔”和苏撒。乌拉尔图和亚述位于幼发拉底河以东，地图中没有标明乌拉尔图的地理属性，亚述被用圆圈标为“城市”。西部是加喜特人的部落区哈班(Habban)，再往南一点的地区是“比特·亚金”(Bit Yakin)。在大圆环即盐海的外围，有八个三角形区域，称为“纳古”(*Nagu*)，在巴比伦语里面意为“地区”或“行省”。其中有五个三角形全部或部分保存了下来，在保存下来的五个三角形中，有四个上面刻有楔形文字，以“地区”标识，其中一个行省区里标有“长城，两者间隔 6 里格，在那里看不见太阳”的字样。这里的“长城”，可能是文学作品中提到的阿卡德的萨尔贡大帝修建的长城。

构成这幅世界地图的泥板，是由一位来自波尔西帕的书吏刻写的，他是该城一位德高望重的书吏埃亚贝尔伊利(Ea-bel-ili)的后代。

第三节　医学

古代美索不达米亚的医学虽然没有取得像数学和天文学那样辉煌的成就，但同样值得研究。这不仅是因为其医学文献比较丰富，其医学观念十分有趣，更重要的是，古代美索不达米亚人在医学的许多领域都是人类的开山鼻祖。

一、原始楔文文献

迄今所知世界上最早的医学文献，确切地说是医方，就出现在苏美尔。1940 年，美国宾夕法尼亚大学博物馆珍藏部主任莱昂·列格莱因(Leon

图 12.6　一部大型的医学汇纂。六栏泥板是用苏美尔文写成的医学药方，针对的是妖魔所造成的一系列疾病。每一部分都列出了药单及使用说明

Legrain)博士在大学博物馆《通报》上发表了一篇题为《尼普尔的古代药方》的文章，首次公布了一块尚不为世人所知的楔形文字泥板资料，并释读了原文的一小部分。由于文字和专业知识的限制，这块医学泥板的谜底一直未能揭开。直到 1953 年春，世界著名苏美尔学权威克莱默教授在一位当时刚刚取得自然科学史博士学位的化学家马丁·列维(Martin Levey)的帮助下，初步释读了泥板的全部内容。此后又经多次考释修订，1960 年克莱默教授的同事，宾夕法尼亚大学博物馆的米格尔·西维尔(Miguel Civil)完成了“最值得信任”的“定稿”。① 这块泥板的大小为 $3\frac{1}{4}$英寸×$6\frac{1}{4}$英寸，共计 145 行，包括 15 个医方。学者们断定，该泥板应属于公元前第三千纪末叶的乌尔第

① Miguel Civil, “Prescriptions Medicales Sumeriennes”, *RA*, 54(1960), pp. 57-72. S. N. Kramer, *The Sumerians, Their History, Culture, and Character*, pp. 93-99; *History Begins at Sumer*, pp. 60-64.

三王朝时期。泥板的前21行损坏严重，已无法辨认，第22行起的医方正文从第四医方开始。除了这块泥板以外，苏美尔时期还留下了一块医学泥板，不过要比这块小得多，且只载有一个医方。值得一提的是，这两块苏美尔医学泥板文书的内容已经引起了中国学者的重视。苏州大学董为奋、朱承思两位学者已将其内容介绍过来，并进行了初步的研究。①

除了苏美尔文献外，最古老的医学文献王朝要数古巴比伦时期的一些医学残片，随后是主要来自博阿兹柯伊的加喜特王朝时期的文献。亚述帝国时期保存了大量的医学文献，其中多数来自著名的亚述巴尼拔图书馆。大英博物馆所藏库云基克泥板集(Kuyunjik Ćollection)，就有泥板25000块之多。纯粹的医学文献可以分为两类：一类记载的是症状，另一类则记载众多疾病的药方。但这两类也不是截然分开的，在诊断书中也可发现药方，在药方中也往往包含诊断的内容。除此之外，还有一些非常有价值的非纯粹医学文献。这主要包括少量的医生之间的来往信件及诸如《汉谟拉比法典》之类的著名文献。

二、医学思想与医学观念

古代美索不达米亚的医学思想和医学观念是与其宗教信仰密切相关的。载有诊断内容的楔形文字医学泥板的一个十分有趣之处在于，它们在古代美索不达米亚医学理论的背后揭示出其基本的观念。在他们看来，疾病要么源于神之“手”，要么源于恶魔的摆布，这一点同样被巫术和宗教文献所证实。医学的保护神是宁胡尔萨格女神。根据巴比伦的信仰，宁胡尔萨格女神创造了八个低级别的神，他们可以治愈口、齿、肋和胃等多种不同的疾病。人们为了同疾病，或更确切地说，同疾病的根源之一恶魔进行斗争，

① 参见董为奋、朱承思：《世界历史上最早的医学文献》，载《世界历史》1988年第3期，第132～139页。

往往求助于尼努尔塔神及其妻子古拉女神。因此古拉女神也是医学的特别保护神，有起死回生之本领。另外，被尊为“医王”的尼那祖神及其子宁基西达也被认为是医学的保护神。宁基西达的标志是缠绕在魔杖上的毒蛇，医生这一职业也以此为象征。

古代美索不达米亚人还认为，世界之初并没有人，只有神，人是后来被创造的，其职责是为神服务，充当神的仆从。因此，人往往表现出服从和冒犯神的两面性，而冒犯神则被视为“罪”。在他们看来，疾病是人们因犯罪而受到的神责。这里所说的“罪”应作广义上的理解，即它不仅包括触犯法律的罪行与道德上的罪过，而且包括宗教义务履行中的小过失与疏忽，甚至于无意间对某些禁忌的违背。被得罪了的神，可能对冒犯者直接进行打击。因此，在著名的《汉谟拉比法典》的结语中，在巴比伦界碑及其他政治条约中，对任何破坏或篡改法典或文件之人的惩罚办法是，叫神给他们降各种“重病”。祭司和医生也都能辨识病人症状中所显现出来的诸神的“手迹”。

古代美索不达米亚的医学观念除了具有宗教和巫术的色彩外，还有其另一面，即认识自然和人体生理结构的一面。几乎在所有古代民族的观念中，都不缺乏人与自然界的动植物密切相关的思想。由于与自然界密切接触，人们便产生了这样的看法，即人与自然界的万物一样，死后可以再生，身体死后生命就会以另一种形式的思想存在。自然界中植物的迅速变异，使人们联想到人的归宿与植物相同，于是产生了一种病理观念，认为人生的一切现象都和自然现象一致。根据占星观念，人出生时天体的运行情况可以预兆其命运。怪胎则被视为大不祥。

在生理结构的认识方面，美索不达米亚人以为血是生命机能的输送者，并进而认为藏血的器官肝脏是极为重要的生命所在。不止美索不达米亚人，多数东方民族都认为肝脏极为重要，并经常检视其两叶以确定命运。有学者的研究结果表明，美索不达米亚人认为人体右侧器官特大或异常时，预示着将来的兴旺和成功；反之，如果左侧大，则是衰弱、失败和患病的先兆。这显然表明，他们已注意到右侧或肝脏右叶大对人的影响。① 不仅如此，美索不达米亚人还利用动物的肝脏进行占卜活动。他们把肝脏视为生命之本，认为生命的延续是血液借助营养而再生的缘故。这与古埃及人的观念多少有些不同。在古埃及人眼中，呼吸是至关重要的，而在现存的楔形文字医学泥板中，连“呼吸”一词都鲜有提及。意大利学者卡斯蒂格略尼(A. Castiglioni)对此的解释是：“这也不足为奇，因为这些民族认为体液运行全身，这种运行会由于失去一种被认为是生命中心的宝贵液体或其进程受到阻碍而致紊乱，这些才是生命最重要的现象。”②

三、疾病与症状

古代美索不达米亚人已掌握了很多医学术语，他们已能正确地赋予一些疾病以适当的名称，并对其症状进行恰如其分的描述。在现有的楔形文字医学文献中，已提到了各种发烧、发热病、中风、肺痨、鼠疫和头痛病等，还记载有各种眼疾、耳病、风湿、肿瘤、脓肿、黄疸症、膀胱结石、心脏病、皮肤病、男性疾病、妇科疾病、儿科疾病以及各种性病。古代美索不达米亚的医生甚至还能鉴别各种精神病。

美索不达米亚的医生不仅能对各种疾病及其症状给予描述，还能对病情发展及结果进行预测，或许可以称为预后。

除了这些根据症状而做出的理性预测外，美索不达米亚还存在一种带有宗教和巫术色彩的预后，这与他们对病因的认识也同样带有宗教性和巫术性是一致的。例如，有文献记载道：如果驱魔者(一种“医生”)看见黑猪或黑狗，病人将死亡；如果他看见白猪，病人将会活下来；如果他看见许

① 参见[意]卡斯蒂格略尼：《世界医学史》第1卷，北京医科大学医史教研室主译，北京：商务印书馆，1986年版，第39～40页。

② [意]卡斯蒂格略尼：《世界医学史》第1卷，北京医科大学医史教研室主译，第42页。

多猪不停地翘尾巴，对病人来说，病魔将不会再缠绕他；如果乌鸦在一个人面前哀叫，他将经历悲伤之事；如果乌鸦在一个人的背后哀叫，他的敌人将遭受悲哀之事①；如果一条蛇落在病人的床头，他将很快康复。

图 12.7　出自乌尔城的九块医学泥板。它们构成了一名医生的个人医学资料档案。泥板上的处方涉及的是皮肤病

四、药物与治疗

由于古代美索不达米亚人认为疾病来源于恶魔或神等超自然力，他们相应的治疗办法很自然地也就具有迷信和巫术的特性。有一种巫医称为阿什普(*Ašipu*)，他们专靠巫术或施展所谓魔法来治病(降妖除魔)。还有一种医生称为阿苏(*Asu*)，他们主要靠药物和器械为病人治病。在这两种医生之间，阿苏的作用可能比阿什普更大一些，因为文献中经常有当阿什普驱魔

① 中国传统里也有一种说法，认为乌鸦哀叫乃不祥之兆。

图 12.8　一块涉及驱妖治病的医学处方。处方中列出了许多植物药材，同时医嘱制作妖魔画像，焚烧之以祛病。令人惊奇的是，处方中给出了画像的细节指导。约公元前600—前500年。出自波尔西帕

无效时便请阿苏以药物治疗的记载。以药物治疗或称理性疗法（Rational Treatment）乍看起来似乎与美索不达米亚人对病因的理解相冲突，但仔细地分析有关文献材料后便可以发现，原来他们用药物治疗也是取其驱魔降妖之功效，因此也具有巫术色彩。药材均来自大自然，均属于自然物，古代民族崇信和敬畏自然力的观念是无须认证的。这种药物治疗的巫术色彩表现在以下几个方面：

第一，阿苏在进行药物治疗的过程中，有时也同时口念咒语，或者兼用其他“魔法”作为辅助。例如，一位病人患有肠胃气胀的病痛，阿苏让他喝药以减轻病痛的同时，还伴随以咒语。再如，一位阿苏在给国王治病的过程中，在用绷带缠住患处的同时，还把一个驱邪的护身符挂在国王的脖颈上。①

第二，人们相信自然药物可以起到驱邪降魔的作用，可以抗拒邪恶的超自然的神力。例如，一位高级阿苏（*Rab Asi*）在致国王的一封介绍他所使

① H. W. F. Saggs, *The Might That Was Assyria*, p. 228.

用的药的信中这样写道："我送给国王陛下的药有两种，它们各不相同……我主国王可能会问：'它们有何功效？'它们有很好的驱魔作用，或者对妇女生育有好处。"又如，一份材料这样记载道："如果一个魔鬼之手仍坚持不放，以至于阿什普无能驱赶之，你（即阿苏）应将八种药混合在一起以便将它赶走。"①

第三，有些治疗本身只具有象征意义，似乎没有直接的实际作用。例如，在治疗男人的阴茎疾病时，采用的是一种叫"母驴生殖器"的东西。这种东西实际上是一种海贝壳，其之所以得此奇特的名字，无疑源于其形状和大小。用法是将它碾碎放入青铜管中，然后吹进阴茎中去；或者用啤酒冲泡后喝下。很难说这种疗法会对病症产生直接影响，但其反映出的以女性生殖器或类似物治疗男性生殖器的魔术思想是显而易见的。

需要指出的是，美索不达米亚医生采用的药物疗法，虽然还没有完全脱离宗教迷信和巫术思想，但其中所包含的科学性是不容否认的。如同人类早期的许多其他科学都隐藏在宗教迷信和巫术的背后一样，美索不达米亚的医学也不例外。但这并不妨碍我们正确评价美索不达米亚医学的科学性和进步性，宗教迷信和巫术只是一种外在的形式，其医学内部所包含的丰富的医药和治疗知识才是本质的体现。

美索不达米亚医生所使用的药物的种类和数量是相当可观的，这反映出他们已经能识别出多种药物的药性及功能，已掌握了相当丰富的药物学知识。即使仅仅从驱魔的角度考虑也不得不承认这一事实，因为他们无疑懂得用何种药来驱何种魔。他们的药材均由大自然的植物、动物和矿物质组成。仅在保存不完整的苏美尔第十五医方中，植物类就有梨、松树、李树、百里香、没药、芥、枞树、枞脂、无花果、灯芯草、柳树和"海树"等28种，动物类包括鳖甲、水蛇、母牛身孕（?）的毛和蝙蝠屎4种，矿物质有

---

① H. W. F. Saggs, *The Might That Was Assyria*, p. 228.

图 12.9　这块泥板包含两个处方，涉及许多植物和蔬菜药物。与许多医学泥板不同，这是一名医生亲自开出的原始处方，而不是图书馆收藏的抄本。约公元前600—前400年，可能出自巴比伦

河泥、原油、泥沥青、盐和girbi(硝?)瓶的沉淀物5种，加上被毁的药名，三类药物总计多达40余种。其他材料中所记载的常用药还包括藕、橄榄、月桂、桃金娘、鸡尾兰、大蒜、罂粟籽、椰枣、香芦秆、大麦壳和阿魏(一种伞形科植物)等多种植物，蜂蜜、牛奶、蜥蜴和蝎子等动物及其产品，明矾、铜、铁和硫黄等矿物质。属于公元前2200年左右的一份医学材料还提到了一种水蛇皮，可能表明水蛇也被用作药材。

从药剂类型上看，除注射液外，一切可行的药剂都有，如内服酊剂、外敷膏剂、外搽洗剂、混合剂、吸剂、熏蒸消毒剂、滴注剂、泥腌剂、灌肠剂和栓剂等。值得一提的是，他们已经懂得安全用药常识，在药瓶上贴上必要的标签，标明用法与用量及有关注意事项即医嘱等。美索不达米亚的医生既是制药巧匠，也是用药高手，他们所采用的治疗方法和手段也呈现出多元化，现结合文献材料概括如下：

第一，混合剂内服法。一份文献指示：如果某人胃热，不能饮食，应取柽柳属植物籽，与蜂蜜和凝乳混合，服下后即可康复。

第二，外部擦洗法。苏美尔第十二医方载：“将鳖甲、抽芽的(?)那加植物(Naga)、盐(和)芥研末筛细，合揉成团；用优质啤酒(和)热水洗(患

处)；将它(整个药团)用力涂擦(患处)；涂擦后，用植物油涂擦，(再)撒上(?)枞树末。”

第三，泥腌疗法。亚述的一个治疗“肺狭窄”的处方，虽然有些复杂但很合理：“取……1只羊的部分肾、$\frac{1}{2}$夸椰枣、15基萨尔枞树脂、15基萨尔松脂、15基萨尔月桂树叶、13基萨尔香树脂、10基萨尔白松香脂、7基萨尔芥末、2基萨尔斑蝥粉……把上述药和脂肪以及椰枣一起用研钵研碎，倒进小羚羊皮里，包起来在痛处适当地放3天。在这期间病人须喝甜啤酒，吃滚热的饭，待在温暖的地方。在第4天取下泥腌剂，等……”

第四，灌肠疗法。亚述帝国时期(公元前612年以前)一份治疗胃病的处方为：“为驱胃热，还可将……香芦秆……(名字失)、阿魏(一种植物)、椰枣、松脂混合后研成碎末，用啤酒浸泡，用炉加热，取出，过滤，冷却；然后加入大麦壳(?)，最后再倒入玫瑰香水。把它倒入肛门后，即可康复。”

第五，气熏和滴注法。“如果某人患病，你应将阿勒颇松脂、波斯树脂和姜黄脂置于火中，以此熏病人的鼻孔；口中含满油，使之流入鼻孔，尔后将康复。”

第六，吸入法。一份治疗肺病的处方这样写道：“把一些植物或蔬菜配料备好，在油、啤酒和凝乳中浸泡，然后——你将准备一些……陶壶，用麦团封好边缘，把备料放在火上煮沸，在其中插入一根芦苇管，让病人吸水蒸气使之进入肺脏，他将康复。”在另一份不知治疗何病的处方中所指示的方法为，用多种植物把药物配制好后，病人应口含药物，使之紧贴鼻孔内壁，然后用鼻吸，如此将康复。

此外，还有一些较特殊的药物疗法。例如，如果某人患咳病，应将安息香(一种植物)在强啤酒、蜂蜜和精油中搅拌均匀，然后让病人空腹用舌头摄取，用啤酒和蜂蜜蒸热后让他服下。再用翎毛捅他，使他呕吐。然后，他应再吃蜂蜜和凝乳的混合剂，喝甜葡萄酒，后可康复。

除药物疗法外，古代美索不达米亚人还经常使用器械疗法、体操疗法和按摩法等。

从以上所举药物治疗方法中可以看出，早在公元前第三千纪，苏美尔人不仅掌握了大量药物，而且在临床医学上达到了从单味药到多味药的配合应用阶段，他们所留下的处方所含之药少则两三味，多则六七味。他们还制成了配剂，其医学发展已达到相当高的水平。到亚述帝国时期，医学更前进了一大步，该时期的医方不仅涉及十多味药，而且还标明剂量，说明亚述人的药物学已更上一层楼。

五、外科和解剖学

外科手术在古代美索不达米亚恐怕也是司空见惯之事，这从著名的《汉谟拉比法典》中便可略见一斑。法典的第 215～223 条对实行各种手术进行了规定，第 224～225 条则涉及的是兽医为牛和羊等实施手术。根据法典判断，巴比伦医生的外科手术远没有达到尽善尽美的程度。法典中所涉及的外科医疗事故可能时有发生。这与巴比伦人的解剖学水平是相称的。从现有的楔形文字诊断书中可以很清楚地看出，巴比伦人没有较发达的解剖学或生理学知识。他们不知道人体大部分器官的功能，只是把它们简单地视为各种情感的源泉。巴比伦人解剖学方面的局限可能与宗教禁忌有关。巴比伦宗教禁止解剖死人的尸体，但这种障碍可以通过对动物解剖的细心观察得到部分的克服。然而我们还应该注意到，虽然巴比伦人对动物解剖学的一些特征进行了细微的观察，但也只局限于肝脏占卜的“伪科学”领域，还远谈不上科学的观察。而且只有健康的动物才被用于占卜牺牲或其他目的，这种选择牺牲的方法使巴比伦的牧师无法获得患有重病的动物器官，因此无法掌握更丰富的经验，从而推及人体相应的患有病症的器官。阻碍解剖学发展的另一个比宗教禁忌更大的障碍，是巴比伦人的医学观念，即他们所认为的疾病乃源于魔鬼的控制。这种认识使巴比伦人倦于探究有关人体器官方面的知识。

六、卫生学与预防学

一般认为，美索不达米亚人没有卫生学和预防学的概念，但有些材料似乎与这一看法相左。在这些材料中，第一类是确凿的文字材料。例如，美索不达米亚北部的马里王国末代国王兹姆里利姆在给其妻子什布图(Shibtu)的一封家书中这样写道：“我听说纳纳米女士病了，她跟宫里的人接触很多。她在她的房间里会见过许多女士。听着，要严格禁止任何人用她喝过的杯子，坐她坐过的椅子，睡她睡过的床。不许她再在她的房子里会见许多女士。那种病是传染性的。”第二类是实物证据。考古学家发现了许多石头建的厕所，并且还附带有石铺的大阴沟，可见巴比伦人已知道使用地下污水道了。第三类是思想观念方面的证据。对巴比伦有关泥板的研究表明，巴比伦人认为一些小动物是带菌者，使人生病，因而视之为神怪。巴比伦的神学中也有一种象征，如认为瘟神状如昆虫，这说明他们可能已认识到昆虫可以传播传染病了。

图 12.10　由拉尔萨的医生为拉尔萨王苏穆埃尔的生命献给尼尼西娜女神的玉狗雕像。公元前 1894—前 1866 年。出自特罗(古代吉尔苏)

最后，有必要对古代美索不达米亚的医学做一简单的评估。这里我们援引乔治斯·罗克斯的比较中肯的评论，他写道："美索不达米亚的医学虽然还包裹在迷信之中，但已经有了某些实证科学的特征。它部分留给了希腊人，与埃及医学共同为公元前5世纪伟大的希波克拉底[①]改革铺平了道路。但在存在的两千年中，它只取得了很小的进步。美索不达米亚的医生像他们的天文学家一样，把他们的技术建筑在形而上学教义之上，因此没有有成效地寻求合理解释。他们能够回答许多'何时'与'何物'的问题，但缺乏好奇心，没有兴趣问自己几声'如何'与'为何'。他们从未想创立理论，而是谦虚地——也许是明智地——搜集资料，为此不遗余力。说他们的成就往往超过古代东方其他有学问的人，那是十分公正的。"[②]

第四节 化学与化工技术

在亚述学创立的早期，许多学者就已经对古代美索不达米亚的化学产生了兴趣，并开始从事搜集和翻译资料的工作，取得了一些初步的成果，随后越来越多的科学史家投入这一领域。应该说迄今所知有关古代美索不达米亚的化学和化工技术方面的知识，是与两位著名学者的辛勤研究分不开的。他们之中的一位是美国费城天普大学的化学家马丁·列维博士，他于1959年发表了《古代美索不达米亚的化学和化学技术》；另一位是芝加哥大学著名亚述学家A. L. 奥本海姆教授，他于1970年发表了《古代美索不达米亚的玻璃和玻璃制造》。本节内容主要依据的是他们两人的研究成果。

在公元前第四千纪的中期，古代美索不达米亚人已经掌握了许多种技术知识。随着这时期文字的产生，古代近东的文明似乎已达到了在日趋成

① 希波克拉底(Hippocrates，约公元前460—前375年)，古希腊医学家，被誉为古代"医学之父"。

② Georges Roux，*Ancient Iraq*，Revised Edition，p. 337.

熟的文化的许多领域自由发挥的程度。在随后几千年的历史发展中，巴比伦尼亚和亚述的化学和化工技术成就虽远没有数学那样辉煌，但同样值得研究和重视。

一、蒸馏与萃取

迄今所知最早的蒸馏器发现于美索不达米亚东北部的高拉丘，时间大约在公元前 3500 年。在高拉丘还发现有萃取设备。苏美尔—巴比伦人蒸馏技术的文字材料证据见于一组描述香水制作过程的阿卡德文泥板中，该泥板属于约公元前 1200 年。其中之一如下：

> 你不要把(植物的)原料移开，也不要把炭取走。火升起来，烧出气泡。你要不停地用手帕擦拭狄卡鲁壶(*Diqaru*)的内部，然后稍稍动一下，盖好。让它在狄卡鲁壶中保存四天，在第五天的早晨，你点着火，但不可太烈……
>
> 当第十三次把(配料)倒(在一起)时，你把油取走，把煮壶擦干净。你把水烧热，把哈里乌壶(*ḫariu*)擦净，把水倒入其中，然后倒入两杯香脂聚合物。如此保存一天。到晚上，把它移入浅碗中，再加三卡香脂。如此保存一晚上，到凌晨时把煮壶擦净，把已经在浅碗中浸泡一晚上的香料置于狄卡鲁壶中。在壶底点着火，香料变热。你把油倒入，稍动，盖好，你不要把(植物的)原料移开，不要把炭取走。火渐旺，油煮出气泡。你要不停地用手帕擦拭狄卡鲁壶的内部。稍动，盖好。如此在壶中保存四天。第五天的早晨，你点着火，但不要太烈。①

① Martin Levey, *Chemistry and Chemical Technology in Ancient Mesopotamia*, Amsterdam: Elsevier Publications, 1959, p. 37.

在这个材料中我们看到的是制取香水的第十三道工序，把原料混合在一起。它揭示的是提取蒸馏物或蒸馏液的方法。

古代美索不达米亚的化学家已经懂得萃取或升华技术，对此目前也拥有语言学方面的证据。在公元前第三千纪，苏美尔人已经能够把较重的锌化物与易挥发的氧化物区分开来。有学者研究证实，在公元前第一千纪的上半期，萃取或升华过程肯定已在美索不达米亚实践了。亚述语用 *IM·KAL* 来表示“煤烟”或“油烟”，用 *isikku* 来表示“升华”或“净化”。巴比伦人可能已经懂得如何从鸟粪之类的物体燃烧的火中获取氨草胶，因为与此相关的是，他们发现了水银并知道了如何从朱砂中提取红色。

二、鞣皮制革法

人类最古老的技术之一就是用兽皮制作衣服和其他遮挡用具。在苏美尔时代，最常见的衣服原料不是皮革，在公元前第三千纪，乌尔城已经拥有繁荣的“纺织工业”。但皮革在苏美尔仍有广泛的用途。士兵往往配备有皮制的刀鞘和箭囊等。皮革还用于牛具和驴车之上，以及用于其他多种目的。从材料中还可以发现，牛皮和羊皮经常用作贡奉物品。

“鞣皮工”或“制革工”在苏美尔语中称为^{Lú}*AŠGAB*，在阿卡德语中则称为^{awīl}*aškappû*。*AŠGAB* 的楔形符号来源于一个带有皮管的皮包的图画，皮包是用来装水或酒的，皮管是用来喝水或喝酒的。皮革工在城中有自己的城区，可能系同一行业之人一起工作的习惯所致。皮革工又可分为许多工种，这显然标志着手工业的分工较细。值得注意的是，也有奴隶学习鞣皮和制革这门手艺。在乌尔第三王朝时期，皮革工厂是八种标准的作坊之一。在此后长期的历史发展中，皮革的用途越来越广，几乎涉及古代生活的各个方面。例如，它可以用来制作包、囊、袋，也可以用来制作衣服和鞋，还可以用来制作鼓蒙子，甚至用来制作小船或皮筏。

古代美索不达米亚皮革工所使用原料的丰富程度及对每种皮革的精细

划分，足以令现代人吃惊。他们首先把绵羊皮分为剪毛皮和未剪毛皮，然后分为公羊皮、羊羔皮和胖尾羊皮等；牛皮则包括公牛皮、阉割公牛皮和母牛皮等，此外还有水牛皮；山羊皮又有壮山羊皮和小山羊皮之别。这表明他们对各种不同动物之皮的特性已很熟悉，已知道何种皮最适合于做什么。例如，他们认为绵羊皮最适合于制作衣服。除了这些较常用的动物皮之外，现存的楔形文字词汇表还提到了下列诸皮：野猪皮、斑猪皮、野猫皮、野驴皮、猞猁皮、獴皮、羊鱼皮、巨角塔尔羊皮、鹿皮、鲨鱼皮、袋狼皮、猫皮、兔皮、幼犬皮、盘羊皮、象皮、骆驼皮、狼皮、狮子皮、狗皮、虎皮、豹皮、野牛皮、跳鼠皮、地鼠皮及仓鼠皮等。

皮革的制作也相当精细。首先皮革要经过简单处理、浸泡、去毛及软化等过程，随后进入实际的鞣制操作。最古老的两种鞣制方法是明矾鞣制法和加油鞣制法。还有一种方法在现在的近东地区仍然采用，那就是把原皮缝成口袋或包，把里面装入鞣制剂，然后再把口袋或包放入鞣缸或鞣桶中。常用的鞣料或鞣制剂除了明矾和油外，还有一些植物，如棓子果、没药、橡树和漆树叶等。其中以明矾用途最广，它不仅可以用作鞣料，还可用于染布和制药业。一般说来，明矾来自埃及和一个叫卡沙普(Ka-šap-pu)的国家。这几种鞣料有时单独用，有时几种合在一起用，有时还配以其他配料。

古代美索不达米亚人通常还把他们的皮革染色。在古苏美尔时期就有黑皮和白皮的存在。在一块亚述泥板上提到五张染成红色的山羊皮和一张染成黑色的绵羊皮。从远古时期起，红色便是埃及和美索不达米亚的染皮颜色，此外还有绿色、紫色、黄色和橙色等。美索不达米亚人还使用一种与颜料有关的胶。早在三四千年前的一块苏美尔泥板上，便记载着一种用于装饰皮革的胶，称为 *ŠE · GIN*。它是用碎皮制成的。这种胶通常与颜料混合在一起用于皮革上，以便使皮革粘贴在家具、门、战车及其他装饰物上。

三、蜡的制作及其应用

考古学家在发掘尼姆鲁德的过程中，发现了大量的木板，上面涂有一薄层蜂蜡。这些木板的时间大约属于公元前 715 年。这比古希腊人最早对蜡的记载要早两个世纪。著名亚述学家奥本海姆在其著作《新巴比伦时期的物质文化》中，介绍了一份记载制蜡方法的材料。它的译文如下："我……使用蜜蜂来采集蜜，在我之前无人懂得和使用这种方法，我把(它们)安置在 G 城的花园里，以便于它们可以在那里采集蜂蜜和蜂蜡；我甚至知道(如何用)把蜂蜜和蜂蜡(混合体)加热的办法，使二者分离，并且就连(我的)园丁也知道(这一点)。"还有一种蜡是用芝麻做的。蜡在古代美索不达米亚有多种用途。它可以用于医疗目的，例如，把它与植物脂和公羊肾脂混合在一起，再放入其他单一物质就可以治疗眼疾。它还可以用作铜的保护层，以防止铜与其他元素接触时发生氧化反应，例如，在一份有关纳布神殿建筑的材料中，出现有"我已在铜上放了蜡"的语句。蜡在工业中的另一种用途是用作木料或木质器具的保护剂或防腐剂，可能还对其起着很好的光洁作用。蜡还有一种非工业用途，即有时为魔术目的而制作蜡像。

四、洗涤用品

古代近东的大部分民族都非常注意清洁，特别是赫梯人、希伯来人、乌加里特人以及苏美尔人和阿卡德人。古代美索不达米亚拥有专门用于洗涤目的的房屋。在一份来自亚述城的历书中，一个人被警告不要在某月的第六天和第七天进入"洗涤房"。迄今所知美索不达米亚人最早、最通常使用的洗涤剂是碱、黏土、泥或树脂。碱性物质通常由草木灰制成，有时也可能采用其他原料。赫梯国有一种植物叫哈舒埃(*ḫašuwai*)，它的灰可以用来制作苏打。据记载，这种植物被切成细小的碎片，然后被制成一种实用型的肥皂。可以用来制作肥皂的植物在近东还有很多。例如，在亚述巴尼拔统治时期的一份阿卡德文私人文书中，就有柽柳、椰枣树、松果和一种叫马斯塔卡尔(*Mastakal*)的植物被用作洗涤材料："愿树梢高高的柽柳使我清洁，愿迎风而立的椰枣树使我放松，愿漫山遍野的马斯塔卡尔清洗我的污垢，愿籽粒饱满的松果使我放松。"这些洗涤材料既可用来洗涤布匹和衣服等，也可用来清洗身体。

在古代美索不达米亚和埃及，肥皂主要是在与医学记录有关的文献中被提及。在很早的时期，肥皂曾被当作一种药物。在公元前第一千纪的一块阿卡德文医学泥板中，记载了药学家制作肥皂的过程："把窗口中盛满水……柽柳、肥皂草、'用于编织的芦苇'、海蓬子碱和'混合型'啤酒置于其中，然后是一杖金戒指(意义不太明确)；让病人喝下纯净的白水，然后把准备好的溶液倒在他身上；然后拔除姜黄根，捣碎洁盐和洁碱，鸟脂肪……加入其中，用此把病人的身体擦洗七次。"

在同一时期的另一块泥板中，记载的可能是一种含有金属元素的肥皂或石膏，采用的原料有海蓬子碱、盐、马斯塔卡尔植物、各种油及母牛的脂肪等。

但那时还不存在用烧碱制造的真正肥皂。他们制作和使用的肥皂只是与现今世界上一些地区仍流行的冷皂相类似的东西。

五、香水及其调制

美索不达米亚最重要的化学工业之一是香料的制作。香料产品在近东通常用于四种目的，即医疗目的、宗教仪式、巫术实践和化妆品的制作，可以说涉及几乎所有人的生活。文献中提到了许多种香水，它们有的是芳香的溶液，有的是由油制成的溶液，有的则是油膏类的。这些香水有的是由单一的香料制成的，有的是与其他物质混合制成的。制作的过程比较复杂，根据文献材料判断可能有十几道甚至二十道工序。下面这份文献材料可能反映的仅仅是一道工序：

> 在第七次倒在一起时，你应该把塔比鲁(*tabilu*)放在优质的鲜井水中加热，倒入希尔苏(*ḫirsu*)容器中；把$\frac{1}{2}$卡没药、$\frac{1}{2}$卡菖蒲根挤压、过滤，倒入希尔苏容器的热水中。如此浸泡一夜。天亮太阳升起时，你应该用过滤布把希尔苏容器中的溶液和香料过滤。你应该把纯净的溶液从这个希尔苏容器中倒入另一个希尔苏容器中。把沉淀物处理掉。量出$\frac{1}{2}$卡滤液，使之与香料混合存放一夜，纯柏叶、没药、菖蒲根和1$\frac{1}{2}$卡……你应如法炮制……你应把它倒出来。你应在狄卡鲁壶下点着火……给水加热。当狄卡鲁壶的边缘变厚时，用手在壶上边扇摆……当它与洗水一样热时，把火加大。然后你的混合溶液便充分地加热了。你应把它倒入油中，用搅拌器搅动。当它们溶为一体时，关照一下火，盖上壶，让它在火上烧2～3天……你应点上火。当它们溶解时，你不必用力搅动。盖上壶，使油冷却后取走。冲洗该壶……擦净它。这就是第七次冲洗。

这则保存得不太完好的文献记载的可能是第七道工序，它揭示了浸渍和提取的联合过程，首先用水然后用油作为手段来制作香水的“原油”。但每一道工序的操作方法并不相同，不同的原料也可能要求用不同的方法。但无论如何有一点是肯定的，即巴比伦人制作香水的过程是复杂的、单调乏味的和耗时的。大部分古代化学技术不是通过文字而是通过口头流传下来的，一般是通过父亲向儿子传授技术以及通过工匠和手工艺人组织传下来的。从材料中明显可见，美索不达米亚人的香水制作技术有三个特点。其一，火的使用至关重要，何时需文火，何时需烈焰，何种原料需文火，何种原料需烈焰以及应在何时适当地点火或灭火等，都是很讲究技术的。

它要靠多年实践经验的摸索。其二，大量使用升华和提取等化学过程。其三，在基本的化学过程中，没有神秘主义和巫术的因素。在文献材料中，始终不存在任何形式的神的启示和劝告。

作为应用化学家，美索不达米亚人无疑具有高超的技术。他们的设备虽不够精良，但他们对技术知识的客观求实的态度和方法最终弥补了这一缺陷。但仅从制作香水的性质方面来考察，美索不达米亚人似乎还没有开始解释化学现象和制定一般原则。但他们无疑积累了丰富的知识和实用的经验。

六、玻璃和玻璃制造

古代美索不达米亚的“玻璃文献”有相当一部分来自著名的亚述巴尼拔图书馆，其他分散的材料，数量也相当可观。其中公元前第二千纪中期的一些经济文献和私人、官方书信记载有关于彩色玻璃的内容。现在的苏美尔语和阿卡德语的词汇表中，包括许多有关玻璃和玻璃制造方面的名词和术语。

从很早的历史时期起，玻璃在美索不达米亚就有广泛的用途。玻璃器皿在日常生活中占有较重要的地位，玻璃珠、玻璃盘、玻璃板、玻璃镶嵌物和玻璃制作的圆筒印章等使用的频率较高。玻璃器皿和玻璃砖在美索不达米亚的玻璃制造业中占有突出的地位，它们对技术知识的要求更高，大约只是在公元前第二千纪中期以后才出现。其中彩色玻璃砖通常用于重要建筑物、门廊和居室内部的装饰方面。亚述国王提格拉特帕拉沙尔一世在描述他自己在尼尼微修建的宫殿时说，宫殿的墙壁是用玻璃砖装饰而成的，其色彩可谓五颜六色，有蓝色、红色、黄色和白色等。位于宫殿大门一侧的高塔是由曜石色的玻璃砖制作的，上面刻有椰枣树的图案。另一位亚述国王阿淑尔那西尔帕二世在描述他在卡尔胡城新建的宫殿的装饰时说：“我采用了炼制的绿色玻璃砖。”亚述最著名的征服者辛那赫里布在一份铭文中

图 12.11 用玻璃和象牙镶嵌的铅制人物像。公元前 8—前 7 世纪。出自乌拉尔图

把他宫殿的主要建筑特征说成是用曜石和天青石颜色的玻璃砖进行装饰。亚述帝国的最后一位统治者，以其修建著名的图书馆而闻名的亚述巴尼拔对其用蓝色和红色玻璃砖修建的新教堂感到非常骄傲和自豪。新巴比伦王国时期的国王们也均采用玻璃砖来装饰其宫殿和神庙建筑。著名的尼布甲尼撒二世不止一次地谈到其著名的埃萨吉拉(Esagila)塔庙的蓝色玻璃砖。玻璃砖光彩夺目的表面似乎是晚期巴比伦塔庙的重要特色之一。彩色玻璃及玻璃制品不是宫中的专利，富人和达官贵人同样也可以享受。在乌尔第三王朝时期(公元前 21 世纪末)一位家境殷实的高官的一份家族财产清单中，在一些青铜制品和银子之后列出的是一种叫安扎胡(*Anzaḫḫu*)的玻璃，重量为 55 舍克勒，随后是铜和石制器具及衣服等。① 这显然表明玻璃在当时尚属贵重物品，它通常与其他稀有珍贵物品一起被提及。

美索不达米亚的玻璃制作也是

① A. L. Oppenheim, *Glass and Glassmaking in Ancient Mesopotamia*, New York: Corning Museum of Glass Press, 1970, pp. 16-19.

一门较复杂的技术。保存下来的有关文字材料应该说不算太少，但由于语言方面的障碍，我们现在对他们采用的原料和配料还有许多不明之处。这不是文献本身的问题，而是现代学者对语言文字及相关专业知识的理解问题。这一点与古代美索不达米亚人留下的其他方面的化学材料不同。虽然如此，但我们从材料中仍可明显地看出，制造玻璃的主要原料有两种：一种是叫伊玛纳库（*Immanakku*，也作 *Amnakku*）的矿物质；另一种是叫乌胡尔图（*Uḫultu*）或阿胡苏（*Aḫussu*）的植物，通常采用的是其燃烧后的灰。关于这两种原料的性质现在还不清楚。这两种物质在大多数情况下合起来使用，但有两种不同的方法，第一种是两种物质都取大剂量来生产一种现代玻璃术语称之为玻璃料的东西，第二种是两者只作为助剂或配料，各取少量加入原生玻璃碎末之中，用于各种制作目的。文献中还经常出现一种神秘的物质，被称为“白色植物”。它经常出现于医学文献中，美索不达米亚的玻璃制造家使用它的方法与碱相同。此外，在玻璃制造过程中还会使用一些佐料，包括各种颜色添加剂和起透明作用的物质等。

玻璃的制作方法和过程很有意思。在真正的制作过程开始之前，还要有一个必要的准备过程，这个准备工作具有较浓厚的宗教迷信特色。我们仅从下面这则材料中就可略见一斑：

> 当你想要搭窑准备制作玻璃时，你首先要挑选一个好的月份，在该月里择一吉日，然后你才可建起窑基。一旦你全部完工（建窑），你应该在那里安置些库图（*Kūtu*）像，不许外人或陌生人进入（窑中），不许不洁之人在众像前面通过。你应定期地在它们（库图像）面前奉献奠酒。在你计划往窑中投放“金属”①的那一天，你应当向库图像奉献一只羊，在香炉中放入杜松香（你应倒蜜酒和液态黄油），然后你才可以在窑底升起火，把“金属”置于窑中。

① 即制作玻璃用的矿物质，美索不达米亚人把它当作金属。

你允许其接近窑的人必须是(在宗教仪礼上)洁净之人，只有这样的人你才可以让他近窑。

在窑里作为燃料的木材必须是粗的去皮杨树，没有节疤的原木，把它们用皮条捆绑在一起。它们必须是在阿布月(*Abu*，六月或八月)砍伐的。只有这样的木料才能在窑中使用。①

图 12.12　玻璃罐。上面刻有狮子和萨尔贡二世的名字。出自尼姆鲁德

这则材料所揭示的具有宗教仪式性质的准备活动绝不是个别现象，制作每一批玻璃之前这种准备活动都必不可少。选择良辰吉日和祈求神灵保佑是美索不达米亚人的习俗，但这种库布神的性质从目前的材料中还看不出来，其作用似乎只是驱邪。需要指出的是，虽然这些神可能在某些方面与火的使用技术有关，但它们与玻璃制作本身的过程并无直接关系。这种具有宗教巫术性质的准备活动可能在某种程度上反映出，古代美索不达米亚人意识到他们自己在玻璃制作和颜色调配等技术和专业知识方面，还具有

① A. L. Oppenheim, *Glass and Glassmaking in Ancient Mesopotamia*, pp. 32-33.

一定的局限性。

准备活动之后，便进入实际的制作过程，在烧制过程中所采用的方法和运用的技术都是现实的，其中并未夹杂着宗教和巫术因素。关于具体的操作过程，我们借助两块泥板上的文献材料来阐述：

> 如果你想制作扎金杜鲁(*Zagindurû*)彩色玻璃，你应分别把10明那伊玛纳库(*Immanakku*)石、15明那纳加①植物灰(和)1 $\frac{2}{3}$明那“白色植物”磨研成碎末。把它们混合在一起。你把(它们)放入一个有四个孔的冷窑中，把它们安置在(四个)孔的中间。你要保持住一种高质量的无烟火，一直烧到“金属”(熔化的玻璃)变成熔块。你把它取出，使之冷却，再把它研磨成碎末。你把(粉末)收集在一个洁净的达波图(*Dabtu*)平底锅中。把(它)放进一个冷窑室中。你要保持一种高质的无烟火，一直烧到它(“金属”)发金黄色的光。你把它倒在一个火窑烧出的砖上，这就是祖库(*Zukŭ*)——玻璃。
>
> 你把10明那“耗时的”铜化物放置在一个洁净的达波图平底锅中。你把(它)放入一个热窑室中，关上窑门。你要保持一种高质的无烟火，直到铜化物发红光。你把10明那祖库玻璃研磨成碎末。你打开窑门，把(磨碎的玻璃)投到铜化物中(再次关上窑门)。一旦祖库玻璃与铜化物混合在一起(铜化物沉淀在“金属”的下面)，你用耙子搅动几次，直至在(耙子的)末端看见有一些(液体玻璃状的)点滴。当该“金属”变成成熟(红)葡萄的颜色时，你要再烧煮

① 纳加(*NAGA*)，即阿卡德语的乌胡尔图(*uḫultu*)或阿胡苏(*aḫussu*)植物，纳加是苏美尔语的称呼。

(一段时间)。(然后)你把它("金属")倒在一块火窑烧出的砖上。这就是特尔西图(*Tersitu*)的制作。

你应把10明那特尔西图玻璃、10明那布苏(*Busu*)玻璃、必要数量的纳加植物灰、$\frac{2}{3}$明那"白色植物"和1$\frac{2}{3}$明那洁净的安扎胡玻璃(*Anzaḫḫu*)集中在一个新的达波图平底锅中。你把(它)放入一个带有四个火孔的窑中,放在一个架子上。[达波图平底锅的锅底不要接触窑的(底部)。]你要保持一种高质的无烟火。[让火苗从四个火孔中窜出来。]一旦你的混合物融化,你就让(它)冷却下来。你把它从窑中取出,研磨成碎末。[你把(粉末)收集在一个洁净的达波图平底锅中。]你把它放入一个冷窑室中。你要保持住一种优质无烟火,不断燃烧,不到"金属"发红光,你不要关窑门。[在它变红后],你关上窑门,(用耙子朝着你自己的方向)搅动一次,直到它变黄(热)。在它变黄(热)后,你会发现(在耙子的末端形成)一些液滴。如果"金属"是均匀的(没有水泡),你(在窑内)把它倒在一个新达波图平底锅上,在冷却的窑中便形成了扎金杜鲁彩色玻璃。(下面的文字被毁无法辨认)。①

这份文献所载制作扎金杜鲁彩色玻璃的过程,明显地分为三个阶段或三个步骤。这一过程要经过反复加热、熔化和冷却,还要适时加入配料和颜色添加剂。第一步首先生成祖库玻璃,它经过了两次在两种不同的窑中的加热;第二步引进了颜色添加剂和铜化物,它们与祖库玻璃混合生成了叫特尔西图的蓝色玻璃;第三步又经过两次加热,把特尔西图玻璃制成一种颜色和结构与宝石相同的玻璃,即文献开头意欲制作的扎金杜鲁玻璃。

① A. L. Oppenheim, *Glass and Glassmaking in Ancient Mesopotamia*, pp. 34-35.

在这一步骤中，促成特尔西图玻璃最终变成扎金杜鲁玻璃的两种配料是布苏玻璃和安扎胡玻璃，这是两种原生玻璃，其中布苏玻璃可能是用安扎胡玻璃制作的。在这三个阶段中，火的使用技术自始至终都至关重要，这一点与火在其他化工领域的作用相同。窑内温度最好的指示器无疑是熔化物的颜色，美索不达米亚的工匠指出了三种颜色阶段，即“发红光”、“发绿光”或“发黄光”及“发金黄光”，用它们来指示窑内所达到的最高温度。除此之外，他们还根据熔化物的黏度来判断窑内的温度，即根据达到一定温度时在搅拌器末端会形成玻璃液滴这一有趣的现象来判断。

根据美国著名亚述学家 A. L. 奥本海姆的研究，古代美索不达米亚的玻璃制造史明显地分为两个发展阶段。在早期阶段，主要使用原生玻璃，现存的词汇表中有许多这方面的术语。在后期发展阶段，主要是用更先进的技术来制作模仿宝石的玻璃。这两个历史时期的分界线大致在公元前第二千纪中期，因为从这一时期起楔形文字的玻璃文献主要记载模仿宝石的彩色玻璃。

七、明矾、石膏、盐和苏打

矿物质在古代的化学技术中占有非常重要的地位，它们是工业过程中最重要的原料。在古代美索不达米亚的化学技术中，明矾、石膏、盐和苏打的应用尤为突出。

明矾是古代美索不达米亚人获得的少数纯化合物之一，许多日常化学物质都不太纯净，其中往往含有杂质。纯明矾是白色或无色的。美索不达米亚的明矾来源有两个，其一是当地产的，其二是进口的。进口的明矾主要来自埃及、赫梯和一个叫卡沙普的地方。明矾在古代近东可能有比较丰富的产量，通常有专门存放它的仓库。在一封中期亚述的书信中，一个人这样写道：“打开明矾仓库，取出 1 塔兰特明矾。”在文献中出现的明矾有白明矾、黑明矾、明矾和阳性红明矾等很多种，每一种在化学技术中所起的作用也不尽相同。明矾的应用范围非常广泛，主要用于鞣制皮革、制作染料、制造玻璃、制作洗涤用剂和配制药材等方面。

石膏是另一种比较重要的矿物质。由于石膏有白色发光的外表，它不仅被用来制作大大小小的雕像，而且还被用来制作各种物品的外表。在医学药方中，石膏通常与其他药材混合来治疗某种疾病。石膏还是美索不达米亚建筑学家的重要原料，它往往被用于建筑物及墙壁的装饰。新巴比伦王国的末代国王纳波尼德曾“使用石膏和沥青”使他的宫殿金碧辉煌。石膏还可用于皮革的装饰上。石膏最重要的作用，尤其是在晚期巴比伦时代，是充当一种类型的灰浆或胶泥。其他用于此目的的还有生石灰、沥青和黏土等。

盐不仅是日常生活的必需品，而且还是一种特殊且实用的化学用品。一般的盐就其性质而言是一种岩盐，一种无色的水晶体。但不纯的盐往往呈黄色、褐色或蓝色。盐水则来自海中或诸如死海之类的湖中。在古代美索不达米亚的文献中，盐有许多种形式，如“盐块”(*kirban ta-ab-ti*)、“晶盐”(*id-ri tâbti*)、“石盐”(*aban ta-ab-ti*)和“盐水”(*me tâbti*)等。在古代近东，盐是很常见的物品，比较容易获得。在找不到纯盐的情况下，美索不达米亚人也有许多制盐的方法。他们可以从一种含盐的混合物中提取盐，这种混合物很容易从河水中获得，它可能是一种泥土的风化物。在文献中还提到两种制盐的原料，一种是植物盐，另一种是盐石。在一份有趣的词汇表中依次列有炉缸、灰和植物盐，这可能揭示出美索不达米亚人的另一种制盐方法，即从植物中提取盐。[①] 据此推断，他们可能还知道从含盐的矿石中提取盐的方法。

盐在古代美索不达米亚可能始终很便宜。在新巴比伦王国的尼布甲尼

① Martin Levey, *Chemistry and Chemical Technology in Ancient Mesopotamia*, p. 170.

撒二世统治时期，1塔兰特盐价值1舍克勒银。[①] 盐通常由一种专门的盐商进行经销，他们往往采用旅行销售的办法，他们的工具是“盐袋”。专门的盐商在自己家中一般都有储存盐的地窖以及一种特殊的盐盒和芥末盒。芥末通常与盐混合充当一种辣的调味品。

盐作为一种化学用品在古代美索不达米亚应用比较广泛。首先，它是调制药物的重要配料，包括内服药和外用药。这一点我们在有关医学的章节里已有材料证据。其次，它还是一种重要的保存剂或防腐剂。美索不达米亚炎热的气候使肉类和肉制品很容易腐烂、变质，我们的古人已知道盐的防腐作用。公元前第一千纪的一封书信中这样写道：“请在送给你的肉里放上盐。”用盐保存的物品还包括羊肉、鱼和人的尸体等。亚述帝国的著名国王亚述巴尼拔曾做过这样的指示：“把这位纳布贝尔舒马特(Nabu-bel-Shumate)的躯体与他的携盾侍从的头颅一起放在盐中。”[②]盐作为一种化学品的最重要的用途是在化工过程中充当制剂，其中较突出的是用于鞣制皮革、制造玻璃及洗涤剂中。例如，可以通过盐与一种硅石和水蒸气的化学作用，来制造一种绿色的易熔的硅酸盐玻璃。

苏打或碳酸钠是古代美索不达米亚又一重要的化学原料。它主要从一些植物中获得，这些植物在非洁净的空气中燃烧产生一种灰，灰中含有丰富的碳酸钠和一定数量的碳酸钾及含有杂质的盐。人们通常使用的是乌胡鲁和“带角的”乌胡鲁植物(*uḫulu*)，及我们前文提到过的乌胡尔图或阿胡苏。[③] 苏打或碳酸钠的应用同样也比较广泛。在公元前第一千纪的一块泥板上记载的乌胡鲁植物籽，可能是一种辣的调味品，它与芝麻油、盐和芥末并列在一起作为一种实物工资。苏打是一种辅助的染料，它通常与明矾和盐等物质一道使用于染色过程中。苏打最重要的用途是制造肥皂。当然

① Martin Levey, *Chemistry and Chemical Technology in Ancient Mesopotamia*, p. 170.

② Martin Levey, *Chemistry and Chemical Technology in Ancient Mesopotamia*, p. 171.

③ A. L. Oppenheim, *Glass and Glassmaking in Ancient Mesopotamia*, p. 74.

这种肥皂不是我们现代意义上的肥皂。早在苏美尔时代，这种肥皂就已经存在了。在纳波尼德统治时期，一个典型的配方是这样的："12卡乌胡鲁(灰状)，6卡柏树(油)，6卡芝麻(可能系籽)。供侍女洗涤宝石。"乌胡鲁的植物灰本身也具有洗涤效果。在一份苏美尔时期的巫术文献中有这样的记载："我用水洗澡，用苏打洁身。"最后，苏打还大量地应用于医学配方中。例如，它与明矾和其他物质合在一起可以用来清洁口腔，"带角的"乌胡鲁植物灰可以治疗眼疾和胃病等。

从以上介绍中可以看出，明矾、石膏、盐和苏打这四种化学物质在古代美索不达米亚的化工技术中占有比较突出的地位。但由于有关苏美尔文和阿卡德文的技术术语尚有许多不明之处，学者们的研究还局限于过程本身。随着文献的不断丰富、语言障碍的逐渐克服，我们完全可以期待这一领域新天地的开辟。

第十三章　学校和图书馆的起源

文明的发展和传播离不开文字，离不开图书，也离不开学校，它们是文明和文化发展和发达程度的重要标志之一。美索不达米亚古文明的兴起、发展和传播为此提供了最早和最好的例证。

第一节　人类最早的学校

苏美尔人发明了人类最早的文字，因此很自然地，在苏美尔诞生了世界上最早的学校。正规学校教育制度的创立是苏美尔人对人类文明的重大贡献之一。美国著名苏美尔学家 S. N. 克莱默教授在评价苏美尔人的这一成就时指出："可以毫不夸张地说，如果没有生活在公元前第三千纪早期的苏美尔教师默默无闻的创造和努力，科学和知识要想取得今天这样的辉煌成就是难以想象的；文字和知识是从苏美尔传向全世界的。"①

从这个意义上说，苏美尔人无愧于人类文明的始祖。

一、学校的产生

早在公元前 3000 年左右，苏美尔就已经出现了学校。在乌鲁克出土的属于这一时期的上千块泥板文书中，除了经济文书和管理文书外，还有一些学生学习、做作业用的单词表。这显然表明，在这一时期学校已经存在

① S. N. Kramer, *The Sumerians, Their History, Culture and Character*, p. 229.

于苏美尔了，至少苏美尔已有了学校的雏形。到公元前第三千纪的中期，学校已遍及全苏美尔。考古学家于1902年到1903年在苏美尔的重要城市舒路帕克发掘出了许多学校的“教科书”。这些泥板“教科书”的时间可确定在公元前2500年左右。但苏美尔学校制度走向成熟和繁荣，则是在公元前第三千纪的下半期。20世纪30年代法国考古学家安德烈·帕罗特(Andre Parrot)在两河流域上游的名城马里发掘出一所学校，时间为公元前2100年左右。它包括一条通道和两间房屋，大间房屋长44尺，宽25尺，小间房屋的面积为大间的1/3。大间排列着4排石凳，每条可坐1人、2人或4人，共容45人，小房排列着3排石凳，共可坐23人，很像学校的教室。两房四壁无窗，从房顶射入光线。房中没有讲课用的讲台或讲桌，只放着许多学生的作业泥板。墙壁四周的底部安放着盛有泥土的浅浅水槽，附近摆放着一个椭圆形的陶盆，地面上装点有很多亮壳。这所房舍靠近皇宫，不靠近寺庙；刚好在其他地方发现的泥板文书的储存地也靠近皇宫，而远离神庙。有学者推断这所学校的校舍是公元前3500年的建筑，代表人类最早的学校；如果这个推断正确的话，美索不达米亚的学校要比古埃及于公元前2500年出现的宫廷学校早1000年。①

考古学家发掘出的属于公元前第三千纪下半期的泥板，其数量之巨，已以万计，而且可以肯定的是，至今仍湮没在地下的有待于挖掘的泥板，其数量绝不会少。这些泥板中的绝大部分属于管理文书，内容涉及苏美尔人经济生活的各个方面。这很清楚地反映出，这时期的苏美尔学校无论是在数量上还是在规模上，都已相当可观。

从公元前第二千纪初期开始，有关学生练习和学校生活的泥板越来越多，这些泥板既有初级学生的习作，也有“毕业生”的成品。古巴比伦王国

---

① 以上参见滕大春：《关于两河流域古代学校的考古发掘》，载《河北大学学报(哲学社会科学版)》1984年第4期，第63页。

是古代美索不达米亚政治强盛、文化繁荣的鼎盛期，学校无疑发挥了巨大的作用，尼普尔成为书吏学校的中心，因此也成为王国教育的中心。许多重要的文献和文学作品，是通过书吏学校学生的抄写而得以保存下来的。巴比伦的书吏及其学校为保存苏美尔和巴比伦的文化遗产，做出过突出的贡献。在古巴比伦时期以后，有关学校的记载微乎其微，原因不详。

二、学校的类型

传统上一般认为，古代美索不达米亚的学校是在神庙的扶植下发展起来的，是神庙的附属物。这种看法猜测的成分居多，而缺乏确凿的证据。迄今考古学家所发现的学校遗址，至少包括三种类型。① 第一类为邻近王宫的学校，包括在拉尔萨②、乌鲁克和马里等地发掘出的学校遗址。这类学校可能系宫廷或政府机关所设立。第二类为位于神庙附近的学校，例如，在沙杜普姆出现了许多辞书和文学课本，它们都埋在谷神尼萨巴及其爱人哈加的神庙地下。学者们认为，这类学校可能系神庙所设立。第三类为临近书吏居住区的学校，这类学校的遗址主要出自尼普尔和基什③，在这两个城市的书吏居住的地区都发现了学校用的泥板文书，包括练习作业、文学作品和参考书等。此外，在乌尔发现的学校既不临近宫廷也不临近神庙，教室中藏有3000片左右的小型学校课本，还有宗教著作、文学作品和教材纲目之类的泥板文书。这类学校可能系私立学校。至于以上三类学校哪类居于主导地位，目前的材料还不足以下定论。虽然有些学者认为神庙学校可能更为盛行，但也缺乏有力的证据，在某种程度上仍停留在推测的基础上。他们推测的主要依据是传统上对古代美索不达米亚社会经济制度的估

① 参见滕大春：《关于两河流域古代学校的考古发掘》，载《河北大学学报（哲学社会科学版）》1984年第4期，第63～64页。

② 今森科拉（Sankala）。

③ 今阿尔海米尔（Alhaimir）。

计，即认为神庙控制着所有土地和社会经济生活，但近些年尤其是20世纪80年代以来学者们的最新研究已使传统上的这一论断很难站住脚。关于这一点参见本书第八章的有关论述。

但据美国学者爱德华·吉埃拉的研究①，在亚述帝国私人收授学生的现象十分普遍。大多数书吏都招收许多有志于从事书吏职业的青少年，使他们成为自己的学生或徒弟，师徒之间的关系非常亲密，宛若父子。实际上，书吏往往把他的徒弟收为养子，这种“收养”关系一直持续到该少年学业有成，能够成为职业书吏为止。在一些文献中有这样的记载，许多学生都自称为某某书吏之子。由于一个人不可能同时拥有那么多年龄相仿的儿子，因此很显然他们是书吏的学生，这些学生是由其父母交给书吏来接受特训的。教师外出时经常带着许多学生见习，让他们从其老师的实践中学到经验。这样的私人教师有足够的能力使学生习得职业书吏所应具备的知识和素质。私人学校可能传授的只是实用的专业技术和技巧，不涉及科学和文学研究。

三、学校的功能

苏美尔人的学校称为“埃杜巴”(*Edubba*)，原意为“泥板书屋”。其功能和目的首先是为王室和神庙培养书吏或书记员，以适应管理土地和经济的需要，它始终贯穿于苏美尔学校存在的全部历程。书吏学校的学生毕业后，就有资格成为正式的书吏或书记员。他们有的为王室、神庙和私人庄园管理土地、充当会计师，有的专门从事某一行业的管理工作，还有的在国家和政府部门担任高官。受雇于政府机关的书吏，大体上可分为高级书吏和低级书吏两类。高级书吏一般在政府要害部门任职，通常被委以撰拟帝王旨意，制定军政法令，修订外交文书，充当朝廷顾问之责，他们地位显赫；

① Edward Chiera, *They Wrote On Clay*, pp. 165-166.

低级书吏一般负责监督和起草契约，充当公证人、掌印员、土地和财产登记员、军情记录员、碑铭雕刻员及核查员和会计等。私人书吏则一般受雇于经济尤其是商业贸易领域，充当缮写员、计算员、秘书和文牍员等。正由于书吏享有优越的社会地位，所以富裕家庭的家长大都望子成龙心切，把孩子送进学校，这与中国古代所崇尚的“学而优则仕”大有相似之处。家长密切监督孩子们在学校的学习情况，学生之间的竞争也相当激烈，有时甚至抬高自己而贬低他人。

随着学校的发展和壮大，特别是课程设置范围越来越广，学校也逐渐成为学术中心，成为苏美尔文化和研究学问的中心。苏美尔人的学校还有一个显著的特点和功能，这是现代学校所不具备的，即它还是文学创作的中心。学生们通常先抄写和研习以前留下的文学作品，然后再自己从事创作。

四、学校的组织和管理

关于古代美索不达米亚学校的组织和管理情况，我们现在知道的还不全面。苏美尔学校的最高领导称“乌米亚”(*Ummia*)，学者们通常称其为“校长”。其本义是“专家”、“教授”或“权威”。校长被尊为学校之父，人们这样称颂他：“校长，你是塑造人性的上帝”，“你是我所敬仰之神”。位居校长之下的似乎是“年级长”，被称为阿达·埃杜巴(*adda edubba*)，意思也是“学校之父”。[①] 教师一般都任职某一专门学科，如计算教师即代数教师(*dubshar nishid*)、田地教师即几何教师(*dubshar ashaga*)和苏美尔语教师(*dubshar kengira*)等。教师直译为“泥板书屋的书写者”，助教则被称为“大师兄”，其职责是为学生准备新泥板以供他们抄写，检查学生的练习和作业，以及检查学生背诵课文等。在校的学生被称为“学校之子”，已毕业的

---

① H. W. F. Saggs, *The Greatness That Was Babylon*, p. 435.

学生则被称为“昔日学校之子”。除了校长、教师和学生外，学校还设有行政人员，他们被称为“泥板书屋的管理者”。学校还设有图书馆员、学生出勤检查员和校门看守人员等，对学生进行严格监督。

关于学校管理方面的材料，目前所知甚少。从现有材料看，学校主要通过奖惩制度来监督和管理学生，在约束纪律方面尤为突出。学生必须从早到晚在学校学习，中午也不许回家，自备午餐，放学后回家，学校不留宿。回家后还有作业，家长还要检查孩子的功课。例如，一位学生在叙述自己的学校生活时讲道：“我背诵了泥板，吃了午饭，准备好了新的泥板并抄写完毕，然后老师把范板给我；下午，老师又把我的练习还给我。放学以后，我就回家了，一进屋看见我爸爸坐在那儿。我把我的练习讲给他听，把课文背诵给他，他非常高兴，我也很快乐地陪伴他。”紧接着他又讲道：“当我早晨起来时，我看见了我妈妈，对她说：‘给我准备午饭，我要去上学！’我妈妈给了我两个卷饼，我便动身上学去了。到学校后，负责作息时间的同学对我说：‘你为什么迟到？’我怀着忐忑不安的心情来到老师面前，恭敬地行了个屈膝礼。”学生不仅不能迟到和早退，在校学习期间还必须严格遵守学校的各项纪律。例如，学生必须尊重老师和助教，必须做到衣冠整洁，上课时不许随意讲话，开会时不能漫不经心，上课时不能随便起立，不得走出校门及必须说苏美尔语等。对以上诸项纪律，都设有专门人员负责监督。对违反纪律的学生所施行的惩罚办法，是用笞杖抽打，严重者则用铜锁链套住双脚，关两个月的禁闭，不许其走出校门。对不可救药的学生的最后手段是开除。我们上面提到的那位学生就是个典型的不守纪律者，他在自述中写道：

负责校容者对我说：“你在街上闲逛，没把衣服穿好。”于是便抽打我。

维持课堂安静秩序者责问我：“你为什么未经允许就随便说

> 话?”于是便抽打我。
>
> 负责会场纪律者对我说：“你为什么漫不经心，怡然自得?”于是便抽打我。
>
> 行为举止的监督者指责我：“你为什么未经允许就站起来?”于是便抽打我。
>
> 看门者对我说：“你为什么未经允许就私自走出校门?”于是便抽打我……
>
> 监督语言者对我说：“你为什么不说苏美尔语?”于是便抽打我。
>
> 老师对我说：“你的功课太糟糕。”于是便抽打我。
>
> 因此，我开始讨厌书吏这个职业，开始荒废学业。老师也不喜欢我了，不再向我传授技艺；我再也不能成为“年轻的书吏”了，也不能成为“大师兄”了。①

由此可见，学校不仅纪律严明，惩罚也非常严厉。不过即使这样，这位学生仍不肯就此让自己成为“年轻书吏”和“大师兄”的梦想破灭，他还要做最后的努力。非常有趣的是，几千年前的学生竟然已经懂得向老师溜须拍马，甚至行贿。这位学生的最后绝招是向家长求援。他对其父说：“再额外给教师加报酬，让他对我和善些……让他在处理学生事务时，把我考虑在内。”于是其父便依计而行，把老师请到家里，让老师坐在一个“大椅子”上，这位学生便服侍他的老师。老师首先让学生向自己的父亲汇报他在学校的学习情况，然后父亲高兴地对老师说：“我的孩子已张开了双臂，你赋予其以智慧；你教给了他书吏技艺的所有要点，你使他掌握了解决数学问

① S. N. Kramer, *The Sumerians*, *Their History*, *Culture*, *and Character*, pp. 237-239.

题的方法。”随后父亲便请老师吃饭，赠给老师一套衣服和一枚戒指，此外还另加了一些报酬。在这种情况下，老师对学生说：“你对我的话并不记恨，也没把它当作耳旁风，愿你能自始至终地学成书吏的技艺。由于你给我礼物而毫不吝啬，给我更多的报酬，并尊重我，愿天使守护女神尼达巴成为你的护卫天使，愿你的笔写出更优美的字，愿你在兄弟中成为领导者，愿你在朋友中成为头领，愿你在毕业生中成为佼佼者，令所有进出王宫之人满意。”①就这样，这位屡教不改的学生又一次得到了宽恕。

五、学校的课程设置

与苏美尔和巴比伦学校的功能和教育目的相适应，其课程设置大体可分为基础课程即语言、专业技术课程和文学创作三类。由于苏美尔人建立

图 13.1　世界上最早的外国人名译名词典。泥板上出现的非阿卡德语人名包括国王姓名、加喜特人的姓名和一些重要书吏祖先的姓名

① S. N. Kramer, *The Sumerians, Their History, Culture, and Character*, pp. 239-240.

学校的目的是为国家和神庙等培养书吏，因此，学校首先要教会学生苏美尔语。为满足这一教学目的，苏美尔的教师设计了一套语言分类教学方法，即把苏美尔语的相关词和词组分成若干组，供学生们背诵、听写和抄写，直到学会为止。在公元前第三千纪，全苏美尔的所有学校都把这种教科书奉为范本。

在语言课程方面，苏美尔人的研究已经相当深入。他们已经能够准确、详细地阐述苏美尔语语法。在很多泥板上都能看到很长的名词变格和动词变位表，这表明苏美尔人在语法研究方面已达到高度复杂的水平。不仅如

图 13.2　学校教科书—世界上最早的人名词典—以同一符号开头的人名表。约公元前 2250 年

图 13.3　世界上第一部同义词词典

此，这时期还出现了世界上最早的字典。公元前第三千纪后期，操塞姆语的阿卡德人侵入苏美尔。阿卡德征服者吸收了苏美尔人文字的成果，而且在苏美尔语作为口语已经消失后的相当长的时期里，仍然高度重视、研究、学习和模仿苏美尔语的文学作品。在古巴比伦时期，学习和掌握苏美尔语被视为有学识和教养的标志。

掌握了语言这门基础后，从事文学创作和学习专业技术才成为可能。文学创作课程包括两方面的内容：其一是抄写、模仿和研究过去的文学作品，其二是进行新的创作。苏美尔人最早的文学创作可能始于公元前第三千纪的下半期，已发现的这时期的作品达数百件，几乎都属于诗歌体裁。这些诗歌的篇幅短的不少于50行，长的则达上千行。从内容上看，它们主要包括庆祝诸神和英雄伟业的叙事诗、对神和国王的颂歌、哀悼苏美尔城市灭亡的哀歌以及格言、寓言和评论等。在苏美尔城市遗址所发现的有关苏美尔文学的5000多块泥板和残片中，有相当一部分是学生的不成熟的习作。

在专业技术方面，学生们不仅要学习计算(代数)和测量土地(几何)等方面的知识，还要学习其他多种学科的知识。在苏美尔时期的教科书中，便出现了多种树木和芦苇的名称，几乎所有种类的动物(包括昆虫和鸟类)的名称，人体各种器官的名称，天体的名称，许多地区、城市、村庄、河流和运河的名称，以及各种岩石和矿物质的名称等。因此可以说，这些教科书的内容涉及植物学、动物学、生理学、地理学、天文学和矿物学等多种学科。但它们在苏美尔时期还只能被称为半科学性的，因为它们不是出于纯粹的科学研究目的产生的，而只是适应某种需要的结果。虽然如此，这毕竟反映出当时的苏美尔人对这些方面的科学知识已有了初步科学的认识。在数学方面，学校已准备了许多数学表格和详细的数学问题，并附有答案。到古巴比伦时期，美索不达米亚的文化空前繁荣，自然科学在许多领域都取得了令人惊讶的成就，这在很大程度上要归功于这时期发达的学校教育。

六、学校的宗旨：培养"人性"

欧洲文艺复兴时期的人本主义教育，几乎人所共知，在此自不必多说，只需提及一点，即人文主义运动与中学的教学和课程改革有着密切的关系。"很多人文学者都是职业的家庭教师或学校里的教师，文艺复兴时期大部分受过教育的人都是在学校受教时接触到了人文主义思想，并在之后将其带入更广泛的公共生活和职业生涯的领域。"①而古代美索不达米亚的教育——也就是人类最早的学校教育——是以培养人性为最高宗旨的教育，就鲜为人知了。

苏美尔学校的最高宗旨是培养人性。正如一位亚述学家所中肯地指出的那样，"美索不达米亚的教育还是在寻求反复灌输一种——因为没有更好的词——我们必须称之为'人性'的东西。实际上，'人性'这个词第一次出现在人类历史上，是在苏美尔的文献中，而且出现在那些专门涉及教育目的的文献中"②。例如，在一份苏美尔文献中，一个学生对他的校长说："我一直就像小狗一样，直到您打开了我的双眼。您在我身体里制造了人性。"③苏美尔学校培养学生人性的最高宗旨，被这位学生一语道破。

我们还拥有一份非常有趣的苏美尔文献，它由17块泥板和残片组成，时间距今约3700年，其原始的版本可能还要早几个世纪。这份泥板文书讲述了一名书吏教育其不爱上学的儿子的故事，其核心问题还是提到了人性的问题。这位书吏父亲非常失望，非常受伤，因为他的儿子拒绝子承父业而成为一名书吏。下面是他父亲喋喋不休的长篇"大论"：

---

① [美]保罗·奥斯卡·克里斯特勒：《文艺复兴时期的思想与艺术》，邵宏译，北京：东方出版社，2008年版，第43页。

② Stephen Bertman, *Handbook to Life in Ancient Mesopotamia*, p. 304.

③ [美]斯蒂芬·伯特曼：《探寻美索不达米亚文明》，秋叶译，第462页。

快过来，做一个男子汉。不要伫立在公共广场中，或徜徉在林荫大道上。在大街上行走时，不要东张西望。在你的班长面前，要表现出谦恭和畏惧。当你表现出畏惧时，班长就会喜欢你。

……(以下15行毁坏)

你整天在公共广场中闲逛，你怎能获得成功？那么，追随前辈们，到学校上学去，它将对你大有裨益。我的孩子，追随前辈们，向他们请教。

我想要跟你说的是，不要做傻瓜，而要做智者，用魔力控制住邪恶之人，不要听信其谎言。因为我的心已完全被你的忧虑所占据，我远离你，不理你的恐惧和抱怨——不，不理你的恐惧和抱怨。由于你的吵闹，对，由于你的吵闹——我对你很生气——对，我对你很生气。因为你不尊重你的人性，我的心仿佛被一股邪风吹毁。你嘟嘟囔囔地抱怨置我于死地，你已经把我带到了死亡的边缘。①

在这位父亲看来，不上学，不好好学习，整天游手好闲，就是不尊重自己的人性，因此指责他“追求物质主义的成功，而放弃人文主义的努力”②。这一方面反映出了当时学校教育的宗旨在于培养人性，另一方面可能也在某种程度上反映出了当时苏美尔社会的普遍价值观。

古代美索不达米亚教育以培养人性为最高宗旨的特征，还可以从人们对学校校长的称颂内容中得到反映。苏美尔学校的最高领导——校长被尊为“学校之父”，人们这样称颂他：“校长，你是塑造人性之神”，“你是我所敬仰之神”。③ 既然有校长被尊称为“塑造人性之神”这么直白的表达，那么

---

① S. N. Kramer, *History Begins at Sumer*, p. 16.

② S. N. Kramer, *History Begins at Sumer*, p. 15.

③ 参见于殿利、郑殿华：《巴比伦古文化探研》，第93页。

学校是“塑造人性之场所”便是很自然的逻辑了。

文艺复兴史权威、瑞士历史学家布克哈特说得好：“文艺复兴于发现外部世界之外，由于它首先认识和揭示了丰满的完整的人性而取得了一项尤为伟大的成就。”①“人文主义教育的核心是关注人，重视教育对塑造人性培养完人的作用。这种教育首先要求把人从中世纪教会的禁锢和只为获得某种职业技能的小圈子中解放出来，在尊重人性顺乎人的自然本质的基础上鼓励热情、雄心勃勃和争取荣誉。一句话，是完成对精神的铸造。”②文艺复兴时期人文主义教育所要“复兴”的客观对象即古希腊和古罗马的古典传统，而其“本源”却可以追溯到古代美索不达米亚以培养人性为最高宗旨的学校教育，而古希腊和古罗马的古典传统只是连接文艺复兴与其“本源”的中间纽带。

七、苏美尔学校的局限性

古代的苏美尔学校对推动苏美尔文字和文学的发展、传播苏美尔文化起到了重要作用，但它也不可避免地具有其局限性。其一，苏美尔学校基本上是贵族学校，学生一般来自富裕的贵族家庭。一方面，由于书吏是个复杂、技巧要求较高的职业，其技艺较难掌握，因此学习周期较长，学生一般要从少年学到青年，穷人家的孩子根本不可能有如此之长的空闲时间来用于学习；另一方面，苏美尔学校实行的不是义务教育，教师的工资要学生自己支付，这对贫穷的家庭来说，无疑是个负担。德国著名楔形文字专家尼古拉·施奈德(Niklaus Schneider)的研究充分证实了苏美尔学校的这种局限性。1946 年，他在属于公元前 2000 年左右的众多的经济和管理文书中，发现了包括几百名书吏在内的名单，他们的名字之后大多列有其父亲

---

① ［瑞士］雅各布·布克哈特：《意大利文艺复兴时期的文化》，何新译，第 302 页。

② 刘明翰主编，刘明翰、陈明莉著：《欧洲文艺复兴史·教育卷》，北京：人民出版社，2008 年版，第 39 页。

的名字和职业。这份名单表明，书吏的父亲主要是总督、市长、驻外使节、神庙管理者、军事长官、船长、高级税务官、各种祭司、管理者、监督官、头领、书吏、档案管理员和会计师等。从中不难看出，这些学生、书吏出身于城市公社的富裕家庭。其二，苏美尔学校基本上是男生学校，在浩繁的文献中虽然也发现有女书吏的名字，但数量十分有限。

第二节　世界上最早的图书馆

世界上最早的文字和学校出现在古代美索不达米亚，因此，这里产生世界上最早的图书馆也就不足为奇了。图书馆应是伴随文字的产生而出现的，其时间应与学校产生的时间大体相当。

一、图书馆的出现和种类

由于古代美索不达米亚人的文字是刻在泥板之上的，因此他们的书实际上是泥板文书，最早的图书馆就是存放和收藏泥板的所在。根据目前的考古发掘成果，古代美索不达米亚的图书馆包括三种类型，即神庙图书馆、王室图书馆或国家图书馆及私人图书馆。最早的神庙图书馆之一发现于苏美尔人的宗教圣地和中心尼普尔城，时间大约在公元前第三千纪的初期。其他较重要的神庙图书馆还包括英国著名考古学家伍利在乌尔发掘出的一座神庙图书馆，时间也在公元前 3000 年前后。王室或国家图书馆无疑占有重要的地位，古巴比伦时期著名的汉谟拉比国王就拥有许多国家图书馆或档案馆，它们遍及每座重要的城市。亚述帝国的国王们更是热衷于图书馆事业。在亚述帝国时期，私人藏书也成为一种时尚，私人图书馆也十分普遍。

图 13.4　尼尼微纳布神庙图书馆泥板。内容涉及的是动物肝脏占卜。泥板质量与皇家图书馆所藏泥板质量同样上乘。在泥板的末尾刻有其主人的名字

二、著名的亚述巴尼拔图书馆

亚述帝国的国王们几乎个个都是能征善战、攻城拔寨的好手，但他们不仅以“赫赫战功”闻名于世，还注意保护和发展文化。其中最著名的要数亚述帝国末代国王亚述巴尼拔。亚述巴尼拔不仅使亚述帝国的疆域或版图达到极限，还是个博学多才的国王，为保护和发展文化做出了贡献。他少时曾就读于书吏学校，不仅学会了书写技术，还研究了许多宗教文学作品。在他统治期间，他在古都尼尼微修建了著名的亚述巴尼拔图书馆，这座图书馆被认为是真正的“古代图书馆”。亚述巴尼拔尊崇文化，爱书几达入迷。

图 13.5　记载《伊什塔尔女神的赞歌》的泥板。它是用苏美尔语写成的，在每一行苏美尔文的后面，都附有阿卡德文的翻译。这个翻译本对现代学者而言是无价之宝，它们揭示了苏美尔文在古代是多么的难以理解。这块泥板还非常罕见地揭示出有价值的泥板是如何在一完成后就被皇家图书馆收藏的

他在全国各地遍派信使、书吏或官员专门搜集图书，凡发现尼尼微所缺的泥板，无论如何都要弄到，大有搜尽天下书之气魄。他对文明发达程度较高的苏美尔和阿卡德地区更为重视，信使、书吏或官员在这里往往能搜寻到古老的铭文。亚述巴尼拔在一封信中这样写道：

国王致沙杜努(Shadunu)：我很好；祝你快乐。你接到这封信后，立即带上这三个人(泥板上刻有三个人的名字)和波尔西帕城的那些有学问的人，找出所有的泥板，所有收藏在他们住所和埃兹达(Ezida)神庙的泥板。

亚述巴尼拔随后列出了他特别想要的书的名单，然后指示道：

找出那些放在你的档案馆里而亚述没有的有价值的泥板，送给我。我给官员们与管理人员们写了信……没人胆敢扣下一块泥板，不交给你；如果你见到任何一块泥板或仪式板，我没有提到，而你认为对我的宫廷有用，就找出来，送给我。①

各地的泥板一送到亚述，就被很好地依原样保存起来，对有的泥板则用当时流行的楔形小字整齐地抄录下来。亚述的书吏有时还把文献部分或全部地进行改写，以适应时尚。在抄录泥板的过程中，书吏们还常常在原文毁坏的地方留下空白，加上自己的注释，或在边上写道“我不懂”或“原缺”的字样。

亚述巴尼拔图书馆的藏书多数都刻有国王的名字，有的注明是亚述巴尼拔本人亲自“修订的”，有的则注明是由他收集来的。泥板文书上往往还

---

① Edward Chiera, *They Wrote On Clay*, p. 174.

图 13.6 亚述巴尼拔宫廷的学者名册。这份文献列出了 45 人的御用学者名单，他们都直接向国王提供咨询意见。他们之中有 7 名占星学家、9 名大法师、5 名动物肝脏占卜家、9 名医生、6 名歌唱家、3 名根据鸟的运动来预测未来的预言家、3 名释梦者，以及 3 名埃及人

刻有“宇宙之王、亚述之王亚述巴尼拔之宫”等文字。这些藏书的内容涉及科学和宗教等诸多方面。这里的科学主要指数学和天文学——古代美索不达米亚人的两大发达学科，给我们留下了许多最基本的概念和实践。占星学不仅被迦勒底人，而且被后来的其他诸民族视为真正的科学。此外还有地理学方面的手册，实际上只是当时所知的大海、高山、河流、国家和城市的名录。最后还有动植物学、医学和化学等方面的文献。历史著作很稀少，而且局限于一些大墙壁和其他物品上的铭文。语法、字典和学校教材占据突出的地位，这可能是因为在图书馆建立时，这些书中所使用的语言除了祭司和那些从事学术研究之人仍在使用外，不仅不再说，而且已被遗忘几个世纪之久，所以必须以这种方式教人学会。除这些科学文献外，还有王室敕令、贡品名单、将军和总督的报告和私法文书等。私法文书多为经双方签字、有证人和盖了章的买卖文书，包括买卖土地、房屋、奴隶及其他财产等，以及贷款和抵押等各类契约。最引人注目的私法文书是一份被称为“辛那赫里布的意愿”的文献。根据这份文献，亚述著名国王辛那赫里布把一批极具价值的财产委托给那波(Nebo)神庙的祭司，让他们为他宠爱的儿子保存。但他死后，其子是否

得到了这笔遗产则不得而知。

从亚述巴尼拔图书馆的藏书来看，亚述人已懂得对各类图书进行分类和编目。其实早在苏美尔时期，美索不达米亚人已经开始对图书进行分类了。美国著名亚述学家 S. N. 克莱默教授发表了一份古代苏美尔人的“书单”，并把它称为世界上最早的图书分类目录。① 书吏在这块小泥板上，对 62 部文学作品进行了分类。亚述的书吏通常采用把不同种类的文书放于不同位置的方法来进行区分，例如，行政和商业文献通常存放在瓷罐或篮子里，而其他图书则放在架子上等。亚述书吏还在每块泥板上附上题签，注明该泥板所载的内容。此外，泥板形状的不同也可表示出所载内容的不同，关于这一点可参见本书第三章第四节的有关论述。

图 13.7　一位失意的宫廷学者写给亚述巴尼拔的请求信。这位学者名字叫乌拉德·古拉(Urad Gula)，原本是首席书吏，国王的亲近之人，却突然失宠了。在信中他极尽阿谀奉承之能事，乞求国王恢复他在宫廷中的地位

古代美索不达米亚的图书馆，尤其是亚述巴尼拔图书馆，为保存和保护人类最早的文化遗产做出了极大的贡献，如果没有它们的存在，人类的文化和文明史很可能出现断层。这些图书馆的重见天日奠定了亚述学的基

① S. N. Kramer, *History Begins at Sumer*, pp. 251-254.

图 13.8　两封皇家向地方征集图书的信。国王(很可能是亚述巴尼拔)让人在各地搜集一些特殊作品的地方抄本，这些作品显然是皇家图书馆所缺乏的。皇家书吏可以把收集上来的版本用亚述文字再度制出新版本。出自巴比伦的城市波尔西帕

础，使我们今天能够在文化上寻找诸多根源。最后，我们用法国著名学者、亚述学家约希姆·麦南(Joachim Ménant)的评价来结束本章。他写道：

当我们研究这些记载在一种水火都无法毁坏的材料上的文献时，我们很容易理解三四千年前的书写人怎样相信他们的历史文献可以流传到未来……在有关于其过去生活的文字记录流传下来的所有民族中，没有其他文献比亚述人和迦勒底人的文献更耐久。它们的数量已相当可观，而且还会伴随着新发现而与日俱增，其

前景不可限量；但我们现已能对所掌握的材料进行评估。仅尼尼微图书馆的泥板数量就逾万件……如果与其他民族流传下来的材料相比，我们很容易相信，亚述—迦勒底文明史是迄今所知最早的古代民族史。它对我们具有强大的吸引力，因为我们知道，犹太人的生活是尼尼微和巴比伦历史的混合。①

① Zenaide A. Ragozin, *Chaldea from the Earliest Time to the Rise of Assyria*, London: Story of Nations, 1900, pp. 105-106.

第十四章　宗教与人本主义精神

宗教在古代美索不达米亚人的日常生活中占有非常重要的地位，在美索不达米亚文明的进程中，宗教就像一根无形的线一样，把美索不达米亚社会的方方面面连接起来，人类的各种活动，无论是政治的、经济的、法律的，还是文学的、艺术的和科技的活动，都与宗教和宗教活动密切相关。“宗教是美索不达米亚人理解自然、社会及其自身的思想纲领；宗教支配着、鼓励着其他的一切文化表现和人类行为。”①因此，理解美索不达米亚人的宗教特点，便成为我们理解他们的思维，打开他们思想之门的最重要的钥匙之一。

幸运的是，我们所拥有的古代美索不达米亚宗教的文献资料，虽然不算太多，但足以增加我们对美索不达米亚人思想和文化的理解。法国著名亚述学家让·波特罗就非常自信地说：“我们对美索不达米亚人的宗教拥有足够的知识，透过这些知识，或许会令我们大吃一惊地发现，美索不达米亚人的宗教已经形成了一种稳定的结构，这样一种结构不仅感人至深，而且富于黏合力和‘逻辑性’，它构成了一种真正的体系，这种体系与构成当地文明的其他体系完美地融合在一起。”②古代美索不达米亚人——从苏美尔人到巴比伦人——宗教的不同于古埃及宗教、犹太教和基督教的鲜明特

---

① ［美］马文·佩里主编：《西方文明史》上卷，胡万里、王世民、姜开君等译，北京：商务印书馆，1993年版，第17页。

② Jean Bottéro, *Mesopotamia: Writing, Reasoning, and the Gods*, Chicago: The University of Chicago Press, 1995, p. 201.

点和人神关系，饱含着人本主义因素①，成为人本主义思想产生的重要思想和文化土壤。

第一节　主要神祇

一般说来，宗教是与神灵崇拜密切相关的，宗教的起源也是与祭神、拜神分不开的。在古代美索不达米亚的宗教中，更是不乏神灵。古代美索不达米亚宗教绵延了数千年，神祇的数量众多，完全可以这样说，天上居住着成百上千个具有无上权力的像人一样的神，每个神都被指派特殊的任务或特殊的活动范围。他们以超人的形式表现了人类最好和最坏的性质。美索不达米亚的主要神祇有以下诸位。

1．安

苏美尔人称为安(An)，阿卡德人称为安努(Anu)。从公元前第三千纪起被列为众神名义上的元首。安，意为“天空”，是天神。根据神话，他居住在被称为“安之天”的最高一层天国中，是至高神。所有其他的神都尊他为“父王”。众神遇到危险，如遇到洪水灾难时，都来向他祈求保佑。众神需要控告某人时也来到他的跟前，如女神伊什塔尔遭到英雄吉尔伽美什严厉的拒绝时，便来到安面前，对他说，“啊，父王，吉尔伽美什诅咒我”，并请求安派“一头天牛”下凡对付吉尔伽美什。安在他的法庭上审理所有重要的案件，阿达帕(Adapa)曾因折断南风的翅膀被安传召受审。安把君权的标志，即权力和正义结合在一起。在他端坐的御座前放置着权威的标志，即王冠和权杖。刻在石碑上的安的形象为置于王座上的一个三重冕。安还统率一支军队：他为摧毁邪恶而创造出的星星被称

① 参见于殿利：《古代美索不达米亚宗教的人本主义因素》，载《北京师范大学学报(社会科学版)》2010年第5期；《新华文摘》2011年第2期转载。

为“安的士兵”。安从不离开天国，从不下到尘世。当他放弃自己这种威严的习惯时，他也是在专为他保留的名为“安努之路”的天空中行走。尽管安享有至高无上的权威，但他也有软弱的一面。在创世神话中，当派遣他去与提亚马特交战时，他不敢迎战那个怪物，却将打败提亚马特的荣誉留给了马尔都克。安的配偶是天的阴面安图（Antu），安图从其双乳中流出奶，这就是雨。在一则神话中，安使地（Ki）受精而孕生成雨，地有时作为其配偶出现。在苏美尔早王朝时期，安是乌鲁克城邦的保护神。在后来的历史中，安的最高权力似乎被取代了。开始是被恩利尔取代，后来又让位于马尔都克。

2. 恩利尔（Enlil）

风神，在人类事务中更重要、更活跃。苏美尔语 *Enlil* 意为“风之主人”、“空气之王”。起初，他可能代表湿润的春风，滋润万物生长；他也是飓风之神，他的武器是洪水和大风。像希腊神话中的宙斯一样，恩利尔体现了自然力；同样，像宙斯一样，他很快也被视为主宰人们命运的神。对于人类来说，恩利尔是一个赐福和降灾的神。是他在盛怒之下降洪水消灭人类。根据神话，他的配偶是谷物女神宁利尔，她是他抢夺而来的。受到设在尼普尔的众神法庭惩罚之后，他被发配到地下世界，但是宁利尔随他同去，并且在路上他使她生就了许多地下神，结果，他们可能在地下世界取代了最早来到地下世界的长子月亮神苏恩，即南那。可以想象，这个神话反映了风在扬场时节剥夺万物，这在创造神话中被视为强占；收获之后，风停息，这被视为它们的死亡，贮藏的地下谷物也因其离去而进入地下世界。恩利尔是众神会议的首领，众神会议设在尼普尔城他的神庙中。他还凭具有毁灭意义的暴风雨来执行众神会议的决议，这反映了他的本性。

3. 宁胡尔萨格(Ninhursag)

图 14.1　宁利尔女神像。出自比斯马亚

苏美尔三大神之中的第三位是宁胡尔萨格。关于她，有三种神话传说：第一种传说称她是安神的妻子；第二种传说称她的丈夫是舒尔帕厄(Shul-pa-è)神，舒尔帕厄神和恩利尔一样，也是风雨之神；第三种传说称她是恩利尔的妻子。宁胡尔萨格是大母神，她的一个重要作用是作为生育女神的作用。作为宁图尔(Nin-tur)——“产房妇人”，她是产房、羊栏中怀孕的人与动物的保护者。她是基什城的保护神。在阿达布城，她还有个主庙称为埃马赫(É-maḫ)，意为“巨屋”，这与一个意义更深远的名字宁马赫(Nin-maḫ)——意为“贵妇人”相匹配。乌尔城宁胡尔萨格神庙入口处的浮雕上，有两头牡鹿陪伴的狮头神鹰。神鹰象征久旱之后的喜雨，其展开的双翼能遮蔽天空。在阿卡德语中，她被称为贝里特-伊里(Bêlet-ili)，意为“众神女王”。

4. 恩奇(Enki)

在神话中，宁胡尔萨格总是与恩奇抗衡。阿卡德人称恩奇为埃阿(Ea)。据神话传说，恩奇是狡猾的淡水神。随着男性统治地位的日益提高，在公元前第二千纪初，他取代了宁胡尔萨格而成为居于统治地位的三大神之一。恩奇，意为“土地生产的管理者”，具有供给灌溉用水的特性，没有他，美索不达米亚南部将成为荒芜的沙漠。他是南部的埃利都城的保护神，在那里，有他的神庙阿普苏(Apsû)。恩奇的特点是他的聪明，因为其他与其斗争的神，通常是诸如恩利尔和宁胡尔萨格一类的强有力的神，而他则以其机敏的才智取胜，从不依靠暴力，有时他被称为大智之神、知识之神。有一则神话讲的是恩奇勾引宁胡尔萨格，但他后来又抛弃了她，去勾引宁胡尔萨格的女儿。他依次引诱她的女儿，当一个女儿达到结婚年龄时，他又去勾引她的另一个女儿。最后一个女孩是只蜘蛛，她受到宁胡尔萨格的警告，但当恩奇求婚时，她爱上了他，接受了恩奇带给她的订婚礼物。在他离开时，宁胡尔萨格从这只蜘蛛的子宫中移出种子，投之于地上。许多植物依此生成，这些植物后来被恩奇发现，被他吞食，尔后恩奇发现自己怀了孕，但是，由于是男性，不能分娩，他因此受到折磨，疼痛难忍。后来宁胡尔萨格以生育女神的身份被请来帮助他，他才得救并生成许多神，包括底尔蒙女神。在另一个恩奇与宁胡尔萨格斗争的传说中，宁胡尔萨格被称为宁马赫，那个传说就是著名的"恩奇和宁马赫"。它讲的是：最初，众神苦于劳作，且获取食物面临种种困难，怨声载道。水神恩奇之母那木(Nammu)将众神的怨言转告恩奇，要他为众神造奴仆。恩奇邀来一群善良而高尚的创世者予以襄助，创造了人，以使众神从劳作中解脱出来。在庆祝宴会上，众神大醉，帮助造人的宁马赫夸下海口，说她能随意使人的形态变好或变坏，恩奇接受了这个挑战，声称无论她做什么，他都能使之平衡。最后恩奇创造了老态龙钟、全然虚弱的老人，宁马赫发现自己完全没有能力接受挑战，她陷入了极度的悲哀之中，这时恩奇似乎动了恻隐之心，故事以和解而告结束。作为知识之神，他把一切手艺、艺术和知识教给人类，木匠、石匠和金匠把他看作自己的保护神。恩奇配偶的形象颇为模糊，被称为宁奇(Ninki)，意为"大地夫人"，或被称为达姆奇娜(Damkina)或者达姆迦尔努娜(Damgalnunna)，意为"圣主之妻"。

5. 宁荪(Ninsun)

宁荪是乌鲁克的统治者卢伽尔班达的妻子，以及英雄吉尔伽美什的母亲。在其他的一些资料中，她还被记载为杜木兹的母亲。宁荪的主要圣殿位于乌鲁克，而且她是牧牛人的庇护神，这也反映了杜木兹作为一位神灵牧人的起源。

6. **马尔都克(Marduk)**

在公元前第二千纪和公元前第一千纪，随着巴比伦人与亚述人的兴起，两个城市的主神也一跃成为众神之首，这就是巴比伦的马尔都克和亚述的阿淑尔。马尔都克的名字似乎读作摩罗大克(Merodakh)更准确，在《圣经》中他起初是暴风雨之神。他的名字是“暴风雨之子”的意思。他的延伸形式 Bêl Merodakh 表明他等同于西塞姆语中的巴尔(*Bal* 或 *Baal*)，而后者又与阿卡德语中的 *Bêl*(主人)相当。他早期与南部的雨神阿萨尔卢荷相等，阿萨尔(Asar)为“大雨之主宰”，其居城靠近埃利都，他被认为是恩奇之长子。在苏美尔咒语中，他是阿萨尔卢荷，云雨之神。他从高处观察病魔对地上人类的侵袭，并报告给他父亲恩奇，使其父从他那里得知该如何反击。随着时间的推移，马尔都克作为城市主神以及后来作为国家主神的作用，逐渐掩盖了他的早期性质，他首先作为巴比伦人民族主义抱负的承担者而被政治化了。他的妻子是萨尔帕尼吐姆(Sarpanitum)，神庙是埃萨吉拉(Esagila)。在《创世史诗》中，马尔都克大胆地迎战可怕的提亚马特；出战前他坚持众神授予他至高的权威和决定人类命运的特权，并得到了这一切。当他打败提亚马特后，众神感谢他，封他 50 个头衔，每个头衔都与一个神圣的标志相符合。因此，在马尔都克身上各种神性完美地结合在一起。他不仅是“创造了谷类和植物，并使植物生长的神”，而且是：

图 14.2　宁苏女神像

生养他父亲的光明，
使众神新生的大神，
使死者复生的法师，
洞悉众神之心的智者，
正义和法律保护神，
物的创造者，
众神之主，万王之王。

图 14.3　马尔都克神画像

这样，马尔都克吸收同化了所有其他的神祇，继承了他们的各种职责和特权。是他组建宇宙，为众神分配居所，确定天体的运行轨道；是他用金钳的血造出人类；他是“生命之主”，是伟大的医师。他从恩利尔那里得到了统治大地四块地区的权力。这之后他成了阿努纳基(Anunnaki)的最高统帅，在每年年初的扎格姆克(Zagmuk)庆宴上他亲自在杜库(Duku)，即“洁净的住所”中决定人们的命运。即使是至高神安也感受到了马尔都克与日俱增的荣誉所带来的影响。在一个神话中，马尔都克征服了盗贼鸟祖(Zu)，使被盗的命运之匾失而复得。在另一个神话中，月神辛时刻警惕，追捕夜间作恶的罪犯，因此而激怒了邪恶的精灵，他们阴谋反对辛。靠沙马什、伊什塔尔和阿达德的帮助，恶灵使月神辛的光辉黯然失色。马尔都克挺身而出，迎战反叛者，将他们击溃，使辛重获光明。

7. 阿淑尔(Assur)

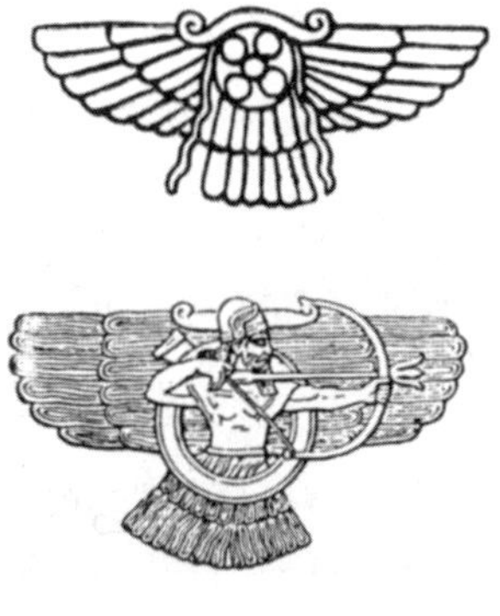

图 14.4　阿淑尔神画像

在亚述人统治期间，一方面，亚述人承袭被征服者巴比伦人的文字、文化及宗教，昔日的苏美尔—巴比伦诸神仍居重要地位；另一方面，亚述人的部落神和民族神相继被纳入旧有神庙，亚述的部落神阿淑尔成为国家的正式守护神，上升到主神的地位。于是阿淑尔成了“众神之王、万物之主、万神之父、苍天和冥府的创造者、居于光明之天国的众神之主、人类创造者、确定人类命运之神……”阿淑尔首先是一个武士之神，具有亚述人尚武好战的秉性。他陪伴亚述人奔赴战场，为他们助阵，指挥兵士出击，赐予他们胜利。因此他接受第一批战利品，而被征服的人则成为他的臣民。阿淑尔的原始特征已无处可寻，通常被描绘为一个带翼的圆盘，或骑在公牛身上，或飘升于空气中。这些都是尚武的象征。但他并非仅仅是一个尚武之神。作为一个大神，他还是司掌丰饶的主神。这时他身边环绕着树枝，标志是一头雌山羊。他的主要配偶是女神宁利尔(Ninlil)。

8. 南那

月亮神。苏美尔语称南那(Nanna)，阿卡德语称辛(Sin)，前者意为“满月”，后者意为“新月”。他是乌尔城的保护神，除了被想象成人的形态外，还经常被描绘成公牛。他的妻子是宁加尔(Ningal)，意为“贵妇人”。辛不仅是太阳神沙马什和金星伊什塔尔的父亲，还是火神努斯库(Nusku)的父亲。因此，在美索不达米亚神话中，光明实际上是来自夜晚。他的形象为一位长着天青色长须的长者，通常戴着头巾。每天夜晚，他乘小船在广阔的夜空中航行，对尘世间的凡人来说，这条小船就是一轮明亮的新月。但有人认为那明亮的新月是辛的武器。当新月变圆，在夜空中就像一顶闪闪发光的王冠，这无疑是月神辛本人的冠冕，辛因此而被称为“冠冕之主”。

月亮这种连续不断而又有规则的变化赋予辛一种神秘的色彩。由于这个原因，辛又被看成是“任何神都无法看透其心思的神”。由于辛给黑暗带来光明，因此他成了那些专在夜间作恶者的敌人。在上文已提到的一个神话里讲到那些恶精灵是如何阴谋反对他，他们甚至将雷神阿达德和辛的孩子沙马什及伊什塔尔也拉入了他们的阵营。他们联合起来使辛的光明黯然失色，直到马尔都克出面干预，才重建起宇宙的秩序。辛还具有其他职能。他计算时间，因为马尔都克在创世之日便做出了这个决定：

图 14.5 手执正义权标的太阳神沙马什正接受巴比伦王纳布阿普拉伊丁纳(Nabu-apla-iddina)的拜祭。公元前 9 世纪

每月之初你光照大地，

一弯新月宛如双角辉映六天。

第七天你的王冠分为两半；

第十四天你变幻呈现满圆。

辛还充满智慧，每月结束时，众神前来向他请教，而他也为众神做出各项决定。

9. 乌图(Utu)

太阳神。苏美尔语称乌图(Utu)，阿卡德语称为沙马什(Shamash)，这两个名字都是“太阳”的意思。在神话中，每天清晨，居住在东方之山上保护各条山路的蝎人，打开山腰上一扇折叠的大门，太阳神沙马什从山门中跳出，开始他每日的旅程。太阳神出现，灿烂的金光从他的双肩射出。他手握一个宛如锯刀的器物，机警地迈步登山，与他的车夫布尼尼(Bunene)相会。布尼尼驾驭马车，沙马什坐于其中。太阳神在耀眼的金光中开始缓缓地升入天空。黄昏来临，沙马什指挥他的马车向西方之山进发。巴比伦的沙马什神庙被称为“世界审判官之殿”。作为审判官，沙马什被描绘为端坐在王位上，右手执权杖和环。像晚期的希腊太阳神阿波罗一样，沙马什也是一个占卜之神。他通过专事占卜的祭司巴鲁(Baru)向人们揭示未来的秘密。巴鲁向沙马什献祭后，即观察倒在圣盆水面上的浮油的情状，或检查献祭牺牲的肝脏，或解释众神从恒星之位置、行星之运行和陨星之出现所得到的谕示。沙马什主要在拉尔萨和西帕尔受到崇拜，正是在西帕尔，占卜术极为繁盛。沙马什的妻子是阿亚(Aya)。他们生下了两个拥有抽象性格的神：正义之神基图(Kittu)和法律之神米沙鲁(Mišaru)。

10. *伊南娜*

苏美尔语称伊南娜(Inanna)，阿卡德语称伊什塔尔(Ishtar)。一方面她是枣椰仓库的女神；另一方面作为放牧女神，她是春雨过后在沙漠中创造牧场的力量。在一个神话中，她是安的女儿，爱情女神；在另一神话中，她是辛的女儿，乌

图 14.6　作为母亲女神的伊什塔尔

图的姐姐，战争女神。她还是妓女的保护人和伙伴。

新巴比伦王国时期，星宿崇拜得到了发展，神的原先有的人的品格被去除了，升为超凡的、万能的、为人智所不及的神灵，被视为星宿，伊什塔尔即为金星。

11. 尼努尔塔(Ninurta)

传说尼努尔塔是恩利尔的儿子。他的名字在不同的地区分别为尼努尔塔或宁吉尔苏(Ningirsu)。在尼普尔神话传说中，他被称为尼努尔塔。在拉伽什城邦的吉尔苏城，他被称为宁吉尔苏，意为“吉尔苏之主”。他是被人格化的春雨，通过传播湿度使土地易于耕作，被看作“赐予丰饶的田野和沟渠之神”。他还是一个战神，这似乎具有南方牧人传说的特征，这是尼努尔塔所保留的猎手兼武士的面貌。他被称为“天神的斗士”。他是“摧毁恶鬼及敌人的强有力的武士”。他的武器和标志是一种两侧各有一条S形蛇攀附的大棒。他的最早形象是只拥有巨狮头颅、展翅翱翔、吼声如雷的鹰。后来他被赋予人的形象，这个雷雨之鸟伊姆杜古德(Imdugud)变成了服务他的神鹰。

图 14.7　宁吉尔苏神用他的神网捕获了拉伽什的敌人

有关他的神话传说反映了蒸汽从海上的沼泽地升起，形成雷、云的情况。他在春天升入高山，融化冬雪并随之倾泻而下，席卷山溪，在每年的洪水季节使河水上涨，并最终在八月消退。在这些神话中，神起着双重作用：以鸟的形式出现时，他是雷云和敌人；以人的形象出现时，他是洪水和朋友。在一个神话中讲到，雷雨之鸟从阿普苏的恩奇那里偷走了掌管水的权标，携带着该权标逃入山中，结果水以蒸汽的形式从沼泽中升腾变成雷云。随后，尼努尔塔——以人的形象出现的神——力图夺回它，希望据为己有。然而，当他用箭击中这个巨鸟时，疼痛使它松开巨爪，放开了权标，权标自动回到了恩奇手中。尼努尔塔勃然大怒，制造了一场洪水，这就是一年一度的洪水，洪水冲向恩奇的住所，但是，恩奇创造了一个海龟，命它挖一条深沟，尼努尔塔被投入其中，洪水消退了，变成河床底部的一条溪流，犹如被囚禁在深渊中一般。一个叫作《卢伽尔伊》(Lugal-e)的神话讲的也是尼努尔塔在山中战斗的故事，不过在那里，他的对手是阿萨格(Asag)，阿萨格可能是杉树神。尼努尔塔获胜后便把山溪引入底格里斯河，并创造了一道山麓屏障以防止它们上山结冰。他把这道屏障作为礼物赠送给他母亲宁胡尔萨格，使她成为“山麓之王”。这之后他便开始审判他的敌人，包括那些为阿萨格而战的山石。他的审判决定了每一种山石的永恒性质。他赐福忠实于他的石头，并使它们神圣化；另一些他认为邪恶的石头则受到他的诅咒和惩罚。结果，像紫水晶和青金石这样的石头光明灿烂，为人所珍爱，被视为上品，而另一些石头却遭人轻视，被踏于脚下。还有一个神话，叫《安吉姆》(*An-gim*)，它讲的是尼努尔塔凯旋尼普尔的故事。他的妻子是女神巴乌(Bau)，她是安的女儿，是向人体吹入生命气息的女神。在吉尔苏，每年新年之日，人们庆祝他们的婚礼。女神巴乌在一队手捧礼品的崇拜者的簇拥下被引入新娘的洞房。这对神生下七个圣女。在其他地方和其他时代，巴乌的职司由其他神，如由宁卡拉克(Nin-karak)或古拉(Gula)来承担。

12. 阿达德(Adad)

暴风雨神。从公元前2000年起，主宰风暴的职能被授予一个名为阿达德的特殊的神灵。阿达德通常被描绘为站立于公牛背上，两手握着箭石。他是仁慈和恐怖的象征。一方面，他为人们送来和风细雨，传说他是伊南娜的兄弟，也是一个春天的雷雨神。每年他使河水上涨，用肥沃的软泥覆

图 14.8 暴风雨神阿达德

盖大地，是使大地丰产的大水之神。传说当神打算降瘟疫惩罚人类时，“天上，阿达德收集起雨水；地上，洪水淤滞，春潮不再泛滥。大地的丰饶消失不见”。另一方面，阿达德又是恐怖的象征，正是他卷起风暴，发出雷鸣，使狂风折弯大树。他在黑沉沉的云中怒吼。阿达德还与沙马什分享揭示未来的特权。他在执行各种职能时都与自己的妻子莎拉(Shala)女神联系在一起。在公元前第一千纪时，随着阿拉米人的到来，这一神祇变得更为重要。

13. 基比尔(Gibil)和努斯库(Nusku)

火神。基比尔代表火之神。在巫术仪式中，巫师将一尊泥塑男巫投入火中，诵念符咒：“愿基比尔吞没你！愿基比尔捉住你！愿基比尔杀死你！愿基比尔毁灭你！”努斯库代表了烧尽祭品，将其美妙的香味带给众神的神火，其标志是一状如木鞋的灯，被称为“大神的庄严使者”。人们在献祭时祈求他的保佑：“没有你，神庙中无法备办宴席；没有你，伟大的众神不能闻到香气。”基比尔和努斯库帮助(有时取代)辛和沙马什主持正义。人们赞美他们：

呵，伟大的努斯库，武士之神！他焚毁邪恶之人。
他颁法令，他不放过最小的过失，
他是公正的法官，洞察人的内心，

他使正义和法律放射光芒。

呵，基比尔，你是强大的化身，咆哮的风暴，

你是众神和万王之主，

你审判不公正的法官。

14. 南舍(Nanshe)

水泉和运河女神，鱼的保护神。她的象征就是鱼游瓶中。传说她是恩奇的女儿。南舍在埃利都受到特别的崇拜。她也是拉伽什城邦的西拉拉(Sirara)城的保护神，每年在该城附近的一条河上，人们举行用船队护送南舍女神乘坐的圣船的仪式。

15. 杜木兹或塔木兹(Dumuzi 或 Tammuz)

即《圣经》中的坦姆兹(Tammuz)。他是“生命之林的大王”宁基什兹达(Ningishzida)的儿子，宁基什兹达的父亲是“用水预言的大王”尼纳祖(Ninazu)。在一个神话传说中，杜木兹为伊南娜(伊什塔尔)所爱，但由于一种神秘的而且无疑是偶然的原因，这种爱情导致了杜木兹的死亡。伊南娜因恋人死亡而心碎，悲伤痛哭。苏美尔人一直保留着这种传统，每年，当大地在夏日的骄阳下萎蔫，丰收的田地荒芜后，人们唱丧歌哀悼杜木兹之死。他与动植物界的生产有明确的联系，是一个表示农事的神。

16. 纳布(Nabû)

马尔都克的儿子，书写之神。他是巴比伦附近的波尔西帕城的保护神。当众神确定人的各种命运时，他将众神的决定刻在泥板上。是他以及他的妻子塔什梅图姆(Tashmetum)发明了书写。他的标志是长有蛇头的龙，此外还有凿刀和雕刻泥板。

17. 宁吉尔苏(Ningirsu)

苏美尔神。他的名字的意思是“吉尔苏的主人”。在其他地区他也被称为尼努尔塔。最初，他只是吉尔苏城市的保护神，他提高了吉尔苏土地的生

图 14.9 石制的用于还愿的权杖标头。上面刻写的楔形文字表明，它是古地亚之子乌尔宁吉尔苏敬献给宁吉尔苏神的。公元前 2125 年

产能力，因此他的标志是犁。随着吉尔苏势力的扩张，他的地位也得到了提高。最后，他的传令官的标志成为神话中可怕的祖鸟，那只鸟曾经企图偷盗宇宙的"命运泥板"。

18. 阿布祖或阿普苏(Abzu/Apsu)

淡水神。是将淡水从地下王国发源出来，并进行人格化的一位原始神。

19. 古拉(Gula)

治愈疾病的女神。

20. 提亚马特(Tiamat)

原始的咸水女神。她与原始的淡水神阿普苏一起创造了诸神的下一代。她是一次叛乱的领袖，马尔都克打败了她，撕开了她的身体，并用她的上身制造了天空。

21. 阿穆鲁或马尔图(Amurru/Martu)

誓言女神。她代表誓言的神圣，负责惩罚做伪证的人。

22. 安沙尔与基沙尔(Anshar and Kishar)

巴比伦《创世史诗》中的一对原始神。天神安的父母。他们的父母(也许是祖父母)是淡水神阿普苏和咸水女神提亚马特。在苏美尔语中，安沙尔神名字中的第一个音节(An)的意思是"上天"，女神基沙尔名字的第一个音节(Ki)的意思是"大地"。

图 14.10　一名官员尼努尔塔瑞苏舒(Ninurta-resushu)献给治病女神古拉的赤陶狗。其上题有献词，古拉女神通常有狗陪伴。约公元前 1300 年。可能出自西帕尔

23. 恩启都(Enkimdu)

恩启都与其兄弟一起成为灌溉系统的保护神。

24. 尼萨巴或尼达芭(Nisaba/Nidaba)

苏美尔人的文字保护女神，诸神的神灵书吏。在公元前第二千纪特别盛行，后随着塞姆人的纳布神的崛起，她成为神话中纳布神的新娘，而且

图 14.11　马尔都克神正在与怪兽提亚马特战斗

与他一起幸福地生活在古代知识学问的土地上。

25. 提什帕克(Tishpak)

武士神，埃什努那的保护神。

26. 洪巴巴或胡瓦瓦(Humbaba/Huwawa)

森林中的魔鬼。他因长得十分丑陋、恐怖而名闻天下。他的脸就像拧成一团的肠子。在巴比伦尼亚，洪巴巴的脸被做成黏土模型，悬挂在城墙上用来辟邪。然而，如果占卜家在检查动物内脏的时候看到了洪巴巴的脸，那一定标志着这个国家将陷入危险的困境中。

图 14.12　恶魔洪巴巴

27. 金古(Kingu/Qingu)

在巴比伦《创世史诗》中，金古是提亚马特军队的指挥官。当提亚马特被打败的时候，马尔都克处死了金古，并用他的血液创造了人类。

28. 拉马什图(Lamashtu)

可怕的巴比伦女恶魔。她总是企图夺走胎儿和婴儿的生命。为了躲避她，每位孕妇或哺乳的母亲都佩戴着一个神奇的护身符，或者在家门口悬挂一块装饰板，作为护身符。

29. 埃里什基伽尔(Ereshkigal)

冥府女神。冥府由被称作“伟大王国的公主”的埃里什基伽尔女神所统治。她的主要作用是为夭折的儿童哭泣。据传说，她的丈夫是古德伽尔安那克(Gud-gal-anak)，意为“天上的大公牛”——可能是安神的较古老、非人格化的形式。她则代表大地。后来另一个传说把她与库塔(Kuda)说成是一对夫妻，后者是由于没有迎接她的使者而冒犯了她，尔后拜访她并在阴间使她平静下来之后才成为她的丈夫的。他曾试图逃跑，最终被追回，被迫成为冥府的统治者和埃里什基伽尔的配偶。有一个传说称内尔伽尔(Nergal)是她的丈夫：最初埃里什基伽尔独自统治冥府，但有一天，内尔伽尔侵入冥府。他率领14个恶魔，将他们分别布置在不同的门前。埃里什基伽尔为得到和平，同意嫁给内尔伽尔。她对内尔伽尔说："你将成为我的丈夫，我将做你的妻子。我将使你成为这巨大王国的主宰，使你得到智慧泥板。"于是，内尔伽尔成了管辖死人的主宰，而在此之前他一直是司破坏和战争的神。内尔伽尔的象征是一柄剑或狮子头。他的命令由"蹲伏在内尔伽尔身旁"的瘟疫之神纳姆塔尔(Namtar)执行。埃里什基伽尔的儿子是尼那苏，也有传说讲他是恩利尔之子；她的孙子是宁基什兹达(Ningishzida)。其他冥府之神包括杜木兹的姐姐基什提娜娜和主管抄写的贝丽丝丽(Belit-seri)。

第二节　美索不达米亚宗教的主要特征

古代美索不达米亚的历史特点是一连串游牧民征服和变为定居民，又为新的游牧民所征服，苏美尔人、阿卡德人、巴比伦人、亚述人不断变迁。与此相适应，美索不达米亚宗教的重要的因素也在不断变化的过程中，适应新的历史形势而得到新的发展。但总的来看，发展并没有引起宗教的变异。

一、自然崇拜

一般认为，自然崇拜的宗教源于原始社会末期私有制产生和国家建立的早期，古代美索不达米亚宗教的自然崇拜特点，自始至终贯穿于从苏美尔文明、阿卡德文明、古巴比伦文明，到新巴比伦文明，以及亚述文明的各个发展阶段，在这一点上，后来的古希腊宗教和古罗马宗教也如出一辙，甚至在很多方面有明显的传承关系。

美索不达米亚人的自然崇拜，包括对天、地、山、水和日、月、星、辰，以及风、雨、雷、电等宇宙存在和自然现象的崇拜，以至于他们甚至认为，“空中充满了神”①，也包括对各种人力难敌的奇异怪兽的崇拜，还包括对人类广受其惠的各种植物的崇拜。一般认为，这种自然崇拜，源于人类对宇宙认识的无知，与自然力抗争的无奈，与野兽搏斗的无力，以及对赋予人类以生活资料的各种植物的感激与敬畏。对于古代美索不达米亚的居民而言，每逢到了底格里斯河和幼发拉底河泛滥的季节，滔滔的洪水淹没了田园，冲毁了庄稼，他们在恐惧的同时显得那样的无助；面对经常出没的凶猛野兽对他们生命的威胁，他们也只能敬而远之。“他们认为自然界中各种森严可畏的现象是某些至高的有强大威力的和超自然的存在物的活动，于是他们就把自然界的不同形式和表现化为神灵。”②

早在远古的时候，在苏美尔便出现了关于原始自然力混沌洪水阿普苏和提亚马特的纯宗教观念。随着生产力的发展，人们开始认识到水这一自然力的造福力量，可以灌溉土地，给人民以丰收，便出现了关于善良的与造福的水神、智慧之神埃阿的观念，埃阿是一位把一切手艺、艺术与知识教给人们的神。古代苏美尔人认为水是一种原始的神圣的力量，生命便是起源于这种自然力。在《创世记》的神话开头就讲道：“上面的天还没有名字，而下面的地也还没有得到自己的称呼，只有创造了地的元始的阿普苏和一并创造了天和地的提亚马特和穆姆，把他们的水混合在一起。”

古代美索不达米亚人不单崇拜自然力，而且还崇拜植物、动物。在神话和宗教艺术里便有神圣的“生命之树”和“真理之树”。人们把主生殖的神

---

① ［美］威尔·杜兰：《东方的遗产》，第16页。

② 于殿利、郑殿华：《巴比伦古文化探研》，第103页。

杜木兹称为“植物国的君主”；伊什塔尔女神常常被描绘成妇女的样子，从她的身体上有枝茎生长出来。椰枣树受到人们特别的尊敬，因为这种树在经济生活中有巨大意义。在美索不达米亚宗教里还保存了古代野兽崇拜的许多残余。例如，在乌尔受到崇拜的南那就被称为“强有力的牡牛阿努”；地下世界之王内尔伽尔神被表现为一个可怕的动物的样子，“他有牡牛的角，他背上有丛毛发；他有人的脸面、面颊……翅膀；他有狮子的前脚和站在四条腿上的身体”；水神埃阿被表现为一个带着鱼尾或是背上带着鱼的神；而马尔都克——巴比伦的雷雨之神和最高的保护神——则被表现为一半是蛇、一半是猛禽。

在古代美索不达米亚得到普遍传播的是对于天空和星辰的崇拜。人们认为古代苏美尔的天神安是最高的神，作为“父亲”和“诸神之王”的天神安居住在最高的一重天，在那里，他坐在上天宝座上统治着世界。其余在各神中地位显赫的是月神辛、日神乌图，此外还有自然、生命和生育女神伊什塔尔，这位女神体现为金星。

这一切古老而复杂的自然崇拜同祖先崇拜有着密切的关系。最高神安一般被视为诸神之“父”，而杜木兹神的名字的意思是“真正的儿子”。自然界的神化、星宿崇拜和祖先崇拜，形成一套复杂的宗教。

随着王权的逐渐加强，古代的自然崇拜改变了外貌，而奇幻地反映了国家和王权的存在。古代的自然神逐渐变成了政权与统治之神、国家和国王政权的保护者。以前体现了自然力的众神，变成了抽象概念、正义和力量的化身，例如，太阳神沙马什成了正义和公平审判之神以及地上君王的上天保护者。汉谟拉比国王在自己的法典中曾召唤这个神，“为了使他的法律照耀在国土上”，因为是沙马什神自己把法律赐给巴比伦王的。

在自然崇拜这一方面，后来的犹太教和基督教表现出了极大的不同。犹太教徒和基督教徒所“创造”的“上帝”，不是宇宙间的客观存在，而是存在于他们各自心中的“救世主”，是使他们的灵魂得到救赎的“救世主”。这一区别或差异具有很重要的意义，古代美索不达米亚人如同古希腊人和古罗马人一样，他们对神只有“畏”而没有“敬”，如果非要说有“敬”，最多可以说是因“畏”而“敬”，不得已而为之。也就是说，他们不是发自内心地真心敬神，所以他们的心灵也不会完全被神灵所统治。这也是人类保持自身地位和尊严，也就是说，人之所以成为人的关键所在。

二、多神崇拜

多神崇拜是古代美索不达米亚宗教的重要特征之一，这个特征也同样贯穿整个美索不达米亚文明的各个阶段和各个地区。早在 20 世纪初，就有学者们列出了在古代美索不达米亚受到崇拜的诸神的名单，数目之巨，令人吃惊。1914 年，有学者给出了一份诸神名单，列出了 3300 位神灵的名字（A. Deimel，*Partheon Babylonicum*）；1938 年，另一位学者以严格的尺度编撰了一份美索不达米亚众神表，列出的神灵名字也多达 2400 名（*Akkadische Gotterepitheta*）。①

多神崇拜与自然崇拜是密切相关的，原因很简单，宇宙天体是数量繁多的，自然现象是变化多端的，自然力是举不胜举的，人类的恐惧和需求是无止境的，所有这一切都需要特定神灵的保佑，如天神安，风神恩利尔，暴风雨和雷电之神马尔都克，太阳神沙马什，月神辛，以及自然、生命与生育女神伊什塔尔等都是各司其职，没有一个万能之神可以主宰一切，即便是天神安或安努，虽然是众神的“父王”，是至尊之神，住在天国的最高一层，但也有其致命的弱点，有时也只能在“安努之路”上行走。

多神崇拜的潜在逻辑就是“由于什么神都崇拜，其结果等于什么神都不崇拜”，因此多神崇拜便没有产生真正信仰的可能，因为信仰在某种程度和

---

① Jean Bottéro，*Religion in Ancient Mesopotamia*，translated by Teresa Lavender，p. 45.

某种意义上具有严重的排他性，什么都信等于什么都不信。在这一方面，晚出的佛教、犹太教、基督教和伊斯兰教都显示出了一神教或一神崇拜的不同特点，它们与古代美索不达米亚人、古希腊人和古罗马人宗教的本质不同，在于隐藏在非自然崇拜和非多神崇拜背后的“信仰”，对唯一神的发自心灵深处的信仰，为了自己的信仰可以献出一切，包括财产、权力和家庭等，直至生命。从这个意义上说，古代美索不达米亚人的宗教，与古希腊人和古罗马人的宗教一样，只有宗教没有信仰，或者说只有宗教崇拜没有宗教信仰，因为他们的宗教或宗教崇拜完全是出于恐惧和功利主义的目的，完全是为了他们各自现实的生产和生活目的，而不是出于信任和信仰，因此他们不可能为了信仰而放弃他们现实所拥有的生活，更不用说牺牲生命了。

任何宗教崇拜和宗教信仰的产生都与人类社会的发展阶段相一致，同时每一种宗教崇拜和宗教信仰都有其产生的各自的社会环境和社会条件。正如“对于那些将神的完整性视为一件忠诚事物的基督教徒、犹太教徒或者穆斯林而言，甚至对于那些将一神论视作事物正常状态的世俗灵魂而言，美索不达米亚的多神主义或许会令人感到震惊”，但是，“如果他们(美索不达米亚人)搭乘时间机器旅行到我们现在的世界，他们或许会惊讶人类如此一意孤行地在互相摧残，同时却单纯地相信，神是仁慈博爱的，而且还是唯一的”。①

三、功利主义色彩

古代美索不达米亚人的宗教，功利主义色彩非常浓重，这与其自然崇拜和多神崇拜的特点密切相关，在这一方面，他们的后辈古希腊人和古罗

① Stephen Bertman, *Handbook to Life in Ancient Mesopotamia*, p. 115. [美]斯蒂芬·伯特曼：《探寻美索不达米亚文明》，秋叶译，第 172～173 页。

马人同样继承了这一宗教传统。古代美索不达米亚人的这种功利主义宗教，不仅仅是单方面的功利主义，即人敬神的功利性目的，而且是双方面的功利主义，也就是说还包括神对献祭的功利性态度。

（一）人敬神的功利性目的

古代美索不达米亚人，上到君王下到百姓，其宗教崇拜完全是出于恐惧和求助于神的功利性目的，而非出于纯粹的精神信仰。下面是苏美尔城邦时期拉伽什著名君王古地亚对拉伽什城的保护神、圣母巴乌(Bau)所做的一次祈祷：

> 啊，圣母，拉格什城(即拉伽什城)的创建者，
> 看，你的子民，在你的庇护下，多么健康富庶。
> 求你赐给他们平安，让他们长命百岁。
> 我们没有母亲，你就是我们的母亲；
> 我们没有父亲，你就是我们的父亲。
> 圣母，你知道什么是善，
> 求你把它像赐给我们生命一样的赐给我们。
> 万民的母亲，求你庇护我们，
> 让我们在你的照顾下，生活得平安、幸福、快乐。①

在这里，古地亚作为一代明君，并没有直接向神灵祈求，祈求神灵保佑其统治的长治久安，而是自降身份，把自己看成是和黎民百姓同样的圣母巴乌的子民，而代表黎民百姓祈求拉伽什城的保护神圣母巴乌赐予其“平安、幸福、快乐”，这正是他的聪明和过人之处。

相比之下，巴比伦国王尼布甲尼撒的祈祷词就显得直白许多。以他向

---

① ［美］威尔·杜兰：《东方的遗产》，第18页。

马尔都克大神的祈祷为例：

> 神啊，如果没有你，所谓王也将一无所有，而王也就不成其为王了。
>
> 神啊，王的名号是你定的，
> 是你，引导着我的脚步，
> 因此，我必须服从你。
> 神啊，不单是我的名，甚至我的身体，也是你所创造的。
> 神啊，你信任我治理万民，
> 我会使万民受到你的恩惠。
> 让我们敬畏你，爱你。
> 让你的灵，充满我的心，
> 让我一时一刻都不离开你。①

“美索不达米亚国王与埃及的法老不同，他们不认为自己是神，而是被诸神选定的在世上代表诸神的伟大人物。”②因此，把王权神化，是古代美索不达米亚君主利用神灵来维护自己统治的普遍手段，几乎所有统治者都为自己披上神圣的外衣，宣称王权自天而降，王权来自神授，自己只是上天主神在人间的代表，自称神之“牧者”，代表天国的神灵牧养人间的黎民百姓。在这方面，最突出的还是古代东方最著名的君主之一，古巴比伦王国的第六代统治者、伟大的汉谟拉比。汉谟拉比在其著名的法典的前言中，便开宗明义地宣称：

---

① ［美］威尔·杜兰：《东方的遗产》，第145页。

② ［美］马文·佩里主编：《西方文明史》上卷，胡万里、王世民、姜开君等译，第20页。

安努那克之王，至大之安努，与决定国运之天地主宰恩利尔，授予埃亚之长子马尔都克以统治全人类之权，表彰之于伊极极之中，以其庄严之名为巴比伦之名，使其成为万方之最强大者，并在其中建立一个其根基与天地共始终的不朽王国——

当这时候，安努与恩利尔为人类福祉计，命令我，荣耀而畏神的君主，汉谟拉比，发扬正义于世，灭除不法邪恶之人，使强不凌弱，使我有如沙马什，昭临黔首，光耀大地。

我，汉谟拉比，恩利尔所任命的牧者，繁荣与丰产富足的促成者，为尼普尔完成一切，使天地交泰，且成为埃·库尔光荣的保护者。①

对于普通的寻常百姓而言，敬神、祈祷和献祭等的目的都与其日常生活密切相关，如治愈疾病，使自己不再受到病痛的折磨，祈求神灵保护，使自己免遭敌人侵犯之苦，祈求神灵庇护，使自己的家庭免受鬼怪骚扰，避开他人所施巫术，以及祈求获得某项专业技能等。对于罪犯来说，则首要的是祈求神灵的赦免。②

我们有一封很有趣的信件，被认为是人类寄往天国的第一封信。在这封信中我们看到，一个灵魂正在遭受磨难——他还无法确定自己到底犯了什么罪，或者说触犯了哪位或哪些神灵——总之，他正处于不好的境遇之中，于是他便为自己"可能"犯下的所有罪行，向所有的神灵祈祷，祈求获得宽恕：

我并不清楚犯下了什么罪行；

我根本不知道自己干过什么被禁止之事。

---

① 林志纯主编：《世界通史资料选辑》(上古部分)，第 68 页。

② 参见 Stephen Bertman, *Handbook to Life in Ancient Mesopotamia*, p. 172；[美]斯蒂芬·伯特曼：《探寻美索不达米亚文明》，秋叶译，第 267 页。

某位神灵将怒气对准了我；

某位女神将怒火瞄向了我。

我大声呼喊求救，可是却没有人来帮助我。

我暗自啜泣，可是却没有人来安慰我。

神灵啊，女神啊，无论您是谁，

宽恕我吧，我会为您唱赞歌。①

从以上祈祷可以看出，古代美索不达米亚人只要遇到不好的状况，无论是健康、家庭、财产遭到损害，还是遇到“小人”甚或敌人，抑或是自身需要某种技能或本领，都要向神灵祈求，甚至在不知道该向哪位神灵祈求，或向诸位神灵祈求未果的情况下，便要向所有神灵祈求，最后有可能在自己境遇得到好转后，也不能确认究竟是哪位神灵帮的忙。

(二)神对献祭的功利性态度

如果说在人类早期文明中，宗教崇拜的功利性目的比较普遍的话，主要体现在人敬神的功利性目的方面，而神灵对人类献祭的功利性态度，在古代美索不达米亚宗教中，则表现得较为突出，也算是一个比较突出的有趣的现象。

巴比伦人的祭祀有着相当繁复的程序或仪式，仅就奉献牺牲仪式而言，“一举手，一投足，一言，一语，均有规定”，因为他们相信，“这类规定稍有差错，再好的东西神也不会领受”。② 换句话说，神灵对祭祀的程序和仪式很在意，对祭祀的供品也十分在意，对其他就不怎么在意了，甚至不在意供品是怎么和从哪里来的。对此，让我们看看威尔·杜兰是如何描述的：

① 参见 Stephen Bertman，*Handbook to Life in Ancient Mesopotamia*，pp. 172-173；[美]斯蒂芬·伯特曼：《探寻美索不达米亚文明》，秋叶译，第 267～268 页；于殿利、郑殿华：《巴比伦古文化探研》，第 164～166 页。该祈祷文的全文，参见 *ANET*，pp. 391-392.

② 参见[美]威尔·杜兰：《东方的遗产》，第 144 页。

一般而言，巴比伦的宗教，不在教人为善，教人过一种合理的生活，而是一大堆不可更改不容差错的繁文缛节。人对神，只要供品丰富，只要祷告词念得不错，就算尽到了他的本分，至于其他，神是不过问的。因此，在战争中，挖出敌人的眼睛，剁去俘虏的手足，喝敌人的血，吃敌人的肉，一点也不会受到神灵的谴责。①

四、人神合一的对应关系

古代美索不达米亚人的宗教，虽然也表现为敬神、拜神和信神，但总体说来，仍然没有突破人事俗尘的范围，没有出现超越世俗的精神崇拜。一方面，在古代美索不达米亚人的宗教观念中，神无论从形象、性情到他们生活的天国世界，都没有超越人间世俗的特点，与人的形象、人的性情和人类社会，形成了明显的对应关系。另一方面，人类无论从其起源开始，还是到其最终归宿，都具有神性的一面。因此可以说，在古代美索不达米亚，人神关系体现出的更多是统一性与和谐性，而且是趋于人类与人性的统一与和谐。

(一)人本源于神

美索不达米亚人认为宇宙中分为人类和神，神的地位至高无上。最初，宇宙中只有神存在，人是后来创造出来的。人被赋予生命仅仅是为了能在尘世中实现上天诸神的意志，因此，人的责任是为神当仆从，不仅崇拜他们，而且供养他们，即使是国王和祭司，在做出重大决定之前也必须先请求神的启示。

流传下来的神话和史诗，反映了古代美索不达米亚人民的世界观和宗

① ［美］威尔·杜兰：《东方的遗产》，第144页。

教观。《埃努玛-埃里什》(Enūma Elish)是一篇有名的巴比伦创世的神话，原写在7块泥板上，描述了宇宙和人类的创造过程：最初的世界是水汪汪的一片混沌和海洋。原初瀛海提亚马特和“地下的甜水”阿普苏(Apsu)这两种水掺和在一起，产生了诸神。第一对神是拉姆(Lahmu)和拉哈姆(Lahamu)，代表了淤泥中的力量；第二对神是安沙尔和基沙尔，代表了地平线的力量；他们产生了天神安，安产生了流动的甜水神埃阿。诸神与阿普苏和提亚马特发生冲突，埃阿杀死了阿普苏，并在阿普苏的尸骸上营造居所。他的妻子生下马尔都克。提亚马特准备惩治诸神，诸神会议推举马尔都克为首对阵，战胜了提亚马特。马尔都克把她的身体一分为二，一半造天、一半造地。随后，他又为诸神建造居室，在天上安排标志时间的太阳、月亮和星星，让其按规定的路线运行，接着创造了河流、山脉。最后，为使众神免除繁重的体力劳作，他又在父亲埃阿的帮助下以叛逆之神金古的血造人。人类是神的孩子，这种思想还反映在其他神话传说中。

在有关《恩利尔与锄的创造》的神话中，恩利尔把天与地分开，以便腾出地方让田野的种子从地下滋生。他在发明了锄头后，就用它打碎了乌祖木阿(Uzumua，此地在尼普尔的伊南娜神庙里)地面的硬壳，人类于是才得以破土而出。这则神话是把人类的诞生当成了农作物的生长，是在发明了金属生产工具以后的神话。在有关《恩奇和宁胡尔萨格》的神话中，叙述了“以无底深渊上之土”造人的故事。这一神话一开始，讲述诸神获取食物面临种种困难，怨声载道，水神恩奇之母纳穆(Nammu)将众神的怨言转告恩奇，要他“为众神造仆役”，恩奇邀来一群“善良而高尚的创世者”予以襄助，创造了人类。另一个有关传说则是，众神按恩奇的建议杀死了一个神，并请生育女神宁图尔将他的血肉和泥掺和起来，然后又让14个子宫女神怀孕，生下了7对人。

美索不达米亚人深信他们由神的力量操纵着，神是正义的，因此所有不幸和苦难都是因疏忽神而受到的惩罚。神是超人的、不灭的，为人肉眼所不能见而又无所不在。神统治着整个宇宙，包括月亮、太阳、暴风雨、城市、水利以及农田等，无处不由神来主宰。在美索不达米亚人的心目中，自然界无处没有神或魔鬼，无一不由神来主宰。恶魔煽起风沙，导致灾祸疾病。当灾难降临时，人们乞求神的保佑。与神相比，人不过是微不足道的下贱的生灵而已。

美索不达米亚人的生活充满不稳定性和危险，有时河水泛滥，有时水流不足，有时大风暴使田野覆上一层沙土，有时大雷雨又把田地变成一片沼泽，另外，这里没有天然的屏障以防御侵略，因此，人们常感到他们生活在各种难以预测的敌对力量的包围中，这种感觉使美索不达米亚人总是在焦虑不安的气氛中生活。不安全的感觉使人们毫不怀疑地相信神的行为变幻莫测。人们希望通过服从以获得好的生活，但是，人们总是感到幸福或是短暂的，或是不可企及的。在美索不达米亚的文学作品中充满了悲观的思想。在《吉尔伽美什史诗》中，吉尔伽美什被告知，一切都是神的安排，凡人是无能为力的。“能够攀登天堂的人在哪里？只有众神才能永生……我们人，一生的日子屈指可数；我们的生存，只不过是一阵轻风。”

（二）天国政治与人间政治

人类社会的政治组织和统治形式，在某种程度上可以说就是天国情形的翻版，或者，反之亦然。天国中有众神，众神又有最高的主宰天神安或安努。天国中遇有重大事情，通常召集众神会议进行讨论，最后由至高的天神安或安努来行使最终的裁决权。美索不达米亚从苏美尔到巴比伦的有关神话传说，时时处处都能反映出这种政治状况，这一点与美索不达米亚的人间社会的政治结构和统治形式极相吻合。无论是在苏美尔时期还是在巴比伦时期，最早是军事首领，后来是国王成为城邦或国家的最高统治者和决策者，长老会议、公民大会和商会在不同的历史时期都相继发挥着或共同发挥着重要的作用。遇有事关战争与和平，或其他有关国家的重要事项，都要经长老会议和公民大会讨论，最后由最高统帅或最高统治者根据长老会议和公民大会的讨论情况，来做出最终的决策。最高军事统帅或最高统治者的权力是长老会议或公民大会赋予的，这一点与天国中的神也同样并无不同。

（三）神性与人性的统一

在古代美索不达米亚人的宗教观念中，神灵并没有超越人的世俗的特征，而显现出其“神圣”的凌驾于人类之上的超凡脱俗的神性，相反，由于天国中神灵的生活与地上人类的生活极其相似，所以神性完全呈现出人性的一面，或者说神性与人性没有本质上的区别。

人分男女，神亦分男神与女神；男人与女人恋爱、结婚、生子，为人类繁衍后代，男神与女神亦恋爱、结婚、生子，繁衍神灵后代；人类社会存在善与恶，有好人与坏人之分，神灵中也有善神与恶神之别，且恶神多半要居住在地下或阴间冥府之中。

在古代美索不达米亚人的宗教崇拜中，最早的神大都与自然和天文有关，可能反映出人类对自然或“上天”的依赖与依存；后来的神，多数是为人类而生，为人类的生存与生活而生，诚如威尔・杜兰所说：“比较后期的神，多系应乎人事而兴者。例如，家有家神，家神是每天祷告祭祀的对象。野有野神，野神林林总总，有山神，有树神，有水神。最有趣的，巴比伦人相信，每人生来便有一个神，这个神能为你驱邪降福。”①因此，“巴比伦之神，多至无可数计。公元前 9 世纪，官方作过一次统计，神的‘人口’，高达 6.5 万以上！平均每一市镇都有一位守护神，沙马什（Shamash）是那纳（Larsa）的守护神；伊什塔尔（Ishtar）是乌鲁克（Uruk）的守护神；那萨（Nannar）是乌尔的守护神。守护神之外，家有家神，门有门神，灶有灶神。总之，凡人们之想像所能及者，巴比伦人都认为有神都该崇拜”②。更为重

① ［美］威尔・杜兰：《东方的遗产》，第 137 页。
② ［美］威尔・杜兰：《东方的遗产》，第 137 页。

要的是，“巴比伦之神，和人毫无二致。这些神，庙就是他们的家。巴比伦人相信，他们和人一样，不但要吃、要喝，而且兴致一来，也会和女人生孩子”①。

人无完人，神灵也一样，没有尽善尽美的，人身上可能具有的缺点，神身上一样也不少。神的缺点，在女神伊什塔尔身上体现得淋漓尽致。她有战神的英勇和爱神的慈祥，但同时她残忍、贪婪和淫荡，可以说优点突出，但缺点同样明显。她是一个完全人性化了的“怪物”，就连她的形象也很奇怪，有时是个威严的男性，甚至嘴上都长满了胡须。但就是这样一个优点突出、缺点明显的“怪物”，古代美索不达米亚人仍然对她宠爱有加。古代美索不达米亚人对伊什塔尔女神的特别崇拜，可能在一定程度上反映出他们对生命的尊重与敬畏，因为她是伟大母性的代表，没有她，天地万物，什么也不生，什么也不长。

众神虽然享有永生不死的特权，但他们也像凡人一样有着各种需要和情欲。他们也像凡人一样有着各种形态和缺陷。他们也受恐惧感支配。在大洪水期间，众神目睹洪水汹涌而惶惑不安，他们爬上安的天空，在那里，“众神像狗一样蜷缩，蹲伏在墙上瑟瑟发抖”。众神又很贪婪，他们聚会时总要痛饮狂欢。《创世史诗》中描述：“他们醺醺欲醉，行乐狂喜；他们高呼大喊，心荡神迷。”众神同样喜欢祭品。在洪水传说中，乌塔-纳皮西提姆(Uta-Napishitim)被众神从洪水中救出，出于感激，他将祭品供奉在山顶上，“众神闻着美妙的气味，像苍蝇一样围绕在向他们奉献祭品的这个人头上”。

总体来说，在古代美索不达米亚的宗教中，无论是神还是人，都是不讲个人道德的，道德与宗教是分离的。② 这一点与古希腊和古罗马的宗教

① [美]威尔·杜兰：《东方的遗产》，第137页，标点稍有改动。

② 参见[美]威尔·杜兰：《东方的遗产》，第148页。

具有相似性，“希腊和罗马的古代宗教，在斯多葛派学者使它们成为合乎道德的宗教之前，不大讲个人道德”①。

这一点与基督教徒所崇拜和信仰的上帝，形成了极为鲜明的对比。在基督教徒的心目中，上帝是完美无缺的，是无所不能的，正如奥古斯丁所说：“至高、至美、至能、无所不能、至仁、至义、至隐、无往而不在，至美、至坚、至定、但又无从执持，不变而变化一切，无新无故而更新一切。”②不仅如此，更重要的是，全能的无处不在的上帝还完全占据和统治了基督教徒的心智，正如弗洛伊德所云：“神圣的上帝，他本身中就存在着完美道德的理想，他已经把这种理想撒播到人类的灵魂中，同时也播下了追求这种理想的冲动。他使人们立即感到了什么是崇高与高尚，什么是低贱与卑劣。人们的感情生活是以同这种理想的距离远近来衡量的。当他们趋近于它的时候，这种理想使他们得到极大的满足；而当他们远离开它的时候，他们就会被沉重的困苦折磨。”③而且全能的上帝“无处不在”，以至于基督教徒们对上帝的信仰的力量如此之大，甚至“使它能够压倒理性和科学”。④

（四）神可降为人，人能升为神

在古代美索不达米亚人的宗教崇拜中，还存在着另一个奇特的现象和特征，即在人与神的关系中，神与人之间的界线并非不可逾越，换句话说，人可以上升为神，神也可能被降为人。

首先，在古代美索不达米亚的众多神话中，人与神具有相同的渊源。这一点可以从两方面来说：一方面，人是由神创造的，因此可以说具有神

---

① ［英］罗素：《宗教与科学》，徐奕春、林国夫译，北京：商务印书馆，2005年版，第2页。

② ［古罗马］奥古斯丁：《忏悔录》，周士良译，北京：商务印书馆，1997年版，第5页。

③ ［奥］弗洛伊德：《摩西与一神教》，李展开译，北京：生活·读书·新知三联书店，1992年版，第111页。

④ 参见［奥］弗洛伊德：《摩西与一神教》，李展开译，第111页。

的血统；另一方面，神至少是晚期的神，正如我们在上面所述，“多系应乎人事而兴”，是为人类而生，为人类而创造的。

尽管在古代美索不达米亚流传着很多种创世神话，即关于人类起源的神话，而且这些创世神话千差万别，但有一点却是共同的，那就是，人类系由神用自己的血液混合泥土而创造出来的，神之所以造人，据说是为了侍奉诸神。这一神人同宗的传统也被古希腊人所继承，古希腊人也相信，人是神的后代，宙斯是宗教意义上的“神和人的父亲”。① 而美索不达米亚晚出的神却又是为人类的生产和生活“应运而生”的，这种人神相互“服务”的现象，是奇特和饶有兴味的。

其次，随着时间的推移，以及人性与神性的合二为一，神的外表也越来越逼近人的形象。

再次，人和神还可以相爱，甚至结合在一起而繁衍后代。

最后，也是最为重要的一点，就是有的人可以因为“功绩”或对人类的杰出贡献，而被奉为神，并且像神灵一样，甚至与神灵并列在一起，得到供奉。比如，乌尔城邦的统治者乌尔恩古尔(Ur-engur)和敦吉(Dungi)父子，以及阿卡德的萨尔贡大帝等，都被其人民尊奉为神。其中较为典型的是苏美尔城邦拉伽什的开明君主古地亚，他广修庙宇，鼓励学术，抑制豪强，体恤贫弱。在他统治下，拉伽什经济繁荣、文化发达、国家富足、人民安康。古地亚死后，人民奉其为神，并为其刻碑立传，碑铭中有如下字句：“七年如一日，王令侍卫与之并行，宫娥与后妃并行。教化所及，国中强者不敢轻侮弱者。”②拉伽什人民为古地亚雕刻了许多石雕像，并把他的雕像放在神庙里与神一起供奉。值得一提的是，古地亚的这些坐式和站式

① 参见陈中梅：《荷马的启示——从命运观到认识论》，北京：北京大学出版社，2009年版，第69页。

② 转引自[美]威尔·杜兰：《东方的遗产》，第10页。

塑像，达到了相当高的水准，所用的坚硬的闪光岩石料系从马干①进口，雕刻的造型艺术精美，技术精湛，人物的神情富有内在的精神力量。② 这些苏美尔雕塑家的杰作，现在已成为存放在博物馆(主要在巴黎卢浮宫博物馆)里的人类最珍贵的文物之一。

第三节　发展阶段

美索不达米亚宗教的发展可以分为三个阶段。

一、早期的自然崇拜

第一阶段为公元前4000年或更早时期，它的基础是对自然力和自然现象的崇拜。许多神的形象是非人类的奇特的现象，它们主要是那些与基本的经济活动(农业、牧业)直接有关的大自然异己力量。崇拜这些自然异己力量的主要目的在于祈求丰收。在这一阶段，宗教大体上仍属于原始社会末期的部落宗教的范畴，神的形象似乎是被崇拜物的形态的神话的理想化的造型变体，例如，雷的力量变成了一只展翅翱翔、喉咙如狮、口吐惊雷的鸟。

二、神向人的形象和性情转变

第二阶段大致是在公元前第四千纪到公元前第二千纪。宗教神灵的形象有了明显的变化，神的形象以人的外形为主，它们具有人的所有的属性，包括人的弱点和情欲。很早的时候，人的形态就变成了想象力量的可能方

---

①　位于阿拉伯湾南端。

②　参见[英]塞顿·劳埃德：《美索不达米亚考古——从旧石器时代至波斯征服》，杨建华译，第131页。

式，它经常伴随着更早的非人的特征——诸如光线穿透太阳神的肩膀，或枝杈从植物神人格化的躯体中长出。随着时间的推移，人的形态在宗教思想中越来越占统治地位，因此在自然力和自然现象之间便出现了区别。自然力被赋予人的形态，而自然现象则变成一个被自然力占有并受其支配的物，如山麓女神胡尔萨格变成“山麓女主人”宁胡尔萨格。更为重要的演变是，神及神的世界，被赋予人间世界的模式，神被看作大土地所有者贵族、国家的上层阶级，受人间居民的孝顺、服侍，众神享有永生不死的特权。

三、人上升为神

第三阶段为公元前第二千纪以后，宗教从形式到内容都有许多变化。苏美尔人的神多数被代以新的神，巴比伦人、亚述人的民族性、地方性的神提高了自己的神圣地位，扩大了自己的神圣权力，神对世界和社会人事的干预大大加强了。神在公开活动中变得更像国家之神，它们与国家的政治愿望一致，因此，它们与自然的联系变得微不足道，它们支配宇宙的责任日趋消亡；国都之神——马尔都克和阿淑尔，成为诸神之首，居于统治地位。同时，随着王权的加强，国王的神化加强，国王被视为神的骄子、传谕者、奉神命安邦治国者。见诸浮雕的诸王形象，往往恭立于神前，或佩有神标。例如，阿卡德时代，进行军事远征胜利的国王自称为神，纳拉姆辛碑柱上的君主形象，头有角饰，宛如神祇；刻有《汉谟拉比法典》的石柱上雕有国王汉谟拉比躬立太阳神沙马什前领受法典图。古代美索不达米亚宗教的整个发展过程，生动而突出地体现了宗教作为社会的上层建筑，从原始时代的氏族宗教或部落宗教演变为奴隶制时代的民族宗教或国家宗教的过程。

第四节　宗教特征与人本观念

美索不达米亚的宗教特征——自然崇拜、多神崇拜和功利主义，饱含了人本主义思想或观念，可以说，这一点与传统上对美索不达米亚宗教的认识大相径庭。

一、功利主义与信仰缺失

古代美索不达米亚人宗教崇拜的功利主义色彩，在很大程度上与信仰缺失密切相关。可以说，尽管古代美索不达米亚人敬神、拜神、祭神，也信神，相信神能够保佑他们，但在他们内心深处还是缺乏一种超越现实和功利主义的真正信仰，至少缺乏他们的后辈基督教徒的超越现实和超越现世现报、只为“赎罪”的那种信仰。

(一)有宗教无信仰

虽然我们不能说古代美索不达米亚人对神的崇拜不够虔诚，却可以说，他们对神灵缺乏超越世俗的绝对的精神信仰。他们所敬、所信之神，都是在他们看来对自己有利和有用之神，而对其他神则态度不一。比如，古代美索不达米亚人的每座城市都有属于自己的特有的保护神，他们对自己城市保护神的崇敬、祭拜和信任就往往胜过其他城市的保护神。更有甚者，古代美索不达米亚城邦和国家的统治者，在征服其他城邦和国家之时，往往对其保护神不但没有表现出足够的敬畏，反而肆意践踏其神庙、侮辱其神灵。

下面是乌尔城被敌人攻陷后，其保护神伊什塔尔女神在遭到亵渎后的哭诉：

我，被敌人奸污了，呀！他连手都没有洗；
那双带血的手，把我吓个半死。

啊！可怜的女人。你的尊严已被禽兽剥夺净尽！

他脱下我的衣裙，去温暖他的妻子，

他抢走我的首饰，去装饰他的女儿。

(现在)我成了他的俘虏——事事得仰其鼻息。

想着那令人发抖的一天，

他闯进我的宫殿，我躲进了夹壁，瑟缩着像只鸽子。

他闯进夹壁，我爬上屋梁，像只飘飘欲坠的小猫头鹰。

他在追，我在逃。逃离神龛，逃离城市，像一只无依的小鸟。

啊！我在叹息：

“何年何月才能回到我那遥远的故乡?”①

这种对异城或异邦保护神的不敬甚至亵渎，足见在古代美索不达米亚人的心目中缺乏一种超越现实的，对神灵的一般或普遍的信仰。

不仅如此，即使是自己城邦之神，及其祭司，也有巴比伦人表现出了不信的态度。例如，在一块泥板中，一位饱尝人世辛酸的名叫古巴鲁(Gubarru)的人，在对神进行一番怀疑后，更对祭司进行了抨击，他指责祭司：

他们是一连串谎言的制造者。

他们常以动听的言词为富人辩护。

为了富人的财产，他们可以赴汤蹈火。

在祭司眼中，穷人个个是贼。

他们虐待穷人，他们视穷人为粪土。②

① [美]威尔·杜兰：《东方的遗产》，第11页。

② [美]威尔·杜兰：《东方的遗产》，第170页。

这种对神的绝对精神信仰的缺乏，还与他们对神的认识和态度密切相关。在他们看来，神或多或少是有些自私的，“因为在诸神创造人类的时候，他们也为人类预留了死亡，却为他们自己保留了永生”①。因此巴比伦人也不相信灵魂不朽，虽然他们“也祈祷，但他们所求的是现世福祉而非永生。神在他们看来并不比坟墓可靠，因此死后，最大的幸福，就是修建一座很好的坟墓”②。但是，古代美索不达米亚人为了使自己死后能够不朽，还真想出了一个好办法，那就是用石头甚至玉石做成雕像，石雕像或玉雕像可以帮助他们实现死后不朽的梦想。因此，石雕和玉雕的发达，包括神像和人像，便成为古代美索不达米亚文明的一大特色和一道风景。

此外，在神灵的特权面前，人类永远都处于谦卑与服从的地位。

(二)不信来世，只认现实

古代美索不达米亚人虽然自苏美尔人开始，就具有了“来世”的概念，但他们从来没有对所谓“来世”抱有一丝希望和幻想，也就是说，他们没有对所谓“来世”的信念和信仰。在他们看来，人生在世有好人和坏人之分，但在死后，好人和坏人却都一样，他们的灵魂都要进入同一个世界，同一个阴风恐怖、血雨腥风的悲惨的地下世界。“坏人的灵魂并不会永远待在像基督教所讲的地狱那种地方受到惩罚，而且好人的灵魂也不会永久地待在天堂里受到褒奖。简而言之，对于美索不达米亚人而言，但丁的拷问，没有任何精神上有益的东西——没有‘地狱’，没有‘天堂’，在两者之间更不会有‘炼狱’。然而阴间的情况却是残酷无情的，那是一个黑暗、遍布灰尘而且孤独的地方，那里聚集着死者的灵魂，而且他们将永远停留在那里，

① Stephen Bertman, *Handbook to Life in Ancient Mesopotamia*, p. 134.

② [美]威尔·杜兰：《东方的遗产》，第143页。

唯一的希望就是让活着的人记住他们。”①

对此，威尔·杜兰也提供了类似的描述：

> 一般而言，巴比伦人对于来世的构想，和希腊人是差不多的。在他们心目中，人无论贤愚贵贱，均必有死，而死后，惟一的去处，就是阴风惨惨的地狱。巴比伦人想像中也有天堂，不过天堂是专给神住的。人只有入地狱，入地狱是去受罪。在可怕的地狱中，不但毫无欢乐可言，而人到了那里，大都系戴着脚镣手铐，永远生活在饥寒状态中。要想少受罪，惟一的办法，就是靠儿孙在其墓地的四时祀祭。②

所以，古代美索不达米亚人绝对不会为“来世”而活，绝对不会为“来世”的信仰而活，他们只会为眼前的现实生活而活。这一点与基督教为人们所描绘的天堂美景形成了鲜明的对比。不仅如此，正是这种对天堂美景的无限憧憬和追求，才使得中世纪的人们甘愿忍受教会的政治压迫、经济剥削和精神奴役，“因为统治者和人民都深深地相信教会掌握着升天堂的钥匙的权力”③。而在美索不达米亚人的精神世界中，根本不存在对天堂的幻想，因此他们也不必为此受到神灵或其人间代表过度的物质束缚和精神奴役。

(三)罪恶感

古代美索不达米亚人，尤其是古巴比伦人也有罪恶感，甚至有很深的罪恶感，但他们的罪恶感来源于自身现实状况的“不妙”，因此他们的“悔罪”完全出于功利的目的，旨在能够得到神灵的赦免，以改变自身不好的状

---

① Stephen Bertman, *Handbook to Life in Ancient Mesopotamia*, pp. 134-135.

② [美]威尔·杜兰：《东方的遗产》，第143～144页。

③ [英]罗素：《西方哲学史——及其与从古代到现代的政治、社会情况的联系》上卷，何兆武、李约瑟译，北京：商务印书馆，2013年版，第13页。

况。在这一点上，他们与基督教徒们的“原罪说”，有着本质的不同。还是威尔·杜兰说得好：

> 巴比伦人的罪恶感，似较任何时代的人更为深切。在他们，罪恶感不仅是一种精神状态，而且是一种具有切肤之痛的东西。在巴比伦人观念中，宇宙间凡是阴暗地方都有鬼。这些鬼，一有机会就要扑人。鬼到了人身上，这个人不是得病，就是发狂。平常，鬼为什么不敢扑人？因为人有神庇佑。但人若犯罪，神便会弃他而去。神既去，人失掉保障，因此随时都有碰到鬼的危险。去鬼有治标治本两种方法：治本，就是诚心忏悔，求神赦罪，神若回来，鬼便去了；治标，就是使用种种避邪的东西。①

功利主义与信仰本来就构成一对矛盾，这个哲学矛盾在拜金主义的当今社会，显得尤其突出。

二、人本主义——一种无神的宗教

人本主义自欧洲文艺复兴以来，无论是就其本身的概念而言，还是就参与其中的人物，以及构成人文主义的活动和事件而言，都具有复杂性和广泛性，以至于人们至今无法对人本主义给出统一的，哪怕是大多数人认同的概念。当然，这并不妨碍学者们在这一领域的研究与探索。

一位当代学者对人本主义做出了这样的解释：“今天的人本主义可以归类为一种运动，一种生活哲学或世界观，或许和我一样，你更情愿使用‘生活态度’这个欧洲术语。它是一种综合哲学与世界传统和深刻的实践伦理以及社会承诺的融合。无论如何，无论是更好还是更坏，现代兴起的人

---

① ［美］威尔·杜兰：《东方的遗产》，第147页。

本主义，在发起者的心目中，或多或少都只是一种无神的宗教。”①

事实上，不仅现代的人本主义观念是无神或排斥神的，人本主义和人本主义运动从其欧洲文艺复兴的发源时期起，就是与排斥和反抗神的生活、社会和精神束缚密切相关的。欧洲文艺复兴时期的人本主义和人本主义运动所针对的就是在中世纪盛行的神学和经院哲学，在某种程度上我们把它称为神本主义，即由神主宰人类社会，主宰人类的政治、经济、文化和生活，更重要的是主宰人的精神或灵魂，正是在拒斥和反抗神的精神束缚、经济剥削和政治压迫的过程中，人本主义观念和思想得以不断传播，并最终作为资产阶级和资本主义的启蒙思想，在资本主义推翻封建统治，建立世界新秩序的过程中，发挥了重要的作用。

通过上面我们对古代美索不达米亚宗教主要特征的论述，不难看出，在古代的两河流域，人们的崇拜仅仅停留在自然崇拜的状态，并没有出现超越自然的神，即超越自然的，法力无所不能、无所不及的精神领袖。对自然神的畏惧，源于人类对自然现象的无力和无奈，而不是源于人类对自然神的发自内心的、真正的精神信仰。

多神教源于神的弱点甚至无能，由于没有出现万能的唯一神，人类不得不依赖于众多之神来帮助自己解决众多的问题，因此也就不得不祭拜如此众多之神。因此，多神教在某种程度上体现的恰恰是对神灵的不信任，对其弱点的不信任，对其为自己解决问题的能力的不信任。“有病”乱投医，对谁都信任，实际上对谁都不信任。因此，在多神教的情况下，不可能产生纯粹的心理依托和精神信仰。这与中世纪上帝统治人类精神世界的状况，形成了鲜明的对比。

所以可以说，虽然古代美索不达米亚拥有众多的神灵，古代美索不达

---

① Greg M. Epstein, *Good Without God — What a Billion Nonreligious People Do Believe*, New York: Harper Colins, 2009, p. 169.

米亚人几乎崇拜所有的神灵，但在他们的心中是没有对神的真正信仰的，因此是没有神的。

三、现实主义、世俗主义和个人主义

现实主义、世俗主义和个人主义构成了欧洲文艺复兴时期人本主义的三大要素，而这三大要素都能在美索不达米亚宗教中找到其印记。

古代美索不达米亚人宗教崇拜的功利主义特征，也可以说是很现实的，古代美索不达米亚人生活在很现实的世界中，他们没有对来世的信仰，也没有对“上帝”的幻想和期待，从这个意义上说，他们还是生活在世俗的世界中。首先，这一点与基督教的信仰形成了鲜明的对比，“基督教是一种纯精神的宗教，一心只关怀天上的事物；基督徒的祖国是不属于这个世界的”①。其次，这一点与意大利文艺复兴时期的某些特征有相似之处，因为根据彼得·伯克的研究，“现实主义、世俗主义和个人主义通常被视为文艺复兴时期意大利艺术的三个特征”，而这三大艺术特征通常被认为反映了“文艺复兴时期意大利文化的三个特点”。②

纵观古代美索不达米亚的宗教发展史，可以明显看出苏美尔人和巴比伦人的宗教在功利主义和现实主义方面的两大重要表现——“城市—国家性”和“私人性”，即城市—国家祈求神灵保护的国家宗教和个人祈求神灵帮助的个人宗教。而后者即个人宗教具有特别的意义，这种特别意义正与人本主义思想的主旨之一——个人主义相吻合。对此，《世界文明史》的作者一语中的：“单个古巴比伦人狂热地向个人神祇祈祷，这一事实之所以引人注意，还在于它说明在一个其他方面正热心推行一体化的社会中，古巴比伦文化还容忍一定程度的个人主义存在。”③

---

① ［法］卢梭：《社会契约论》，何兆武译，第177页。

② 参见［英］彼得·伯克：《意大利文艺复兴时期的文化与社会》，刘君译，第19～25页。

③ ［美］菲利普·李·拉尔夫、［美］罗伯特·E.勒纳、［美］斯坦迪什·米查姆等：《世界文明史》上卷，赵丰等译，第60～61页。

退一步讲，虽然古代美索不达米亚人拜神、敬神甚至信神，但他们所拜、所敬和所信的神并没有超越自然属性和人性的范围，在古代美索不达米亚宗教的人神关系中，神性和人性并没有本质的区别，所以他们拜神、敬神和信神与中世纪神统治人、支配人的人神关系是有本质不同的。本来从宗教发展的历史来考察，从多神教发展到一神教，从自然崇拜发展到超越自然、超越自我的精神信仰，都在一定程度上体现了人类思维和意识的进步。在中世纪以前的古典世界，人类已经懂得把神的世界和人的世界进行区分。从另一方面来说，人类的思维和智慧还没有被神所控制，人们虽仍然畏惧神灵、畏惧自然，但已经把神灵的知识和人类的知识区分开来，希腊哲学家西蒙尼德斯(Simonides，公元前556—前468年)曾说过这样的话："自然的秘密只许神知道。"①亚里士多德对此进一步阐释道："人类应安分于人间的知识，不宜上窥天机。"②

但这种思维和意识的进步到中世纪发展到极盛之时，便开始走向其反面，正所谓物极必反，中世纪的人们主张人的知识和思维是不可靠的，人的一切都是不可靠的，人只能听信全能的上帝，只能听从神意的安排，从而完全否定了人类的知识、思维和意识。奥古斯丁等人更认为，人是不能离开神而独立存在的，从而全面抹杀了人的客观存在，抹杀了人的思维、智慧和人性。正如他对天主所说："一切来自你，一切通过你，一切在你之中"，"我除非在你之中，否则不能存在"。③ 所以，文艺复兴时期的人本主义思想"与中世纪的思想相比较"，"被称为是以人为中心的，而不是以神为中心的"，甚至有学者走得更远，认为"文艺复兴就是去掉了上帝的中世纪"。④

---

① 转引自[古希腊]亚里士多德：《形而上学》，吴寿彭译，北京：商务印书馆，1981年版，第5页。

② [古希腊]亚里士多德：《形而上学》，吴寿彭译，第5页。

③ [古罗马]奥古斯丁：《忏悔录》，周士良译，第4页。

④ 参见[美]保罗·奥斯卡·克里斯特勒：《文艺复兴时期的思想与艺术》，邵宏译，第61页。

当然，上帝不仅在当时没有被去掉，即使是到了科学技术和思想观念高度发达的现代文明社会也没有被去掉。

总之，古代美索不达米亚人的宗教特征至少反映出，他们拜神、敬神甚至信神，在很大程度上是因为畏神，是被动的，并没有形成发自内心的精神信仰。从另一方面来说，从来没有出现超越自然和人性的精神领袖统治过古代美索不达米亚人的心灵，这使得他们可以自由自在地生活在现实之中，生活在世俗之中，生活在自我之中。这便构成了古巴比伦社会人本观念的文化根基。

第五节　祭司与宗教活动

在古代美索不达米亚，祭司组织成为一个特殊阶层。在古代宗教中，人们交于神明、侍奉神明，事情庞杂、礼仪繁复，自成一体的祭司阶层逐渐形成。祭司是专门从事和主持宗教活动的专业人员，在古代社会，所有的宗教活动都是在他们的参与下完成的，因此祭司享有特殊的权利和地位。

一、祭司阶层

在美索不达米亚，祭司分成 30 多个种类，有些念咒祈祷，有些唱圣歌，有些主持祭祀，有些司职占卜，等等。除男祭司外，还有女祭司；神庙也有女事神者，其中许多与对爱神伊什塔尔的崇拜相关，并往往沦为神妓，献身于淫秽仪俗。此外，也有阉人充任祭司、侍奉伊什塔尔，他们身着女装，献女舞以娱神。

祭司们的职业是世袭的，其称号也世代相传。只有国王才有权不经过最高祭司同意而履行某些祭祀的职能。祭司多出于名门望族，拟充任祭司者，要符合种种典章律例，如要求不得有生理缺陷等。

祭司是神庙的侍奉人员，而神庙握有大量资财，祭司遂成为权势显赫的社会力量。神庙是大私有者，全国最大数量的耕地属神庙所有，神庙出租土地、经商、接受供献的牺牲，势力强大，祭司也权势显赫。

祭司不但拥有经济力量，而且对信众施以思想影响。祭司大都是当时有文化素养的人，神庙附设学校，教育和知识均被祭司所垄断。

祭司集团还参与许多重大政治事件，有时他们凭借宗教上的地位，与国王争权夺利。君主们也利用宗教来巩固王权。亚述国王辛那赫里布曾与巴比伦祭司们有过一次激烈的争吵和冲突。公元前 691 年，他摧毁巴比伦城的圣地，把马尔都克的神像迁到了亚述，以此来打击巴比伦祭司集团的势力。他后来被他的一个儿子所杀。他的另一个儿子继位以后，可能震慑于巴比伦祭司的报复，终于决定把马尔都克神像送回巴比伦，并重建神庙，国王与祭司重修旧好。新巴比伦王国时，国王纳波尼德曾发动过一次企图统一全国宗教信仰的宗教改革运动，可能是因为事情进行得过于仓促，遭到祭司贵族的反对，于是他们与波斯人勾结，使纳波尼德成了阶下之囚。

二、祭祀活动

美索不达米亚人认为人必须依赖神。要博得神的青睐，主要手段是保证神有优越的生活条件，为他们建造神庙，经常地、按时地在衣、食、住、用方面侍奉他们。

祭祀活动仪式主要分为国家祭祀和个人祭祀两种。国家祭祀仪式由祭司主持，主要是在献祭和重大节日中举行，献祭时，官吏们按官阶排列，住在神庙内或神庙周围。献祭(*nike*；*zibê*)可分为两种：一种是日常进行，另一种是每周、每月或每年进行。在前一种情况下，国王以人民的名义向神上供，但国王个人的供品也要加上。在后一种情况下，主要是举行节日庆祝活动，也包括在特殊的重要场合为国家的幸福和繁荣举行献祭。在圆筒印章中常常可以见到对这两种献祭活动的描绘。诸神得到的供物主要是食物、饮料、牲畜以及油等。阿卡德王朝第二个国王里姆什统治时期的一

图 14.13　站立的男性祈祷者雕像。约公元前 2750—前 2600 年。出自阿斯马尔(古代埃什努那)

图 14.14　站立的女性祈祷者雕像。约公元前 2600—前 2500 年。出自尼普尔

个铭文为我们提供了有关每天进行献祭活动的资料：规定每天向西帕尔的太阳神沙马什上供，供品包括 20 头羊、4 头牛、6 古耳谷物、3 古耳面粉以及等量的椰枣、油、猪油、牛奶、蜂蜜。在乌尔第三王朝时期，拉伽什城邦的统治者古地亚曾把大量钱财用于修建和修复神庙之上，两块大的泥制圆筒印章详细地记载了他的虔诚活动。虽然汉谟拉比以及后来的尼布甲尼撒时期规定献给马尔都克神的供品没有像里姆什时期那样多，但在巴比伦晚期，乌鲁克城安努神庙的日常供品也是相当多的，包括 50 头品种不同的羊、2 头牛、1 头奶牛、8 头盖羊、30 只玛拉图(*Marratu*)鸟、30 只斑鸠、3 只家禽、7 只鸭、4 头公猪，再加上 6 个鸡蛋。在盛大节日，向神庙上供

的牲畜的数量更是惊人，例如，在尼普尔的恩利尔神庙发现的一份供品单中有3569头牲畜的名字。新巴比伦王国的国王尼布甲尼撒二世曾夸耀，在阿基图节(*Akitu*)“我带来金、银、贵重石料、多彩的服饰、山中和海里的宝藏、成熟的肥公牛、干净的牲畜、小羊羔、小山羊、清洁水中的鱼、天空中的鸟、家禽、公鸡、玛拉图鸟、鸽子、洋葱、麝香、丰饶的植物、黄金床的装饰物、黄金战利品、枣、来自底尔蒙的梨、白色的无花果、啤酒、蜂蜜、黄油、奶油、牛奶、精制油、专用于宗教仪式的油，所有这一切都是丰富的。……我每年都以高质量和丰盛的礼物进贡”。

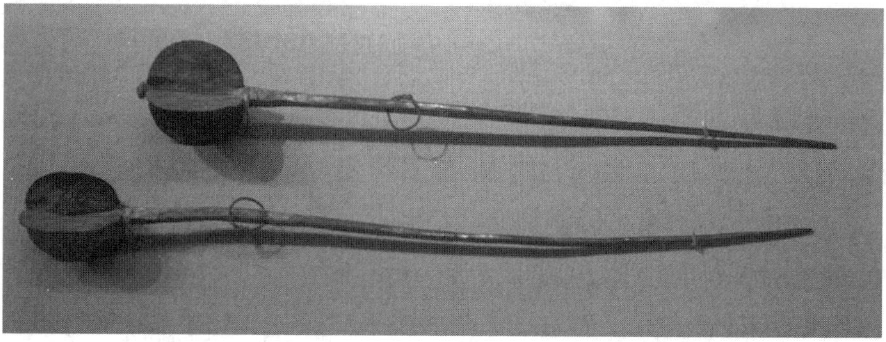

图 14.15　祭祀器物。铜合金。公元前2250—前2000年

献祭在神庙顶上特定的祭坛进行。献祭用的动物被屠宰或者被烧死，同时，进行奠酒和焚香。香炉是神庙仪式中最常见的设备，人们认为，燃烧芳香的树木既可以用来作为涤罪的仪式，还可以作为对神的供奉，因为神是喜欢芳香的气味的。

为数众多的祭司负责主持日常以及定期的献祭仪式。*šangû* 就是司祭的祭司。他的最高上级称为*šangammaḫḫu*，是负责献祭的最高祭司。在他之下有不同等级的祭司负责日常献祭活动。*kalû*、*narû*、*zammiru* 负责在仪式中唱圣歌。*nišakku* 主持奠酒，他一面念着咒语，一面砍断牺牲的喉管，在苏美尔艺术品中经常有奠酒的情景。在主持奠酒时，祭司要裸体，

图 14.16　献祭场面浮雕。早王朝Ⅲ期，约公元前 2500 年。出自特罗（古代吉尔苏）

酒或其他液体通过祭坛或其他动植物倒在地上。清扫和涂油仪式由叫 *ramk* 和 *pašišu* 的祭司主持。在祭祀仪式开始前，由一组被称为 *mašmaššu* 和 *bârû* 的祭祀以及驱魔仪式来纯净神庙。*mašmaššu*，苏美尔人称为 *ašipu*，意思是“驱魔者”。*bârû* 意为“占卜者”，是负责占卜仪式的祭司，专门从事预兆的解释。

三、宗教节日

古代美索不达米亚各城市都规定有自己的举行宗教祭祀活动的节日和年历，月份都以当地所庆祝的宗教节日命名。到公元前 2000 年，尼普尔的年历被普遍接受。年历所定的宗教节日，一般都基于农业生产的周期性季节，如庆祝拴上犁头的节日，解开犁头的节日，收获节日等。在宗教节日里，王后有时要遍访她的领地，向诸神和被认为具有神力的已故行政民吏呈献大麦、麦芽和其他农产品。春天的一系列祭祀实质上是祈求丰收的丰产仪式，收获节日则是具有感恩性质的仪式。在仪式中，常常是国王和最高的女祭司扮演两个神，通过他们的结合来象征性地表示对丰产丰收的愿望，同时也是以此确保国王因上配女神而获致长生久视。

宗教节日一般为 11 天，有时达 15 天。其间人们有大量时间举行狂欢活动和盛大的庆典，甚至寻花问柳。

四、新年庆典

最重要的节日为春日举行的新年盛大庆典。活动会接连举办好几天。这个节日意在强调重建宇宙秩序、生命复苏以及决定人类来年的命运。节日间最重要的活动，就是在新年元旦举行的“神圣婚礼”：由国王扮演杜木兹，再由一位高级女祭司扮演爱神伊什塔尔，去重演传说所述的杜木兹与伊什塔尔女神的那个大婚典礼。

到了公元前 1000 年时，巴比伦城的新年庆祝除了神圣婚礼之外，又加上了在苏美尔节庆中较不为人所知的阿基图节的若干活动，从而增添了若干此前未有的做法及念咒之类的仪式。学者们相信，巴比伦人曾以哑剧形式表演了创世史诗《埃努玛-埃里什》中所描绘的发生在“混乱”和“秩序”两种势力之间的战斗。“混乱”统治着巴比伦的大街小巷，一直持续到马尔都克获释。尔后，马尔都克率领一支象征着神祇势力的队伍，向提亚马特及其邪恶势力发起攻击。马尔都克在模拟的战斗中击败提亚马特及其反叛势力，建起宇宙秩序后，巴比伦人便扛着他的画像，穿街走巷地举行游行，庆祝胜利。以这样一种具有巫术意味的方法，人们渴望能影响那些左右人类命运的神祇，说服他们带来一个地腴物丰、吉星高照的新年。

公元前 3 世纪的一部祭司课本，记载了若干巴比伦新年的典礼仪式。新年节庆最初 4 天所做的，主要是下列这些仪式：高级祭司的祝祷；歌唱创世史诗《埃努玛-埃里什》，赞颂马尔都克为百神之王，并且用泥塑出两个披红袍、手持蛇蝎以代表凶神恶煞的偶像，再在第 6 天将它们砍掉首级，投入熊熊大火之中。

巴比伦新年的第 5 天，在例行祝祷献祭之外，有一个清扫的仪式，人们在神庙中遍洒圣水，遍涂圣油，并将一对羊斩首，即以正在流血的羊身压置庙墙，表示吸尽残秽，然后再将此赎罪之羊投入河中。然后要竖起一张金光闪耀的“天幕”，等待马尔都克之子纳布光临。这时，国王在节庆中首次露面，进入神庙，参加祭祀大典。仪典的用意在于使国王了解即使是国王，也无非仍是诸神的仆役，国王的职责仅在于代替神来到人间而已。仪式过程包括：首先由高级祭司取去国王的权杖、佩剑等王位象征，全部放在马尔都克神像之前；然后，由高级祭司去拉扯国王的双耳，迫令他向神膜拜，同时向神说明他对巴比伦的百姓是毫无亏待的；最后，高级祭司将王位象征奉还国王，再打他两个耳光，国王这时要表现得热泪盈眶，表示马尔都克对他已是降恩垂爱了。到了晚上，国王还要参加一项献牛大祭。

到了第 6 天和第 7 天，巴比伦各城市的保护神像，即由陆路或水路被恭送到巴比伦城来。

第 8 天，国王即“恭携马尔都克之手”向来谒的诸神隆重介绍，而马尔都克的这一诸神共主之尊，也由护送着诸神来的各地祭司向天下庄严昭告。然后，便是一个盛大的巡行。由坐在一辆镶嵌珠宝的豪华马车上的马尔都克领先，来朝众神也都通通在巴比伦国王的前导之下，相率组成辉煌的队伍，自马尔都克神的神庙出发，沿着张灯结彩的圣路，从伊什塔尔门出城到达幼发拉底河畔的阿基图神殿。在此停留 3 天后，众神再返回巴比伦城的马尔都克神庙埃撒吉拉，举行一项仪式，即为今后一年内国王及其国家的命运进行占卜。

除新年外，还有一些较重要的宗教节日，如每个月的新月节、第 7 日、第 15 日和第 28 日。最后一个节日是当看不见月亮而认为它死了的时候。这些节日显然具有丧葬仪式的性质。

五、巫术与占卜

巫术、占卜和占星术虽然不是巴比伦所特有，然而在这里却比在其他地方更为发达。按照传统的宗教观念，神住在神庙中，与人保持着密切联系，但人不可能确知神的意愿和自己的吉凶祸福，人们便通过各种巫术性的活动如占卜来寻求神的启示。神也可能通过托梦、创造神迹和显示预兆来传达神的意志。人们还认为，魔鬼经常危害人类，招致各种疾病，于是也出现了专门进行巫术仪式，诵念符咒以赶鬼驱邪的巫术师。

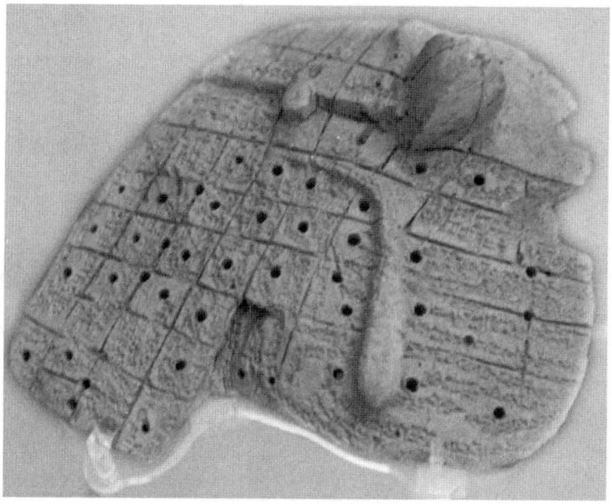

图 14.17　一只羊的肝脏模型。每一个方块盒描述了出现在该位置上的斑点的寓意。可能出自尼普尔

古代美索不达米亚巫术的仪式，种类繁多，尤以袪病、袪厄、征战等巫术最为著名，而且袪病法术与民间医术往往混在一起，难以区分。例如，亚述时期去除眼疾的法术“单方”上称：“黑毛、白毛捻成线；黑毛线、白毛线，各打七个结，念诵咒语；黑毛线结系在病眼上，白毛线系在好眼上……”有关征战法术仪式的记载片段称：“敌人来犯，扰我国王，侵我疆土。……国王应行于队右”；(献祭时)“以油脂制作敌人之像，复以乌林努

(?)将众像之面转向后方(以预示败逃)”。事后，敌像通常由巫术师焚烧或置于水中或予以掩埋或固定于某处。

图 14.18　记录阿卡德咒语的泥板。这是此系列阿卡德咒语的第一块泥板，题名为“焚烧”(*Maqlu*)。它们是用来应对邪恶巫师和恶魔蜡像的，然后予以焚烧

巴比伦的占卜体系已很发达，男女术士和预言家十分活跃，问卜者不仅有平民百姓，也有王公贵族。祭司中有专事占卜者，称为 *Bârâ*。

占卜形式多种多样，最常用的有“梦占”、“肝脏占”、“星占”。所谓“梦占”，即求卜者睡在神庙里，希望神在梦中给予启示。一般认为梦见狗、羊、鹿是凶兆，梦见狮、狐、鱼是吉兆。所谓“肝脏占”，是看献祭牺牲的内脏，特别是肝脏而卜。肝的每一部分，都被赋予固定名称，并绘有种种图形，以泥土制作肝脏模型，上面标有占卜符记。人们认为肝脏是心、智活动所寄托的地方，当动物作为牺牲贡献给神时，神拿着它，神的思想进入动物的肝脏，所以占卜者能够从动物的肝脏形式和它的变化中解释神的神秘思想和行为。在马里发现了一个不规则形的羊肝模型，上面刻着这样的铭文：“预言埃兰的附庸伊什比伊拉将占领埃兰。这类著名的预言，依国王之命搜集起来。”

巴比伦的“星占”最负盛名，是古代世界最早发展起来的占星术。巴比

伦人认为，地球上所存在的一切事物都不过是天上事物的反映：在他们的想象中，天穹是一部大书，其文字是星辰；太阳、月亮、各大行星的运行和出现预兆着国家和个人的命运。据认为，如 7 月 1 日是阴天，必定起战争；若阴天是 13 日和 19 日，国王必死，若在 30 日，国王必定长寿。又如，人们通过日食、月食的阴影运行的方向，预兆一定的吉凶，等等。在王宫里设有专职的天象预测官，负责观察天象征兆并做出解释，向帝王提供明智行动的神圣根据和消灾免祸的宗教办法。巴比伦占星术还根据一个人出生时的星宿位置预言此人的性格和命运。公元前第一千纪后期，占星术士创立了算命天宫图。占星术从巴比伦尼亚通过埃及、希腊和罗马，传到西方。

第十五章 现实主义的文学

文学是文化中最活跃的符号，也是最具标志性的符号之一。一提起古代美索不达米亚的文学，人们很自然地就会想起那部著名的被称为人类历史上第一部史诗的《吉尔伽美什史诗》。的确，这部流传后世的文学名著足以令苏美尔—巴比伦人感到骄傲和自豪，然而这一事实的背后还隐藏着一个巨大的遗憾，即浩繁的、极具价值的苏美尔—巴比伦文学作品在中国都被一部《吉尔伽美什史诗》夺去了应有的光彩，以致长期湮没不彰。与此形成鲜明对比的是，正如美国著名苏美尔学家 S. N. 克莱默教授所反复中肯地指出的："本世纪人类最杰出的贡献之一是发现、恢复、翻译和注解了大量的苏美尔文学文献。"仅苏美尔文学目前就有 20 余部神话，每部篇幅从 100 行到 1000 行不等；9 部史诗，每部篇幅为 100 行至 500 行不等；100 多首赞美诗，每首的篇幅也从 100 行至 500 行不等；十几部格言和预言集；此外还有大量的哀歌、寓言故事及辩论和短文等，总计达 28000 多行！① 这些苏美尔文学作品刻写在 5000 多块泥板上，这些泥板遍及世界上许多著名的博物馆。因此，苏美尔—巴比伦文学绝不仅仅是一部《吉尔伽美什史诗》，它还有许多动人的神话，许多其他不朽的史诗，许多感情充沛的诗篇及充满智慧的谚语、预言、格言和寓言故事等。这些都是人类文学宝库的宝贵遗产。更重要的是，古代美索不达米亚文学表现出了浓厚的现实主义色彩。

---

① S. N. Kramer, *History Begins at Sumer*, p. 289.

第一节　文学的产生与发展

如同世界上所有其他民族一样，在文字产生以前，苏美尔人的文学可能就已经存在了，那便是口头文学。

一、文学创作的开始

在公元前第四千纪，古代美索不达米亚便产生了文学创作，在最古老的苏美尔城市的文书库中所发现的文学作品便证明了这一点。① 但在古苏美尔时期，几乎未发现什么文学资料，这时期的文学可能大部分仍停留在口头上，人们还未感到有把它们记录下来的必要。② 在塞姆人的阿卡德王朝衰落后，大量的文学作品才涌现出来。乌尔第三王朝，即所谓新苏美尔时期及随后的伊新—拉尔萨时期，是古代美索不达米亚文学的第一个繁荣期。这一时期大量的文学作品被保存下来，但它们之中多数不是该时期的“原作”，而是巴比伦第一王朝时期的抄本，内容和体裁主要包括赞美诗、书信、法典片段和文学争论等。每部作品都刻有清楚的创作日期，也正是从巴比伦第一王朝的这些抄本中，大量传统的苏美尔文学才得以恢复。尼普尔是苏美尔书吏学校的中心，因此也是其文化中心。这里的学者成为苏美尔文学思想的保护者，在从尼普尔城发现的大量文献中，苏美尔文文书的数量占有压倒性的优势，这可能要归功于他们的努力。

---

① 参见[苏]阿甫基耶夫：《古代东方史》，王以铸译，北京：生活·读书·新知三联书店，1956年版，第122页。

② W. G. Lambert，*Babylonian Wisdom Literature*，Oxford：Oxford University Press，1982，p. 3.

二、古巴比伦时期文学的繁荣

古代美索不达米亚文学发展的第二个繁荣期，也是巴比伦文学的第一个繁荣期，无疑是古巴比伦时期，确切地说是巴比伦第一王朝时期。虽然巴比伦文学吸收了苏美尔文学的许多成就和思想，但“一些确实的材料表明，巴比伦文学兴起于苏美尔传统文化影响以外的地区”①。在迪亚拉河流域的阿布·哈尔马尔遗址出土的泥板文书，与在尼普尔发现的同时代的泥板文书形成了鲜明的对比。在阿布·哈尔马尔出土的文学作品中，苏美尔语和巴比伦语的泥板大约拥有同等的数量，此外还有许多同时用两种语言刻写的泥板。另外，还有一个现象值得注意，即古巴比伦文学明显地没有形成自己的中心。迪亚拉地区以自己的方言进行创作，马里和巴比伦城也如此。在古亚述时期，到卡帕多西亚殖民的亚述商人则以古亚述方言记述文献。因此，巴比伦文学具有强烈和浓重的地方色彩和传统。巴比伦文学的起步应该说不算太晚，遗憾的是关于其起源和早期发展情况，我们几乎一无所知。当巴比伦文学出现在我们面前时，其作品和思想都已显示出成熟性和经验性，可以肯定，在此之前它经历了较长的发展过程。古巴比伦人的文学活动主要集中在两个方面：其一，不断地抄写古苏美尔文献，往往附有阿卡德文译文，同时不断编纂新的苏美尔文文献；其二，用巴比伦人自己的方言进行文学创作。

三、加喜特王朝——巴比伦文学最后的繁荣

古代美索不达米亚文学的第三个繁荣期，也是巴比伦文学的第二个和最后一个繁荣期是加喜特王朝时期。同样遗憾的是，关于这一时期的文学创作情况我们所知甚少。加喜特人虽然也属于“蛮族”范畴，但他们并没有

① W. G. Lambert，*Babylonian Wisdom Literature*，p. 9.

带来严重的破坏，也没有造成文化的中断。相反，这一时期的文学活动似乎具有较明显的“复古”倾向和维护传统的倾向。它们表现出了继承传统和发扬光大的双重性。在继承传统方面，加喜特人主要做的是转写和编辑前人的文学作品。例如，保存在亚述巴尼拔图书馆的一份目录记载的是一系列的文学作品，每一作品都被说成是依据某一特定城市的编辑者而撰。在很多情况下，一部作品往往有许多种“版本”，可能系出自不同城市的学者之手。在发扬光大方面，他们主要的做法是改写以往的作品。加喜特人倾向于生活在过去，但缺乏早先作品的激情和灵感。这一点甚至在语言方面也很明显。①这一时期的方言是中巴比伦语，它是由古巴比伦语发展而来的，但一般在文学中不被采用。加喜特人创造了一种所谓“标准巴比伦语”，这种语言只用作文学创作和其他书面语言，而从来不作口语使用。奇特的是，这种所谓“标准巴比伦语”的一些发音特征在词法学上比古巴比伦语还古老。不仅在语言上，而且在文体风格上也如此。

在加喜特王朝时期以后，新创作的文学作品数量不是很多，而且除个别之外，其他的几乎没有什么价值。

第二节　苏美尔和阿卡德神话

根据苏美尔人和巴比伦人的宇宙观，人间世界和上天世界是相对应的，地上有的东西，天上也同样都有。居住在天上的神大多都被人格化了，并且具有自然属性，如天神、地神、水神、大气神和风神等。苏美尔和巴比伦神话涉及的内容包括世界的构成、宇宙的创造和人的创造，以及诸神的喜怒哀乐、和平与战争等。这些神话不仅具有较高的文学价值，而且还是研究古代美索不达米亚宗教和哲学思想的重要材料。要在这样一部著作中

① W. G. Lambert，*Babylonian Wisdom Literature*，p. 14.

把所有苏美尔和巴比伦神话逐一介绍，显然是不可能的，我们只好有选择地进行叙述和阐释。

一、天堂神话

苏美尔文学对希伯来人产生了深刻的影响，这首先表现在有关天堂的神话中。在苏美尔人的天堂中，生活着神而不是人，具体地说是水神和智慧之神恩奇(巴比伦人称为埃阿)和众神之母宁胡尔萨格(亦称宁马赫)。在《恩奇与宁胡尔萨格》①神话中，苏美尔神的天堂称为底尔蒙。底尔蒙被描绘为"洁净"、"无秽"和"光明"的境域，为"生者的境域"，从不知有疾病和死亡。但底尔蒙缺乏淡水，而淡水又是动植物的生命源泉，因此水神和智慧之神恩奇便命令太阳神乌图把淡水从地上引到底尔蒙，使底尔蒙成为田野富饶、草场丰美的神园。在这个神的天堂里，水神和智慧之神恩奇与苏美尔众神之母(就起源而论，似为地母)宁胡尔萨格女神结了婚，宁胡尔萨格经过九天的怀胎后，未经分娩的痛苦，生了下女神宁穆(Ninmu)。恩奇很快又使他的女儿宁穆怀孕，她以与其母宁胡尔萨格同样的方式，生下了女神宁库拉(Ninkurra)。接着恩奇又使宁库拉怀孕，并生下女神乌特图(Uttu)。当恩奇又想使乌特图怀孕时，宁胡尔萨格出面干预。宁胡尔萨格向乌特图提出了一些劝告。乌特图被劝说不要与恩奇同居，除非恩奇送给她黄瓜、苹果和葡萄等礼物。但这些礼物对水神恩奇来说并非难事，他满足了乌特图的要求，乌特图大悦，遂与恩奇同居。但这一结合并未生出新的女神，似乎是宁胡尔萨格利用恩奇的精子创造了八种不同的植物。当恩奇发现这八种植物时，可能系出于决定它们的命运的目的，必须品尝它们。于是他的信使双面神伊西穆德(Isimud)为他采摘了八种植物，恩奇一一吃下。此举激怒了宁胡尔萨格，她对恩奇说了句咒语后便离去，并声称，除

① 英译本见 *ANET*，pp. 37-41.

非他死，否则她是不会再用“生命之眼”来看他的。恩奇的身体每况愈下，他身上八个器官无不处于病态。恩奇的病情使众神十分悲伤乃至痛不欲生。众神立即召开众神会议商讨此事，众神之王恩利尔竟也一时束手无策。这时雌狐主动请缨，她对恩利尔说，如果众神给以应有的犒赏，她可使宁胡尔萨格去而复返(关于雌狐是采取何种手段请回宁胡尔萨格的泥板的相应部分被毁)。宁胡尔萨格返回后，使恩奇得以康复，她让他坐在身旁，询问他身体八种器官带给他何种厄难后，创造了相应的八神以对之。于是，恩奇转危为安。

克莱默教授把苏美尔的天堂与《圣经》中的天堂及故事进行比较研究后，得出了这样的结论：《圣经》中的天堂故事源于苏美尔。① 首先，两个天堂的位置可能相同。苏美尔的天堂在底尔蒙，后来的巴比伦人也把它视为他们的“生者境域”以及永生者所在地。据此可以推知：被描述为位于东方的伊甸园，并成为四条“世界大河”(包括底格里斯河和幼发拉底河)的发源地的《圣经》中的天堂，颇有可能与苏美尔的天堂同源。其次，对太阳神以淡水灌溉底尔蒙的描述，也与《圣经》中的有关情节相似。众女神的生育没有经受折磨，无分娩之苦，恰与加之于夏娃的诅咒“你生产儿女必多受苦楚”相对应。恩奇食八种植物并因此遭受诅咒，显然是亚当和夏娃食知善恶树的果实并因这一罪行而遭诅咒这一情节的原型。克莱默教授对此最有价值的研究成果在于，他把《圣经》中有关天堂记述的一个最令人费解的情节，根据苏美尔的天堂神话做了圆满的解释。这一情节是：“一切活物之母”夏娃是以亚当的肋骨造成的。问题是为什么要用肋骨而不是身体的其他部位来创造女人呢？据《圣经》所述，“夏娃”其名似乎意即“给予生命者”。据苏美尔神话所述，恩奇最薄弱的部位为肋骨。苏美尔语中“肋骨”一词音“提”

---

① 参见[美]塞·诺·克莱默：《世界古代神话》，魏庆征译，北京：华夏出版社，1989年版，第82～83页；S. N. Kramer，*History Begins at Sumer*，pp. 141-144。

(*ti*)。为治愈恩奇的肋骨所造之神，苏美尔人称之为“宁提”，意即“肋骨女性”。而苏美尔语中的“提”，又有“创造生命”、“给予生命”之意。由此可见，此神之名“宁提”似乎又有“给予生命的女人”之意。因此，在苏美尔文学典籍中，往往把“肋骨女人”与“给予生命的女人”相等同。正是这一文学双关语被移用于《圣经》中，并长久保存下来。这一问题如果仅仅依据《圣经》本身，显然无法解释得通，因为在犹太人的语言中，表示“肋骨”与“给予生命者”的两个词，毫无共同之处。

图 15.1　记载巴比伦人大洪水故事的泥板。讲述众神因嫌人间喧闹而曾几次试图毁灭人类。智慧之神恩奇事先通知了虔诚的阿特拉哈西斯(Atrahasis)，阿特拉哈西斯准备好了船，因此他和他的家人及饲养的动物得救了。阿米萨杜卡统治时期。可能出自西帕尔

二、大洪水的故事

《圣经》中的洪水故事其实并不是希伯来人的创造，而是来源于苏美尔神话。记载苏美尔洪水神话的泥板损坏严重，只有最后三栏内容不完全地保存下来，因此无法知道神话开始讲的是什么。值得一提的是，该神话不仅讲述了关于大洪水的故事，还反映出了苏美尔人关于宇宙起源的观念，其内容涉及人的创造、王权的起源及洪水前的五座城市等。在保存下来的泥板的开头，记载的是一位神给其他神写的信，告诉他们他将把人类从毁灭中拯救出来，随后几行字的语意难以理解。接着的四行字涉及的是人和动植物的创造：

当安、恩利尔和宁胡尔萨格
创造了黔首①以后，
植物从地上繁茂地生长，
动物，四条腿的平原(动物)巧妙地出世。

泥板在中断若干行后，记述的是王权和洪水前的五座城市：

在……王权自天而降以后，
在高贵的王冠和王位自天而降以后
他完善了礼仪和崇高的神律……
在……洁净的地方建立了五座城市，
点出它们的名字，把它们当作祭祀中心来分配。

① 即苏美尔人，有时泛指人类。

第一座城埃利都，他赠给努底穆德，领导者，

第二座城巴德-提比拉，他给予……

第三座城拉拉克，他赠给恩杜尔比尔胡尔萨格，

第四座城西帕尔，他赠给英雄乌图，

第五座城舒路帕克，他赠给苏德。

泥板中关于神决定毁灭人类的原因的叙述，被毁得无法辨认。从泥板中看出，许多神对毁灭人类这一残酷的决定感到不满和不快：

然后宁图泪如……

纯洁的伊南娜为其人民失声痛哭，

恩奇自我沉思，

安、恩利尔、恩奇和宁胡尔萨格……

天地众神念叨安和恩利尔的名字。

因此便出现了兹乌苏德拉(Ziusudra)——《圣经》中的挪亚。他是一位虔诚、畏神的国王，他时刻注意着神在梦中或咒语里的启示。根据神话，兹乌苏德拉似乎靠在墙上，听到一位神告诉他，众神会议决定发动一场洪水，“毁灭人类的种子”：

然后，兹乌苏德拉，国王……

建造一巨大的……

他谦卑、恭顺和敬畏地……

他每日前来，不停地……

产生了各种梦，他……

口念天地的名字，他……

……众神一面墙……
兹乌苏德拉贴墙而听。

倚墙而立在我的左侧……
我将隔墙对你说话，记住我的话，
洗耳恭听我的指示：
通过我们的……一场大洪水将席卷祭祀中心；
为毁灭人类的种子……
这是众神会议的决定。
根据安和恩利尔的指示……
其王权，其统治(将结束)。

接下来的内容应该是神指示兹乌苏德拉建一只大船，以解救自己。但这段文字已被毁坏，随后，当泥板上的文字能够辨识时，大洪水已经到来了：

所有的风暴，异常强大的风暴，始终如一地袭来，
与此同时，洪水席卷祭祀中心。

七天七夜以后，
洪水淹没了土地，
巨船在狂风的吹打下，在大水中颠簸，
普照天地的乌图出现了，
兹乌苏德拉打开了巨船之窗，
英雄乌图把他的光带入船中。
兹乌苏德拉，这位国王，

跪在乌图的面前，
他杀了一头牛，宰了一只羊。

兹乌苏德拉向太阳神乌图献祭以后的事情没有保存下来，泥板中保存下来的最后一段文字描述了兹乌苏德拉的神化。当他跪在安和恩利尔面前后，他被赐予“神之生命”，可以永生不死，并且得入“天堂”底尔蒙。

三、巴比伦创世神话

在苏美尔众神话中，迄今尚未发现一则神话直接、明确地述及所谓创世。巴比伦人有关创世的神话流传较多，内容为描述神、宇宙万物和人类是如何被创造的。这些神话所讲述的具体的创世过程却各不相同，其中最著名者首推《埃努玛-埃里什》，它记载在七块泥板之上。其名字源于起首两词，意为“当上界”。根据神话，在洪荒时期，“当上界天宇尚未存在，当下界大地尚未存在”时，世间只有咸水女神提亚马特及其丈夫阿普苏。随后，其他许多神相继而生。新神的活动和喧闹使老一辈之神无法安眠，阿普苏盛怒之下决定将他们消灭。智慧之神埃阿借助于法术咒语杀

图 15.2 记载创世神话的泥板

死了阿普苏，使众神免遭厄难。随后，埃阿在阿普苏的尸骸上营造居所，他的妻子在此生下马尔都克神。丈夫被杀以后，提亚马特纠集了众多妖魔，意欲为丈夫报仇。威武勇敢的马尔都克与提亚马特展开了格斗，并最终取得了胜利。他杀死了提亚马特，把她庞大的尸体一分为二，一半造天，一半造地。之后，他又为众神建造了居所，设置星辰，建造太阳所由升落之门，并强迫明月隐其光辉。他还释放了那些为提亚马特而战的俘虏，他们甘愿承担修建巴比伦城及其神庙的劳动，这使马尔都克大受感动。为了使众神免除繁重的体力劳作，马尔都克在父亲埃阿的帮助下，又以金古之血创造了人。相传，金古为一叛逆之神，曾成为提亚马特军队的首领。众神对马尔都克的救命大恩感激不尽，在巴比伦城为马尔都克修建庙宇“埃萨吉拉”，举行盛大庆典，并宣布授予马尔都克 50 个头衔，即巴比伦神庙一切主神的权力，马尔都克遂成为至上之神。

巴比伦的创世神话与其说是在叙述创世的经过，毋宁说是在赞美和抬高巴比伦之神马尔都克。这则神话似乎具有庆祝巴比伦尼亚统一的政治色彩。巴比伦尼亚的(马尔都克的)统一是通过对海地(提亚马特)的胜利及其有效的安抚政策实现的，这种有效的安抚政策在胜利之后永久地影响着这片土地。

四、关于女神伊什塔尔的神话

神话《伊什塔尔降至冥府》叙述伊什塔尔怎样试图从她姐姐埃里什基伽尔手中夺取阴间统治：她获得了进入死人之城的许可，但是她后来被打败了，并被判处死刑，变成了一块烂肉。随后，她曾经使用过的忠实的仆人向诸神求援，但是只有恩奇反应积极，他创造了两个动物，这两个动物诱使埃里什基伽尔答应它们所要的一切。于是，它们便要那块肉，她只好奉送。它们在肉上撒上生命之水和生命之草，伊什塔尔从而被允许离开，但必须许诺找个替身；在返回的路上，她咒骂她年轻的丈夫杜木兹，因为他对于失去她似乎并未表现出过分的悲伤，所以，盛怒之下她把他交给了跟随她监督其履行诺言的恶魔，杜木兹欲逃，但最终被擒。杜木兹的姐姐基什提娜娜寻找他，发现他在阴间。于是伊什塔尔宣布他们将轮流交替，各自在阴间和阳间度过半年。巴比伦时期的一个神话讲的则是女神伊什塔尔赴阴间地狱搭救坦姆兹的动人故事：女神伊什塔尔的情人、种子和植物保护神坦姆兹(即杜木兹)死去，她为救其性命来到地狱以求生命之泉。地狱有七重门，伊什塔尔每过一重门要脱下一件衣服，她最后脱光了衣服。然而地狱的主宰者不仅不放出坦姆兹，而且把伊什塔尔也关进了地狱。由于两神都被禁闭，地上的万物皆失去了生命，树木因树叶落尽而枯死，欢乐消失了。于是众神同时遣使到阴间，请求把伊什塔尔免罪释放，让她求得生命之泉，救活她的情人。这些神话说明了自然界季节的变化，反映了自然物在冬天枯死之后又能于春天复活再生的事实。尽管伊什塔尔性情暴躁，但她心地善良。尘世间的凡人常常沐浴她的福泽，因此她是最受欢迎的女神。全体

图 15.3　记载神话《伊什塔尔降至冥府》的泥板

苏美尔人都供奉她。乌鲁克的埃安纳塔庙正是祭拜她的场所。创造力是妇女的本性，繁殖力代表了她的神性。在瓦尔卡遗址发现的公元前3000年的一件著名的雕刻石膏瓶，高90厘米，上面有三行精美的人物浮雕。最上面一行是女神伊什塔尔，她后面两束顶端有环和飘带的芦苇是她永恒的标志。一个裸体的祭司向她献上一篮水果，伊什塔尔的下面是一些小神，站在模型神庙和一些动物的身上。第二行是裸体的祭司们拿着祭品。第三行是动物和植物，代表了她的两个“领域”。作为爱神，许多国王将自己即位登基归功于伊什塔尔的爱情。阿卡德国王萨尔贡曾这样叙述自己的身世：

> 我的母亲是个女祭司，我不知道父亲是谁。女祭司母亲怀了我，偷偷地将我生下。她将我放在一只芦苇编织的篮子里，用松香封住篮口。她把篮子放入波浪平稳的河中。河水载着我，将我带到打水的园丁阿奇跟前。阿奇善意地看着我，将我从河中救起。他把我带回家抚养成人。他使我成了园丁。女神伊什塔尔正是在我做园丁时爱恋我。然后我成了国王。

伊什塔尔对亚述国王亚述巴尼拔也格外爱戴，她对亚述巴尼拔说：

> 我的脸紧贴着你的脸，宛如母亲用脸贴着她的儿女，我要把你像雕琢的宝石一样放在我的胸上。夜晚我要给你被子，白天我将给你衣服，不要害怕，啊，我的小宝贝，我养育了你。

第三节　史诗文学

一般认为，史诗与神话的基本区别在于，神话的内容所涉及的是神的活动，而史诗的内容则是歌颂人类的业绩，更确切地说，是歌颂人间英雄的伟业，虽然也不免带有某些传奇色彩。但在古代美索不达米亚，这种区分有时并不十分明显，有许多讲述神的故事也被冠以史诗之名，它们在本质上应属于神话之列。除了神话以外，在古代苏美尔，歌颂人类英雄的史诗并不少见。就目前所知，苏美尔时期有三大英雄，即著名的吉尔伽美什、恩美尔卡和卢伽尔班达。他们三位都是真实人物，都记载在著名的《苏美尔王表》之上。在《苏美尔王表》中，恩美尔卡、卢伽尔班达和吉尔伽美什分别是埃里什(乌鲁克)第一王朝的第二、第三和第五位统治者。根据苏美尔人的记载，乌鲁克第一王朝是继基什第一王朝之后兴起的。关于这三位英雄的史诗共有九部之多，篇幅从 100 行到 600 多行不等。其中关于恩美尔卡的有两部，关于卢伽尔班达的也有两部(其中之一也涉及恩美尔卡)，关于吉尔伽美什的则有五部苏美尔史诗和一部著名的巴比伦史诗。这些史诗虽然带有浓厚的传奇色彩，但在一定程度上反映了某些真实的历史过程。

一、关于恩美尔卡的史诗

关于恩美尔卡的第一部史诗称为《恩美尔卡与阿拉塔之王》。这是一部用苏美尔文刻写的史诗，刻在一块方形泥板之上，该泥板大约 9 英寸见方，书吏把它划分为 12 栏。刻写的时间约在 4000 余年以前，但所记述的人物和事件要早得多。故事的情节大致是这样的：远在乌鲁克东方的波斯境内有一城市名叫阿拉塔，它与乌鲁克之间相隔七座山脉。阿拉塔是座富庶的城市，盛产金属和各种矿石，而这些正是美索不达米亚所缺少的。因此苏美尔的英雄、乌鲁克的统治者恩美尔卡对阿拉塔城及其财富觊觎已久，决定迫使其臣服于自己，并最终达到了目的。

史诗以一导言开始，歌颂乌鲁克和库拉波(Kullab，乌鲁克境内或其邻近的一个地区)的伟大，并强调指出，乌鲁克对阿拉塔的统治是伊南娜女神的意愿。史诗称恩美尔卡为太阳神乌图之子，他为了臣服阿拉塔，请求苏美尔强有力的爱之女神和战争女神、太阳神乌图的妹妹伊南娜保证他实现愿望：

让阿拉塔臣服乌鲁克，
让其人民从他们的高原带来山石，
为我修建大神庙，为我修建大神殿，
为我建立供奉众神的大神殿，
为我在库拉波贯彻神圣法律，
为我创造像神圣高原一样的阿布祖神庙①，
为我把埃利都净化得像山一样……
愿人民表示赞赏和支持，
愿乌图以愉悦的目光注视着我。

伊南娜答应了恩美尔卡的请求，并建议他挑选一位适当的信使翻山越岭前往阿拉塔。恩美尔卡听从了伊南娜的建议，派一位信使前往阿拉塔去下战书，声称如果阿拉塔不奉献金银，修建和装饰恩奇的神庙，将摧毁该城。该信使在翻越了七座高山后，终于到达了阿拉塔，并向其国王传达了恩美尔卡的请求。但阿拉塔王拒绝了恩美尔卡的请求，并声称他是伊南娜的门徒，是伊南娜使他成为阿拉塔的统治者的。而信使告诉他，伊南娜现在是乌鲁克的“埃安那女王”，她向恩美尔卡许诺，阿拉塔将臣服于他。阿拉塔王对此很震惊，他让信使把他的答复带回乌鲁克，他指责恩美尔卡准备诉诸武力的举动，并宣称他宁愿选择决斗。他还进一步指出，既然伊南娜已成为他的敌人，他准备臣服于恩美尔卡，但条件是恩美尔卡必须送给他大量的谷物。信使回到乌鲁克，把阿拉塔王的复信交给了恩美尔卡。恩美尔卡首先与苏美尔智慧女神尼达芭进行了磋商，然后让他的驮兽载满谷物。信使牵着驮兽来到了阿拉塔城，向阿拉塔王递交了其主人的一封信。信中称赞了恩美尔卡的统治，并命令阿拉塔王给他送去红玉髓和天青石。

① 阿布祖神庙(Abzu)，即苏美尔水神恩奇的“海庙”，是埃利都城水神的主要供奉地。

当这位信使把所带来的谷物在庭院中高高堆起时，阿拉塔的人民兴奋不已，准备满足恩美尔卡的要求。但阿拉塔王在称赞了他自己的统治后，以同样的口吻要求恩美尔卡给他送来红玉髓和天青石。恩美尔卡的信使这一次又两手空空地返回了乌鲁克。

5年或10年以后，恩美尔卡又派那位信使前往阿拉塔，这一次他只让信使手执其权杖，而没有附信。见到了恩美尔卡的权杖后，阿拉塔王十分恐惧，准备臣服于乌鲁克。但他并没有乖乖地降服，而是又向恩美尔卡提出了新的挑战。他要求恩美尔卡挑选一名代表，他的一位“战士”与他自己的一位“战士”进行单打独斗，以决出胜负，看谁更强大。信使带着阿拉塔王的新挑战返回乌鲁克后，恩美尔卡再一次派遣他前往阿拉塔。这一次信使带来了一封信，它包括三方面的内容：第一，恩美尔卡接受阿拉塔王的挑战，准备派一名扈从与阿拉塔王的一名战士决斗；第二，他要求阿拉塔王在乌鲁克为伊南娜女神堆积起金、银和宝石；第三，他又一次威胁，除非阿拉塔王及其人民送来“山石”为其修建和装饰埃利都的神殿，否则他将毁灭阿拉塔城。信使把刻有此信的泥板交给了阿拉塔王，等待他的回答。但阿拉塔王似乎意外地得到了外援，苏美尔的暴风雨神伊什库尔(Ishkur)给他带来了野生的麦和豆，堆积在他面前。这些麦和豆唤起了他的勇气，他重新获得了自信，他告诉恩美尔卡的信使，伊南娜绝不会放弃阿拉塔，绝不会放弃她在阿拉塔的房屋和床铺。遗憾的是，文献至此后残缺不全，内容很难连贯起来。但结局是这样的：阿拉塔人民把金、银和天青石等送到了乌鲁克，为伊南娜在埃安那的庭院中将它们堆积起来。

关于恩美尔卡的第二部史诗，其内容也是讲述他使阿拉塔王臣服于己这样一个故事。但与第一部史诗不同的是，在这部史诗中，不是恩美尔卡首先向对手提出要求和挑战，而正好相反，是对手首先向他提出挑战。并且在这部史诗中，出现了阿拉塔王的真实名字——恩苏库什希拉那(Ensukushsiranna)，现在还无从知道他与第一部史诗中的阿拉塔王是否为同一人。这部史诗的情节可概括如下：

阿拉塔王恩苏库什希拉那通过一名信使向乌鲁克统治者恩美尔卡发起挑战，要求恩美尔卡承认他的霸主地位，并把女神伊南娜送至阿拉塔。恩美尔卡对此不屑一顾，在一封很长的复信中，他把自己描绘成众神的宠儿，并宣布伊南娜将留在乌鲁克，他还反过来要求恩苏库什希拉那臣服于他。因此，恩苏库什希拉那召集“议会”，征求对策。他们建议他臣服于乌鲁克，但遭到了愤怒的拒绝。一位可能名为乌尔吉尔努那（Urgirnunna）的祭司（*Mušmaš*-priest）主动请缨，他自称他将穿过“乌鲁克河”，征服所有的土地，“从上到下，从海到雪松山”。恩苏库什希拉那龙心大悦，给了他5明那金、5明那银及其他必需品。这位祭司到达乌鲁克后，来到了尼达芭女神神圣的牛棚和羊栏，诱使她的母牛和母羊，不让其奶进入餐厅，结果造成了乌鲁克牛棚和羊栏的废弃。牧人为此感到十分痛心和悲伤。尼达芭的两位牧者马什古拉（Mashgula）和乌列丁那（Uredinna）兄弟俩，可能是在太阳神乌图的指示下，智胜了阿拉塔王的祭司。该祭司被杀，其尸体被投入幼发拉底河。恩苏库什希拉那得知这一消息后，火速派一名信使至乌鲁克，表示完全投降：

你是伊南娜的宠爱者，你独享尊崇，
伊南娜真正地选择你作为她神圣的拍档，
从低（地）到高（地），你是他们的主人，
我要次于你，
从一开始，我就不是你的对手，你是“大兄长”，
我永远也无法与你相提并论。

结果，恩美尔卡获得了胜利。

二、关于卢伽尔班达的史诗

关于卢伽尔班达的第一部史诗可以称为《卢伽尔班达和恩美尔卡》。这部史诗的篇幅有400多行，大部分内容保存较好。大致情节如下：

苏美尔的英雄卢伽尔班达违心地身处异地——一个叫扎布(Zabu)的遥远地方，他很渴望返回他自己的城市乌鲁克。他决定首先要赢得一种叫伊姆杜古德的鸟的友谊，据说这种鸟能决定命运，它所说的话不容违背。因此，卢伽尔班达趁该鸟外出之时，来到了它的巢穴，给它的孩子们带来了脂肪、蜂蜜和面包，并且给它们化了妆，戴上王冠。伊姆杜古德回来之后非常高兴，决定与所有做这种好事的神或人建立友谊。卢伽尔班达得到了奖赏，伊姆杜古德为他确定了一次顺利的旅行，并提出了有关建议，这些建议他不能告诉任何人，包括其最亲密的朋友。卢伽尔班达的朋友和随从劝阻他，因为这是一次有去无回的旅行，需要跋山涉水。但卢伽尔班达坚持己见，他成功地返回了乌鲁克。在乌鲁克，卢伽尔班达的君王、太阳神乌图之子恩美尔卡正陷入深深的困苦之中。因为在过去的很多年里，塞姆族的马尔图人不断地蹂躏苏美尔和阿卡德地区，其时他们正包围着乌鲁克。恩美尔卡认识到，他必须求助于阿拉塔的伊南娜女神。但他找不到能冒险前往阿拉塔送信之人，卢伽尔班达自告奋勇。恩美尔卡要求他严守秘密，因此他不需陪同，孤身踏上了旅程。他翻越了七座山脉，带着武器来到了阿拉塔，在那里受到了伊南娜的热烈欢迎。伊南娜对恩美尔卡求助的回答不很清楚，她的回答似乎包括要求恩美尔卡在河中捕一种不寻常的鱼，制作一种盛水的容器，还要在城市中安置金属匠和石匠。但对于这些东西或做法如何能解除马尔图人的威胁，记述远没有那么清楚。

关于卢伽尔班达的第二部史诗称为《卢伽尔班达与胡鲁姆山》，其篇幅也在400行以上，但开头和结尾都已遗失。其内容大致如下：

卢伽尔班达和他的伙伴在前往遥远的阿拉塔的旅途中，到达了胡鲁姆

(Hurrum)山。卢伽尔班达在此病倒了，他的伙伴认为他将很快死去，决定扔下他继续前行。他们打算在返回时，把他的尸体带回乌鲁克。但他们还是给卢伽尔班达留下了许多食物和水以及武器等。卢伽尔班达向太阳神乌图祈祷，乌图保证他通过“生命之食”和“生命之水”恢复健康。恢复了健康后，卢伽尔班达便在山坡上漫步，靠狩猎和采集野果生活。有一次，他在睡觉中梦见太阳神乌图命令他拿起武器，杀死一头野牛，把牛油献给正在升起的太阳乌图；还命令他杀死一头小羊，把血倒进沟渠里，把油放在平地上。醒来之后，卢伽尔班达依梦而行。此外他还为安、恩利尔、恩奇和宁胡尔萨格，即苏美尔四大神准备了食物和酒。在保存下来的史诗的最后100行中，称赞了天上的七色光，它们帮助月神南那、太阳神乌图和金星女神伊南娜照亮宇宙。

三、关于吉尔伽美什的史诗

在苏美尔人的三大英雄中，关于吉尔伽美什的史诗无疑最具代表性。在关于吉尔伽美什的史诗中，最引人注目的当属《吉尔伽美什史诗》。《吉尔伽美什史诗》被认为是“世界文学史上的伟大杰作之一”①，其原始形式来自苏美尔人的口头传说。吉尔伽美什在乌鲁克的统治时间约在公元前2600年，在他死后很长时间，关于他的英雄传奇故事开始流传，但我们能够提到的时间只是公元前2100年，当时乌尔第三王朝的宫廷诗人们开始传诵吉尔伽美什的传奇故事。乌尔第三王朝的国王们把吉尔伽美什当作他们的祖先。② 现有的不完整的五部关于吉尔伽美什的苏美尔史诗作品，都是用苏

① Andrew George, *The Epic of Gilgamesh: A New Translation*, London: Penguin Books, 1999, p. XIII.

② Thorkild Jacobsen, "'And Death the Journey's End': The Gilgamesh Epic", in Benjamin R. Foster trans. and ed., *The Epic of Gilgamesh*, New York: W. W. Norton & Company, 2001, p. 183.

美尔语写成的，后来古巴比伦时期的《吉尔伽美什史诗》是用阿卡德语写成的。苏美尔语的《吉尔伽美什史诗》，已经具有了后来的古巴比伦《吉尔伽美什史诗》的主要情节。譬如，《吉尔伽美什和生物之国》这部史诗中有英雄主角诛杀杉妖的情节，《吉尔伽美什和天牛》中有英雄主角拒绝女神的求爱以及杀死女神派来作恶的天牛的情节，《吉尔伽美什的死亡》中有英雄主角去寻求长生不死的情节，《洪水》中有关于大洪水的情节，《吉尔伽美什、恩奇都和冥界》中有英雄主角与亡灵对话的情节。出现于公元前1700—前1600年的古巴比伦时期的《吉尔伽美什史诗》是用阿卡德语的巴比伦方言写成的，是较早的版本，通常被称为“古本”。与苏美尔语的史诗相比，两者既有相同之处，也有很多不同之处。记载《吉尔伽美什史诗》的许多不同版本的泥板不仅发现于美索不达米亚，还发现于叙利亚、黎凡特和安纳托利亚等地，说明其影响非常之广。出现于公元前1500—前1000年的《吉尔伽美什史诗》手稿被称为“中本”，只保留下来了一些残片；保存下来最多的是公元前7世纪的版本，被称为“标准版本”；公元前7世纪以后的版本被称为“晚本”。《吉尔伽美什史诗》还被翻译成许多其他语种，如赫梯语、胡里语和埃兰语等。赫梯语的《吉尔伽美什史诗》已经被翻译成了现代语言，胡里语版本破损严重，难以理解和翻译；埃兰语版本的两块泥板有误，与吉尔伽美什没有任何关系。

《吉尔伽美什史诗》得以重见天日，要归功于两位英国考古学家，一位是我们在前面已介绍过的莱亚德爵士，另一位是乔治·史密斯(George Smith)。当莱亚德从事第二次发掘时，他在库云吉克发现了许多楔形文字泥板，它们属于著名的亚述巴尼拔图书馆的藏书。莱亚德把这些泥板碎片用箱子装好，运回了英国，送往大英博物馆。虽然学者们无不认为这是一座宝藏，但进行正式研究以前所必须从事的繁重、枯燥的筛选和分类工作，使许多人望而却步。终于有一天，一位雄心勃勃的年轻考古学家乔治·史密斯勇敢地挑起了这个重任。史密斯最初并不是一位学者，而只是一位雕

图 15.4　乔治·史密斯

刻家。大英博物馆主持编辑“西亚楔形文字铭文”的大型图册，他受雇于刻写楔形文字文书。由于才思敏捷、求知欲强，史密斯并不满足于像其他同事一样在艺术和技术上进行模仿，他想知道刻写的东西是什么内容，因此他利用业余时间刻苦钻研楔形文字。他成功地辨认了许多泥板残片，并把它们拼凑起来，使许多泥板得到了修复。当他修复了一套 12 块泥板，并证明其刻写的内容是一部最古老、最有趣的史诗时，立即引起了轰动。伦敦《每日电讯》报立即派他前往美索不达米亚进行考古发掘，以便补齐史诗遗失的部分。史密斯径直前往库云吉克，他竟奇迹般幸运地找到了遗失的残片。他带着他的“宝贝”兴致勃勃地返回了英国。史密斯很快就出了名。但他的工作很快就被残酷地中断了，1876 年，年仅 36 岁的史密斯死于鼠疫(黑死病)。其他学者继续从事整理、分类和修复工作。

经过学者们约半个世纪的发掘和整理，至 20 世纪 20 年代，不仅这部史诗的泥板基本全部复原，而且对其的翻译、注释和研究也已经取得了初步的进展。目前所见到的《吉尔伽美什史诗》包括 12 块泥板①，每块泥板大约载有 300 行，总共约 3500 行。

全部史诗从结构上看，可分为前言和正文两大部分，正文的情节包括七部分。前言的标题可以称为“乌鲁克之王吉尔伽美什”，主要描述吉尔伽美什其人其事。他是一个万事通；他是个周游过世界的国王；他很聪慧，

① 也有学者认为第 12 块泥板系后人所加。

洞悉一切神秘和秘密之事，在洪水到来之前，他事先获得了消息。他进行了长途旅行，历经艰辛，回来后把所经历之事刻在一块岩石上。当众神创造吉尔伽美什之时，他们赋予他完美的身躯，太阳神沙马什赋予他美貌，暴风雨神阿达德赋予他勇敢，众大神使他的美貌更完美，超过其他所有人，其威武宛若一头巨大的野公牛。他们把他塑造成三分之二像神，三分之一像人。他在乌鲁克修建城墙和堡垒，为天神安努和爱之女神伊什塔尔修建了埃安纳神庙，使其金碧辉煌，无与伦比。

史诗正文的第一部分可称为“恩奇都的降临”。吉尔伽美什力大无穷，他周游世界未遇见对手后返回了乌鲁克。他在乌鲁克的残酷统治激起了人民的怨愤，他抢夺了所有的青年和孩子，他占有了所有的少女，就连战士的妻子和贵族的娇妻也不放过。天上众神听到了乌鲁克人民的哀怨后，报告了天神安努，安努命令创造女神阿鲁鲁为吉尔伽美什创造一个对手，让其制服吉尔伽美什，使乌鲁克得享安宁。阿鲁鲁创造了贵族恩奇都，恩奇都具有战神尼努尔塔的美德，他身体粗犷，留着女人式的长发，其波浪有如谷物女神尼萨巴之发。恩奇都起初是个草莽中的野人，经常与野兽生活在一起，不通耕作之事，后来在神妓的引导下他才具有人的本质，忘掉了山野之事。恩奇都来到了乌鲁克，两位非凡的英雄在广场上展开了猛烈的厮杀，经过艰苦的战斗后，两人不分胜负(一说最终恩奇都战败①)。但无论如何，从史诗中明显可见，两人相互钦佩对方的勇敢和武艺，产生了英雄相惜之情，结成了形影不离的莫逆之交。吉尔伽美什也一改往日残暴的恶习。

第二部分可称为“森林之行”。吉尔伽美什由一位罪大恶极的暴君转而成为为民造福的英雄。他与恩奇都一道战胜并消灭了大漠中害人的雄狮。吉尔伽美什决定征服山林怪兽洪巴巴，洪巴巴是杉树林的守护者，身材高大，异常凶狠，其吼声如洪水咆哮，还可以口吐火焰和有毒气体。无人敢

① H. W. F. Saggs, *The Greatness That Was Babylon*, p. 393.

图 15.5　英雄吉尔伽美什

接近洪巴巴所守护的杉树林，它对人民构成了极大的威胁。由于危险性较大，恩奇都劝阻吉尔伽美什，但吉尔伽美什心意已决。于是吉尔伽美什与恩奇都来到了森林，他们与洪巴巴展开了殊死搏斗，然而初战受挫，恩奇都还受了伤。后来在太阳神沙马什的帮助下，他们战胜了洪巴巴。洪巴巴愿意投降，但在恩奇都的坚持下，洪巴巴仍被处死。

第三部分可称为“伊什塔尔与吉尔伽美什，恩奇都之死”。吉尔伽美什得胜后返回乌鲁克，其勇敢和美貌打动了爱之女神伊什塔尔的心，她向这位大英雄倾诉了爱慕之情：

请过来，做我的丈夫吧，吉尔伽美什！
请以你的果实给我作赠礼，
你做我的丈夫，我将做你的妻子。
我给你宝石和黄金的战车，
车轮由黄金制造，马饰由宝石做成。

请到我们那杉树放香的家里。
你若到了我们的家，
王爷、大公、公子都将在你的脚旁屈膝，
在门槛、台阶之上就把你的双足吻起。
他们将把山野的(土特产)作为贡物向你献礼。①

面对诱惑，吉尔伽美什不为所动，断然拒绝了女神的求爱，他再也不是从前那个荒淫无度的暴君了。他对伊什塔尔说道：

你爱谁曾经久长？……
过来，让我把你的情人数点……
对你年轻时的情人塔木兹，
你要他年年痛哭几场；
你虽然爱那有斑纹的鹁，
却捕打它，折断了它的翅膀，
让它在树木中躲藏，并悲痛地叫喊：“我的翅膀！”
你爱过那浑身是劲的雄狮，
却使它在陷阱中遭殃；
你还爱过那匹名扬沙场的战马，
却用鞭子、棍棒把它殴打……
还有你爱过的牧人，
他总是在你面前将面包、点心层层堆放，
而且天天宰杀幼畜把你供养，

① 赵乐甡译著：《世界第一部史诗〈吉尔伽美什〉》，沈阳：辽宁人民出版社，1981年版，第52页。

你却打他，终于使他变成豺狼，
以至于他自己的牧童把他驱逐，
他那群狗咬住他的大腿不放。

于是，吉尔伽美什得出结论：可见你若爱上我，也会使我的命运与他们一样。①

伊什塔尔勃然大怒，她向其父、天神安努求助，要挟其父造了一头天牛，到吉尔伽美什的城市进行报复。吉尔伽美什和恩奇都与天牛展开了生死搏斗，最后终于将其诛杀。两位英雄把天牛之心掏出来，献在太阳神沙马什面前。乌鲁克的居民为这两位英雄举行了庆功宴。但就在当天晚上，恩奇都做了一个梦，他梦见安努、恩利尔、埃阿和沙马什等众神在一起开会，安努对恩利尔说，由于吉尔伽美什和恩奇都杀死了天牛和洪巴巴，他们两人之中的一人必须受到死的惩罚，恩利尔主张让恩奇都死，让吉尔伽美什活下去。沙马什为他们辩护道："难道他们不是按照我的命令去杀死了天牛和洪巴巴的吗？无辜的恩奇都却要死亡？"恩利尔对沙马什非常愤怒。最后，恩奇都没能摆脱厄运，他在患重病 12 天以后，去世了。恩奇都的死亡使吉尔伽美什失去了一位挚友，他悲痛万分：

啊！父老乡亲们！
我为恩奇都——我的挚友，我的伙伴哀号恸哭，
我的哭声犹如丧子的母亲在号丧悲咽。
他是我身边的斧子，手中的弓箭，
他是我腰间的匕首，护身的铠甲，

① 参见赵乐甡译著：《世界第一部史诗〈吉尔伽美什〉》，第 54～55 页；H. W. F. Saggs, *The Greatness That Was Babylon*, p. 395。

他是我心间的喜悦，节日的盛装，
可恶的妖魔从我手中把他夺去。
这是何种睡眠呀？竟制服了你的身心！
你被黑夜所笼罩，再也听不见我的唤声！

第四部分可称为“吉尔伽美什寻求永生”。挚友恩奇都的亡故对吉尔伽美什的打击实在太大，他感到死亡乃人类最大的悲剧。他对自己的命运感到惶恐不安，因此决心探寻获得永生的奥秘。他想起了人类始祖乌特那皮什提姆，其已被列入神籍，进入了众神会议，并获得了永生。为了找到乌特那皮什提姆，吉尔伽美什不惜长途跋涉，历经艰难险阻，尝尽千辛万苦。当他到达死海岸边时，他遇到了一位酒馆女老板斯杜丽。她劝阻吉尔伽美什的行动，告诉他寻求永生是徒劳的，因为神在创造人类之时，也注定了其死亡的命运。她还说，对吉尔伽美什来说，能做的只是尽情地享乐。但吉尔伽美什并没有心灰意冷，他仍然勇往直前。他冒着生命危险渡过死海，终于来到了乌特那皮什提姆的住地。当问明了吉尔伽美什的来意后，乌特那皮什提姆向他讲述了一个秘密。

第五部分可称为“洪水故事”。乌特那皮什提姆向吉尔伽美什讲述了一个大洪水的故事：在幼发拉底河岸有一座城市名叫舒路帕克，由于其人口增多，吵得众神无法安睡，安努和恩利尔等众神召开会议，决定毁灭人类。智慧之神埃阿给乌特那皮什提姆以预示，让他建造一条方舟，把他的家人及所有有生命之物安排在船中，以躲避灭顶之灾。六天六夜，洪水咆哮，狂风大作。至第七天，洪水退去，风平浪静。乌特那皮什提姆为人类及万物保留了生命之种。他被列入神籍，并获得了永生。

第六部分可称为“归途”。乌特那皮什提姆获得永生的秘密，显然对吉尔伽美什毫无意义，因为他不可能再获得这种机遇了。就在吉尔伽美什即将踏上归途之时，乌特那皮什提姆在妻子的劝说下，向吉尔伽美什揭示了

图 15.6　记载《大洪水故事》的泥板，属于《吉尔伽美什史诗》第 11 块泥板

如何获得返老还童仙草的秘密。吉尔伽美什按照他的指点，潜入海底，摘取了可以使人长生不老的仙草。吉尔伽美什非常高兴，他打算把仙草带回乌鲁克，与国人共享。但在归国途中，当吉尔伽美什走到一清泉旁时，便下水去洗澡。一条蛇被留在岸上的仙草的香气所吸引，把仙草给叼跑了。蛇便因此能够以每年的蜕皮来恢复青春，而人却失去了这一机会。吉尔伽美什发现仙草被盗后，非常悲伤，他坐在地上号啕大哭。他经过长途、艰苦的旅行，到头来仍一无所获，只得万分沮丧地回到乌鲁克。

史诗的最后一部分写的是吉尔伽美什与友人恩奇都的幽灵的对话。这部分内容记载在第 12 块泥板上，这里出现的恩奇都是活着的人，他为了为吉尔伽美什找回掉入阴间的鼓槌而在阴间触犯了种种戒律，因此被扣押。

吉尔伽美什在智慧之神埃阿的帮助下，让恩奇都的灵魂返回了人间，恩奇都的灵魂向他讲述了阴曹地府的情景。全诗以两位英雄悲壮、伤感的对话结束。

除了上面提到过的关于吉尔伽美什的五部苏美尔史诗和这部由 12 块泥板组成的巴比伦的《吉尔伽美什史诗》外还有一部著名的史诗，即《吉尔伽美什和阿伽》。关于这部史诗已有中文介绍和翻译①，在此就不多蘸笔墨。

四、史诗文学所反映的社会背景

史诗文学的内容是很丰富的，《吉尔伽美什史诗》犹如一座古代美索不达米亚社会和人类文明的宝库，有着无尽的资源，这不仅是因为还可能有不同的版本被挖掘出来，还因为即使对现有的版本和内容，“也可能有一种终极的解释”②。下面对史诗文学所反映的社会背景做一简要概括。

在人类历史上经历过这样一个历史时期，在这一时期里私有制和阶级出现，原始的氏族制度开始解体，国家从萌芽到逐渐形成。这时期通常伴随有新的民族的出现(外族入侵或迁移)，并产生一种新的时代精神。这一历史时期通常被称为“英雄时代”，其名称源于公元前 7 世纪古希腊著名诗人赫西俄德(Hesiod)。他在其著名诗篇《田功农时》中，把人类历史划分为五个时代，即黄金时代、白银时代、青铜时代、英雄时代和铁器时代。③氏族制度解体和国家产生的新旧秩序更替之际，是一个需要并产生了新思维和新精神的时代，是英雄辈出的时代。这在思想和文化领域的直接反映便是歌颂英雄、呼唤新的时代精神的史诗文学的出现。在古希腊人的英雄

① 参见林志纯主编：《世界通史资料选辑》(上古部分)，第 37～43 页。

② R. Harris, “Images of Women in the Gilgamesh Epic”, in Benjamin R. Foster trans. and ed., *The Epic of Gilgamesh*, p. 208.

③ 《田功农时》又译作《工作与时日》，中译本已由商务印书馆连同赫西俄德的另一部作品《神谱》一并出版，参见[古希腊]赫西俄德：《工作与时日·神谱》，张竹明、蒋平译，北京：商务印书馆，2011 年版，第 5～7 页。

时代，产生了世界文学史上的史诗杰作《荷马史诗》——《伊利亚特》和《奥德赛》；在古印度人（雅利安人）的英雄时代，孕育了两部不朽的史诗《摩诃婆罗多》和《罗摩衍那》；在英国则有英国的第一部民族史诗《贝奥武甫》。

古代美索不达米亚的史诗文学无疑也是在这一历史潮流下应运而生的，它反过来又折射出这一时代变革的社会背景。因此可以说，苏美尔—巴比伦史诗文学不仅在文学史上占有重要的一席之地，而且还具有较高的史料价值，在人类历史早期文献史料相对较少的情况下，它显得尤其珍贵。关于恩美尔卡、卢伽尔班达和吉尔伽美什的所有史诗都反映出一个共同的主题，那就是斗争或抗争。它既表现为人与自然的斗争、人与命运的斗争，也表现为人类之间的斗争（表现为国家与国家、民族与民族之间的斗争）。在《恩美尔卡与阿拉塔之王》这部史诗中，一方面反映出美索不达米亚资源匮乏的客观事实，但另一方面更为重要的是反映出新兴的统治者的勇敢、好斗、贪婪和掠夺成性等全新的品性。《卢伽尔班达和恩美尔卡》反映出在存在外部威胁的情况下，人们竭力保卫国家安全、维护新秩序，表现出不畏艰难险阻、置生死于度外的英雄气概。《卢伽尔班达与胡鲁姆山》则歌颂了人与命运的抗争。

《吉尔伽美什与阿伽》则向人们展示了苏美尔人在从原始的氏族社会末期向国家转变过程中的社会制度，学者们习惯上把它称为“军事民主制”。在这种制度下，存在三个权力机构，即行政或军事首领、长老会议和公民大会。这时的军事首领还不是严格意义上的国王，更不能代表专制王权，最初可能只是发生战争时临时选举的“独裁官”，后来才演变成常设职位。在一般的城邦中，他们被称为“恩西”，强大城邦的统治者或一些城邦的霸主被称为“卢伽尔”。卢伽尔原意为“大人”，后来才有“主人”和“王”等意思。长老会议和公民大会合称城邦会议。长老会议也称贵族会议，由贵族组成，公民大会则由成年男子组成，它们限制和制约着王权。根据《吉尔伽美什和阿伽》的记载，基什的统治者阿伽派使者到乌鲁克，向乌鲁克的统治者吉尔伽美什索求，吉尔伽美什遂召开城邦会议征求意见。他首先召开了长老会议，长老们主张投降①；随后他又召开了公民大会，公民大会主张拒绝基什的要求，进行抵抗。最后，吉尔伽美什率领乌鲁克人战胜了基什。这说明，吉尔伽美什在选择战与和等重大事情上，还没有决定权。城邦内部的最高权力机构可能是公民大会。与此相对应的是，在天上则有众神会议，每遇重大事件都要召开众神会议以商讨。但天神安努和众神之父恩利尔似乎权力要大一些，例如，在《吉尔伽美什史诗》中，恩利尔在处死吉尔伽美什的好友恩奇都和发动大洪水以毁灭人类方面，就具有决定权。随着社会经济的不断发展和国家的不断强大，国王的权力也越来越大，最后发展为专制君主，城邦会议的作用则逐渐减弱。

第四节　爱情诗

爱情是人类文学史上永恒的主题，一部不朽的爱情诗篇如同一个动人的爱情故事一样，可震撼人的心灵，陶冶人的情操。因此，爱情诗或情歌是人类文学史上最早的体裁之一。最早的爱情诗篇便诞生在苏美尔。苏美尔人留给我们的爱情诗数量不多，且内容多是涉及国王和神的爱情故事。

迄今所知最早的两首爱情诗保存在伊斯坦布尔古代东方博物馆的两块泥板上。这两首诗的创作时间无疑是乌尔第三王朝时期，因为其男主人公都是乌尔第三王朝的第四代国王舒辛。根据苏美尔人的信仰和习俗，为了保证土地丰产和人丁兴旺，当政的国王每年都要迎娶一位爱情和生育女神伊南娜的女祭司，这是他的神圣职责。这种“圣婚”仪式在每年的新年那一天举行，仪式开始前要举行庆祝宴会，席间有音乐伴奏，并且载歌载舞。

---

① 有学者的译文与此不同，例如，在美国著名亚述学家 T. 雅各布森的译文中，长老会议也赞同吉尔伽美什的请战主张。参见［美］T. 雅各布森：《古代美索不达米亚的原始民主》，载《世界历史译丛》1980 年第 3 期，第 71 页。

根据著名的苏美尔学家 S. N. 克莱默教授的研究，第一首诗很可能是由舒辛国王选定的新娘在新年庆祝“圣婚”的过程中吟诵的。下面就是根据克莱默教授的英译文翻译的全诗内容：

新郎，亲亲，我的心，
你的美貌甜如蜜，
壮士，亲亲，我的心，
你的美貌甜如蜜。

你已迷住了我，让我不安地站在你面前，
新郎哥，我甘愿被你带入洞房，
你已迷住了我，让我不安地站在你面前，
壮士哥，我甘愿被你带入洞房。

新郎哥，让我亲吻你，
我的香吻比蜜甜，
在洞房里，充满柔情蜜意，
让我们共享你的美貌，
壮士哥，让我亲吻你，
我的香吻比蜜甜。

新郎哥，你已占有了我，
告诉我的母亲，她将给你以佳肴，
告诉我的父亲，他将给你以赠礼。

你的精神，我知道如何振奋你的精神，

新郎哥，与我同眠至天明，
你的心，我知道如何取悦你的心，
壮士哥，与我同眠至天明。

你，因为你爱我，
给我你亲吻的请求，
我的君王之神，我的君王保护者，
我的舒辛，你取悦了恩利尔之心，
给我你亲吻的请求。

你的偶像甜如蜜，请把(你的)手置其上，
把(你的)手置于其上，就像一件衣服(*gissbban*)，
举起(你的)手置于其上，就像一件衣服(*gisbban-sikin*)。
这是伊南娜的颂歌。①

第二首诗也是一位不知名的女祭司献给其国王的情话。但其结构不太分明，含意也有些模糊之处。根据克莱默教授的划分，这首诗由六节组成。② 每节之间的逻辑关系不是很清楚。头两节各由四行组成，第一节歌颂舒辛的诞生，第二节颂扬舒辛及其母阿比斯姆提(Abisimti)③、其妻库巴图姆(Kubatum)④：

她生下了他，他很纯洁，她生下了他，他很纯洁，

① S. N. Kramer, *History Begins at Sumer*, pp. 246-247.
② S. N. Kramer, *History Begins at Sumer*, pp. 247-248. *ANET*, p. 496.
③ 阿比斯姆提，应为乌尔第三王朝第二代国王舒尔吉之妻，舒辛之母。
④ 库巴图姆(Kubatum)，一译达巴图姆(Dabbatum)，舒辛的妻子之一，可能曾是女祭司。

王后生下了他，他很纯洁，
阿比斯姆提生下了他，他很纯洁，
王后生下了他，他很纯洁。

嗷，我的(王后)很宠爱顽童，
嗷，我的(王后)……头，我的王后库巴图姆，
嗷，我的(君王)……发，我的君王舒辛，
嗷，我的(君王)……言，我的舒尔吉之子！①

第三节较长，共由六行组成，为诗人歌颂国王赠给她的礼物：

因为我吟诵，因为我吟诵，君王赠我以礼物，
因为我吟诵阿拉里歌(*allari*)，君主赠我以礼物，
金耳坠，天青石印，君王送我作礼物，
金戒指，银戒指，君王送我作礼物，
君王，你的礼物充满……仰脸看着我，
舒辛，你的礼物充满……仰脸看着我。

第四节由四行组成，其中两行损坏严重，意义已连贯不上，但仍可明显看出这节是称颂舒辛本人的威力的：

……君王……君王……
……像一件武器……

① 这句诗有重要的史料价值，它表明乌尔第三王朝的第四代国王舒辛不是第三代国王布尔辛(Bur-Sin)之子，而是他的兄弟，舒辛和布尔辛都是第二代国王舒尔吉之子。

城市举起了手，宛若一条巨龙，我的君王舒辛，
它伏在你脚下，有如一头幼狮，舒尔吉之子。

女诗人在第五节中把笔锋转向了自己，她颇具诱惑地向国王展示自己的魅力：

我的神，酒女①之神，她的酒甜美芳香，
她的私处如酒一样，她的酒甜美芳香，
她的私处与唇一样，她的酒甜美芳香，
她的酒，她的混合酒甜美芳香。

在这首诗的最后一节，女诗人又转而歌颂舒辛国王：

我的舒辛宠爱我，
嗷，我的(舒辛)宠爱我，爱抚我，
我的舒辛宠爱我，
我的深受恩利尔宠爱的舒辛，
我的国王，其土地之神！
这是巴乌女神的颂歌。

这两首爱情诗不仅向我们展示了生活在4000多年前的苏美尔人的婚姻和爱情观，在文学表现手法上，它们还告诉我们，苏美尔人已经采用了语句重复、排比句和比喻等修辞方法，他们显然已懂得重复和排比句所具有的感染力与恰当比喻造成的生动性。重复和排比属于作品结构本身的范畴，

① 学者们认为这里的酒女指的是女诗人自己。参见*ANET*，p. 496，n. 11.

比喻则要求有丰富的知识和敏锐的观察力。在第一首诗中，用作比喻的客体是蜜，比喻的内容是其最重要的性质“甜”，比喻的对象分别是“美貌”和“香吻”。在第二首诗中用作比喻的客体有巨龙、幼狮等。其实，比喻是绝大多数苏美尔文学作品，尤其是诗歌作品最常采用的修辞手法之一。从大量的苏美尔文学作品中可以看出，苏美尔人用作比喻的客体数量、种类非常多，涉及范围也非常广。第一是宇宙和天体，包括日月星辰和天地等。苏美尔诗人通常用“天”来形容“高”，例如，苏美尔人的塔庙在许多作品中被描写为“与天齐高”；“天”有时也用来形容“美丽”，如一位诗人把尼普尔说成“里里外外都像天一样美丽”等。“大地”则取其“宽广”的寓意，即所谓“天高地广”；有时也用来表示“持久”、“长久”等含义，即所谓“天长地久”。第二是自然现象，如雷雨风暴等。第三是宇宙间的万物，如山、水、植物和动物等。其中动物王国是主要的比喻源泉，野生动物常见的有狮、狼、野牛、山羊和大象等，家畜主要包括公牛、母羊、驴和狗等，此外还有各种鸟类和鱼类等。第四是各种物品，如前面两首诗中出现的蜜和酒，还有牛奶、船和服装等。用作比喻的这些客体都有其鲜明的个性和特点，这些个性和特点无疑体现了苏美尔诗人的理解和思想观念，所以它们才能恰当地被诗人所利用。这在某种程度上也反映出了苏美尔文化的某些基本特征。

第五节　赞美诗与祈祷词

赞美诗与祈祷词构成了古代美索不达米亚文学的另一重要篇章。它们的内容多为歌颂和祝愿宇宙间诸神，因此具有鲜明的宗教色彩。他们通常由祭司或国王在神庙中歌唱，尤其是在盛大的宗教节日和仪式上，歌唱的时候有乐器伴奏。这种赞美诗和祈祷词可能起源于苏美尔时期，中期亚述和古巴比伦时期有所发展。现存的赞美诗和祈祷词有苏美尔文的，也有苏美尔文和阿卡德文双语的，长的达几百行，短的也有几十行。

一、《宇宙主宰恩利尔赞歌》

恩利尔是古代美索不达米亚三大神之一，是宇宙的主宰，被奉为“众神之父”，因此歌颂他的赞美诗占有重要的地位。这篇被书吏称为《宇宙主宰恩利尔赞歌》的赞美诗是一短篇，以典型的模式开头，罗列恩利尔的权力、品德和特性(第1～17行)：

洞悉土地命运之主，其感召值得信任，
洞悉土地命运的恩利尔，其感召值得信任，
众神之父，恩利尔，普天之下的主宰，
众神之父，恩利尔，正确指令的主宰，
众神之父，恩利尔，黔首之牧者，
众神之父，恩利尔，其指示明察秋毫，
……
从日出至日没之山，
大地中再无另主，你是唯一之王，
恩利尔，普天之下再无王后，
你的妻子是唯一的王后。

随后的内容把恩利尔刻画成一位丰产神，歌颂他赋予天地万物以生命，使植物繁茂，使动物增殖：

强大之王，天地雨水归你管理，
恩利尔，众神之“牧杖”由你监管，
众神之父，恩利尔，你使植物繁茂，你使谷物增产，
众神之父，恩利尔，你的光辉照耀海中之鱼，

你令天空飞鸟结队，

你令海中游鱼成群。

最后3行可能涉及一些“社会问题”，遗憾的是内容虽保存下来，但由于语言障碍或背景知识不足，有几个关键的词汇的真正含义无法确定，因此还无法弄清其寓意。

二、沙马什的赞歌

长达200行的《沙马什赞歌》①是最长、最优美的楔形文字赞美诗之一。在古代美索不达米亚众神中，太阳神沙马什是位居三大神之下的第二级神。虽然在不同的历史时期，有些第二级神被抬高到至尊的地位，如巴比伦第一王朝的马尔都克和中亚述后期的尼努尔塔等，但沙马什却从未有此殊荣。但他赏善罚恶，被奉为公正和正义之神，永远受到尊敬，享受各种崇拜和供奉，甚至包括美索不达米亚以外的崇拜和供奉。他光照大地，其光甚至射至阴冥地府。在这首《沙马什赞歌》中，他首先作为宇宙间光的赋予者而受到称赞（第1～20行）：

沙马什，天空……的照亮者，

你照亮了上界和下界的黑暗……

……

当你出现之时，所有的顾问神都兴高采烈，

所有的伊吉吉②神都对你欢呼雀跃。

……

① 原文和英译文参见 W. G. Lambert，*Babylonian Wisdom Literature*，pp. 121-138.

② 伊吉吉(Igigi)，众天神的统称。

你的光辉普照崇山峻岭，
你的光芒充满辽阔大地。

然后他被奉为一切生灵的保护者(第 21～52 行)、秘密的揭穿者和有特殊需求者的保护神(第 53～82 行)：

你照顾普天之下的人民，
顾问之王埃阿所创造的一切都托付给你，
一切生灵你都守护，无一例外，
你是它们在上界和下界的守护者。

沙马什最受尊崇之处可能莫过于他的主持公道。古代美索不达米亚向来有尊重法律的传统，对正义之王或正义之神自然宠爱有加。紧接着赞美诗用相当的篇幅涉及这方面的内容，其中列举了许多冒犯沙马什的罪行。商人的不端行为占主导地位，他们难逃法网；而那些品行端正的商人，会特别受到沙马什的奖赏(第 83～148 行)：

(你是)一位宣布公正判决的法官，
控制宫廷和国王的生活。
从事不轨商业活动之人将获得什么？
对赢利他将大失所望，并且丧失资本。
对投资于长距离贸易，支付 1 舍克勤每……之人，
沙马什龙心大悦，他将长命百岁。
执秤之时玩弄奸计的商人，
使用两种秤砣，因此低……
他在获利方面将大失所望，他将丧失(资本)。

执秤之时给足分量的最诚实的商人，
他所得到的一切也货真价实。

赞美诗在进一步称赞沙马什的预言(第149～155行)后，还提到了每月向他献酒的节日，他保证其朝拜者的愿望得以实现(第156～166行)。在接近结尾时，赞美诗重新对沙马什的阳光进行歌颂，这次甚至包括歌颂他对气候和季节的控制能力(第167～183行)。赞美诗的结尾部分遭到严重损坏，从中已很难判断其所要表达的完整意义。

关于《沙马什赞歌》的创作时间，目前尚难做出具体的判断。至少亚述巴尼拔图书馆就有五种抄本，手稿几乎都是用晚期亚述语写的，只有一份是用的晚期巴比伦语，它可能出自沙马什所在之城西帕尔。该赞美诗可能是较早的作品，后来人进行了加工；也可能其本来就是后来人根据早期材料创作的作品；还存在一种可能，即其核心是早期的，后来人进行了扩充。至于W. G. 兰伯特(W. G. Lambert)所翻译、介绍的这部《沙马什赞歌》，他认为不早于加喜特王朝时期，但关于商人的部分明显属于古巴比伦时期。①

《沙马什赞歌》反映出了在宗教方面的自然崇拜特征，太阳首先因其自然属性而受到崇拜和歌颂，它被视为生命之本、生命之源。这与古代其他民族对太阳的崇拜并无太大的区别，其不同之处在于，在古代美索不达米亚太阳神被赋予法官之权，它是公正和正义的化身。赞美诗还具有一定的史料价值，尤其是关于赏善罚恶的部分内容反映了普遍的社会问题，对认识社会和了解社会具有参考价值。有关商业和商人的内容更可以与其他文献材料，尤其是著名的《汉谟拉比法典》相参照，因此成为研究古巴比伦社会商品经济的发展的重要参考文献。

---

① W. G. Lambert, *Babylonian Wisdom Literature*, p. 123.

三、《对众神的祈祷》

祈祷词的内容通常无非是祈求神的保护和宽恕自己的罪行等。这篇《对众神的祈祷》①不是献给某一特定之神，而是献给所有神，甚至包括作者所不知道的神的。其目的是为使自己从痛苦中解脱出来，因为按照作者的理解，他现在正遭受的痛苦是神对其违反神法的惩罚。但他并不知道自己触犯了哪条神法，或者说冒犯了哪位神灵，因此只好向所有的神祈祷，祈求他们之中的被冒犯者宽恕自己的罪过。他首先祈求所有的神、所有的女神、所有的他知道和不知道的神与女神，对他气恼的心平静下来，然后便列举自己可能冒犯了神灵之处：

由于无知，我吃了我神禁食之物，
由于无知，我足踏我女神禁入之地。
噢，主啊，我罪罄竹难书，我罪大恶极。
噢，我神，我罪罄竹难书，我罪大恶极。
噢，我的女神，我罪罄竹难书，我罪大恶极。
噢，我所知或不知之神，我罪罄竹难书，我罪大恶极。
噢，我所知或不知之女神，我罪罄竹难书，我罪大恶极。

但作者马上笔锋一转，诉说自己并不知道究竟犯了哪条罪状：

实际上我不知道究竟犯了什么罪；
实际上我不知道究竟做错了什么事；
实际上我不知道究竟吃了何种禁物；

① 全文参见 *ANET*，pp. 391-392.

实际上我不知道究竟踏入了哪方禁地。

虽然如此，神还是愤怒地盯着他，压迫他，女神还降病于他，还把痛苦强加于他。尽管他不断地寻求帮助，还是无人伸出援助之手，当他哭泣之时，他们也不来到他的身边，他放声悲歌，也无人听见。因此他祈祷道：

噢，我神，仁慈之神，我向你祈祷，“永远喜欢我”；
我亲吻我的女神之足；我跪倒在你面前。
我所知或不知之女神，还需多久你的心才能平静？
人是愚蠢的，他一无所知；
人类，现存的每一个人，他又知道什么？
他甚至不知道他是否犯罪或做了善事。
噢，我主，不要抛弃你的仆人；
他被投进了沼泽之中；向他伸出援助之手吧。
我将改恶从善。
我所犯下的罪过，让它随风而去；
我的不轨之举将像衣服一样脱掉。

在祈祷词的末尾，作者把神比作慈母和慈父，请求除去他的罪过，他将为其高唱赞歌。

第六节　宗教—哲理文学

宗教—哲理文学无论是在艺术性还是在思想性上都达到了较高的境界，在古代美索不达米亚文学史上占有极其重要的地位。其中三篇较著名的作品为《咏受难的正直人的诗》、《巴比伦的神正论》和《主人与奴隶的悲观谈话》。

一、《咏受难的正直人的诗》

这部长篇宗教—哲理文学作品又称《我称赞智慧之神[1]》(*Ludlul Bel Nēmeqi*)[2]，最初可能由四块泥板组成，其中第一块泥板的开头与结尾已遗失，第二块保存完好，第三块保存下大部分。一般认为第四块泥板由许多来自亚述城的残片拼凑而成，但也有学者认为这些拼凑而成的残片不属于这部作品。[3] 这部作品创作于加喜特王朝时期，这从其内容也可以判断出来。其内容讲的是一位贵族叙述他自己如何遭遇各种苦难，所有的神都抛弃他，最后又如何被马尔都克神恢复健康和财富。这部作品的主题围绕着"苦难"展开，它告诉人们无论遭到怎样的不公正对待，受害者唯一行之有效的办法是不停地称赞和美化其神，反复地在它面前哭诉和哀求，直到它改变态度为止。这部作品由于其主题涉及的是世界宗教和文学史上著名的既古老又现实的所谓"苦难"问题，因此被一些学者称为最早的《约伯记》。诚然，《咏受难的正直人的诗》在规模、思想深度和艺术表现手法上都不能与《圣经》中的《约伯记》相提并论，但正如S. N. 克莱默教授所中肯地指出的，"其重要的意义在于，它代表了人类关于人类苦难这一古老而现实问题的最早记录"[4]。

根据前三块泥板判断，《咏受难的正直人的诗》在结构上由下列几部分组成：

第一，简短的介绍或称前言，可能是劝告人们要尊敬和称赞自己的神，遗憾的是，这部分内容未能保存下来；

第二，作者被诸神所抛弃；

第三，所有的朋友，上至国王下到奴隶，都起而反对他；

---

① 指马尔都克神。

② W. G. Lambert, *Babylonian Wisdom Literature*, p. 21.

③ 原文及英译文见 *ANET*, pp. 434-440, 596-604; W. G. Lambert, *Babylonian Wisdom Literature*, pp. 21-62.

④ S. N. Kramer, *History Begins at Sumer*, p. 112.

第四，所有的疾病都向他袭来；

第五，在三个梦中，他被许诺将获得解救；

第六，他摆脱了所有疾病，恢复了健康。

在叙述他遭到所有神遗弃时，这位受难者讲道：

> 我的神遗弃了我，消失得无影无踪，
> 我的女神离开了我，与我保持距离。
> 我身边慈善的天使离我远去，
> 我的保护神远走高飞，去追随他人。
> 我的力量散尽，我面色昏暗；
> 我失去了地位，我失去了保护。

在遭到所有神遗弃之后，这位可怜的受难者的周围之人也开始与他为敌：

> 对我的许多社会关系来说，我有如一位遁世者。
> ……
> 我的城市对我怒目，把我视为敌人。
> ……
> 我的朋友都变成了敌人，
> 我的伙伴都变成了坏蛋和恶魔。
> 我的同仁凶恶地告发我，
> 我的伙伴不停地磨刀霍霍。
> 我亲密的朋友把我带入绝境；
> 我的奴隶在集合中公然诅咒我。
> 我的房屋……乌合之众诽谤我。
> 熟人看见我时，都避我而行。

我的家庭也视我如外人。

……

没有一个人站在我一边，

我找不到一个帮助者。

在厄运有加、处境每况愈下的困苦之中，受难者开始向神祈祷，乞求神的帮助，结果却令他大失所望：

我呼唤我的神，但他并不转过脸来看我，

我祈求我的女神，可她连头都不肯抬。

这位受难者开始反思自己的行为，但并未发现自己有任何渎神行为。他不停地向神献祭，不停地向神祈祷，不断履行各种仪式，甚至经常教导人们尊敬神灵和国王。他甚至希望自己知道如何取悦神灵，知道如何才算冒犯了神灵。遗憾的是，他不知道自己该如何做，他不知道自己犯了什么错。因此，他陷入了极度的困惑之中：

有谁能知道上天诸神的意志？

有谁能理解地下诸神的心思？

人类从何而知神的态度？

昨天还生龙活虎，今天却要命丧黄泉。

他的悲惨命运并未就此停止，各种疾病纷纷向他袭来。他的耳、眼、头、足和筋骨、血脉无处不生疾，已濒临死亡的边缘。即使是在这样的情况下，这位正直、诚实的受难者也还是显得那样的无助：

我的神并未向我伸出援助之手，

我的女神并未对我显露怜悯之情。

但这位正直、诚实之人并未因此气馁，他仍然不停地祈祷、哭诉和哀求，希望得到神的帮助。最后，他终于感动了马尔都克神，马尔都克神最终解救他出苦海。经过是这样的：这位受难者做了三个梦。在第一个梦中，出现了一位年轻貌美的男子，但泥板由此中断了；在第二个梦中，一位年轻男子以驱魔者的身份出现，他按照神的指示，为这位受难者履行了诸多仪式；在第三个梦中，出现了一位妇人，她既像王后又像女神，她许诺解救他，继她之后来了一位巫术祭司，此人乃长须男子打扮，手执马尔都克许诺富裕的牌板。因此，这位诚实的受难者很快摆脱了各种疾病和不幸。长期困扰他的恶魔被遣返回冥府，他恢复了健康和富足。于是，他来到马尔都克神庙，对马尔都克神大唱赞歌。

二、《巴比伦的神正论》

第二部重要的宗教—哲理文学作品是所谓《巴比伦的神正论》(*The Babylonian Teodicy*)。[①] 这是一部由27节组成的离合诗[②]，每节由11行构成。其中的19节全部或基本全部保存下来，其余的8节大部分遗失。每节都以同一音节开始，27个音节组成一个离合诗句：

a-na-ku sa-ag-gi-il-ki-[i-na-am-u]b-bi-ib ma-âš-ma-šu

Ka-ri-bu ša i-li ú šar-cri

① 原文及英译文见 *ANET*，pp. 601-604.；W. G. Lambert，*Babylonian Wisdom Literature*，pp. 63-91.

② 数行诗句中的第一个词的首字母或最后一个词的尾字母或其他特定处的字母能组合成词或词组等的一种诗体。

这个句子的意思是：我，萨吉尔-吉纳姆-乌波碧波，巫术祭司，是神和国王的崇拜者。

这部作品的创作时间比《咏受难的正直人的诗》稍晚。它的主题似乎也是所谓“苦难”问题，它采用的是一位受难者与其朋友对话的形式，由受难者揭露社会中普遍存在的不公平现象，由其朋友竭力根据神建立宇宙秩序的公正观点来进行解释。例如：

受难者：我是一个遗腹子，我母亲在生我时死去，扔下我一个孤儿。

朋　友：所有人都必有一死。

受难者：我体弱多病，生活窘迫。

朋　友：神最终会奖励虔诚者。

受难者：有些人不虔诚，却很富有；我很虔诚，却不富有。

朋　友：我们不理解神道。不虔诚者的富裕只是暂时的，他最终会受到惩罚的。

受难者：根据我的观察，情况不是这样。

朋　友：怀疑神的决定就是亵渎神灵。（以下遗失）

受难者：像乞丐一样生活有许多好处，这样可以不对社会负有义务。

朋　友：这是一种发疯的想法。

两人围绕神的赏罚与现实生活的许多实际情况不相符而争辩不休，最后似乎也没能解决这一问题。但在结尾部分，两人在一点上达成了一致，即神负责主持人间的公平与正义，如果人遭受了不公平，乃神使然。

三、《主人与奴隶的悲观对话》

第三篇重要的宗教—哲理文学作品称为《主人与奴隶的悲观对话》或《悲观对话》。这部作品的创作时间可能较晚，有学者认为，根据文中提到的“铁剑”判断，它不应属于古巴比伦时期及加喜特王朝的早期。① 这部作品是楔形文字文学中较奇特的一部作品，具有较重要的实用价值。它采取主人与奴隶对话的形式，主人显然是一位富人，他不断地向他的奴隶提出许多计划和打算，每次他的奴隶都立即表示赞同，以“是的，主人，是的”来回答，并进而指出这样做的好处。但当主人不断地放弃自己的想法和打算时，奴隶同样立即表示赞同，并阐明这些计划和想法的不利后果。在这部诗篇的末尾，故事的情节却急转直下。当主人否定和放弃了一切打算和想法，悲观地对奴隶说：“现在做什么好呢?”奴隶傲慢并不无嘲笑地说：“砍断我的脖颈，砍断你的脖颈，把它们投到河里去——这样就好了。谁能高及苍穹？谁又能宽盖大地?”主人显然勃然大怒，恶狠狠地说：“不，奴隶，我将先杀了你，把你先投入河中。”但奴隶在回答时却很意味深长：“我的主人，我死后你还能指望再活三天?”②

对这部奇特作品的理解和评价，学者们历来存在着许多不同的看法。1954 年以前，大多数学者认为它是一篇严肃的哲学论文。但后来以 E. A. 斯佩泽尔为代表的许多学者提出了新主张，认为它是一部讽刺或幽默作品。传统的旧观点忽略了这两种文学形式所具有的生动的现实主义特色。作品中对主奴关系的讽刺，为新观点提供了证据。这位奴隶不是只会说“是的”的工具，不是只会服从，他从一开始就在窃笑他的主人。他最后的一击，是其真实意志的表达。③

---

① W. G. Lambert，*Babylonian Wisdom Literature*，p. 141.

② *ANET*，p. 438. W. G. Lambert，*Babylonian Wisdom Literature*，p. 149.

③ W. G. Lambert，*Babylonian Wisdom Literature*，p. 139.

巴比伦文学的宗教特征在《咏受难的正直人的诗》、《巴比伦的神正论》和《主人与奴隶的悲观对话》中，尤其是在前两者中得到了充分体现。这三部作品还具有较深刻的哲理性，体现了一种理性的思辨。它们可能代表着巴比伦人在思想和观念方面的变化。

第七节　寓言

根据西方传统，生活在公元前 6 世纪的伊索(Aesop)被认为是寓言的首创者，他那著名的反映古典世界社会生活的《伊索寓言》也自然被奉为动物寓言的始祖。但《伊索寓言》的许多"原型"可以追溯到比它早一两千年的苏美尔人和阿卡德人的动物寓言中。动物在苏美尔智慧文学中占有非常重要的地位，根据目前的材料和研究成果，在迄今翻译过来的近 300 则寓言和格言中，涉及的动物达 64 种之多。[①] 它们不仅包括牛、马、狗、狐狸、狼、驴和羊等野生动物和家畜，还包括各种鸟类、鱼类和昆虫类等。除动物以外，古代美索不达米亚寓言故事的主角还有植物、工具和自然现象等。这些寓言所涉及的内容大体反映了动物的凶残和贪婪等本性，以及植物、工具和自然现象间的内部争斗和骄傲自大等弱点。这些寓言无疑在一定程度上揭示出古代美索不达米亚社会生活的某些方面。其中保存较好和较著名的包括《狐狸的故事》、《牛与马》、《骑驴的故事》、《柽树与椰枣树》、《柳树的故事》、《牲畜与谷物的争论》、《冬与夏的争论》、《铜与银的争论》、《锄与犁的争论》及《鸟与鱼的争论》等。这些"争论文学"多以一方获胜而告结束。

---

① S. N. Kramer, *History Begins at Sumer*, p. 124.

一、《锄与犁的争论》[1]

这是一则苏美尔寓言。在该寓言中，同属农具大家族的两兄弟锄与犁在谁优谁劣的问题上展开了激烈的争论。寓言以描述锄的制作原料和形状开始。原料共有四种，即杨木、楞木、柽树和“海木”，却只有两种组合，即齿用楞木制作而柄用杨木制作，齿用“海木”制作而柄用柽树制作。在形状或类别上有三种之分：一种是单齿锄，一种是两齿锄，一种是四齿锄。锄首先向犁发起挑战：

当水冲来时，我可以阻止它，
你不能把土装入篮中，
你不能和泥，你不能制砖，
你不能打地基，你不能建房屋，
你不能加固旧墙的根基……

这个挑战激怒了骄傲的犁，它把自己说成是大神恩利尔之手的创造物，人类的农者及国王和贵族的宠爱物，它丰收的谷物可以装点原野，可以为人和畜提供食粮：

我，犁，由伟大的臂膀制造，由伟大的手掌装配，
我是众神之父恩利尔高贵土地的书记员，
我是人类农业的忠实经营者。
当在舒努蒙(Shunumun)月在田间庆祝我的节日时，
国王为我屠宰牛，为我繁殖羊，

[1] 英译文参见 S. N. Kramer，*History Begins at Sumer*，pp. 342-347.

往石坛倒满酒。

……

国王握住我的扶柄，

把牛套入轭中，

所有的显赫贵族在我身边行走，

所有的土地无不充满赞赏，

人民兴奋不已地观看。

我掀起的犁沟把原野装点……

显示了自己的神圣和尊贵以后，犁便开始炫耀自己的功绩和德善：

我的谷堆遍及田间，

那是杜木兹的羊群在休息。

我的麦垛点缀原野，

那是青山充满魅力。

我为恩利尔积起堆垛，

我为他聚集麦谷，

我填满了粮仓……

孤儿、寡妇和赤贫者，

手挎芦苇篮，

拾起我撒落的麦穗。

标榜自己一番以后，很自然地便是大肆贬低别人，并加诸谩骂与威胁：

(而你)锄，无谓地挖洞，无谓地凿齿，

(你)锄，在泥中劳作、翻滚，

把你的头埋在地里，
你和砖横在肮脏的泥土中度过时光，
你……不适合高贵之手，
你的头装扮成奴隶之手，
你竟敢对我恶言侮辱！
你竟敢与我相提并论！
滚到草原上去，我已看(够了)你……

锄在遭到犁的激烈反击后，当然不甘示弱，马上抛出一长篇大论，首先也是炫耀自己如何为人类服务，诸如灌溉、排水及为耕地做准备：

犁……
我先于你来到恩利尔之地，
我挖掘沟渠，我开凿运河，
我使牧场水源充足。
当洪水淹没芦苇丛时，
我的小篮子可以应付之。
当河流决堤，当运河决堤之时，
当决堤之水汇成河流泛滥成灾，
到处一片汪洋之时，
我，锄，在周围建起堤坝，
南风和北风都不能摧毁之，
(于是)捕禽者开始拾蛋(不受妨碍地)，
渔民开始捕鱼，
人民开始筑栅，
所有的土地都充满富庶。

在牧场排完了水，
湿地开始耕作之后，
犁，我先于你进入田地……

进行了一番自我吹捧之后，锄也如法炮制地开始了对犁的攻击。不过这一次与刚开始提出挑战时略有不同，前者只是自夸能做什么，而蔑视犁不能做什么，这次则直接贬低犁的工作或作用：

(你)耕地之时，践踏脚下的一切，
你要耗费六头牛、四名劳力，你自己是第十一个。
所有的技术工人从田地中逃走，
(而)你竟把自己与我相比！
当你远远落在我后边，走进田地时，
你只能望着你唯一的垄沟沾沾自喜。

在接下来的10行中，锄诉说犁不坚固，工作中容易损坏，一旦损坏其农人便讨厌地称它为“废物”，随后便得雇人修理，等等。之后话题转移到工作时间上，在这一点上犁显然处于下风，因为它只应用于耕作期；而锄则不然，它不仅用于农业中，还用于建筑等其他行业中，一年四季都用得上：

你，成就贫乏，(但)品性骄傲，
我的工作时间是十二个月，
(但)你的工作时间只有四个月，
(而)你闲置的时间却有八个月，
是工作时间的一倍。

锄不仅在工作时间上自视甚高，对其所谓成就更是自我陶醉：

我，锄，居住在城市，
没人比我更尊贵。
我是一名跟随主人的仆从，
我为主人建房筑屋，
我加大畜圈，我拓宽羊栏，
我和泥，我制砖，
我打地基，我盖房院，
我加固墙基，
我把最诚实之人的屋顶封严，
我使林荫大道笔直向前。

在接下来的长达24行的篇幅中，锄更把自己的功劳提到一个新的高度之上，即它不仅修建神庙，建设城市，还直接关系到国计民生。它尽其所能地标榜自己如何使建筑工人、船工和园丁等得以养家糊口，享尽天伦之乐。最后，锄主要述及它怎样使筑路工人和田间农工的休息得到保障：

在河边在犁旁进行了劳作，在那里平整了道路，
(并)在岸边建起了塔楼，
劳动者白天在田间劳作，
晚上在地里过夜，
在我修建的塔楼中，
他们像在富丽堂皇的城市中一样得到休息，
在他们制作的水囊中，我为其注满了水，
我把“生命”装入其中，

(而)你，犁，却侮辱我(说)：“挖沟，挖沟，还是挖沟。”
(当)我在无水的荒原，
挖出甘甜之水时，
那些久盼甘泉之人便在我的沟边得到满足。

当锄完成了它的长篇大论后，犁再也没有进行反驳，这场争论便以大神恩利尔判决锄获得胜利而告结束。根据苏美尔的神话，是恩利尔本人创造了锄，以便于人类使用。

二、《冬与夏的争论》

这是苏美尔寓言中篇幅最长者之一，对研究古代苏美尔的农业具有较高的史料价值，因为其内容涉及古代农业实践的许多方面。其内容梗概大致如下：

风神恩利尔决定创造各种树木和农作物，在地上建立繁荣和富庶。为此目的，他创造了两个神，即埃美什(夏)和恩腾(冬)。他们是两兄弟，恩利尔为他们分别指派了各自的任务。恩腾负责使母羊和山羊生育小羊羔，使母牛和小牛繁殖，使奶油和牛奶增多；在平原上，他要使野山羊、绵羊和驴心情愉快；他要为天空中的鸟在地上建立巢穴；他要为河中之鱼在芦苇丛中创造产卵场所；在椰枣树林和葡萄园中，他要使蜂蜜和葡萄酒丰产；树木无论种植在哪里，他都要使其结出果实；他要用绿色装扮园圃，使植物繁茂及使农作物在垄中生长，等等。埃美什则负责创造树木和田地；加宽牛棚和羊栏；在农田中，他丰富产品，装扮大地；他把丰收带进千家万户，他使粮仓堆积如山；他建立城市和居住区，在大地上建屋筑房，在山巅建立神庙，等等。完成了使命后，两兄弟决定到尼普尔的“生命之屋”，给其父恩利尔送去酬谢的礼物。埃美什带来了各种各样的野生动物和家畜、各种鸟和植物作为礼物，而恩腾则选择了贵金属、宝石、各种树木和鱼等作为贡品。但到达“生命之屋”的门口时，嫉妒心很强的恩腾开始与其兄弟争吵，两位反反复复地争执不休，最后埃美什向恩腾所宣称的“农神”的地位发起挑战。两兄弟来到了恩利尔大神庙埃库尔(Ekur)之中，展开了各自的陈述。恩腾向恩利尔抱怨道：

父王恩利尔，你赋予我管理运河之权，我使河水丰沛，
我建的农庄一座连一座，粮食堆积如山，
我使农作物在垄中生长，
我像阿什南①和善的少女一样，使其茁壮成长，
现在，埃美什……不知道田地之事，
争夺我的……臂……膀……

埃美什反驳的内容目前还不太清楚，恩利尔对两兄弟的争执判决如下：

普天之下的生命之水由恩腾掌管，
农神——他生产一切，
埃美什，我的儿子，你怎么能与你的兄弟恩腾相提并论！

恩利尔的判决不容更改。埃美什跪在恩腾面前，向他祝福。恩腾——忠实的农神战胜了埃美什。

三、动物寓言

苏美尔人和巴比伦人留下了许多内容生动、思想深刻的动物寓言。与《锄与犁的争论》等长篇相比，多数的动物寓言只能算短篇，或只保留下残

① 阿什南(Ashnan)，谷物女神。

片。这些寓言反映的主题思想涉及面较广，一个最常见的主题是反映动物贪婪的本性。例如，有两则苏美尔寓言表现了狗的贪婪。其一是，驴在河中游泳，不会游泳的狗紧紧地抓住驴不放，但嘴里却说："你一上岸，我就吃了你。"其二是，一条狗去赴宴，但当它在另一边看见有骨头时，便离席而去，并且说："在我现在所去的地方，我将得到比这更多的食物。"另一个常见的主题是表现某些动物的胆小、怯懦及骄傲自大。这在一则关于狐狸的寓言中刻画得淋漓尽致：

> 狐狸对它的妻子说："过来！让我们用自己的牙齿摧毁乌鲁克城，它就好像是一棵韭葱！让我们把库拉波城捆绑在双脚上，它就好像是一双草鞋！"但当它们离城 600 加尔(约 2 英里)远之时，城里的一群狗对着它们吼叫："吉米-图玛尔，吉米-图玛尔(可能是狐狸妻子之名)！"这些狗从城里向它们发出威胁的吼叫。结果，这只狐狸和它的妻子便调转了脚跟。

还有的寓言称赞弱者以智慧战胜"强者"的凶残，并进而说明后者的愚蠢。这方面比较典型的例子是苏美尔最长的动物寓言之一《狮子与母羊》：

> 一头狮子逮住了一头无依无靠的母山羊。(母山羊对狮子说)："放开我，我将给你一头绵羊，我的一个伙伴。"(狮子回答说)："如果我让你走，(首先)你得告诉我你的名字！"(然后)母山羊回答说："你不知道我的名字？我的名字叫'你很聪明'！"(就这样)当狮子来到了羊圈之时，它咆哮道："现在由于我已来到了羊圈，我将放开你！"(而)母山羊却从篱笆的另一边(?)回答道："你已经放开了我！你(真的)那么聪明吗？我不会给你(我许诺过的)绵羊，就连我也不会待在这儿了！"

在这则寓言中，母山羊利用了狮子刚愎自用、喜欢听阿谀奉承之言和贪婪的弱点，使狮子上了当，自己很轻易地便逃脱了它的魔爪。还有些寓言的主题可能旨在揭露一些现实的社会问题，例如，一只狮子给它母亲的信较有特色：

致路莎路莎，我的“母亲”说！
因此猴子先生说：
“乌尔是南那神的可爱之城，
埃利都是恩奇神的繁荣之城；
但我在这里却只能躲在音乐大厅的门后，
我只能吃垃圾；但愿我不会因此而生病！
我甚至尝不到面包，我甚至尝不到啤酒。
快给我派一名特别的信使——紧迫！”

这则寓言中的猴子显然是用于娱乐活动的，它揭露了社会的不平等，反映了下层人要求改善地位的呼声。

苏美尔人和巴比伦人留下的寓言故事非常丰富多彩，它们是古代美索不达米亚人智慧和文化发展的重要体现之一，同时也在一定程度上反映了古代美索不达米亚的社会发展状况。限于篇幅，我们不可能把所有存留至今的寓言一一介绍出来，只能有所选择，窥一斑而知全豹。

第八节　谚语与格言

谚语与格言是古代美索不达米亚智慧文学的重要形式之一。在此之前，先是希伯来人，后是古埃及人享有人类最早的谚语和格言创作者的美誉，但随着苏美尔—巴比伦文学的重见天日，这一桂冠很自然地就落在了苏美尔人和巴比伦人的头上。苏美尔人的大部分谚语和格言集——即使不是全部，要早于古埃及人几个世纪。现存的苏美尔—巴比伦谚语和格言集有相当一部分是用双语言刻写的，即以苏美尔文刻写，字里行间附有阿卡德文的翻译；也有一些是只用巴比伦方言刻写的。刻写的时期有的是公元前1000年代，有的则在公元前第二千纪初。但许多谚语和格言在成文以前，肯定早已在口头文学中存在很长时间了。

古代美索不达米亚的谚语和格言的基本特征是，其内容所涉及的主题范围非常广泛。一般说来，一个民族的谚语和格言的产生和形成是以该民族的文化背景、社会环境和民族习性等诸多因素为基础的，是他们对长期的生产和生活经验的高度和精辟的总结和概括，因此它们反过来也必须能如实地折射出该民族在一定历史时期或社会发展阶段的文化特征，社会、政治和经济发展状况以及日常生活习俗等方方面面的内容。苏美尔人和巴比伦人的谚语和格言也同样如此。苏美尔—巴比伦的谚语和格言之内容或所反映的主题思想大体可概括如下。

第一，有大量的谚语和格言是反映穷人和富人生活的，它们已经反映出社会等级差别的意识，例如：

> 有钱人可能很快乐，
> 有大麦之人可能同样很快乐，
> 但一无所有之人可能高枕无忧。

这段文字一方面反映出富人过着享乐的生活，却要常常担心其财产被盗或遭抢劫，受此煎熬可能夜不成眠；另一方面也反映出穷人虽一无所有，却也有其独特的享受，即可以安心地进入梦乡。但这种诙谐的谚语的背后，无疑也隐藏着穷人的无奈。下面这组格言生动地反映出了穷人的处境：

穷人活着不如死了好，
如果他有面包，便没有盐，
如果他有盐，便没有面包，
如果他有肉，便没有小羊，
如果他有小羊，便没有肉。

穷人连最基本的生活资料都不具备，过着缺衣少食的生活。最具讽刺意义的是，贫穷的工匠买不起自己所制作的物品，有这样一句格言可资证明：

洗衣工总穿脏衣服。①

第二，反映古代美索不达米亚人的政治观念和社会制度的谚语和格言也为数不少，例如：

人民没有国王(犹如)羊群没有牧人；
人群没有头领(犹如)河水没有管理者②；
劳动者没有监工(犹如)田地没有扶犁人；
房屋没有主人(犹如)女人没有丈夫。③

这可能反映出人们对美好社会制度和政治秩序的向往，与中国古代人民期盼好皇帝的思想也许有某些相似之处。令人惊异的是，苏美尔人和巴比伦人的谚语和格言还表现出对国家兴亡和社稷安危的洞见，例如：

---

① S. N. Kramer，*History Begins at Sumer*，p. 119.
② 原文为“运河管理者”。
③ W. G. Lambert，*Babylonian Wisdom Literature*，p. 232.

国家军备虚弱，
无以抵御外敌。

这句格言道出了军事力量与国家独立的关系。还有的格言和谚语反映出了对和平的热爱，例如：

抢夺敌人的土地，
敌人也会抢夺你的土地。①

这可能也或多或少地体现出“人不犯我，我不犯人”或“多行不义必自毙”的思想。除了“外患”以外，苏美尔和巴比伦人还有关于“内忧”的“名言”：

可以有主人，可以有国王，
但最怕税务官！

这与中国古代流传下来的孔子的那句“苛政猛于虎”的名言何其相似！

此外还有反映家庭生活的谚语：

我妻子去了神殿，
我母亲顺河而下②，
我正在此挨饿。

这一方面反映出妇女积极参加社会活动，尤其是宗教活动；另一方面也反

---

① *ANET*，p. 425.

② 据 S. N. 克莱默博士的解释，可能系参加某一宗教仪式。参见 S. N. Kramer，*History Begins at Sumer*，p. 120.

映出妇女在家庭生活中的作用，没有她们男人将无以为食，她们显然承担做饭的任务。妇女的家务劳动可能也较繁重，她们逃避劳动的唯一方法是生病(有时也可能是装病)。“辛苦的女人痛上加疼”这句格言说的就是这个意思。

另一则以男人为主角的格言，反映了家庭成员之间的相互依赖关系：

> 沙漠中的水壶是男人的生命，
> 鞋为男人的眼睛，
> 妻是男人的未来，
> 子为男人的庇护，
> 女是男人的救助，
> 媳为男人的魔鬼。

关于书吏和学问的格言说道：

> 笔口一致的书吏，才是真正的书吏！
> 这是好书吏的标准，不够格的书吏却另有标准：
> 不懂苏美尔文的书吏，你算什么书吏！

关于学问和知识的格言为：

> 文字①乃演说家之母，乃学者之父。②

此外还有反映生活态度或人生哲学的谚语和格言，这集中反映在面临死与生两种不同情况时所选择的两种不同的生活方式上：

---

① W. G. 兰伯特译为“书吏职业”或“书写艺术”。参见 W. G. Lambert，*Babylonian Wisdom Literature*，p. 259.

② G. R. Driver，*Semitic Writing*，p. 1.

我们注定要死亡，让我们尽情地花费①；

我们命还能长久，让我们精打细算。②

表达命运多舛或形容走背运的格言说：

逃脱野公牛，又遇野母牛。③

这与我们今天常说的“逃出狼窝，又入虎穴”或“刚出油锅，又进火海”所表达的意思大致相同。又如：

我居住在用沥青和烧制砖修建的房屋中，（还是有）一把泥土落下砸在我的头上。④

足不出户厄运还是找上门来，显然很倒霉。在表达命运事事处处都跟自己作对时，古代美索不达米亚相应的谚语和格言为：

你置身水中，水就会变臭，

你进入花园，花便开始凋谢。⑤

反映社会和人际关系的谚语和格言说道：

---

① 一译“让我吃光一切”。参见 *ANET*，p. 425.

② S. N. Kramer，*History Begins at Sumer*，p. 118. W. G. Lambert，*Babylonian Wisdom Literature*，p. 250.

③ S. N. Kramer，*History Begins at Sumer*，p. 122.

④ W. G. Lambert，*Babylonian Wisdom Literature*，p. 249.

⑤ S. N. Kramer，*History Begins at Sumer*，p. 118.

向年轻人美言，他会奉献出一切你想要之物；
向狗掷些残羹，它也会对你摆尾。
你对别人恶语中伤，别人也会反戈一击；
争吵时不要面露怒色。①

还有一句格言与我们今天所说的“同行是冤家”有相似之处：

同事间必有争吵，祭司中难免谗言。②

还有关于人与人之间所谓友谊的格言，对此学者们有不同的翻译，现举三种：

友谊维系一日，亲情天长地久。③

友谊维系一日，奴役天长地久。④

友谊维系一日，交易天长地久。⑤

第一句拿友谊与亲情相对比，旨在说明朋友间的所谓友谊不会长久，只有血亲关系永存。第二句与第三句分别把友谊与奴役和交易相对比，旨在说明人与人之间不存在真正的友谊，只存在相互奴役和互相利用。这三句虽

① H. W. F. Saggs，*The Greatness That Was Babylon*，pp. 430-431.
② W. G. Lambert，*Babylonian Wisdom Literature*，p. 259.
③ S. N. Kramer，*History Begins at Sumer*，p. 121.
④ *ANET*，p. 425.
⑤ W. G. Lambert，*Babylonian Wisdom Literature*，p. 259.

然把友谊比喻的对象不同，但所表达的主题无疑是一致的，即人间不存在真正的友谊，只存在永久的利害关系，从而表现出所谓“世态炎凉”。这也在某种程度上反映出苏美尔人消极的人生态度，以及阶级社会中人与人之间赤裸裸的利益关系。

还有反映劳动与收获关系的谚语和格言：

> 像贵族一样建设，就会过奴隶般的生活；
> 像奴隶一样建设，就会过贵族式的生活。①

这就是说，如果人们都像贵族一样怕脏怕累，就无法创造财富，自然就会过着悲惨的生活；如果都像奴隶那样不分白天黑夜地劳动，就会创造更多的财富，生活自然就会变好。这句格言从鼓励人们勤劳向上的观点出发，无疑阐明了一个最简单的道理，但在现实生活中却并非总能如此。事实上，贵族整日游手好闲，照样可以花天酒地，而奴隶虽不停地从事繁重的劳动，却依然处于社会的最底层。

反映社会问题的谚语和格言也很有趣：

> 饥饿者可以凿穿房屋的砖墙。②

这条格言无疑反映了一个比较普遍的社会问题，相当于我们今天所说的“饥饿起盗心”。

---

① S. N. Kramer, *History Begins at Sumer*, p. 122.

② W. G. Lambert, *Babylonian Wisdom Literature*, p. 235. H. W. F. Saggs, *The Greatness That Was Babylon*, p. 443.

第九节 书信文学

研究书信的历史一定是一件很有意义的事情，它是人类社会关系的反映和人际交往、交流的重要形式。古代美索不达米亚人是书信这种人际交往和交流形式的发明者，而令他们自己想不到的是，他们的发明被几千年以后的欧洲人，即文艺复兴时期的意大利人所喜爱，用于人文主义的文学创作中。根据研究文艺复兴的专家判断，“人文学者的大部分文学创作是书信”①。书信的类型包括以下几种：其一，政府公函、宣言和其他政治文件，它们对研究当时的政治思想弥足珍贵；其二，私人信函，它们不仅是人们交流的载体，而且从一开始便作为一种文体为人所模仿和诵读；其三，学术讨论信札，书信比论文更个性化，却又具有论文的功能，因而信札实际上是论文的文学先导②；其四，国际交流信件，它们不仅在传播人文主义思想的过程中起到了重要作用，而且成为学术研究和传记作品的珍贵史料；其五，情书，情书“在很大程度上得益于古典和意大利榜样的实践”，“形成了一种独立的文体”，“还启发了一部早期的书信体小说”③。此外还有推荐信、感谢信、致歉信和慰问信等市场化产品。

一、书信的起源

有关古代美索不达米亚人发明书信的故事，早在苏美尔时期就存在着

---

① ［美］保罗·奥斯卡·克里斯特勒：《文艺复兴时期的思想与艺术》，邵宏译，第 10 页。

② 参见［美］保罗·奥斯卡·克里斯特勒：《文艺复兴时期的思想与艺术》，邵宏译，第 10 页。

③ ［英］彼得·伯克：《欧洲文艺复兴：中心与边缘》，刘耀春译，北京：东方出版社，2007 年版，第 214 页。

至少两种不同的版本。① 第一个版本说的是乌鲁克与阿拉塔两个王国争夺霸权的故事。乌鲁克王和阿拉塔王不是发动战争来攻击对方，而是选择了将猜谜作为他们争斗的武器，展开了国际智力竞赛。根据约定，凡是没有解开对方谜语的一方，便成为失败者。一名信使担当起中间人的角色，他要记住各方的谜语，口头报告给对方，然后再把对方的答案带回。两个国王势均力敌，不相上下，互相给出的谜语越来越复杂，负责来回传递的信使终于招架不住，记忆力陷于崩溃。乌鲁克国王恩美尔卡机智地拿来一块黏土，并将其拍平，然后用一根芦苇秆的末端将答案在黏土泥板上画了出来，从而制作出人类最早的文字系统，以及最早的书信。恩美尔卡马上派人将书信答案送至对手阿拉塔国王那儿，阿拉塔王面对图画文字一筹莫展，只得投降认输。

根据苏美尔人的另一个传说，一个巨大的阴谋促成了书信的发明。故事是这样的：基什王身边有一个野心勃勃的持杯人名叫萨尔贡，他一直对萨尔贡存在戒心，总是担心萨尔贡有一天会夺取他的王位。因此，他想出一个阴谋，决心除掉萨尔贡。基什王在一块黏土泥板上写了一封信，然后用另一块黏土泥板将这封信密封上，因此创造了历史上第一封信和第一个信封。他把萨尔贡叫来并对他说："把这个送给乌鲁克国王卢伽尔扎吉西。"然后，他便把信交给了萨尔贡。这封信的内容是："杀死此信的持有者!"萨尔贡幸运地躲避了这个杀身之祸，并真的推翻了基什王的统治，建立了阿卡德王国。

这两个关于书信起源的传说有一些共同的特点。首先，它们反映了书信是人类文明和社会交往的需要。随着这种需要的深入发展，书信逐渐成为古代美索不达米亚一种固定的文学创作形式，而且是最为重要的一种形

① 具体内容参见 Stephen Bertman，*Handbook to Life in Ancient Mesopotamia*，pp. 174-175；[美]斯蒂芬·伯特曼：《探寻美索不达米亚文明》，秋叶译，第 271 页。

式。其次，这两个书信的故事都发生在乌鲁克，这与考古发掘的事实是相符合的。最早的楔形文字系统就是在乌鲁克发现的，其时间也与故事传说大体一致。

二、书信的种类

从目前保存下来的书信材料来看，古巴比伦时期的通信事业显然最为发达，尤其是汉谟拉比统治时期的书信保存下来的较多，它们构成了我们今天珍贵的史料。这些书信大体可分为以下几种。

(一)王室书信

王室书信是国王处理外交事务和管理其庞大王国的重要手段。根据写信人和收信人的情况，这类书信主要包括国王写给另一个国家国王或宫廷之间的书信，国王写给大臣要求查办案件或督办重要事项的信件，大臣写给地方官员命令回复公民投诉或办理重大事项的信件，地方官写给大臣的回复信件，大臣写给国王的回复信件，公民写给大臣的投诉信件，公民写给国王的投诉信件等。以汉谟拉比王为例，他经常写信给两位大臣：一位是卢尼努尔塔①，另一位是辛伊丁纳姆②。前者可能官居宰相，地位显然高于后者；后者可能只是专门负责某一领域工作的大臣，他经常受到汉谟拉比的书信斥责，而汉谟拉比对一些事情的处理，包括对辛伊丁纳姆办理的冤假错案的处理，往往都要征求卢尼努尔塔的意见。卢尼努尔塔经常写信

---

① 关于他的主要职责和角色参见 Zheng Dianhua，“On the Role of Lu-Ninurta in Ḫammurapi's Administrative Structure”，*JAC*，IHAC，Vol. 11(1996)，pp. 111-122.

② 汉谟拉比与他的通信见 L. W. King，*The Letters and Inscriptions of Hammurabi*.

③ 关于他的主要职责和角色参见 Yang Dawu，“Ḫammurapi and Bureaucracy：A Study of the Role of Šamaš-Ḫazir”，*JAC*，2 (1987).

④ *AbB*，4，46，53.

⑤ *AbB*，4，115，121.

⑥ *AbB*，4，52，55，60，64，123.

督促办事的一位地方官员是拉尔萨的沙马什哈西尔③，其中有些涉及的是土地分配问题④、土地所有权问题⑤、土地纠纷⑥和其他案件等。在王室书信中最值得称道的是一般公民写给国王的信以及国王写给其大臣要求处理公民"投诉"的信件，这样的"下情上传"和"及时处理"，也是这个社会以人(阿维鲁公民)为本的反映，是其文明程度和开化程度的一个写照。

(二)外交书信

外交书信从一个侧面反映了一定时代国际交往、民族与文化交融以及经济交流的基本状况。古代美索不达米亚尤其是古巴比伦时期发达的对外贸易和强盛的国力，使得楔形文字成为古代近东国际外交和商业来往中使用的语言，书信无疑是国际政治、经济和文化交流的重要方式，而楔形文字则是当时古代近东共同采用的"世界语"。即使是在其国力已经走向衰微的古巴比伦时期的末期，楔形文字书信仍保持着其国际影响。来自埃及法老阿蒙霍特普四世(即著名的改革家埃赫那吞)的首都埃赫塔吞⑦的"阿马尔那文书"便是人类文化史上的一个奇迹。出土的 400 余封国际外交书信反映了"公元前第 14 世纪是一个国际化的时代"⑦，反映了埃及在那个国际化时代所享有的尊贵的地位，但几乎所有书信都是采用阿卡德语楔形文字书写的泥板文书，又"正是美索不达米亚文化在整个东地中海世界具有普遍影响力的证明"⑧。

(三)商业书信

楔形文字和阿卡德语的广泛使用，在相当大的程度上与美索不达米亚商人们的国际活动和贸易路线以及他们所建立的殖民地密切相关，而它们

---

⑦　埃赫塔吞(Akhetaten)，现在的埃尔-阿马尔那遗址。

⑦　Stephen Bertman, *Handbook to Life in Ancient Mesopotamia*, p. 177. [美]斯蒂芬·伯特曼：《探寻美索不达米亚文明》，秋叶译，第 275 页。

⑧　Stephen Bertman, *Handbook to Life in Ancient Mesopotamia*, p. 177. [美]斯蒂芬·伯特曼：《探寻美索不达米亚文明》，秋叶译，第 275 页。

无疑也反过来促进了商业经济的发展。在迄今发现的楔形文字文献中，经济文书或商业文书占有相当大的比例，它们揭示了美索不达米亚商品经济和对外贸易发展和发达的盛况。这类信件的大部分内容涉及土地及其他商品的转让和买卖，订货、发运、付款、交货或未交货，商人之间的合伙与分红，各种生产资料的租赁和劳动力的雇佣，以及商会管理商人(*Tamkārum*)等内容。例如，里姆辛统治时期的一位乌尔的大铜商埃亚纳西尔，经营的是底尔蒙的贸易，乌尔城的很多投资者和订货人与他保持书信往来，通过书信来做生意，这些书信收入在《乌尔发掘文书》(第五辑)(*UET* V)①中。

(四)私人书信

私人书信反映的是一个社会个人交往和交流的状况。美索不达米亚的私人书信包括家书、朋友之间的书信和情书等，尤其值得注意的是奴隶和女奴也有相当的文化，也能进行书吏都需要反复接受训练才能掌握的书信写作。

私人书信的内容可以说涉及方方面面。例如，在一封家书中，一个名叫伊丁辛(Iddin-Sin)的孩子写信给其母亲济努(Zinu)夫人，抱怨自己的衣服没有朋友的好。信中说道："每年我的朋友们会穿戴得更好，而每年我自己的衣衫越来越糟。看来这正是您想看到的情况。我知道您在家里存放着大量的羊毛，可是您送给我的都是破衣服。我的朋友，他的父亲曾为我父亲工作，比我穿戴得都体面：每件东西他都有两套。我朋友的母亲收养了他；而您却是给我生命的人。可是看来她爱他更甚于您爱我。"②

女奴达比图(Dabitum)致其主人的信，则涉及一个婴儿的生命："我告

① W. F. Leemans, *Foreign Trade in the Old Babylonian Period*: *As Revealed by Texts from Southern Mesopotamia*, Leiden, E. J. Brill, 1960, pp. 39-56.

② Stephen Bertman, *Handbook to Life in Ancient Mesopotamia*, p. 178.

诉过您可能会发生的情况，而且事情已然发生了。我带着这个孩子已经七个月了。现在这个孩子也死去一个月了，没有人会帮助我。在我死以前做件事情吧。主人啊，您就来吧，这样我就能看到您。您说过您要送我点东西，但是我什么也没有收到。如果我必须死，我只想再看您一眼。"①

透过一封大约属于公元前2100年的情书，我们可以窥见巴比伦男女青年的爱情故事。信上说："比比亚(Bibiya)……愿萨马什(Shamash，即沙马什)及马杜克(Marduk，即马尔都克)永远保佑你使你健康，……我特派人前来，主要就在想知道你最近健康情形。我到巴比伦不能见到你，你知道我心里多么难过。"②

女祭司阿瓦特阿娅(Awat-Aja)致她亲爱的伽米伦(Gamillum)的情书，则表达了痴情女子的相思之苦："当我的双眼注视着你时，我心里充满欢乐，就像第一天当黑暗的教堂之门在我身后关闭，我看见女神的脸黯然失色的时候那样。我知道你也为看见我感到非常开心。'我会在这里停留一周'，你说过。可是我当时不能告诉你我曾从远方写给你的信的内容。而你突然离去，于是我有三天快发疯了。我的嘴唇不曾碰过任何食物，也不曾碰过一滴水，我所拥有的只是回忆。把你能做到的送给我吧，这样我就可以养活那些依赖于我的人。冬季的寒冷渐行渐近了。帮帮我吧。我从未更多地去爱一个人。"③

(五)与神灵的书信往来

在美索不达米亚种类繁多的书信材料中，最不同寻常的便是那些写给神灵的书信，以及神灵偶尔的回信了。写给神灵的信包括两种，一种是普通民众写给神灵的书信，另一种是君王写给神灵的书信。普通民众

---

① Stephen Bertman, *Handbook to Life in Ancient Mesopotamia*, p. 178.

② *CAH*, i, 547，转引自[美]威尔·杜兰：《东方的遗产》，第150页。

③ Stephen Bertman, *Handbook to Life in Ancient Mesopotamia*, p. 178.

给神灵写信，主要是在自己身处不好的境遇时，请求神灵的帮助；而君王给神灵写信，则一方面是为了表达对神灵的支持与帮助的感激之情，另一方面是向民众表明自己的君权得自神授。这种传统自苏美尔时代一直传至新巴比伦王国，以及亚述帝国。而神灵写给君王的信，多半是爱出风头甚或有政治野心的祭司假托神灵之口而为。在亚述时代有文献记载的两个案例中，神给一位国王写信，表达了对他所做之事的不悦，结果这位假借神灵之名给国王写信的祭司，“被一位知情的国王送到了一个遥远的沙漠教区里”①。

三、书信的格式与写作风格

美索不达米亚的书信拥有固定的格式和鲜明的写作风格，它们从一个侧面反映出美索不达米亚社会的情况和人情世故。

古巴比伦时期的书信拥有固定的格式。无论是官方书信还是私人书信，都遵循这样的格式：“致某某人，某某人如是说。”接下来便是书信内容的正文。在私人书信中，在“致某某人，某某人如是说”这句套话之后，通常还要加一句：“愿沙马什和马尔都克因为我的缘故保持你身体永远健康。”这在之后篇章的引文中将反复看到。

① Stephen Bertman, *Handbook to Life in Ancient Mesopotamia*, p. 178.

第十六章　人文主义的艺术

艺术从诞生那一天起，就是人类所特有的活动，艺术创作是人类区别于动物的本质性标志之一。换句话说，艺术从一开始就是以人为核心的，必然体现出人本主义的色彩和精神。传统上一般认为，美索不达米亚的艺术具有浓厚的宗教色彩，正如我们对美索不达米亚的宗教必须重新进行审视一样——就连美索不达米亚的宗教本身也包含着人本主义因素，这一点已经在前面进行了论述——我们对美索不达米亚的艺术也需要重新审视。实际上，美索不达米亚的艺术，从来都具有人文主义的色彩和精神，这是我们重新探讨美索不达米亚艺术所揭示出的最重要的一面。同时，由于美索不达米亚地处东西交通的要津，民族间的争夺和交流十分频繁，其艺术既表现出各具特色的乡土风格，又不可避免地拥有某些共同之处。

美索不达米亚艺术的功能不仅是为宗教和王权服务，艺术的内容也不仅是对神和国王的颂歌，而且在很大程度上反映了普通民众的生产和生活。从纯粹的艺术角度而言，美索不达米亚的艺术始终具有相当严肃的形式感。

第一节　陶器与陶艺

陶器可以说是任何文明都十分常见的文物，换句话说，几乎任何文明都经历过陶器时代。陶器是人类文明最早的见证，也是人类最早的生活伙伴，而且一直持续到今天。

一、陶器

对于古代美索不达米亚的艺术家们来说，在艺术创作方面他们是不幸的，因为供他们进行艺术创作的材料实在是太有限了；另一方面，他们又是幸运的，正是由于材料的局限性才更凸显了他们的专业能力和审美水平。在文明开始的南部地区，只有黏土是可以随时随地被找到的，其他材料如石材就只能依靠进口了。正因为如此，陶土造就了古代美索不达米亚最早的艺术形式——陶器。陶器既是艺术品，更是美索不达米亚人的生活用具。古代美索不达米亚的最早的艺术品可追溯到新石器—青铜时代，即公元前第七千纪早期。哈苏那文化、萨马拉文化、哈拉夫文化、欧贝德文化甚至乌鲁克文化都属于陶器文化，陶器占有非常重要的地位。在这些文化时期，陶器的不同风格反映出的是不同的文化特征。陶器的发展也经历了从无彩陶器到彩陶的艺术演进过程。

图 16.1 有动物和几何图案的陶土罐子。其上有山羊、长条和角的带状装饰绘画。公元前第四千纪初

陶器由于其存在的普遍性和日常广泛的用途，尤其是与那些珍贵、稀缺和宏大的艺术品相比，似乎不会引起人们足够的兴趣和关注。然而，除了自古至今它始终成为人类生活不可或缺的伙伴之外，它还是现代考古学家最为倚重的好朋友，考古学家往往会根据陶器来断定历史年代。关于陶器在考古学和历史学方面独特的价值，一位学者给出了清晰的阐述："它的普遍性使陶器的遗

留物在古代遗址上遍地都是，而不像其他更珍贵一些的人造制品只有有限的数量得以保留下来。尽管花瓶脆弱易碎，一旦破了，花瓶的碎片(也被认为是陶瓷片或者称碎片)事实上却是毁灭不了的，而且能持久存在达上千年。正是陶器的易破碎性使其受到考古学家的钟爱，因为陶器一旦破碎就得更换，而更换的也并非一模一样的东西，而是在实际风格上有细微变化的替代品，比如形状、组织，或是在原件生产后采用的一些装饰等等。这种风格上的可变性使陶器成为变化的化身，如同记录陶器所属文化时期的时间标记。找到足够可以测定时代的陶器，就能确定陶器周围文化遗产的时期；在两处文化遗址找到类似的陶器，就能清楚它们是产自同一时期的。因此，陶器这种地位卑微的艺术便成为历史的陪衬品，从陶器开始的新石器时代(或新石头时代)，一直到现代，为人类提供了年代计时服务。”①

图 16.2　拉马女神裸体陶像。古巴比伦时期，公元前 2000—前 1600 年

二、陶艺

除了具有实用价值和艺术审美价值的陶器之外，古代美索不达米亚人还拥有较发达的陶制艺术品。与陶器不同，这些陶制艺术品的价值首先不在于实用，而在于其宗教文化和艺术价值。

① [美]斯蒂芬·伯特曼：《探索美索不达米亚文明》，秋叶译，第 346 页。

图 16.3　裸体妇女半身像，可能是女祭司。古巴比伦时期，公元前 2000—前 1600 年

第一是人物雕像。人物雕像是古代美索不达米亚文明留给我们的最重要的艺术遗产之一。从材料角度讲，包括陶像、石像、金属雕像以及象牙雕像等主要形式；从人物背景或主题角度讲，包括君王雕像、普通男人像、普通女人像以及祭司像和达官贵人像等。相比之下，神的雕像就显得更少和不那么重要，这是我们所说的人本主义艺术的重要标志之一。从艺术形式和思想性方面来看，人物雕像表现出了世俗主义和现实主义两大倾向。其中裸体艺术和人物肖像为两大代表性艺术形式。图 16.2 和图 16.3 的两座陶像一座是女神裸体像，一座是女性半身裸体像，重在表现女性的特征与女性之美。值得一提的是，当女神出现时，很多情况下都是裸体形象。

人物肖像的现实主义特征非常鲜明，下面一个妇女头像和一个男子头像具有典型性。其中妇女头戴帽子，脖子上戴着项链，由此可以判断，妇女所戴的帽子主要是起装饰作用的，与其他饰物一起展现女性美。另一位男子可能年龄稍大，肖像描绘出了他那具有艺术美的卷曲头发，而对其额头皱纹的刻画与卷曲的头发正形成了呼应。他那深深的皱纹仿佛记录着岁月的磨蚀，同时展示了一种艺术手法。

第二是动物雕像。在美索不达米亚文明的早期，动物黏土陶像非常普遍，常见的动物主要是羊和牛，狮子像相对稀少，石雕的狮子像是在后世才盛行的。动物雕像在一定程度上反映了美索不达米亚文明的发展阶段或发

图 16.4　一妇女头像。古巴比伦时期，公元前 2000—前 1600 年

图 16.5　一男子头像。古巴比伦时期，公元前 2000—前 1600 年

图 16.6　宗教仪式器皿。描绘人保护动物的场景。这类英雄形象在美索不达米亚艺术中较为常见

展历程。在早期生产力低下的时代，牛羊等温顺或易驯养的动物是美索不达米亚人的主要生活依靠，这在本书有关经济与日常生活的篇章已经进行了论述。牛羊等动物陶像更多地反映出人们对生活的期盼和寄托。随着生产力的提高及其所推动的文明的前进，征服和驯化更凶猛的动物成为展示人类力量和意志的象征，这类的动物雕像如狮子像逐渐多了起来，而在这期间随着生产的“过剩”和贸易的发展，美索不达米亚所缺少的石料和金属，以及其他材料大量涌入，它们成为雕刻狮子和其他凶猛动物的主要材料。

图 16.7 许愿浮雕残片：卧在芦苇中的羊。早王朝Ⅱ期，约公元前 2600 年

图 16.8 守护神庙的狮头。陶土制作。公元前第二千纪初。出自巴比伦

第三是生活器具。与普通的陶制生活器具不同，上升到陶艺的生活器具虽然肯定也具有使用价值，但它们所体现出的艺术价值或审美价值无疑更占上风。值得注意的是，很多这类陶艺器具喜欢用人物像进行装饰，甚至直接依人物形象塑造器具，换句话说，就是器具以人物形象呈现。

第四是宗教活动或仪式所使用的器具。这类的陶制器具是在宗教场合不可或缺的，且有较高的艺术价值和文化意义。

图 16.9　女人头形状的饮具。约公元前 1500—前 1200 年。出自亚述城的伊什塔尔神庙

图 16.10　装饰有武士浮雕的罐子残片。以陶土制作，内侧涂有沥青。出自埃什努那

用于宗教活动或宗教仪式的器皿，一般都拥有独特的造型，这些独特的造型与其所承载的内容一起，营造出神圣、威严的敬神、献祭的宗教氛围。例如，著名的伊什塔尔女神罐，其形状略呈圆锥形，顶部开口的“脖颈”处带有两条装饰线。整个陶罐呈浅粉色，伊什塔尔女神的整个身体呈粉红色，头部带有神灵所特有的三角形佩饰。对展示女性美的“三角区”，艺术家也进行了线条式的勾勒。陶罐上的鸟、鱼和龟等，也都刻得栩栩如生，它们环绕在伊什塔尔女神周围，象征着女神赐予生命的力量。又如，古巴比伦时期一件出自叙利亚的塔状祭祀器具，其塔式造型显得非常高大，雕刻着一个人气宇轩昂地驾驭着两头狮子，位于塔的最顶端。在器具的顶部附近，有多个叙利亚—安纳托利亚风格的印章印迹。

图 16.11　伊什塔尔女神罐。上面装饰有裸体女神的形象。绘画陶土。公元前第二千纪初。出自拉尔萨

图16.12　塔状祭祀器具。古巴比伦时期，公元前 19 世纪。出自叙利亚

第二节　石雕艺术

一、圆雕艺术

(一)苏美尔和阿卡德的圆雕艺术

苏美尔人创造了古朴浑厚的艺术品，并在一个时期达到了相当的水平。各种形状的苏美尔雕刻，无论是圆雕还是浮雕，虽然很多都与宗教活动或宗教仪式有关，但它们仍然与其他非宗教题材的雕刻作品一道，表现出了

浓厚的世俗主义和现实主义风格。从作品内容上来说，苏美尔和阿卡德的雕刻以人物雕像最为突出。人物雕像中最为著名的作品包括君王雕像、祭祀活动中的人物雕像以及普通的男人像和女人像等。

两尊约属于公元前3300年乌鲁克时期的裸体男性雕像，其容貌、仪态和表情几乎一模一样，似乎表明他们是孪生兄弟。特征鲜明的男性生殖器官在显示男性魅力和力量的同时，可能也流露出隐藏在内心的自豪感。

图16.13　裸体男性雕像。石灰石，身份不明。乌鲁克时期，约公元前3300年

约属于公元前3000年的著名的乌鲁克花瓶所描绘的场面，则是一队裸体的男人在向伊南娜女神敬献贡物。值得一提的是，类似的宗教祭祀场景在古代美索不达米亚的艺术作品中很常见，它揭示的是一种特殊的宗教文化。我们知道，国王在进入祭祀现场举行祭祀活动之前，要经过几道门进行洗浴净身，很多情况下人们都是赤裸着身体向神献祭，可能也是净身之故。

图 16.14　著名的乌鲁克雪花石膏花瓶的一个截面。上面绘有男人裸体参加祭祀活动的场景

图 16.15　在埃什努那发现的一批小雕像。它们用石灰石、雪花石膏雕刻而成，人物虔诚地站立着，祈祷着。约公元前 2600 年

在阿斯马尔遗址的阿布神庙(Abu)的地窖里，完好地保存着一批约属于公元前2600年的圆雕人像，为我们了解早期美索不达米亚的苏美尔人的雕塑提供了重要实物。这些雕像中有形体高大的阿布神和一位女神，基座上明确地雕刻着他们身份的标志。在神像对面站立着一排大小不一、服装各异的祈祷者。其中，有九名是男性，身穿当时传统的大衣。一个秃头、胡须理得很干净的人被认为是祭司；其余的人有浓密的胡须、长长的头发，这些都是用规整的皱纹和黑彩表现的。它们的眼睛镶嵌贝壳和天青石。第十二尊雕像是用雪花石膏雕刻的跪状祭司，根据礼仪，呈裸体状，并戴一个小圆形头饰。这些雕像都是双眼平视着前方、耸肩抬头、双手紧握并贴在胸口，显得十分虔诚。

图16.16　阿卡德时期的妇女雕像。石灰石。可能出自乌玛

图16.17　古地亚头像

阿卡德王国的建立带来了艺术上的飞跃，丰富了苏美尔稚朴的造型语言。在尼尼微出土的铜制雕塑头像，可以作为这一方面的范例，这个头像

被认为是阿卡德王朝奠基者萨尔贡大帝的头像。其面部塑造简练而逼真，须发的装饰手法独特而有力，在苏美尔石雕的基础上前进了一步。

另一座阿卡德时期的妇女雕像把一位妇女从衣着到神态刻画得颇具感染力。这位妇女的头饰显得很特别，类似帽子的头饰拥有三重波纹的群沿，加上毛质感很强、带有图案设计的披肩，使她的女性魅力更增添了几分。略显冷峻的表情，加上眼珠脱落留下的两个大眼孔，使人很难看清其内心的世界。

古地亚时期的雕塑特点是把古苏美尔的装饰风格与阿卡德王朝的粗犷风格有机地结合在一起。保存下来的一些古地亚雕像，制作技术十分高明，是用坚硬的花岗石雕凿的，表面经过精心打磨，石面显得光滑明亮。古地亚半身像是其中的一件优秀作品(图 16.18)。雕像上，古地亚正在沉静地思考着。他身穿单薄的长衫，袒露着右臂，衣衫下健壮的肌肉组织十分清晰，衣服的褶纹刻得很逼真。古地亚双手合在胸前，两眼直视，膝头上放着神庙的设计图纸。座椅上所铭刻的楔形文字，详细记述了当时神庙的修建过程。

图 16.18　古地亚半身像

图 16.19　汉谟拉比头像

古地亚雕像中的一些头部雕像尤其值得重视。在脸部处理上，这些雕像显示出表达肖像特征的愿望，特别强调了凸出的颧骨、浓眉、四方的中央内凹的下颚。

大约在古地亚统治时期与乌尔第三王朝统治时期的交合点上，美索不达米亚人创造出了类似白大理石妇女头像这样卓越的作品，这个头像上的眼睛，是用天青石镶成的。从这件雕像上可以明显地看出雕塑家对于优雅、对于优美的造型和柔和的表达的追求，同时，在眼睛与头发的处理上，也表现出了现实主义倾向。

(二)古巴比伦和加喜特王朝时期的圆雕

古巴比伦时期遗留下来的雕塑很少。在马里发现的“手持流出液体的石瓶”的女神像，从风格上看，基本是传统的处理方法。女神手持石瓶，瓶中流出象征丰收的液体，水纹和衣纹融为一体。在苏撒山区发现的一尊黑色花岗岩雕凿的帝王头像，与《汉谟拉比法典》碑上的帝王形象十分相似，头戴宝冠，长髯编织成规则的纹样，眉毛和眼眶的造型保持着苏美尔—阿卡德时期的古老传统，两眉相连，形成呆板的半圆形。这个头像被假定为汉谟拉比的头像。头像表情冷峻，神态刚毅，颇具帝王的气质。古巴比伦时期

图 16.20　汉谟拉比青铜雕像

还留下了一个脸和手都镀了金的青铜小雕像，它表现了一个态度虔诚、神态动人的形象，雕像在跪着祈祷。也有学者认为其也是汉谟拉比的雕像。

还有一个现象非常值得注意，那就是汉谟拉比虽然取得了比他之前的统治者都要大的丰功伟绩，但他并没有像他之前的统治者如纳拉姆辛和古地亚一样自称为神，这是非常有趣的事情。

加喜特人给我们留下了一种非常独特的艺术形式，它就是通常被称为界碑石的库都鲁。实际上，库都鲁是记载国王赠予土地的石碑，石碑上通常雕刻既美丽又有寓意的图画。

图 16.21　美里施帕克的赠予纪念碑。它讲述赠予其女胡纳拔以娜娜亚女神的土地之事。石灰石。加喜特王朝时期，美里施帕克统治期（公元前 1186—前 1172 年）。公元前 12 世纪作为战利品被带到苏撒

如图 16.21，国王手举至嘴前做虔诚祈祷的手势，将女儿引至娜娜亚女神面前。三个星宿神灵的符号——伊什塔尔的星星、沙马什的太阳和辛神的新月出现在天空中。石碑的另一面完全被凿平，没留下任何信息。

(三)亚述的圆雕艺术

亚述时期的圆雕很少被发现，只保留了几尊孤立的王族肖像，其技巧也不如浮雕。圆雕刻画的人物往往采取严格的正面僵直姿势，阿淑尔那西尔帕二世的小型石灰石雕像是其代表性作品。难得的是，有一座属于亚述时期的裸体妇女雕像保存了下

来。有趣的是，其背后的铭文指出，国王竖此裸体妇女像是为了取悦人民。

图 16.22　亚述的裸体妇女石像。约公元前 1073—前 1056 年。出自尼尼微

二、浮雕艺术

浮雕艺术几乎同美索不达米亚本身一样古老，在各城神庙里，都发现了某种题材的浮雕。浮雕镌刻在正方形的石灰石板上，从石板中部都有空隙这一点来揣测，石板制成后是用来固定在某一地方或挂在神庙内的宗教礼器上的。这些石板镌刻的题材主要是颂扬石刻的主人为神祇大兴土木的业绩和为此举行的庆典，或是记录军队挺进、战胜邻邦的史实。

(一)苏美尔城邦时期的浮雕

在海法吉出土的浮雕，由三幅横向的画面组成，记载庆祝神庙落成的情景。但浮雕的线条没有表现出人体轮廓的圆润，衣服和人体本身处理得很马虎，这说明当时的艺术水平不高。

早王朝时期，描绘国王的浮雕，往往在衣裙上刻着国王的名字。在拉伽什(今特罗)发现的一块浮雕(图 4.2)，画面的上部是国王乌尔南什，头顶装有建筑工具的筐，前面站立的是他的家人。在画面的下部，国王坐着，家人簇拥在旁，一起庆祝佳节。在画面中，国王刻得比他的家人高大，并把家人们的名字刻在了他们各自的衣服上。另一块乌尔南什许愿浮雕

(图 16.23)，画面是保护神伊姆杜古德之鹰。

图 16.23　乌尔南什许愿浮雕。它突出地表现了伊姆杜古德之鹰。约公元前 2550—前 2500 年。出自特罗(古代吉尔苏)

具有“鹫碑”称号的安那吐姆石柱，是苏美尔浮雕中的杰出典范。这座纪念碑是记功碑，歌颂拉伽什城邦统治者安那吐姆击败毗邻城邦乌玛所取得的胜利。这块石碑也是一块边界界石，上面刻着征服者与被征服者之间的契约。从石碑上层的画面上，可清楚地看到安那吐姆王正率领军队去战斗，后面跟着一排方形列队的士兵。士兵头戴战盔，手持长矛，身上用大块盾牌连成墙以作为掩护。下层画面是国王站在战车上，正投掷长矛，指挥士兵与敌奋战。石碑的背面描绘的场面是把胜利象征性地归于战神恩利尔之子宁吉尔苏，他把俘虏集中在一个网里，用狮首鹰伊姆杜古德的形象看守着。在石碑的一个断片上，刻画了飞翔着的兀鹰带着被砍下来的敌方士兵的头颅。石碑上的题字揭示出画面的内容，它叙述了拉伽什军队的胜利，并且宣布，被打败的乌玛居民必须向拉伽什的神祇献纳贡品。这块浮雕反映出苏美尔人的纪念性浮雕的基本创作原则。画面被水平线分隔成为一条条横带，人们在这些横带上组织构图。展开在这些横带上的，往往是不同时期的若干插曲，这些插曲构成了对于事件的清楚的叙述。全体被描绘者的头部，总是放在同一水平线上。国王与神祇的形体往往比较高大。

图 16.24　“鹫碑”，即拉伽什王安那吐姆的胜利纪念碑。公元前 2450 年。出自特罗(古代吉尔苏)

(二)阿卡德时期的浮雕

阿卡德时期，浮雕艺术在画面的整体设计上有了明显变化，即通过一个大画面反映整个故事并安排各种人物，同时现实主义倾向得到了发展。在苏撒和拉伽什两城，发现了记载阿卡德诸王武功的石碑，其中最清晰可辨的是萨尔贡之孙纳拉姆辛的记功碑。纳拉姆辛记功碑生动地描绘了这位强大君王手握弯弓、头戴角形神冠，满怀英雄气概，正在攀登一座陡峭山峰的情景。他脚踩着敌人的尸体，一小队步兵紧随其后。它以写实的手法刻画了纳拉姆辛率军征服一些山地部落的历史场面，在构图、人体造型等方面都有进步。构图的统一与鲜明性是这一浮雕的重要特点。雕刻家运用对角线结构方法来表现军队翻山越岭的情景。山区用斜线刻画。在人体造型上，这一浮雕表现出了现实主义倾向。纳拉姆辛的形象比士兵们高大，

图 16.25　纳拉姆辛记功碑。树立于西帕尔城，被埃兰国王运至埃兰，出自其首都苏撒。现在是巴黎卢浮宫博物馆最引以为傲的藏品之一

位置也比他们高，能盖过他的，只有山顶和星星。在这幅作品中，既作为国王又具有神的身份的纳拉姆辛居于整个构图的中心，而作为上天神灵代表的两颗星星(在楔形文字中星号代表神的身份)，虽然高居整个画面的上方，但与纳拉姆辛庞大的身躯和整个画面相比显得很小，而且在整个画面中没有神的形象出现，说明这一时期的艺术已经重人而轻神了。神被降低到只具有象征性意义的地位：两颗星星高悬在天空。

(三)乌尔第三王朝时期的浮雕

乌尔第三王朝时期的浮雕，再次承袭了早期苏美尔的传统，用分层的办法来镌刻纪念性的画面。例如，乌尔纳木纪念碑是当时杰出的浮雕作品，

图 16.26　乌尔纳木纪念碑

它的画面分层排列，题材各自独立。国王在月神南那面前洒圣水，月神和国王穿的衣服截然不同。

(四)古巴比伦时期的浮雕

保存下来的古巴比伦时期的艺术作品，为数极少。从这些艺术作品看，巴比伦人并没有创造出新的东西，他们只不过在一定程度上接受了苏美尔—阿卡

图 16.27　刻写《汉谟拉比法典》的石碑的顶部雕像。太阳神沙马什正向汉谟拉比授予权标

图 16.28　夜晚女神赤陶浮雕。古巴比伦时期，约公元前 1850—前 1750 年

德人的传统。《汉谟拉比法典》刻在黑色的玄武岩石柱上，柱高 2 米多，上部为浮雕，下部为文字。浮雕刻画了汉谟拉比王肃立在太阳神沙马什面前接受法典。太阳神的威严与国王的谦恭形成有力的对比，整个场面充满了宗教的虔诚和严肃。在这幅雕像的画面中，虽然太阳神沙马什坐着而汉谟拉比站立在他的对面，却显示出神在人间的代表——国王与神的平等地位，因为神并没有高高在上，汉谟拉比与太阳神沙马什平行相对，甚至连神态都显示出高度的一致性。这时期还有另外一种赤陶浮雕，其中保存最完好的一块是绘有裸体女神以及支撑她的狮子和猫头鹰的镶板。

关于这位女神的身份，目前无法肯定，她被称为夜晚女神。有人认为她是莉丽图(Lilitu)①，也有人认为她是伊什塔尔，还有人认为她是埃里什基伽尔②。女神表现出了力量与美的完美结合，力量体现在她将猛狮蹬于脚下以及神鹰伺伏身旁的统治力，美则体现于女性的丰满与柔和的外形。

(五)亚述浮雕

亚述艺术最出名的是浮雕，“浮雕是亚述最伟大的、最原创的艺术成就”，“亚述艺术史主要是浮雕艺术的历史”③。它常常具有一种真正的美，表现了亚述人所取得的最伟大的独创的成就。亚述雕刻较少宗教色彩，其主题通常是国王，具有很强的现实性。雕刻主要表现国王在阅兵，在休息，在接受贡品，在率军打仗，在打猎散心以及在宫廷生活等情景，但几乎从未见到国王在履行祭司职能。妖怪、半神和英雄也有刻画，神却明显没有(除岩雕上外)或被简化为符号了，如插在祭坛上的一杆矛或天空中的一个带翅圆盘。一般说来，亚述雕刻家似乎是历史上最早进行“人化”艺术尝试

---

① 《圣经》中的莉丽思(Lilith)。

② Joan Aruz, Kim Benzel and Jean M. Evans eds., *Beyond Babylon*, Yale: Yale University Press, 2008, p. 22.

③ [美]亨利·富兰克弗特:《古代东方的艺术与建筑》，郝海迪、袁指挥译，上海：上海三联书店，2011 年版，第 124～125 页。

图16.29 描绘战斗场面的浮雕。描绘阿淑尔那西尔帕驾驭着战车正与敌人的步兵展开战斗，在他前面有保护神飞翔着，战车以弓箭开道。约公元前 865—前860年

的一批人，他们要去掉艺术身上从史前继承下来的巫术或宗教含义。亚述浮雕用极为写实的手法表现了战争和狩猎等惊心动魄的紧张场面，充满着激烈、紧张的气氛。

描绘亚述帝国战争情景的浮雕，留存下来的作品很多。有表现安营扎寨情景的，有表现军队行军过程的，有表现国王身先士卒之英勇的，有描绘战斗具体的惨烈细节的，有描绘战败敌人的臣服场景的，有描绘战后庆功场面的，等等。例如，一幅作品表现的是国王亚述巴尼拔率领士兵攻打一个城堡的场面：沙场上战车急驰，尸横遍野，一派悲壮景象。亚述巴尼拔王身先士卒，站在战车上，正向敌军射箭，士兵们凶猛地冲向敌阵。城堡中的敌军还在抵抗，正用密集的弓箭射向亚述军队。国王身旁一匹驾车的辕马已经受伤倒下，但国王仍镇定自若地指挥作战。整幅浮雕采用散点透视手法，构图宏阔，各种道具、衣饰和建筑物都刻画得十分精细。浮雕上还刻有文字，记载着这场战争的历史背景。

图 16.30　亚述浮雕：国王猎狮。国王从侍从手中接过矛，刺向一只受伤的狮子，凶猛的狮子正在攻击战车的车轮。一名侍从手握弓箭，另一名侍从手握长矛准备帮忙。约公元前 645—前 635 年

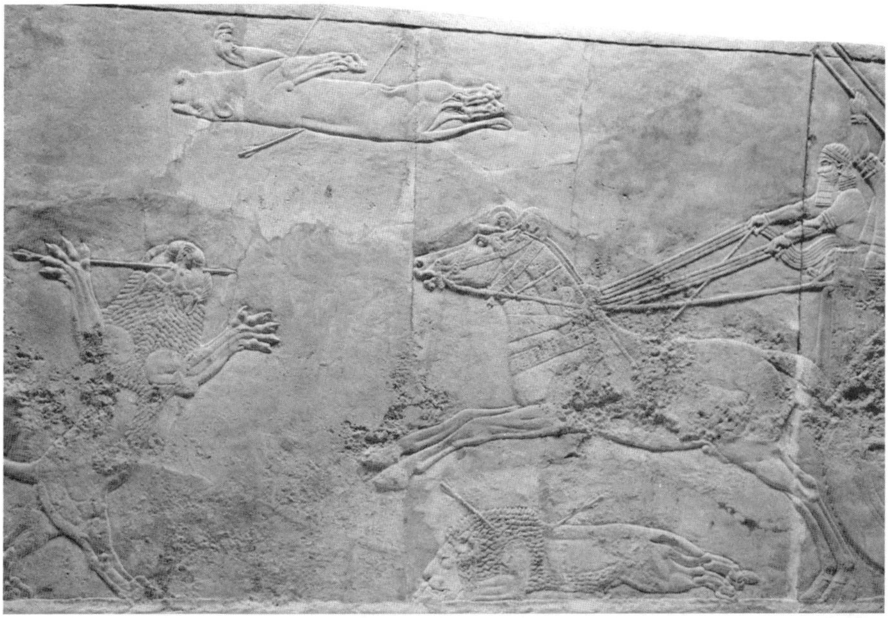

图 16.31　亚述浮雕：皇家猎狮。约公元前 645—前 635 年

刻画狩猎情景的浮雕是亚述浮雕的杰作，这类浮雕不仅保存下来的作品很多，而且这些作品详细地记述了国王或宫廷狩猎的程式和仪式，揭示出了亚述人文化内涵的很多深层的东西，如狩猎队伍的庞大、出行前的准备和仪式、对捕获猎物的祭酒仪式以及凯旋仪式等。在艺术层面上，对猎狮的刻画最具有感染力。有的表现狮子的勇猛和不屈不挠地与人搏斗的场景，有的表现受伤的狮子悲鸣与哀号的场景，有的表现狮子垂死之时的无奈与驯服，等等。当然，描绘亚述国王们的英勇与智慧始终是亚述狩猎浮雕的主题，国王狩猎时所展现出的优雅与从容更衬托其力量和不可战胜的气质。《抬着击毙的狮子的猎人们》、《垂死的狮子》和《负伤的牝狮》等是亚述浮雕中的代表作。

其中，《负伤的牝狮》描绘一只勇猛的浑身充满了活力的狮子，因身中数箭而发出哀鸣，它后半部身子已瘫倒在地，可是健壮的前爪仍在挣扎着想从地上站起。母狮昂头怒吼，显示出生命垂危之际的狂怒与嘶鸣，形象

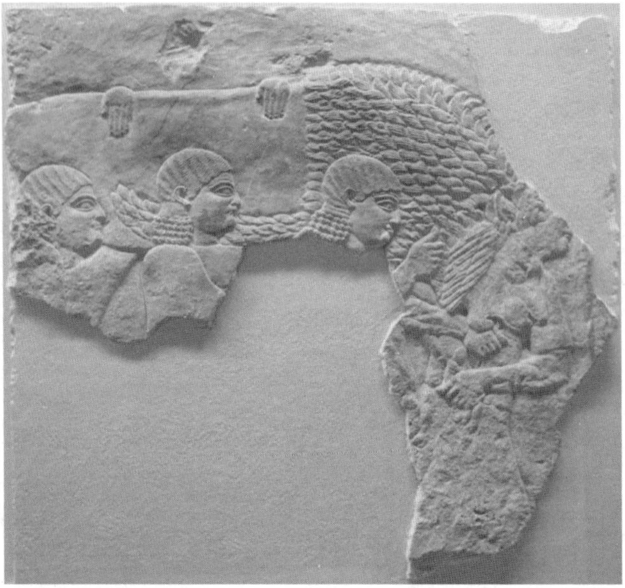

图 16.32　亚述浮雕：皇家仆从们用肩扛着被击毙的狮子。约公元前 645—前 635 年。出自尼尼微

图 16.33　亚述浮雕：6 名皇家仆人用手抬着被击毙的狮子。约公元前 645—前 635 年。出自尼尼微

图 16.34　亚述浮雕：负伤的牝狮。皇家猎狮的一个场景描写。约公元前 645—前 635 年。出自尼尼微

极为悲壮。在描写猛兽受难的场面上，亚述美术家充分表现出了现实主义特色。“雕刻家可能还具有对受伤狮子的同情，这种人道主义观点值得赞扬。实际上，我们还可以想象，雕刻家很聪明地指出了残忍的国王与其高贵的牺牲品之间的强烈对比。但我们也不应该忘记，这些雕刻作品的观众把国王视为贵族的楷模，而把狮子视为残酷的敌人，认为它们就该得到痛苦的甚至愚蠢的死亡。”①

描绘亚述的宫廷生活成为亚述浮雕另一重要的主题，其中八方朝贡的场景是亚述君王们要极力渲染的，目的是对来亚述王宫拜访的外国君臣们起到宣化的作用。有三幅《敬献贡物的人们》的浮雕是这类作品的佳作。一幅是阿淑尔那西尔帕二世时代的作品，描绘的是叙利亚人和腓尼基人向亚述国王纳贡的情景。另两幅则是萨尔贡二世宫殿里的装饰物。浮雕中长须

① Julian Reade, *Assyrian Sculpture*, London: The British Museum Press, 2011, p. 73.

图 16.35　亚述浮雕：敬献贡品的人们。从前面的人的包头巾判断，他可能来自叙利亚西北部；后面的人可能是腓尼基人，他带着两只猴子。亚述国王喜欢收集奇异动物。约公元前 865—前 860 年。出自尼姆鲁德

老人手捧羊羔和植物，身穿羊毛长袍，长袍边缘绣着精致的花边。从浮雕作品中不难发现，亚述君王们很喜欢异域的珍稀动植物，尤其是阿淑尔那西尔帕二世和萨尔贡二世，他们都喜欢用这些动植物装饰自己所钟爱的都城的花园。

《战后的庆功》浮雕表现的是亚述巴尼拔国王战胜埃兰国后，在御花园举行庆功的场面。在棕榈树林中的凉亭里，亚述巴尼拔倚躺在卧榻上，跟坐在他面前的王后正举杯欢饮。他俩衣着华贵，身上佩有各种金银珠宝，

埃兰国王的脑袋被挂在树上。王后身后的乐师们正演奏音乐。这幅浮雕不仅把亚述国王获胜后的得意神态表现得淋漓尽致，而且也是少有的表现亚述妇女形象的作品之一。在亚述的所有浮雕作品中，只出现过辛那赫里布王后与亚述巴尼拔王后的形象，此外再也找不到其他妇女形象了。

图 16.36　亚述浮雕：敬献贡物的人们。出自霍尔萨巴德

图16.37 亚述浮雕：亚述巴尼拔与王后战后的庆功。公元前 668—前631年。出自尼尼微

第三节　金属艺术

金属雕刻以及其他各类的工艺美术品在美索不达米亚很发达。苏美尔人是古代杰出的工艺美术师，他们留下了大量精美的金属工艺品：小铜像、黄金短剑及剑鞘、金杯、金碗、金头盔和乐器等。苏美尔人不仅擅长用单一金属打制物件，而且还会用几种金属混合制成工艺品。金器匠师们刻画动物的技艺达到了极高的水平。亚述人也是金属制造能手，亚述的金工雕刻达到了很高的水平。青铜片上的浮雕构图，是亚述金工雕刻的出色范例。

一、王冠与武器

金属在古代文明中作为稀有物和先进生产力的代表，最先为王族和宫廷所掌握和使用，后随着冶炼技术的发展和普及才在生产中广泛应用。为满足国家之间战争的需要，制造武器是金属最早、最常见的用途。

金银还用于首饰制作，以及一些高级、精致工艺品的制作中。图 16.38 的这顶出自乌尔王陵的金王冠最具代表性，它也成为从最久远的历史保存下来的最珍贵的文物之一。

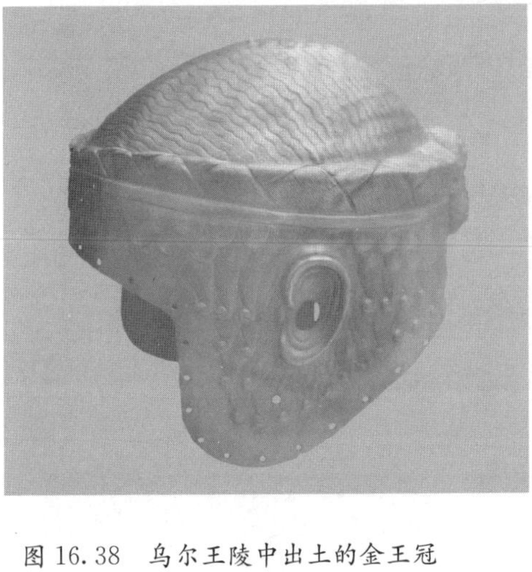

图 16.38　乌尔王陵中出土的金王冠

亚述国王阿达德尼拉里一世的铜斧，更可能是作为武器使用。实际上，在古代美索不达米亚人的现实生活中，工具和武器有时是很难区分的，可能平时用作工具，战时用作武器。

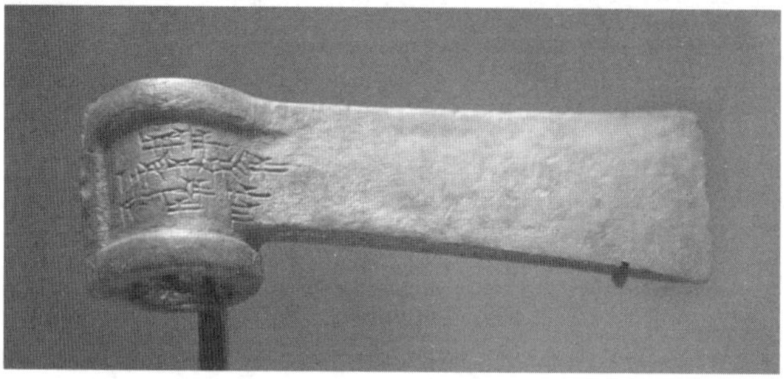

图 16.39 刻有阿达德尼拉里一世之名的铜斧。公元前 1307—前 1275 年

这支巨大的标枪(图 16.40)是由铜制作而成的，上面标有基什(Kish)的卢伽尔(Lugal)的名字。属于早王朝Ⅱ期，约公元前 2600 年；发现于特罗(古代吉尔苏)。

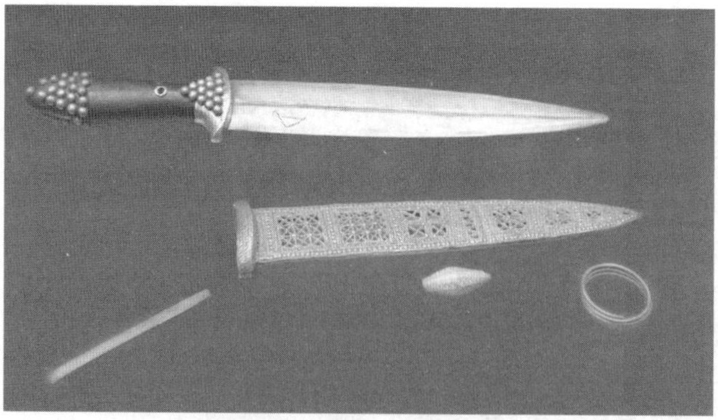

图 16.41 乌尔王陵中出土的短剑和剑鞘

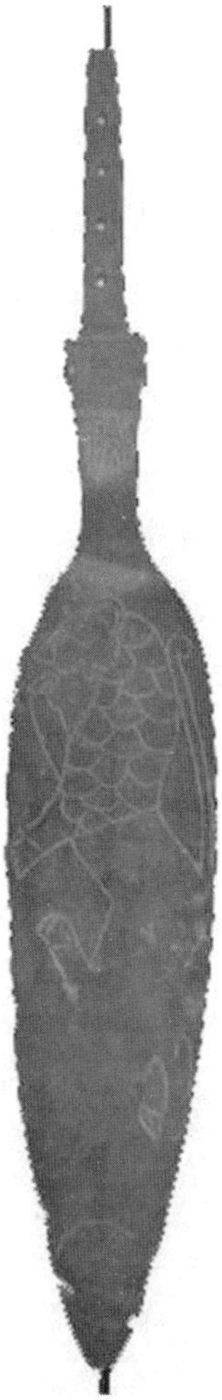

图 16.40 标有基什王名字的铜标枪

二、人物雕像

在金属人物雕像中，以铜像和铜合金像较多。这些人物雕像既有表现祭祀和祈祷主题的，也不乏表现男性之美等现实主义题材的，人物造型姿态各异。例如，我们拥有苏美尔时期的一座男子铜像(图 16.42)，行走中的男子头戴羊角帽，肩披猛兽皮，脚穿上翘靴，展现出强健和力量之美，裸露的下身昭示着男性之美。这类充满现实主义精神的人物形象最早出现于苏美尔，这类题材在早期埃兰也有发现。另一座属于苏美尔早王朝时期的男子铜像(图 16.43)，具有类似的特征，男子裸露着身体，头顶沉重的金属盒子，更显力量之美，同样表现出了现实主义精神。

图 16.42　行走中的男子铜像。苏美尔时期，约公元前 3000 年

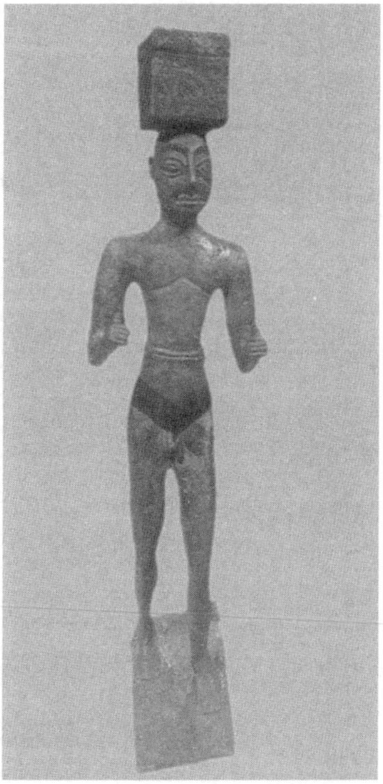

图 16.43　头顶盒子的男子铜像。苏美尔早王朝时期，公元前 2900—前 2600 年

三、祭祀礼器

宗教活动乃国之大事。国王是上天诸神在人间的代表，拜神、敬神和献祭自然成为其作为国王应该履行的重要职责。

图 16.44　杯托。材质为铜、银、金。公元前第二千纪初。出自拉尔萨

图16.45　宗教活动所用的器具。为铜合金。早王朝Ⅲ期，公元前 2600—前 2350 年

用金属制作的祭祀礼器比起用陶土制作的宗教器皿，肯定显得更高级些。这些礼器无论是造型还是工艺，以及人物、动物形象的刻画等，都达到了相当高的水平。例如，一个用铜、银、金制作的杯托，描绘的是三只

野羊立在基座上，基座装饰有两个手举接收祭品的浅口盘的神灵。另一个属于早王朝时期的祭祀架子上镶嵌有贝壳和天青石。

四、动物塑像

金属动物塑像是古代美索不达米亚艺术品中的杰作，不仅体现了艺术家高超的工艺技艺，更体现了他们对生活的理解及其思想表现力。

图 16.46　苏美尔早王朝时期的公牛铜像

图 16.46 的这座铜合金公牛像发现于阿尔・欧贝德遗址的宁胡尔萨格神庙，属于早王朝时期，约公元前 2400—前 2250 年。铜像表现出的公牛的神态给人留下了深刻的印象，竖起的双耳透着机警，一只眼睛炯炯有神，另一只眼睛凹陷脱落，两只上翘、弯曲并有向一起合拢的趋势的犄角，给人一种威严之感。

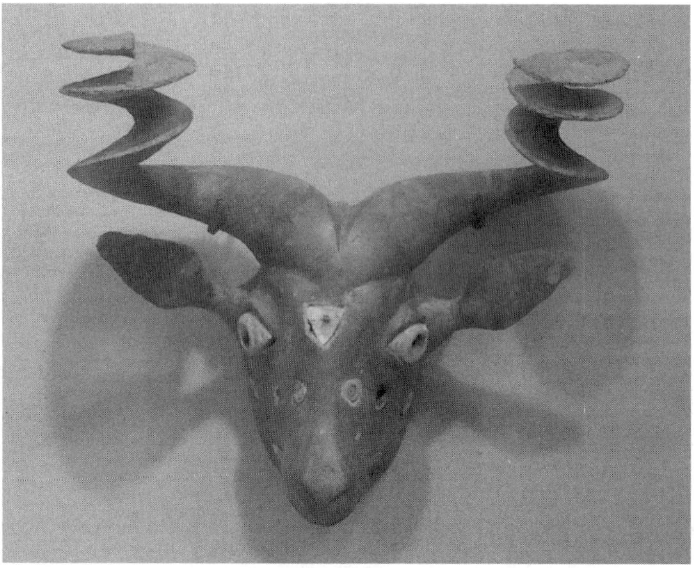

图 16.47　铜合金山羊头。早王朝时期，约公元前 2550—前 2250 年

图 16.47 的这座山羊头铜像造型很优美，做工也很精致。两只犄角呈卷曲、螺旋上升状，既具有艺术的造型之美，也具有动感之美。以贝壳镶嵌的眼睛很传神，脖颈和面部还以圆形和椭圆形的嵌入式图案进行装饰。整个山羊头在创作过程中，采用了多种颜色，体现了艺术家对色彩的追求。

五、生活家居艺术

在没有花的世界中，人类的生活色彩将极度暗淡。所以，自古以来花瓶都是人类最好的伙伴之一，也是人类所创造的重要艺术形式。古代美索不达米亚人的金属花瓶，向我们展示了人类早期文明在这方面的艺术思想和艺术成就。苏美尔早王朝时期的金属花瓶已相当精致(如图 16.48)。花瓶还经常以人物造型的形式出现(如图 16.50)。

苏美尔城邦拉伽什的国王恩铁美那留下了一个银质花瓶，有青铜底座。花瓶的瓶颈上刻写着恩铁美那的铭文，瓶子上雕刻有两条装饰带，在两条

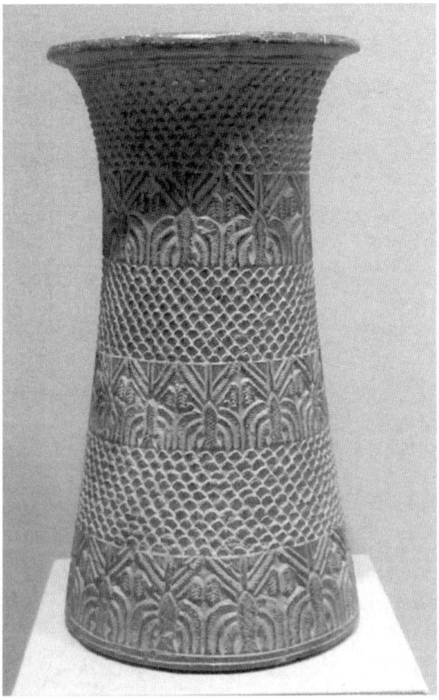

图 16.48　金属花瓶。刻有三栏棕榈树图案。苏美尔早王朝时期，公元前2700—前2350年

图 16.49　拉伽什王恩铁美那的银质花瓶。出自特罗（古代吉尔苏）

雕刻装饰带之间是鱼骨形的条带。从艺术风格方面来看，恩铁美那的银质花瓶与在乌尔出土的金瓶相比，一个突出的特征就是其装饰性的雕刻，乌尔的金瓶是没有雕刻装饰的，属于古朴型。在这个银质花瓶的瓶肩处，雕饰有小牛的图案。在瓶雕的中间或核心部位，则是主画面——人格化的狮头鹰伊姆杜古德。这个银瓶是恩铁美那献给宁吉尔苏神庙的，宁吉尔苏神的徽章就刻在瓶子上。

另一件稍晚时期的铜制家具部件，则属于亚述帝国时期，出自乌拉尔图。其造型是一位神灵站立在一头公牛的背上，工艺包括镶嵌和镀金。

图 16.50　雪花石膏石花瓶。以妇女形象作为造型，妇女手中握着鲜花。公元前 700—前 600 年。出自西帕尔

图16.51　铜制家具的固定部件。公元前 8 世纪晚期。出自乌拉尔图

第四节　象牙雕刻

直到现在，象牙都是十分珍贵的材料，象牙制品和象牙艺术品都是难得的珍品。这种情况不仅出现在美索不达米亚，在整个古代近东更是如此。古代近东虽然不盛产大象，但在公元前第一千纪中叶以前，在这一地区还可以猎捕到大象，而此后大象便在古代近东绝迹。古代近东的象牙主要依靠对外贸易从外地进口，我们知道早在公元前 2000 年，乌尔的商人就开始从印度进口象牙。

一、象牙雕刻艺术的起源

在古代近东，象牙制作工艺比较发达的地区是叙利亚和腓尼基，叙利亚和腓尼基的精美象牙艺术品通过贸易传播到近东甚至更远的地方。美索不达米亚拥有发达的对外贸易网络，又具有与这两个地区邻近的区域优势，所以叙利亚和腓尼基的象牙制品很容易流通到美索不达米亚。在美索不达米亚各城市，由于拥有象牙原材料的来源，所以自然也会出现专门制作象牙艺术品的作坊。在亚述帝国时期，象牙制品更是受到欢迎，亚述人可以

图 16.52　象牙雕像：一名男子手握树枝，头悬太阳圆盘。公元前 8 世纪。出自尼姆鲁德

图 16.53　进贡者雕像。其手牵羚羊，左肩伏着猴子，右肩披着豹皮。公元前 8 世纪。出自尼姆鲁德

通过战争获取象牙艺术品类的战利品，臣属国也不会吝啬于把自己国家的象牙制品“宝贝”敬献给亚述君王，当然，属于亚述人自己的象牙制品和艺术品肯定也流行。

由于腓尼基等地成为象牙及其艺术品的重要来源地，所以古代美索不达米亚的象牙艺术无论在内容方面还是在艺术风格方面都打上了很深的非洲烙印。

考古学家在尼姆鲁德就发现了属于公元前9—前8世纪的一个巨大的窖藏，里面藏有许多象牙制品。类似的象牙制品在哈拉夫、亚述城以及霍尔萨巴德也有发现。在尼姆鲁德一口深达70英尺的井底出土了一件非常特别的象牙制品，上面雕刻的图案描绘了一名年轻的男子正在被一只母狮捕杀的场景。根据这名男子的面部特征——具有黑人特征及头发卷曲——来判断，他可能是埃塞俄比亚人或努比亚人。

图16.54　亚述象牙雕刻。这件象牙雕刻来自亚述的一个都城卡尔胡(尼姆鲁德)，它描绘了一名非洲男子落入母狮掌中的情景

从这件象牙雕刻中可以看到，这名非洲年轻男子坐在地上，身体略微向后倾倒，双臂支撑在地上，母狮站立在其身体的上方，下颌靠近年轻人的脖子。令人称奇的是，这本应该是一幅人狮大战图，却不见挣扎、厮打的场面，甚至没有母狮狰狞的面容，也不见年轻人恐惧、痛苦的神情。母狮只是用一只爪子搂着年轻人的脖颈，另一只爪子自然

地落在地上，年轻人安静且顺服，这更像是一幅情侣亲热的画面。年轻男子的头发用黄金装饰，其下身的衣服也同样是黄金短裤，预示着年轻人高贵的出身。画面背景以盛开的鲜花和纸莎草作为衬托，鲜花和青草镶嵌在天青石和光玉髓中，闪着金光。

二、生活用具

象牙制品可分为日常生活用品和纯装饰艺术品两类。在日常生活用品方面，由于象牙材料在美索不达米亚的稀缺，它在少数情况下用作整个用具或器皿的主要材料，在多数情况下用于制作附件或配件，起装饰或美化作用。例如，象牙被用于制作手持镜子的手柄，制作苍蝇拂的拂手，制作奢侈的化妆盒，装饰王室马匹的缰绳，等等。当然，象牙的主要装饰功能是用于家具的制作，主要是用于在家具上雕刻各种各样美丽的图案甚至浅浮雕，家具上的图画或图案还可以用颜料涂上颜色。如果把这些图案配以次贵重石料镶嵌在家具上，它们就会显得更加栩栩如生。

图 16.55　象牙雕刻的斯芬克斯像。公元前 9—前 8 世纪。出自尼姆鲁德

上面这件象牙雕刻艺术品是一个大步行走的斯芬克斯像。它出自亚述的一座都城卡尔胡，即沙尔马那塞尔堡，属于新亚述时期。这座斯芬克斯像与其他许多象牙雕刻艺术品一样，具有明显的腓尼基风格。

三、人物像

在纯装饰性艺术品方面，象牙雕刻所反映的主题无疑就是美索不达米亚人的日常生活和宫廷生活，如人与动物、人物肖像、动物像、盛宴与享乐场景、国王与朝臣肖像、臣属国进献贡品等。例如，亚述帝国时期的一

图 16.56　男子象牙头像。公元前 9—前 8 世纪。出自尼姆鲁德

图 16.57　亚述象牙雕刻：窗户里的女人。这四幅现存于伦敦大英博物馆、巴黎卢浮宫博物馆和纽约大都会艺术博物馆的雕刻作品，可以以同一主题命名——“窗户里的女人”

图 16.58　佩戴精制王冠和项链的象牙雕刻妇女全身像。公元前 8—前 7 世纪。出自乌拉尔图

个象牙雕刻的男子头像，明显地具有腓尼基风格，进一步表明亚述的象牙雕刻艺术深受腓尼基和叙利亚等地区的影响。另外在伦敦大英博物馆、巴黎卢浮宫博物馆和纽约大都会艺术博物馆保存有具有很大相似性的妇女雕像，其主题可以命名为“窗户里的女人”，非常引人注目。在伦敦大英博物馆、巴黎卢浮宫博物馆和纽约大都会艺术博物馆就有至少六座这样的象牙雕像，反映出这一主题的普遍性，也反映出这一主题的现实性。其中一幅被誉为“尼姆鲁德的蒙娜丽莎”，雕像中一名妇女在窗户里面，似乎是想透过窗户洞悉外面的世界。有学者认为“窗户里的女人”可能是妓女，如果这个判断不错的话，那么她们就是世界上最早的“橱窗女郎”。这说明妓女是当时社会的普遍现象，这与古代美索不达米亚社会高度发达的商品经济和商业文明也是相吻合的。

另一座象牙雕刻妇女全身像更引人注目。她出自亚述帝国时期的乌拉尔图。从该妇女所佩戴的精致王冠判断，她可能是乌拉尔图的女王或王后。女王或王后手捧胸部，直视前方。

四、动物雕像

动物雕像是美索不达米亚艺术中最受欢迎的题材和形式，贯穿于整个美索不达米亚文明史的全过程，出现于陶艺、石刻和金属艺术等各种形式中。象牙雕刻也是其中最重要的艺术表现形式之一。

在亚述宫殿特别是尼姆鲁德发现了许多象牙雕刻作品，其中不乏动物雕刻的佳作。值得一提的是，这些象牙雕刻都不是纯粹的艺术品，而是镶嵌在家具上的配饰，可见亚述国王们是多么钟爱象牙制品。这些象牙制品大部分出自叙利亚和腓尼基艺术家之手，来自公元前8世纪的阿尔斯兰·塔什(Arslan Tash)，那里有亚述帝国在行省建造的宫殿。在紧邻宫殿的建筑内发现了一批类似的象牙雕刻制品，下面这幅母子牛图就是其中之一。

图16.59　出自阿尔斯兰·塔什的象牙雕刻。公元前9—前8世纪

第五节　圆筒印章

两河流域在文化方面最与众不同的艺术品就是圆筒印章。圆筒印章可以说是一种小型的微雕艺术，平均只有1～1.5英寸长。就是这种微型雕刻艺术在古代近东产生了广泛的影响，除此之外，“世界上再也没有别的文明发明过或者完善过这种艺术形式了”①。圆筒印章艺术不仅向世人展示了美索不达米亚人所理解和创造出来的方寸之美，还深刻地反映出了他们日常生产和生活中的方方面面。

一、独特的文物

圆筒印章在美索不达米亚的历史中占据了三千多年的时间，为我们提供了美索不达米亚人生活的独特证据。仅在公元前3300—前2300年这一千年的历史时期，也就是说，从原始文化时期至早期城邦年代，目前就已发现了约2000枚圆筒印章。正如一位亚述学家所估算的那样：“如果说博物馆里每一种考古学物件至少有一百件依旧埋在地下的话，以此为基础推算，单就这段时期就会有大约二十万枚这样的印章仍然在等待着挖掘出土。而且在印章本身还没有得到探明出处的情况下，它们留在黏土上的古老印迹依然固执地昭告自己的存在。”②圆筒印章具有很高的考古学价值，作为已经消失了的世界的图像性记录，它们是无价之宝。圆筒印章不仅提供了关于古代遗址及其地层在时间上的信息——例如，有些圆筒印章上就刻有铭文，铭文上还有当时进行统治的国王的姓名，据此可推定铭文和圆筒印章的时间，它们还像陶器一样，以其材料、尺寸、形状和装饰等在漫长历史

① ［美］斯蒂芬·伯特曼：《探索美索不达米亚文明》，秋叶译，第357页。

② ［美］斯蒂芬·伯特曼：《探索美索不达米亚文明》，秋叶译，第357页。

图 16.60　绘有妇女和神灵的雕刻。一名妇女和一位神灵，戴有牛角状的头饰，坐在一棵椰枣树的两边。在他们的背后各有一条蛇。在 19 世纪，它被认为是《圣经》中的亚当和夏娃之印。实际上，它描绘的是一种形式的宴会。公元前 2200—前 2100 年

中的演变过程，向我们揭示其时间线索。

泥板印章的历史可以追溯到公元前第八千纪的叙利亚，当时的叙利亚人用它作为装饰品或用于巫术。到公元前第六千纪中期，在美索不达米亚北部，人们开始用印章在黏土块或盘子上印出图案。考古学家推断，圆筒印章在公元前第五千纪就出现了。目前的考古学资料可以肯定，圆筒印章在公元前第四千纪就已经存在了。属于公元前第四千纪的泥板上(乌鲁克文化四期)保留下来的印迹证明，当时美索不达米亚南部的苏美尔人和伊朗西南部的埃兰人已经使用圆筒印章了。印章的产生先于文字的诞生，大约与冶金术同时出现，因为雕刻石头需要金属工具。在阿卡德时代，圆筒印章

图 16.61　新巴比伦王国国王纳波尼德的黏土圆筒印章。记载重修哈兰和西帕尔神庙之事。公元前 555—前 540 年

艺术达到全盛，题材丰富，镌刻精美。在这一时期，印章雕刻者的技艺以及他们在构图方面的天赋，建立了美索不达米亚雕刻艺术的新标准。主题、图案和雕刻风格都有一些革新。在美索不达米亚文明的发展中，圆筒印章从苏美尔时代一直流行到波斯帝国，大约在公元前 5 世纪时，由于阿拉米语取代了阿卡德语而成为近东的混合语——阿拉米人已经开始用墨水在莎草纸和羊皮纸上书写——圆筒印章的历史宣告结束。

雕刻圆筒印章所使用的材料绝大多数来自进口的石料，也有少数圆筒印章是使用诸如动物的骨头，象牙，贝壳，木头，黏土，以及金、银、铜和青铜之类的金属雕刻而成的。石料的种类和特性因地区而异，最早的圆柱体都是用较软的石灰石、天青石和水晶石雕刻而成的，后来又引进了彩色矿石，如滑石、闪长岩、色彩斑斓的玛瑙、蛇纹石、绿泥石、苹果绿鹦鹉石、光玉髓、磁铁矿石、黑曜石、赤铁矿岩和紫晶石，等等。在较晚的历史时期，美索不达米亚人甚至还使用了合成石——石英。美索不达米亚人相信不同的石头具有各自神奇的功能，能够为他们带来福气：天青石象征着权势与成功，水晶能传递快乐，绿色大理石预示着永久的祝福。在亚

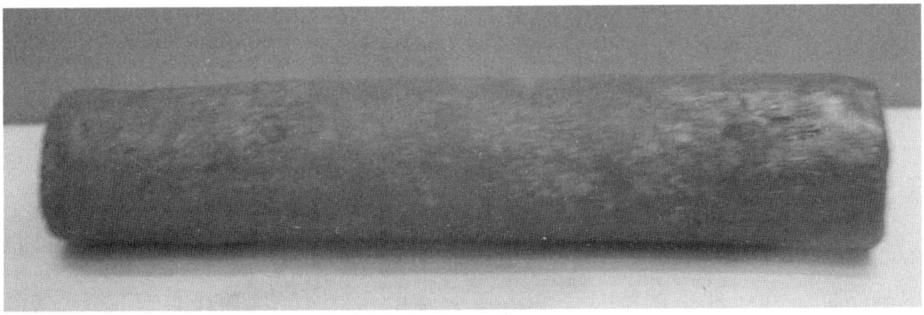

图 16.62　用铜雕刻的圆筒印章。刻有巴比伦国王马尔都克那丁阿赫(Marduk-nadin-ahhe)的铭文

述人看来，梦见有人赠送圆筒印章预示着有儿子降生；一块雕刻有众多人物的印章，则预示着子孙满堂；红色的圆筒印章预示着儿女双全；象牙雕刻的圆筒印章，代表着心中的一个愿望；一块王室的圆筒印章，则预示着能够得到诸神的保护。

二、工匠与工艺

制作圆筒印章的工匠在苏美尔语里称为“布尔古尔”(*burgul*)，在阿卡德语里称为“普尔库鲁”(*purkullu*)。制作圆筒印章是一个对技术要求很高的职业，一名学徒工至少需要四年的学习时间，才能学成手艺。在这四年的时间里，他必须每天跟着师傅在作坊中不停地磨炼技艺。在古埃什努那遗址(阿斯马尔遗址)就发现了一名工匠用于雕刻圆筒印章的全套工具，在一只黏土罐子里还装有一把小小的铜錾子、两把尖锐的铜刻刀、一块磨刀石、一把用于打孔的钻子，还有一些正在制作中的印章。圆筒印章绝不仅是手工制品，它是美索不达米亚工匠们的艺术杰作。对于印章上所刻写的微型的图文，我们现在需要借助放大镜才能欣赏其中的细节。圆筒印章微雕采用“凹雕”的技法，制作出三维立体的雕像。圆筒印章为工匠和艺术家们赢得了很高的社会地位，他们的职业是美索不达米亚社会最具荣誉感的职业之一。

美索不达米亚所特有的圆筒印章，采用阴刻的方法在圆柱体材料上刻画出图案，把圆筒按在柔软的黏土上进行滚动，就会显现出连续的小型浮雕。这些小型浮雕所表现的主题，在美索不达米亚不同的历史时期呈现出不同的特点。最早的主题呈现出重视经济活动的特点，主要展示食物和纺织品或描述生产活动，以及伴随着经济活动的各种仪式场景。在苏美尔早王朝时期，在对那个英雄时代的英勇成绩的庆贺中，圆筒印章出现了新的主题，即神话式的冲突和盛宴。苏美尔早王朝时期印章常见的一个主题是“动物搏斗”：狮子对牛的袭击及人或似人的“护卫者”的防卫。在这种防卫者中又出现了留着长胡须的“英雄”和系着腰带、角下有装饰边锁的“牛—人”。这些形象构成了复杂的图案，但这时还没有立体表现，而且线形图案也是随意的。到早王朝后期，印章制作有了很大进步。绘制形象的线条变得更加粗大，刻画造型的手法更加娴熟。狮子和“护卫者”一类的形象的面部表现非常细腻，格斗的场面常有带框的铭文相隔，图案通常被水平地分成两栏。神话或宗教仪式的场面也是这时的印章的主题。在阿卡德时代，印章的图案是一系列独立的画面，相互间的间距也在增大，而且更加注意装饰。神话、宗教题材是印章中的主要反映对象。阿卡德王国消亡后，印章艺术中落。民间喜闻乐见的题材不见了，当时的印章中再也看不到吉尔伽美什那样的神话人物或苏美尔的神话故事了，宗教题材压倒一切，反映的总是印章主人站在城邦保护神面前的情景。在亚述时代，印章的主要题材是狩猎图或逼真的动物画。到新巴比伦王国时期，平面印章流行，画面多为狩猎题材，也有一些宗教内容。

三、圆筒印章的功能价值

圆筒印章中丰富的内容和主题向我们揭示出了美索不达米亚人日常生活的方方面面，尤其是农业生活、吃穿、音乐、舞蹈、交通和宗教精神生活等。透过圆筒印章，我们看到了美索不达米亚人从事农业生产的场景；

看到了他们对神灵的崇拜，尤其是对太阳神沙马什(乌图)，月神辛(南那)以及情爱女神、生育女神和战争女神伊什塔尔(伊南娜)的崇拜等；看到了在圆筒印章图案中流行的动物、植物、鸟类、鱼类甚至昆虫，包括已经灭绝了的一些动物；还看到了美索不达米亚人在设计方面的成就和思想，诸如圆顶房屋设计、合成弓设计和琵琶等乐器的设计等。

圆筒印章的出现是与美索不达米亚人民的经济生活密切相关的，这一点从圆筒印章的用途中得到了充分的反映。在文字发明以前的历史时期，圆筒印章用于在空心的黏土球上印上标记，这些空心的黏土球里面装着一些标记商业交易中的货物如绵羊的物证。后来，印章被用于密封罐子并标示罐子里面的有价物品。再后来，圆筒印章最广泛的用途是对黏土泥板文件做“标记”。文字发明以后，圆筒印章的功能得到了进一步的扩展，它不仅成为人们社会交往中不可或缺的工具，甚至还成为人们身份、所有权乃至社会地位的象征和标志。在圆筒印章的楔形文字铭文中，不仅要刻写印章所有者的姓名，还要标明他父亲的姓名、他的职业或职务，以及他所服务的统治

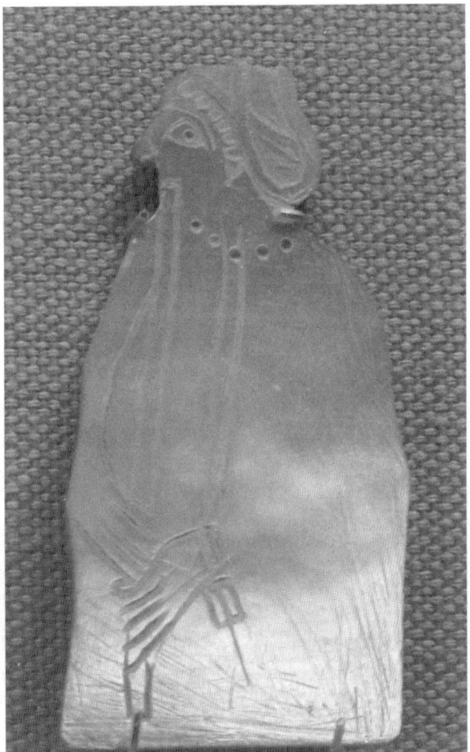

图 16.63　一名妇女佩戴着一枚圆筒印章，正优雅地吹奏着长笛。为贝壳制作。早王朝时期，约公元前 2600—前 2500 年。出自尼普尔

者和神灵的名字。从圆筒印章的楔形文字铭文中可以看到，在美索不达米亚社会，圆筒印章的拥有和使用是一件非常普遍的事情，不同职业、不同职位之人都需要使用圆筒印章，如统治者与祭司、士兵与书吏、王室的厨师与仆人、木匠和其他手艺人、商人等，妇女也可以拥有圆筒印章，甚至奴隶都拥有圆筒印章，就连神灵有时也和人一样佩戴着圆筒印章。一个人可以拥有不止一枚圆筒印章，至少在其更换职业、服务于新主人，或者职务得到升迁时，都要制作一枚新的印章。

在美索不达米亚社会，没有圆筒印章，任何形式的买卖和交易活动都很难进行，我们在法律合同、条约甚至在信件中都发现有印章的印记。例如，对于一笔借贷来说，借贷人或其受托人会以自己的印章确认借贷的数额；在一份财产转让书中，卖方会签印出售单据，买方在收到货物后也要签印收条；在买卖合同中，双方都要签印；甚至在婚姻协议中，男女双方也都要签字盖章。圆筒印章的遗失或者被盗，是受社会广泛关注的重大事件，失主和官员要记下丢失的时间，相当于做挂失处理，以确保印章遗失后的交易无效。当有人丢失圆筒印章时，会在全城吹响号角，以作为印章丢失的公告。

在美索不达米亚人的观念中，世上没有确定和永恒的东西，包括生命本身非但不可能永恒，甚至充满了不确定性，但用坚固的石头制作的圆筒印章却成为他们追求永恒的一种精神寄托，也成为他们生命永恒的终极象征。这也正很好地诠释了，为什么圆筒印章在美索不达米亚人的生活中占据异常重要的地位，以及享有特殊的荣誉。

第六节　绘画

绘画艺术使古代早已失去光泽的文物焕发出了夺目的光彩，每个民族每个时代的绘画作品都会受到绘画材料的巨大影响，古代美索不达米亚人在这方面受到的影响更大。

一、巴比伦壁画

受绘画材料的影响，古代美索不达米亚人留给我们的绘画作品主要是壁画，包括苏美尔人的形象和亚述人刻在墙壁上的浮雕画。传世的壁画作品表明，古代美索不达米亚人已经认识到用单调的黏土和石头去描绘生活具有很大的局限性，因而他们想方设法地用色彩提升作品的审美度和观赏性。

在最早的时期，美索不达米亚人已经掌握了湿壁画法。美索不达米亚的壁画被运用在事先用泥土灰浆、石灰或者能够变干的石膏涂抹过的墙面上。到公元前第二千纪的下半叶为止，美索不达米亚人都是在灰泥刚抹或还潮湿未干的时候，就开始进行绘画。湿壁画技法的优点在于，颜料能与被用来进行绘画的表面更好地融合起来；其缺点是留给艺术家创作的时间是有限的，因为在干热的天气下，墙面很容易变干。好在这一缺点也不是不可克服的，美索不达米亚人发明了解决办法，他们要么集中力量对一小块墙面进行涂抹和绘制，要么就用湿布等工具使已涂抹粉刷过的墙面保持潮湿，使其可以进行绘画创作。

绘制壁画的主要工具之一是调色板。美索不达米亚艺术家的调色板包括很多种：黑色调色板，用灯烟或沥青制成；白色调色板，用石膏制成；红色调色板，用铁或汞的氧化物制成；蓝色调色板，用铜的氧化物或天青石制成；黄色调色板似乎相对少见一些。艺术家通常在开始创作之前，要把各种颜料准备好，他们先把矿物质颜料放入水中稀释，然后用蛋清或牛奶中提取的酪蛋白作为黏合剂加入其中搅拌，以便使绘画作品能够更好地粘在墙壁上。对于整个构图或图案的设计，艺术家们会用一种尖利的工具在墙壁上快速刻画出来，在涂抹完色彩之后，就用黑色将图案勾勒出来。

根据目前的考古发掘材料，美索不达米亚的壁画大多数发现于王宫中，创作在宫殿的墙壁上，在神庙和民居的墙壁上发现的壁画相对较少。壁画根据房间的大小与用途而变化。从简单的几何中楣到精致的嵌板，壁画以横式的带形排列，覆盖了大部分墙面，内容主要有花纹、动物、战争、狩猎、国王肖像和庆典仪式等。

由于建筑物是用砖砌成的，所以遗留下来的壁画极少。目前在伊拉克南部发现的壁画遗迹分布在乌鲁克、尼普尔、乌卡尔丘以及阿盖尔古夫；在北部地区发现的壁画遗迹则分布在高拉丘、努祖和霍尔萨巴德等，其中保存最好和最大的壁画当属马里王国的壁画和提尔-巴尔西普壁画。

马里王宫中的壁画是保留下来的唯一的古巴比伦时期的绘画文物。在公元前18世纪早期，马里国王兹姆里利姆用壁画装饰了其王宫，共计26间房子，这是古代近东宫殿中保留下来的最早的壁画。这些壁画得以保留还要“归功”于伟大的汉谟拉比王，他对马里的进攻把兹姆里利姆的宫殿摧毁得恰到好处，宫殿的第二层坍塌后覆盖住了刻有壁画的第一层，使其免遭进一步的破坏。当这座城市被废弃的时候，这些壁画便保存了下来，直到20世纪被法国考古学家发现。

图16.64　马里王宫壁画

图 16.64 这幅作品的图案的装饰效果、装饰性花边和绚烂的色彩引人注目。壁画表现的是马里国王的授权仪式，马里王站在众神陪伴之下的伊什塔尔女神面前宣誓登基。中间的图案由上、下两栏构成。在上栏中，一个身穿华丽的带穗服饰、戴着“马球”头饰的国王，正在接过站在狮背上的伊什塔尔女神手中的象征物。在场还有其他神和女神。下栏是一对面对面站着的女神，她们身穿镶有荷叶边的衣服，手持流淌出液体的花瓶，水流在画面周围形成波浪，滋润大地。画面的两侧是高高的饰板，上面画有棕榈树和其他风格的树，树丛中有鸟、神兽和神，其中带翅膀的鹰头狮身怪兽象征着威慑力，棕榈树林则象征着富饶。

二、亚述浮雕式壁画

亚述时期，壁画上所描绘的主题，以国王生活与战争的场面居多。

位于叙利亚北部幼发拉底河上游的提尔-巴尔西普，拥有公元前 8 世纪亚述国王提格拉特帕拉沙尔三世修建的一座宫殿遗址，幸运的是在宫殿中存有保存完好的壁画。这座宫殿的壁画描绘的是战争和狩猎的场景：绑在战车上的俘虏被送到亚述士兵那里接受惩罚，一名亚述士兵牵住一名俘虏的胡须往前走。在一幅长达 70 多英尺的壁画上，提格拉特帕拉沙尔三世被授予了至高无上的权威，围在他周围的是士兵和官员。在这座宫殿一间浴室的墙壁上，也绘制有壁画，它展现的是一只狮子在猎取食物，“暗示着亚述人对权威与统治的热爱”①。

在一幅亚述宫廷墙壁装饰画中，一位亚述国王一只手握着杯子，另一只手握着一张弓，胸前斜挎着一把佩剑，由贴身侍卫及其他随从陪伴。贴身侍卫同样一只手握着弓，身上挎着箭筒，胸前斜挎着一把剑。这可能是一长幅壁画的一个组成部分，描绘国王从战场上或从狩猎场上凯旋的情景。

① ［美］斯蒂芬·伯特曼：《探索美索不达米亚文明》，秋叶译，第 350 页。

图 16.65　亚述宫廷壁画。赤陶。约公元前 875—前 850 年。出自尼姆鲁德

萨尔贡二世宫殿中的壁画，反映了亚述壁画的内容和风格。例如，其中有一幅装饰壁画画了一些带翅膀的人物，被整齐地排列在上下两行，中间是一些圆形的植物图案夹杂着动物形象。这些图案或带翅膀的人物图像像两个连续图案一样，做横向展开。另一幅带拱形花框的彩画画的是国王站在阿淑尔神的跟前。这幅画用的颜色是红、蓝、白、黑四种，黑色用来勾勒轮廓。

三、锥形画与彩釉砖

在古代美索不达米亚人那里，壁画并不是用色彩把墙面变得生动活泼的唯一方式，有些苏美尔人的神庙还将黏土椎体嵌入泥砖圆柱中，黏土椎体里插入灰浆钉，钉头涂上颜色，包括黑色、白色或红色等。在新巴比伦王国时期，彩釉饰砖被运用在外墙装饰上。与室内壁画不同的是，彩釉砖更能创造出富有光泽且色彩丰富的图画，而且它还不怕风吹日晒雨淋，能经受住各种天气和气候的考验。彩釉砖的制作方法是这样的：在把砖块放入炉子烧烤之前，先把砖块雕刻成凹陷的浮雕，然后将用颜料制成的釉彩涂抹在砖上。它们当中最杰出的代表，是尼布甲尼撒二世时期的伊什塔尔神门和通往巴比伦城中的通行大道，其中伊什塔尔神门高达 47 英尺。

图 16.66　巴比伦伊什塔尔神门上的彩饰砖画

第七节　工艺美术

一、珠宝首饰

对珠宝的喜爱一方面体现出的是人类对美的热爱，另一方面则体现出人们对地位的尊崇与追求。由于其稀缺性，珠宝往往是个人身份的象征。美索不达米亚文明作为人类最早的文明，其珠宝文物不仅反映出美索不达米亚人对美的热爱，还折射出他们通过珠宝创造美的能力和天赋。

美索不达米亚人留下来的珠宝，与古埃及人的珠宝一样，是世界上最古老的珠宝。早在公元前第七千纪，美索不达米亚人就已经使用贝壳和石块等材料制作项链、手镯和装饰腰带了。公元前第四千纪晚期，冶金技术逐渐发达起来，珠宝匠又有了用武之地。但远没有他们的古埃及同辈幸运，底格里斯河和幼发拉底河河谷并没有为美索不达米亚人提供矿藏资源，他们只能通过对外贸易从远方获取制作珠宝首饰的原料。黄金和白银是从安纳托利亚和伊朗北部获得的；橘红色光玉髓则来自伊朗的东南部、巴基斯坦和印度；天青石——一种用来制作珠子和镶嵌饰品的珍贵的蓝色矿石，来自阿富汗北部和巴基斯坦东部地区。

在黄金和珠宝首饰加工行业里，美索不达米亚人已经拥有了相当成熟的技术和工艺。他们已经掌握了一种颗粒处理技术和工艺，就是将细小的黄金球堆积在一起进行熔化，形成一个黄金底衬。这种颗粒“熔焊”的过程根本不需要任何焊料，只需要加热就能达到预期的效果，但加热的过程是一个十分精细的过程，因为如果温度过高，小金球就会熔化。此外，在形成颗粒的过程中，还需要精细地锤打。美索不达米亚的珠宝匠们已经掌握了雕刻镂刻、凸纹制作、丝状饰品装饰和景泰蓝等技术手法，他们还能制作出精巧的铰链和别针等。黄金在苏美尔时期非常罕见，那时也没有铸造工艺，苏美尔人只是简单地把黄金锤打成薄片，然后进行切割、雕琢和塑形。较重的黄金件是在亚述时期才变得流行起来的，这一方面是因为亚述的地理位置距离黄金产地更近，另一方面是因为亚述通过军事征服获得了更多的黄金来源。合金技术也早就被美索不达米亚人所掌握，珠宝匠们有时把黄金与铜或其他金属混合在一起，有时把黄金和白银混合在一起，合金的目的是制造出不同的颜色。

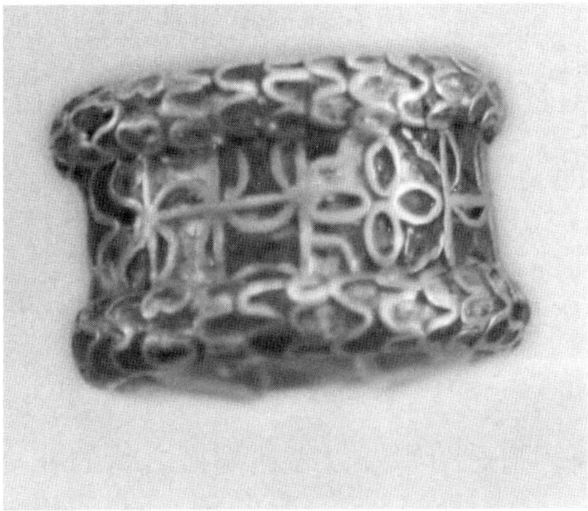

图 16.67　金戒指。公元前第三千纪中叶。出自特罗(古代吉尔苏)

珠宝匠在古代美索不达米亚享有很高的社会地位，一方面因为他们是高级奢侈品的创造者，另一方面因为这些高级奢侈品非寻常百姓所能消费的，其享用者要么是王宫和神庙，要么是有钱的达官贵人。在苏美尔人那里，珠宝匠的保护神是智慧神，这一点印证了他们受到尊崇的社会地位。特别值得一提的是，在古代美索不达米亚的珠宝行业中，已经具有了名家、名人和名作品的意识，也就是说，作品已经拥有了作者的题名，而且这是十分普遍的现象。珠宝工匠的名字还频繁地出现在商业文件中。例如，在公元前 18 世纪拉尔萨的一座神庙的作坊中，就发现了一位珠宝匠的珠宝清单。这位珠宝匠名叫伊尔苏-伊布尼苏，他在一只罐子里存放了镊子、刻刀、金属打磨石和小铁砧等工具，此外还有 67 个小砝码和各种混合在一起的珠子，包括玛瑙珠子、光玉髓珠子、赤铁矿珠子以及天青石珠子等。①

在美索不达米亚，佩戴珠宝首饰并不是女人的专利，男人也同样喜爱

① 参见[美]斯蒂芬·伯特曼：《探索美索不达米亚文明》，秋叶译，第 367 页。

珠宝首饰。男女都喜欢的珠宝包括戒指、手镯和脚镯、臂环(戴在上臂)、耳环、项链，以及头针和胸针等。还有一种非常流行的珠宝被称为“胸部饰品”(阿卡德语为 *tudittum*)，现在无法确定它的确切形状和具体用途。美索不达米亚人赋予了珠宝很多种功能：它被用作庆贺婚礼和生儿育女的最受欢迎的礼物；它可以作为新娘的嫁妆；它可以在葬礼上作为传家宝代代相传；它还可以成为国君之间加强外交友好关系的纽带；它甚至还成为“嫖客们”赠送给娼妓以表达爱慕之情的礼物；在神庙里，它还成为祭拜者奉献给神灵或装饰神灵的礼物，佩戴在神像的相关部位。

美索不达米亚人留给我们的珠宝文物多数是作为陪葬品被放入墓穴之中。在底格里斯河北部的高拉丘的一些墓穴中，出土了满满一地窖属于公元前第四千纪晚期的古代装饰品。死者的衣物上编织有金色的月牙图案，佩戴着以绿松石和天青石为核心装饰的黄金玫瑰花般的饰品。整个尸体以次贵重的石珠覆盖，数量达 25000 颗之多，显示出死者不凡的身份和地位。

图 16.68　一幅出自杜尔-沙鲁金(霍尔萨巴德)宫殿的浮雕式绘画。亚述国王的持杯人戴着一只纯金的大耳环，耳环的结构造型更突出了他头发的卷曲和肩带上的花纹

乌尔城堪称珠宝之城，它无疑是美索不达米亚南部发现珠宝最多的地方。一部分珠宝发现于著名的乌尔王陵之中，而乌尔王陵的发现要归功于英国考古学家列奥纳德·伍利爵士1926—1932 年的考古发掘。乌尔王陵是

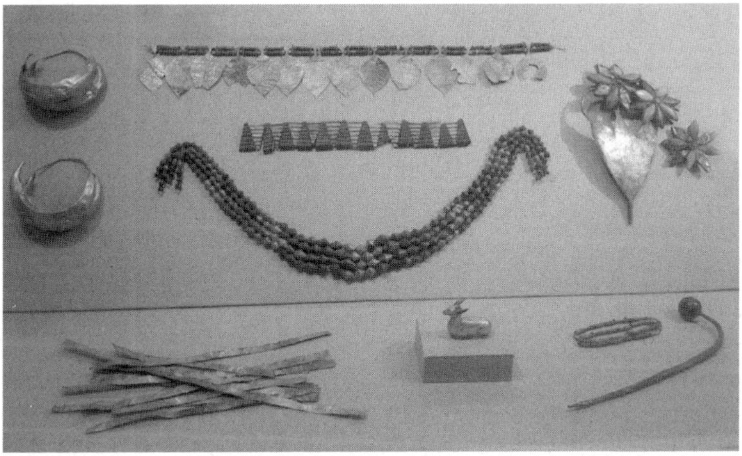

图 16.69　乌尔王陵出土的金银珠宝首饰。约公元前 2600—前 2200 年

公元前第三千纪中期的 16 位国王和王后的陵墓，其中最著名的是普阿比王后的陵墓，确切地说是她陵墓中的珠宝。珠宝中极具特色的是她戴在头上的头巾饰品，头饰制作得非常精致，金色的花开放在茎秆之上，被茂密的金色山毛榉树叶组成的天棚样的树冠簇拥着。在普阿比王后的耳朵上，则悬挂着月牙状的金色耳环。

图16.70　乌尔王陵出土的珠宝首饰

出土重量更重的黄金珠宝，来自亚述首都之一的尼姆鲁德。伊拉

克考古学家在亚述宫殿的地板下发掘出了公元前 9—前 8 世纪的三位王后的墓葬，遗体上都装饰着珠宝。全部珠宝大约有 1500 件，重达 100 磅。在这些珠宝之中，有 1 顶带有金色玫瑰花的王冠，1 只上面雕刻有狮子头的宽大手镯，以及 1 串带有 28 颗黄金珠子的项链。王后们非常喜欢她们的珠宝首饰，希望死后在地下世界也能天天享用它们，并且担心它们被盗走。正如雅芭王后在其随葬的一份铭文中所说："如果有人将手沾到我的坟墓……打开墓穴，或是盗走珠宝，我会向阴间的神灵祈求，在他死后让他的灵魂在灼热的太阳下无处可去。"①

二、玻璃制品

在前面的篇章中，我们已经看到了古代美索不达米亚发达的玻璃制造业，所以可以想见作为工艺品的玻璃制品在美索不达米亚应该很流行。

玻璃在古代文物中是最容易破碎的，因此我们的文物几乎全部来自原始废墟中的玻璃碎片。早在公元前第三千纪晚期，美索不达米亚人就已经开始生产玻璃了，可以说，他们是人类制造玻璃的先行者。到公元前第二千纪中期，大约在公元前 1600 年左右，玻璃增加了新的色彩，瓶子也开始出现了。

在古代美索不达米亚，作为工艺品的玻璃被用来制造各种珠宝，包括珠子、垂饰和护身符。玻璃通过与一定的化学物质的结合，能够模仿出宝石的各种颜色，尤其是天青石的颜色。玻璃被用来制作花瓶和其他各种瓶子，特别是香水瓶。玻璃还被用于雕刻艺术中，小小的雕像可以用熔化的玻璃制成，玻璃球还可以用作人物雕像的眼睛。

根据玻璃工艺品的实心或空心，美索不达米亚人采用了两种不同的制作技术或方法。对于实心的物品，采用"开放式模具"的方法，即将熔化的

---

① [美]斯蒂芬·伯特曼：《探索美索不达米亚文明》，秋叶译，第 370 页。

玻璃简单地倒入各种模具中，冷却之后就能形成各自的形状。制作珠子、垂饰、护身符以及小雕像就是采用的这种方法。对于空心的物品，则需要采用“核心成型法”，即先用泥土和着稻草或者用黏土和着有机物制作一个瓶核，然后将一支杆插进瓶核的顶部，接着将瓶核浸入熔化的玻璃之中。把瓶核拔出来时，趁其热而柔软的时候，将其在平面上滚动，就能使其表面变得很规则。容器或工艺品外表的彩色线条图案，可以通过把不同颜色的玻璃液零星地滴落在其外表而形成。其外表的装饰图案，则是通过将玻璃液附着其上而形成的。当容器或工艺品完全冷却之后，拔掉杆子和瓶核，玻璃花瓶或瓶子就制成了。大约在公元前 700 年的时候，在美索不达米亚又出现了另一种制作空心玻璃制品的方法，这种被称为“脱蜡”技术的方法被用来制作精致的珠宝和青铜雕像。

在各种各样的玻璃制品中，美索不达米亚人对蓝色工艺品更加情有独钟，这可能是因为蓝色的玻璃制品模仿天青石的颜色更加形象逼真。其他颜色诸如白色和黄色等，也是美索不达米亚人的玻璃制品常见的颜色。玻璃的色彩是由化学物质与基本的二氧化硅混合物混合起来产生的，在前面的篇章中我们已经领略了美索不达米亚人在化学和化工领域所取得的成就。然而真正清澈、透明如水晶般的玻璃是在较晚时期才出现的，在公元前 700

图 16.71　一对玻璃碗。公元前 900—前 612 年。出自尼姆鲁德

年左右的亚述帝国时期才生产出来。在美索不达米亚的玻璃制品中，最受欢迎的图案是在其外表零星着色构成的直线和波浪线图案，此外还有类似马赛克一样的锯齿形花饰图案等。

三、镶嵌艺术

在古希腊艺术和希腊化罗马艺术中，马赛克镶嵌艺术发挥了突出的作用。这种艺术可以追溯到美索不达米亚，我们在苏美尔人那里可以找到其源头。在苏美尔时代，有一种“锥形马赛克”几何图形，它出现在插入砖墙的赤褐色锥体里，锥体的顶部被涂成黑色、白色和红色。这种马赛克图形设计中包含一些“之”字形和菱形。古代美索不达米亚还有一种人造花瓣的装饰技术，花瓣的颜色由黑色、白色和粉红色组成，它是用错落有致的白色石块和粉色石块与黑色的沥青混合制作而成的。

图 16.72　马赛克镶嵌板。描绘的是胜利的场面。贝壳，页岩。约公元前 2500—前 2400 年。出自马里的伊什塔尔神庙

乌尔出土的所谓“军旗”是镶嵌艺术的代表。它色彩绚烂，是在刷有沥青的木板上用天青石、贝壳、粉红色石灰石镶嵌而成的，表现了战争和庆祝胜利的场面。画共分三层，根据故事情节的发展逐步展开，人物、动物、

器物的安排有条不紊。最上面一层描绘乌尔王巡视战利品的场面，他手拿长矛，在全副武装的士兵的陪伴下视察战俘。第二层描绘战斗的场面，士兵和将领们手执盾牌和刀剑，正在与敌人格斗。第三层描绘几辆全副武装的古代战车飞驰在战场上。“军旗”的背面，描绘着载歌载舞欢庆胜利的盛大宴会场面，以及通过战争掠夺来的牲畜和战俘。在亚述和巴比伦，釉彩砖在镶嵌艺术中发挥了重要的作用，而且留下了精彩的作品。作品数量虽然有限，但很精彩，其内容对我们了解亚述和巴比伦的宫廷生活和宗教文化具有重要的参考价值。

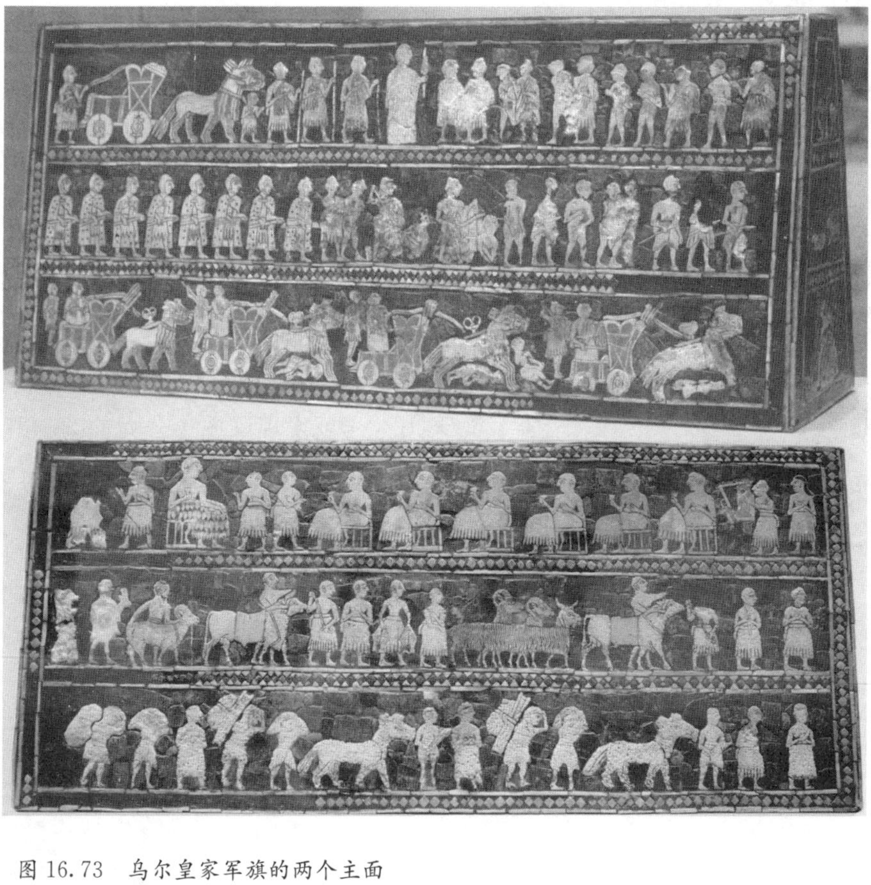

图 16.73　乌尔皇家军旗的两个主面

图 16.74　马赛克镶嵌圆柱。早王朝Ⅲ期，约公元前 2400—前 2250 年。出自阿尔·欧贝德遗址

在阿尔·欧贝德遗址的宁胡尔萨格神庙里发现了两根镶嵌马赛克图案的圆柱，“它们很可能竖立在神庙入口的两侧”①。最初这两根马赛克镶嵌圆柱里面拥有棕榈木的实心，后来实心的木料逐渐腐烂。棕榈木的外表涂有一层沥青。这些马赛克镶嵌碎片是由珍珠母、粉红色的石灰岩和黑色的页岩制作而成的。工匠们用铜线在背后把这些碎岩固定起来，具体办法是把铜线拧成圈环，置于沥青中，然后把每一个马赛克碎片放入相应的铜圈中，这样马赛克碎片就相对牢固一些。

实际上，镶嵌有马赛克图案的圆柱在更早的时期就已经出现了。例如，在瓦尔卡就发现了属于公元前 3000 年左右的八根马赛克镶嵌大圆柱，每根圆柱的直径都超过 2.5 米。

在埃利都也发现了同一时期的类似的马赛克镶嵌圆柱。有些柱子的顶头还包有镀铜。

① Joan Aruz and Ronald Wallenfels, eds., *Art of the First Cities, The Third Millennium B.C. from the Mediterranean to the Indus*, p. 85.

四、玉器

玉器虽然在古代美索不达米亚文明中不如石雕艺术和金属艺术那么声名远扬，甚至也没有陶艺和象牙艺术那样的地位，但少数艺术品的传世还是值得在此略书一笔的。以下三件玉器代表着三种不同类型的艺术品，即生活用具、人物雕像和装饰配饰。

生活离不开生活用具，虽然不是所有生活用具都能成为艺术品，但有些确实既是生活用具，更是艺术品，或者至少具有艺术性的特征。下面这件苏美尔早王朝时期的玉石碗便是其中的一例。根据玉石碗上的苏美尔语铭文记载，这个碗是商人头领阿卡恩利尔(Aka-Enlil)，赫提(Heti)之子，敬献给伊南娜女神的。这个玉碗晶莹剔透，正面的苏美尔语献词表明了它不是一件日常普通的生活用具。

图 16.75　玉石碗。苏美尔早王朝时期，约公元前2600—前2500 年

在古代美索不达米亚历史的各个时期，都不乏妇女雕像，但以陶土和

普通石像居多，玉石雕像较为稀少，所以这座出自马里的双人白玉雕像便显得异常珍贵。这两名妇女很可能是伊什塔尔神庙的女祭司，她们头上佩戴有珀罗头饰，眼睛以贝壳镶嵌，面部表情略带微笑。

下面这个绿玛瑙狮子头也不是一件普通的玉器，其上刻写的楔形文字铭文表明，它是拉伽什王乌尔南什献给拉伽什的保护神宁吉尔苏的。

图 16.76　头戴珀罗的女性雕像。为白玉雕像。约公元前 2500—前 2400 年。出自马里的伊什塔尔神庙

图 16.77　苏美尔早王朝时期的狮子头像。绿玛瑙。约公元前 2550—前 2500 年。出自特罗(古代吉尔苏)

附　录

王　表

一、苏美尔早王朝时期各城邦王表(限目前材料所知)

1. 基什

公元前	
2750 年	第一王朝
	二十一王，包括埃塔那(Etana)，自大洪水以来
约 2700 年	麦巴拉吉西(Mebaragesi)
	阿伽(Agga)
约 2570 年	乌胡布(Uhub)
约 2550 年	麦萨里姆(Mesilim)
	第二王朝
约 2520 年	六王，加上阿克沙克？之祖祖(Zuzu)
约 2430 年	恩比伊什塔尔(Enbi-Ishtar)
	第三王朝
	库巴巴(Ku-Baba)
	(小酒馆女老板)

	第四王朝
	普祖尔辛(Puzur-Sin)
约 2340 年	乌尔扎巴巴(Ur-Zababa)

2. 乌鲁克

公元前

	第一王朝
	四位神话传说中的王(统治约一个世纪)
	麦斯基安加舍尔(Meskiangasher)
	恩美尔卡(Enmerkar)
	卢伽尔班达(Lugalbanda)
	杜木兹(Dumuzi)
约 2700 年	吉尔伽美什(Gilgamesh)
约 2660—2560 年	(吉尔伽美什的六位后继者)
	第二王朝
约 2430—2400 年	恩沙库什安那(En-Shakush-anna)
约 2400 年	卢伽尔基尼舍杜都(Lugal-Kinishe-dudu)
	卢伽尔基萨尔斯(Lugalkisalsi)
	第三王朝
约 2340—2316 年	卢伽尔扎吉西(Lugalzagesi)
	第四王朝
2153—2147 年	乌尔尼吉那(Ur-nigina)
2146—2141 年	乌尔吉吉拉(Ur-gigira)
	又三王
	第五王朝
2123—2113 年	乌图赫伽尔(Utu-hegal)

3. 拉伽什

公元前

约 2570 年	恩赫伽尔(Enhegal)
约 2500 年	卢伽尔沙金古尔(Lugal-shag-engur)
约 2490 年	乌尔南什(Ur-Nanše)
约 2465 年	阿库尔伽尔(Akurgal)
2455—2425 年	安那吐姆(Eanatum)
约 2425 年	埃南那吐姆Ⅰ(Enanatum Ⅰ)
约 2400 年	恩铁美那或恩美铁那(Entemena 或 Enmetena)
	埃南那吐姆Ⅱ(Enanatum Ⅱ)
	埃涅塔尔兹(En-entarzi)
2384 年	卢伽尔安达(Lugalanda)
2378—2371 年	乌鲁卡基那(Urukagina)
2230—2200 年	卢伽尔乌舒姆伽尔(Lugal-ushumgal)
	普祖尔马马(Puzur-mama)
	乌尔乌图(Ur-Utu)
	乌尔马马(Ur-mama)
	卢巴巴(Lu-baba)
	卢古拉(Lugula)
	卡库格(Kakug)
2141—2122 年	古地亚(Gudea)
2121—2118 年	乌尔宁吉尔苏(Ur-Ningirsu)
2117—2115 年	皮里格麦(Pirig-me)
2114 年	乌尔伽尔(Ur-gar)
2113—2111 年	南马克赫兹(Nam-makḫzi)

4. 乌尔

公元前	
2700 年	麦什卡拉姆古格(Meskalamgug)
	阿卡拉姆杜格(Akalamdug)
2560 年	麦桑尼帕达(Mesannipada)
2550 年	麦什基亚格努那(Meškiagnunna)
	安南涅(或安尼帕达?)(Ananne 或 Annipada?)
	麦什基阿德-南纳(Meškiag-Nanna)
	埃鲁鲁(Elulu)
	巴鲁鲁(Balulu)
2371 年	卡库(里木什)(Kaku)(Rimuš)(第二王朝)
	埃里里Ⅱ(Elili Ⅱ)

二、阿卡德王国王表

公元前	
约 2334—2279 年	萨尔贡(Sargon)
2278—2270 年	里姆什(Rimuš)
2269—2255 年	曼尼什图苏(Manishtusu)
2254—2218 年	纳拉姆辛(Naram-Sin)
2217—2193 年	沙尔卡利沙里(Shar-Kali-Sharri)
	混乱的无政府状态
	杜都(Dudu)
2168—2154 年	舒都鲁尔(Šu-Durul)

三、乌尔第三王朝王表

公元前	
2112—2095 年	乌尔纳木(Ur-Nammu)

2094—2047 年	舒尔吉(Shulgi)
2046—2038 年	阿马尔辛(Amar-Sin)
2038/2037—2030/2029 年	舒辛(Shu-Sin)
2029—2004 年	伊比辛(Ibbi-Sin)

四、伊新第一王朝王表

公元前

2017—1985 年	伊什比伊拉(Ishbi-Irra)
1984—1975 年	舒伊利舒(Shu-Ilishu)
1974—1954 年	伊丁达干(Iddin-Dagan)
1953—1935 年	伊什美达干(Ishme-Dagan)
1934—1924 年	李必特伊什塔尔(Lipit-Ishtar)
1923—1896 年	乌尔尼努尔塔(Ur-Ninurta)
1895—1874 年	布尔辛(Bur-Sin)
1873—1869 年	李必特恩利尔(Lipit-Enlil)
1868—1861 年	伊拉伊米提(Irra-Imitti)
1860—1837 年	恩利尔巴尼(Enlil-bani)
1836—1834 年	詹比亚(Zambija)
1833—1831 年	伊特尔皮沙(Iter-piša)
1830—1828 年	乌尔杜库加(Urdukuga)
1827—1817 年	辛马吉尔(Sin-magir)
1816—1794 年	达米克伊利舒(Damiq-ilišu)

五、拉尔萨王朝王表

公元前

2025—2005 年	纳波拉努姆(Naplanum)

2004—1977 年	埃米苏姆(Emi ṣum)
1976—1942 年	萨米乌姆(Samium)
1941—1933 年	扎巴亚(Zabaja)
1932—1906 年	衮古努姆(Gungunum)
1905—1895 年	阿比萨莱(Abi-sarê)
1894—1866 年	苏穆埃尔(Sumu-El)
1865—1850 年	努尔阿达德(Nûr-Adad)
1849—1843 年	辛伊丁纳姆(Sin-iddinam)
1842—1841 年	辛埃里巴姆(Sin-eribam)
1840—1836 年	辛伊吉沙姆(Sin-iqishum)
1835 年	西里阿达德(Silli-Adad)
1834—1823 年	瓦拉德辛(Warad-Sin)
1822—1763 年	里姆辛(Rim-Sin)

六、古巴比伦王国第一王朝王表

公元前

1894—1881 年	苏姆阿布姆(Sumu-abum)
1880—1845 年	苏姆拉埃尔(Sumu-la-El)
1844—1831 年	萨比乌姆(Sabium)
1830—1813 年	阿匹尔辛(Apil-Sin)
1812—1793 年	辛穆巴里特(Sin-Muballit)
1792—1750 年	汉谟拉比(Ḫammurapi)
1749—1712 年	萨姆苏伊鲁纳(Samsuiluna)
1711—1684 年	阿比舒(Abi-ešuḫ)
1683—1647 年	阿米迪塔纳(Ammiditana)
1646—1626 年	阿米萨杜卡(Ammi ṣaduqa)

1625—1595 年	萨姆苏迪塔那(Samsuditana)

七、加喜特王朝王表

公元前	
约 1730 年	甘达什(Gandaš)
	阿古姆一世(Agum Ⅰ)
	卡什提里亚什一世(Kaštiliash Ⅰ)
	(以下两王失?)
	乌尔兹古鲁玛什(Urzigurumaš)
	哈尔巴什胡(Harbashihu)
	提普塔克兹(Tiptakzi)
约 1570 年	阿古姆二世(Agum-Kakrime)?
	布尔那布里亚什一世(Burna-Buriaš Ⅰ)
	(以下两王失?)
1500 年	卡什提里亚什三世(Kashtiliash Ⅲ)
	乌拉姆布里亚什(Ulamburiash)
	阿古姆三世(Agum Ⅲ)
约 1413 年	卡拉因达什(Kara-Indash)?
	卡达什曼哈尔博(Kadashman-Harbe)?
	卡兰达什(Karaindash)
	库里伽尔祖一世(Kurigalzu Ⅰ)?
	卡达什曼恩利尔一世(Kadashman-Enlil Ⅰ)?
1375—1347 年	布尔那布里亚什二世(Burna-Buriash Ⅱ)
	卡拉哈尔达什(Kara-hardash)?
1333 年	纳兹布伽什(Nazi-Bugash)
1345—1324 年	库里伽尔祖二世(Kurigalzu Ⅱ)

1323—1298 年	纳兹马鲁塔什(Nazi-Maruttash)
1297—1280 年	卡达什曼图尔古(Kadashman-Turgu)
1279—1265 年	卡达什曼恩利尔二世(Kadashman-Enlil Ⅱ)
	库杜尔恩利尔(Kudur-Enlil)
1255—1243 年	沙伽拉克提舒里亚什(Shagarakti-Shuriash)
	卡什提里亚什四世(Kashtiliash Ⅳ)
	亚述总督(1235—1227)
	恩利尔纳丁舒米(Enlil-nadin-shumi)
	阿达德舒马伊丁纳(Adad-Shuma-iddina)
1218—1189 年	阿达德舒马乌苏尔(Adad-Shuma-usur)
1188—1174 年	美里施帕克(Meli-Shipak)
1173—1161 年	马尔都克阿普拉伊丁那一世(Marduk-apla-iddina)
1160 年	扎巴巴舒马伊丁纳(Zababa-Shuma-iddina)
1159—1157 年	恩利尔纳丁阿西(Enlĭl-nadin-ahi)

八、巴比伦第四王朝(伊新第二王朝)王表

公元前

1156—1139 年	马尔都克卡比特阿赫舒(Marduk-kabit-ahheshu)
1138—1132 年	伊提马尔都克巴拉图(Itti-Marduk-balatu)
1131—1125 年	尼努尔塔纳丁舒米(Ninurta-nadin-shumi)
1124—1103 年	尼布甲尼撒一世(Nebuchadnezzar I)
1102—1100 年	恩利尔纳丁阿普里(Enlil-nadin-apli)
1099—1082 年	马尔都克纳丁阿赫(Marduk-nadin-ahhe)
1081—1068 年	马尔都克沙皮克泽里(Marduk-shapik-zeri)
1067—1046 年	阿达德阿普拉伊丁纳(Adad-apla-iddina)
1046 年	马尔都克阿赫埃里巴(Marduk-ahhe-eriba)

1045—1033 年	马尔都克泽尔-？(Marduk-zer-)
1032—1025 年	纳布舒穆里布尔(Nabu-shumu-Libur)

九、亚述王表

公元前

	乌什皮亚(Ushpia)
	基基阿(Kikkia)
	阿基亚(Akkia)
	普祖尔阿淑尔一世(Puzur-Ashur I)
	沙里姆阿赫(Shallim-ahhê)
1940 年	伊鲁舒玛(Ilushuma)
约 1906—1867 年	伊里舒姆一世(Erishum I)
约 1866 年(?)	伊库鲁姆(Ikûnum)
	萨尔贡一世(Sargon I)
	普祖尔阿淑尔二世(Puzur-Ashur Ⅱ)
	纳拉姆辛(Narâm-Sin)
？—1814 年	伊里舒姆二世(Erishum Ⅱ)
1809—1776 年	沙马什阿达德一世(Shamshi-Adad I)
1780—1741 年	伊什美达干一世(Ishme-Dagan I)
1740—？年	穆特阿什库尔(Mut-Ashkur)
	里姆(什?)(Rimu-[sh]?)
	阿辛努姆(Asinum)
	无政府状态：八位篡权者
1700—1691 年	贝鲁巴尼(Bēlu-Bâni)
1690—1674 年	利拜伊亚(Libaia)
1673—1662 年	沙尔马阿达德一世(Sharma-Adad I)

1661—1650 年	伊普塔尔辛(IPtar-Sin)
1649—1622 年	巴扎伊亚(Bazaia)
1621—1616 年	卢拉亚(Lullaia)
1615—1602 年	吉丁尼努阿(Kidin-ninua)
1601—1599 年	沙尔马阿达德二世(Sharma-Adad Ⅱ)
1598—1586 年	伊里舒姆三世(Erishum Ⅲ)
1585—1580 年	沙马什阿达德二世(Shamshi-Adad Ⅱ)
1579—1564 年	伊什美达干二世(Ishme-Dagan Ⅱ)
1563—1548 年	沙马什阿达德三世(Shamshi Adad Ⅲ)
1547—1522 年	阿淑尔尼拉里一世(Ashur-nirâri I)
1521—1498 年	普祖尔阿淑尔三世(Puzur-Ashur Ⅲ)
1497—1485 年	恩利尔纳希尔一世(Enlil-na ṣir I)
1484—1473 年	努尔伊利(Nûr-ili)
1 个月	阿淑尔沙杜尼(Ashur-shaduni)
1472—1453 年	阿淑尔拉比一世(Ashur-rabi I)
1452—1433 年	阿淑尔纳丁阿赫一世(Ashur-nadin-ahhê I)
1432—1427 年	恩利尔纳希尔二世(Enlil-na ṣir Ⅱ)
1426—1420 年	阿淑尔尼拉里二世(Ashur-nirâri Ⅱ)
1419—1411 年	阿淑尔贝尔尼舍舒(Ashur-bel-nisheshu)
1410—1403 年	阿淑尔里姆尼舍舒(Ashur-rim-nisheshu)
1402—1393 年	阿淑尔纳丁阿赫二世(Ashur-nadin-ahhê Ⅱ)
1392—1366 年	艾利巴阿达德一世(Eriba-Adad I)
1365—1330 年	阿淑尔乌巴里特一世(Ashur-Uballit I)
1329—1320 年	恩利尔尼拉里(Enlil-nirari)
1319—1308 年	阿里克登伊利(Arik-Den-ili)
1307—1275 年	阿达德尼拉里一世(Adad-nirâri I)

1274—1245 年	沙尔马纳塞尔一世(Shalmanesser I)
1244—1208 年	吐库尔提尼努尔塔一世(Tukulti-Ninurta I)
1207—1204 年	阿淑尔纳丁阿普利(Ashur-nadin-apli)
1203—1198 年	阿淑尔尼拉里三世(Ashur-nirari Ⅲ)
1197—1193 年	恩利尔库都尔乌苏尔(Enlil-Kudur-usur)
1192—1180 年	尼努尔塔阿帕尔埃库尔(Ninurta-apal-Ekur)
1179—1134 年	阿淑尔丹一世(Ashur-Dan I)
1133—1116 年	阿淑尔瑞什伊什一世(Ashur-reshi-ishi I)
1115—1077 年	提格拉特帕拉沙尔一世(Tiglath-pileser I)
1076—1075 年	阿萨列德阿派尔埃库尔(Ashared-apil-Ekur)
1074—1057 年	阿淑尔贝尔卡拉(Ashur-bel-Kala)
1056—1055 年	艾利巴阿达德二世(Eriba-Adad Ⅱ)
1054—1051 年	沙马什阿达德四世(Shamshi-Adad Ⅳ)
1050—1032 年	阿淑尔那西尔帕一世(Ashurnasirpal I)
1031—1020 年	沙尔马纳塞尔二世(Shalmaneser Ⅱ)
1019—1017 年	阿淑尔尼拉里四世(Ashur-nirâri Ⅳ)
1016—973 年	阿淑尔拉比二世(Ashur-rabi Ⅱ)
972—968 年	阿淑尔瑞什伊什二世(Ashur-reshi-ishi Ⅱ)
967—935 年	提格拉特帕拉沙尔二世(Tiglath-pileser Ⅱ)
934—912 年	阿淑尔丹二世(Ashur-Dan Ⅱ)
911—891 年	阿达德尼拉里二世(Adad-nirâri Ⅱ)
890—884 年	吐库尔提尼努尔塔二世(Tukulti-Ninurta Ⅱ)
883—859 年	阿淑尔那西尔帕二世(Ashur-nasirpal Ⅱ)
858—824 年	沙尔马纳塞尔三世(Shalmaneser Ⅲ)
823—811 年	沙马什阿达德五世(Shamshi-Adad V)
810—783 年	阿达德尼拉里三世(Adad-nirâri Ⅲ)

782—773 年	沙尔马纳塞尔四世(Shalmaneser Ⅳ)
772—755 年	阿淑尔丹三世(Ashur-Dan Ⅲ)
754—745 年	阿淑尔尼拉里五世(Ashur-nirâri V)
744—727 年	提格拉特帕拉沙尔三世(Tiglath-pileser Ⅲ)
726—722 年	沙尔马纳塞尔五世(Shalmaneser V)
721—705 年	萨尔贡二世(Sargon Ⅱ)
704—681 年	辛那赫里布(Sennacherib)
680—669 年	埃塞尔哈东(Esarhaddon)
668—627 年	亚述巴尼拔(Ashurbanipal)
	阿淑尔伊提尔伊拉尼(Ashur-etil-ilâni)
	辛舒姆里舍尔(Sin-shumu-lishir)
	辛沙尔伊什库恩(Sin-shar-ishkun)
	阿淑尔乌巴里特二世(Ashur-uballit Ⅱ)
612—605 年	(被米底人和巴比伦人征服)

十、新巴比伦王国王表

公元前

626—605 年	纳波帕拉沙尔(Nabopolassar)
604—562 年	尼布甲尼撒二世(Nebuchadrezzar Ⅱ)
	伊维尔-比罗达(Evil-Merodach)
	涅里格利萨尔(Neriglissar)
555—539 年	纳波尼德(Nabonidus)
	波斯王居鲁士(Cyrus)征服巴比伦

参考文献

一、外文征引书目

Archi, Alfonso ed., *Circulation of Goods in Non-Palatial Context in the Ancient Near East*, Roma: Incunabula Graeca, 1984.

Aruz, Joan, Benzel, Kim, and Evans, Jean M. eds., *Beyond Babylon*, Yale: Yale University Press, 2008.

Aruz, Joan and Wallenfels, Ronald eds., *Art of the First Cites, The Third Millennium B. C. from the Mediterranean to the Indus*, New York: The Metropolitan Museum of Art; Yale: Yale University Press, 2003.

Bergman, E., *Codex Ḫammurapi, Textus Primigenius*, Rome: Pontificium Institution Biblium, 1953.

Bertman, Stephen, *Handbook to Life in Ancient Mesopotamia*, New York: Facts on File, Inc., 2003.

Bilgic, E., *Die Wichtigsten Ausdrucke über Schulden und Darlehen in den Keilschrifitexten*, Ankara, 1947.

Bottéro, J. etc. eds., *Ancient Near East: The Early Civilization*, New York: Delacorte Press, 1967.

Bottéro, Jean, *Mesopotamia: Writing, Reasoning, and the Gods*, Chicago: The University of Chicago Press, 1995.

——*Religion in Ancient Mesopotamia*, translated by Teresa Lavender Fagan, Chicago: The University of Chicago Press, 2004.

——*Everyday life in Ancient Mesopotamia*, translated by Antonia Neviu, Baltimore: The Johns Hopkins University Press, 2001.

Boyer, Carl B., *A History of Mathematics*, New York: John Wiley & Sons, Inc., 1989.

Caplice, Richard, *Introduction to Akkadian*, Rome: Biblical Institute Press, 1983.

Chiera, Edward, *They Wrote on Clay*, Chicago: The University of Chicago Press, 1968.

Civil, Miguel, "Prescriptions Medicales Sumeriennes", *RA*, 54(1960).

Contenau, Georges, *Everyday Life in Babylon and Assyria*, London: Edward Arnold, 1955.

Coulanges, Fustel de, *Ancient City: A Study of the Religion, Laws, and Institutions of Greece and Rome*, New York: Douleday and Company, Inc., 1979.

Delaporte, L., *Mesopotamia: The Babylonian and Assyrian Civilization*, New York: A. A. Knopf, 1925.

Diaknoff, I. M., *The Development of the Agrarian Conditions in Assyria*, 1949.

——"Sale of Land in Pre-Sargonic Sumer", in Papers Presented by the Soviet Delegation to the XXIIId International Congress of Orientalis, Moscow, 1954.

——*Ancient Mesopotamia, Socio-Economic History*, Moscow: Nauka, 1969.

——"The Rise of the Despotic State in Ancient Mesopotamia", in *Ancient Mesopotamia, Socio-Economic History*, pp. 173-203.

——"Socio-Economic Classes in Babylonia and the Babylonian Concept of Social Stratification", *RAI*, 18(1970): 41-52.

——"On the Structure of Old Babylonian Society", in H. Klengel ed., *Beitrage Zur Sozialen Struktur des Alter Vorderasien*, Berlin: Akackmie Verlay, 1971.

——"The Commune in the Ancient East as Treated in the Works of Soviet Researchers" (1), *VDI*, No. 1(1963).

——"Extended Families in Old Babylonian Ur", *ZA*, 75, 1(1985).

Diamond, A., "An Eye for An Eye", *Iraq*, 29/2 (1957).

Driver, G. R. and Miles, J. C., *The Babylonian Laws*, Vol. 1-2, Oxford: Clavendon Press, 1955—1956; Oxford University Press, 2007.

——*Semetic Writing*, Oxford: Oxford University Press, 1976.

Edwards, I. E. S., *The Cambridge Ancient History*, Vol. 2, part 1, Cambridge: The Cambridge University Press, 1973.

Edwards, I. E. S., Gadd, C. J. and Hammond, N. G. L. eds., *The Cambridge Ancient History*, Vol. 1, part 2, Cambridge: The Cambridge University Press, 1971.

Ellis, Maria DeJ., "Taxation and Land Revenues in the Old Babylonian Period", Ph. D. Dissertation, Yale University, 1969.

—— *Essays on the Ancient Near East in Memory of Jacob Joel Finkelstein*, Hamden: Archen Books, 1977.

—— *Agriculture and the State in Ancient Mesopotamia*, Philadelphia: University of Pennsylvania Press, 1976.

Epstein, Greg M., *Good Without God — What a Billion Nonreligious People Do Believe*, New York: Harper Colins, 2009.

Faber, Howard, "A Price and Wage Study for Northern Babylonia during the Old Babylonian Period", *JESHO*, 21 (1978).

Falkenstein, A., "The Sumerian Temple City", *MANE*, 1, 1(1974).

Figulla, H. H. and Martin, W. J., *UET*, 5, *Letters and Documents of the Old Babylonian Period*, London: The Trustees of the Two Museums, 1953.

Finkel, I. L. and Seymour, M. J., eds., *Babylon—Myth and Reality*, London: The British Museum Press, 2009.

Forde, N., *The Sumerian Dam-Kàr-E-Ne of the Third Ur Dynasty*, Minneapolis and Saint Paul: University of Minnesota, 1964.

Foster, B., "Commercial Activity in Sargonic Mesopotamia", *Iraq*, 39 (1977).

—— "A New Look at the Sumerian Temple State", *JESHO*, 24(1981).

Foster, Benjamin R. trans. and ed., *The Epic of Gilgamesh*, New York: W. W. Norton & Company, 2001.

Frankena, R., *AbB*, 2, Leiden: Briefe aus dem British Museum, 1979.

—— *AbB*, 3, Leiden: Briefe aus der Leidener Sammlung (TLB V), 1968.

—— *AbB*, 6, Berlin: Briefe aus Berliner Museum, 1974.

Gelb. I. J., "The Ancient Mesopotamian Ration System", *JNES*, 24 (1965).

—— "Approaches to the Study of Ancient Society", *JAOS*, 87(1967).

—— *A Study of Writing*, Chicago: The University of Chicago Press, 1963.

—— *On the Alleged Temple and State Economies in Ancient Mesopotamia*, Vol. 11, Roma: Volterra, 1969.

—— "From Freedom to Slavery", in D. O. Edzard ed., *Gesellschaft im*

Alten Zweistromland und in den angrenzenden Gebiete, XVIII, *Rencontre Assyriologique*, München: Verlag der Bayerischen Akademie der Wissenschafter, 1972, pp. 81-92.

—— "The Prisoners of War in Early Mesopotamia", *JNES*, 32(1973).

George, Andrew, *The Epic of Gilgamesh: A New Translation*, London, Penguin Books, 1999.

Greengus, Samuel, "The Old Babylonian Marriage Contract", *JAOS*, 89 (1969).

Goetze, A., "The Laws of Eshnunna", in *ANET*, pp. 161-163.

—— *The Laws of Eshnunna*, New Heaven: American Schools of Oriental Research, 1956.

Harris, R., "The Old Babylonian Temple Loans", *JCS*, 14(1960).

—— "Some Aspects of the Centralization of the Realm under Ḫammurapi and His Successors", *JAOS*, 88(1968).

—— "On the Process of Secularization under Ḫammurapi", *JCS*, 15 (1961).

—— *Ancient Sippar: A Demographic Study of An Old Babylonian City (1894 — 1595 B. C.)*, Istanbul: Nederlands Historisch-Archaeologisch Instituut te Istanbul, 1975.

Jacobson, Th., "Primitive Democracy in Ancient Mesopotamia", *JNES*, 11(1943).

——"Early Political Development in Mesopotamia", *ZA*, 52(1957).

Jakobson, V. A., "Some Problems Connected with the Rise of Landed Property [Old Babylonian Period]", in H. Klengel ed., *Beitrge Zur Sozialen Struktur des Alter Vorderasien*, Berlin: Akackmie Verlag, 1971.

Jastrow, J. R. , *The Civilization of Babylonia and Assyria*, Philadelphia and London: J. B. Lippincott Company, 1915.

King, L. W. , *Letters and Inscriptions of Ḫammurapi*, Vol. 3, London: Luzac and Co. , 1900.

—— *A History of Babylon: From the Foundation of the Monarchy to the Persian Conquest*, New York: F. A. Stokes Co. , 1915.

Klengel, H. ed. , *Beitrage Zur Sozialen Struktur des Alter Vorderasien*, Berlin: Akademie Verlag, 1971.

—— "Non-Slave Labour in the Old Babylonian Period: The Basic Outlines in the Ancient Near East", in M. Powell ed. , *Labour in the Ancient Near East*, *AOS*, 68(1987).

Kozyreva, N. V. , "Economics and Administration in the Old Babylonian Period", *JCS*, 36(1984): 81-88.

Koschaker, P. , "Zur Staatlichen Wirtschafts Verwaltung in Alt Babylonischer Zeit", *ZA*, 47(1942).

Kramer, S. N. , *The Sumerians, Their History, Culture, and Character*, Chicago: The University of Chicago Press, 1963.

—— *History Begins at Sumer*, Philadelphia: The University of Pennsylvania Press, 1981.

Kraus, F. R. , *Ein Edikt des Königs Ammi-ṣaduqa Von Babylon*, Leiden: E. J. Brill, 1958.

—— *AbB*, 4, Leiden: Briefe aus dem Archive des Šamaš-ḫazir In Paris und Oxford (TCL 7 and OECT 3), 1968.

Landsberger, B. , "Remarks on the Archives of Soldier Ubarum", *JCS*, 9 (1955): 121-131.

Larsen, M. T. , "Partnerships in the Old Assyrian Trade", *Iraq*, 39

(1977).

Leemans, W. F., *The Old Babylonian Merchant, His Business and His Social Position*, Leiden: E. J. Brill, 1950.

—— "The Trade Relations of Babylonia and the Question of the Relation with Egypt in the Old Babylonian Period", *JESHO*, 3(1960).

—— *Foreign Trade in the Old Babylonian Period as Revealed by Texts From Southern Mesopotamia*, Leiden: E. J. Brill, 1960.

—— "Old Babylonian Letters and Economic History, a Review Article with Disgressions on Foreign Trade", *JESHO*, 11(1968).

—— "King Ḫammurapi as Judge", in J. A. Ankum ed., *Symbolae Luridicae et Historicae Martino David Dedicatae*, Leiden: E. J. Brill, 1968.

—— "The Role of Landlease in Mesopotamia in the Early Second Millennium B. C.", *JESHO*, 18 (1975).

—— "The Importance of Trade", *Iraq*, 39(1977).

—— "Ḫammurapi's Babylon, Centre of Trade, Administration and Justice", *Sumer*, 41(1985).

Levey, Martin, *Chemistry and Chemical Technology in Ancient Mesopotamia*, Amsterdam: Elsevier Publications, 1959.

Marzal, A., "The Provincial Governor At Mori: His Title and Appointment", *JNES*, Vol. 30, 3 (1971).

Meek, Theophile. J., "A New Interpretation of Code of Ḫammurabi §117—119", *JNES*, Vol. 7, 3 (1948).

Mieroop, M. V. De, "Turam-ili, An Ur III Merchant", *JCS*, 38(1986).

—— *Cuneiform Texts and the Writing of History*, London and New

York: Routledge, 2006.

——*The Ancient Mesopotamian City*, Oxford: Oxford University Press, 2004.

——*A History of the Ancient Near East*, Second Edition, Oxford: Blackwell Publishing, 2007.

Neugebauer, O., *The Exact Science in Antiquity*, Princeton: Princeton University Press, 1952.

Oates, J., *Babylon: Ancient People and Places*, London: Thames and Judson, 1979.

Oppenheim, A. L., *The Assyrian Dictionary*, Vol. 6, Chicago: The Oriental Institute of the University of Chicago, 1956.

—— *The Assyrian Dictionary*, Vol. 3, 1959.

—— *The Assyrian Dictionary*, Vol. 7, 1960.

—— *The Assyrian Dictionary*, Vol. 16, 1962.

—— *The Assyrian Dictionary*, Vol. 1, part I, 1964.

—— *The Assyrian Dictionary*, Vol. 1, part II, 1968.

—— *The Assyrian Dictionary*, Vol. 8, 1971.

—— *The Assyrian Dictionary*, Vol. 10, part I, 1977.

—— "A New Look at the Structure of Mesopotamian Society", *JESHO*, 10(1967).

—— *Ancient Mesopotamia: Portrait of a Dead Civilization*, Chicago and London: The University of Chicago Press, 1964.

—— *Letters from Mesopotamia*, Chicago: The University of Chicago Press, 1967.

—— "The Seafaring Merchants of Ur", *JAOS*, 74 (1959).

—— *Glass and Glassmaking in Ancient Mesopotamia*, New York:

Corning Museum of Glass Press，1970.

Pickover，Clifford A.，*The Math Book*，New York：Sterling Publishing Co. Inc.，2009.

Poebel，A.，*Babylonian Legal and Business Documents from the time of the First Dynasty of Babylon*，*Chiefly from Nippur*，1909.

Polanyi，K.，*Trade and Market in the Early Empires-Economies in History and Theory*，New York：Free Press，1957.

Postgate，J. N.，*Early Mesopotamia*，*Society and Economy at the Dawn of History*，London and New York：Routlege，1995.

Powell，M. A.，"Sumerian Merchants and Problem of Profit"，*Iraq*，39 (1977).

—— "Labour in the Ancient Near East"，ed. M. Powell，*AOS*，68 (1987).

Pritchard，J. B. ed.，*Ancient Near Eastern Texts Relating to the Old Testament*，Third Edition，Princeton：Princeton University Press，1969.

Ragozin ，Zenaide A.，*Chaldea from the Earliest Time to the Rise of Assyria*，London：Story of Nations，1900.

Ranke，H.，*Babylonian Legal and Business Documents from the First Dynasty of Babylon*，*Chiefly from Sippar*，1906.

Reade，Julian，*Assyrian Sculpture*，London：the British Museum Press，2011.

Reiner，E.，*The Assyrian Dictionary*，Chicago：The Oriental Institute of the University of Chicago，Vol. 11，part 1，1980.

—— *The Assyrian Dictionary*，Vol. 15，1984.

—— *The Assyrian Dictionary*，Vol. 17，1992.

Renger，J.，"Patterns of Non-Institutional Trade and Non-Commercial

Exchange in Ancient Mesopotamia at the Beginning of the Second Millennium B. C. ", in Alfonso Archi ed. , *Circulation in Non-Palatial Context in the Ancient Near East*, Roma: Incunabula Graece, 1984.

Robertson, J. F. , "The Internal Political and Economic Structure of Old Babylonian Nippur: The Guennakkum and His House", *JCS*, 36 (1984): 145-190.

Roux, G. , *Ancient Iraq*, Revised Edition, London and New York: Penguin, 1980; Third Edition, London: Penguin Books, 1992.

Saggs, H. W. F. , *The Greatness That Was Babylon*. London: Sidgwick & Jackson, 1962.

—— *The Might That Was Assyria*, London: Sidgwick & Jackson, 1984.

—— *Everyday Life in Babylonia and Assyria*, New York: Dorset Press, 1965.

—— *Babylonians*, Oakland: University of California Press, 2000.

Snell, D. C. , "The Activities of Some Merchants of Umma", *Iraq*, 39 (1977): 45-50.

Von Soden, W. , *Akkadisches Handwörter Buch*, Wiesbaden: Otto Harrassowitz, 1981.

Speiser, E. A. , "Muškēnum", *OrNS*, 27(1958): 19-28.

—— "Cuneiform Law and The History of Civilization", *Proceedings of American Philosophical Society*, Vol. 107, 6(1963).

Stol, M. , *AbB* 9: *Letters from Yale*, Leiden: E. J. Brill, 1981.

Stone, Elizabeth C. , "The Social Role of The Nadītum Women in Old Babylonian Nippur", *JESHO*, 25, Part I.

Tyumenev, A. I. , "The State Economy in Ancient Sumer", in I. M. Diaknoff ed. , *Ancient Mesopotamia*, *Socio-Economic History*,

Moscow: Nauka, 1969.

Vargyas, P., "The Problems of Private Economy in the Ancient Near East", BiOr. XLIV NO. 3/4, Mei/Juli, 1987.

Veenhof, K. R., "Some Social Effects of Old Assyrian Trade", *Iraq*, 39 (1977).

Versteeg, Russ, *Early Mesopotamian Law*, Durham: Carolina Academic Press, 2000.

Weber, Max., *The Theory of Social and Economic Organization*, New York: Free Press, 1969.

—— *The Agrarian Sociology of Ancient Civilization*, English Edition, translated by R. I. Frank, London and New York: Verso Classics, 1998.

Yang Dawu, "Ḫammurapi and Bureaucracy, A Study of the Role of Šamaš-ḫazir", *JAC*, 2(1987).

Yaron, Reuven, *The Laws of Eshnunna*, Jerusalem: The Magnes Press, 1988.

Yoffee, N. and Cowgill, George L. eds., *The Collapse of Ancient States and Civilization*, Tucson: The University of Arizona Press, 1991.

Yoffee, N., "The Economic Role of the Crown in the Old Babylonian Period", unpublished Ph. D. Dissertation, Yale University, 1973.

——"Political Economy in Early Mesopotamian States", *Annual Review of Anthropology*, Vol. 24 (1995): 281-311.

—— "The Old Babylonian Texts from Kish: A First Report", in M. J. Ellis ed., *Essays on the Ancient Near East in Memory of Jacob Joel Finkelstein*, Hamden: Archon Books, 1977.

—— "Explaining Trade in Ancient Western Asia", *MANE* 2/2, Malibu:

Undena Publications，1983.
Zaccagnini，C.，"The Merchants at Nuzi"，*Iraq*，38(1976)：171-189.
Zheng Dianhua，" On The Role of Lu-Ninurta In Ḫammarapi's Administrative Structure"，*JAC*，11 (1996)：111-122.

二、中文征引书目

[古罗马]奥古斯丁：《忏悔录》，周士良译，北京：商务印书馆，1997年版。
[挪]巴特，弗雷德里克等：《人类学的四大传统——英国、德国、法国和美国的人类学》，高丙中、王晓燕、欧阳敏等译，北京：商务印书馆，2008年版。
白钢主编：《希腊与东方》，上海：上海人民出版社，2009年版。
北京大学、东北师范大学历史系世界古代史教研室编：《世界古代史论丛》第1集，北京：生活·读书·新知三联书店，1982年版。
北京师范大学历史系世界古代史教研室编：《世界古代及中古史资料选辑》，北京：北京师范大学出版社，1991年版。
[英]伯克，彼得：《欧洲文艺复兴：中心与边缘》，刘耀春译，北京：东方出版社，2007年版。
——《意大利文艺复兴时期的文化与社会》，刘君译，北京：东方出版社，2007年版。
[美]伯特曼，斯蒂芬：《探寻美索不达米亚文明》，秋叶译，北京：商务印书馆，2009年版。
[瑞士]布克哈特，雅各布：《意大利文艺复兴时期的文化》，何新译，北京：商务印书馆，1979年版。
[法]布洛赫，马克：《历史学家的技艺》，张和声、程郁译，上海：上海社会科学院出版社，1992年版。
[法]布罗代尔，费尔南：《地中海考古——史前史和古代史》，蒋明炜、吕

华、曹青林等译，北京：社会科学文献出版社，2005年版。
——《资本主义的动力》，杨起译，北京：生活·读书·新知三联书店，1997年版。
——《15至18世纪的物质文明、经济和资本主义》第1卷，顾良、施康强译，北京：生活·读书·新知三联书店，1996年版。
——《菲利普二世时代的地中海和地中海世界》第1卷，康家龙、曾培耿等译，北京：商务印书馆，1996年版。
[古罗马]查士丁尼：《法学总论——法学阶梯》，张启秦译，北京：商务印书馆，1989年版。
崔连仲等选译：《古印度帝国时代史料选辑》，北京：商务印书馆，1989年版。
陈中梅编著：《荷马的启示——从命运观到认识论》，北京：北京大学出版社，2009年版。
[英]丹尼尔，格林：《考古学一百五十年》，黄其煦译，北京：文物出版社，1989年版。
董为奋、朱承思：《世界历史上最早的医学文献》，载《世界历史》1988年第3期。
[美]杜兰，威尔：《东方的遗产》，北京：东方出版社，2003年版。
——《文艺复兴》，北京：东方出版社，2003年版。
[奥]弗洛伊德：《摩西与一神教》，李展开译，北京：生活·读书·新知三联书店，1992年版。
[美]富兰克弗特，亨利：《古代东方的艺术与建筑》，郝海迪、袁指挥译，上海：上海三联书店，2011年版。
[古罗马]盖尤斯：《法学阶梯》，黄风译，北京：中国政法大学出版社，1996年版。
[意]格罗索，朱塞佩：《罗马法史》，黄风译，北京：中国政法大学出版社，1994年版。

国洪更：《古巴比伦婚姻习俗若干问题的再考察》，载《史学月刊》2004年第11期。
何勤华：《西方法学史》，北京：中国政法大学出版社，2000年版。
何勤华、贺卫方、田涛：《法律文化三人谈》，北京：北京大学出版社，2010年版。
何兹全：《中国古代社会及其向中世社会的过渡》，北京：商务印书馆，2013年版。
[古希腊]赫西俄德：《工作与时日·神谱》，张竹明、蒋平译，北京：商务印书馆，1991年版。
黄民兴：《试论古代两河流域文明对古希腊文化的影响》，载《西北大学学报(哲学社会科学版)》1999年第4期。
黄洋：《古代希腊土地制度研究》，上海：复旦大学出版社，1995年版。
[美]霍贝尔，E. A.：《初民的法律——法的动态比较研究》，周勇译，北京：中国社会科学出版社，1993年版。
[英]霍兰，汤姆：《波斯战火：第一个世界帝国及其西征》，于润生译，北京：新星出版社，2009年版。
[英]霍普金斯：《征服者与奴隶》，闫瑞生译，西安：陕西人民教育出版社，1993年版。
季羡林主编：《简明东方文学史》，北京：北京大学出版社，1988年版。
[意]加林，E.：《意大利人文主义》，李玉成译，北京：生活·读书·新知三联书店，1998年版。
[意]加林，欧金尼奥主编：《文艺复兴时期的人》，李玉成译，北京：生活·读书·新知三联书店，2003年版。
[苏]贾可诺夫：《古代西亚君主国家的基本经济特征》，载《世界历史译丛》1980年第3期。
[苏]贾可诺夫、[苏]马加辛涅尔译注：《巴比伦皇帝哈漠拉比法典与古巴比

伦法解说》，中国人民大学国家与法权历史教研室译，北京：中国人民大学出版社，1954 年版。

江晓原：《历史上的星占学》，上海：上海科技教育出版社，1995 年版。

[英]卡莱尔，托马斯：《论英雄、英雄崇拜和历史上的英雄业绩》，周祖达译，北京：商务印书馆，2005 年版。

[意]卡斯蒂格略尼：《世界医学史》第 1 卷，北京医科大学医史研究室主译，北京：商务印书馆，1986 年版。

[美]克莱默，S. N.：《文明的摇篮》，纽约，1982 年(中文版)。

[美]克里斯特勒，保罗·奥斯卡：《文艺复兴时期的思想与艺术》，邵宏译，北京：东方出版社，2008 年版。

[英]劳埃德，塞顿：《美索不达米亚考古——从旧石器时代至波斯征服》，杨建华译，北京：文物出版社，1990 年版。

李海峰：《古巴比伦时期不动产经济活动研究》，北京：社会科学文献出版社，2011 年版。

——《古巴比伦时期土地租金问题研究》，载《东北师大学报(哲学社会科学版)》2005 年第 6 期。

——《古巴比伦时期土地租赁活动研究》，载《世界历史》2009 年第 1 期。

李海峰、祝晓香：《古巴比伦时期土地买卖活动述论》，载《西南大学学报(人文社会科学版)》2007 年第 1 期。

李锦彰：《货币的力量》，北京：商务印书馆，2004 年版。

李天祜：《古代希腊史》，兰州：兰州大学出版社，1991 年版。

李玄伯：《中国古代社会新研》，上海：上海文艺出版社，1988 年版。

李政：《论美索不达米亚文明对赫梯文明的影响》，载《北京大学学报(哲学社会科学版)》1996 年第 1 期。

厉以宁：《资本主义的起源——比较经济史研究》，北京：商务印书馆，2003 年版。

梁治平编：《法律的文化解释》，北京：生活·读书·新知三联书店，1994年版。

林志纯主编：《世界通史资料选辑》(上古部分)，北京：商务印书馆，1985年版。

刘家和：《古代中国与世界——一个古史研究者的思考》，武汉：武汉出版社，1995年版。

刘家和、廖学盛主编：《世界古代文明史导论》，北京：高等教育出版社，2001年版。

刘家和、王敦书主编：《世界史·古代史编》上卷，北京：高等教育出版社，1995年版。

刘景华、张功耀：《欧洲文艺复兴史·科学技术卷》，北京：人民出版社，2008年版。

刘明翰、陈明莉：《欧洲文艺复兴史·教育卷》，北京：人民出版社，2008年版。

[法]卢梭：《社会契约论》，何兆武译，北京：商务印书馆，2009年版。

[英]罗素：《宗教与科学》，徐奕春、林国夫译，北京：商务印书馆，2005年版。

——《西方哲学史——及其与古代到现代的政治、社会情况的联系》上卷，何兆武、李约瑟译，北京：商务印书馆，2013年版。

[英]洛克：《政府论》下篇，叶启芳、瞿菊农译，北京：商务印书馆，1996年版。

马洪：《法律上的人》，载《上海财经大学学报》2000年第3期。

马俊驹：《人格和人格权理论讲稿》，北京：法律出版社，2009年版。

马克思：《资本论》，北京：人民出版社，2008年版。

《马克思恩格斯全集》第6、20、23、25、46、48卷，北京：人民出版社，1961—1985年版。

《马克思恩格斯选集》，北京：人民出版社，1995 年版。
[英]梅因：《古代法》，沈景一译，北京：商务印书馆，1984 年版。
美国不列颠百科全书公司编著，中国大百科全书出版社不列颠百科全书编辑部编译：《不列颠百科全书》(国际中文版)第 15 卷，北京：中国大百科全书出版社，1999 年版。
[法]孟德斯鸠：《论法的精神》，张雁深译，北京：商务印书馆，1982 年版。
——《波斯人信札》，梁守锵译，北京：商务印书馆，2006 年版。
[美]摩尔根，路易斯・亨利：《古代社会》，杨东蓴、张栗原、冯汉骥译，北京：商务印书馆，1971 年版。
[美]庞德，罗：《通过法律的社会控制　法律的任务》，沈宗灵、董世忠译，北京：商务印书馆，1984 年版。
[美]佩里，马文主编：《西方文明史》上卷，胡万里、王世民、姜开君等译，北京：商务印书馆，1993 年版。
[意]彭梵得，彼德罗：《罗马法教科书》，黄风译，北京：中国政法大学出版社，1992 年版。
[古希腊]普鲁塔克：《希腊罗马名人传》上册，陆永庭、吴彭鹏等译，北京：商务印书馆，1990 年版。
瞿同祖：《中国法律与中国社会》，北京：中华书局，2007 年版。
日知：《中西古典文明千年史》，长春：吉林文史出版社，1997 年版。
——《古代城邦史研究》，北京：人民出版社，1989 年版。
[古希腊]色诺芬：《经济论　雅典的收入》，张伯健、陆大年译，北京：商务印书馆，1981 年版。
施治生、郭方主编：《古代民主与共和制度》，北京：中国社会科学出版社，1998 年版。
施治生、徐建新主编：《古代国家的等级制度》，北京：中国社会科学出版社，2003 年版。

《世界上古史纲》编写组编：《世界上古史纲》上册，北京：人民出版社，1979年版。

[英]斯科特，J. F.：《数学史》，侯德润、张兰译，北京：商务印书馆，1981年版。

[意]斯奇巴尼，桑德罗选编：《民法大全选译》I. 2.《人法》，黄风译，北京：中国政法大学出版社，1995年版。

[美]斯塔夫里阿诺斯，L. S.：《全球通史——1500年以前的世界》，吴象婴、梁赤民译，上海：上海社会科学院出版社，1988年版。

[美]泰格，M. E.、[美]利维，M. R.：《法律与资本主义的兴起》，纪琨译，上海：学林出版社，1996年版。

滕大春：《关于两河流域古代学校的考古发掘》，载《河北大学学报(哲学社会科学版)》1984年第4期。

童书业：《古巴比伦社会制度试探》，济南：山东人民出版社，1957年版。

童书业著，童教英整理：《童书业古代社会论集》，北京：中华书局，2006年版。

王立民：《古代东方法研究》，上海：学林出版社，1996年版。

王利明主编：《民法典·人格权法重大疑难问题研究》，北京：中国法制出版社，2007年版。

王挺之、刘耀春：《欧洲文艺复兴史·城市与社会生活卷》，北京：人民出版社，2008年版。

[德]韦伯，马克斯：《经济、诸社会领域及权力》，李强译，北京：生活·读书·新知三联书店，1998年版。

——《民族国家与经济政策》，甘阳等译，北京：生活·读书·新知三联书店，1997年版。

魏琼：《民法的起源——对古代西亚地区社会规范的解读》，北京：商务印书馆，2008年版。

吴泽：《东方社会经济形态史论》，上海：上海人民出版社，1993年版。
武树臣等：《中国传统法律文化》，北京：北京大学出版社，1994年版。
[古希腊]希罗多德：《历史》，王以铸译，北京：商务印书馆，2017年版。
[英]席勒，F. C. S：《人本主义研究》，麻乔志等译，上海：上海人民出版社，2010年版。
[古希腊]亚里士多德：《亚里士多德全集》第9卷，北京：中国人民大学出版社，1994年版。
——《亚里士多德全集》第10卷，北京：中国人民大学出版社，1997年版。
——《政治学》，吴寿彭译，北京：商务印书馆，1981年版。
——《雅典政制》，日知、力野译，北京：商务印书馆，2009年版。
——《形而上学》，吴寿彭译，北京：商务印书馆，1981年版。
[美]雅各布森，T.：《古代美索不达米亚的原始民主》，载《世界历史译丛》1980年第3期。
[美]雅各布森，T.编著：《苏美尔王表》，郑殿华译，北京：生活·读书·新知三联书店，1989年版。
[德]雅斯贝尔斯，卡夫：《历史的起源与目标》，魏楚雄、俞新天译，北京：华夏出版社，1989年版。
杨炽译：《汉谟拉比法典》，北京：高等教育出版社，1992年版。
[美]伊夫斯，H.：《数学史概论》，欧阳绛译，太原：山西人民出版社，1986年版。
[苏]伊斯特林，B. A.：《文字的产生和发展》，左少兴译，北京：北京大学出版社，1987年版。
于殿利：《巴比伦法的人本观——一个关于人本主义思想起源的研究》，北京：生活·读书·新知三联书店，2011年版。
——《世界古代前期文学史》，北京：中国国际广播出版社，1996年版。
——《古巴比伦私人农业经济的商业化特征》，载《中国社会科学》2011年第

2 期。

——《古代美索不达米亚宗教的人本主义因素》，载《北京师范大学学报(社会科学版)》2010 年第 5 期；《新华文摘》2011 年第 2 期转载。

——《巴比伦法的人本观初探——兼与传统的“同态复仇”原始残余说商榷》，载《世界历史》1997 年第 6 期。

——《巴比伦法的人本观再探》，载《求是学刊》2010 年第 6 期。

——《从立法精神看巴比伦法的人本观》，载《学术研究》2011 年第 1 期。

——《论古巴比伦时期商人的社会经济地位》，载《北京师范大学学报》1991 年增刊。

——《试论〈汉谟拉比法典〉中商人的社会等级地位》，载《比较法研究》1994 年第 1 期。

——《古巴比伦社会存在债务奴隶制吗?》，载《北京师范大学学报(社会科学版)》2004 年第 4 期。

——《从〈汉谟拉比法典〉看商人塔木卡与沙马鲁之关系》，载《世界历史》1993 年第 4 期。

于殿利、郑殿华：《巴比伦古文化探研》，南昌：江西人民出版社，1998 年版。

[英]詹姆斯，彼得、[英]索普，尼克：《世界古代发明》，颜可维译，北京：世界知识出版社，1999 年版。

张晋藩：《中国古代法律制度》，北京：中国广播电视出版社，1992 年版。

赵乐甡译著：《世界第一部史诗〈吉尔伽美什〉》，沈阳：辽宁人民出版社，1981 年版。

赵世超：《周代国野制度研究》，西安：陕西人民出版社，1991 年版。

中国世界古代史研究会编：《世界古代史研究》第 1 辑，北京：北京大学出版社，1982 年版。

周勇：《初民社会纷争调处的法则——黔东南苗族“佳”歌的法律分析》，载

《比较法研究》1993年第2期。
朱承思、董为奋：《〈乌尔纳姆法典〉和乌尔第三王朝早期社会》，载《历史研究》1984年第5期。
朱龙华：《意大利文艺复兴的起源与模式》，北京：人民出版社，2004年版。

索 引

B

D

J

K

L

M

S

T

W

Y

Z

图书在版编目(CIP)数据

古代美索不达米亚文明/于殿利著.—北京：北京师范大学出版社，2018.11(2022.3 重印)
(“一带一路”古文明书系)
ISBN 978-7-303-24068-5

Ⅰ.①古… Ⅱ.①于… Ⅲ.①文化史-研究-美索不达米亚 Ⅳ.①K124.3

中国版本图书馆 CIP 数据核字(2018)第 183649 号

营销中心电话 010-58807651
北师大出版社高等教育分社微信公众号 新外大街拾玖号

GUDAI MEISUOBUDAMIYA WENMING

出版发行：北京师范大学出版社 www.bnup.com
北京市西城区新街口外大街 12-3 号
邮政编码：100088
印　　刷：鸿博昊天科技有限公司
经　　销：全国新华书店
开　　本：710 mm×1000 mm 1/16
印　　张：59
插　　页：8
字　　数：861 千字
版　　次：2018 年 11 月第 1 版
印　　次：2022 年 3 月第 3 次印刷
定　　价：298.00 元

策划编辑：刘东明　　责任编辑：曹欣欣
美术编辑：王齐云　　装帧设计：王齐云
责任校对：段立超　　责任印制：马　洁